Das Opfer im Strafverfahrensrecht

Frankfurter kriminalwissenschaftliche Studien

Bd./Vol. 165

Zu Qualitätssicherung und Peer Review der vorliegenden Publikation

Die Qualität der in dieser Reihe erscheinenden Arbeiten wird vor der Publikation durch Herausgeber der Reihe geprüft.

Notes on the quality assurance and peer review of this publication

Prior to publication, the quality of the work published in this series is reviewed by editors of the series.

Kai Helmken

Das Opfer im Strafverfahrensrecht

Zwischen europäischem Mindestschutz und deutschem Gestaltungsspielraum

PETER LANG

Bibliografische Information der Deutschen Nationalbibliothek
Die Deutsche Nationalbibliothek verzeichnet diese Publikation in der Deutschen Nationalbibliografie; detaillierte bibliografische Daten sind im Internet über http://dnb.d-nb.de abrufbar.

Zugl.: Frankfurt (Main), Univ., Diss., 2019

D 30
ISSN 0170-6918
ISBN 978-3-631-80218-2 (Print)
E-ISBN 978-3-631-80948-8 (E-Book)
E-ISBN 978-3-631-80949-5 (EPUB)
E-ISBN 978-3-631-80950-1 (MOBI)
DOI 10.3726/16459

Peter Lang – Berlin · Bern · Bruxelles · New York · Oxford · Warszawa · Wien

Diese Publikation wurde begutachtet.

www.peterlang.com

Vorwort

Die vorliegende Arbeit wurde im Wintersemester 2017/2018 von der Rechtswissenschaftlichen Fakultät der Goethe-Universität Frankfurt am Main als Dissertation angenommen.

Mein Dank gilt zunächst meinem Doktorvater, Herrn Prof. Dr. Cornelius Prittwitz, bei dem ich als Wissenschaftlicher Mitarbeiter nicht nur arbeiten durfte, sondern vor allem auch beruflich und privat „wachsen“ konnte. Bedanken möchte ich mich auch bei Herrn Prof. Dr. Ulfrid Neumann für die zügige Erstellung des Zweitgutachtens.

Besonders herzlicher Dank gebührt all denen, die mich in der Phase der Entstehung dieser Arbeit begleitet und unterstützt haben. Sie haben einen wesentlichen Beitrag zum Gelingen dieser Arbeit geleistet.

Frankfurt am Main, im August 2019 Kai Helmken

Inhaltsverzeichnis

Literaturverzeichnis

Ahlberg, Hartwig; Götting, Horst-Peter (Hrsg.) „BeckOK Urheberecht" (Kommentar), 18. Edition (Stand: 01.11.2017), München 2017 (zit. BeckOK-Kunst-UrhG/*Verfasser*)

Albrecht, Peter-Alexis „Der Weg in die Sicherheitsgesellschaft. Auf der Suche nach staatskritischen Absolutheitsregeln", Berlin 2010 (zit. Albrecht, Sicherheitsgesellschaft)

Alsberg, Max (Begr.) „Der Beweisantrag im Strafprozess", 6. Auflage, Köln 2013 (zit. Alsberg/*Verfasser*)

Altenhain, Karsten „Angreifende und verteidigende Nebenklage", in: JZ 2001, S. 791 ff. (zit. *Altenhain,* JZ 2001)

Altenhain, Karsten „Dokumentationspflicht im Ermittlungsverfahren - Warum eigentlich nicht?", in: ZIS 2015, S. 269 ff. (zit. *Altenhain,* ZIS 2015)

Ambos, Kai „Internationales Strafrecht: Strafanwendungsrecht, Völkerstrafrecht, europäisches Strafrecht, Rechtshilfe; ein Studienbuch", 4. Auflage, München 2014 (zit. *Ambos*, Internationales Strafrecht)

Anders, Ralf Peter „Straftheoretische Anmerkungen zur Verletztenorientierung im Strafverfahren", in: ZStW 124 (2012), Heft 2, S. 374 ff. (zit. *Anders,* ZStW 124 (2012))

Arnold, Wiebke „Bewegliche Zuständigkeit versus gesetzlicher Richter", in: ZIS 2008, S. 92 ff. (zit. *Arnold,* ZIS 2008)

Bannenberg, Britta „Wiedergutmachung in der Strafrechtspraxis, Eine empirisch-kriminologische Untersuchung von Täter-Opfer-Ausgleichsprojekten in der Bundesrepublik Deutschland", Bonn 1993 (zit. *Bannenberg,* Wiedergutmachung)

Barton, Stephan „Nebenklagevertretung im Strafverfahren. Empirische Fakten und praktische Konsequenzen", in: StraFo 2011, S. 161 ff. (zit. *Barton,* StraFo 2011)

Barton, Stephan „Opferschutz und Verteidigung: Die Ambivalenz der Opferzuwendung des Strafrechts", in: Alternativen zur Freiheitsstrafe. 36. Strafverteidigertag Hannover, 16–18 März 2012, Berlin 2013, S. 49 ff. (zit. *Barton,* Opferschutz und Verteidigung)

Barton, Stephan; Flotho, Christian „Opferanwälte im Strafverfahren", Baden-Baden 2010 (zit. *Barton/Flotho,* Opferanwälte)

Basdorf, Clemens „Reformbedürftigkeit der Rechtsprechung des BGH zu § 247 StPO", in: Straf- und Strafverfahrensrecht, Recht und Verkehr, Recht und

Medizin, Festschrift für Hannskarl Salger, Köln 1995, S. 203 ff. (zit. *Basdorf*, FS Salger)

Baumhöfener, Jesko „Aktenkenntnis des Nebenklägers – Gefährdung des Untersuchungszwecks bei der Konstellation Aussage-gegen-Aussage", in: NStZ 2014, S. 135 ff. (zit. *Baumhöfener*, NStZ 2014)

Baumhöfener, Jesko; Daber, Beate „Anmerkung zum Beschluss des OLG Braunschweig vom 03. Dezember 2015 – 1 Ws 309/15", in: StraFo 2016, S. 77 ff. (zit. *Baumhöfener/Daber*, StraFo 2016)

Baurmann, Michael „Professionelles Verhalten von Polizeibeamten gegenüber Opfern und Zeugen – Bericht über ein Modellprojekt mit empirischer Begleitforschung –", in: Opfer von Straftaten (KrimZ), Wiesbaden 2003, S. 69 ff. (zit. *Baurmann*, Professionelles Verhalten)

Beck, Hans „Die Vernehmung", in: Hochschule für Polizei Baden Württemberg. Institut für Fortbildung. Institutsbereich Kriminalitätsbekämpfung (Stand: Januar 2016) (zit. *Beck*, Lehrbrief Vernehmung)

Beulke, Werner „Empirische und normative Probleme der Verwendung neuer Medien in der Hauptverhandlung", in: ZStW 113 (2001), Heft 4, S. 709 ff. (zit. *Beulke*, ZStW 113 (2001))

Beulke, Werner „Strafprozessrecht", 13. Auflage, Heidelberg 2016 (zit. *Beulke*, StPO)

Bittmann, Folker „Perspektiven zum Opferschutz – Reform der Reform", in: ZRP 2009, S. 212 ff. (zit. *Bittmann*, ZRP 2009)

Bloy, René „Anmerkung zu HansOLG Hamburg, Beschluss vom 30. November 1979", in: JR 1980, S. 480 f. (zit. *Bloy*, JR 1980)

Blum, Barbara „Gerichtliche Zeugenbetreuung im Zeichen des Opferschutzes. Eine rechtswissenschaftliche und sozialwissenschaftliche Studie zu Möglichkeiten und Grenzen der Zeugenbetreuung im Strafverfahren", Münster 2005 (zit. *Blum*, Zeugenbetreuung)

Blum, Barbara „Suggestive Prozesse bei der Zeugenbetreuung", in: Die Erhebung und Bewertung von Zeugenaussagen im Strafprozess. Juristische, aussagepsychologische und psychiatrische Aspekte, 2. Auflage, Berlin 2014, S. 353 ff. (zit. *Blum*, Suggestive Prozesse)

Bock, Stefanie „Das Beweisantragsrecht des Nebenklägers – ein Recht zweiter Klasse? Anmerkung zu BGH 5 StR 547/09 vom 28. April 2010", in: HRRS 2011, S. 119 f. (zit. *Bock*, HRRS 2011)

Bock, Stefanie „Das europäische Opferrechtspaket: Zwischen substanziellen Fortschritt und blindem Aktionismus", in: ZIS 2013, S. 201 ff. (zit. *Bock*, ZIS 2013)

Bohnert, Joachim „Die Abschlußentscheidung des Staatsanwalts“, Berlin 1992 (zit. *Bohnert*, Abschlußentscheidung)

Bois-Pedain, Antje du „Art. 6 Abs. 3 lit d. EMRK und der nicht verfügbare Zeuge: Weist der modifizierte Lucà-Test den Weg aus der Sackgasse?. Zugleich eine Besprechung von EGMR Nr. 26766/05 und 22228/06 (Große Kammer), Urteil vom 15. Dezember 2011 (Al-Khawaja und Tahery v. Großbritannien)“, in: HRRS 2012, 220 ff. (zit. *Bois-Pedain*, HRRS 2011)

Börner, René „Aktuelles zum Beweisantrag, Begründungspflicht und forensische Wahrheit“, in: StraFo 2015, 46 ff. (zit. *Börner*, StraFo 2015)

Böttcher, Reinhard „Unterlassener Hinweis auf die Nebenklagebefugnis – folgenlos?“, in: Strafverteidigung, Revision und die gesamten Strafrechtswissenschaften: Festschrift für Gunter Widmaier zum 70. Geburtstag, Köln 2008, S. 81 ff. (zit. *Böttcher*, FS Widmaier)

Böttcher, Reinhard „§ 154 StPO und die Belange des Opfers“, in: In dubio pro libertate, Festschrift für Klaus Volk zum 65. Geburtstag, München 2009, S. 61 ff. (zit. *Böttcher*, FS Volk)

Böttcher, Reinhard „Wie viel Opferschutz verträgt der rechtsstaatliche Strafprozess?“, in: Verbrechen – Strafe – Resozialisierung: Festschrift für Heinz Schöch zum 70. Geburtstag am 20. August 2010, Berlin 2010, S. 929 ff. (zit. *Böttcher*, FS Schöch)

Böttcher, Reinhard „Rücksichtnahme auf Opferinteressen bei der Verfahrenseinstellung nach § 153a StPO“, in: Strafrechtspraxis und Reform, Festschrift für Heinz Stöckel zum 70. Geburtstag, Berlin 2010, S. 161 ff. (zit. *Böttcher*, FS Stöckel)

Brodowski, Dominik „Strafrechtsrelevante Entwicklungen in der Europäischen Union – ein Überblick“, in: ZIS 2012, S. 558 ff. (zit. *Brodowski*, ZIS 2012)

Brokamp, Michael „Das Adhäsionsverfahren – Geschichte und Reform“, München 1990 (zit. *Brokamp*, Adhäsionsverfahren)

Bruns, Hans-Jürgen „Strafzumessungsrecht: Allgemeiner Teil“, Köln 1967 (zit. *Bruns*, Strafzumessungsrecht)

Bundesministerium der Justiz und für Verbraucherschutz (Hrsg.) „Expertenkommission zur effektiveren und praxistauglicheren Ausgestaltung des allgemeinen Strafverfahrens und des jugendgerichtlichen Verfahrens“, Abschlussbericht 2015 (zit. BMJV Expertenkommission StPO)

Burgi, Martin „Vom Grundrecht auf Sicherheit zum Grundrecht auf Opferschutz“, in: Staat im Wort: Festschrift für Josef Isensee, Heidelberg 2007, S. 655 ff. (zit. *Burgi*, FS Isensee)

Büttig, Katja „Die Wiedergutmachung der Folgen einer Straftat“, Göttingen 2007 (zit. *Büttig*, Wiedergutmachung)

Callies, Christian; Ruffert, Matthias „EUV/AEUV: das Verfassungsrecht der Europäischen Union mit Europäischer Grundrechtecharta“ (Kommentar), 4. Auflage, München 2011 (zit. Callies/Ruffert/*Verfasser*)

Caspari, Stefan „Stärkung der Opfergehörsrechte im Strafverfahren?“, in: DRiZ 2011, S. 35 ff. (zit. *Caspari,* DRiZ 2011)

Caspari, Stefan „StPO-Reform: Ein neuer Anlauf ist nötig!“, in: DRiZ 2014, S. 82 f. (zit. *Caspari,* DRiZ 2014)

Dahs, Hans „Die gespaltene Hauptverhandlung“, in: NJW 1996, S. 178 ff. (zit. Dahs, NJW 1996)

Dahs, Hans „Der entfernte Angeklagte oder die Hauptverhandlung als Videokonferenz“, in: Strafe und Prozess im freiheitlichen Rechtsstaat, Festschrift für Hans-Ullrich Paeffgen zum 70. Geburtstag am 2. Juli 2015, Berlin 2015, S. 559 ff. (zit. *Dahs,* FS Paeffgen)

Diemer, Herbert „Der Einsatz der Videotechnik in der Hauptverhandlung“, NJW 1999, S. 1667 ff. (zit. *Diemer,* NJW 1999)

Dölling, Dieter „Täter, Opfer und Verfassung“, in: Verfassungsvoraussetzungen: Gedächtnisschrift für Winfried Brugger, 2013, S. 647 ff. (zit. *Dölling,* FS Brugger)

Dreier, Thomas; Schulze, Gernot; Specht, Louisa „Urheberrechtsgesetz: Urheberrechtswahrnehmungsgesetz, Kunsturhebergesetz“ (Kommentar), 5. Auflage, München 2015 (zit. Dreier/Schulze/Specht/*Verfasser*)

Drobesch, Heinz „Das Recht des Opfers und seiner Angehörigen auf Sicherheit“, in: Opferrechte in Österreich: eine Bestandsaufnahme, Innsbruck 2004, S. 105 ff. (zit. *Drobesch,* Opfer)

Eckstein, Ken „Europa und der Opferschutz“, in: Festschrift für Friedrich-Christian Schroeder zum 70. Geburtstag, Heidelberg 2006, S. 777 ff. (zit. *Eckstein,* FS Schroeder)

Eisenberg, Ulrich „Unzulässigkeit der Nebenklage Minderjähriger gegen ihren Willen“, in: GA 1998, S. 32 ff. (zit. *Eisenberg,* GA 1998)

Eisenberg, Ulrich „Referentenentwurf des BMJ Gesetz zur Stärkung der Rechte von Opfern sexuellen Missbrauchs (StORMG) 2010“, in: HRRS 2011, 64 ff. (zit. *Eisenberg,* HRRS 2011)

Eisenberg, Ulrich „Anordnung einer audiovisuellen Zeugenvernehmung – Anmerkung zu BGH, Beschl. v. 28.09.2011 – 5 StR 315/11“, in: StV 2012, S. 65 ff. (zit. *Eisenberg,* StV 2012)

Eisenberg, Ulrich „Beweisrecht der StPO“, Spezialkommentar, 10. Auflage, München 2017 (zit. *Eisenberg,* Beweisrecht)

Eser, Albin; Frister, Helmut; Höpfel, Frank et al. „Alternativ-Entwurf Beweisaufnahme (AE-Beweisaufnahme), Entwurf eines Arbeitskreises deutscher, österreichischer und schweizerischer Strafrechtslehrer (Arbeitskreis AE)“, in: GA 2014, S. 1 ff. (zit. Arbeitskreis Alternativ-Entwurf Beweisaufnahme, GA 2014)

Esser, Robert „Auf dem Weg zu einem europäischen Strafverfahrensrecht: die Grundlagen im Spiegel der Rechtsprechung des Europäischen Gerichtshofs für Menschenrechte (EGMR) in Straßburg“, Berlin 2002 (zit. *Esser,* Europäisches Strafverfahrensrecht)

Esser, Robert; Lubrich, Felix „Anspruch des Verletzten auf Strafverfolgung Dritter. Der Kunduz-Beschluss des Bundesverfassungsgerichts“, in: StV 2017, 418 ff. (zit. *Esser/Lubrich,* StV 2017)

Fabricius, Dirk „Die Stellung des Nebenklagevertreters“, in: NStZ 1994, S. 257 ff. (zit. *Fabricius,* NStZ 1994)

Ferber, Sabine „Stärkung der Opferrechte im Strafverfahren – Das 3. Opferrechtsreformgesetz“, in: NJW 2016, 279 ff. (zit. *Ferber,* NJW 2016)

Fink, Gudrun „Intimsphäre und Zeugenpflicht, Der Schutz der Intim- und Privatsphäre des Zeugen bei seiner Vernehmung im Strafverfahren“, Baden-Baden 2015 (zit. *Fink,* Intimsphäre und Zeugenpflicht)

Fischer, Thomas „Absprache-Regelung: Problemlösung oder Problem?“, in: StraFo 2009, S. 177 ff. (zit. *Fischer,* StraFo 2009)

Fischer, Thomas „Strafgesetzbuch mit Nebengesetzen“ (Kommentar), 64. Auflage, München 2017 (zit. *Fischer,* StGB)

Fletcher, George “Justice and Fairness in the protection of crime victims”, in: Lewis & Clark Law Review 2005, S. 547 ff. (zit. *Fletcher,* Lewis & Clark Law Review 2005)

Frisch, Wolfgang „Der Begriff des „Verletzten“ im Klageerzwingungsverfahren“, in: JZ 1974, 7 ff. (zit. *Frisch,* JZ 1974)

Frisch, Wolfgang „Strafkonzept, Strafzumessungstatsachen und Maßstäbe der Strafzumessung in der Rechtsprechung des Bundesgerichtshofs“, in: 50 Jahre Bundesgerichtshof – Festgabe aus der Wissenschaft, München 2000, S. 269 ff. (zit. *Frisch,* Strafkonzept)

Frister, Helmut „Strafrecht Allgemeiner Teil“, 6. Auflage, München 2013 (zit. *Frister,* Strafrecht AT)

Frommel, Monika „Opferschutz ohne Konzept“, in: Alternativen zur Freiheitsstrafe. 36. Strafverteidigertag Hannover, 16–18 März 2012, Berlin 2013, S. 91 ff. (zit. *Frommel,* Opferschutz)

von Galen, Margarete „Parallel Justice für Opfer von Straftaten – Ein Verfahren mit „Opfervermutung“ außerhalb des Strafrechts“, in: StV 2013, S. 171 ff. (zit. *von Galen,* StV 2013)

Gärditz, Klaus Ferdinand „Anmerkung zu BVerfG, Kammerbeschluss vom 19.5.2015 – 2 BvR 987/11“, in: JZ 2015, S. 896 ff. (zit. *Gärditz,* JZ 2015)

Gelber, Claudia; Walter, Michael „Probleme des Opferschutzes gegenüber dem inhaftierten Täter“, in: NStZ 2013, S. 75 ff. (zit. *Gelber/Walter,* NStZ 2013)

Gerards, Regine „Die Europäische Menschenrechtskonvention im Konstitutionalisierungsprozess einer gemeineuropäischen Grundrechtsordnung“, Frankfurt am Main 2007 (zit. *Gerards,* Konstitutionalisierungsprozess)

Gercke, Björn; Julius, Karl-Peter; Temming, Dieter et al. (Hrsg.) „Strafprozessordnung“. Heidelberger Kommentar, 5. Auflage, Heidelberg 2012 (zit. HK-StPO/*Verfasser*)

Gerdemann, Anna „Die Verwertbarkeit belastender Zeugenaussagen bei Beeinträchtigung des Fragerechts des Beschuldigten“, Baden-Baden 2010 (zit. *Gerdemann,* Beeinträchtigung des Fragerechts)

Gleß, Sabine „Die Würde des Zeugen ist antastbar? Allgemeines Persönlichkeitsrecht im Strafprozess“, in: Strafe und Prozess im freiheitlichen Rechtsstaat, Festschrift für Hans-Ullrich-Paeffgen zum 70. Geburtstag am 2. Juli 2015, Berlin 2015, S. 703 ff. (zit. *Gleß,* FS Paeffgen)

Grabenwarter, Christoph „Europäische Menschenrechtskonvention“, 3. Auflage, München 2008 (zit. *Grabenwarter,* EMRK)

Graf, Jürgen-Peter (Hrsg,) „BeckOK StPO mit RiStBV und MiStra“ (Kommentar), 28. Edition, Stand 01.07.2017 (zit. BeckOK-StPO/*Verfasser*)

Grebing, Gerhardt „Abschaffung oder Reform der Privatklage?“, in: GA 1984, S. 1 ff. (zit. *Grebing,* GA 1984)

Greier, Gunnar „Entwurf eines Gesetzes zur Reform der strafrechtlichen Vermögensabschöpfung“, in: jurisPR-StrafR 21/2016 Anm. 1. (zit. *Greier,* jurisPR-StrafR 21/2016 Anm. 1)

Greiner, Verena „Zivilrechtliche Ansprüche im Strafverfahren – Das nicht anhängig gemachte Adhäsionsverfahren als Sperrwirkung für einen Zivilprozess“, in: ZRP 2011, 132 ff. (zit. *Greiner,* ZRP 2011)

Griesbaum, Rainer „Der gefährdete Zeuge. Überlegungen zur aktuellen Lage des Zeugenschutzes im Strafverfahren“, in: NStZ 1998, S. 433 ff. (zit. *Griesbaum,* NStZ 1998)

Groß, Karl-Heinz „Ausschluss der Öffentlichkeit während der Verlesung des Anklagesatzes – Widerruflichkeit einer Zustimmungserklärung der Staatsanwaltschaft zu gerichtlichem Verständigungsvorschlag“, in: jurisPR-StrafR 17/2012 Anm. 2 (zit. *Groß,* jurisPR-StrafR 17/2012 Anm. 2)

Günther, Klaus „Die symbolisch-expressive Bedeutung der Strafe – Eine neue Straftheorie jenseits von Vergeltung und Prävention?“, in: Festschrift für

Klaus Lüderssen: zum 70. Geburtstag am 2. Mai 2002, Baden-Baden 2002, S. 205 ff. (zit. *Günther,* FS Lüderssen)

Günther, Klaus „Ein Modell legitimen Scheiterns. Der Kampf um Anerkennung als Opfer“, in: Strukturwandel der Anerkennung. Paradoxien sozialer Integration in der Gegenwart, Frankfurt am Main 2013, S. 185 ff. (zit. *Günther,* Kampf um Anerkennung)

Haller, Klaus „Das kränkelnde Adhäsionsverfahren – Indikator struktureller Probleme der Strafjustiz“, in: NJW 2011, S. 970 ff. (zit. *Haller,* NJW 2011)

Hamm, Rainer „Anmerkung zu BVerfG, 3. Kammer des 2. Senats, Beschluss vom 27. Februar 2014 – 2 BvR 261/14“, in: StV 2015, S. 137 ff. (zit. *Hamm,* StV 2015)

Hanloser, Marlene „Das Recht des Opfers auf Gehör im Strafverfahren: Ein Vorschlag zur Umsetzung des EU-Rahmenbeschlusse über die Stellung des Opfers im Strafverfahren auf der Grundlage einer Betrachtung des Victim Impact Statement im US-amerikanischen Recht“, Frankfurt am Main 2009 (zit. *Hanloser,* Recht auf Gehör)

Hannich, Rolf (Hrsg.) „Karlsruher Kommentar zur Strafprozessordnung: mit GVG, EGGVG und EMRK“, 7. Auflage, München 2013 (zit. KK-StPO/*Verfasser*)

Hartmann, Jutta „Qualifizierte Unterstützung von Menschen, die Opfer von Straf- bzw. Gewalttaten geworden sind. Opferhilfe als professionalisiertes Handlungsfeld Sozialer Arbeit“, in: Perspektiven professioneller Opferhilfe, Wiesbaden 2010 (zit. *Hartmann,* Unterstützung von Opfern)

Hassemer, Winfried „Einführung in die Grundlagen des Strafrechts“, 2. Auflage, München 1990 (zit. *Hassemer,* Grundlagen des Strafrechts)

Hassemer, Wilfried; Reemtsma, Jan Philipp „Verbrechensopfer: Gesetz und Gerechtigkeit“, München 2002 (zit. Hassemer/Reemtsma/*Verfasser*)

Haverkamp, Rita „Stärkung des Opferschutzes im Strafverfahren durch den Gesetzesentwurf zum Dritten Opferrechtsreformgesetz“. Öffentliche Sachverständigenanhörung des Ausschusses für Recht und Verbraucherschutz – schriftliche Stellungnahme des 18. WP am 17.06.2015 (zit. *Haverkamp,* Sachverständigenanhörung)

Haverkamp, Rita „Im Labyrinth des Opferschutzes – Zum Entwurf eines Dritten Opferrechtsreformgesetzes“, in: ZRP 2015, 53 ff. (zit. *Haverkamp,* ZRP 2015)

Hecker, Bernd „Europäisches Strafecht, 3. Auflage, Berlin 2010 (zit. *Hecker,* Europäisches Strafecht)

Hecker, Bernd „Europäisches Strafrecht post-Lissabon“, in: Europäisches Strafrecht post-Lissabon, Göttingen 2011 (zit. *Hecker,* EuropStraf post Lissabon)

Hefendehl, Roland „Der Begriff des Verletzten im Klageerzwingungsverfahren bei modernen Rechtsguts- und Deliktsstrukturen“, in: GA 1999, S. 584 ff. (zit. *Hefendehl,* GA 1999)

Heger, Martin „Die Rolle des Opfers im Strafverfahren“, in: JA 2007, S. 244 ff. (zit. *Heger,* JA 2007)

Heghmanns, Michael „Die sachliche Gerichtszuständigkeit nach dem Opferrechtsreformgesetz“, in: DRiZ 2005, S. 288 ff. (zit. *Heghmanns,* DRiZ 2005)

Heintschel-Heinegg, Bernd; Stöckel, Heinz (Hrsg.) „KMR StPO. Kommentar zur Strafprozessordnung. 83. Lieferung (Stand: November 2017) (zit. KMR-StPO/*Verfasser*)

Helmken, Kai „Ein Recht des Tatopfers auf ein faires Strafverfahren? Zum Anwendungsbereich des Art. 6 EMRK“, in: StV 2016, S. 456 ff. (zit. *Helmken,* StV 2016)

Henkel, Heinrich „Strafverfahrensrecht – Ein Lehrbuch“, 1. Auflage, Stuttgart 1953, 2. Auflage, Stuttgart 1968 (zit. *Henkel,* Strafverfahren)

Herdegen, Matthias „Europarecht“, 9. Auflage, München 2007 (zit. *Herdegen,* Europarecht)

Herrmann, Joachim „Die Entwicklung des Opferschutzes im deutschen Strafrecht und Strafprozessrecht – Eine unendliche Geschichte“, in: ZIS 2010, S. 236 ff. (zit. *Herrmann,* ZIS 2010)

Hildebrandt, Lars „Gesetzliche Regelung der Verständigung im Strafverfahren: Kann der Strafprozess im Geiste der StPO von 1877 durch den Gesetzgeber gerettet werden?“, Frankfurt am Main 2010 (zit. *Hildebrandt,* Verständigung)

Hilger, Hans „Über den Begriff des Verletzten im Fünften Buch der StPO“, in: GA 2007, S. 287 ff. (zit. *Hilger,* GA 2007)

Hirsch, Hans Joachim „Zur Stellung des Verletzten im Straf- und Strafverfahrensrecht. Über die Grenzen strafrechtlicher Aufgaben“, in: Gedächtnisschrift für Armin Kaufmann, Köln 1989, S. 699 ff. (zit. *Hirsch,* GS Kaufmann)

Holz, Wilfried „Justizgewähranspruch des Verbrechensopfers“, Berlin 2007 (zit. *Holz,* Justizgewähr)

Hörnle, Tatjana „Die Rolle des Opfers in der Straftheorie und im materiellen Strafrecht“, in: JZ 2006, 950 ff. (zit. *Hörnle,* JZ 2006)

Hörnle, Tatjana „Claus Roxins straftheoretischer Ansatz“, in: Strafrecht als Scientia Universalis, Festschrift für Claus Roxin zum 80. Geburtstag am 15. Mai 2011, Berlin 2011, S. 3 ff. (zit. *Hörnle,* FS Roxin)

Hörnle, Tatjana „Straftheorien“, Tübingen 2011 (zit. *Hörnle,* Straftheorien)

Hörnle, Tatjana „Anmerkung zu BVerfG, Kammerbeschluss vom 19.5.2015 – 2 BvR 987/11, JZ 2015“, in: JZ 2015, S. 893 ff. (zit. *Hörnle,* JZ 2015)

Isensee, Josef; Kirchhof, Paul (Hrsg.) „Handbuch des Staatsrechts der Bundesrepublik Deutschland, Band VIII, Grundrechte: Wirtschaft, Verfahren, Gleichheit, 3. Auflage, Heidelberg 2010 (zit. *Verfasser,* Handbuch des Staatsrechts)

Jahn, Matthias „Verfassungsrechtliche Grundlagen des Beweisantragsrechts der Verteidigung im deutschen Strafprozess", in: Festschrift für Winfried Hassemer, Heidelberg 2010, S. 1029 ff. (zit. *Jahn,* FS Hassemer)

Jahn, Matthias „Aus der grauen Zone zwischen staatlichem und individuellen Interessen: Das Bild vom Strafverfahren im Spiegel neuester und allerneuester Verletztenrechte", in: Rationalität und Empathie. Kriminalwissenschaftliches Symposion für Klaus Lüderssen zum 80. Geburtstag, Baden-Baden 2014, S. 142 ff. (zit. *Jahn,* Symposion Lüderssen)

Jahn, Matthias „Der Beweistransfer aus dem Ermittlungsverfahren in die Hauptverhandlung nach dem Modell des AE-Beweisaufnahme", in: StV 2015, S. 778 ff. (zit. *Jahn,* StV 2015)

Jahn, Matthias; Müller, Martin „Das Gesetz zur Regelung der Verständigung im Strafverfahren – Legitimation und Reglementierung der Absprachenpraxis", in: NJW 2009, S. 2625 ff. (zit. *Jahn/Müller,* NJW 2009)

Jahn, Matthias; Bung, Jochen „Die Grenzen der Nebenklagebefugnis – Zugleich Anmerkungen zu BGH, Beschl. V. 09.05.2012 – 5 StR 523/11 –", in: StV 2012, 754 ff. (zit. *Jahn/Bung,* StV 2012)

Jerouschek, Günter „Straftat und Traumatisierung – Überlegungen zu Unrecht, Schuld und Rehabilitierung der Strafe aus viktimologischer Perspektive", in: JZ 2000, S. 185 ff. (zit. *Jerouschek,* JZ 2000)

Jung, Heike „Die Stellung des Verletzten im Strafprozeß", in: ZStW 93 (1981), S. 1147 ff. (zit. *Jung,* ZStW 93 (1981))

Kalsbach, Till „Die gerichtliche Nachprüfung von Maßnahmen der Staatsanwaltschaft im Strafverfahren", Berlin 1967 (zit. *Kalsbach,* Gerichtliche Nachprüfung)

Kasperek, Sebastian „Zur Auslegung und Anwendung des § 46a StGB (Täter-Opfer-Ausgleich, Schadenswiedergutmachung)", Frankfurt am Main 2002 (zit. *Kasperek,* Auslegung und Anwendung)

Kersten, Anne „Wie Opfer ins wissenschaftliche Blickfeld rücken und beforscht werden können", in: Newsletter Studienbereich Soziologie, Sozialpolitik und Sozialarbeit, Nr. 15, 2014, S. 6 ff. (zit. *Kersten,* Newsletter)

Kespe, Hans Christian „Täter-Opfer-Ausgleich und Schadenswiedergutmachung: ein Beitrag zur Dogmatik von § 46a StGB unter besonderer Berücksichtigung steuerstrafrechtlicher Fragestellungen", Berlin 2011 (zit. *Kespe,* Täter-Opfer-Ausgleich)

Kilchling, Michael „Opferschutz und der Strafanspruch des Staates – ein Widerspruch?“, in: NStZ 2002, S. 57 ff. (zit. *Kilchling*, NStZ 2002)

Kindhäuser, Urs; Neumann, Ulfrid; Paeffgen, Hans-Ullrich „Strafgesetzbuch – Kommentar“, 5. Auflage, Baden-Baden 2017 (zit. NK-StGB/*Verfasser*)

Kindhäuser, Urs „Strafrecht – Allgemeiner Teil“, 7. Auflage, Baden-Baden 2015 (zit. *Kindhäuser*, Strafrecht AT)

Kindhäuser, Urs „Strafprozessrecht“, 3. Auflage, Baden-Baden 2013 (zit. *Kindhäuser*, StPO)

Kirchhoff, Guido „Das Recht auf konfrontative Befragung im Ermittlungsverfahren“, in: HRRS 2015, S. 506 ff. (zit. *Kirchhoff*, HRRS 2015)

Kirstgen, Johannes Rudolf „Das Klageerzwingungsverfahren“, Bonn 1986 (zit. *Kirstgen*, Klageerzwingungsverfahren)

Kleinert, Tino „Persönliche Betroffenheit und Mitwirkung: Eine Untersuchung zur Stellung des Deliktsopfers im Strafrechtssystem“, Berlin 2008 (zit. *Kleinert*, Betroffenheit und Mitwirkung)

Knauer, Christoph; Kudlich, Hans; Schneider, Hartmut (Hrsg.) „Münchener Kommentar zur Strafprozessordnung“, München Band 1, §§ 1–150 StPO, 2014, Band 2, §§ 151 – 332 StPO, 2016 (zit. MüKo-StPO/*Verfasser*)

Knauer, Christoph; Wolf, Christian „Zivilprozessuale und strafprozessuale Änderungen durch das Erste Justizmodernisierungsgesetz – Teil 2: Änderungen der StPO –“, in: NJW 2004, 2932 ff. (zit. *Knauer/Wolf*, NJW 2004)

von Knoblauch zu Hatzbach, Petra „Videovernehmung von Kindern – erste Erfahrungen deutscher Gerichtspsychologinnen“, in: ZRP 2000, S. 276 ff. (zit. *von Knoblauch zu Hatzbach*, ZRP 2000)

Köhler, Michael „Freiheitliches Rechtsprinzip und Betäubungsmittelstrafrecht“, ZStW 104 (1992), Heft 1, S. 3 ff. (zit. *Köhler*, ZStW 104 (1992))

Köhler, Michael „Strafrecht Allgemeiner Teil“, Berlin 1997 (zit. *Köhler*, AT)

Köhnken, Günter „Fehlerquellen in aussagepsychologischen Gutachten“, in: Die Erhebung und Bewertung von Zeugenaussagen im Strafprozess: juristische aussagepsychologische und psychiatrische Aspekte, Berlin 2014, S. 1 ff. (zit. *Köhnken*, Fehlerquellen)

Kölbel, Ralf „Strafrechtliche Haftung für prozessbedingte sekundäre Viktimisierung“, in: ZStW 119 (2007), Heft 2, S. 334 ff. (zit. *Kölbel*, ZStW 119 (2007))

Kölbel, Ralf „Opfergenugtuung oder rehabilitative Idee?“, in: StV 2014, S. 698 ff. (zit. *Kölbel*, StV 2014)

Kölbel, Ralf; Bork, Lena „Sekundäre Viktimisierung als Legitimationsformel“, Berlin 2012 (zit. *Kölbel/Bork*, Viktimisierung)

König, Peter „Zur Anwendung von § 46a StGB bei Zusammentreffen von Täter-Opfer-Ausgleich und Schadenswiedergutmachung“, in: JR 2002, 251 ff. (zit. *König,* JR 2002)

Kotz, Peter „Anspruch auf Dolmetsch- und Übersetzungsleistungen im Strafverfahren“, in: StV 2012, 626 ff. (zit. *Kotz,* StV 2012)

Krüger, Matthias; Wengenroth, Lenard „Anordnung der Vorführung einer Videovernehmung, Anmerkung zu BGH, Beschl. v. 26.08.2011 - 1 StR 327/11“, in: StV 2012, S. 451 ff. (zit. *Krüger/Wengenroth,* StV 2012)

Krumm, Carsten „Klageerzwingungsanträge richtig stellen“, in: NJW 2013, S. 2948 ff. (zit. *Krumm,* NJW 2013)

Krumm, Carsten „Ganz schön schwer! - Der Klageerzwingungsantrag in der Praxis“, in: NJ 2016, 241 ff. (zit. *Krumm,* NJ 2016)

Kruse, Michael „Parteierklärungen und Sachverhaltsfeststellung in der Hauptverhandlung“, Berlin 2001 (zit. *Kruse,* Parteierklärungen)

Kuhn, Sascha „Das neue Adhäsionsverfahren“, in: JR 2004, S. 397 ff. (zit. *Kuhn,* JR 2004)

Kühne, Hans-Heiner „Strafprozessrecht - Eine systematische Darstellung des deutschen und europäischen Strafverfahrensrechts“, 9. Auflage, Heidelberg 2015 (zit. *Kühne,* StPO)

Küpper, Georg „Das Klageerzwingungsverfahren“, in: Jura 1989, S. 281 ff. (zit. *Küpper,* Jura 1989)

Kürzinger, Josef „Private Strafanzeige und polizeiliche Reaktion“, Berlin 1978 (zit. *Kürzinger,* Strafanzeige)

Lackner, Karl; Kühl, Kristian „Strafgesetzbuch. Kommentar“, 28. Auflage, München 2014 (zit. Lackner/Kühl-StGB/*Verfasser*)

Laufhütte, Wilhelm; Rissing van Saan, Ruth; Tiedemann, Klaus (Hrsg.) „Strafgesetzbuch: Leipziger Großkommentar“, 12. Auflage, Zweiter Band §§ 32 – 55, Berlin 2006 (zit. LK-StGB/*Verfasser*)

Leuschner, Fredericke; Schwanengel, Colin „Atlas der Opferhilfen in Deutschland“, in: KrimZ Kriminologische Zentralstelle e.V., Wiesbaden 2015 (zit. *Leuschner/Schwanengel,* Atlas der Opferhilfen)

Loos, Fritz „Bemerkungen zu § 46a StGB“, in: Festschrift für Hans Joachim Hirsch zum 70. Geburtstag am 11. April 1999, Berlin 1999, S. 851 ff. (zit. *Loos,* FS Hirsch)

Loos, Fritz „Probleme des neuen Adhäsionsverfahrens“, in: GA 2006, S. 195 ff. (zit. *Loos,* GA 2006)

Lorenz, Max „Über die Vernehmung des Privatklägers als Zeugen“, in: JR 1950, 106 ff. (zit. *Lorenz,* JR 1950)

Löffelmann, Markus „Anmerkung zu BVerfG, Urteil vom 19.3.2013 - 2 BvR 2628/10; 2 BvR 2883/10; 2 BvR 2155/11“, in: JR 2013, S. 315 ff. (zit. *Löffelmann,* JR 2013)

Löwe, Erwald; Rosenberg, Werner (Begr.) „Die Strafprozessordnung und das Gerichtsverfassungsgesetz. Großkommentar“, 26. Auflage, Berlin; Band 1 (2006), Einleitung; §§ 1–47; Band 2 (2008), §§ 48–93; Band 3 (2014), §§ 94–111p; Band 4 (2007), §§ 112–150; Band 5 (2008), §§ 151–212b; Band 6 (2009), Teil 1, §§ 213–255a; Band 6 (2013), Teil 2, §§ 256–295; Band 7 (2014), Teil 1, 296–311a; Band 7 (2013), Teil 2, §§ 312–373a; Band 8 (2009), §§ 374–448; Band 9 (2010), §§ 449–495; Band 10 (2010), GVG, EGGVG; Band 11 (2012), EMRK, IPBPR (zit. LR-StPO/Verfasser)

Lüderssen, Klaus „Die Krise des öffentlichen Strafanspruchs“, Neuwied 1989 (zit. *Lüderssen,* Krise des öffentlichen Strafanspruchs)

Lüderssen, Klaus „Abschaffen des Strafens?“, Frankfurt am Main 1995 (zit. *Lüderssen,* Abschaffen des Strafens)

Lüderssen, Klaus „Opfer im Zwielicht“, in: Festschrift für Hans Joachim Hirsch zum 70. Geburtstag am 11. April 1999, Berlin 1999, S. 879 ff. (zit. *Lüderssen,* FS Hirsch)

Lüderssen, Klaus „Der öffentliche Strafanspruch im demokratischen Zeitalter – Von der Staatsräson über das Gemeinwohl zum Opfer?“, in: Strafrechtsprobleme an der Jahrtausendwende, Baden-Baden 2000, S. 63 ff. (zit. *Lüderssen,* Staatsräson-Gemeinwohl-Opfer)

Lütz-Binder, Eva „Rechtswirklichkeit der Privatklage und Umgestaltung zu einem Aussöhnungsverfahren: Untersuchung unter Auswertung der Privatklageverfahren der Jahre 1992 – 2002 aus den Amtsgerichtsbezirken Landau/Pfalz, Neustadt/Weinstraße und Ludwigshafen/Rhein“, Frankfurt am Main 2010 (zit. *Lütz-Binder,* Privatklage)

Maiwald, Manfred „Die Beteiligung des Verletzten am Strafverfahren“, in: GA 1970, S. 33 ff. (zit. *Maiwald,* GA 1970)

Maiwald, Manfred „Zur „Verrechtlichung“ des Täter-Opfer-Ausgleichs in § 46a StGB“, in: GA 2005, 339 ff. (zit. *Maiwald,* GA 2005)

Markwardt, Manfred „Die Errichtung einer Stiftung Opferhilfe Bayern“, S. 781 ff., in: Festschrift für Heinz Schöch zum 70. Geburtstag, Berlin 2010 (zit. *Markwardt,* FS Schöch)

ME Lens, Kim; Pemberton, Antony; Brans, Karen et al. “Delivering a Victim Impact Statement: Emotionally effective or counterproductive?”, in: European Journal of Criminology 2015, Vol. 12(I), S. 17 ff. (zit. *ME Lens et al.,* European Journal of Criminology 2015)

Meier, Bernd-Dieter; Dürre, Nina „Das Adhäsionsverfahren“, in: JZ 2006, 18 ff. (zit. *Meier/Dürre,* JZ 2006)

Meier, Bernd-Dieter „Täter-Opfer-Ausgleich und Wiedergutmachung im allgemeinen Strafrecht“, in: JuS 1996, 436 ff. (zit. *Meier,* JuS 1996)

Meier, Bernd-Dieter „Konstruktive Tatverarbeitung im Strafrecht – Bestandsaufnahme und Reformperspektiven –“, in: GA 1999, S. 1 ff. (zit. *Meier,* GA 1999)

Meyer, Frank „Die sole or decisive-Regel zur Würdigung nicht konfrontierter Zeugenaussagen – not so decisive anymore, Besprechung zum Urteil EGMR HRRS 2012 Nr. 1 (Al-Khawaja and Tahery vs. UK)“, in: HRRS 2012, S. 117 ff. (zit. *Meyer,* HRRS 2012)

Meyer, Jürgen (Hrsg.) „Charta der Grundrechte der Europäischen Union“ (Kommentar), 4. Auflage, Baden-Baden 2014 (zit. EU-Charta/*Verfasser*)

Meyer-Goßner, Lutz; Schmitt, Bertram „Strafprozessordnung“ (Kommentar), 60. Auflage, München 2017 (zit. *Meyer-Goßner/Schmitt*)

Moller, Hans „Klageerzwingungsverfahren und berechtigtes Vergeltungsbedürfnis“, in: NJW 1966, S. 1253 f. (zit. *Moller,* NJW 1966)

Murmann, Uwe „Über den Zweck des Strafprozesses“, in: GA 2004, S. 65 ff. (zit. *Murmann,* GA 2004)

Murmann, Uwe „Grundkurs Strafrecht“, 2. Auflage, München 2013 (zit. *Murmann,* Strafrecht)

Müller-Tuckfeld, Jens C. „Integrationsprävention: Studien zu einer Theorie der gesellschaftlichen Funktion des Strafrechts“, Frankfurt am Main 1998 (zit. *Müller-Tuckfeld,* Integrationsprävention)

Muttelsee, Anna Bettina „Die Sicherung des Rechtsfriedens im Bereich der Privatklagedelikte – Analyse und Reformüberlegungen –“, Bonn 1991 (zit. *Muttelsee,* Rechtsfrieden)

Nack, Armin; Park, Tido; Brauneisen, Achim „Gesetzesvorschlag der Bundesrechtsanwaltskammer zur Verbesserung der Wahrheitsfindung im Strafverfahren durch den verstärkten Einsatz von Bild- und Tontechnik“, in: NStZ 2011, S. 310 ff. (zit. *Nack/Park/Brauneisen,* NStZ 2011)

Neß, Karl „Der Begriff des Verletzten im Strafprozeßrecht“, Hamburg 1970 (zit. *Neß,* Begriff des Verletzten)

Neubauer, Tina „Zeugen- und Prozessbegleitung“, in: Täter-Taten-Opfer. Grundlagenfragen und aktuelle Probleme der Kriminalität und ihrer Kontrolle, Mönchengladbach 2013 (zit. *Neubauer,* Prozessbegleitung)

Niemz, Susanne „Urteilsabsprachen und Opferinteressen – in Verfahren mit Nebenklagebeteiligung“, Baden-Baden 2011 (zit. *Niemz,* Urteilsabsprachen)

Noak, Torsten „Die auf Freisprechung des Angeklagten gerichtete Nebenklage – zulässig? Zugleich Besprechung von OLG Rostock, Beschl. v. 26.03.2012, I Ws 77/12“, in: ZIS 2014, S. 189 ff. (zit. *Noak,* ZIS 2014)

Noltenius, Bettina „Kritische Anmerkungen zum Täter-Opfer-Ausgleich“, in: GA 2007, S. 518 ff. (zit. *Noltenius,* GA 2007)

Oberlies, Dagmar „Kommentar zu BGH, Urteil vom 14. Dezember 1999 – 4 StR 554/99“, in: Neue Justiz 2000, S. 550 f. (zit. *Oberlies,* Neue Justiz 2000)

Oberlies, Dagmar „Der Täter-Opfer-Ausgleich – Theorie und Praxis einer Glaubensrichtung“, in: Streit 2000, 99 ff. (zit. *Oberlies,* Streit 2000)

Ostendorf, Heribert „Das öffentliche Klageerzwingungsverfahren – ein notwendiges Institut zur Kontrolle der Staatsanwaltschaft“, in: Recht und Politik 1980, S. 200 ff. (zit. *Ostendorf,* Recht und Politik 1980)

Palandt, Otto (Begr.) „Bürgerliches Gesetzbuch: mit Nebengesetzen“ (Kommentar), 76. Auflage, München 2017 (zit. Palandt/*Verfasser*)

Parigger, Manfred „§ 46a StGB und seine Anwendbarkeit im Steuerstrafrecht“, in: Festschrift für Peter Rieß zum 70. Geburtstag am 4. Juni 2002, Berlin 2002, S. 783 ff. (zit. *Parigger,* FS Rieß)

Pawlik, Michael „Person, Subjekt, Bürger. Zur Legitimation von Strafe“, Berlin 2004 (zit. *Pawlik,* Legitimation von Strafe)

Pawlik, Michael „Kritik der präventionstheoretischen Strafbegründungen“, in: Festschrift für Hans-Joachim Rudolphi zum 70. Geburtstag, München 2004, S. 213 ff. (zit. *Pawlik,* FS Rudolphi)

Pfordte, Thilo „Der informierte Zeuge im Strafverfahren – einige Gedanken über das wichtigste Beweismittel der StPO“, in: Festschrift für Egon Müller, Baden-Baden 2008, S. 551 ff. (zit. *Pfordte,* FS Müller)

Pielsticker, Susanne „§ 46a StGB – Revisionsfalle oder sinnvolle Bereicherung des Sanktionsrechts?“, Berlin 2004 (zit. *Pielsticker,* Revisionsfalle oder Bereicherung)

Pollähne, Helmut „Zu viel geopfert!? Eine Kritik der Viktimisierung von Kriminalpolitik und Strafjustiz“, in: StV 2016, S. 671 ff. (zit. *Pollähne,* StV 2016)

Prepeluh, Urska „Die Entwicklung der Margin of Appreciation – Doktrin im Hinblick auf die Pressefreiheit“, in: ZaöRV 2001 (Band 61), S. 771 ff. (zit. *Prepeluh,* ZaöRV 2001)

Prittwitz, Cornelius „Opferlose Straftheorien“, in: Die Stellung des Opfers im Strafrechtsystem: neue Entwicklungen in Deutschland und in den USA, Köln 2000, S. 51 ff. (zit. *Prittwitz,* Straftheorien)

Prittwitz, Cornelius „Positive Generalprävention und Recht des Opfers auf Bestrafung des Täters?“, in: KritV 2000 (Sonderheft), S. 162 ff. (zit. *Prittwitz,* KritV 2000)

Puderbach, Klaus „Informiertheit über Opferrechte aus der Sicht der Justiz“, S. 43 ff., in: Opferschutz - unbekannt, Aktuelle Entwicklungen bei Opferschutz und Opferrechten, Baden-Baden 2007, S. 43 ff. (zit. *Puderbach,* Informiertheit über Opferrechte)

Pues, Anni „Gruppenvertretung der Nebenklage im Strafprozess? Eine rechtsvergleichende Studie zum prozessualen Umgang mit einer besonderen Verfahrenssituation“, in: StV 2014, S. 304 ff. (zit. *Pues,* StV 2014)

Pühringer, Lisa „Die Rechte von Opfern im österreichischen Strafverfahren“, Frankfurt am Main 2011 (zit. *Pühringer,* Rechte von Opfern)

Rautenberg, Erado „Verhandlungen des Zweiundsechzigsten Deutschen Juristentages 1998“, Band II/1, Sitzungsberichte - Referate und Beschlüsse, L 43 ff. (zit. *Rautenberg,* Referat)

Rebmann, Kurt; Schnarr, Karl Heinz „Der Schutz des gefährdeten Zeugen im Strafverfahren. Möglichkeiten de lege lata, Erfordernisse de lege ferenda“, in: NJW 1989, S. 1185 ff. (zit. *Rebmann/Schnarr,* NJW 1989)

Reemtsma, Jan Philipp „Das Recht des Opfers auf Bestrafung des Täters - als Problem“, München 1999 (zit. *Reemtsma,* Bestrafung)

Richter, Natalie „Täter-Opfer-Ausgleich und Schadenswiedergutmachung im Rahmen von § 46a StGB - Eine Problemanalyse unter besonderer Berücksichtigung der höchstrichterlichen Rechtsprechung seit 1995“, Berlin 2014 (zit. *Richter,* Wiedergutmachung)

Rieß, Peter „Die Rechtsstellung des Verletzten im Strafverfahren“, in: Verhandlungen des fünfundfünfzigsten Deutschen Juristentages, Band I, Gutachten Teil C, München 1984, C. 9 ff. (zit. *Rieß,* Gutachten)

Rieß, Peter „Der Strafprozeß und der Verletzte - eine Zwischenbilanz“, in. Jura 1987, S. 281 ff. (zit. *Rieß,* Jura 1987)

Rieß, Peter „Über den schleichenden Tod der Privatklage“, in: SchAZtg. 2000, 306 ff. (zit. *Rieß,* SchAZtg. 2000)

Rieß, Peter „Über die Aufgaben des Strafverfahrens“, in: JR 2006, 269 ff. (zit. *Rieß,* JR 2006)

Rieß, Peter; Hilger, Klaus „Das neue Strafverfahrensrecht - Opferschutzgesetz und Strafverfahrensänderungsgesetz 1987“, in: NStZ 1987, 204 ff. (zit. *Rieß/Hilger,* NStZ 1987)

Rogall, Klaus „Kernbereichsmystik im Strafverfahren“, in: Festschrift für Gerhard Fezer zum 70. Geburtstag am 29. Oktober 2008, Berlin 2008, S. 61 ff. (zit. *Rogall,* FS Fezer)

Rössner, Dieter „Verhandlungen des zweiundsechzigsten Deutschen Juristentages Bremen 1998“, Ständigen Deputation des Deutschen Juristentages [Hrsg.], Band II/1, Sitzungsberichte – Referate und Beschlüsse, München 1998, L 9 ff. (zit. *Rössner*, Referat)

Rössner, Dieter; Klaus, Thomas „Rechtsgrundlagen und Rechtspraxis“, in: Täter-Opfer-Ausgleich in Deutschland – Bestandsaufnahme und Perspektiven, Mönchengladbach 1998, S. 49 ff. (zit. *Rössner/Klaus*, Rechtsgrundlagen)

Roxin, Claus „Strafrecht Allgemeiner Teil“, Band I, Grundlagen. Der Aufbau der Verbrechenslehre, 4. Auflage, München 2006 (zit. *Roxin*, Strafrecht AT)

Roxin, Claus „Prävention, Tadel und Verantwortung“, in: GA 2015, S. 185 ff. (zit. *Roxin*, GA 2015)

Roxin, Claus; Schünemann, Bernd „Strafverfahrensrecht“, 29. Auflage, München 2017 (zit. *Roxin/Schünemann*, Strafverfahrensrecht)

Safferling, Christoph „Internationales Strafrecht: Strafanwendungsrecht – Völkerstrafrecht – Europäisches Strafrecht“, Berlin 2011 (zit. *Safferling*, Internationales Strafrecht)

Salgo, Ludwig „Fortbildungspflicht für Richter“, in: NJW-aktuell 23/2016 (Editorial) (zit. *Salgo*, NJW-aktuell 23/2016 (Editorial))

Saliger, Frank „Grenzen der Opportunität: § 153a StPO und der Fall Kohl. Zugleich Besprechung von LG Bonn, Beschluss vom 28.2.2001“, in: GA 2005, S. 155 ff. (zit. *Saliger*, GA 2005)

Satzger, Helmut „Internationales und Europäisches Strafrecht“, 5. Auflage, Baden-Baden 2011 (zit. *Satzger*, Strafrecht)

Sautner, Lyane „Opferinteressen und Strafrechtstheorien: zugleich ein Beitrag zum restorativen Umgang mit Straftaten“, Innsbruck 2009 (zit. *Sautner*, Opferinteressen)

Schabel, Bernhard „Erneut: Zur Anwendbarkeit des § 46a StGB im Steuerstrafrecht“, in: wistra 1997, S. 201 ff. (zit. *Schabel*, wistra 1997)

Schiemann, Anja „Macht des Opfers – Ohnmacht des Beschuldigten“, in: KritV 2012, S. 161 ff. (zit. *Schiemann*, KritV 2012)

Schiemann, Anja „Anmerkung zu BGH, Beschluss vom 9.5.2012 – 5 StR 523/11“, in: JR 2012, 392 ff. (zit. *Schiemann*, JR 2012)

Schlothauer, Reinhold „Reform des Ermittlungsverfahrens“, in: StV 2016, S. 607 ff. (zit. *Schlothauer*, StV 2016)

Schlothauer, Reinhold; Wieder, Hans-Joachim „Verteidigung im Revisionsverfahren“, 2. Auflage, Heidelberg 2013 (zit. *Schlothauer/Wieder*, Revision)

Schmälzger, Christoph „Give and Take? – Schutz und Einfluss des Opfers im Strafverfahren“, in: ELR 2011, S. 301 ff. (zit. *Schmälzger*, ELR 2011)

Schmidt, Eberhard „Lehrkommentar zur Strafprozessordnung und zum Gerichtsverfassungsgesetz", Teil II, Göttingen 1957 (zit. *E.Schmidt,* StPO 1957)

Schmidt, Eberhard „Lehrkommentar zur Strafprozessordnung und zum Gerichtsverfassungsgesetz", Nachträge und Ergänzungen zu Teil II (StPO), Göttingen 1967 (zit. *E.Schmidt,* StPO 1967)

Schneider, Hans Joachim „Neue Erkenntnisse der kriminologischen Verbrechensopferforschung – ihre Auswirkungen auf die Opferpolitik", in: JR 2010, 375 ff. (zit. *Schneider,* JR 2010)

Schöch, Heinz „Opferschutz – Prüfstein für alle strafprozessualen Reformüberlegungen", in: Festschrift für Peter Riess zum 70. Geburtstag am 4. Juni 2002, Berlin 2002, S. 507 ff. (zit. *Schöch,* FS Rieß)

Schöch, Heinz „Persönlichkeitsschutz des Zeugen im Strafverfahren", in: Gesamte Strafrechtswissenschaft in internationaler Dimension: Festschrift für Jürgen Wolter zum 70. Geburtstag am 7. September 2013, Berlin 2013, S. 1095 ff. (zit. *Schöch,* FS Wolter)

Schönke, Adolf; Schröder, Horst (Begr.) „Strafgesetzbuch – Kommentar", 29. Auflage, München 2014 (zit. Schönke/Schröder/*Verfasser*)

Schüler-Springorum, Horst „Kriminalpolitik für Menschen", Frankfurt am Main 1991 (zit. *Schüler-Springorum,* Kriminalpolitik)

Schulz, Jan „Beiträge zur Nebenklage", Berlin 1982 (zit. *Schulz,* Nebenklage)

Schünemann, Bernd „Zur Stellung des Opfers im System der Strafrechtspflege", in: NStZ 1986, S. 193 ff. (zit. *Schünemann,* NStZ 1986)

Schünemann, Bernd „Der Richter im Strafverfahren als manipulierter Dritter? Zur empirischen Bestätigung von Perseveranz- und Schulterschlußeffekt", in: StV 2000, 159 ff. (zit. *Schünemann,* StV 2000)

Schünemann, Bernd „Aporien der Straftheorie in Philosophie und Literatur", in: Festschrift für Klaus Lüderssen: zum 70. Geburtstag am 2. Mai 2002, Baden-Baden 2002, S. 327 ff. (zit. *Schünemann,* FS Lüderssen)

Schünemann, Bernd „Der Ausbau der Opferstellung im Strafprozeß – Fluch oder Segen?", in: Festschrift für Rainer Hamm zum 65. Geburtstag am 24. Februar 2008", Berlin 2008, S. 687 ff. (zit. *Schünemann,* FS Hamm)

Schünemann, Bernd „Die Vorschläge der Europäischen Kommission für eine Opferschutzrichtlinie", in: ERA Forum 2011, S. 445 ff. (zit. *Schünemann,* ERA Forum 2011)

Schünemann, Bernd „Die Vorschläge der Expertenkommission des BMJV zur Reform des Strafprozesses", in: StraFo 2016, S. 45 ff (zit. *Schünemann,* StraFo 2016)

Schwarz, Torsten; Sengbusch, René „Zur Wirksamkeit von Strafanträgen minderjähriger Verletzter“, in: NStZ 2006, 673 ff. (zit. *Schwarz/Sengbusch,* NStZ 2006)

Schweckendieck, Helmut „Zeugenadresse in der Anklageschrift – muss das sein?“, in: NStZ 2002, S. 408 ff. (zit. *Schweckendieck,* NStZ 2002)

Schwedhelm, Rolf; Spatscheck, Rainer „Täter-Opfer-Ausgleich und Schadenswiedergutmachung im Steuerstrafrecht“, in: DStR 1995, 1449 ff. (zit. *Schwedhelm/Spatscheck,* DStR 1995)

Schwedhelm, Rolf; Spatscheck, Rainer „Nachzahlung hinterzogener Steuern keine Wiedergutmachung i.S.d. Täter-Opfer-Ausgleichs“, in: DStR 1996, 667 ff. (zit. *Schwedhelm/Spatscheck,* DStR 1996)

Seelmann, Kurt „Paradoxien der Opferorientierung im Strafrecht“, in: JZ 1989, S. 670 ff. (zit. *Seelmann,* JZ 1989)

Seelmann, Kurt „Dogmatik und Politik der Wiederentdeckung des Opfers“, in: Rechtsdogmatik und Rechtspolitik. Hamburger Ringvorlesung, Berlin 1990, S. 159 ff. (zit. *Seelmann,* Wiederentdeckung des Opfers)

Seelmann, Kurt „Wechselseitige Anerkennung und Unrecht – Strafe als Postulat der Gerechtigkeit?“, in: ARSP 1993, S. 233 ff. (zit. *Seelmann,* ARSP 1993)

Sieber, Ulrich; Satzger, Helmut; Heintschel-Heinegg, Bernd (Hrsg.) „Europäisches Strafrecht“, 2. Auflage, Baden-Baden 2014 (zit. *Verfasser,* EuropStrafrecht)

Soehring, Jörg „Presserecht: Recherche, Darstellung und Haftung im Recht der Medien“, 4. Auflage, Köln 2010 (zit. *Soehring,* Presserecht)

Sommerfeld, Michael; Guhra, Emanuel „Zur Entschädigung des Verletzten im Verfahren bei Strafbefehlen“, in: NStZ 2004, S. 420 ff. (zit. *Sommerfeld/Guhra,* NStZ 2004)

Steffen, Wiebke „Analyse polizeilicher Ermittlungstätigkeit aus der Sicht des späteren Strafverfahrens“, Wiesbaden 1976 (zit. *W.Steffen,* Ermittlungstätigkeit)

Steffen, Wolfgang „Opferschutz vs. Wahrheitsfindung – das betreute Opfer als Störfaktor? (aus der Sicht der Justiz)“, in: Opferschutz – unbekannt. Aktuelle Entwicklungen bei Opferschutz und Opferrechten, Baden-Baden 2007, S. 111 ff. (zit. *Steffen,* Opferschutz)

Steffens, Rainer „Wiedergutmachung und Täter-Opfer-Ausgleich im Jugend- und Erwachsenenstrafrecht in den neuen Bundesländern“, Mönchengladbach 1999 (zit. *Steffens,* Wiedergutmachung)

Stöckel, Heinz „Das Opfer krimineller Taten, lange vergessen – Opferschutz, Opferhilfe heute“, in: Festschrift für Bernd von Heintschel-Heinegg zum 70. Geburtstag, München 2015, S. 411 ff. (zit. *Stöckel,* FS Heintschel-Heinegg)

Stoffers, Kristian; Möckel, Jens „Beteiligtenrechte im strafprozessualen Adhäsionsverfahren“, NJW 2013, 830 ff. (zit. *Stoffers/Möckel,* NJW 2013)

Strafverteidigervereinigung, Organisationsbüro (Hrsg.) „Alternativen zur Freiheitsstrafe: 36. Strafverteidigertag in Hannover,16. – 18. März 2012“, Berlin 2013 (zit. 36. Strafverteidigertag, Arbeitsgruppe 2 (Nebenklage und Opferschutz)

Stremlau, Inga „Psychosoziale Prozessbegleitung – Überblick und Kritik“, in: Praxis der Rechtspsychologie 2016, S. 125 ff. (zit. *Stremlau,* Praxis der Rechtspsychologie 2016)

Strüwer, Jürgen „Ein Beitrag zur Bestimmung des strafprozessualen Begriffs Verletzter“, Hamburg 1976 (zit. *Strüwer,* Verletztenbegriff)

Stuckenberg, Carl-Friedrich „Gründe für die Abschaffung des § 153a StPO“, in: Rechtsstaatlicher Strafprozess und Bürgerrechte, Gedächtnisschrift für Edda Weßlau, Berlin 2016, S. 369 ff. (zit. *Stuckenberg,* GS Weßlau)

Teuter, Leo „Die Beiordnung eines Pflichtverteidigers im Ermittlungsverfahren, speziell in Haftsachen“, in: StV 2005, S. 233 ff. (zit. *Teuter,* StV 2005)

Trüg, Gerson „Die Reform der strafrechtlichen Vermögensabschöpfung“, in: NJW 2017, S. 1913 ff. (zit. *Trüg,* NJW 2017)

Vassilaki, Irini „Anmerkung zu BGH, Urteil vom 15.09.1999 – 1 StR 286/99“, in: JZ 2000, S. 474 ff. (zit. *Vassilaki,* JZ 2000)

Voß, Hans-Georg W. „Professioneller Umgang der Polizei mit Opfern und Zeugen. Eine Evaluationsstudie“, Neuwied 2001 (zit. *Voß,* Umgang der Polizei)

Walther, Susanne „Zum Anspruch des Deliktsopfers auf rechtliches Gehör und auf ein faires Verfahren“, in: GA 2007, 615 ff. (zit. *Walther,* GA 2007)

Walther, Susanne „Subjektiv-öffentliche Rechte auf Erstattung von Strafanzeige und Durchführung strafrechtlicher Ermittlungen“, in: Festschrift für Heike Jung, Baden-Baden 2007, S. 1045 ff. (zit. *Walther,* FS Jung)

Walther, Susanne „Interessen und Rechtsstellung des Verletzten im Strafverfahren“, in: JR 2008, S. 405 ff. (zit. *Walther,* JR 2008)

Wandtke, Artur-Axel; Bullinger, Winfried (Hrsg.) „Praxiskommentar zum Urheberrecht“, 4. Auflage, München 2014 (zit. Wandtke/Bullinger/*Verfasser*)

Wassermann, Rudolf (Hrsg.) „Reihe Alternativkommentare. Kommentar zur Strafprozessordnung in drei Bänden“, Neuwied Band 2, Teilband 1, §§ 94 – 212b (1992) Band 3, §§ 276–477 (1996) (zit. AK-StPO/*Verfasser*)

Wehnert, Anne „Rechtliche und rechtstatsächliche Aspekte des Klageerzwingungsverfahrens“, Frankfurt am Main 1988 (zit. *Wehnert,* Klageerzwingungsverfahren)

Weigend, Thomas „Das Opferschutzgesetz – kleine Schritte zu welchem Ziel?“, in: NJW 1987, 1170 ff. (zit. *Weigend*, NJW 1987)

Weigend, Thomas „Deliktsopfer und Strafverfahren“, Berlin 1989 (zit. *Weigend*, Deliktsopfer)

Weigend, Thomas „Empfehlen sich gesetzliche Änderungen, um Zeugen und andere nicht beschuldigte Personen im Strafprozeßrecht besser vor Nachteilen zu bewahren?“, in: Verhandlungen des Zweiundsechzigsten Deutschen Juristentages, Gutachten C, München 1998, C 13 ff. (zit. *Weigend*, Gutachten)

Weigend, Thomas „Das Opfer als Prozesspartei? Bemerkungen zum 2. Opferrechtsreformgesetz 2009“, in: Verbrechen – Strafe – Resozialisierung: Festschrift für Heinz Schöch zum 70. Geburtstag am 20. August 2010, Berlin 2010, S. 947 ff. (zit. *Weigend*, FS Schöch)

Weigend, Thomas „Die Strafe für das Opfer? – Zur Renaissance des Genugtuungsgedankens im Straf- und Strafverfahrensrecht“, in: RW 2010, S. 39 ff. (zit. *Weigend*, RW 2010)

Weigend, Thomas „Verfahrenseinstellung nach § 153a StPO: praktikabel, aber nicht legitim“, in: Rechtsstaatlicher Strafprozess und Bürgerrechte, Gedächtnisschrift für Edda Weßlau, Berlin 2016, S. 413 ff. (zit. *Weigend*, GS Weßlau)

Weigend, Thomas „Alle sind sich einig – und das Opfer?“, in: Festschrift für Franz Streng zum 70. Geburtstag, Heidelberg 2017, S. 781 ff. (zit. *Weigend*, FS Streng)

Wenske, Marc „Weiterer Ausbau der Verletztenrechte? Über zweifelhafte verfassungsrechtliche Begehrlichkeiten“, in: NStZ 2008, 434 ff. (zit. *Wenske*, NStZ 2008)

Wenzel, Egbert (Hrsg.) „Das Recht der Wort- und Bildberichterstattung: Handbuch des Äußerungsrechts“, 5. Auflage, Köln 2003 (zit. Wenzel/*Verfasser*)

Winter, Steffen „Ich habe mich gefühlt wie ein Bettnässer“, in: DER SPIEGEL, Ausgabe 16/2017, S. 46 ff. (zit. *Winter*, DER SPIEGEL)

Wohlers, Wolfgang „Anforderung an Antrag im Klageerzwingungsverfahren“, in: NStZ 1990, 98 ff. (zit. *Wohlers*, NStZ 1990)

Wolff, Ernst-Amadeus „Das neuere Verständnis von Generalprävention und seine Tauglichkeit für eine Antwort auf Kriminalität“, in: ZStW 97 (1985), Heft 4, S. 786 ff. (zit. *Wolff*, ZStW 97 (1985))

Wollmann, Susanne „Mehr Opferschutz ohne Abbau liberaler Strukturen im Verständnis der Prinzipien der Strafprozessordnung, Dargestellt am Beispiel des verbesserten Zeugenschutzes in § 255a Abs. 2 StPO“, Baden-Baden 2009 (zit. *Wollmann*, Opferschutz)

Wolter, Jürgen (Hrsg.) „SK-StPO. Systematischer Kommentar zur Strafprozessordnung. Mit GVG und EMRK“, Köln; Band 1, §§ 1 – 93 StPO, 4. Auflage 2013; Band 3, §§ 137 – 197 StPO, 4. Auflage 2011; Band 4, §§ 198 – 246 StPO, 5. Auflage 2015; Band 5, §§ 246a – 295 StPO, 4. Auflage 2012; Band 8, §§ 374 – 495 StPO, 4. Auflage 2013; Band 9, GVG, 4. Auflage 2013 (zit. SK-StPO/*Verfasser*)

Zipf, Heinz „Die Strafmaßrevision“, München 1969 (zit. *Zipf*, Strafmaßrevision)

Zöller, Mark A. „Opferschutz im Strafverfahren“, in: Strafe und Prozess im freiheitlichen Rechtsstaat: Festschrift für Hans-Ullrich-Paeffgen zum 70. Geburtstag am 2. Juli 2015, Berlin 2015, S. 719 ff. (zit. *Zöller*, FS Paeffgen)

Abkürzungsverzeichnis

a.A.	andere Ansicht
Abl.	Amtsblatt
Abs.	Absatz
AEUV	Vertrag über die Arbeitsweise der Europäischen Union
a.F.	alter Fassung
AK-StPO	Alternativkommentare zur Strafprozessordnung
Alt.	Alternative
ARSP	Archiv für Rechts- und Sozialphilosophie
Art.	Artikel
Beschwerdenr.	Beschwerdenummer
BGB	Bürgerliches Gesetzbuch
BGBl.	Bundesgesetzblatt
BGH	Bundesgerichtshof
BMJV	Bundesministerium für Justiz- und Verbraucherschutz
BSG	Bundessozialgericht
bspw.	beispielsweise
BT-Drucks.	Bundestagesdrucksache
BVerfG	Bundesverfassungsgericht
bzw.	beziehungsweise
ca.	circa
ders.	derselbe
d.h.	das heißt
dies	dieselbe
DRiZ	Deutsche Richterzeitung
DStR	Deutsches Steuerrecht (Zeitschrift)
EGMR	Europäischer Gerichtshof für Menschenrechte
Einf.	Einführung
EL	Ergänzungslieferung
ELR	European Law Reporter (Zeitschrift)
EMöGG	Gesetz zur Erweiterung der Medienöffentlichkeit in Gerichtsverfahren und zur Verbesserung der Kommunikationshilfen für Menschen mit Sprach- und Hörbehinderungen
EMRK	Europäische Menschenrechtskonvention
ERA Forum	Journal of the Academy of European Law
EU	Europäische Union

EuGH	Europäischer Gerichtshof
EUV	Vertrag über die Europäische Union
f.	folgende
ff.	fortfolgende
Fn.	Fußnote
FS	Festschrift
GA	Goltdammer's Archiv für Strafrecht
gem.	gemäß
GG	Grundgesetz für die Bundesrepublik Deutschland
ggfs.	gegebenenfalls
GK	Große Kammer
GSSt.	Großer Senat für Strafsachen
GVG	Gerichtsverfassungsgesetz
h.M.	herrschende Meinung
HRRS	Onlinezeitschrift für Höchstrichterliche Rechtsprechung zum Strafrecht
i.V.m.	im Verhältnis mit
JA	Juristische Arbeitsblätter
JAG	Juristenausbildungsgesetz
JBeitrG	Justizbeitreibungsgesetz
JGG	Jugendgerichtsgesetz
JGGÄndG	Gesetz zur Änderung des Jugendgerichtsgesetzes
JR	Juristische Rundschau
Jura	Juristische Ausbildung
JuS	Juristische Schulung
JVEG	Justizvergütungs- und Entschädigungsgesetz
JZ	Juristenzeitung
KG	Kammergericht
KK-StPO	Karlsruher Kommentar zur Strafprozessordnung
KritV	Kritische Vierteljahresschrift für Gesetzgebung und Rechtsprechung
KUG	Kunsturhebergesetz
lit.	littera
MedienG	Mediengesetz
MüKo-StPO	Münchener Kommentar zur Strafprozessordnung
m.w.N.	mit weiteren Nachweisen
n.F.	neuer Fassung
NJ	Neue Justiz
NJW	Neue Juristische Wochenschrift

Nr.	Nummer
NStZ	Neue Zeitschrift für Strafrecht
o.ä.	oder ähnlich
OECD	Organisation für wirtschaftliche Zusammenarbeit und Entwicklung
OEG	Opferentschädigungsgesetz
OLG	Oberlandesgericht
OpferRRG	Opferrechtsreformgesetz
Ö-StPO	Österreichische Strafprozessordung
PJZS	Polizeiliche und justizielle Zusammenarbeit in Strafsachen
PKH	Prozesskostenhilfe
PsychPbG	Gesetz über die psychosoziale Prozessbegleitung im Strafverfahren
RB	Rahmenbeschluss
RiStBV	Richtlinien für das Strafverfahren und das Bußgeldverfahren
RL	Richtlinie
Rn.	Randnummer
RPflG	Rechtspflegergesetz
Rs.	Rechtssache
RStPO	Reichsstrafprozessordnung
RStV	Rundfunkstaatsvertrag
RW	Rechtswissenschaft – Zeitschrift für rechtswissenschaftliche Forschung
S.	Satz
SchAZtg.	Schiedsamtszeitung
SK-StPO	Systematischer Kommentar zur Strafprozessordnung
sog.	sogenannte
StGB	Strafgesetzbuch
StORMG	Gesetz zur Stärkung der Rechte von Opfern sexuellen Missbrauchs
StPO	Strafprozessordnung
S-StPO	Schweizerische Strafprozessordnung
StraFO	Strafverteidiger Forum
StrÄndG	Strafrechtsänderungsgesetz
StV	Strafverteidiger (Zeitschrift)
TOA	Täter-Opfer-Ausgleich
UrhG	Urhebergesetz
usw.	und so weiter
vgl.	vergleiche

VIS	Victim-Impact-Statement
Vor.	Vorbemerkung
wistra	Zeitschrift für Wirtschafts- und Steuerstrafrecht
ZaöRV	Zeitschrift für ausländisches öffentliches Recht und Völkerrecht
ZIS	Zeitschrift für Internationale Strafrechtsdogmatik
ZMV	Zugänglichmachungsverordnung
ZPO	Zivilprozessordnung
ZRP	Zeitschrift für Rechtspolitik
ZSchG	Zeugenschutzgesetz
ZStW	Zeitschrift für die gesamte Strafrechtswissenschaft

A. Einführung

I. Problemstellung

Seit Mitte der achtziger Jahre des letzten Jahrhunderts scheint der Vormarsch des Tatopfers innerhalb des strafrechtspolitischen Diskurses in Deutschland unaufhaltsam. Seine rechtliche Stellung im Strafverfahren wurde durch diverse Strafrechtsreformgesetze ständig verbessert. Das Opfer einer Straftat zu schützen und ihm Prozessrechte einzuräumen, war und ist in der Gesellschaft, und damit auch in der Rechtspolitik, äußerst populär. Umso wichtiger ist daher, dass sich eine Gegenbewegung erhob, die auf eine dadurch verursachte Unterhöhlung der Interessen des Beschuldigten, Angeschuldigten, Angeklagten bzw. Täters aufmerksam machte, um einer zu einseitigen Betonung der Opferinteressen entgegenzuwirken.

Seit Beginn der Jahrtausendwende haben sich die europäischen Institutionen, insbesondere die EU als Normsetzungsinstanz, dem Thema „Opferrechte" verstärkt zugewandt. Es wurden Rechtsakte erlassen, die von den Mitgliedstaaten der EU in nationales Recht umzusetzen sind mit dem Ziel, die Opferrechte auf europäischer Ebene zu harmonisieren und dabei ein Mindestschutzniveau zu etablieren. Dieser Prozess mündete in die Schaffung der Richtlinie 2012/29/EU des Europäischen Parlaments und des Rates vom 25.10.2012 über Mindeststandards für die Rechte, die Unterstützung und den Schutz von Opfern von Straftaten, deren Vorschriften ausgelegt und vom deutschen Gesetzgeber in die StPO integriert werden müssen, ohne dabei das europäische Mindestschutzniveau zu unterschreiten.

Der deutsche Gesetzgeber hat – gerade noch fristgemäß – das 3. OpferRRG beschlossen, das am 31.12.2015 in Kraft getreten ist. Mit diesem Reformgesetz soll dafür gesorgt sein, dass die deutsche Rechtslage den seitens der EU vorgegebenen Mindeststandard an Opferrechten hinreichend umsetzt. Den – im Vergleich zu vorherigen Opferrechtsreformgesetzen – nur geringen Reformumfang des 3. OpferRRG begründet der deutsche Gesetzgeber damit, dass die StPO bereits einen äußerst hohen Opferrechtsstandard aufweise und daher nur wenige Änderungen und Neuerungen zur Erreichung des europäischen Mindestschutzniveaus erforderlich gewesen seien. Bei einzelnen Vorgaben der EU verweist der deutsche Gesetzgeber deshalb auch auf bereits vorhandene Rechtsinstitute in der StPO, die den europäischen Mindestschutz ohne weiteres Zutun erreichten und die entsprechenden EU Vorgaben insoweit erfüllten.

Das Ziel der vorliegenden Arbeit ist zu überprüfen, ob die deutsche Rechtslage den europäischen Auftrag vollständig erfüllt, was der Fall wäre, wenn das deutsche Strafverfahrensrecht das europäische Mindestschutzniveau an Opferrechten umfassend umsetzt. Bevor die deutschen Umsetzungsregelungen in den Blick genommen werden, müssen daher zunächst die einzelnen Vorschriften der Richtlinie 2012/29/EU unter Einbeziehung des gesamten Entwicklungsprozesses dieses europäischen Rechtsaktes, darunter die Rechtsprechung des EuGH zur Vorgängerregelung der Richtlinie, ausgelegt werden. Im Verlauf der Auslegung wird deutlich, dass eine umfassende Überprüfung der Umsetzung dieser Richtlinie 2012/29/EU nicht ohne Rückgriff auf einzelne Vorschriften der EMRK und der hierzu einschlägigen Rechtsprechung des EGMR auskommt, um ein umfassendes Bild zum europäischen Mindestschutzniveau an Opferrechten zu schaffen. Dieses Schutzniveau muss der deutsche Gesetzgeber bei jedweden Reformen des nationalen Strafverfahrensrechts nunmehr beachten.

Die vorliegende Arbeit beschränkt sich allerdings nicht nur auf die Umsetzung des europäischen Mindestschutzniveaus im deutschen Strafverfahrensrecht. Im Rahmen der Untersuchung der deutschen Rechtslage wird insbesondere auch die auf das deutsche Recht bezogene aktuelle Kontroverse zu den einzelnen Opferrechtsinstituten aufgegriffen. Dies macht es dem Verfasser möglich, die von ihm erarbeiteten Vorschläge nicht nur unter Berücksichtigung der Defizite in der Umsetzung der europäischen Vorgaben, sondern auch unter Berücksichtigung der Defizite der deutschen Rechtslage zu den Opferrechten im Allgemeinen zu unterbreiten, um insbesondere auch das teilweise vorhandene Spannungsverhältnis mit den Beschuldigten-/Angeklagtenrechten aufzuzeigen und das Austarieren mit den Opferinteressen bewerten zu können.

Beiträge aus Rechtsprechung und Literatur sowie die rechtspolitischen Aktivitäten der deutschen und europäischen Rechtspolitik, die bis Januar 2018 erschienen bzw. beschlossen worden sind, konnten berücksichtigt werden. Nicht zuletzt aufgrund des Umfangs der Arbeit musste der Verfasser allerdings nach Relevanz selektieren. Während die wissenschaftlichen Beiträge der Kritiker und Befürworter des Ausbaus der Opferrechte im Strafverfahrensrecht inzwischen kaum noch zu zählen sind, unter anderem weil die Opferrechtsfrage allgemein in nahezu alle Bereiche des Strafverfahrensrecht ausstrahlt, ist zumindest die Rechtsprechung noch in Teilen als übersichtlich zu bezeichnen, zumal höchstrichterliche Rechtsprechung insbesondere zu den Aktivrechten des Opfers nur selten ergangen ist.

Im Laufe der Arbeit wird die männliche Form jeweils stellvertretend auch für die weibliche verwendet. Wenn von Gericht oder Verfahren die Rede ist, ist stets das Strafgericht oder das Strafverfahren gemeint.

II. Gang der Untersuchung

Neben der hiesigen Einführung unter Teil A wurde die vorliegende Untersuchung in vier weitere Teile gegliedert.

Teil B dient dazu, dem Leser einen Überblick zur allgemeinen Entwicklung der Opferstellung im Strafverfahrensrecht zu bieten, beginnend mit der Notwendigkeit der Opferneutralisierung zugunsten des öffentlichen Strafanspruchs und den Gründen für das (Wieder-)Erstarken der Position des Opfers einer Straftat in den letzten Jahrzehnten. Es folgt ein Überblick zur jüngeren Entwicklung der Opferrechte auf europäischer Ebene, bevor Teil B mit einem kurzen Überblick zur strafrechtspolitischen und -wissenschaftlichen Entwicklung ab dem Opferschutzgesetz 1986 auf deutscher Ebene schließt.

Die Untersuchung der europäischen Rechtslage zur Opferstellung beginnt mit Teil C. Zunächst wird der für die Ausprägung der nationalen Opferrechtsposition essenziellen Frage nachgegangen, ob es auf europäischer Ebene ein Recht des Opfers auf Teilnahme am Strafverfahren gibt, das auf die nationalen Strafrechtsordnungen ausstrahlt. Es werden daraufhin die materiell-rechtlichen Regelungen der Richtlinie 2012/29/EU ausgelegt. Dabei orientiert sich die hier verwendete Gliederung mit manchen Änderungen an der Systematik der Richtlinie. Für die Auslegung der Richtlinie wurde eine Unterteilung in sechs Gliederungsabschnitte vorgenommen, namentlich dem Opferbegriff und den fünf Zielbestimmungen der Richtlinie. Diesen sechs Abschnitten wurden dann die einzelnen Artikel und die Erwägungsgründe der Richtlinie zugeordnet und jeweils ausgelegt. Nicht in die Auslegung dieser Richtlinie unmittelbar integriert, sondern aufgrund ihres Umfangs in einem eigenen Abschnitt näher gewürdigt, wurde die für die Richtlinie relevante Rechtsprechung des EGMR. Diese ist vor allem für den Bereich des Opferschutzes – mit Fokus auf den besonders schutzbedürftigen (sensiblen) Opferzeugen im Strafverfahren – von Bedeutung.

Im Teil D folgen die Ausführungen zur derzeitigen Stellung des Opfers im deutschen Strafverfahrensrecht. Die Untersuchung erfolgt spiegelbildlich zu der in Teil C verwendeten Gliederung und beginnt mit der Frage des Bestehens eines Rechtsanspruchs des Opfers auf Teilnahme am Strafverfahren nach deutschem Recht. Es folgt die Untersuchung der gesetzlichen Ebene anhand der – in Teil C verwendeten – sechs Gliederungsabschnitte. Am Ende jeder dieser sechs Gliederungsabschnitte wird der Umsetzungsstand der europäischen Vorgaben im deutschen Recht mit Schwerpunkt auf den Defiziten in der Umsetzung gewürdigt. Auch wird die deutsche Rechtslage unabhängig von der Frage ihrer

Europarechtskonformität noch einmal in einzelnen Punkten kritisiert, bevor die von dem Verfasser für notwendig gehaltenen rechtspolitischen Schlussfolgerungen zusammengefasst dargestellt werden.

Die Untersuchung schließt im Teil E mit einem Fazit zu den gewonnenen Erkenntnissen und mit einem kurzen Ausblick.

B. Die allgemeine Entwicklung der Opferstellung im Strafverfahrensrecht

I. Öffentlicher Strafanspruch und Opferneutralisierung

Die Gründe für die Entstehung eines staatlichen und öffentlichen, im Namen der Allgemeinheit erhobenen Strafanspruchs sind unter den Strafrechtswissenschaftlern nicht abschließend geklärt bzw. im Einzelnen umstritten.[1] Entsprechend dem „machtpolitischen Narrativ" hat sich derjenige Herrschaftsverband, der aus den Machtkämpfen und dem endlosen Fehdekreislauf als Sieger hervorgegangen ist, die erkämpfte Macht dauerhaft angeeignet, diese zentralisiert und seinen Strafanspruch den Unterworfenen aufgedrängt. Vertreter des „rationalisierenden Narrativs" betonen hingegen, dass dieser siegende Herrschaftsverband seine erlangte Machtposition zu legitimieren begann, indem er Schutz vor Verletzungen durch Dritte versprach, im Gegenzug allerdings von den Unterworfenen Gehorsam und Verzicht auf ihren Strafanspruch verlangte.[2] Nach beiden Erklärungsmustern ist unumstritten, dass der staatliche Strafanspruch nur durch die Neutralisierung der Unterworfenen entstehen konnte.[3] Sie wurden als die Gefahrenquelle angesehen, die es auszutrocknen galt, weil ihr – tendenziell maßloses – Verlangen nach Rache, Wiedererlangung der Ehre, materiellem Ausgleich bzw. Genugtuung einen Kreislauf der Vergeltung heraufbeschwor, der den öffentlichen Frieden, Ruhe und Ordnung bedrohte. Erst ihre Neutralisierung – die der Opfer – ermöglichte daher das Entstehen einer „bürgerlichen Gesellschaft, von Rechtssicherheit und eines friedlichen Zusammenlebens".[4]

Mit dem Geist der Aufklärung und seiner Forderung nach „Säkularisierung, Humanisierung, Rationalisierung und Liberalisierung" vollzog sich ein grundlegender Wandel im Justizsystem. Das öffentliche Strafrecht wurde nicht in Frage gestellt, denn das „Bedürfnis nach wirksamer, Täter und Opfer nicht sich selbst überlassener Friedenssicherung" blieb unverändert existent und etablierte sich fest im Herrschaftsverband. Was sich jedoch änderte, war der öffentliche Charakter des Strafanspruchs. „Die Allgemeinheit ist nicht mehr identisch mit der

---

1 Ausführlich *Lüderssen*, Krise des öffentlichen Strafanspruchs, S. 25 ff; *ders.*, Abschaffen des Strafens, S. 39 ff.

2 Vgl. *Günther*, Kampf um Anerkennung, S. 192.

3 *Hassemer*, Grundlagen des Strafrechts, S. 70 ff.

4 Vgl. *Günther*, Kampf um Anerkennung, S. 195 f.

Herrschaft, sondern mit den Interessen vieler Einzelner, die sich als mit selbstständigen Rechten den staatlichen Institutionen gegenübertretende Gesellschaft verstehen".[5] Dadurch traten die Menschenrechte des vom Strafverfahren betroffenen Straftäters, der gegenüber dem Staat in einer untergeordneten und misslichen Rechtsposition war, nun in den Vordergrund. Denn es galt, vor allem ihn vor dem strafenden und oft willkürlich handelnden Staat zu schützen und als Rechtssubjekt im Strafverfahrensrecht anzuerkennen. Der strafende Staat löste mit seinen bedrohlichen Machtexzessen das Opfer als Gefahrenquelle für den Frieden ab.[6]

Vor diesem Hintergrund entwickelte sich ein täterorientiertes Strafrecht, dessen Legitimität aus dem Schutz von Rechtsgütern der Gemeinschaft und des Bürgers herrührten. Das individuelle Tatopfer blieb eine Randfigur und seine Bedürfnisse wurden vollständig dem öffentlichen Interesse an der Verfolgung und Bestrafung des Täters untergeordnet. Neben dem Straftäter spielten „nur noch objektiv verstandene Rechtsgüter" eine Rolle, womit zum Ausdruck kommt, dass das begangene Unrecht nicht mehr als interpersonaler Konflikt interessierte, sondern als Störung des öffentlichen Friedens und der Rechtsordnung.[7] Diese Sichtweise hat ganz wesentlich dazu beigetragen, dass sich ein ausgeprägtes rechtsstaatliches Schutzniveau zugunsten des Beschuldigten bzw. Täters – wie wir es heute kennen – entwickeln konnte. Allein die bipolare Beziehung zwischen strafenden Staat und zu bestrafenden Täter war zum Gegenstand des Strafverfahrens zu machen und in ein angemessenes Verhältnis zu bringen. Das Tatopfer wurde für die Wahrnehmung seiner Interessen auf das Zivilrecht verwiesen, wo es unter erschwerten Bedingungen allerdings nur einen materiellen Ausgleich für die Tatfolgen erzwingen konnte. Zurück bleibt die spezifische Opfererfahrung in Form von „Demütigung, Missachtung und Erniedrigung"[8], die eine „Lücke" hinterlässt und die sich jedenfalls nicht wie das begangene Unrecht, an deren Verfolgung jeder Staatsbürger ein legitimes Interesse vorweisen kann, durch Generalisierung (theoretisch) schließen lässt.[9]

5 *Lüderssen,* Abschaffen des Strafens, S. 45 f.
6 *Günther,* Kampf um Anerkennung, S. 198.
7 *Burgi,* FS Isensee, S. 658.
8 *Günther,* FS Lüderssen, S. 207 ff.
9 Vgl. *Günther,* Kampf um Anerkennung, S. 200.

II. Die Wiederentdeckung des Opfers im modernen Wohlfahrts- und Rechtsstaat

Die Neutralisierung des Opfers war demnach eine notwendige Bedingung für die Entstehung eines staatlichen und öffentlichen Strafanspruchs. Somit stellt sich die Frage nach den Gründen, die zur Wiederentdeckung des Opfers geführt und eine verstärkte Wahrnehmung seiner Interessen gerade im Bereich des Straf- und Strafverfahrensrechts bewirkt haben.

1. Solidarisierung der Öffentlichkeit mit dem Opfer

Zum einen wird auf die gestiegene öffentliche Aufmerksamkeit abgestellt, die dem Opfer als verletztem Individuum inzwischen durch die Medien zuteilwird und die einen Wandel in der gesellschaftlichen Wahrnehmung bewirkt hat. Das individuelle und durch die Tat verursachte Leid des Opfers löst in der Öffentlichkeit nicht mehr nur Mitleid aus, sondern häufig auch Empörung. Die Verletzung, mit der das Opfer bislang selbst zurechtkommen musste, stellt nicht länger eine nur private Angelegenheit dar, sondern wird in die Öffentlichkeit getragen, thematisiert und teilweise politisch skandalisiert. Zugleich kann das individuelle Leid, das seit Bestehen eines staatlichen Strafanspruchs schon immer existierte und von der Öffentlichkeit insofern auch wahrgenommen wurde, nicht für sich allein diesen Wandel der gesellschaftlichen Aufmerksamkeit zum Opfer hin bewirkt haben. Es kommt entscheidend hinzu, dass das Opfer mit der eingetretenen Konsolidierung eines an rechtsstaatlichen Grundsätzen orientierten Strafrechts – dem es gelang, eine ausgleichende Balance zwischen Staat, Täter und neutralisiertem Opfer herzustellen – endgültig seine Gefährlichkeit für den Rechtsfrieden und die soziale Integration verloren hat. Es war nur eine Frage der Zeit, bis das individuelle Leid des Opfers nicht mehr als „neutralisierungsbedürftige“ Gefahr angesehen wurde, sondern in der gesellschaftlichen Wahrnehmung verstärkt Anteilnahme und anwachsende Solidarität erzeugte.[10]

2. Ernüchterung über das wohlfahrtsstaatliche Präventionsparadigma

Zum anderen ist auf die durch die großen Strafrechtsreformgesetze eingeleitete Umstellung von einem vergeltungs- zu einem präventionsorientierten Strafrechtskonzept hinzuweisen. Ein vergeltungsorientiertes Strafrechtssystem – so wird behauptet – konnte das individuelle Opfer noch beachten, weil sich „an

10 Vgl. *Günther*, Kampf um Anerkennung, S. 201 ff.

ihm die Verletzung vollzogen hat, um deren Vergeltung es geht".[11] Zumindest auf einfachgesetzlicher Ebene wurde dieser vorhandene Bezug zum konkreten Opfer erkennbar, da auf dieser Grundlage ein individuelles Vergeltungsbedürfnis von Teilen der Rechtsprechung auch anerkannt wurde, um über die Verletzteneigenschaft eine Klageerzwingungsbefugnis begründen zu können. Dieser – im Grunde noch direkte – Opferbezug wurde mit der Ausrichtung auf die präventiven Strafzwecke nach außen sichtbar gekappt. Das konkrete Opfer musste dem potenziellen Opfer nun endgültig weichen. Man spricht insoweit von einem nur noch indirekt bestehenden Opferbezug.[12]

Mit der Umstellung auf ein präventionsorientiertes Strafrechtskonzept änderte sich ferner die rechtspolitische Perspektive auf die Entstehung und die Ursachen von Kriminalität. Diese stellte fortan eine „gesellschaftliche Dysfunktion" dar. Für die Strafjustiz gewannen die psychologischen, sozialpsychologischen und soziologischen Kriminalitätstheorien an Bedeutung, die sich nur in dem Verhältnis zwischen Täter und Gesellschaft bewegen. Das begünstigte den öffentlichen Eindruck, dass sich die Strafjustiz „nur noch um den Täter und nicht mehr um das Opfer" kümmere. Die Rollen wurden sogar noch vertauscht, denn der Täter sei „das eigentliche Opfer der Gesellschaft", während das Opfer der Straftat möglicherweise ein Mitverschulden treffe.[13] Der seitens der Kriminalpolitik aufgenommene viktimologische Forschungsprozess begünstigte diesen öffentlichen Eindruck, weil sich die Kriminalpolitik insbesondere für die Opferentschädigung und Opferbeschuldigung als Schwerpunkte der viktimologischen Forschung interessierte. Diese diente weniger dem Interesse des Opfers, als vielmehr dem Interesse des Staates und des Täters. Die staatlichen Opferentschädigungsprogramme unterstrichen den staatlichen Strafanspruch, während die Opfermitverantwortung vorrangig zur Entlastung des Täters im Rahmen der Strafzumessung führte.[14] Ferner wurden zur Verbrechensprävention deeskalierende Strategien entwickelt, damit das Opfer durch eigenes Verhalten der Viktimisierung entgegenwirken kann.[15] Dies verstärkte den Gesamteindruck, dass die Strafjustiz und Kriminalpolitik die Verantwortung des Täters zumindest teilweise auf das Tatopfer übertragen wollte.

11 *Hassemer,* Grundlagen des Strafrechts, S. 72.

12 So *Günther,* Kampf um Anerkennung, S. 203 f.; ähnlich auch *Schünemann,* FS Hamm, S. 687 f.

13 *Günther,* Kampf um Anerkennung, S. 204 f.

14 Vgl. *Schüler-Springorum,* Kriminalpolitik, S. 218 f.

15 Einen Überblick zur Entwicklung und den Strömungen der Viktimologie bietet *Kersten,* Newsletter, S. 7 ff.

Weiterhin verschwimmt der zumindest noch indirekt vorhandene Opferbezug zusehends aufgrund der in Mode gekommenen Expansion des Strafrechts als gesellschaftliches Steuerungsmittel zum Schutz von kollektiven Rechtsgütern.[16] Ein präventives Strafrecht, das maßgeblich dem Schutz von Individualrechtsgütern dient, kann einen indirekten Opferbezug aufweisen, weil es das potenzielle Opfer als natürliche und individuelle Person wahrnimmt. Straftatbestände zum Schutz von kollektiven Rechtsgütern, zu denen auch sog. „opferlose Delikte" zu zählen sind, lösen den indirekten Opferbezug aufgrund ihrer Deliktsform auf.[17] Dennoch soll der – in großen Teilen noch unerforschte – strafrechtliche Opferbegriff auf einfachgesetzlicher Ebene auch auf diese Deliktsformen anwendbar sein. Der Opferbegriff wird hier in unnötiger Weise verzerrt und verliert den Bezug zum Individuum, was wiederum unter Verweis auf die Täterinteressen aus vorrangig präventiven Gründen geschehen ist.[18]

Die von der feministischen Bewegung – die weiterhin auch Auslöser war für die zeitlich noch folgenden allgemeinen Verbesserungen der Opferstellung[19] – in Gang gesetzte Kritik an den patriarchalischen Gesellschafts- und Justizstrukturen trug maßgeblich dazu bei, dass sich die gesellschaftliche Wahrnehmung des resozialisierungs- und lernfähigen Täters wandelte. Der Täter sei nunmehr für sein Handeln voll verantwortlich oder – falls dies aus pathologischen Gründen nicht der Fall sei – zumindest derart gefährlich, dass die potenziellen Opfer vor ihm geschützt werden müssten. Das gesellschaftliche Umdenken wird als „Individualisierung und Responsibilisierung" des Täters bezeichnet, das mit einer Moralisierung des Verhältnisses zwischen Täter und Opfer einhergeht. Es dauerte nicht lang, bis dieses zunächst auf gegen Frauen gerichtete Straftaten basierende Täterbild dann auf sämtliche Delikte mit konkretem Opferbezug übertragen wurde.[20] Für *Günther* spiegelt sich in diesem Einstellungswandel vor allem eine Enttäuschung über das wohlfahrtsstaatliche Paradigma des präventionsorientierten Strafrechts wider. Es habe die Kriminalität nicht erkennbar vermindert und stehe im Verdacht, die Verantwortung des Täters herunterzuspielen und die Tat zu entmoralisieren, was dem konkreten Opfer nicht gerecht würde. Das in der Öffentlichkeit und Politik derweil stattfindende „moralische

16 Vgl. *Günther*, Kampf um Anerkennung, S. 204 f.

17 *Hassemer*, Grundlagen des Strafrechts, S. 73.

18 Vgl. beispielhaft die hiesigen Ausführungen zum Täter-Opfer-Ausgleich, S. 214.

19 Kritisch hierzu *Schünemann*, FS Hamm, S. 688.

20 Vgl. *Günther*, Kampf um Anerkennung, S. 206 ff.

Nullsummenspiel zwischen Täter und Opfer" kann der Täter im Grunde nur noch verlieren.[21]

Mit diesem gesellschaftlichen, durch die Strafrechtsentwicklung begünstigten Wandel ging die Forderung nach mehr Opferberücksichtigung im Straf- und Strafverfahrensrecht einher. Plausibilität konnte diese Forderung dadurch erlangen, dass bestimmte gesellschaftliche und staatliche Institutionen, die für die Berücksichtigung von Opferbelangen geeigneter als das Kriminaljustizsystem erschienen, diese Verantwortung jedenfalls nicht in ausreichendem Maße wahrnahmen.[22] Neben der Verantwortlichkeit nichtstaatlicher Institutionen (Familie, Nachbarn, usw.) ist hiermit insbesondere das Zivil- und Sozialrecht angesprochen, denen eine „grandiose Unterversorgung"[23] für das Opfer attestiert wird. Das Zivilrecht birgt nicht nur prozessuale Nachteile, sondern die Konkretisierung sowie der Begriff des Schadens seien in einem „frühen Entwicklungsstadium" stecken geblieben.[24] Das Sozialrecht hingegen stehe im Verdacht, durch den Ausbau der Mitwirkungsrechte im Strafverfahren politisch vernachlässigbar zu sein.[25] Vor diesem Hintergrund verwundert es nicht, dass sich das Opfer und die sich mit dem Opfer solidarisierende Öffentlichkeit das Strafrecht als das – aus ihrer Perspektive – richtige Handlungsfeld ausmalten, weil es das vermeintlich einzige öffentliche Forum darstellt, auf dem die Tat verhandelt wird.[26] Statt an der Neutralisierung des Opfers festzuhalten und seine Bedürfnisse außerstrafrechtlich aufzufangen, hat sich der deutsche Gesetzgeber für einen stetigen Ausbau der Opferstellung im Strafverfahrensrecht entschieden, der rechtspolitisch durch die europäischen Institutionen unterstützt und angetrieben wurde.

III. Die neuere Vorgeschichte des Opferschutzes im europäischen Strafverfahrensrecht

1. Definition des Begriffs „Europäisches Strafrecht"

Der Terminus „Europäisches Strafrecht" wird unterschiedlich ausgelegt.[27] Bei der Suche nach einer geeigneten Definition ist zu beachten, dass ein eigenes

21 *Günther,* Kampf um Anerkennung, S. 208 f.
22 *Prittwitz,* Straftheorien, S. 62.
23 *Lüderssen,* Staatsräson-Gemeinwohl-Opfer, S. 70.
24 Siehe *Lüderssen,* Staatsräson-Gemeinwohl-Opfer, S. 70 (dort Fn. 15).
25 *Anders,* ZStW 124 (2012), S. 382.
26 *Prittwitz,* Straftheorien, S. 62.
27 Ausführlich dazu *Sieber,* EuropStrafRecht, Einf. Rn. 2 ff.; *Satzger,* Strafrecht, § 7 Rn. 2 f.

europäisches Kriminalstrafrecht nicht existiert. Das Strafrecht ist bis heute ein Ausdruck nationalstaatlicher Souveränität. Dennoch wird es durch supranationale sowie internationale Strafrechtsintegrationsprozesse zum Teil maßgeblich beeinflusst, weshalb das Kriminalstrafrecht zumindest in einigen Bereichen nicht mehr ausschließlich dem nationalen Gesetzgeber vorbehalten ist. In diesem Sinne muss der Begriff des Europäischen Strafrechts ausgelegt und abgegrenzt werden. Dem Umstand geschuldet, dass nicht auf ein Normgefüge im Sinne eines Europäischen StGB oder einer StPO verwiesen werden kann, ist hier ein extensives Begriffsverständnis anzuwenden. Es geht um einen „Sammelbegriff für eine Rechtsmaterie eigener Art, die sowohl strafrechtsrelevantes Unionsrecht, regionales Völkerrecht als auch das hiervon beeinflusste nationale Strafrecht umfasst".[28]

Unter diese Begriffsdefinition fallen unzweifelhaft solche strafrechtsrelevanten Regelungen, die auf die Aktivitäten der Europäischen Union (EU) zurückgehen (Europäisches Strafrecht im engeren Sinne[29]). Weiterhin müssen unter den Begriff des „Europäischen Strafrechts" solche Regelungen fallen, die traditionell das nationalstaatliche Straf- und Strafverfahrensrecht prägen. Dazu gehören namentlich die Rechtsaktivitäten des Europarats (Europäisches Strafrecht im weiten Sinne[30]), insbesondere die Achtung der Europäischen Menschenrechtskonvention (EMRK) und die hierzu ergangene Rechtsprechung des Europäischen Gerichtshofs für Menschenrechte (EGMR).[31] Ferner sind solche Aktivitäten des Europarats einzubeziehen, denen ein geringerer Verbindlichkeitsgrad gegenüber den einzelnen Konventionsstaaten zukommt, wie gewisse Empfehlungen („Recommendations") zu speziellen kriminalpolitischen Belangen durch das Ministerkomitee, beruhend auf Art. 15 b der Satzung des Europarats.

Vom „Europäischen Strafrecht" sind hingegen diejenigen strafrechtsrelevanten Regelungen abzugrenzen, die aufgrund von völkerrechtlichen Verbindlichkeiten das nationale Strafrecht beeinflussen, aber nicht unmittelbar von europäischen Institutionen, sondern von anderen internationalen Organisationen stammen. Zwar kann auch in diesen Fällen eine europaweite Rechtsvereinheitlichung oder

---

28 *Hecker*, Europäisches Strafrecht, § 1 Rn. 5 m.w.N.; Schönke/Schröder/*Eser/Hecker*, Vor. § 1 Rn. 25; *Ambos*, Internationales Strafrecht, § 9 Rn. 4 ff.

29 *Safferling*, Internationales Strafrecht, § 9 Rn. 6.

30 *Safferling*, Internationales Strafrecht, § 9 Rn. 5.

31 Anzumerken ist, dass sich die EU als Institution zur Einhaltung und Achtung der EMRK verpflichtet hat (Art. 6 II S. 1 EUV). Die Ratifizierung der EMRK ist eine zwingende Voraussetzung für jeden Beitrittskandidaten der EU.

Koordinierung bewirkt werden, um gemeinsame Werte oder Ziele in einem Großteil der europäischen Staaten zu implementieren. Dennoch fallen diese Maßnahmen nicht unter den Begriff des „Europäischen Strafrechts".[32] Hierzu zählen solche Maßnahmen von internationalen Organisationen, die bspw. auf die Initiative der OECD oder der Vereinten Nationen[33] zurückgehen.

2. Einfluss der Europäischen Union „post Lissabon"

a. *Europäisches Primärrecht und Strafrechtsharmonisierung*

Das Vertragswerk der EU befindet sich im stetigen Ausbau und wurde zuletzt durch den am 1. Dezember 2009 in Kraft getretenen Vertrag von Lissabon[34] weitreichend reformiert. Das sog. Primärrecht als ranghöchstes Recht der EU verlor seine bis dato bekannte „Drei-Säulen-Struktur"[35] zugunsten einer spürbaren Erweiterung des Zuständigkeitsbereichs europäischer Institutionen und umfasst heute den „Vertrag der Europäischen Union" (EUV), den „Vertrag über die Arbeitsweise der Europäischen Union" (AEUV)[36] und die „Charta der Grundrechte" der EU, die den beiden genannten Verträgen rechtlich gleichrangig ist (vgl. Art. 6 I EUV). Mit Inkrafttreten des Reformvertrags hat sich die EU unter anderem zum Ziel gesetzt, zugunsten seiner Bürgerinnen und Bürger einen „Raum der Freiheit, der Sicherheit und des Rechts" zu gewährleisten (vgl. Art. 3 II EUV). Um dies umzusetzen, wirkt die Union darauf hin, dass die nationalen Institutionen strafrechtliche Entscheidungen gegenseitig anerkennen und erforderlichenfalls strafrechtliche Rechtsvorschriften angleichen (vgl. Art. 67 III AUEV). Hierbei gilt als allgemeiner Grundsatz, dass die Grundrechte und die

---

32 Vgl. *Sieber*, EuropStrafRecht, Einf. Rn. 7.

33 Wichtige opferorientierte Rechtsaktivitäten der Vereinten Nationen sind bspw.: Declaration of Basic Principles of Justice for Victims of Crime and Abuse of Power, General Assembly Resolution, A/RES/40/34 vom 29. November 1985; United Nations standards and norms in crime prevention and criminal justice, Economic and Social Council, Resolution 1998/21; Guidelines on Justice in Matters involving Child Victims and Witnesses of Crime, Economic and Social Council, Resolution 2005/20.

34 Konsolidierte Fassung des Vertrags über die Europäische Union und des Vertrags über die Arbeitsweise der Europäischen Union, veröffentlicht am 30. März 2010, ABL. EU C 83.

35 Bestehend aus der Europäischen Gemeinschaft (EG), der Gemeinsamen Außen- und Sicherheitspolitik (GASP) und der Polizeilichen und Justiziellen Zusammenarbeit in Strafsachen (PJZS).

36 Diese Verträge enthalten sämtliche materiell- und formellrechtlichen Vorgaben für die Rechtspolitik der EU.

verschiedenen Rechtsordnungen und -traditionen der Mitgliedstaaten zu achten sind (vgl. Art. 67 I AEUV). Das hat zur Folge, dass Rechtsakte in diesem Zuständigkeitsbereich nicht selten einer Gratwanderung zwischen europäischen und nationalen Interessen gleich kommen. Unter Beachtung des „Prinzips der begrenzten Einzelermächtigung“ (Art. 5 I, II EUV) und des „Subsidiaritätsprinzips“ (Art. 5 I, III EUV) wird post Lissabon ein Eingreifen in verschiedene gesellschaftliche Bereiche ermöglicht, die bisher noch ausschließlich oder überwiegend ihren Mitgliedstaaten vorbehalten waren. Die Strafrechtsordnungen der Mitgliedstaaten werden durch eine „kontinuierliche Fortentwicklung der europäischen Strafrechtspflege“[37] zunehmend beeinflusst, insbesondere wenn die EU im Wege des europäischen Sekundärrechts normgebend tätig wird.

b. Das Opfer im europäischen Primärrecht

Im „Raum der Freiheit, der Sicherheit und des Rechts“ (Art. 67 ff. AEUV) findet das Tatopfer durch die europäischen Vertragsänderungen von Lissabon nun namentlich seinen Platz. Im Rahmen der justiziellen Zusammenarbeit in Strafsachen (Art. 82 ff. AEUV) kann die EU sog. Mindestvorschriften für die „Rechte der Opfer von Straftaten“ erlassen (Art. 82 II c AEUV[38]), die im Wege von Richtlinien in innerstaatliches Recht umgesetzt werden müssen. Bereits die Tatsache, dass die „Rechte der Opfer von Straftaten“ wörtlich in das Vertragswerk aufgenommen und offensichtlich zu einer europäischen Angelegenheit erklärt worden sind, lässt zumindest erahnen, welch hoher Stellenwert ihren Bedürfnissen zugesprochen wird. Kein anderes Primärrecht – wie bspw. das GG oder die EMRK – erwähnen die Opferrechte explizit. Hierbei handelt es sich auch nicht um „graue Theorie“, wie die rechtspolitischen Aktivitäten der EU-Institutionen zeigen. Die Europäische Kommission hat im Jahre 2009[39] ein neues und umfangreiches Mehrjahresprogramm in die Wege geleitet. Dieses sog. „Stockholmer Programm“ wurde unter Mitwirkung des Rates der Europäischen Union[40] gebilligt. Gleichzeitig wurde von der Kommission ein Aktionsplan zur Umsetzung dieses Programms vorgestellt, bei dem insbesondere auch ein stärkerer Ausbau

37 So *Hecker*, EuropStraf post Lissabon, S. 15 ff., der in dem Vertrag von Lissabon neben der Beibehaltung bereits bestehender Strukturelemente, wie Kooperation, Koordination, Assimilierung und Harmonisierung, ein neues Element, die „sektorielle Zentralisierung der Strafrechtspflege“, hinzuzählt.

38 Ehemals Art. 31 EUV, der die „Rechte der Opfer von Straftaten“ nicht aufführte.

39 Mitteilung der Kommission, KOM(2009) 262 endg.

40 Rat der Europäischen Union vom 02.12.2009, Dokument 17024/09.

von Opferrechten in den Rechtsordnungen der Mitgliedstaaten vorgesehen wurde.[41] Die Bedürfnisse der Tatopfer sollten in der Agenda der EU zur Verwirklichung eines gemeinsamen Raums der Freiheit, der Sicherheit und des Rechts vorrangig Berücksichtigung finden.[42] Das Produkt der Konsultationen ist ein aus drei Elementen bestehendes Legislativpaket, das sich in unterschiedlicher Art und Weise der Interessen des Opfers annimmt und die bisher ergangenen Legislativakte der EU, die vor dem Reformvertrag von Lissabon beschlossen wurden, zugunsten der Opfer zum Teil ergänzen, zum Teil gänzlich ersetzen soll.

c. Legislativpaket zur Stärkung der Opferrechte

aa. Mitteilung der Kommission zur Stärkung der Opferrechte, KOM(2011) 274

Die Mitteilung der Kommission an das Europäische Parlament, den Rat, den Europäischen Wirtschafts- und Sozialausschuss und den Ausschuss der Regionen[43] ist das erste der drei Elemente, das inhaltlich die Notwendigkeit des vorgelegten Legislativpakets hervorhebt und daher zugleich Rückschlüsse auf die Intentionen der EU erlaubt. Da die „Rechte der Opfer von Straftaten" jedenfalls nicht unter den ausschließlichen Zuständigkeitsbereich der EU fallen, verwundert es kaum, dass die vorliegende Mitteilung der Kommission insbesondere darum bemüht ist, einen grenzüberschreitenden Bezug[44] herzustellen, der eine europäische Regulierung wegen des geltenden Subsidiaritätsprinzips erst legitimiert. Für die vorliegende Untersuchung jedoch weitaus bedeutender ist die Aussage der Kommission, dass mit Hilfe dieses Legislativpakets nicht nur „ein grenzüberschreitendes, sondern auch ein nationales Problem"[45] behoben werden soll. Eine in diesem Kontext aufschlussreiche und zugleich ganz zentrale, wenn auch etwas unpräzise Feststellung der Kommission ist, dass die EU mit diesem Legislativpaket dazu beitragen möchte, die Bedürfnisse der Opfer neben der Verfolgung und Bestrafung des Täters in den Mittelpunkt des Justizsystems zu rücken.[46] Hinter dieser Aussage verbergen sich für die vorliegende Untersuchung

41 KOM(2010) 171 endgültig, S. 15.

42 KOM(2010) 623 endgültig, S. 8.

43 KOM(2011) 274 endgültig.

44 Die EU strebt eine Verbesserung der justiziellen Zusammenarbeit an, indem die Mitgliedstaaten mehr Vertrauen zueinander entwickeln und ergangene Entscheidungen ihrer Gerichte und Behörden gegenseitig anerkennen.

45 KOM(2011) 274 endgültig, S. 1.

46 Vgl. KOM(2011) 274 endgültig, S. 3.

zwei wichtige Aspekte. Zunächst führt sie zu der aus rechtsstaatlichen Gesichtspunkten äußerst umstrittenen These, dass das Tatopfer zukünftig im Kriminaljustizsystem der Mitgliedstaaten eine zentrale Rolle neben der des Täters einnehmen soll. Für Staaten wie Deutschland, die dem kontinentaleuropäischen Rechtskreis mit einem traditionell liberalen Rechtsstaatsmodell angehören, verlangt diese These nach einer tiefgreifenden und differenzierten Prüfung. Das Tatopfer wurde nicht ohne Grund in der nationalen Strafrechtsordnung marginalisiert. Der zweite hervorzuhebende, mit dem ersten eng verbundene Aspekt betrifft die konkreten Bedürfnisse des Opfers, die in den Mittelpunkt des Kriminaljustizsystems rücken sollen. Neben dem klassischen Grundbedürfnis nach „Entschädigung“ für den durch die Straftat erlittenen Schaden möchte die Kommission das „Vertrauen der EU-Bürger in die Justiz“ stärken. Opfer sollen „Anerkennung“, eine „respekt- und würdevolle Behandlung, Schutz, Unterstützung und Zugang zum Recht“ erhalten.[47] Durch das Legislativpaket sollen die Grundrechtestandards für „alle Beteiligten eines Strafverfahrens – seien sie Opfer, Angeklagte oder Inhaftierte – angehoben“ und „nur im Bedarfsfall und in angemessener Weise eingeschränkt“ werden.[48]

bb. *Vorschlag für eine Verordnung über die gegenseitige Anerkennung von Schutzmaßnahmen in Zivilsachen, KOM(2011) 276*

Als zweites Element dieses Legislativpakets hat die EU einen Verordnungsvorschlag über die gegenseitige Anerkennung von Schutzmaßnahmen in Zivilsachen[49] entworfen. Dabei handelt sich um Maßnahmen zum Schutz einer Person vor zu erwartenden Beeinträchtigungen ihrer körperlichen und/oder seelischen Unversehrtheit sowie ihrer (Bewegungs-)Freiheit.[50] Dieser Verordnungsvorschlag führte zum Erlass einer Richtlinie 2011/99/EU über die „Europäische Schutzanordnung“[51], um die gegenseitige Anerkennung von Schutzmaßnahmen unter den Mitgliedstaaten unkomplizierter zu regulieren.[52] Diese Maßnahmen

47 Die Aufzählung dieser Opferbedürfnisse entstammt der Mitteilung der Kommission zur Stärkung der Opferrechte in der EU, KOM(2011) 274 endgültig, S. 3 und 5 ff.

48 KOM(2011) 274 endgültig, S. 5. Neben der Lösung von grenzüberschreitenden Problemen geht es der Kommission hier explizit auch um eine Verbesserung des gegenwärtig nur „unzureichenden Grundrechtsschutzes“ in einzelnen Mitgliedstaaten.

49 KOM(2011) 276 endgültig. Der Verordnungsvorschlag sollte einen bestehenden Rechtsakt zur gegenseitigen Anerkennung von Schutzmaßnahmen in Strafsachen ergänzen.

50 Vgl. Art. 2 des Verordnungsvorschlags (Fn. 49), S. 13.

51 ABL. EU 2011 L 338/2 vom 21.12.2011.

52 Näher *Brodowski*, ZIS 2012, S. 569.

umfassen ausschließlich den „präventiven Opferschutz“, der in Deutschland sowohl von den Verwaltungsbehörden (Polizei- und Ordnungsrecht) als auch den Zivilgerichten (bspw. im Wege des Gewaltschutzgesetzes) wahrgenommen wird. Die Richtlinie zur Europäischen Schutzanordnung fordert die Mitgliedstaaten nicht auf, diese Schutzmaßnahmen dem Kriminaljustizsystem zuzuordnen, soweit die jeweiligen Rechtsordnungen aus etwa traditionellen Gründen derlei Schutzmaßnahmen einem anderen Behörden- bzw. Gerichtszweig zugewiesen haben[53], wie es etwa in Deutschland der Fall ist.

cc. *Vorschlag für eine Richtlinie über Mindeststandards für die Rechte und den Schutz von Opfern von Straftaten sowie für die Opferhilfe, KOM(2011) 275*

Für die vorliegende Untersuchung bedeutend ist das dritte Element des Legislativpakets, das einen Richtlinienentwurf über Mindeststandards für die Rechte und den Schutz von Opfern von Straftaten sowie für die Opferhilfe[54] enthält. Dieser Entwurf vom Mai 2011 wurde mit wenigen Änderungen am 25. Oktober 2012 beschlossen und als „Richtlinie über Mindeststandards für die Rechte, die Unterstützung und den Schutz von Opfern von Straftaten“ (im Folgenden: RL 2012/29/EU) im November 2012 im Amtsblatt der EU veröffentlicht.[55] Die Richtlinie enthält strafverfahrensrechtliche Vorgaben, die die europäischen Mitgliedstaaten bis zum 16. November 2015 in nationales Recht umsetzen mussten, und ersetzte mit Ablauf der Umsetzungsfrist den bisher geltenden Rahmenbeschluss zur Stärkung der Opferrechte im Strafverfahren (im Folgenden: RB 2001/220/JI) aus dem Jahr 2001.

Die Gründe für die Ersetzung des RB 2001/220/JI geben auch Aufschluss über seine Defizite und liefern insoweit wichtige Anhaltspunkte für die Auslegung der RL 2012/29/EU. Reformbedarf wurde etwa damit begründet, dass sich „die Sicht der Gesellschaft im Hinblick auf die Opfer gewandelt hat, und neue Ziele zum Vorschein getreten sind, auf die reagiert werden muss“.[56] Darin kommt zunächst der oben dargestellte Wandel der gesellschaftlichen Wahrnehmung zum Ausdruck[57], der auch die EU dazu veranlasst hat, die Stellung des Opfers im Strafjustizsystem zu verbessern. Weiterhin treten die noch vor dem

---

53 Erwägungsgrund 8 der RL 2011/99/EU.

54 KOM(2011) 275 endgültig.

55 ABl. EU 2012 L 315/57 vom 14.11.2012.

56 SEK (2011) 581 endg., S. 1.

57 Siehe oben, S. 49 ff.

Vertrag von Lissabon eher ungünstigen rechtspolitischen Entstehungsbedingungen des RB 2001/220/JI hervor, der erstmals eine Opferrechtsharmonisierung auf EU-Ebene anvisierte. Die EU besaß als Dachverband keine supranationale Kompetenz, den Raum der Freiheit, der Sicherheit und des Rechts[58] derart weitreichend zu regulieren, wie es nun post Lissabon primärrechtlich möglich ist. Die Harmonisierungsmaßnahmen waren im Rahmen der intergouvernementalen Zusammenarbeit vorgesehen und der Rahmenbeschluss stellte allgemein die Handlungsform dar, um Rechtsvorschriften der Mitgliedstaaten anzugleichen. Als beschlossener Rechtsakt war dieser zumindest hinsichtlich seines zu erreichenden Zieles verbindlich. Die Wahl und Form der Umsetzung wurden aber weiterhin den Mitgliedstaaten überlassen. Zudem konnte der Rahmenbeschluss keine unmittelbare Wirkung in den einzelnen Rechtsordnungen entfalten, weshalb ihm vorerst kein Vorrang gegenüber innerstaatlichem Recht zukam.[59]

In diesem Zusammenhang verdient der RB 2001/220/JI jedoch besondere Erwähnung. Dieser ist zu den Protagonisten der europäischen Rechtsakte zu zählen, mit denen eine Straf(verfahrens-)rechtsharmonisierung im Rahmen der „Polizeilichen und Justiziellen Zusammenarbeit in Strafsachen" (PJZS) maßgeblich vorangetrieben wurde.[60] Der RB 2001/220/JI war insoweit der erste seiner Art, der vom Europäischen Gerichtshof (EuGH) im Wege eines Vorabentscheidungsersuchens im sog. *Pupino-Urteil* auf Grundlage der Art. 31 und Art. 34 II b EUV (a.F.) ausgelegt wurde.[61] Diese Gerichtsentscheidung im Jahre 2005 bewirkte eine sehr umstrittene Ausweitung des europäischen Einflusses im Rahmen der intergouvernementalen Zusammenarbeit[62], weil der EuGH für die Zukunft festlegte, dass das innerstaatliche Recht grundsätzlich rahmenbeschlusskonform

58 Vor Lissabon noch „Polizeiliche und Justizielle Zusammenarbeit in Strafsachen" als dritte Säule der EU.

59 Zur Bindungswirkung von Rahmenbeschlüssen vgl. *Herdegen,* Europarecht, § 31 Rn. 4 f.

60 Vgl. hierzu das Projekt: Victims in Europe – Implementation of the European Framework Decision on the standing of victims in the criminal proceedings in the Member States of the European Union (APAV/Victim Support Europe), S. 7, http://www.bkb.cz/files/uploaded/UserFiles/File/Project_Victims_Europe_Final_Report.pdf (Letzter Abruf: 12.12.2017).

61 Urteil des EuGH vom 16. Juni 2005, Rs. C-105/03, Slg 2005, I-5285; vgl. insbesondere die einleitenden Ausführungen der Generalanwältin Juliane Kokott vom 11. November 2004 in dieser Rechtssache, Sammlung der Rechtsprechung 2005, I-5289.

62 Diese umstrittene Rechtsfrage ist mit dem Vertrag von Lissabon und der Auflösung der Drei-Säulen-Struktur allerdings „Teil der Rechtsgeschichte" geworden, *Satzger,* EuropStrafRecht, § 9 Rn. 65.

durch nationale Behörden und Gerichte auszulegen sei. Diesem Urteil folgten eine Reihe weiterer Entscheidungen des EuGH auch zur Auslegung einzelner Vorschriften des RB 2001/220/JI, die für die Konkretisierung der Vorschriften der aktuellen RL 2012/29/EU herangezogen werden müssen.

Trotz dieser Vorreiterfunktion hat der RB 2001/220/JI auf europäischer Ebene insgesamt nur unzureichende Ergebnisse zur Verbesserung der Opferrechte im Strafverfahren erzielt, wie es zwei Berichte der europäischen Kommission aus den Jahren 2004 sowie 2009[63] offenbarten. Diese Berichte beruhten auf Art. 18 des RB 2001/220/JI, welcher die Mitgliedstaaten ab Inkrafttreten und unter Einhaltung von Umsetzungsfristen verpflichtete, den Wortlaut der in nationales Recht umgesetzten Regelungen zu übermitteln und einer Bewertung unterziehen zu lassen. Das Generalsekretariat des Rates und der Kommission bemängelte dabei – neben der mangelhaften Durchsetzungskraft – insbesondere unklare Formulierungen und fehlende greifbare Verpflichtungen der Vorschriften des RB 2001/220/JI.[64] Diese Detailkritik muss bei der Auslegung der einzelnen Richtlinienbestimmungen ebenfalls Berücksichtigung finden.

3. Einfluss des Europarats

a. Europäische Menschenrechtskonvention (EMRK)

Die Konvention zum Schutze der Menschenrechte und Grundfreiheiten wurde in Rom am 4. November 1950 durch die Mitglieder des Europarats unterzeichnet. Nachdem Deutschland im Jahre 1951 dem Europarat beigetreten ist und die Konvention ratifizierte, trat diese für den deutschen Rechtsraum am 3. September 1953 in Kraft[65] und muss bei der Ausgestaltung der Rechtsordnung einbezogen werden. Die EMRK wurde der aktuellen Rechtsentwicklung durch insgesamt 14 Zusatzprotokolle angepasst.[66] Diese Zusatzprotokolle führten allerdings nicht zur Veränderungen des Konventionstexts oder seiner materiell-rechtlichen Garantien.[67] Stattdessen wurden durch die Zusatzprotokolle weitere (Freiheits-) Rechte als Zusatzartikel der Konvention angefügt, die jeweils einer Ratifizierung durch den Signatarstaat bedurften.[68] Der zu garantierende Menschenrechtsbestand, wie er sich aus dem Konventionstext und den Zusatzartikeln entnehmen

63 KOM(2004) 54 endgültig/2; KOM(2009) 166 endgültig.
64 SEK (2011) 581 endg., S. 2.
65 BGBl. (1954) II Nr. 1, S. 14.
66 Überblick bei *Gerards*, Konstitutionalisierungsprozess, S. 85 f.
67 Siehe *Grabenwarter*, EMRK, § 1 Rn. 5.
68 LR-StPO/*Esser*, EMRK Einf. Rn. 46 ff.

lässt, kann in die Kategorien zum Schutz der Fundamentalrechte, Freiheit und Freizügigkeit, Rechte der Person, politische und gemeinschaftsbezogene Grundrechte, Verfahrens- und Justizgarantien, wirtschaftliche Grundrechte und Gleichheitsgrundrechte unterteilt werden. Wie jede natürliche Person, die angibt, in ihren Menschenrechten durch die Ausübung staatlicher Hoheitsgewalt (Legislative, Exekutive, Judikative) verletzt zu sein, kann sich theoretisch auch das Tatopfer im Wege einer Individualbeschwerde gem. Art. 34 EMRK an den EGMR als Konventionshüter wenden.

Hervorzuheben ist, dass sich die strafverfahrensrechtlich relevanten Konventionsgarantien, exemplarisch das „Recht auf ein faires Verfahren" gem. Art. 6 Abs. 1 EMRK, aus historischen Gründen auf den Schutz der beschuldigten- und angeklagten Person vor staatlichem Handeln konzentrieren. Insbesondere sind auch die jüngeren Zusatzprotokolle, die der EMRK gewisse Flexibilität verleihen, um auf weitreichende gesellschafts- und rechtspolitische Veränderungen zu reagieren, ebenso nicht mit Rücksicht auf die Opferinteressen im Strafverfahren dem Konventionstext angefügt worden. Offensichtlich hat man bisher keinen solchen Handlungsbedarf gesehen. Aufgrund des wachsenden Einflusses von und der größeren Rücksichtnahme auf Opferbedürfnisse in einzelnen Strafverfahrensrechtsordnungen der Konventionsstaaten wird die EMRK allerdings zunehmend herausgefordert und zwangsläufig mit der Ausweitung von Opferrechten konfrontiert. Der EGMR muss deshalb unter Auslegung des ursprünglichen Konventionstextes, der konzeptionell die vergleichsweise junge Zuwendung der Rechtspolitik zum Opfer einer Straftat nicht im Fokus hatte, entsprechend reagieren.

b. Empfehlungen des Ministerkomitees („Recommendations")

Das Ministerkomitee ist ein Organ des Europarats und kann unter anderem auf den Gebieten des sozialen Lebens, der Rechtspflege und zum Schutz von Menschenrechten Empfehlungen an die Regierungen der jeweiligen Mitgliedstaaten erteilen (Art. 1 b Satzung des Europarats). Diese Empfehlungen sind zwar aus normativer Sicht unverbindlich, tragen aber zum europäischen Harmonisierungsprozess auf dem Gebiet des Strafprozessrechts bei. Die Empfehlungen des Ministerkomitees werden in den Entscheidungen des EGMR als zu achtendes Recht (relevant law) aufgeführt und erhalten dadurch Einfluss auf die europäische Judikatur.

Einige der Empfehlungen des Ministerkomitees wurden zum Schutz von Opferinteressen inner- und außerhalb des Strafverfahrens erlassen. Bei diesen Empfehlungen handelt es sich um allgemein gehaltene Formulierungen, die innerhalb einschlägiger Empfehlungen teilweise auch redundant verwendet werden. Die wichtigsten Empfehlungen zu den Opferrechten[69] sind im Folgenden und in gebotener Kürze chronologisch vorzustellen:

Den Anfang der Opferschutzpolitik des Ministerkomitees machte die *Recommendation No. R (83) 7* unter dem Titel „Beteiligung der Öffentlichkeit in der Kriminalpolitik". Hierbei wurde erstmals auf die Rücksichtnahme auf Opferbedürfnisse hingewiesen, indem die Öffentlichkeit zu Solidarität und Bereitstellung von Informationen zur Verhinderung von Straftaten und zur Unterstützung von Opfern aufgefordert wurde. Das Entschädigungsbedürfnis von Opfern wurde explizit hervorgehoben, indem staatliche Maßnahmen zur Förderung der Entschädigungsleistung durch den Täter nahegelegt werden, die der Staat bei dessen Ausbleiben auch notfalls ersatzweise über öffentliche Mittel erbringen sollte.

Die kurz darauf folgende *Recommendation No. R (85) 11* bezieht sich nun ausschließlich auf die „Stellung des Opfers im Rahmen des Straf- und Strafverfahrensrechts". Neben einem würdevollen justiziellen Umgang sowie der Notwendigkeit von einzelnen Informations- und Schutzrechten kommt wiederum der besondere Stellenwert des Entschädigungsbedürfnisses des Opfers vertieft zum Ausdruck, indem für alle Abschnitte des Strafverfahrens bestimmte Vorschläge zur Befriedigung unterbreitet werden. So sollten die Polizeibeamten frühzeitig auf Entschädigungsmöglichkeiten hinweisen, die Ermittlungen darauf ausrichten können und Schadensposten auflisten. Ferner sollten die Strafjustizorgane bei Verfahrenseinstellungen Rücksicht auf das Entschädigungsbedürfnis nehmen können. Es wurde auch nahegelegt, dass die Gerichte eine Entschädigungsleistung des Täters hoheitlich festlegen können sollten, indem das Strafrecht diese bspw. als Sanktionsform oder als Surrogat zur öffentlichen Strafe bzw. als Nebenstrafe vorsieht und deren Vollstreckung überwacht. In Bezug auf Beteiligungsrechte im Strafverfahren hält sich diese Empfehlung zurück, empfiehlt jedoch eine Überprüfungsmöglichkeit von staatsanwaltschaftlichen Einstellungsentscheidungen oder alternativ die Strafverfolgung als Privatkläger, was in einer jüngeren *Recommendation (2000) 19* über „die Rolle der Staatsanwaltschaft im Strafjustizsystem" erneut erwähnt wurde.

---

69 Weitere sind etwa: Recommendation No. R (85) 4 on violence in the family; Recommendation No. R (87) 21 on the assistance to victims and the prevention of victimization; Recommendation No. (91) 11 on sexual exploitation, pornography and prostitution of, and trafficking in, children and young adults; Recommendation No. (96) 8 on crime policy in Europe in a time of change; Rec(2001) 16 on the protection of children against sexual exploitation; Rec(2002) 5 on the protection of woman against violence.

Speziell zum Schutz vor „Einschüchterungen von Zeugen und den Rechten der Verteidigung" wurde die *Recommendation No. R (97) 13* erlassen, die sich im Schwerpunkt auf die Fälle der organisierten Kriminalität und besonders schutzbedürftiger Zeugen, namentlich den Opfern von häuslicher Gewalt, bezieht. Hierbei werden Schutzmaßnahmen wie die Verwendung von im Vorverfahren gemachten Zeugenaussagen aufgeführt.

Die *Recommendation (2003) 13* behandelt hingegen „die Informationsverbreitung durch die Medien in Bezug auf Strafverfahren". Durch die mediale Berichterstattung könne bspw. die Abschreckungsfunktion des Strafrechts sichtbar gemacht werden und der Öffentlichkeit die Kontrolle über die Arbeit der Strafjustiz ermöglichen. Die Justiz- und Polizeibehörden sollten alle wesentlichen Informationen preisgeben, sofern nicht der Untersuchungserfolg gefährdet oder der Schutz der Privatsphäre, auch eines schutzbedürftigen Opfers, dem entgegensteht.

Zuletzt ist die *Recommendation (2006) 8* „über die Unterstützung der Opfer von Straftaten" zu erwähnen. Hier werden erstmals die wichtigen Rechtstermini wie der „Opferbegriff" oder „sekundäre- oder wiederholte Viktimisierung" definiert. Der Fokus liegt auf Unterstützungs-, Informations- und Schutzrechten. Über Beteiligungsrechte im Strafverfahren schweigt diese Empfehlung, wohingegen ein effektiver Zugang zu zivilrechtlichen Rechtsmitteln gefordert wird. Neben einer (subsidiären) staatlichen Entschädigung wird eine Professionalisierung von Berufsgruppen hervorgehoben und die Nützlichkeit von Mediationsdiensten[70] betont.

IV. Das Opferschutzgesetz 1986 als strafrechtspolitischer und -wissenschaftlicher Wendepunkt in Deutschland

Das Opferschutzgesetz 1986 war die erste Antwort des Gesetzgebers auf die Forderung nach mehr Opferberücksichtigung im Straf- bzw. Strafverfahrensrecht. Ob man in diesem Gesetz einen Paradigmenwechsel „von der Täter- zur Opferseite" erkennen möchte oder nicht[71], ändert nichts an der Tatsache, dass das Opferschutzgesetz 1986 einen rechtspolitischen Wendepunkt markiert, der die Strafrechtswissenschaft – die diesen zumindest teilweise auch begünstigte[72] – dauerhaft und anhaltend beschäftigt.

70 Mit Verweis auf die „Recommendation No. R (99) 19 concerning mediation in penal matters".

71 Dezidiert kritisch etwa *Schünemann*, NStZ 1986, 193 ff.; a.A. *Schöch*, FS Rieß, S. 507 f.

72 Siehe etwa *Jung*, ZStW 93 (1981), S. 1147 ff.

1. Überblick über die strafrechtspolitische Entwicklung

Aus rechtspolitischer Sicht hat der Gesetzgeber eine deutliche Marschroute vorgegeben, da er bereits in den Gesetzesmotiven weitere Reformen zur Verbesserung der Opferstellung im Strafverfahren ankündigte[73], obwohl er im selben Atemzug gerade erst weitreichende Veränderungen einleitete. Eine aus heutiger Sicht folgenreiche Änderung des Opferschutzgesetzes 1986 ist darin zu sehen, dass der Grundstein für eine formal eigenständige Stellung des Tatopfers als Verfahrensbeteiligter im Offizialverfahren gelegt wurde, indem man die Nebenklage – als noch unbedeutenden Annex – von der Privatklage trennte.[74] Die reformierte Nebenklage hat insbesondere den Opfern schwerer Delikte „ein Gesicht verliehen", da diese, mit weitreichenden Verfahrensrechten ausgestattet, dem gesamten Strafprozess öffentlichkeitswirksam beiwohnen und auf diesen einwirken können. Kurz nach dem „Gesetz zur Harmonisierung des Schutzes gefährdeter Zeugen" im Jahre 1998 (ZSchG) begann dann auch der Reformdruck der EU durch den RB 2001/220/JI[75], der den Gesetzgeber gewissermaßen beflügelte, der eigenen Ankündigung zum Opferschutzgesetz 1986 nachzukommen und das „Gesetz zur Verbesserung der Rechte des Verletzten im Strafverfahren" im Jahre 2004 (sog. 1. OpferRRG) zu beschließen. Zur weiteren Optimierung der Verfahrensrechte und des Zeugenschutzes folgten im Jahre 2009 das „Gesetz zur Stärkung der Rechte des Verletzten und Zeugen im Strafverfahren" (2. OpferRRG) sowie im Jahre 2013 das „Gesetz zur Stärkung der Rechte von Opfern sexuellen Missbrauchs" (StORMG). Den momentanen Schlusspunkt stellt das „Gesetz zur Stärkung der Opferrechte im Strafverfahren" (3. OpferRRG) aus dem Jahre 2015 dar, das in erster Linie zur Umsetzung der von der Richtlinie 2012/29/EU ausgehenden neuen Impulse zu dienen bestimmt ist. Während die Opferrechte in den unterschiedlichsten Facetten somit erheblich modifiziert wurden, hat sich die Kritik am Ausbau der Opferstellung bis heute substanziell nicht verändert. Man könne, so heißt es, kein stimmiges Grundkonzept erkennen und man habe – entgegen aller Beteuerungen der Rechtspolitik – die von Beginn an bestehenden Spannungen mit den Grundstrukturen des Strafverfahrens vernachlässigt.[76]

---

73 BT-Drucks. 10/5305, S. I, „Der Gesetzesentwurf verfolgt das Ziel, durch erste gesetzliche Maßnahmen die Rechtsstellung des Verletzten im Strafverfahren umfassend zu verbessern".

74 BT-Drucks. 10/5305, S. 10 ff.

75 Siehe oben, S. 58 ff.

76 Siehe *Barton*, Opferschutz und Verteidigung, S. 51 f.; *Frommel*, Opferschutz, S. 112; vgl. auch die Ergebnisse des 36. Strafverteidigertages, Arbeitsgruppe 2 (Nebenklage und Opferschutz), S. 274.

2. Überblick über die strafrechtswissenschaftliche Entwicklung

Während der Konsultationen zum Opferschutzgesetz 1986 ist man erstmals ausführlicher auf die Legitimation der Opferstellung im Strafverfahrensrecht eingegangen und hat dabei einen straftheoretischen und verfassungsrechtlichen Ansatz verfolgt. Damit betrat man ein in weiten Teilen unbehandeltes „Terrain".[77] Vor dem Hintergrund, dass der Gesetzgeber im Rahmen des Opferschutzgesetzes 1986 bereits einen weiteren Ausbau der Stellung des Opfers im Strafverfahrensrecht angekündigt hatte und dieser seit inzwischen ca. 30 Jahren kontinuierlich anhält, traten die Opferinteressen zwangsläufig auf die strafrechtswissenschaftliche Agenda und haben bis heute an Aktualität nicht eingebüßt. Die Kontroverse über die Reichweite und Grenzen der Rechtsposition des Opfers im Strafverfahrensrecht findet zunehmend mit Bezug zum höherrangigen Recht statt. Die Strafrechtswissenschaft hat das Tatopfer gewissermaßen als Träger von Grundrechten für den Bereich des Strafverfahrens entdeckt, mit denen die Befürworter einer starken Opferrechtsposition nicht selten versuchen, die eigenen rechtspolitischen Forderungen zu untermauern.[78] Wenn man bedenkt, dass die Opferinteressen im Vergleich zu den Beschuldigten- bzw. Täterinteressen weder einen grundrechtlich „fundierten" Standort aufweisen, noch in der älteren straftheoretischen Debatte und Entwicklung eine ernstzunehmende Rolle gespielt haben, dann besteht tatsächlich ein gewisser Nachhol-, in jedem Fall aber Klärungsbedarf. Inzwischen wird diese in Teilen der Strafrechtswissenschaft zu beobachtende Opferorientierung von der Gegenmeinung als fragwürdige „Fortbildung konstitutioneller Ansprüche" bezeichnet, die obendrein als „strafrechtszivilisatorischer Fortschritt gefeiert" werde.[79] Dem wird wiederum entgegengehalten, dass eine Position, die das Verhältnis zwischen Staat und Opfer allein im Rahmen der staatlichen Fürsorgepflicht sieht, „altmodisch und paternalistisch" sei. Die Anerkennung von Opferinteressen wäre „Teil eines aufgeklärten Staatsverständnisses".[80]

77 Vgl. hierzu *Rieß*, Gutachten, C 47 ff.

78 Exemplarisch *Walther*, GA 2007, 615 ff.

79 *Kölbel*, StV 2014, 698, 703.

80 Diskussionsbeitrag von *Hörnle* bei *Jahn*, Symposion Lüderssen, S. 163 f.; *dies.*, JZ 2006, 950, 953 ff.

C. Die Stellung des Opfers im europäischen Strafverfahrensrecht

I. Rechtsanspruch auf Teilnahme am Strafverfahren

Das europäische Straf- bzw. Strafverfahrensrecht zielt auf die Rechtsvereinheitlichung unter Rückgriff auf einen gemeinsamen Wertekanon ab. Der europäische Integrationsprozess aber ist nicht derart fortgeschritten, dass ein kodifiziertes europäisches Strafgesetzbuch oder eine Strafprozessordnung existiert. Das bedeutet, dass durch die europäischen Harmonisierungsmaßnahmen keine tiefgreifenden systemverändernden Rechtsakte erlassen werden können, weil die Achtung der einzelnen Rechtsordnungen und -traditionen gewisse Grenzen setzt. Davon ist auch die Stellung des Opfers im Kriminaljustizsystem umfasst, die bei den Signatarstaaten sehr unterschiedlich ausgeprägt ist. Abweichungen bestehen dabei weniger in der Funktion des Opfers als Beweismittel, weil es – unabhängig von der unterschiedlichen justiziellen Handhabung im Einzelfall – in einem nach rechtsstaatlichen Grundsätzen geführten Strafverfahren als Augen- bzw. Belastungszeuge regelmäßig unverzichtbar ist. Sobald aber die Frage im Raum steht, ob dem Tatopfer über die generell unbestrittene Zeugenfunktion hinaus eine eigenständige Rolle als Verfahrensbeteiligter zukommt, treten die Unterschiede in den Strafrechtsordnungen der Mitgliedstaaten deutlich hervor. Während das Opfer einer Straftat im anglo-amerikanischen Rechtskreis „praktisch nicht existiert“[81], bestehen etwa innerhalb des Rechtskreises mit römisch-germanischer Prägung, die einer Opferbeteiligung rechtskulturell im Allgemeinen aufgeschlossen gegenüberstehen, ebenfalls deutliche Differenzen. Ohne ein gesamteuropäisches und kodifiziertes Kriminalrecht lassen sich diese rechtskulturell bedingten Unterschiede auch nicht überwinden.

Das erklärt zum einen die doch zurückhaltende Positionierung des Europarats in Bezug auf denkbare Beteiligungsrechte des Opfers im Strafverfahren, zu denen das Ministerkomitee in seinen (unverbindlichen) Empfehlungen im Wesentlichen schweigt. Zum anderen beeinflusst diese Sachlage auch die Rechtsprechung des EGMR bei der Auslegung der EMRK. Der EGMR hat wiederholt in Beschwerdeverfahren zur Beteiligung von Opfern im Strafverfahren Stellung beziehen müssen und zu verstehen gegeben, dass eine nach nationalem Recht vorgesehene – wie im Konkreten auch immer ausgestaltete – Beteiligungsbefugnis

---

81 Vgl. *Kühne*, StPO, § 71 Rn. 1181 ff.

des Opfers grundsätzlich keinen Verstoß gegen die EMRK darstellt, soweit jedenfalls andere Garantien wie die Verfahrensfairness gem. Art. 6 Abs. 1 EMRK dabei nicht konventionswidrig verletzt werden.[82] Zugleich spreche die EMRK aber weder das Recht zu, die Strafverfolgung gegen eine dritte Person selbst bzw. auf eigene Initiative zu betreiben[83], noch gewährleiste sie, dass eine Person wegen einer Straftat strafverfolgt oder verurteilt werde, weil die EMRK grundsätzlich kein Recht auf Vergeltung oder Popularklage anerkenne.[84] Daher ist der Menschenrechtskonvention ein Rechtsanspruch des Tatopfers auf aktive Teilnahme am Strafverfahren fremd. Es ist sogar festzustellen, dass die Konvention nach der geltenden Rechtslage – namentlich bei Art. 6 Abs. 1 EMRK als die bedeutendste Verfahrensgarantie – trotz des Bestehens eines *status activus processualis* im nationalen Strafverfahrensrecht nur unter äußerst restriktiven Voraussetzungen überhaupt einen konventionsrechtlichen Begleitschutz für privatbeteiligte Tatopfer bei behaupteten Rechtsverletzungen seitens des Konventionsstaats ermöglicht[85].

Die EU kann *post Lissabon* als einzige europäische Institution die Strafverfahrensrechtsharmonisierung in Einzelbereichen supranational vorantreiben. Ihre Kompetenz ist allerdings in sachlicher Hinsicht begrenzt und zudem an weitere normative Kriterien gebunden. Weil nach dem europäischen Vertragswerk für die „Rechte der Opfer von Straftaten" ausschließlich nur Mindestvorschriften erlassen werden dürfen, bei denen die Unterschiede zwischen den einzelnen Rechtsordnungen und -traditionen weitestgehend berücksichtigt werden (Art. 82 Abs. 2 S. 2 AEUV), können die erlassenen Sekundärrechtsakte keine Aktivstellung des Opfers als Verfahrensbeteiligter oder Partei im Strafverfahrensrecht begründen, sondern allenfalls von einer solchen Rechtsposition losgelöst

---

82 Hierzu bereits *Esser,* Europäisches Strafverfahrensrecht, S. 805.

83 „Further, the court notes that, although Article 6 § 1 does not guarantee a right for the individual to institute a criminal prosecution himself [...]", vgl. EGMR, Kusmierek gegen Polen, Urteil vom 21.09.2004, Beschwerdenr. 10675/02, § 48; EGMR, Helmers gegen Schweden, Urteil vom 29.10.1991, Beschwerdenr. 11826/85, § 29.

84 „It notes that the Convention does not confer any right, as demanded by the applicant, to private revenge or to an action popularis.", EGMR (GK), Perez gegen Frankreich, Urteil vom 12.02.2004, Beschwerdenr. 47287/99, § 70; „The court reiterates that the Convention does not confer any right, as such, to have third parties prosecuted or sentenced for a criminal offence.", EGMR (GK), Gorou gegen Griechenland, Urteil vom 20.03.2009, Beschwerdenr. 12686/03, § 24.

85 Ausführlich dazu *Helmken,* StV 2016, 456 (456 ff.); ferner *Esser,* Europäisches Strafverfahrensrecht, S. 807 ff.

einzelne Mitwirkungsrechte implementieren. Die RL 2012/29/EU scheint diese primärrechtliche Vorgabe in ihrem 20. Erwägungsgrund umzusetzen, denn der EU-Normgeber spricht ausdrücklich mit Rücksicht auf die Besonderheiten der nationalen Rechtsordnungen keine Vorgaben oder Empfehlungen in Bezug auf die „Stellung des Opfers im Strafverfahren und der Frage, ob diese aktiv am Strafverfahren teilnehmen können", aus. Allerdings fordert der EU Normgeber die Mitgliedstaaten auf, sich über diese Frage hinreichend Klarheit zu verschaffen. Dabei sollten sie sich „nach einem oder mehreren der folgenden Kriterien" richten: „Ob in der nationalen Rechtsordnung die Rechtsstellung als Partei im Strafverfahren vorgesehen ist; ob das Opfer zur aktiven Teilnahme am Strafverfahren – z.B. als Zeuge – verpflichtet ist oder dazu aufgefordert wird; und/oder danach, ob das Opfer nach einzelstaatlichem Recht einen Rechtsanspruch auf aktive Teilnahme am Strafverfahren hat und diesen Anspruch auch wahrnehmen will, wenn in der nationalen Rechtsordnung eine Rechtsstellung des Opfers als Partei im Strafverfahren nicht vorgesehen ist." Die Mitgliedstaaten sollen für sich überprüfen, „welche dieser Kriterien einschlägig sind, um den Anwendungsbereich der in dieser Richtlinie festgelegten Rechte zu bestimmen, wenn Bezugnahmen auf die Stellung des Opfers in der einschlägigen Strafrechtsordnung vorhanden sind."[86] Laut dem 20. Erwägungsgrund haben die Mitgliedstaaten insofern einen Beurteilungsspielraum für die Umsetzung von Richtlinienartikeln, die ausdrücklich eine „Stellung des Opfers in der Strafrechtsordnung" postulieren.[87] Ob die Mitgliedstaaten eine solche aktive Beteiligtenstellung des Opfers in der nationalen Strafrechtsordnung implementieren (müssen), bleibt allein eine Frage ihres nationalen (Verfassungs-) Rechtsverständnisses.

II. Materiell-rechtliche Konkretisierung der „Richtlinie 2012/29/EU über Mindeststandards für die Rechte, die Unterstützung und den Schutz für Opfer von Straftaten"

Die materiell-rechtlichen Regelungen der Richtlinie 2012/29/EU nehmen neben dem Opferbegriff die Bedürfnisse des Tatopfers zum Ausgangspunkt, die als Zielbestimmungen in Art. 1 RL zum Ausdruck kommen und zur Stärkung einschlägiger Grundrechte im Strafverfahren („das Recht auf Achtung der Würde

86 Erwägungsgrund 20 der RL 2012/29/EU.

87 Europäische Parlament: "The Member States are free to determine which of these criteria will be applicable in determining the scope of the rights provided for in the Directive", http://www.europarl.europa.eu/oeil/popups/summary.do?id=1234096&t=f&l=en (Letzter Abruf: 12.12.2017).

des Menschen, das Recht auf Leben, körperliche und geistige Unversehrtheit, das Recht auf Freiheit und Sicherheit, das Recht auf Achtung des Privat- und Familienlebens, das Recht auf Eigentum, der Grundsatz der Nichtdiskriminierung, die Gleichheit von Frau und Mann, die Rechte des Kindes, älterer Menschen und Menschen mit Behinderung sowie das Recht auf ein faires Verfahren")[88] in innerstaatliches Recht umzusetzen sind.

Bereits in diesem zentralen Aspekt unterscheidet sich die RL von dem RB 2001/220/JI. Letzterer enthielt keine konkreten Angaben bezüglich der Zielbestimmung, was in der europäischen Judikative – wie die Entscheidung des EGMR zur Rechtssache *Gueye/Sánchez* verdeutlicht – bereits für Verwirrung sorgte. Während die Generalanwältin *Kokott* das Regelungsziel des RB 2001/220/JI aus verschiedenen Erwägungsgründen ableitete[89], stellte der EuGH in seinen Urteilsgründen klar, dass insbesondere Art. 2 RB zur „Achtung und Anerkennung" des Opfers das allgemeine Regelungsziel darstelle.[90] Dies ist bemerkenswert, da ein Rahmenbeschluss im Allgemeinen hinsichtlich seines zu erreichenden Ziels verbindlich war, der EuGH aber erst 10 Jahre nach Inkrafttreten des RB 2001/220/JI für Klarheit sorgen konnte. Mit der enumerativen Aufzählung der Zielbestimmungen gem. Art. 1 RL sollten zumindest insoweit keine Unstimmigkeiten zu erwarten sein.

Die enumerativ in Art. 1 RL aufgezählten Zielbestimmungen lassen sich in fünf Abschnitte unterteilen, denen die weiteren einzelnen Richtlinienartikel dann zugeordnet werden können. Neben dem gesondert auszulegenden Opferbegriff (1.) handelt es sich hierbei um die Informationsrechte (2.), Maßnahmen zur Unterstützung der Opfer (3.), Schutzmaßnahmen, insbesondere für Opferzeugen (4.), die Opferbeteiligung am Strafverfahren (5.) und die Anerkennung als Opfer sowie der strafjustizielle Umgang mit diesen (6.).

1. Opferbegriff (Art. 2 Abs. 1 RL)

Der Opferbegriff ist gem. Art. 2 Abs. 1 lit. a RL legaldefiniert. Es handelt sich hierbei um eine voll- oder minderjährige „natürliche Person, die eine körperliche, geistige oder seelische Schädigung oder einen wirtschaftlichen Verlust, der direkte Folge einer Straftat war, erlitten hat" (Art. 2 Abs. 1 lit. a RL).[91] Diese

---

88 Erwägungsgrund 66 der RL 2012/29/EU.

89 Schlussanträge der Generalanwältin Kokott, Rs. C-483/09 und C-1/10, Rn. 41 f. und 66.

90 Urteil des EuGH vom 15.09.2011, Rs. C-483/09 und C-1/10, Rn. 54 und 56.

91 Die deutsche Übersetzung ist in diesem Punkt ungenau, da sich der Relativsatz „[...], der direkte Folge einer Straftat war, [...]" dem Wortlaut nach nur auf den genannten „wirtschaftlichen Verlust" bezieht. Allerdings ist der englischen Originalfassung

Begriffsbestimmung stimmt mit der einschlägigen Vorschrift des RB 2001/220/JI (Art. 1a RB) sowie mit den aktuellen Vorgaben des Ministerkomitees des Europarats[92] inhaltlich in den wesentlichen Punkten überein. Die europäischen Institutionen verfolgen somit einen einheitlichen Opferbegriff.

Dem Wortlaut nach beschränkt sich der personale Anwendungsbereich auf eine „ natürliche Person". Eine theoretisch denkbare Einbeziehung von „Juristischen Personen" unter diesen Opferbegriff war in der Vergangenheit wiederholt Gegenstand von Entscheidungen der europäischen Institutionen. Schon während des Rechtssetzungsverfahrens zum RB 2001/220/JI wurde eine Ausdehnung des Opferbegriffs auf ebendiese in Erwägung gezogen[93], jedoch in Übereinstimmung mit der Europäischen Kommission verworfen.[94] Dennoch wurde der EuGH wiederholt im Wege zweier Vorabentscheidungsersuchen von nationalen Gerichten befragt, ob der Anwendungsbereich Juristische Personen umfassen müsse. Der EuGH sprach sich hier aus den folgenden Gründen gegen ihre Einbeziehung unter den Opferbegriff aus:

In der Rechtssache *Dell'Orto* entschied der EuGH, dass sowohl der eindeutige Wortlaut des Art. 1 RB (der sich ebenfalls auf „natürliche Personen" beschränkt), als auch systematische sowie historische Überlegungen, die aus den übrigen Bestimmungen des RB herangezogen wurden und einen eindeutigen Willen des europäischen Normgebers erkennen ließen, einer Ausdehnung des Opferbegriffs auf Juristische Personen nicht erlauben.[95] Die Rechtsprechung wurde im Wege eines erneuten Vorabentscheidungsersuchens zur Rechtssache *Eredics/Sápi* bekräftigt.[96] Dabei wurden jegliche Bedenken hinsichtlich eines möglichen Verstoßes gegen das Diskriminierungsverbot beseitigt, indem der EuGH auf die unterschiedliche Interessenlage einer natürlichen gegenüber einer juristischen Person abstellte.[97] Zur Beantwortung der Vorlagefrage legte sich der EuGH

---

zu entnehmen, dass sowohl der wirtschaftliche Verlust als auch die körperliche [...] Schädigung die „direkte Folge einer Straftat" gewesen sein müssen.

92 Council of Europe, Rec. 2006(8) on assistance to crime victims, Appendix, Definitions, 1.1.

93 Rat der Europäischen Union, Beratungsergebnisse der Gruppe „Strafrechtliche Zusammenarbeit" vom 19. und 20.06.2000, 9720/00, S. 3, Rn. 3.

94 Rat der Europäischen Union, Bericht der Gruppe „Strafrechtliche Zusammenarbeit" vom 11.07.2000, 10387/00, S. 7, Fn. 1.

95 Urteil des EuGH vom 28.06.2007, Rs. C-467/05, Rn. 53 ff.

96 Urteil des EuGH vom 21.10.2010, Rs. C-205/09, Rn. 25 ff.

97 Urteil des EuGH vom 21.10.2010, Rs. C-205/09, Rn. 30; hierzu auch die Generalanwältin Juliane Kokott in ihren Schlussanträgen zur Rechtssache Dell'Orto, Rs. C-467/05, Rn. 57 ff. sowie zur Rechtssache Eredics/Sápi, Rs. C-205/09, Rn. 27.

zudem darauf fest, dass nicht einmal im Rahmen eines Schlichtungsverfahrens in Strafsachen, dessen Förderung ebenfalls eines der Ziele des RB 2001/220/JI (vgl. hier Art. 10 RB) war und die Mitgliedstaaten dementsprechend in die Pflicht nahm, ein „weit" verstandener Opferbegriff, der Juristische Personen einbezöge, denkbar sei. Allerdings fügte der Gerichtshof hinzu, dass die Mitgliedstaaten deshalb nicht daran gehindert seien, die Bestimmungen des RB 2001/220/JI auch im Rahmen eines Schlichtungsverfahrens zugunsten Juristischer Personen anzuwenden. Für den EuGH war entscheidend, dass für diesen Regelungsbereich insoweit keine vollständige Harmonisierung vorgesehen wurde.[98]

Demnach fällt unter den Anwendungsbereich ausschließlich das durch die Straftat verletzte Individuum, da die Urteilsgründe des EuGH auch bei der Aulegung des Opferbegriffs der RL Beachtung finden. Ihr Wortlaut beschränkt sich weiterhin ausdrücklich auf natürliche Personen. Zudem wurden im Rechtssetzungsverfahren keine Erwägungen getroffen, die auch nur ansatzweise auf eine nun gewollte Einbeziehung von Juristischen Personen hindeuten.[99] Eine Ausdehnung erfährt der Opferbegriff hingegen für solche Fälle, in denen das Opfer selbst infolge der Straftat zu Tode kommt. Dann sollen seine Familienangehörigen, soweit sie aufgrund der Tat eine nicht näher definierte „Schädigung" erlitten haben (Art. 2 Abs. 1 lit. a RL), als Opfer im Sinne der Richtlinie gelten. Familienangehörige sind Ehepartner, eine Person, die mit dem Opfer stabil und dauerhaft in einer festen intimen Lebensgemeinschaft mit gemeinsamer Haushaltsführung zusammenlebt, sowie Angehörige in direkter Linie, Geschwister und Unterhaltsberechtigte (Art. 2 Abs. 1 lit. b RL). Den Mitgliedstaaten kommt zum Schutz vor einer unverhältnismäßigen Inanspruchnahme ihrer Institutionen der Strafrechtspflege[100] allerdings ein Ermessenspielraum zu. Es wird empfohlen, Regelungen einzuführen, wonach zum einen die Zahl der Familienangehörigen insgesamt begrenzt bleibt (Art. 2 Abs. 2 lit. a RL) und zum anderen einzelnen Angehörigen ein Vorrang zur Ausübung der aufgeführten Rechte gegenüber anderen Angehörigen eingeräumt wird (Art. 2 Abs. 2 lit. b RL).

Hinsichtlich des personalen Anwendungsbereichs ist zu beachten, dass „kindliche Opfer" in der Zielbestimmung Art. 1 RL besondere Erwähnung finden. Diese sollen eine ihrem Entwicklungsstand und Alter entsprechende Behandlung erfahren und als „volle Inhaber der Rechte behandelt werden", d.h. möglichst selbstbestimmt die einem Opfer zugestandenen „Rechte in einer Weise

98 Urteil des EuGH vom 21.10.2010, Rs. C-205/09, Rn. 28.
99 So auch DG Justice of the Commission, Guidance Document, S. 9.
100 DG Justice of the Commission, Guidance Document, S. 10.

wahrnehmen dürfen, die ihrer Fähigkeit, sich selbst eine Meinung zu bilden, Rechnung trägt".[101] Als kindliche Opfer gelten solche Personen, die das 18. Lebensjahr noch nicht vollendet haben (Art. 2 lit. c RL).

In sachlicher Hinsicht beschränkt sich der Opferbegriff auf das höchstpersönliche Rechtsgut der körperlichen Integrität im Sinne eines „physischen, geistigen oder seelischen Schadens" sowie auf den Schutz des Vermögens im Sinne des „wirtschaftlichen Verlustes". Der Schaden muss die „direkte Folge einer Straftat" gewesen sein.

Der Begriff „Straftat" wird in der Richtlinie nicht konkretisiert. Es heißt lediglich, dass die Richtlinie auf Straftaten, „die in der Union begangen wurden, sowie auf Strafverfahren, die in der Union geführt werden", Anwendung findet.[102] Entscheidend ist also, was das nationale Recht unter einer Straftat versteht. Weder ist die Art der Begehung (aktives Tun oder Unterlassen), noch die Schwere des Delikts (Verbrechen/Vergehen) ausschlaggebend.[103] Nichts deutet daraufhin, dass nur Opfer von vorsätzlich begangen Straftaten erfasst wären.[104] Auch Straftaten, die dem internationalen Strafrecht – wie dem Völkerstrafgesetzbuch – unterfallen, können den sachlichen Anwendungsbereich eröffnen.[105] Auch der Begriff des „Strafverfahrens" erfährt keine Restriktionen. Demnach müssen die einzelnen Vorschriften der Richtlinie bei allen Strafverfahrensarten Beachtung finden, die die nationale Strafverfahrensrechtsordnung kennt.

Als „unbestimmt" ist auch der vorausgesetzte Schaden beim Tatopfer anzusehen, der sich in „physischer, geistiger, seelischer oder vermögensrechtlicher Art" auswirken muss. In diesem Kontext wurde etwa vertreten, dass Straftaten, die über das Versuchsstadium nicht hinauskommen, nicht vom Opferbegriff umfasst wären.[106] Dem ist allerdings aufgrund der „seelischen" Schadensvariante nicht zuzustimmen, wenn man darunter Emotionen wie Angst, Furcht, Depressionen oder Gefühle wie Scham und Minderwertigkeit[107] versteht und dieser in Abgrenzung zu den anderen Schadensvarianten einen eigenständigen Anwendungsbereich zuspricht. Auch vor dem Hintergrund, dass derlei Gefühlsregungen nach

---

101 Erwägungsgrund 14 der RL 2012/29/EU.

102 Erwägungsgrund 13 der RL 2012/29/EU.

103 Dass auch sämtliche Bagatelldelikte vom Anwendungsbereich umfasst sind, wurde im Rechtssetzungsverfahren vom Ausschuss der Regionen, ABL EU 2012 C 113/59, Nr. 21 kritisiert.

104 A.A. DG Justice of the Commission, Guidance Document, S. 9.

105 Befürwortend DG Justice of the Commission, Guidance Document, S. 7.

106 *Pühringer,* Rechte von Opfern, 21 f.; in diesem Sinne auch *Drobesch,* Opfer, S. 108.

107 *Drobesch,* Opfer, S. 108 f.

objektiven Kriterien kaum feststellbar und mit den dogmatischen Anforderungen des Tatstrafrechts kaum vereinbar sind, ist von der Einbeziehung nicht vollendeter Straftaten auszugehen. Eine normative Begrenzung des Opferbegriffs wurde nur insoweit implementiert, als dass der Schadenseintritt die „direkte Folge der Straftat" gewesen sein muss. Hier setzte der EuGH eine Art „unmittelbaren kausalen Zusammenhang" zwischen Tat und Schaden voraus[108], was darauf hindeutet, dass eben nicht jeder physische, geistige und seelische Schaden bzw. wirtschaftliche Verlust, der irgendeinen kausalen Zusammenhang zur Straftat aufweist, einen Opferstatus begründet. Den dogmatischen Eigenheiten der jeweiligen nationalen Strafrechtsordnung kommt deshalb eine ausfüllende Funktion zu.[109]

2. Opfer sollen „angemessene Informationen erhalten" (Art. 1 Abs. 1 S. 1 Alt. 1 RL)

Das Informationsrecht soll dazu dienen, dass Tatopfer ihre Rechte in vollem Umfang wahrnehmen können.[110] Empirische Untersuchungen haben ergeben, dass einer der Hauptgründe für die Unzufriedenheit mit dem Kriminaljustizsystem offenbar in einem Informationsmangel über die Rechte im Strafverfahren und über den konkreten Verlauf des Verfahrens liegt[111]. Abhilfe sollen insoweit die Art. 3–7 RL schaffen. Die Mitgliedstaaten sind aufgefordert, eine funktionierende Kommunikation mit der jeweils zuständigen staatlichen Institution sicherzustellen, indem das Recht des Opfers, „zu verstehen und verstanden zu werden" in nationales Recht umzusetzen ist (Art. 3 und Art. 7 RL). Im Bereich der Verfahrenseinleitung werden die Institutionen zur frühzeitigen Erteilung einzelner Hinweise für das Strafverfahren verpflichtet (Art. 4 RL). Eine Strafanzeige des Opfers gilt es zu bestätigen (Art. 5 RL). Im Falle der Verfahrensdurchführung sind dem Opfer gewisse Informationsrechte zuzugestehen (Art. 6 RL). Laut europäischen Normgeber können die Informationen im Einzelfall unterbleiben, sofern deren Offenlegung die „ordnungsgemäße Behandlung eines Falles beeinträchtigen oder einem bestimmten Fall oder einer bestimmten Person schaden könnte, oder wenn sie – die Mitgliedstaaten – der Ansicht sind, dass dies ihren Sicherheitsinteressen widersprechen würde"[112].

---

108 Vgl. hierzu auch unten S. 112 f.

109 Siehe auch die Ausführungen von *Hanloser*, Recht auf Gehör, S. 96 ff.

110 KOM(2011) 275 endg., S. 8.

111 Vgl. hierzu Victims in Europe (Fn. 60), S. 59 f.

112 Erwägungsgrund 28 der RL 2012/29/EU.

a. Das Recht, zu verstehen und verstanden zu werden

Der Anspruch „zu verstehen und verstanden zu werden" ist ab der ersten Kontaktaufnahme mit einer zuständigen Institution zu beachten. Hierdurch soll die Basis für eine funktionierende und opferfreundliche Kommunikation bei sämtlichen notwendigen Kontakten während des Strafprozesses geschaffen werden, was auch für die europarechtlich umzusetzenden behördlichen Informationspflichten und -rechte des Opfers (hierzu unten) gelten muss (Art. 3 Abs. 1 RL). Der mündliche und schriftliche Informationsaustausch muss in einer einfachen und verständlichen Sprache erfolgen. Insbesondere sind persönliche Merkmale zu berücksichtigen (Art. 3 Abs. 2 RL), wie die Sprache, Alter, Reife, intellektuelle und emotionale Fähigkeiten, Lese- und Schreibfähigkeiten, geistige sowie körperliche Behinderungen.[113] Um den Kommunikationsprozess bei Erstkontakt zu fördern, soll es dem Opfer gestattet werden, sich von einer Person „seiner Wahl" begleiten zu lassen. Ein besonderes Näheverhältnis zwischen Opfer und Begleitperson ist nicht vorgeschrieben. Die rein moralische Unterstützung scheint damit auch erfasst zu sein. Die Anwesenheit der Begleitperson kann bei einem möglichen Interessenkonflikt mit dem Opfer selbst sowie bei der möglichen Beeinträchtigung des Verfahrensverlaufs untersagt werden (Art. 3 Abs. 3 RL).

Das Recht, zu verstehen und verstanden zu werden, garantiert insbesondere den sprachunkundigen Opfern einen Anspruch auf Dolmetschleistung und Übersetzung (Art. 7 RL), soweit sie der jeweiligen Amtssprache nicht ausreichend mächtig sind. Diese beiden Hilfeleistungen sind grundsätzlich kostenlos zur Verfügung zu stellen, müssen aber nur auf Antrag des Opfers erbracht werden. Für die Rechtswahrnehmung ist entscheidend, dass die Leistungen in einer für das Opfer verständlichen Sprache erfolgen, bei der es sich daher nicht zwangsläufig um die „Muttersprache" handeln muss. Der Leistungsumfang ist mit der „Stellung des Opfers in der jeweiligen Strafrechtsordnung" in Einklang zu bringen[114].

Was die Dolmetschleistung anbelangt (Art. 7 Abs. 1 und Abs. 2 RL), sind diese bei sämtlichen Vernehmungen bzw. Befragungen durch die Polizeidienststellen, der Staatsanwaltschaft und der Gerichte heranzuziehen. Ist in der jeweiligen Strafrechtsordnung eine eigenständige Rechtsposition als Verfahrensbeteiligter bzw. Partei vorgesehen, kann das Opfer auch in dieser Funktion die Dolmetschleistung für seine aktive Teilnahme an der Hauptverhandlung und sonstigen notwendigen Zwischenverhandlungen für sich in Anspruch nehmen. Außerhalb

113 Erwägungsgrund 21 der RL 2012/29/EU.

114 Zum Bedeutungsgehalt vgl. oben, S. 69.

der Hauptverhandlung und im Vorverfahren gilt dies nur, wenn das Opfer zur Wahrnehmung der Verfahrensrechte auf eine entsprechende Dolmetschleistung angewiesen ist.[115] Generell soll der Zugriff auf Kommunikationstechnologien – namentlich: Videokonferenzen, Telefon oder Internet – gestattet sein, es sei denn, dass ein Dolmetscher für die Wahrnehmung der Rechte des Opfers oder aus Gründen der Verteidigungsrechte vor Ort erforderlich ist. Gemeint sind insbesondere Fälle, in denen eine rasche Verdolmetschung (bspw. aus ermittlungstaktischen Umständen) notwendig erscheint[116].

Ist eine Stellung als Verfahrensbeteiligter bzw. Partei nach nationalem Strafverfahrensrecht vorgesehen, soll der Anspruch auf Übersetzungen möglichst alle wesentlichen Informationen hinsichtlich der dem Opfer zustehenden Verfahrensrechte umfassen. Zu übersetzen sind zumindest solche Entscheidungen, die zur Beendigung des Strafverfahrens führen, so dass staatsanwaltschaftliche und gerichtliche Einstellungsbescheide sowie ergangene Strafurteile erfasst sind. Die Entscheidungsgründe oder zumindest eine kurze Zusammenfassung ihres wesentlichen Inhalts mit Bezug auf den Schuldspruch bzw. den entsprechenden Rechtserwägungen sind zu übersetzen.[117] Dies aber kann an einen weiteren Antrag des Opfers gekoppelt werden. Eine Übersetzung kann etwa unterbleiben, wenn nach einzelstaatlichem Recht keine Begründung vorgesehen ist oder diese als vertraulich gilt (Art. 7 Abs. 3 RL). Das Opfer soll in seiner Funktion als Verfahrensbeteiligter bzw. Partei per Antrag die entsprechende Übersetzung über Zeitpunkt und Ort der Hauptverhandlung erhalten (Art. 7 Abs. 4 RL). Insbesondere ist ihm zu gestatten, einzelne Dokumente als für die Ausübung seiner Aktivrechte „wesentlich" prüfen zu lassen, um eine Übersetzung der dafür relevanten Passagen dieses Dokuments zu erhalten (Art. 7 Abs. 5 RL). Anstelle einer schriftlichen kann hierfür eine mündliche Übersetzung bereits ausreichen, sofern es mit den Grundsätzen des „fairen Verfahrens" im Einklang steht (Art. 7 Abs. 6 RL).

Weiterhin ist dem Opfer für den Fall der Ablehnung des Antrags auf Dolmetschleistung oder Übersetzung jeweils ein Anfechtungsrecht einzuräumen (Art. 7 Abs. 7 RL). Das Anfechtungsrecht richtet sich nach den einzelstaatlichen Verfahrensvorschriften. Eine interne Überprüfung soll ausreichend sein. Ein gesondertes Beschwerdeverfahren müssen die Mitgliedstaaten nicht einführen.[118] Nicht ausdrücklich geregelt ist, ob ein Anfechtungsgrund auch dann

115 Erwägungsgrund 34 der RL 2012/29/EU.

116 DG Justice of the Commission, Guidance Document, S. 21.

117 Erwägungsgrund 30 der RL 2012/29/EU.

118 Erwägungsgrund 35 der RL 2012/29/EU.

anzunehmen ist, wenn die Qualität der gewährten Dolmetschleistung oder Übersetzung als mangelhaft gerügt wird.[119] Das Anfechtungsrecht wird sich aber auch auf diese Fälle erstrecken, weil begründete Zweifel an der Qualität der Leistung doch befürchten lassen, dass die Rechtswahrnehmung als Zweckbestimmung dieser Vorschrift dann beeinträchtigt sein könnte. Bei der Einräumung von Dolmetschleistung oder Übersetzung sowie dem Anfechtungsverfahren gilt, dass sich das Strafverfahren nicht „ungebührlich" verlängern darf (Abs. 8). Eine sich hierauf stützende Ablehnungsentscheidung sollte aber nicht damit begründet werden können, dass das Opfer eine „weniger stark verbreitete Sprache spricht".[120]

b. Hinweispflichten ab der ersten Kontaktaufnahme

Der europäische Normgeber postuliert Hinweispflichten, die ab der ersten Kontaktaufnahme des Opfers mit einer Strafverfolgungsbehörde unverzüglich greifen (Art. 4 Abs. 1 RL). In der Regel fällt das zeitlich mit einer Strafanzeige oder einem Strafantrag des Opfers zusammen. Zugleich setzt die Pflicht zur Informationserteilung weder eine Anzeigeerstattung bzw. Antragstellung, noch die Kontaktherstellung durch das Opfer voraus. Für den Erstkontakt ist etwa das erstmalige Aufeinandertreffen unmittelbar am Tatort ausreichend, um die Hinweispflicht auszulösen.[121] Maßgebend ist insoweit, was unter „unverzüglicher" Informationserteilung zu verstehen ist. In der deutschen juristischen Terminologie ist dieser Begriff gem. § 121 Abs. 1 BGB legaldefiniert und steht für ein Handeln „ohne schuldhaftes Zögern", was inhaltlich dem in der englischen Originalfassung der RL verwendeten Rechtsbegriff „without unnecessary delay" entsprechen dürfte. Demnach muss die Erklärung/Information nicht sofort, aber doch innerhalb einer nach den Umständen des Einzelfalls zu bemessenden (behördlichen) Prüfungs- bzw. Überlegungsfrist erfolgen.[122] Unter welchen Umständen von einem schuldhaften Zögern der Strafverfolgungsbehörden auszugehen wäre, muss dann auch am Zweck der Hinweispflicht, der Rechtswahrnehmung des Opfers, bemessen werden.

---

119 Ablehnend etwa DG Justice of the Commission, Guidance Document, S. 22.

120 Erwägungsgrund 36 der RL 2012/29/EU.

121 DG Justice of the Commission, Guidance Document, S. 14.

122 Vgl. Palandt/*Ellenberger*, § 121 Rn. 3. Die Legaldefinition findet auch im Bereich des öffentlichen Rechts Anwendung und ist dem deutschen StGB bekannt (bspw. zur Führungsaufsicht gem. § 68b Abs. 1 Nr. 8).

Die Rechtswahrnehmung verlangt, dass das Opfer durch die zuständigen Institutionen über seine sämtlichen Prozessbefugnisse frühzeitig unterrichtet wird, um entscheiden zu können, ob es diese im Verfahren ausüben will. Den Mitgliedstaaten kommt vor diesem Hintergrund ein recht weiter Ermessensspielraum zu, weil sich die Rechtswahrnehmung als Zweck theoretisch auch mit einer behördenfreundlichen Ausgestaltung dieser Hinweispflicht erreichen lässt, indem lediglich der Informationszugang sichergestellt ist. Die europäische Kommission hat bezüglich der Umsetzung des RB 2001/220/JI etwa diejenigen Strafrechtsordnungen beanstandet, die den Informationszugang des Opfers durch eine bloße „Veröffentlichung von Broschüren" oder der „Errichtung von Internetseiten" ermöglichten. Vielmehr seien „aktive Schritte der Behörde zur Unterrichtung der einzelnen Opfer" gefordert.[123] Zugleich bezeichnete sie durchweg solche Systeme als angemessen bzw. mit den europäischen Anforderungen „stärker im Einklang stehend", in denen sowohl die Polizei, die Staatsanwaltschaft und das Gericht von der jeweiligen Strafprozesslage und Opferrechtsposition abhängend zur Informationserteilung verpflichtet werden.[124] Diese Kritik hat in der RL offensichtlich auch Eingang gefunden, weil Tatopfer nunmehr „so genau informiert werden sollten, dass sichergestellt ist, dass sie [...] in Kenntnis der Sachlage über ihre Beteiligung am Verfahren entscheiden können".[125] Man spricht sich demnach für eine opferfreundliche Ausgestaltung der Hinweispflicht aus. Dennoch handelt es sich hierbei nur um eine Empfehlung. Weil die Richtlinie explizit gestattet, dass für die Rechtswahrnehmung bedeutende Einzelheiten in dem Verfahrensstadium erfolgen können, das für die Ausübung des jeweiligen Verfahrensrechts erst relevant ist (Art. 4 Abs. 2 RL), steht für den europäischen Normgeber auch eine behördenfreundliche Ausgestaltung dieser Hinweispflichten, sprich die umfassende Informationserteilung zum frühestmöglichen Zeitpunkt, mit den europäischen Umsetzungsvorgaben im Einklang, sofern die zuständige Strafverfolgungsbehörde zumindest aktiv an das Opfer

123 KOM(2004)54 endgültig/2, S. 9. Diese Kritik fällt in dem zweiten Bericht, KOM(2009)166 endgültig, S. 4, moderater aus, da explizit nur auf den „nicht feststellbaren tatsächlichen Informationszugang" hingewiesen wird. Nun wieder mit Nachdruck aber DG Justice of the Commission, Guidance Document, S. 14.

124 Siehe KOM(2004)54 endgültig/2, S. 9; KOM(2009)166 endgültig, S. 5; DG Justice of the Commission, Guidance Document, S. 14.

125 Erwägungsgrund 26 der RL 2012/29/EU.

herantritt.[126] Über etwaige Rechtsfolgen im Fall der Missachtung der Hinweispflichten schweigt die RL.

Die der Hinweispflicht zugrundeliegenden einzelnen Informationen (vgl. Art. 4 Abs. 1 lit. a–k RL) sind unter Beachtung dieser Auslegungsvorgaben umzusetzen. Die folgende Reihenfolge bzgl. des Informationszugangs liegt nahe, ist aber aufgrund der Besonderheiten der einzelnen Strafrechtsordnung nicht sakrosankt: Bei Erstkontakt bspw., der regelmäßig noch vor der formellen Strafverfahrenseinleitung erfolgt, sind diejenigen Informationen relevant, die Kontaktangaben betreffen (lit. i) und auf den Zugang von Unterstützungsmaßnahmen der Opferhilfe hinweisen (lit. a). Das betrifft bspw. die medizinische und psychologische Betreuung oder alternative Unterbringungsmöglichkeiten. Weiterhin müsste bei Erstkontakt auch der Hinweis über den Anspruch des Opfers auf Dolmetsch- und Übersetzungsleistungen (lit. f) erfolgen, damit von Beginn an die Grundlage für eine gesicherte Kommunikation geschaffen wird. Nach einer ersten Plausibilitätsprüfung der zuständigen Strafverfolgungsbehörde gewinnen die Informationen über Schutzmaßnahmen (lit. c) an Relevanz. Neben den strafprozessualen kommen zugleich zivilrechtliche und ordnungsrechtliche Schutzmaßnahmen in Betracht, auch für solche Opfer, die in einem anderen Mitgliedstaat wohnhaft sind und bei denen besondere Schutzmaßnahmen, -verfahren oder -vorkehrungen (lit. g) getroffen werden müssen. Mit der formalen Einleitung des Ermittlungsverfahrens sind die ersten Auskünfte über die Beteiligungsmöglichkeiten und die strafprozessualen Rechte des mutmaßlichen Opfers (lit. b) von Bedeutung. Hiermit verknüpft sind auch Informationen über das Recht auf einen „Rechtsbeistand, Prozesskostenhilfe oder eines sonstigen Beistands" (lit. d). Dies gilt ferner für die Erstattung von Auslagen (lit. k), für die (verpflichtende) Teilnahme am Verfahren, der Möglichkeit, einen Entschädigungsanspruch im Strafverfahrens geltend machen zu können (lit. e), Wiedergutmachungsdienste zu kontaktieren (lit. j) und über Beschwerdeverfahren in Kenntnis gesetzt zu werden (lit. h).

c. *Bestätigungspflicht bei Anzeige einer Straftat*

Bei Erstattung einer Strafanzeige (Art. 5 RL) durch das Opfer muss sichergestellt sein, dass es eine „schriftliche Bestätigung der förmlichen Anzeige" erhält, die sämtliche „grundlegenden Elemente bezüglich der betreffenden Straftat" (Abs. 1) beinhaltet. Die behördliche Bestätigungspflicht gilt als ausreichend

126 Die Informationserteilung durch eine „Broschüre" wird ausdrücklich nur bezüglich der Hinweise auf die Kostenerstattungsrechte (siehe Erwägungsgrund 23 der RL 2012/29/EU) aufgegriffen.

erfüllt, wenn die Art der Straftat, Tatzeit, Tatort und der durch die Straftat verursachte Schaden schriftlich von dem Sachbearbeiter festgehalten und mit einem Aktenzeichen versehen wurde. Auch müssen Zeitpunkt und Ort der Anzeigenerstattung erkennbar sein. Hintergrund dieser Bestimmung ist, dass diese Angaben als Nachweis für weitere Rechtsansprüche des Opfers dienen sollen. Man hat insbesondere an die Durchsetzung von versicherungsrechtlichen Ansprüchen gedacht.[127] Diese Angaben könnten auch für die Geltendmachung von öffentlich-rechtlichen Ansprüchen von Nutzen sein, etwa bei denkbaren Pflichtverletzungen während der Strafverfahrenseinleitung. Die Bestätigungspflicht erfüllt zudem eine Kontrollfunktion, da sie die zuständigen Hoheitsträger zur Entgegennahme der Strafanzeige zwingt, auch wenn der Sachbearbeiter diese für unbegründet hält. Sprachunkundige Opfer sollen die erforderliche Hilfe bei der Anzeigenerstattung (Abs. 2) und – auf Antrag – eine Übersetzung dieser schriftlichen Bestätigung erhalten (Abs. 3).

d. Informationsrechte nach Einleitung des Strafverfahrens

Die Richtlinie garantiert dem Opfer das Recht auf Informationen „zu ihrem Fall" (Art. 6 RL). Dies setzt voraus, dass das Strafverfahren aufgrund einer Strafanzeige des Opfers eingeleitet wurde. Nur unter dieser Bedingung müssen die Mitgliedstaaten die folgenden Informationsrechte zur Verfügung stellen, die sämtlich an ein Antragserfordernis gekoppelt werden dürfen. Hierüber sind die Opfer – wie schon bei den Hinweispflichten – unverzüglich aufzuklären. Für alle Informationsrechte gilt, dass der Wunsch eines Opfers auf (Nicht-)Erhalt einer dieser Informationen bindend ist und seitens der zuständigen Institution zu beachten ist. Eine Ausnahme gilt, wenn die Informationserteilung aufgrund der Aktivrechte des Opfers im Verfahren gesetzlich stets erteilt werden muss (Abs. 4). Die Informationsrechte lassen sich in folgende drei Abschnitte unterteilen:

Der erste Abschnitt behandelt solche Informationen über Opferrechte, die unabhängig von einer bestehenden Beteiligtenstellung in der jeweiligen Strafrechtsordnung zu erteilen sind (Abs. 1). Hiernach muss das Opfer über alle Entscheidungen, auf weitere Ermittlungen zu verzichten, das Verfahren einzustellen oder den Beschuldigten strafrechtlich nicht zu verfolgen, in Kenntnis gesetzt werden (lit. a). Das gilt für staatsanwaltschaftliche sowie gerichtliche Einstellungsbescheide. Dabei sind die Entscheidungsgründe oder deren kurze Zusammenfassung beizufügen, soweit diese nicht nach einzelstaatlichem Recht generell unterbleiben dürfen. Zudem müssen die Mitgliedstaaten sicherstellen, dass ein

127 Erwägungsgrund 24 der RL 2012/29/EU.

Opfer über Zeitpunkt und Ort der Hauptverhandlung sowie über den Anklagevorwurf unterrichtet wird (lit. b). Das gilt bei möglichen Rechtsmittelverfahren mit terminierter Hauptverhandlung ebenso[128].

Im zweiten Abschnitt wird gefordert, dass das Opfer unverzüglich über eine Freilassung oder Flucht des Beschuldigten bzw. Täters aus der Untersuchungs- oder Strafhaft in Kenntnis gesetzt werden soll, sofern es eine entsprechende Auskunft beantragt hat. Die Information soll auch gegebenenfalls eingeleitete Schutzmaßnahmen umfassen (Abs. 5). Jedoch sind die zuständigen Institutionen aufgefordert, zu überprüfen, ob eine entsprechende Auskunft möglicherweise für den Beschuldigten/Täter – etwa seinem Persönlichkeitsrecht – von Nachteil ist (Abs. 6). Bei einer Gefahrenlage für das Opfer sollen Faktoren wie die „Art und Schwere" der Straftat und das Risiko einer Vergeltungsaktion einbezogen werden. Insbesondere bei Straftaten von nur geringem Schweregrad kann eine entsprechende Auskunft unterbleiben.[129]

Unter dem dritten Abschnitt fallen diejenigen Informationsrechte, die eine Stellung des Opfers als Verfahrensbeteiligter im nationalen Strafverfahren voraussetzen (Abs. 2). Diese Opfer sind dann zusätzlich über „jede rechtskräftige Entscheidung", die im Verfahren ergangen ist, zu benachrichtigen (lit. a). Aufgrund der Rechtswahrnehmung als maßgeblicher Zweck des Informationsrechts ist davon auszugehen, dass – trotz des Wortlauts – nicht die formelle Rechtskraft des Beschlusses bzw. Urteils, nach deren Eintritt kein Rechtsmittel mehr eingelegt werden kann, gemeint sein kann. Dafür spricht auch eine weitere Vorgabe der Richtlinie, wonach das Opfer über ein etwaiges Recht, gegen eine Entscheidung über die Freilassung des Täters einen Rechtsbehelf einzulegen, unterrichtet werden soll.[130] Bei formeller Rechtskraft der Entscheidung wäre diese Vorgabe ohnehin widersinnig und würde dem Ziel der Rechtswahrnehmung widersprechen. Auch die Entscheidungsgründe müssen – zumindest zusammengefasst – angefügt werden. Zudem soll es möglich sein, dass sich Opfer über den weiteren Fortgang des Verfahrens informieren können, sofern dies nicht einem ordentlichen Verhandlungsverlauf schadet (lit. b). Es liegt im Ermessen der Mitgliedstaaten, ob dies mündlich, schriftlich oder auf elektronischem Wege geschieht.[131]

128 Erwägungsgrund 31 der RL 2012/29/EU.
129 Erwägungsgrund 32 der RL 2012/29/EU.
130 Erwägungsgrund 33 der RL 2012/29/EU.
131 Erwägungsgrund 26 der RL 2012/29/EU.

3. Opfer sollen „angemessene Unterstützung erhalten“ (Art. 1 Abs. 1 S. 1 Alt. 2)

Das Recht des Opfers auf Zugang zu Opferunterstützungsdiensten („Opferhilfe“) ist eine weitere Zielbestimmung der Richtlinie (Art. 8 und 9 RL). Die jeweiligen Dienste sollen sowohl vor, während als auch nach dem förmlichen Verfahren für eine angemessene Zeit zur Verfügung stehen und kostenlos zugänglich sein. Für den europäischen Normgeber stellt die Opferhilfe ein bedeutendes Instrument dar, um der erlittenen (psychischen) Schädigung durch frühzeitige Unterstützungsangebote entgegenzuwirken. Dadurch soll auch die Bereitschaft von Opfern gefördert werden, eine Strafanzeige überhaupt zu erstatten und mit den Strafverfolgungsbehörden zu kooperieren.[132] Es muss je nach Einzelfall auf die individuellen Bedürfnisse und Notlagen reagiert werden, was für hilfsbedürftige Familienangehörige ebenso gilt (Art. 8 Abs. 1 RL). Die Vermittlung an einschlägige Opferhilfsdienste soll nicht nur durch die zur Entgegennahme von Strafanzeigen zuständigen Behörde, sondern zudem durch andere (staatliche) Einrichtungen, die mit Opfern regelmäßig in Kontakt kommen – darunter Krankenhäuser, Schulen, Sozialdienste[133] – erfolgen (Art. 8 Abs. 2 RL). Eine Strafanzeige ist keine Voraussetzung, um die Leistungen in Anspruch nehmen zu dürfen (Art. 8 Abs. 5 RL). Es ist der EU wichtig, dass diese Dienste ohne „unnötige Formalitäten“ sowie geographisch auf dem gesamten Staatsgebiet des Mitgliedstaats verteilt zur Verfügung stehen.[134]

Was die Organisationsform der Opferhilfsdienste anbelangt, kommt den Mitgliedstaaten ein weiter Ermessensspielraum zu. Sie können als staatliche oder nichtstaatliche Einrichtungen auf hauptberuflicher- oder ehrenamtlicher Grundlage angeboten werden. Auch bleibt es den Mitgliedstaaten überlassen, auf welche Weise das Tatopfer neben den allgemeinen auch auf spezialisierte Dienste zurückgreifen können soll, wenn dies aufgrund der Schwere der Straftat notwendig erscheint (Art. 8 Abs. 3 und 4 RL).

Das Leistungsangebot der Opferhilfe muss folgende Dienste erfassen (Art. 9 RL): Diejenigen Hilfeleistungen, die in einem unmittelbaren Zusammenhang mit dem Strafverfahren stehen, betreffen die Beratung und Vorbereitung des Opfers auf das Verfahren und seiner Rechtsposition, die es in dem Verfahren bekleiden kann (Abs. 1 lit. a). Es soll über das Risiko von sekundärer

132 Erwägungsgrund 63 der RL 2012/29/EU; DG Justice of the Commission, Guidance Document, S. 24.

133 DG Justice of the Commission, Guidance Document, S. 25.

134 Erwägungsgrund 37 der RL 2012/29/EU.

und wiederholter Viktimisierung, Einschüchterung oder Vergeltung beraten werden können (Abs. 1 lit. e) und im Falle einer faktischen Bedrohungslage entsprechende Unterkunftsmöglichkeiten während – aber auch nach – dem Strafprozess erhalten (Abs. 3 lit. a). Hilfeleistungen, die nicht im unmittelbaren Zusammenhang mit dem Verfahren stehen, betreffen die allgemeine Beratung bspw. zu staatlichen Entschädigungsprogrammen (Abs. 1 lit. a) oder zu finanziellen und praktischen Fragen (Abs. 1 lit. d). Die allgemeinen Opferhilfsdienste müssen die Vermittlung an geeignete spezialisierte Dienste sicherstellen, wenn eine besondere Unterstützungsmaßnahme im Einzelfall angezeigt ist und nicht selbst erbracht werden kann (Abs. 1 lit. b). Den Opfern ist über das Verfahren hinaus emotionale sowie psychologische Unterstützung zu gewähren (Abs. 1 lit. c). Insbesondere bei Opfern, die infolge der Straftat eine erhebliche Schädigung erlitten haben, wird eine gezielte und integrierte Unterstützung gefordert, damit es die traumatischen Erlebnisse schneller verarbeiten kann (Abs. 3 lit. b). Diese besonders schutzbedürftigen Opfer, die im Fokus des Leistungsangebots der Opferhilfe stehen (Abs. 2), sollen durch die spezialisierten Dienste sofortige medizinische Hilfe erhalten und zur ärztlichen oder – zur Beweiserhebung und -sicherung – gerichtsmedizinischen Untersuchung veranlasst bzw. ermutigt werden.[135]

Die Richtlinie sieht vor, dass die Unterstützungsdienste dem „Grundsatz der Vertraulichkeit" verpflichtet sind (Art. 8 Abs. 1 RL). Unklar ist, in wie fern diese Vorgabe für die Zwecke eines Strafverfahrens einschränkungslos Geltung beansprucht, da ein Konflikt mit nationalen Strafverfahrenszielen durch einen absoluten Schutz der Vertraulichkeit von Opferhilfeleistungen zumindest nicht ausgeschlossen werden kann. Der Normtext schweigt zu dieser Rechtsfrage. Im Rechtssetzungsverfahren hat sich der europäische Datenschutzbeauftragte explizit für ein Zustimmungsrecht des Opfers ausgesprochen, damit der Kommunikationsinhalt von Gesprächen mit einem Opferhelfer auf Verlangen des Opfers vertraulich behandelt wird und nur mit seiner ausdrücklichen Zustimmung offengelegt werden darf.[136] Auf diese Forderung, die während des laufenden Gesetzgebungsverfahrens erhoben wurde, ist der europäische Normgeber jedoch nicht näher eingegangen. Stattdessen hat man ohne Veränderungen an dem ursprünglichen Wortlaut der Norm festgehalten, so dass davon auszugehen ist, dass der Änderungsvorschlag verworfen und der Umfang des Grundsatzes

---

135 Erwägungsgrund 38 der RL 2012/29/EU.

136 Abl. EU C 35/14 vom 09.02.2012.

der Vertraulichkeit in das Ermessen der Mitgliedstaaten gestellt wurde. Eine Art „Zustimmungsrecht" des Opfers sieht die RL demnach nicht zwingend vor.

4. Opfer sollen „angemessenen Schutz erhalten" (Art. 1 Abs. 1 S. 1 Alt. 3 RL)

Die Zielbestimmung über den „angemessenen Schutz" im Verfahren konkretisieren die Art. 18–24 RL. Danach kommt dem Opfer ein Anspruch auf Schutz zu (Art 18 RL) und es werden eine Reihe von Schutzmaßnahmen explizit benannt, die sich im nationalen Verfahrensrecht widerspiegeln müssen. Diese sind in allgemeine (Art. 19–21 RL) und besondere (Art. 22–24 RL) Schutzvorkehrungen zu unterteilen.

a. Zum Rechtsanspruch auf Schutz

Der vom europäischen Normgeber kodifizierte Anspruch auf Schutz soll das Opfer vor sekundärer und wiederholter Viktimisierung, vor Einschüchterung sowie Vergeltung bewahren, um der Gefahr eines emotionalen, psychischen und physischen Schadens entgegenzuwirken und die Würde des Opfers bei Vernehmungen und Zeugenaussagen zu achten. Um den Grad der Gefährdung des Opfers näher bestimmen zu können, ist es notwendig, dass über die genannten Gefahrenquellen, die aus Sicht der EU für den Schutzanspruch maßgebend sind, hinreichend Klarheit herrscht. In diesem Kontext jedoch offenbart sich eine erhebliche Lücke in der Richtlinie 2012/29/EU, denn man hielt es nicht für erforderlich, diese Gefahrenquellen ausführlicher zu erörtern. Dies ist immer dann unschädlich, wenn sich die zu minimierenden Gefahrenquellen bereits durch ihren Wortsinn hinreichend erschließen und kein allzu großer Auslegungsspielraum besteht, wie es etwa bei den Begriffen der wiederholten Viktimisierung, Vergeltung oder Einschüchterung der Fall ist. Sobald aber unscharfe Termini wie „sekundäre Viktimisierung" die nationalstaatliche Rechtspolitik steuern sollen, darf auf eine nähere Umschreibung nicht verzichtet werden, gerade weil es der RL schwerpunktmäßig um die Vermeidung der Sekundärviktimisierung geht[137] und nur auf diese Weise der europäische Harmonisierungsprozess effektiver vorangetrieben werden kann. Eine europäische Definition findet sich nicht in der Richtlinie 2012/29/EU, aber in einer Empfehlung des Ministerkomitees des Europarats, auf die als insoweit einzige rechtspolitisch-europäische Begriffsdefinition zurückgegriffen werden muss. Sie lautet: „*Secondary victimization means*

---

137 *Schünemann*, ERA Forum 2011, S. 458.

the victimization that occurs not as a direct result of the criminal act but through the response of institutions and individuals to the victim".[138] Orientiert man sich an dieser Definition, geht es um einen ganz bestimmten Ausschnitt des Gesamtphänomens der Sekundärviktimisierung. Die EU hat sich in einem weiteren Dokument während des Rechtssetzungsverfahrens zumindest dahingehend geäußert, dass die schlechte Behandlung „in Verbindung mit Gerichtsverfahren und in deren Verlauf"[139] im Mittelpunkt steht. Es geht der EU also primär um das Verhalten der staatlichen Institutionen und der Verfahrensbeteiligten gegenüber dem eingebundenen Opferzeugen[140]. Der Schutzanspruch der EU fordert zudem, dass bei der Feststellung, ob besondere Schutzmaßnahmen einzuleiten sind, die Befürchtungen und Bedenken des Opfers von „zentraler Bedeutung" sein sollen.

Zugleich muss der Umfang der Schutzmaßnahmen „unbeschadet der Verteidigungsrechte" (Art. 18 RL) und im Einklang mit dem „gerichtlichen Ermessensspielraum"[141] festgelegt werden.

Was die Verteidigungsrechte als Grenze des Schutzanspruchs anbelangt, muss den Garantien der EMRK zum Schutz des Beschuldigten sowie der einschlägigen Rechtsprechung des EGMR besondere Aufmerksamkeit geschenkt werden. Das erschließt sich nicht nur primärrechtlich aus Art. 6 Abs. 3 EUV, wonach der Menschenrechtsbestand der EMRK als allgemeine Grundsätze Teil des Unionrechts ist.[142] Diese Verbindung zur EMRK lässt sich auch teilweise aus der Richtlinie 2012/29/EU herauslesen.[143] Dass hinsichtlich der Achtung der Verteidigungsrechte als Grenze des Schutzanspruchs des Opfers insbesondere das gem. Art. 6 EMRK verankerte „Recht auf ein faires Verfahren" maßgebend ist, hat unter anderem der EuGH wiederholt im Rahmen der Auslegung des RB 2001/220/JI zu erkennen gegeben, indem er ausdrücklich hinsichtlich der Achtung der Verteidigungsrechte auf die einschlägigen Urteile des EGMR zum Konfrontationsrecht des Angeklagten verwiesen hat.[144] Daher muss für die Richtlinienauslegung gelten, dass sich das Verhältnis zwischen „Verteidigungsrechten

---

138 Council of Europe, Rec. 2006(8), Appendix, Definitions.
139 SEK(2011) 581 endgültig, S. 3.
140 In diesem Sinne auch DG Justice of the Commission, Guidance Document, S. 39.
141 Erwägungsgrund 58 der RL 2012/29/EU.
142 Vgl. EU-Charta/*Borowsky*, Art. 52 Rn. 30 ff. zur sog. „Transferklausel".
143 Siehe beispielhaft Erwägungsgrund 54 der RL 2012/29/EU.
144 EuGH, Urteil vom 16.06.2005, Rs. C-105/03, Rn. 59 f.; EuGH, Urteil vom 09.10.2008, Rs. C-404/07, Rn. 48 f.

und Opferschutz" primär am Maßstab der EMRK mit Schwerpunkt auf dem Konfrontationsrecht des Angeklagten messen lassen muss.[145]

Was die genannte zweite Beschränkung des Schutzanspruchs des Opfers anbelangt, wonach der Umfang einer Schutzmaßnahme im Einklang mit dem gerichtlichen Ermessensspielraum erfolgen soll, ist ein Urteil des EuGH zur Auslegung des RB 2001/220/JI heranzuziehen[146]. In dem Vorabentscheidungsersuchen musste der EuGH darüber befinden, ob der zuständige Staatsanwalt entgegen den Vorschriften des italienischen Strafverfahrensrechts durch europäisches Sekundärrecht gem. Art. 8 Abs. 4 RB 2001/220/JI[147] verpflichtet wäre, einen Antrag des (mutmaßlich) schutzbedürftigen Opfers auf Durchführung einer besonderen Schutzmaßnahme während des Ermittlungsverfahrens – hier: das Opfer nach bestimmten Modalitäten im italienischen Beweissicherungsverfahrens zu hören und aussagen zu lassen – an das dafür zuständige Gericht weiterzuleiten, anstatt diesen Antrag selbst bescheiden zu können. In diesem Vorabentscheidungsersuchen stellte sich zudem die Frage, ob dem Opfer im Falle einer Negativentscheidung durch den Staatsanwalt dann zumindest ein Rechtsmittel eingeräumt werden müsste, um eine gerichtliche Überprüfung der staatsanwaltschaftlichen Ablehnungsentscheidung zu erzwingen.[148] Der EuGH stellte hierzu fest, dass der RB den nationalen Behörden bezüglich der konkreten Modalitäten zur Umsetzung der mit ihm verfolgten Ziele ein „weites Ermessen" lasse.[149] Es solle – wie beim italienischen Beweissicherungsverfahren der Fall – aber sichergestellt sein, dass den nationalen Hoheitsträgern grundsätzlich das rechtliche „Handwerk" zur Verfügung stehe, um besonders schutzbedürftige Opferzeugen unter geeigneten Schutzvorkehrungen bereits im Ermittlungsverfahren mit Beweiswert aussagen zu lassen, wenn dieses Verfahren ihrer Situation am besten entspreche und ferner geboten sei, den Verlust von Beweismitteln zu verhindern, eine wiederholte Befragung auf ein Minimum zu reduzieren und nachteiligen Folgen einer Zeugenaussage in der öffentlichen Gerichtsverhandlung entgegenzuwirken.[150] Aus dieser Verpflichtung ergebe sich jedoch kein Anspruch des Opfers auf Erhalt einer solchen Schutzmaßnahme während des

145 Hierzu unten S. 119 ff.

146 Urteil des EuGH vom 21.12.2011, Rs. C-507/10 (NJW 2012, S. 595 ff.).

147 Art 8 Abs. 4 RB: „Die Mitgliedstaaten sorgen dafür, dass Opfern [...] im Wege gerichtlicher Entscheidungen gestattet werden kann, unter Einsatz geeigneter Mittel [...]".

148 Urteil des EuGH vom 21.12.2011, Rs. C-507/10, Nr. 23.

149 Urteil des EuGH vom 21.12.2011, Rs. C-507/10, Nr. 33.

150 Urteil des EuGH vom 21.12.2011, Rs. C-507/10, Nr. 30.

Ermittlungsverfahrens.[151] Laut RB müssten die Opfer nicht den „Prozessparteien" gleichgestellt werden, weshalb ihre Rechtsposition auch nicht dem der Staatsanwaltschaft gleichen müsse. In einem akkusatorischen Justizsystem, wie dem italienischen, in dem die Staatsanwaltschaft als „unabhängiges und dem Grundsatz der Gesetzesmäßigkeit" unterliegendes Organ darüber entscheidet, ob Anklage erhoben werde, sei das Opfer nur Gegenstand des Schutzes, nicht aber Inhaber von Schutzrechten.[152] Der den Mitgliedstaaten eingeräumte Ermessensspielraum werde nicht überschritten, wenn die nationale Rechtsordnung allein der Staatsanwaltschaft die Entscheidung überlasse, einen Antrag des Opfers auf Erhalt einer bestimmten Schutzmaßnahme an das zuständige Gericht weiterzuleiten.[153] Das gelte insbesondere, wenn einem unabhängigen, dem Gesetz unterworfenen Organ, das dem Antrag des Opfers Gehör schenke und darauf begründet eingehe, diese Kompetenz zugesprochen werde.[154] Aus diesen Gründen stehe dem Opfer kein Recht zu, eine staatsanwaltschaftliche Negativentscheidung auf Erhalt einer Schutzmaßnahme gerichtlich überprüfen zu lassen. Das sei die konsequente Folge eines Strafjustizsystems, in dem das Anklageverfahren in den Zuständigkeitsbereich der Staatsanwaltschaft falle.[155]

Es sind keine Anhaltspunkte ersichtlich, diese Entscheidungsgründe des EuGH nicht auch auf die Auslegung der Richtlinienbestimmungen zu übertragen, da die nun explizite Normierung des Schutzanspruchs konzeptionell nichts geändert hat. Der Normtext des Art. 18 RL fordert die Mitgliedstaaten lediglich auf, dass entsprechende „Maßnahmen" zum Schutz vor den genannten Gefahrenquellen „zur Verfügung stehen", weshalb der der RL zugrundeliegende Schutzanspruch des Opfers auch weiterhin kein subjektives bzw. einklagbares Recht auf nationaler Ebene begründen muss. Der Schutzanspruch verlangt allein, dass die Vorstellungen und Wünsche des Opfers bei dieser Entscheidung über die Einleitung einer besonderen Schutzmaßnahme berücksichtigt werden, ohne deshalb effektiven Rechtsschutz gewähren zu müssen.[156] Die Notwendigkeit von Rechtsmitteln des Opfers bleibt deshalb allein eine Frage des nationalen Rechts. Weiterhin deuten die Urteilsgründe des EuGH darauf hin, dass die Achtung des „gerichtlichen Ermessensspielraums" nicht zwangsläufig eine richterliche Entscheidung bedingt. Die nationale Kompetenzverteilung wird von dem

151 Urteil des EuGH vom 21.12.2011, Rs. C-507/10, Nr. 34.
152 Schlussanträge des Generalanwalts *Villalón*, C-507/10, Nr. 53.
153 Urteil des EuGH vom 21.12.2011, Rs. C-507/10, Nr. 36.
154 So die Schlussanträge des Generalanwalts *Villalón*, C-507/10, Nr. 56.
155 Urteil des EuGH vom 21.12.2011, Rs. C-507/10, Nr. 41.
156 Zutreffend DG Justice of the Commission, Guidance Document, S. 45.

EuGH gerade nicht bewertet. Dies ist insbesondere der Fall, wenn eine Institution wie die Staatsanwaltschaft, die gesetzlich dem Grundsatz der Neutralität und Gesetzesmäßigkeit unterworfen ist, die Schutzbedürfnisse des Opfers im Strafverfahren wahrnimmt, wie es etwa in „akkusatorischen“ Justizsystemen üblich ist. Etwas anderes könnte für solche Strafrechtsordnungen gelten, die bspw. der Polizei entsprechend weitreichendere Kompetenzen einräumen.

b. Allgemeine Schutzvorkehrungen

aa. Vermeidung des Zusammentreffens mit dem Angeklagten

Die Mitgliedstaaten werden über diese Vorschrift aufgefordert, bestimmte Vorkehrungen zu treffen, um unerwartete und regelmäßig nicht gewollte Begegnungen des Opfers – ggfs. auch seiner Familienangehörigen – mit dem Angeklagten in „Gebäuden, in denen das Strafverfahren verhandelt wird“, grundsätzlich zu vermeiden, soweit das Aufeinandertreffen aus strafprozessrechtlichen Gründen nicht erforderlich ist (Art. 19 RL). Obwohl es sich nicht direkt aus dem Wortlaut erschließt, wird diese Schutzvorschrift weit ausgelegt, so dass in sämtlichen mit dem Verfahren verbundenen Situationen, in denen ein Aufeinandertreffen faktisch möglich, aber rechtlich nicht erforderlich ist, eine vorausschauende Handlungsweise vorausgesetzt wird. Daraus folgt, dass sich insbesondere auch die zuständigen Sachbearbeiter der Polizeidienststellen und Staatsanwaltschaften um eine vorsorgliche Terminierung bemühen müssen, etwa bei Ladung eines Tatopfers zur Zeugenvernehmung im Vorverfahren.[157] In den Räumlichkeiten des Gerichts sollen gesonderte Wartebereiche zur Verfügung stehen, um das Aufeinandertreffen unmittelbar vor Beginn der Hauptverhandlung zu verhindern. „Neue Gerichtsräumlichkeiten“ müssen stets mit diesen Wartebereichen ausgestattet sein (Abs. 2). Es wird auch eine opferzeugenfreundliche Gestaltung des Sitzungssaals nahegelegt.[158] Ob und unter welchen Umständen das Aufeinandertreffen rechtlich „erforderlich“ ist, muss sich am menschenrechtlich verbürgten Konfrontationsrecht des Angeklagten ausrichten.[159]

bb. Schutz während der strafrechtlichen Ermittlungen

Die Mitgliedstaaten müssen Vorkehrungen treffen, damit ein Opfer „während der strafrechtlichen Ermittlungen“ hinreichend Schutz erfährt (Art. 20 RL).

---

157 Vgl. KOM(2011)275 endgültig, S. 11; DG Justice of the Commission, Guidance Document, S. 40.

158 Siehe hier DG Justice of the Commission, Guidance Document, S. 41.

159 So auch *Bock*, ZIS 2013, 201 (208).

Trotz des Wortlauts beschränkt sich die Vorschrift nicht ausschließlich auf das Ermittlungs-, sondern auf das gesamte strafprozessuale Erkenntnisverfahren. Der Grund ist, dass diese Schutzvorschrift maßgeblich der Eindämmung der Gefahr von Sekundärviktimisierung dienen soll[160], so dass eine Begrenzung des Anwendungsbereichs auf das Vorverfahren nicht beabsichtigt sein kann. Die EU hat im Normsetzungsverfahren sogar selbst betont, dass es beim Schutz vor sekundärer Viktimisierung grundsätzlich auch um das gerichtliche Verfahren gehen muss.[161]

Zum Schutz vor Sekundärviktimisierung müssen die Mitgliedstaaten zunächst gewährleisten, dass ein Tatopfer nach seiner Anzeigeerstattung „unverzüglich" von der zuständigen Behörde vernommen wird (lit. a). Es geht dem EU Normgeber nicht nur um eine im Einzelfall dringliche Beweismittelsicherung, sondern auch um eine stärkere Rücksichtnahme von Opferbelangen im Rahmen der behördlichen Entscheidung über den Zeitpunkt der Vernehmung. Die Interaktion mit den Behörden soll dem Opfer so leicht wie möglich gemacht werden[162]; auch wird das Opfer selbst regelmäßig von einem raschen behördlichen Handeln nach Anzeigeerstattung ausgehen. Mit dem Kriterium der „Unverzüglichkeit" bringt der europäische Gesetzgeber auch hier zum Ausdruck, dass die Vernehmung „ohne schuldhaftes Zögern" durchzuführen ist.

Ferner haben die Mitgliedstaaten sicherzustellen, dass die Anzahl der Vernehmungen auf ein „Mindestmaß" zu beschränken ist und eine Vernehmung nur erfolgt, wenn dies zum Zwecke der strafrechtlichen Ermittlungen unbedingt erforderlich ist (lit. b). Seitens bestimmter Interessengruppen löste gerade diese Vorgabe der „Befragungsrestriktion" erhebliche Kritik aus. Denn sobald die Verteidigung eine erneute Befragung des Opferzeugen für notwendig halten sollte, würde es eines erheblichen Begründungs- und Überzeugungsaufwands bedürfen, um das Gericht, das zur Begrenzung der Vernehmungszahl auf ein unabdingbares Mindestmaß nun aufgefordert ist, zum Einlenken zu bewegen. Tendenziell begünstigen die europäischen Institutionen hiermit eine Entwicklung, die die Beweisaufnahme verstärkt auf die polizeiliche Vernehmung im Vorverfahren verlagert und ihre Bedeutung in der Hauptverhandlung weiter abschwächt.[163]

---

160 Vgl. KOM(2011)275 endgültig, S. 11; DG Justice of the Commission, Guidance Document, S. 42.

161 Siehe oben, S. 89.

162 Vgl. KOM(2011)275 endgültig, S. 11.

163 Vgl. die Stellungnahme der Strafverteidigervereinigung zum Vorschlag für eine Richtlinie des Europäischen Parlaments und des Rates über Mindeststandards für die Rechte und den Schutz von Opfern von Straftaten und der Opferhilfe, S. 4 f.,

Im Zusammenhang mit dieser Richtlinienbestimmung wird zugleich empfohlen, zur Vermeidung von unnötigen Interaktionen die Videoaufzeichnung von Zeugenaussagen im Vorverfahren allgemein auszuweiten und ihre Verwendung in der Hauptverhandlung als Beweismittel zuzulassen.[164] Diese Empfehlung bezieht sich nicht auf einzelne Opfertypen, sondern es geht ganz allein um den Schutz vor Sekundärviktimisierung. Die EU behandelt die Videoaufzeichnung somit eher als eine Art Standardmaßnahme; dennoch wird hierbei explizit auf die Achtung der Verteidigungsrechte verwiesen, wie sie insbesondere durch das Konfrontationsrecht der EMRK zum Ausdruck kommen.

Als weitere Schutzmaßnahme während der strafrechtlichen Ermittlungen soll es einem Opfer erlaubt sein, sich bei Vernehmungen von einer „Person seiner Wahl" bzw. dem „rechtlichen Vertreter" begleiten zu lassen (lit. c). Diese Schutzvorkehrung korreliert mit der Vorgabe zur Umsetzung des Rechts, zu verstehen und verstanden zu werden (hierzu bereits oben). Deshalb gilt auch hier, dass kein spezielles Näheverhältnis zwischen dem Opfer und der Begleitperson seiner Wahl bestehen müsste.[165] Auf einzelne im europäischen Normsetzungsverfahren geäußerte Bedenken, dass diese Begleitperson ggfs. die Qualität der Zeugenaussage des Opfers negativ beeinflussen könnte[166], reagierte die EU mit der Möglichkeit des Ausschlusses dieser Begleitperson. Konkrete Ausschlussgründe werden dabei nicht genannt, dürften aber auch hier bei einem bestehenden Interessenkonflikt anzunehmen sein oder wenn diese Begleitperson als nicht hinreichend vertraulich einzustufen wäre.[167]

Zuletzt werden die Mitgliedstaaten aufgefordert, dafür zu sorgen, dass die Einleitung medizinischer (körperlicher) Untersuchungen auf ein „notwendiges Mindestmaß" reduziert wird und diese Untersuchungen nur durchgeführt werden, wenn es für die „Zwecke der strafrechtlichen Ermittlungen unbedingt erforderlich" ist (lit. d). Der EU Normgeber verlangt, dass das nationale Recht diese Bedingungen implementiert, sofern der Mitgliedstaat es gestattet, dass eine solche Untersuchung ohne Einwilligung des Opfers durchgeführt werden kann.

---

http://www.strafverteidigertag.de/Material/Europa/Stellungn_Opferrichtlinie_EU.pdf (Letzter Abruf: 12.12.2017).

164 Erwägungsgrund 53 der RL 2012/29/EU.

165 Vgl. hierzu oben, S. 75.

166 Siehe *Schmälzger*, ELR 2011, S. 308.

167 So auch DG Justice of the Commission, Guidance Document, S. 42.

cc. Schutz der Privatsphäre

Die Mitgliedstaaten sollen Vorkehrungen zum Schutz der Privatsphäre des Opfers treffen. Es geht um die Wahrnehmung seines Rechts auf Anonymität im Rahmen eines aus rechtsstaatlichen Gründen notwendigerweise öffentlichen Verfahrens sowie um den präventiven Schutz vor möglichen Repressalien seitens der Tätersphäre (vgl. Art. 21 RL). Der europäische Normgeber betont hier die Vielfalt an „geeigneten" Schutzmaßnahmen und hebt dabei die Möglichkeit der Nichtbekanntgabe bzw. nur begrenzten Bekanntgabe von Informationen über die Identität und den Aufenthaltsort des Opfers hervor.[168] In diesem Kontext wurden zum einen Maßnahmen diskutiert, per Anordnung bestimmte vertrauliche Daten aus den Akten entfernen zu können und ihre Veröffentlichung bei Strafurteilen oder auch anderen Entscheidungen einzuschränken.[169] Zum anderen wird das Recht des Opfers – und der Familienangehörigen – am „eigenen Bild" ausdrücklich im Normtext hervorgehoben. Insbesondere bei kindlichen Opfern wird betont, alle rechtlich zulässigen Maßnahmen – wie bspw. die Geheimhaltung des Namens[170] – zu ergreifen, um eine öffentliche Verbreitung solcher Informationen zu verhindern, die zur Identifizierung des Opfers führen können.

Der europäische Normgeber greift zudem das Verhältnis zwischen dem Privatsphärenschutz des Opfers und dem Recht der Medien auf Berichterstattung über laufende Strafverfahren auf. Die Mitgliedstaaten müssen die Medien zumindest ermutigen („fördern"), dass sie sich sog. Selbstkontrollmaßnahmen unterziehen (Art. 21 Abs. 2 RL). Aus seiner Sicht leiste daher die Selbstkontrolle der Medien einen ausreichenden Beitrag, um die Privatsphäre eines Opfers mit der freien Berichterstattung der Medien in Einklang zu bringen. Weitergehende Regelungen wurden deshalb im Rechtssetzungsverfahren nicht in Erwägung gezogen.[171] Gerade auch diese Positionierung stieß auf erhebliche Kritik und wurde als „völlig unzulänglich" bewertet[172]. Festzustellen ist jedenfalls, dass sich die EU mit dieser Vorgabe, lediglich Selbstkontrollmaßnahmen der Medien zu fördern, nicht in den rechtlichen Prozess der Interessenabwägung zwischen

168 Erwägungsgrund 54 der RL 2012/29/EU.

169 Stellungnahme des Europäischen Datenschutzbeauftragten, Abl.EU C 35/12 vom 09.02.2012.

170 Erwägungsgrund 54 der RL 2012/29/EU.

171 Stellungnahme des Europäischen Datenschutzbeauftragten, Abl.EU C 35/13 vom 09.02.2012.

172 *Schünemann*, ERA Forum 2011, S. 460.

Pressefreiheit und Privatsphärenschutz einbringt, weil es bei einer quasi unverbindlichen Vorgabe bleibt. Somit ist auch der Einfluss des EuGH im Fall eines Vorabentscheidungsersuchens erheblich begrenzt. Der europäische Normgeber verweist hinsichtlich des Austarierens der sich gegenüberstehenden Interessen sogar ausdrücklich auf die Einhaltung der durch Art. 10 EMRK garantierten Freiheit der Meinungsäußerung.[173] Damit wird auf die insoweit einschlägige Rechtsprechung des EGMR verwiesen.

c. *Besondere Schutzvorkehrungen*

aa. *Individuelle Begutachtung zur Feststellung der besonderen Schutzbedürftigkeit*

Die besondere Schutzbedürftigkeit des Opfers soll „frühzeitig" im Wege einer individuellen Begutachtung festgestellt werden, um auf dieser Grundlage entscheiden zu können, ob bzw. welche der vorhandenen besonderen Schutzmaßnahmen für das Verfahren einzuleiten sind (Feststellungs- und Auswahlverfahren). Diese Vorschrift gilt als einer der „bedeutendsten" Errungenschaften der Opferrichtlinie[174], um im Einzelfall den Gefährdungsgrad des Opfers vor einer wiederholten oder sekundären Viktimisierung, Einschüchterung oder Vergeltung realistisch bestimmen und entsprechend reagieren zu können. Noch im Richtlinienentwurf der EU wurden dabei einzelne Opfergruppen genannt, die allein aufgrund ihrer persönlichen Merkmale (Minderjährige, Menschen mit Behinderung) oder aufgrund des Wesens und der Art der Straftat (Sexuelle Gewalt oder Menschenhandel) stets als besonders schutzbedürftig einzustufen waren. Die Einleitung von besonderen Schutzmaßnahmen sollte hier den Regelfall darstellen.[175] Während des Rechtssetzungsverfahrens wurden jedoch Bedenken geäußert, dass dadurch eine Opferhierarchie eingeführt würde, die dem jeweiligen Einzelfall nicht gerecht werde und eine Diskriminierung für andere Opfergruppen darstelle.[176] Deshalb entschied sich die EU gegen diese starre Festlegung auf einzelne Opfergruppen. Jedes Opfer soll im Rahmen der individuellen Begutachtung als „besonders schutzbedürftig" betrachtet werden und in den Genuss von besonderen Schutzmaßnahmen kommen können. Nur bei Opfern

---

173 Erwägungsgrund 54 der RL 2012/29/EU.

174 DG Justice of the Commission, Guidance Document, S. 44.

175 Vgl. KOM(2011) 275 endgültig, S. 26 f.

176 Stellungnahme des Ausschusses der Regionen, Abl. EU 2012 C 43/42 vom 15. Februar 2012.

im Kindesalter – d.h. unter 18 Jahren[177] – hat die EU an ihrem ursprünglichen Konzept festgehalten und für die Umsetzung vorgegeben, dass diese Opfer ohne Ausnahme als besonders schutzbedürftig gelten müssen (dies steht auch mit der Judikatur des EuGH und des EGMR im Einklang[178]). Die individuelle Begutachtung dient bei diesen Opfern dann nur noch der Frage, ob und welche der strafprozessualen Schutzmaßnahmen auszuwählen sind (Art. 22 Abs. 4 RL).

Für die Feststellung der „besonderen Schutzbedürftigkeit" des Opfers führt die Richtlinie drei Indikatoren beispielhaft auf (Art. 22 Abs. 2 RL):

Zum einen gelten die „persönlichen Merkmale des Opfers" (lit. a) als ein Indikator. Hierunter fallen Merkmale wie Alter, Geschlecht, Geschlechtsidentität, ethnische Zugehörigkeit, Rasse, Religion, sexuelle Ausrichtung, Gesundheitszustand, Kommunikationsschwierigkeiten, Behinderungen, Aufenthaltsstatus, Beziehung zum oder ggfs. Abhängigkeit vom Täter und sonstige vorherige Konfrontationen mit einer Straftat.[179] Zum anderen können „Art und Wesen einer Straftat" (lit. b) von Bedeutung sein. Genannt werden terroristische Straftaten, organisierte Kriminalität, Vorurteils- bzw. Hasskriminalität und allgemein geschlechtsbezogene Gewalt.[180] Zuletzt sollen auch die „Umstände der Straftat" (lit. c) für die besondere Schutzbedürftigkeit sprechen können. Gerade bei Sexual- oder Gewaltdelikten besteht häufig eine enge persönliche Beziehung zwischen Täter und Opfer. Auch bei Banden- und Milieukriminalität droht das Opfer regelmäßig dem Täter zu begegnen, was ein Indiz für die „besondere Schutzbedürftigkeit" ist.[181] Diese drei Indikatoren sind nicht abschließend genannt („insbesondere"). Andere Aspekte können auf die besondere Schutzbedürftigkeit des Opfers ebenfalls hindeuten, wie bspw. eine niedrige Belastungs- oder Angstschwelle, persönliche oder wirtschaftliche Verhältnisse, die es dem Opfer allgemein erschweren, die Tatfolgen zu verarbeiten oder in der Funktion als Zeuge in der Hauptverhandlung zu folgen.[182]

Die individuelle Begutachtung soll „frühzeitig" im Verfahren erfolgen. Welche Institution die Begutachtung durchzuführen hat bzw. für das Feststellungs- und

---

177 Das gilt auch, wenn das Alter des Opfers nicht mit Sicherheit feststeht, aber Grund zu der Annahme besteht, dass es sich um ein kindliches Opfers handeln könnte (Art. 24 Abs. 2 RL).

178 Urteil des EuGH vom 16.06.2005, Rs. C-105/03, Slg 2005, I-5330, Nr. 53; zur Judikatur des EGMR siehe unten S. 132.

179 Erwägungsgrund 56 der RL 2012/29/EU.

180 Erwägungsgrund 57 der RL 2012/29/EU.

181 Erwägungsgrund 56 der RL 2012/29/EU.

182 Siehe KOM(2011)274, S. 9.

Auswahlverfahren verantwortlich ist, gibt die EU dann nicht vor. Die Mitgliedstaaten müssen sich um ein funktionierendes System bemühen.[183] Nach dem ursprünglichen Willen des europäischen Normgebers sollten jedoch insbesondere auch diejenigen Institutionen in die Pflicht genommen werden, die „nach Anzeige einer Straftat als erste in Kontakt mit dem Opfer“ treten. Die EU hat daher die Einbeziehung der Sachbearbeiter der Polizeidienststellen im Blick, die „Anleitungen, Instrumente oder Protokolle erhalten [sollten], die ihnen helfen, die Bedürfnisse des Opfers richtig einzuschätzen“[184]. Der Umfang, Dauer und Intensität der Begutachtung kann je nach der Schwere der Straftat oder der – erkennbaren – Schädigung mehr oder weniger umfassend sein (Art. 22 Abs. 3 und 5 RL). Generell sollen auch die Wünsche, Bedenken oder Befürchtungen des Opfers bei dem Feststellungs- und Auswahlverfahren einfließen und bei der Entscheidung des Hoheitsträgers von „zentraler Bedeutung“[185] sein (Art. 22 Abs. 6 RL); der Opferwille soll dennoch nicht bindend sein.

Das Begutachtungsverfahren soll somit bereits im Vorverfahren stattfinden. Es kann während des laufenden Verfahrens wiederholt bzw. aktualisiert werden, sofern relevante Änderungen bei den Umständen zu verzeichnen sind, die zunächst zur Annahme (oder Ablehnung) der Schutzbedürftigkeit geführt haben (Art. 22 Abs. 7 RL). Die erneute Begutachtung könnte jedoch dem Schutzzweck der Vorschrift zuwiderlaufen und das Risiko der Sekundärviktimisierung erhöhen, wenn diese persönlich durchgeführt wird und das Opfer hierdurch weiteren Belastungsmomenten ausgesetzt ist.[186] Dem europäischen Schutzanspruch ist ein Anfechtungsrecht fremd, mit der Folge, dass das Ergebnis des Begutachtungsverfahrens nicht revisibel ist.[187] Das Begutachtungsverfahren kann grundsätzlich unterbleiben, wenn mit hoher Wahrscheinlichkeit nicht mit einer Strafverfahrenseinleitung zu rechnen ist.[188]

Sofern es sich um ein Opfer im Kindesalter handelt, dient die Begutachtungspflicht zugleich auch der Prüfung, ob für die „Wahrnehmung seiner Interessen“ ein Vertreter zu bestellen ist, wenn zwischen dem Opfer und dem (elterlichen) Sorgeberechtigten ein Interessenkonflikt besteht. Die Prüfung der Erforderlichkeit einer Vertreterbestellung soll gerade auch in den Fällen erfolgen, in denen das kindliche Opfer von der Familie getrennt leben sollte oder ohne deren

---

183 DG Justice of the Commission, Guidance Document, S. 45.
184 KOM(2011)275 endgültig, S. 10.
185 Erwägungsgrund 58 der RL 2012/29/EU.
186 Kritisch *Bock*, ZIS 2013, 201 (209).
187 Im Ergebnis auch DG Justice of the Commission, Guidance Document, S. 45.
188 Vgl. KOM(2011)275 endgültig, S. 10.

Begleitung die staatlichen Institutionen (wie die Polizei) aufsucht. Diese Prüfung soll nicht nur gewährleisten, dass das Opfer in seiner Funktion als Zeuge durch einen Interessenvertreter vertreten wird. Wenn eine über die Zeugenstellung hinausgehende Rolle als Verfahrensbeteiligter möglich ist, dann stellt die Begutachtungspflicht zudem sicher, dass ein solcher Vertreter (bei Vorliegen eines Interessenkonflikts) zur Wahrnehmung der gesamten Opferrechtsposition bestellt wird (vgl. 24 Abs. 1 lit. b RL). Die Vertretung kann von einer natürlichen oder juristischen Person und von einer Einrichtung oder einer Behörde übernommen werden.[189] Bei einem Interessenkonflikt mit den Sorgeberechtigten soll das Opfer „im eigenen Namen“ entscheiden können, ob – wenn nach einzelstaatlichem Recht vorhanden – es rechtlichen Rat oder rechtliche Vertretung erhalten möchte (Art. 24 Abs. 1 lit. c RL). Demnach muss stets gewährleistet sein, dass auf den Entwicklungsstand bzw. die geistige Reife des kindlichen Opfers Rücksicht genommen wird, bevor man es als „unmündig“ einstuft (vgl. Art. 1 Abs. 2 RL). Unter welchen Umständen allgemein ein Interessenkonflikt anzunehmen wäre, der eine solche Vertretung erforderlich machen würde, stellt die EU – mangels konkreter Vorgaben – in das mitgliedstaatliche Ermessen.

bb. Besondere Schutzmaßnahmen für die Vernehmungssituation

Die EU gibt eine Reihe von besonderen Schutzmaßnahmen für das Verfahren vor, die allesamt die Vernehmungssituation betreffen und nach Annahme der besonderen Schutzbedürftigkeit des Opferzeugen (mindestens) zur Verfügung stehen müssen. Die Schutzmaßnahmen werden in zwei Blöcke unterteilt und beziehen sich zum einen auf das Ermittlungsverfahren („criminal investigation“) und zum anderen auf die richterliche Vernehmungsführung („court proceedings“). Von Bedeutung ist, dass die RL nicht nur – wie bei allen Schutzmaßnahmen – die Achtung der Verteidigungsrechte und den gerichtlichen Ermessensspielraum[190] als Kriterien gegen die Einleitung von besonderen Schutzvorkehrungen hervorhebt. Die EU erlaubt die Nichtdurchführung einer an sich erforderlichen Schutzmaßnahme auch dann, wenn im Einzelfall „operative oder praktische Zwänge“ ihre Durchführung unmöglich machen oder wenn eine sofortige Vernehmung des Opferzeugen notwendig ist, um den Untersuchungserfolg insgesamt nicht zu gefährden oder um das Opfer bzw. einen „Dritten“ nicht zu schädigen (Art. 23 Abs. 1 RL). Die operativen oder praktischen Zwänge als Grund für die Nichtdurchführung einer besonderen Schutzmaßnahme dürfen aber keinesfalls

189 Erwägungsgrund 60 der RL 2012/29/EU.
190 Hierzu bereits oben, S. 85 ff.

herangezogen werden, um einen „dauerhaften Missstand“ zu verschleiern. Diese können lediglich im Einzelfall rechtfertigen, eine Schutzmaßnahme aufgrund eines zum Zeitpunkt der Vernehmung bestehenden unvorhersehbaren und nur temporären Hinderungsgrund nicht durchzuführen. Dies gilt insbesondere – aber eben nicht ausschließlich – für Schutzmaßnahmen im Ermittlungsverfahren, bei dem zeitnahes polizeiliches Handeln aufgrund der „operativen oder praktischen“ Zwänge nicht gehemmt werden sollte.[191]

Während des Ermittlungsverfahrens (Art. 23 Abs. 2 RL) soll es bei entsprechender Schutzbedürftigkeit des Opferzeugen stets möglich sein, dass die Vernehmung in speziellen Räumlichkeiten durchgeführt wird, die für diesen Zweck ausgelegt sind bzw. diesem Zweck angepasst wurden (Art. 23 Abs. 2 lit. a RL). Der EU Normgeber dachte dabei an Vernehmungsräume mit behindertengerechtem Mobiliar und entsprechender technischer Ausstattung, um insbesondere der Videoaufzeichnung von Zeugenvernehmungen nachzugehen.[192] Weiterhin muss die Vernehmungsdurchführung einer „für diesen Zweck ausgebildeten Fachkraft“ überlassen werden oder zumindest unter ihrer Mitwirkung stattfinden. Das dürfte insbesondere auf die Polizeibeamten zutreffen, die – anders als Staatsanwälte oder Ermittlungsrichter – laut der Richtlinie 2012/29/EU entsprechenden Schulungs- und Fortbildungsverpflichtungen unterliegen[193]. Sollte die Vernehmung von einem Staatsanwalt oder Ermittlungsrichter durchgeführt werden, die solche Verpflichtungen nicht treffen, dann wird gemäß dieser Richtlinienbestimmung zumindest die Mitwirkung einer solchen Fachkraft erforderlich sein (vgl. Art. 23 Abs. 2 lit. b RL). Falls im Ermittlungsverfahren mehrere Vernehmungen anberaumt werden, müssen diese von „denselben Personen“ durchgeführt werden, es sei denn, dass dies nicht einer geordneten Rechtspflege entspricht (Art. 23 Abs. 2 lit. c RL).[194] Bei Sexualdelikten oder körperlicher Gewalt in einer engen persönlichen Beziehung zwischen dem Beschuldigten und dem Opfer hat der Vernehmende des „gleichen Geschlechts“ zu sein, wenn der Opferzeuge dies wünscht und der Verfahrensverlauf nicht beeinträchtigt

---

191 Vgl. Erwägungsgrund 59 der RL 2012/29/EU.

192 KOM(2011)275 endgültig, S. 11 f.; als einen „praktischen“ Hinderungsgrund für die Nichtdurchführung einer Vernehmung des Opferzeugen in solch speziellen Räumlichkeiten nennt die EU bspw. „Renovierungsarbeiten“, siehe den Erwägungsgrund 59 der RL 2012/29/EU.

193 Hierzu unten S. 117.

194 Kritisch *Schünemann*, ERA Forum 2011, S. 459, der in diesem Kontext die erhöhte Gefahr der „suggestiven Beeinflussung des Opferzeugen“ betont.

wird. Ausgenommen sind staatsanwaltschaftliche und richterliche Vernehmungen (Art. 23 Abs. 2 lit. d RL).[195]

Die besonderen Schutzmaßnahmen während der richterlichen Vernehmungsführung (Art. 23 Abs. 3 RL) betreffen insbesondere solche Schutzmaßnahmen, die während der Durchführung der Hauptverhandlung von Bedeutung sind. Die EU verlangt zunächst nach Schutzvorkehrungen, die den Blickkontakt zwischen Opferzeugen und Angeklagten verhindern. Dies soll unter anderem mit dem Einsatz von Kommunikationstechnologie umgesetzt werden. Von wesentlicher Bedeutung ist, dass diese Schutzmaßnahme „auch während der Aussage" des Opfers greifen muss (Art. 23 Abs. 3 lit. a RL). Hieraus lässt sich ableiten, dass die Verhinderung des Blickkontakts während der gesamten Anwesenheitspflicht des Opferzeugen im Sitzungssaal gewährleistet werden muss. Unabhängig davon müssen die Mitgliedstaaten Schutzmaßnahmen implementieren, die es dem Opferzeugen gestatten, die Aussage nicht im Sitzungssaal des Gerichts tätigen zu müssen. Die EU sieht auch dabei die Verwendung von Kommunikationstechnologie ausdrücklich vor, ohne darüber hinaus das Ermessen eines Mitgliedstaats zu begrenzen (Art. 23 Abs. 3 lit. b RL). Auch verlangt die EU nach der Einführung von gesetzlichen Regelungen zum Schutz des Opferzeugen vor einer „unnötigen Befragung" zum Privatleben, sofern die Befragung nicht im Zusammenhang mit der zu verhandelnden Straftat steht. Dies betrifft die Befragung durch das Gericht oder der Verfahrensbeteiligten. Mangels konkreter Vorgaben zur Beschränkung des Befragungsrechts aus Opferschutzgründen muss wegen des Wortlauts dieser Richtlinienbestimmung auch davon ausgegangen werden, dass ein nur „mittelbare Zusammenhang" zur Aufklärung der zu verhandelnden Straftat ausreicht, um eine die Privatsphäre des Opfers beeinträchtigende Befragung zu rechtfertigen (vgl. Art. 23 Abs. 3 lit. c RL). Zudem möchte die EU auch Schutzmaßnahmen implementiert sehen, die den „Ausschluss der Öffentlichkeit" ermöglichen. Trotz des Wortlauts der Vorschrift („während der Verhandlung") ist nur der Ausschluss während der „Vernehmung"[196], nicht während

195 Als „operativen" Hinderungsgrund für die Nichtdurchführung von Schutzmaßnahmen, die entscheidend auf die Person des Vernehmenden abstellen (Art. 23 Abs. 2 lit. b–d RL), nennt die EU „Krankheit, Mutterschutz und Elternurlaub" als Beispiele, vgl. Erwägungsgrund 59 der RL 2012/29/EU.

196 In der deutschen Fassung des § 24 Abs. 3 lit. d RL wurde der in der englischen Originalversion benutzte Begriff „hearing" mit „Verhandlung" übersetzt. Der Begriff „hearing" steht aber für „Anhörung/Vernehmung". Das lässt sich an dem gem. § 24 Abs. 3 RL einleitenden Satz „The following measures shall be available […] during court proceedings" (während der Gerichtsverhandlung) ableiten. Der Begriff „hearing" kann logischerweise nur die Vernehmung als „Verhandlungsabschnitt" meinen.

der gesamten Hauptverhandlung, vorgesehen (Art. 23 Abs. 3 lit. d RL). Zuletzt schreibt die EU neben der allgemeinen Empfehlung, die Videoaufzeichnungen verstärkt in den strafprozessualen Alltag zu integrieren[197], den Mitgliedstaaten vor, dass bei Opferzeugen im Kindesalter unter Achtung der einzelstaatlichen Verfahrensvorschriften sämtliche Vernehmungen auf Video aufgezeichnet und diese als Beweismittel verwertet werden können, um dem kindlichen Opfer die persönliche Aussage in der Hauptverhandlung zu ersparen (Art. 24 Abs. 1 lit. a RL).

5. Opfer sollen „am Strafverfahren teilnehmen können" (Art. 1 Abs. 1 S. 1 Alt. 4 RL)

Die Beteiligungsrechte am Verfahren werden durch die Art. 10 – 17 RL konkretisiert. Wie bereits festgestellt, wird die Stellung als Verfahrensbeteiligter bzw. Partei im Verfahren nicht garantiert.[198] Dennoch sind einzelne Beteiligungsrechte in nationales Recht umzusetzen, auf die sich die EU mit Rücksicht auf die Rechtstraditionen der Mitgliedstaaten festlegen konnte. Hierunter fällt namentlich ein „Anspruch auf rechtliches Gehör" (Art. 10 RL) und ein Recht, gegen einen Strafverfolgungsverzicht der Behörden vorzugehen (Art. 11 RL). Sollte ein Wiedergutmachungsverfahren angestrebt werden, sind dabei Schutzmaßnahmen zu beachten (Art. 12 RL). Es soll bereits während des Verfahrens über eine Entschädigung des Opfers verhandelt werden können (Art. 16 RL). Als weitere Partizipationsrechte sieht die Richtlinie vor, dass im Zusammenhang mit dem Verfahren Prozesskostenhilfe zu gewähren ist und ggfs. entstandene Kosten für das Opfer zu erstatten sind (Art. 13 und Art. 14 RL). Das Opfer soll die Möglichkeit haben, die im Rahmen der Ermittlungen eingezogenen Vermögenswerte herauszuverlangen (Art. 15 RL). Falls das Opfer in einem anderen Mitgliedstaat wohnhaft ist, sind Vorkehrungen zu treffen, damit das Verfahren unter seiner Einbeziehung stattfinden kann (Art. 17 RL).

a. Rechtliches Gehör

Das Opfer einer Straftat soll „im Strafverfahren gehört werden und zudem Beweismaterial beibringen können" (Art. 10 Abs. 1). Der europäische Normgeber fügt dem lediglich an, dass es dem Opfer zumindest ermöglicht werden muss, schriftliche Erklärungen oder Erläuterungen abzugeben.[199] Der Begriff des

---

197 Siehe oben, S. 89 f.

198 Siehe oben, S. 67 ff.

199 Erwägungsgrund 41 der RL 2012/29/EU.

Strafverfahrens wird durch die RL nicht definiert. Deshalb ist davon auszugehen, dass das rechtliche Gehör des Opfers bei sämtlichen Verfahrensarten, die nach nationalem Verständnis dem Strafverfahren zugeordnet werden, Anwendung findet und zudem auch nicht auf einen Strafverfahrensabschnitt beschränkt ist. Das Gehörsrecht ist für Kinder und Erwachsene gleichermaßen einzuräumen und eine altersgerechte Behandlung sicherzustellen[200]. Die Umsetzung erfolgt nach nationalen Verfahrensvorschriften (Abs. 2).

Für den Anwendungsbereich ist von Bedeutung, dass die Richtlinie nicht ausdrücklich darauf hinweist, dass die Umsetzung im Einklang „mit der Stellung des Opfers in der betreffenden Strafrechtsordnung“[201] erfolgen soll. Das bedeutet, dass der Anspruch auf rechtliches Gehör jedem Opfer im Sinne der Richtlinie zugestanden werden muss, und dass unabhängig davon, ob im nationalen Strafprozessrecht eine Rechtsposition als Verfahrensbeteiligte bzw. Partei überhaupt anerkannt ist. Insoweit dürfte ein wesentlicher Kritikpunkt der Kommission zur Umsetzung des RB 2001/220/JI zukünftig beseitigt sein, die den Umstand bemängelte, dass einige der Mitgliedstaaten den Gehörsanspruch des Opfers an einen – häufig erst noch durch Antrag – zu erwerbenden Status als eigenständiger Verfahrensbeteiligter gekoppelt haben[202]. Dadurch war nicht garantiert, dass sämtliche unter den Opferbegriff fallenden Personen das Gehörsrecht tatsächlich wahrnehmen konnten.

Zur Auslegung und Reichweite des Anspruchs auf rechtliches Gehör äußerte sich der EuGH in zwei den RB 2001/220/JI betreffenden Vorabentscheidungsersuchen:

In dem Urteil zur Rechtssache *Katz gegen Sós* musste der EuGH darüber entscheiden, ob das nationale (ungarische) Gericht die Möglichkeit haben muss, das Opfer einer Betrugsstraftat im sog. Ersatzprivatklageverfahren – vergleichbar mit der deutschen Privatklage – als Zeugen zu hören.[203] Nach ungarischem Recht wurde dies mit der Begründung bislang verwehrt, dass das Tatopfer letztlich selbst die Funktion des Anklägers übernehme, nachdem der zuständige Staatsanwalt die Strafverfolgung nicht aufgenommen bzw. diese eingestellt habe. Aus diesem Grund könne es nicht zugleich als Zeuge auftreten. Das Opfer der

200 Erwägungsgrund 42 der RL 2012/29/EU.

201 Zum Bedeutungsgehalt oben, S. 68 f.

202 Siehe KOM(2004) 54 endgültig/2, S. 8. Diese Art der Umsetzung wurde noch als „ausreichend“ und demnach mit dem RB 2001/220/JI im Einklang stehend bezeichnet. Für die RL 2012/29/EU gilt dies nicht mehr.

203 Urteil des EuGH vom 09.10.2008, Rs. C-404/07, Rn. 26.

Betrugsstraftat behauptete eine Verletzung des fair-trial-Grundsatzes in Form der Waffengleichheit, wie es auch in der EMRK verankert sei.[204]

Der EuGH stellte fest, dass der Anwendungsbereich wegen fehlender entgegenstehender Bestimmungen auch diejenigen Opfer von Straftaten erfasse, die anstelle der zuständigen Strafverfolgungsbehörde die Aufgaben der öffentlichen Anklage wahrnehmen.[205] Zwar sei den Mitgliedstaaten bei der Umsetzung des Art. 3 Abs. 1 RB ein weiter Ermessensspielraum zugestanden. Allerdings dürfe dies nicht zur Folge haben, dass diese Garantie einen bedeutenden Teil ihrer praktischen Wirksamkeit einbüße. Der Anspruch auf rechtliches Gehör setze voraus, dass das Opfer der Straftat eine Aussage machen dürfe, die als Beweismittel berücksichtigt werden könne.[206] Vor allem beim Ersatzprivatklageverfahren – so die Generalanwältin *Kokott* – müsse den Tatopfern ein besonderer Schutz zukommen, sobald die staatlichen Institutionen die Last der Strafverfolgung auf ebendiese übertragen. Die Statuierung eines Aussageverbots wäre mit einem zusätzlichen Nachteil für das Opfer verbunden, weil es im Verfahren dann nicht nur auf sich gestellt sei, sondern zudem ein bedeutendes Beweismittel verliere.[207] Der EuGH führte weiter aus, dass die nationalen Gerichte nicht verpflichtet sind, das als Ersatzprivatkläger auftretende Opfer als Zeuge hören zu müssen. Soweit diese Möglichkeit jedoch aus bspw. rechtlichen Gründen nicht bestehen sollte, müsse es auf andere Art möglich sein, dass das Opfer eine Aussage machen dürfe, die als Beweismittel einfließen könne.[208] Hierbei dürfe die Verfahrensfairness gem. Art. 6 Abs. 1 EMRK nicht konventionswidrig beeinträchtigt werden.[209] Die Generalanwältin *Kokott* wies in ihren Schlussanträgen darauf hin, dass in mehreren Mitgliedstaaten die Opfer eine Aussage tätigen und einzelne Beweise einbringen könnten, ohne Zeugen gleichgestellt zu sein.[210] Hintergedanke wäre, dass die wegen der Umstände naturgemäß anzuzweifelnde Objektivität der Aussage des Opfers als Zeuge (noch) problematischer erscheine, wenn es zugleich die „Anklägerrolle“ wahrnehme. Der Aussage des Opfers solle „kein fester, unumstößlicher Beweiswert“ zukommen, so dass die Gerichte die

---

204 Urteil des EuGH vom 09.10.2008, Rs. C-404/07, Rn. 18–26.
205 Urteil des EuGH vom 09.10.2008, Rs. C-404/07, Rn. 41.
206 Urteil des EuGH vom 09.10.2008, Rs. C-404/07, Rn. 46–47.
207 Schlussanträge der Generalanwältin Kokott, C-404/07, Rn. 39.
208 Urteil des EuGH vom 09.10.2008, Rs. C-404/07, Rn. 50.
209 Urteil des EuGH vom 09.10.2008, Rs. C-404/07, Rn. 48–49.
210 Schlussanträge der Generalanwältin Kokott, C-404/07, Rn. 42.

Aussage stets gewissenhaft und mit Rücksicht auf die konkrete Situation umfassend zu überprüfen haben.[211]

In dem zweiten Vorabentscheidungsersuchen zur Rechtssache *Gueye und Sánchez* hatte der EuGH darüber zu entscheiden, ob die Vorschriften des Rahmenbeschlusses – namentlich Art. 3 Abs. 1 RB – dahin auszulegen wären, dass „sie es verbieten, ein nach dem Strafrecht eines Mitgliedstaats zwingend als Nebenstrafe vorgeschriebenes Näherungsverbot von einer bestimmten Mindestdauer gegen den Täter von im innerfamiliären Bereich begangenen Gewalttaten anzuordnen, selbst wenn das Opfer dieser Gewalttaten sich ausdrücklich gegen die Verhängung einer derartigen Strafe ausspricht".[212]

Der EuGH verwies zunächst auf seine Rechtsprechung zur Sache *Katz gegen Sós*, wonach den Mitgliedstaaten allgemein ein weiter Ermessensspielraum für die Umsetzung zukomme, den Opfern jedoch die Möglichkeit eingeräumt werden müsse, im Verfahren eine Aussage zu machen, die als Beweismittel verwertet werden könne.[213] Dem fügte der EuGH nun hinzu, dass eine durch den Anspruch auf rechtliches Gehör gem. Art. 3 Abs. 1 RB vorgesehene, angemessene Beteiligung am Verfahren nicht allein die „objektive Schilderung des Tathergangs" umfasse, sondern dem Opfer der Straftat darüber hinaus die Möglichkeit bieten müsse, „seinen Standpunkt vorzutragen".[214] Der konkrete Bedeutungsgehalt dieser Aussage wird in den Urteilsgründen dann aber nicht näher umrissen. Zur Beantwortung der Vorlagefrage musste sich der EuGH nämlich nur dahingehend äußern, dass das gem. Art. 3 Abs. 1 RB garantierte Anhörungsrecht keine Rechte in Bezug auf die „Entscheidung über Art und Höhe der Strafe" begründet, denn diese bemisst sich ausschließlich nach einzelstaatlichem Recht. Die strafrechtlichen Sanktionen dienten auch bei häuslicher Gewalt nicht allein den Opfer-, sondern den Allgemeininteressen. Soweit auch diese Interessen das Rechtsinstitut „Strafe" rechtfertigen, so der EuGH, stehe Art. 3 Abs. 1 RB einem nach nationalem Strafrecht verpflichtenden Strafrahmen mit bestimmten Untergrenzen nicht entgegen[215], selbst wenn die Verhängung sowie Vollziehung der Strafe nicht dem ausdrücklichen Opferwillen entsprechen sollte.[216]

---

211 Schlussanträge der Generalanwältin Kokott, C-404/07, Rn. 43.

212 Urteil des EuGH vom 15.09.2011, Rs. C-483/09 und C-1/10, Rn. 49.

213 Urteil des EuGH vom 15.09.2011, Rs. C-483/09 und C-1/10, Rn. 57–58.

214 Urteil des EuGH vom 15.09.2011, Rs. C-483/09 und C-1/10, Rn. 59.

215 Urteil des EuGH vom 15.09.2011, Rs. C-483/09 und C-1/10, Rn. 60–62.

216 Urteil des EuGH vom 15.09.2011, Rs. C-483/09 und C-1/10, Rn. 70. Anzumerken ist, dass der EuGH hier noch auf den Schutzanspruch des Opfers (Art. 8 RB) eingeht, dazu aber ausführt, dass sich der Rahmenbeschluss nur auf den Schutz des Opfers während

Festzustellen ist, dass das Urteil zur Rechtssache *Gueye und Sánchez* den Anspruch auf rechtliches Gehör des Opfers erweitert, zugleich aber auch deutliche Grenzen setzt, indem der EuGH den öffentlichen Charakter der Strafe betont. Die Individual- haben gegenüber den Allgemeininteressen grundsätzlich das Nachsehen, weshalb die gesetzlich vorgesehenen Unter- und Obergrenzen eines nationalen Straftatbestands sowie etwaige Nebenstrafen - wie im vorliegenden Fall die verpflichtende Auferlegung eines Näherungsverbots von einer gewissen Mindestdauer - von dem RB 2001/220/JI auch unangetastet bleiben. Ungeklärt bleibt jedoch, welche Auswirkungen es haben soll, wenn das rechtliche Gehör nicht nur die objektive Schilderung des Tathergangs umfasst, sondern zudem das Recht begründet, seinen „eigenen Standpunkt" im Verfahren erklären zu dürfen. Die Generalanwältin *Kokott* hat in ihren Schlussanträgen ausgeführt, dass sich eine allzu restriktive Auslegung des Anhörungsrechts verbiete, da es der Zielvorgabe widerspreche, den Opferinteressen im Strafjustizsystem hinreichend Rechnung zu tragen. Das Opfer müsse seine „subjektiven Beurteilungen und Erwartungen an das Strafverfahren" mitteilen dürfen. Das Gericht habe sich deshalb mit den Aussagen des Opfers zumindest auseinanderzusetzen und es müsse die Möglichkeit bestehen, dass diese Äußerungen des Opfers bei der Urteilsfindung bzw. Strafzumessungsentscheidung auch berücksichtigt werden können. Andernfalls komme dem Opfer „keine tatsächliche Rolle im Verfahren" zu.[217] Die Einschätzungen des Opfers sollten in den Abwägungsvorgang der gerichtlichen Entscheidung einbezogen werden. Das Gericht sei aber nicht an diese Einschätzungen gebunden.[218]

Der EuGH griff diese Rechtserwägungen der Generalanwältin zwar nicht explizit auf. Allerdings ist davon auszugehen, dass das rechtliche Gehör in diesem Sinne auszulegen ist. Denn zur Beantwortung der Vorlagefrage in der Rechtssache *Gueye und Sánchez* hätte der EuGH die unverkennbar vorgenommene Erweiterung des Gehörsanspruchs nicht einleiten müssen. Indem der EuGH also festlegte, dass das Opfer seinen eigenen Standpunkt erklären können muss, erteilt er den Rechtserwägungen der Generalanwältin als *obiter dictum* doch Gültigkeit. Anders erklärt sich die Erweiterung des Gehörsrechts nicht. Hierfür spricht auch der Umstand, dass den Schlussanträgen des Generalanwalts im

---

des Strafverfahrens beschränke, und mittelbare Auswirkungen der auferlegten Strafe (wie bspw. für das künftige Leben des Opfers) nicht vom Anwendungsbereich der Vorschrift erfasst sind (vgl. Rn. 63 – 68 des Urteils).

217 Schlussanträge der Generalanwältin Kokott, Rs. C-483/09 und C-1/10, Rn. 47–48.

218 Schlussanträge der Generalanwältin Kokott, Rs. C-483/09 und C-1/10, Rn. 49.

Allgemeinen erhebliche Bedeutung bei der Urteilsfindung des EuGH zukommt und seine regelmäßig ausführlicheren dogmatischen Erwägungen substanziell die traditionell kurz gehaltenen Entscheidungsgründe des EuGH häufig ergänzen.[219]

Weil der Anspruch auf rechtliches Gehör gem. Art. 10 RL mit dem Wortlaut der Vorgängerregelung des RB 2001/220/JI übereinstimmt, beanspruchen die ergangenen Urteile des EuGH weiterhin Geltung und sind bei der Auslegung der Richtlinienbestimmung einzubeziehen.

Das Gehörsrecht der RL setzt somit eine eigenständige Opferstellung im Verfahren auf nationaler Ebene nicht voraus. Sämtliche Mitgliedstaaten haben diese Vorgaben somit umzusetzen. Die Zeugenfunktion des Opfers allein wird den europarechtlichen Vorgaben regelmäßig nicht ausreichend gerecht. Zum einen entscheiden in dem inquisitorischen Strafverfahrensrechtsmodell die staatlichen Institutionen, ob das Opfer als Zeuge tatsächlich herangezogen werden soll, so dass bereits die objektive Schilderung des Tathergangs als eine Form der Beweisbeibringung[220] theoretisch nicht gesichert wäre. Zum anderen beschränkt sich – wie dargestellt – der Gehörsanspruch eben nicht auf die bloße Schilderung des Tathergangs, sondern er soll auch die Möglichkeit der Mitteilung des eigenen Standpunktes sicherstellen. Demnach geht der Gehörsanspruch über die für Zeugen zugedachte Funktion hinaus, indem das Opfer seine Beurteilungen und Erwartungen an das Verfahren abgeben können und diese von der zuständigen Institution wahrgenommen werden soll. Mit Ausnahme der Strafvollstreckung gilt das – in Ermangelung einer konkreten Restriktion – für alle Strafverfahrensabschnitte und -arten. Daraus folgt, dass das Opfer vor einer verfahrensabschließenden Entscheidung stets die Gelegenheit erhalten müsste, seine Stellungnahme abzugeben.[221] Für eine „kathartische" Funktionsweise dieses Gehörsanspruchs sind keine Anzeichen vorhanden. Demnach verlangt Art. 10 RL mehr, als es eine reine Zeugenstellung ermöglicht, fordert aber regelmäßig weniger, als es bei einer Aktivstellung als Verfahrensbeteiligter bzw. Partei mit weitreichenden Verfahrensrechten vorgesehen wäre. Ob bzw. Inwiefern ein im nationalen Strafprozessrecht anerkannter Status als Verfahrensbeteiligter

---

219 Siehe Calliess/Ruffert/*Wegener*, AEUV Art. 252 Rn. 3.

220 Laut Richtlinienentwurf [vgl. KOM(2011) 275 endgültig, S. 9] muss zumindest ein einfaches Recht auf Kommunikation mit der zuständigen Behörde und der Beibringung von Beweisen bestehen.

221 Im Ergebnis auch *Hanloser*, Recht auf Gehör, S. 89.

bzw. Partei im Verfahren diese Vorgabe erfüllt, hängt somit entscheidend von der einfachgesetzlichen Ausprägung ab.

b. *Rechte bei Verzicht auf Strafverfolgung*

Der EU Normgeber hält es für erforderlich, dass Tatopfer „Zugang zu informellen Verfahren“ erhalten und in diesem Rahmen einen wirksamen Rechtsschutz erhalten.[222] In der Richtlinie ist deshalb vorgesehen, dass Opfer von Straftaten die hoheitlichen Entscheidungen über den Verzicht auf Strafverfolgung überprüfen lassen können müssen (vgl. Art. 11 Abs. 1 RL). Wichtig ist, dass diese Richtlinienbestimmung nur von denjenigen Mitgliedstaaten umzusetzen ist, die eine eigenständige Rechtsposition des Opfers im Strafverfahrensrecht anerkennen. Falls dieser Parteistatus bzw. diese Rechtsposition nach nationalem Strafverfahrensrecht erst eingenommen werden kann, wenn die hoheitliche Entscheidung zur Strafverfolgung gefallen ist, und das Opfer zuvor keine Verfahrensrechte ausüben kann, müssen zumindest die Opfer von schweren Straftaten die Möglichkeit erlangen, diese Einstellungsentscheidung anzufechten (Art. 11 Abs. 2 RL).

Im Richtlinienentwurf der EU war vorgesehen, dass sich das Überprüfungsrecht „auf alle Fälle von Verfahrenseinstellungen“ erstrecken soll, womit sämtliche Einstellungsentscheidungen, die der Klageerhebung aus sachlichen oder rechtlichen Gründen entgegenstehen oder aus Opportunitätsgründen nicht weiterverfolgt werden, erfasst waren.[223] Dieses extensive Überprüfungsrecht wurde im weiteren Gesetzgebungsverfahren allerdings zunehmend eingeschränkt. Der Anwendungsbereich beschränkt sich nun auf Entscheidungen von Staatsanwälten, Polizeibeamten oder Untersuchungsrichtern. Ausdrücklich werden gerichtliche Einstellungsentscheidungen nicht mehr vom Anwendungsbereich umfasst.[224] Daraus folgt, dass bereits die Mitwirkung eines in der Hauptsache zuständigen Strafrichters zur Ablehnung des Anwendungsbereichs führen muss, da man sich offensichtlich auf das exekutivische Verfahren beschränkt hat. Nicht vom Anwendungsbereich erfasst sind zudem sog. Sonderverfahren, worunter Ermittlungsverfahren gegen Parlaments- oder Regierungsmitglieder fallen.[225]

---

222 SEK(2011) 581 endgültig, S. 3.

223 *Schünemann*, ERA Forum 2011, S. 460 f.

224 Erwägungsgrund 43 der RL 2012/29/EU. Im Gesetzgebungsverfahren dann auf Vorschlag des Rates der EU eingeführt, vgl. Interinstitutionelles Dossier 2011/01129, Nr. 18241/11, Erwägungsrund 15, S. 12.

225 Erwägungsgrund 43 der RL 2012/29/EU.

Die Richtlinie sieht eine weitere Beschränkung vor. Der Anwendungsbereich ist insbesondere nicht eröffnet, wenn diese Einstellungsentscheidung einen „außergerichtlichen Vergleich zur Folge hat“ (Art. 11 Abs. 5 RL). Unter einem außergerichtlichen Vergleich versteht die EU aber nicht etwa ein Wiedergutmachungsverfahren, was sich erst unter Heranziehung des 45. Erwägungsgrundes erschließt, der die vorliegende Richtlinienbestimmung konkretisiert.[226] Dem Opfer soll danach das Überprüfungsrecht bei Einstellungsentscheidungen durch die „Staatsanwaltschaft“ nämlich verwehrt bleiben, wenn mit der Regelung eine „Verwarnung oder eine Verpflichtung einhergeht“. Sinngemäß handelt es sich um Konstellationen, in denen die Staatsanwaltschaft diese oder eine vergleichbare Maßnahme mit Strafcharakter hoheitlich „auferlegt“.[227] Bezüglich des Anwendungsbereichs ist also festzuhalten, dass nur die Einstellungsentscheidung (und Klagerücknahmen[228]) der Strafverfolgungsbehörden bzw. Untersuchungsrichter erfasst sind, die keinen Strafcharakter aufweisen.

Diejenigen Opfer, die unter den Anwendungsbereich dieser Richtlinienbestimmung fallen, müssen nicht nur frühzeitig über ihr Überprüfungsrecht informiert werden, sondern sie müssen auf Antrag die zur Einlegung dieses Rechtsmittels „nötigen Informationen erhalten“, um ihr Überprüfungsrecht auch angemessen ausüben zu können (Art. 11 Abs. 3 RL). Es muss dann nach nationalem Recht beurteilt werden, welche Informationen für das Überprüfungsrecht erforderlich sind. Nach dem ursprünglichen Willen der Kommission soll diese Vorschrift dem Opfer jedenfalls die Möglichkeit verschaffen „zu prüfen, ob die bestehenden Verfahren und Regeln eingehalten wurden und ob die Entscheidung, auf die Strafverfolgung einer bestimmten Person zu verzichten, ordnungsgemäß war“.[229] Hinsichtlich der Vorgaben der EU, welche staatliche Institution das Überprüfungsverfahren durchzuführen hat, äußert sich der europäische Normgeber ungenau. Gemäß des Normtextes darf nur die „oberste Strafverfolgungsbehörde“ die von ihr selbst erlassenen Einstellungsentscheidungen

226 Dass der 45. Erwägungsgrund der RL 2012/29/EU den Art. 11 Abs. 5 konkretisiert, erschließt sich primär aus der englischen Originalfassung, in der jeweils der Begriff „out-of-court settlement“ verwendet wird. Diese Verbindung tritt in der deutschen Fassung deshalb nicht deutlich hervor, weil man den Begriff „out-of-court settlement“ sowohl mit „außergerichtlicher Vergleich“ (Art. 11 Abs. 5 RL) als auch mit „außergerichtlicher Regelung“ (Erwägungsgrund 45) übersetzt hat.

227 In diesem Sinne auch DG Justice of the Commission, Guidance Document, S. 30 ("[…] imposes a warning or an obligation").

228 Erwägungsgrund 44 der RL 2012/29/EU.

229 KOM(2011) 275 endgültig, S. 9.

überprüfen (Art. 11 Abs. 4 RL), was im Umkehrschluss bedeutet, dass das Überprüfungsverfahren in Fällen, in denen nicht die oberste Strafverfolgungsbehörde handelt, durch eine andere staatliche Institution durchgeführt werden muss. In dem Erwägungsgrund 43 der Richtlinie heißt es hingegen, dass die Überprüfung von einer „anderen Person oder Behörde" vorgenommen werden sollte als derjenigen, die die Entscheidung getroffen hat. Danach würde es bereits genügen, wenn die Prüfung nur durch eine andere Person derselben Institution erfolgt, es sei denn, dass es sich hierbei um die oberste Strafverfolgungsbehörde handelt. Es lässt sich nicht abschließend klären, was der EU Normgeber hier nun konkret einfordert. Davon auszugehen ist jedoch, dass im Konfliktfall der Normtext als die „primäre" Auslegungsquelle gegenüber dem Erwägungsgrund als eine Auslegungshilfe vorzuziehen ist[230].

c. Wiedergutmachung

aa. (Schutz-)Rechte im Wiedergutmachungsverfahren

Die Richtlinie hat den Begriff der Wiedergutmachung legaldefiniert. Es handelt sich um ein Verfahren, „das Opfer und Täter, falls sie sich aus freien Stücken dafür entscheiden, in die Lage versetzt, sich mit Hilfe eines unparteiischen Dritten aktiv an einer Regelung der Folgen der Straftat zu beteiligen" (vgl. Art 2 Abs. 1 lit. d RL). Im Mittelpunkt dieser Richtlinienbestimmung stehen offensichtlich die Schutzinteressen eines Opfers vor sekundärer und wiederholter Viktimisierung, vor Einschüchterung und Vergeltung, weshalb die Zuordnung dieser Richtlinienbestimmung unter das Kapitel der „Beteiligungsrechte" doch durchaus fragwürdig bleibt. Die EU verlangt insoweit, dass einzelne Schutzmaßnahmen – näher hierzu unten – vorhanden sein und angewendet werden müssen, „wenn Wiedergutmachungsdienste zur Verfügung gestellt" werden (Art. 12 Abs. 1 RL). Letzteres bedeutet nicht, dass die Mitgliedstaaten solche Wiedergutmachungsverfahren im Ganzen ablehnen können, wenn das nationale Recht dem Gedanken der „restorative Justice" nicht zugänglich sein sollte.[231] Eine solche Auslegung der Richtlinienbestimmung ist dem Normsetzungsverfahren nicht zu entnehmen und würde zudem einer internationalen Entwicklung der Implementierung solcher Wiedergutmachungsverfahren, die nicht zuletzt durch den RB 2001/220/JI als Vorgängerregelung der Richtlinie auf europäischer Ebene

230 Zutreffend *Weigend,* FS Streng, S. 785 (dort Fn. 18.).

231 A.A. hierzu DG Justice of the Commission, Guidance Document, S. 32 ("The Article does not oblige the Member States to introduce restorative justice services if they do not have such a mechanismen in place in national law").

maßgeblich angetrieben wurde und flächendeckend zur Einführung solcher Verfahren in den Rechtsordnungen der Mitgliedstaaten führte, widersprechen. Das im Normtext der Richtlinie also missverständlich formulierte „zur Verfügung stellen von Wiedergutmachungsdiensten" weist somit nur auf ein mitgliedstaatliches Ermessen hin, unter welchen Umständen bzw. bei welchen Straftaten dieses Wiedergutmachungsverfahren (bspw. durch eine Mediation zwischen Täter und Opfer, Schlichtungskreise o.ä.)[232] in Betracht zu ziehen ist. Die Existenz des Wiedergutmachungsverfahrens steht daher nicht zur Disposition.

Bestätigung findet diese Auslegung an anderer Stelle, indem der EU Normgeber die Mitgliedstaaten auffordert, aktiv die Vermittlung an die Wiedergutmachungsdienste zu unterstützen, wenn es sachdienlich ist (Art. 11 Abs. 2 RL). Der EuGH hat die ähnlich lautende Regelung des RB 2001/220/JI bereits in zwei Vorabentscheidungsersuchen ausgelegt und hierbei allgemein den Ermessensspielraum der Mitgliedstaaten betont, für welche Straftaten das Wiedergutmachungsverfahren im Einzelfall anzubieten ist. Soweit ein Mitgliedstaat aus „rechtspolitischen Gründen" das Wiedergutmachungsverfahren bspw. nur bei ganz bestimmten Straftatbeständen zulässt (etwa nur bei Straftaten gegen Personen, die Sicherheit im Verkehr oder das Vermögen)[233] oder bei Straftaten im innerfamiliären Bereich im Grundsatz ausschließt[234], steht das mit EU Recht im Einklang, weil der Mitgliedstaat sein Ermessen nicht überschreitet. Dennoch hat der EuGH auch betont, dass der Ermessensspielraum durch das EU Recht beschränkt werden kann, indem die Mitgliedstaaten verpflichtet werden, bei der Festlegung auf bestimmte Straftatbestände (oder ggfs. ihrem Ausschluss) objektive Kriterien zu verwenden.[235] Der Hintergedanke dieser Einflussmöglichkeit ist, sicherzustellen, dass in der Rechtspraxis der Mitgliedstaaten ein substanzieller Anwendungsbereich auch besteht.[236] Diese Rechtserwägungen zum RB 2001/220/JI müssen bei der Auslegung des Art. 12 RL entsprechend berücksichtigt werden, da der EU Normgeber insoweit keine grundlegenden Änderungen bei Ausgestaltung der RL vorgenommen hat.

232 Erwägungsgrund 46 der RL 2012/29/EU.

233 Vgl. Urteil des EuGH vom 21.10.2010, Rs. C-205/09, Rn. 38.

234 Vgl. Urteil des EuGH vom 15.09.2011, Rs. C-483/09 und C-1/10, Rn. 73.

235 Urteil des EuGH vom 21.10.2010, Rs. C-205/09, Rn. 39; Urteil des EuGH vom 15.09.2011, Rs. C-483/09 und C-1/10, Rn. 75.

236 Vgl. die rechtlichen Erwägungen der Generalanwältin *Kokott,* Rs. C-205/09, Rn. 65 und Rs. C-483/09 sowie C-1/10, Rn. 84. Zugleich sah sich der EuGH in diesen beiden Vorabentscheidungsersuchen nicht aufgefordert, von dieser Interventionsmöglichkeit Gebrauch zu machen.

Die Mitgliedstaaten müssen den Zugang zu Wiedergutmachungsdiensten von den folgenden Schutzvorkehrungen (Art. 12 Abs. 1 lit. a–e RL) abhängig machen:

Das Wiedergutmachungsverfahren muss „im Interesse des Opfers“ liegen und „vorbehaltlich etwaiger Sicherheitsbedenken auf der Grundlage der freien und in Kenntnis der Sachlage erteilten Einwilligung des Opfers“ beruhen, „die jederzeit widerrufen werden kann“ (lit. a). Das Erfordernis der Einwilligung des Opfers ist somit von zentraler Bedeutung, weshalb die Richtlinie vor der Erteilung der Einwilligung eine „umfassende und unparteiische“ Aufklärung über das Widergutmachungsverfahren, dessen mögliche (Rechts-)Folgen und über die Verfahren zur Überwachung der Einhaltung einer im Einzelfall getroffenen Vereinbarung fordert (lit. b). Das Opfer muss über sämtliche Risiken und Vorteile dieses Verfahrens informiert sein.[237] Hinter der Voraussetzung, dass das Wiedergutmachungsverfahren „im Interesse des Opfers“ erfolgen muss, verbirgt sich zugleich ein behördlicher Beurteilungsspielraum. Der EU Normgeber vertritt die Auffassung, dass verschiedenste Faktoren (darunter die Art und Weise der Straftat bzw. ihrer Begehung, der Traumatisierungsgrad, die Häufigkeit der Viktimisierung, die geistige Reife, usw.) die Entscheidungsfähigkeit des Opfers beeinträchtigen oder einem positiven Ergebnis des Wiedergutmachungsverfahrens von Beginn an entgegenstehen können. Dies müsse der zuständige Hoheitsträger sowohl bei der Wahl des Dienstes als auch bei der Frage der Durchführung des Verfahrens überhaupt in Betracht ziehen.[238] Wenn der Hoheitsträger aufgrund der Sachlage ein solches Verfahren ausschließt, dann muss er das Opfer jedenfalls nicht zuvor nach seinen Wünschen fragen. Folglich ist die Einwilligung eine notwendige, jedoch für die Durchführung des Wiedergutmachungsverfahrens offensichtlich nicht entscheidende Bedingung. Die Voraussetzung „im Interesse des Opfers“ wird nach objektiven Kriterien durch den zuständigen Hoheitsträger bestimmt[239], mit der Folge, dass dieser nicht einmal auf die Möglichkeit eines Wiedergutmachungsverfahrens hinweisen müsste, wenn das nationale Recht die Durchführung des Wiedergutmachungsverfahrens für möglich erachtet.

Obwohl laut der europäischen Kommission der „Schwerpunkt auf der Folgenbewältigung […] liegt […], indem es (das Opfer) auf Wunsch hin Gelegenheit zu

237 KOM(2011)275 endgültig, S. 9.

238 Erwägungsgrund 46 der RL 2012/29/EU.

239 So auch *Bock*, ZIS 2013, 201 (207 f.), die von einer „bedenklichen Bevormundung des Geschädigten“ spricht.

einer direkten Konfrontation mit dem Täter erhält“[240], hat man sich im Normsetzungsverfahren umentschieden und den konkreten Opferwillen auf „direkte Konfrontation“ nicht gegenüber behördlichen Bedenken als maßgebend angesehen. Die Entscheidungsgewalt liegt im Einzelfall bei dem jeweiligen Hoheitsträger, der sich auch gegen einen ausdrücklich geäußerten Opferwillen auf Durchführung des Wiedergutmachungsverfahrens richten kann. Dieser Rechtszustand, den ausdrücklich geäußerten Willen auf Durchführung des Wiedergutmachungsverfahrens übergehen zu dürfen, wurde – wenn auch nicht durch den EuGH bekräftigt[241] – als mit dem RB 2001/220/JI vereinbar eingestuft. Die Generalanwältin *Kokott* begründete diese Sichtweise jedoch nicht mit der ggfs. verminderten Entscheidungsfähigkeit des Opfers, sondern mit „anderen Erwägungen und Prognosen, die neben diesem Interesse des Opfers an einer Schlichtung zu beachten wären“. Mit dem staatlichen Strafanspruch gehen nach ihrer Auffassung „nicht nur Überlegungen des Opferschutzes einher, sondern es würden mit der Strafe insbesondere die Resozialisierung des Täters und präventive Zwecke verfolgt“. Deshalb könne „trotz Zustimmung des Opfers zu einer Schlichtung diese gleichwohl versagt“ werden.[242] Man muss bedenken, dass diese Rechtsauffassung der Generalanwältin *Kokott* offenbar – so ist zu vermuten – mit Rücksicht auf das nationale Prozessrecht getroffen wurde, wonach das nationale Strafverfahren bei Durchführung des Wiedergutmachungsverfahrens auszusetzen und bei erfolgreicher Beendigung bzw. erfolgter Wiedergutmachung auch einzustellen war. Hierbei standen das Strafverfahren und das Wiedergutmachungsverfahren gewissermaßen in einem Exklusivitätsverhältnis. Dies aber ist und bleibt eine nationale Frage, da auch die Richtlinie es den Mitgliedstaaten überlässt, zu entscheiden, ob bzw. in wie weit eine auf freiwilliger Basis erfolgende Wiedergutmachung das Strafmaß beeinflussen können soll (lit. d). Es ist deshalb festzuhalten, dass der Wille des Tatopfers auf Eröffnung des Wiedergutmachungsverfahrens zwar von großem Gewicht ist, jedoch das behördliche Ermessen – sei es aufgrund des öffentlichen Charakters der Strafe oder aufgrund der paternalistischen Normkonstruktion des Art. 12 RL – nicht „auf Null“ reduziert ist.

Eine weitere Bedingung für die Durchführung des Wiedergutmachungsverfahrens muss sein, dass der Täter vorher „den zugrunde liegenden Sachverhalt

240 KOM(2011)274 endgültig, S. 8.

241 Der EuGH musste auf die dritte und vierte – darunter die vorliegende – Vorlagefrage, auf die die Generalanwältin *Kokott* hilfsweise eingegangen ist, nicht eingehen und hat daher diese Ausführungen der Generalanwältin *Kokott* nicht gewürdigt, vgl. Urteil des EuGH vom 21.10.2010, Rs. C-205/09, Rn. 42.

242 Vgl. die Schlussanträge der Generalanwältin *Kokott*, Rs. C-205/09, Rn. 66 ff.

im Wesentlichen zugegeben" haben muss (lit. c). Der Begriff des Geständnisses wurde von dem EU Normgeber offensichtlich vermieden. Zugleich wurde im Rahmen eines Vorabentscheidungsersuchens – auch insoweit nicht vom EuGH gewürdigt – schon durch die Generalanwältin *Kokott* zur Vereinbarkeit des Erfordernisses eines vorherigen Geständnisses Stellung genommen, das mit Blick auf die Selbstbelastungsfreiheit und die befürchtete unzulässige Druckausübung auf den Beschuldigten (frühes Geständnis mit Aussicht auf Strafmaßreduktion) jedenfalls keine Verletzung der EU-Grundrechtecharta und der EMRK darstelle.[243] Zugleich muss die Vereinbarung – wenn es dazu kommt – zwischen Täter und Opfer auf beiden Seiten freiwillig erfolgen (lit. d). Welche Anforderungen die EU mit dem Zustandekommen einer „freiwilligen" Vereinbarung verbindet, bleibt mangels weiterer Vorgaben jedoch offen und wird insofern in das Ermessen der Mitgliedstaaten gestellt.

Zuletzt müssen die Mitgliedstaaten dafür sorgen, dass die nicht öffentlich geführten Gespräche während des Wiedergutmachungsverfahrens auch vertraulich bleiben, es sei denn, dass die Beteiligten einer Veröffentlichung zustimmen oder die Veröffentlichung wegen des überwiegenden „öffentlichen Interesses" nach nationalem Recht erforderlich sein sollte (lit. e).

bb. Recht auf Entscheidung über eine Entschädigung

Die Richtlinie möchte dem Opfer ermöglichen, dass es schon im Rahmen des Strafverfahrens eine Möglichkeit erhält, innerhalb einer angemessenen Frist eine Entscheidung über die Entschädigung durch den Täter zu erwirken. Staatliche Entschädigungsprogramme sind von dieser Richtlinienbestimmung folglich nicht erfasst.[244] Das Recht auf eine Entscheidung über die Entschädigung muss dem Opfer aber nicht gewährt werden, wenn die Entscheidung nach einzelstaatlichem Recht im Rahmen „eines anderen gerichtlichen Verfahrens ergehen muss" (Art. 16 Abs. 1 RL).

Zunächst wird der Begriff „Entschädigung" selbst nicht weiter erörtert. Vor dem Hintergrund, dass mit der Straftat je nach Einzelfall vielseitige (Vermögens-)Schäden, Nachteile und andere Beeinträchtigungen verbunden sein können, die einen zivilrechtlichen Schadensersatzanspruch begründen, werden mangels Beschränkungen der EU sämtliche „Schäden materieller und immaterieller Art" erfasst, die infolge der Straftat entstanden sind. Zugleich kommt den Mitgliedstaaten ein Ermessensspielraum bei der Umsetzung in nationales Recht

243 Hierzu die Schlussanträge der Generalanwältin *Kokott*, Rs. C-205/09, Rn. 57 ff.
244 So auch DG Justice of the Commission, Guidance Document, S. 36.

zu. Die Schadensersatzansprüche müssen nach dem Willen der EU nur dann vollumfänglich im Strafverfahren verfolgbar sein, sofern das nationale Recht nicht vorgibt, dass der Schadensersatzanspruch in einem anderen gerichtlichen Verfahren zu verfolgen ist. Aus diesem Grund steht es den Mitgliedstaaten frei, darüber zu entscheiden, ob der gesamte Schaden oder nur ein ganz bestimmter Schadensposten im Strafverfahren (bspw. Schmerzensgeld) verfolgbar ist oder ob der Schaden ausnahmslos in einem anderen gerichtlichen Verfahrens geltend zu machen ist. Soweit deshalb nach nationalem Recht diese Schadensersatzansprüche durchweg in den Zuständigkeitsbereich der Zivilgerichte fallen sollten, dann ist dies mit der Richtlinie aufgrund des offenen Wortlauts vereinbar. Diese Ausnahmevorschrift kann auch dann greifen, wenn eine separate Klage bereits vor den Zivilgerichten anhängig ist, noch bevor der Schadensersatzanspruch im Strafverfahren erhoben wurde.[245] Im Grundsatz aber gilt nach den Vorstellungen der EU, dass das Opfer seinen aus der Straftat erwachsenen materiellen und immateriellen Schaden vollumfänglich im Strafverfahren geltend machen können soll.

Soweit das Opfer nach nationalem Recht den Anspruch auf Entschädigung im Strafverfahren verfolgen kann, sollen die Gerichte der Mitgliedstaaten die Entscheidung über eine Entschädigung innerhalb einer angemessenen Frist treffen. Weil es vorliegend – auch in Abgrenzung zu Art. 16 Abs. 2 RL – um eine hoheitliche Entscheidung geht (das Opfer soll seinen Entschädigungsanspruch „erwirken“ können), setzt die EU offensichtlich den Schuldspruch des Angeklagten voraus, weil grundsätzlich erst ab diesem Zeitpunkt sämtliche Zurechnungsfragen geklärt sind, um einen Angeklagten zu einer Entschädigungsleistung zu verurteilen. Wenn ein Angeklagter nicht durch Strafurteil „schuldig gesprochen“ wird, ist der Anwendungsbereich dieser Richtlinienbestimmung konsequenterweise nicht eröffnet.

Hinsichtlich des Anwendungsbereichs ist auch darauf hinzuweisen, dass der EuGH bereits zur Vorgängerregelung des RB 2001/220/JI im Rahmen eines Vorabentscheidungsersuchens beurteilen musste, ob das Recht eines Opfers auf Entscheidung über eine Entschädigung (Art. 9 Abs. 1 RB) auch gegenüber „Juristischen Personen“ gewährt werden müsse, zumindest dann, wenn nach nationalem Recht eine strafrechtlich relevante administrative Verantwortlichkeit besteht.

Mit dieser Auslegungsfrage musste sich der EuGH in der Rechtssache *Giovanardi u.a.* befassen, dem folgender Sachverhalt zugrunde lag: Bei Arbeiten

245 DG Justice of the Commission, Guidance Document, S. 36.

an einem Eisenbahnknotenpunkt kam es zu einem Unfall, bei dem eine Person ums Leben kam und weitere Personen schwer verletzt wurden.[246] Während der vorbereitenden Sitzung für die Eröffnung des Hauptverfahrens erhoben die Opfer vor dem Gericht die Adhäsionsklage sowohl gegen die natürliche Person als Beschuldigten als auch gegenüber der Eisenbahngesellschaft, die sich aufgrund einer im italienischen Recht vorhandenen administrativen Zuwiderhandlung zu verantworten hatte.[247] Das einfache Recht sah einen solchen Adhäsionsantrag gegen die Juristische Person nicht ausdrücklich vor; die italienische Rechtsprechung hatte diesen Antrag regelmäßig als unzulässig qualifiziert.[248]

Nach den Rechtserwägungen der Generalanwältin *Sharpston* sollte bei einem Vorwurf gegen Juristische Personen wegen einer administrativen Zuwiderhandlung der europarechtlich umzusetzende Anspruch auf Entscheidung einer Entschädigung zugunsten eines Opfers greifen, soweit das nationale Recht dem zugänglich ist. Das treffe insbesondere zu, wenn die jeweilige nationale Strafrechtsordnung eine solche deliktische Verantwortlichkeit von Juristischen Personen kenne, wozu der RB 2001/220/JI selbst nicht verpflichte.[249] Der EuGH jedoch folgte dieser Meinung nicht, unter anderem weil keine Anhaltspunkte ersichtlich seien, dass der EU Normgeber eine strafrechtliche Haftung von Juristischen Personen einbeziehen wollte.[250] Zudem sei in diesem Fall nicht einmal der Opferbegriff erfüllt. Die europäischen Normen fänden nämlich nur auf solche Opfer von Handlungen bzw. Unterlassungen Anwendung, bei denen der Schaden die „direkte Folge" eines Verstoßes gegen das Strafrecht eines Mitgliedstaats sei.[251] Eine solche administrative Zuwiderhandlung aber stelle eine andere Straftat dar, weil sie – nach italienischem Recht – als „subsidiär" einzustufen sei und deshalb in keinem „unmittelbaren kausalen Zusammenhang" mit dem eingetretenen Schaden stünde, der hier gerade durch die natürliche Person verursacht worden sei.[252]

---

246 Urteil des EuGH vom 12.07.2012, Rs. C-79/11 (NJW 2012, S. 2418 ff.), Rn. 20.

247 Urteil des EuGH vom 12.07.2012, Rs. C-79/11, Rn. 23.

248 Urteil des EuGH vom 12.07.2012, Rs. C-79/11, Rn. 27–29.

249 Schlussanträge der Generalanwältin *Sharpston* vom 15.05.2012, Rs. 79/11, Rn. 47, Rn. 70.

250 Urteil des EuGH vom 12.07.2012, Rs. C-79/11, Rn. 45.

251 Urteil des EuGH vom 12.07.2012, Rs. C-79/11, Rn. 46.

252 Urteil des EuGH vom 12.07.2012, Rs. C-79/11, Rn. 47 f.

Diese Auslegung des EuGH wird auf die Vorschriften der Richtlinie entsprechend Anwendung finden müssen, weil der Wortlaut des Art. 16 Abs. 1 RL substanziell nicht von dem Wortlaut der dieser Entscheidung zugrundeliegenden Regelung des RB 2001/220/JI abweicht. Weiterhin sind auch im Rechtssetzungsverfahren der Richtlinie keine Anhaltspunkte für eine Einbeziehung von Ansprüchen gegen Juristische Personen ersichtlich. Der europäische Normgeber hat zudem an dem ursprünglichen Opferbegriff festgehalten, so dass auch der „unmittelbare kausale Zusammenhang" zwischen der administrativen Zuwiderhandlung und dem tatsächlichen Schaden weiterhin fehlen dürfte.

Von diesen Fragen zum Anwendungsbereich abgesehen werden die Mitgliedstaaten ganz allgemein aufgefordert, solche Maßnahmen zu unterstützen, durch die die angemessene Entschädigung des Opfers durch den Täter gefördert wird (Art. 16 Abs. 2 RL). Das beginnt bei Maßnahmen, den Täter zur Erbringung der Entschädigung zugunsten des Opfers zu motivieren (bspw. durch Strafmilderung usw.), und endet bei der Fürsorgepflicht des Staates, die Entschädigungsinteressen des Opfers bei der Strafvollstreckung einzubeziehen. Aufgrund des unverbindlichen Charakters dieser Vorgabe liegt der Umfang der Unterstützung aber im alleinigen Ermessen der Mitgliedstaaten.

d. Weitere Partizipationsrechte

aa. Prozesskostenhilfe und Kostenerstattung

Ein Anspruch auf Prozesskostenhilfe (Art. 13 RL) ist für diejenigen Opfer sicherzustellen, die nach mitgliedstaatlichem Recht als Partei bzw. Verfahrensbeteiligter im Verfahren auftreten. Eine Umsetzungspflicht trifft daher nicht alle Mitgliedstaaten. Sie muss nur gewährt werden, wenn das Opfer den Status als Partei bereits erworben hat.[253] Die Bedingungen für den Erhalt von Prozesskostenhilfe richten sich nach einzelstaatlichem Recht. Es müssen die rechtliche Beratung und die kostenlose rechtliche Vertretung im Verfahren abgedeckt sein.[254]

Die Kostenerstattung (Art. 14 RL) hingegen soll solche Ausgaben umfassen, die einem Opfer aufgrund der „aktiven Teilnahme am Strafverfahren entstanden sind". Nach den Vorstellungen des europäischen Normgebers muss die Erstattungspflicht jedoch nur bestehen, soweit das Opfer von den jeweiligen staatlichen Hoheitsträgern verpflichtet bzw. aufgefordert worden ist, anwesend zu sein

253 So auch DG Justice of the Commission, Guidance Document, S. 34.
254 DG Justice of the Commission, Guidance Document, S. 34.

und aktiv am Verfahren mitzuwirken. Eine freiwillige Mitwirkung des Opfers ist somit von der Kostenerstattungspflicht nicht abgedeckt. Zudem müssen nur die für die Teilnahme „notwendigen Kosten" erstattet werden.[255] Hier liegt der Fokus auf der Erstattung von Reise- und Aufenthaltskosten oder des Verdienstausfalls. Etwaige Rechtsanwaltskosten des Opfers fallen ausdrücklich nicht darunter.[256] Die Bedingungen oder die Verfahrensvorschriften für die Kostenerstattung richten sich nach einzelstaatlichem Recht.

bb. Rückgabe von Vermögenswerten

Der europäische Normgeber verlangt, dass „beschlagnahmte Vermögenswerte" unverzüglich (d.h. ohne schuldhaftes Zögern) an das Opfer zurückzugeben sind, soweit diese für die Zwecke des Verfahrens nicht (länger) benötigt werden (Art. 15 RL). Das gilt ausnahmslos für die Rückgabe von „unbestrittenen" Vermögenswerten, die ohne bestehende tatsächliche und normative Zweifel dem Opfer der Straftat zugeordnet werden können.[257] Die für die Entscheidung zuständige Behörde kann die Rückgabe eines Vermögenswertes dann verweigern, wenn entweder die Eigentümer- bzw. Besitzerstellung streitig ist oder wenn berechtigte Bedenken bestehen, dass dieser Vermögenswert von dem Opfer selbst nicht rechtmäßig ausgeübt wird.[258] Allerdings sollen die Mitgliedstaaten dabei beachten, dass nicht jedes Bestreiten (des Beschuldigten bzw. Täters) in ein solches behördliches Zurückbehaltungsrecht münden darf. Sofern bspw. die von dem Gericht festgestellte Tatsachenlage zugleich in hinreichender Weise die Vermögensverhältnisse offenlegt, kann dies zunächst ausreichen, um den streitigen Vermögenswert an das Opfer zurückzugeben. Nicht näher geregelt ist, inwieweit die Richtlinienbestimmung das mitgliedstaatliche Gericht und die Strafverfolgungsbehörden auffordert, im Einzelfall die Ermittlungstätigkeit auf die Klärung der Vermögensverhältnisse auszurichten.[259] Weil die EU insoweit keine näheren Vorgaben macht, ist zu vermuten, dass die Klärung der Vermögensverhältnisse zu keinem unangemessenen Mehraufwand für die zuständigen Hoheitsträger der Strafrechtspflege führen soll. Schließlich scheint es der EU doch primär darum zu gehen, die unverzügliche Rückgabe der

255 Erwägungsgrund 47 der RL 2012/29/EU.
256 Erwägungsgrund 47 der RL 2012/29/EU; DG Justice of the Commission, Guidance Document, S. 35.
257 So die Schlussanträge der Generalanwältin *Kokott*, Rs. C-467/05, Rn. 93.
258 Erwägungsgrund 48 der RL 2012/29/EU.
259 Vgl. die Schlussanträge der Generalanwältin *Kokott*, Rs. C-467/05, Rn. 94 ff.

unstreitigen Vermögenswerte sicherzustellen. Die Bedingungen und die Verfahrensvorschriften für die Rückgabe des Vermögenswerts an das Opfer richten sich nach einzelstaatlichem Recht.

cc. Rechte von Opfern mit Wohnsitz in einem anderen EU-Mitgliedstaat

Mit dieser Richtlinienbestimmung möchte die EU auf die „besondere" Problemkonstellation bezüglich der Ausübung von Opferrechten reagieren, die entsteht, wenn eine Straftat in einem anderen als dem Wohnsitzmitgliedstaat des Opfers begangen wurde. Die EU fordert bei dieser grenzüberschreitenden Frage die zwei betroffenen Mitgliedstaaten zunächst ganz allgemein dazu auf, durch „geeignete Maßnahmen" die auftretenden prozessualen Schwierigkeiten, insbesondere in Bezug auf den reibungslosen Strafverfahrensablauf, möglichst gering zu halten (Art. 17 Abs. 1 RL). Im Konkreten macht die EU dann dem Mitgliedstaat, in dem die Straftat begangen wurde und der damit regelmäßig auch das Strafverfahren einleitet, für die Vernehmungssituation einzelne Umsetzungsvorgaben. So muss die Aussage des Opfers „unmittelbar nach der Anzeige der Straftat" durch die zuständige Behörde „aufgenommen" werden (Art. 17 Abs. 1 lit. a RL), wie es die EU auch bei besonders schutzbedürftigen Opfern vorgegeben hat. Weiterhin muss dieser Mitgliedstaat in der Lage sein, eine strafprozessual ggfs. erforderliche Vernehmung per Videokonferenz durchzuführen, wenn das Opfer etwa schon in den Wohnsitzmitgliedstaat zurückgekehrt ist und damit nicht ohne zusätzlichen Aufwand persönlich vor dem Gericht erscheinen kann. Die EU betont in diesem Kontext, dass dieser Mitgliedstaat umfassend von den europäischen Regelungen über die Video- und Telefonkonferenzen, wie sie in dem Übereinkommen zwischen den EU Mitgliedstaaten vom 29. Mai 2000 über die „Rechtshilfe in Strafsachen" festgelegt wurden,[260] Gebrauch machen soll (Art. 17 Abs. 1 lit. b RL). Im Fokus stehen dabei die Verfahrensregeln für Vernehmungen in Form von Videokonferenzen nach Art. 10 und für Telefonkonferenzen nach Art. 11 des Rechtshilfeabkommens.

Im Umgang mit diesen grenzüberschreitenden Sachverhalten macht die EU zudem Vorgaben zur Strafanzeigenerstattung, die sich dann an den Wohnsitzmitgliedstaat richten. Nach dem Willen der EU muss es einem Opfer möglich sein, in seinem Wohnsitzmitgliedstaat die Strafanzeige zu erstatten, wenn es die Tat in einem anderen Mitgliedstaat erlitten hat. Der Beweggrund des Opfers ist

260 Rechtsakt des Rates vom 29.05.2000 über die Erstellung des Übereinkommens über die Rechtshilfe in Strafsachen zwischen den Mitgliedstaaten der Europäischen Union, 2000/C 197/01.

nicht ausschlaggebend. Der Wohnsitzmitgliedstaat muss stets die Strafanzeige eines Opfers aufnehmen, wenn es – aus welchen Gründen auch immer – zur Anzeigenerstattung in dem Mitgliedstaat, in dem die Straftat begangen wurde, „nicht in der Lage war" oder wenn das Opfer eine in diesem Mitgliedstaat als „schwer eingestufte Straftat" dort schlichtweg „nicht erstatten wollte" (Art. 17 Abs. 2 RL). Der Wohnsitzmitgliedstaat muss unverzüglich die Strafanzeige an diesen Mitgliedstaat übermitteln, wenn er sich nicht selbst als für die Strafverfolgung zuständig erklärt. Letzteres ist eine Frage des nationalen Rechts. Um Zuständigkeitskonflikte auszuschließen, verweist die EU auf die Vorschriften des RB zur Vermeidung und Beilegung von Kompetenzkonflikten in Strafverfahren"[261].[262] Die EU betont insoweit explizit, dass – mit Ausnahme der direkt im Zusammenhang mit dem Strafverfahren stehenden Vorkehrungen – der Anspruch des Opfers auf „Hilfe, Unterstützung und Schutz" dennoch primär durch den Wohnsitzmitgliedstaat wahrgenommen werden muss[263], auch wenn er nicht die Strafverfolgung betreibt.

6. Opfer sollen „anerkannt werden [...] und eine respektvolle, einfühlsame, individuelle, professionelle und diskriminierungsfreie Behandlung erfahren" (Art. 1 Abs. 1 S. 2 RL)

Der europäische Normgeber betont, dass die Begehung der Straftat sowohl ein Unrecht gegenüber der Gesellschaft, als auch eine Verletzung von individuellen Rechten des Opfers darstellt. Jede Person sollte allein wegen der Tatbetroffenheit als Opfer anerkannt werden. Bestimmte Eigenschaften wie ethnische und soziale Herkunft, Religion usw. dürfen allgemein dem Opferstatus nicht entgegenstehen.[264] Obwohl manche der über die Richtlinie zugestandenen Opferrechte von der Anzeigeerstattung des Opfers abhängen, legt der EU Normgeber nahe, auch bei der Strafverfahrenseinleitung von Amts wegen ohne vorherige Anzeigeerstattung des Opfers diese Rechte zu gewähren.[265] Ein zögerliches Anzeigeverhalten sollte unbeschadet der Verjährungsvorschriften nämlich kein Misstrauen, sondern besondere Aufmerksamkeit hinsichtlich des Anzeigemotivs, bei den

---

261 Rahmenbeschluss 2009/948/JI des Rates vom 30.11.2009 zur Vermeidung und Beilegung von Kompetenzkonflikten in Strafverfahren.

262 Vgl. Erwägungsgrund 50 der RL 2012/29/EU.

263 Erwägungsgrund 51 der RL 2012/29/EU.

264 Erwägungsgrund 9 der RL 2012/29/EU.

265 Erwägungsgrund 22 der RL 2012/29/EU.

Strafverfolgungsbehörden hervorrufen, weil die Ursache für das zögerliche Verhalten auch in der Angst vor Vergeltung, Erniedrigung, Stigmatisierung, Scham oder ähnlichem liegen könnte.[266] Laut dem europäischen Normgeber sollte eine Person unabhängig davon, ob der Täter „ermittelt, gefasst, verfolgt oder verurteilt" wird oder ob ein Verwandtschaftsverhältnis besteht, als Tatopfer behandelt werden. Allerdings kommt den Mitgliedstaaten hierbei ein Ermessensspielraum zu, da die einzelstaatlichen Verfahrensvorschriften, unter welchen Umständen die Opfereigenschaft mit den strafprozessualen Folgen anzunehmen ist, unberührt bleiben.[267]

Neben der Frage der Anerkennung des Opferstatus gibt der EU Normgeber vor, dass bei allen Kontakten mit „Opferunterstützungs- und Wiedergutmachungsdiensten" sowie mit den zuständigen Hoheitsträgern, die im Strafverfahren tätig sind, die Opfer eine „respektvolle, einfühlsame, individuelle, professionelle und diskriminierungsfreie Behandlung erfahren". Neben der symbolischen Strahlkraft dieser Zielbestimmung liegt der Schwerpunkt der praktischen Umsetzung vor allem darin, eine entsprechende Sensibilisierung der Berufsgruppen zu erreichen, indem diese über die Bedürfnisse und Ansprüche des Tatopfers durch allgemeine und spezielle Schulungen unterrichtet werden (vgl. Art. 25 RL). Angesprochen sind sämtliche Organe der Strafrechtspflege im weiteren Sinne (Personal der Opferunterstützungs- und der Wiedergutmachungsdienste, Polizeibeamte, Justizbedienstete, Staatsanwälte, Strafrichter, Rechtsanwälte[268]). Dabei kann der Umfang der Schulungsmaßnahmen für die einzelnen Berufsgruppen variieren. Die Art und die Intensität des Kontakts mit dem Tatopfer sollen dabei maßgebend sein (Art. 25 Abs. 5 RL). Allgemeine und spezielle Schulungsmaßnahmen sind bei Polizeibeamten und Justizbediensteten durchzuführen, um das Bewusstsein für die Bedürfnisse des Opfers zu erhöhen (Art. 25 Abs. 1 RL). Strafrichter und Staatsanwälte sollen zumindest die Möglichkeit haben, an entsprechenden Fortbildungen teilzunehmen. Eine Teilnahmeverpflichtung müssen die Mitgliedstaaten allerdings nicht implementieren (Art. 25 Abs. 2 RL). Gleiches gilt für die Berufsgruppe der Rechtsanwälte aufgrund ihrer freiberuflichen und unabhängigen Stellung (Art. 25 Abs. 3 RL).[269] Was die Tätigkeit der Opferunterstützungs- und Wiedergutmachungsdienste anbelangt, ist eine „angemessene Schulung" sicherzustellen, die sich insofern an

266 Erwägungsgrund 25 der RL 2012/29/EU.

267 Erwägungsgrund 19 der RL 2012/29/EU.

268 Siehe DG Justice of the Commission, Guidance Document, S. 48.

269 DG Justice of the Commission, Guidance Document, S. 48.

der Art der Unterstützungsleistung orientieren muss. Die Mitgliedstaaten haben das durch die öffentlichen Stellen und durch entsprechende Finanzierung zu fördern (Art. 25 Abs. 4 RL). Über den konkreten Inhalt der Schulungs- und Fortbildungsmaßnahmen enthält die Richtlinie keine näheren Vorgaben.[270]

III. Relevante EGMR Rechtsprechung für den Geltungsbereich der Richtlinie 2012/29/EU

Die Untersuchung der Richtlinie 2012/29/EU zeigte, dass die Auslegung einzelner Richtlinienbestimmungen nicht ohne Einbeziehung der Menschenrechtslage (EMRK) erfolgen kann. Das betrifft[271] zum einen die Achtung der Verteidigungsrechte mit Fokus auf der Rechtsprechung des EGMR zum Konfrontationsrecht[272] des Angeklagten (Art. 6 Abs. 1 und Abs. 3 lit. d EMRK), auf dessen Einhaltung nicht zuletzt der EuGH in den vergangenen Entscheidungen zur Auslegung des RB 2001/220/JI wiederholt verwiesen hat. In diesem Zusammenhang muss obendrein berücksichtigt werden, dass die Opferinteressen verstärkt über die konventionsrechtlichen Schutzpflichten (positive obligations) Beachtung finden, wofür der EGMR einzelne Konventionsgarantien „unerwartet weit ausgelegt" und das nationale Recht „in aufwendiger Art und Weise" einbezogen hat.[273] Diese Entwicklung, die eine Reaktion der Konvention auf die verstärkte Wahrnehmung von Opferrechten auf nationaler sowie internationaler Ebene darstellt, führte nun zum ersten Mal zu einer Beschwerde eines Opfers, unter anderem mit dem Vorwurf, dass der jeweilige Konventionsstaat nur „unzureichende Zeugenschutzvorkehrungen" in dem Strafverfahren getroffen und dadurch seine gem. Art. 8 EMRK geschützte „persönliche Integrität" in ungerechtfertigter Weise verletzt habe. Dieses Beschwerdeverfahren steht mit der Gewährung von strafprozessrechtlichen Verteidigungsrechten in enger Verbindung und muss in diesem Kontext Berücksichtigung finden. Zum anderen soll sich – laut EU Normgeber – das Verhältnis zwischen „Privatsphärenschutz

---

270 Die Maßnahmen „sollen [...] im Einklang mit dem Budapest-Fahrplan durch Leitlinien, Empfehlungen und den Austausch bewährter Praktiken ergänzt werden", so Erwägungsgrund 61 der RL 2012/29/EU.

271 Dazu schon oben, S. 85 f. sowie S. 91 f.

272 Auch der EGMR hat in seinen jüngeren Entscheidungen die einschlägigen Richtlinienbestimmungen zum Schutz des Opfers unter dem Urteilsabschnitt „Relevant international law" aufgeführt.

273 Zu dieser Entwicklung ausführlich *Fletcher*, Lewis and Clark Law Review 2005, 547 (551 ff.).

des Opfers“ und dem „Recht der Medien auf Berichterstattung über den Strafprozess“ an der EGMR Rechtsprechung zu Art. 10 EMRK ausrichten, womit die für den Geltungsbereich der Richtlinie 2012/29/EU relevante Rechtsprechung des EGMR thematisch abgesteckt ist.

1. Achtung der Verteidigungsrechte (Recht auf ein faires Verfahren des Angeklagten)

a. Das Konfrontationsrecht als Grenze des Opferschutzes

Art. 6 Abs. 3 lit. d EMRK spricht der angeklagten Person das Recht zu, Fragen an den Belastungszeugen zu stellen oder stellen zu lassen und die Ladung von Entlastungszeugen unter denselben Bedingungen zu erwirken, wie sie für Belastungszeugen gelten. Man spricht vom Konfrontationsrecht des Angeklagten, das zwar ein besonderer, zugleich aber unselbstständiger Aspekt des gem. Art. 6 Abs. 1 EMRK garantierten fairen Verfahrens ist. Diese rechtliche Einordnung ist nicht bedeutungslos, denn es kommt dem EGMR für die Annahme eines Konventionsverstoßes eben nicht allein darauf an, ob dieses Konfrontationsrecht verletzt wurde. Entscheidend ist, ob insgesamt von einem „fairen Verfahren“ gesprochen werden kann.[274] Dennoch führt eine Verletzung des Konfrontationsrechts regelmäßig auch zu einem Verstoß gegen das Fairnessprinzip, was den Stellenwert dieser besonderen Ausprägung des Fairnessprinzips unterstreicht. Beschwerdeverfahren aufgrund behaupteter Verletzungen eines Konventionsstaates gegen Art. 6 Abs. 1 und Abs. 3 lit. d EMRK sind schon seit langem wichtiger Bestandteil in der Rechtsprechung des EGMR. Es existiert eine letztlich unüberschaubare Anzahl von Einzelfallentscheidungen. Zugleich haben sich einzelne Rechtsansichten des EGMR verstetigen bzw. (fort-)entwickeln können, so dass die Anforderungen an das Konfrontationsrecht – so möchte meinen – als hinlänglich bekannt gelten sollten. Erst kürzlich aber hat die Große Kammer des EGMR, die für die schwerwiegenden und nachhaltigen Auslegungsfragen zuständig ist (vgl. Art. 31 EMRK), mit dem Urteil *Al-Khawaja und Tahery gegen das Vereinigte Königreich*[275] ihre bisherige Rechtsauffassung zum Konfrontationsrecht modifiziert und erstmals auch die konventionsrechtlichen Maßstäbe, anhand derer die Beweiszulassung der Zeugenaussage aus dem Vorverfahren fortan zu beurteilen ist, ausdrücklich aufgelistet. Diese Neuausrichtung trug

---

274 Statt vieler LR-StPO/*Esser*, Art. 6 EMRK Rn. 762.

275 EGMR (GK), Al-Khawaja und Tahery gegen das Vereinigte Königreich, Urteil vom 15.12.2011, Beschwerdenr. 26766/05 und 22228/06.

jedoch nicht gerade zur Rechtssicherheit bei. Denn sonst hätte sich die Große Kammer des EGMR wohl auch nicht „genötigt" gefühlt, in seinem Urteil *Schatschaschwili gegen Deutschland*[276] vom Dezember 2015 – exakt vier Jahre später – ausführlicher die „Modifizierung" des Konfrontationsrechts zu erläutern und punktuelle Änderungen vorzunehmen.

aa. Allgemeiner Gewährleistungsgehalt des konfrontativen Befragungsrechts

Aus dem Wortlaut des Art. 6 Abs. 3 lit. d EMRK lassen sich keine konkreten Modalitäten für das Befragungsrecht herauslesen. In der EGMR Judikatur ist jedoch als Grundsatz anerkannt, dass sämtliche belastenden Beweismittel in einer öffentlichen Sitzung und in Gegenwart des Angeklagten aufbereitet werden müssen, damit dieser die Möglichkeit hat, einzelne Beweise in Zweifel ziehen zu können. Ausnahmen sollen nur gestattet sein, soweit entweder während der Zeugenaussage selbst oder in einem späteren Abschnitt des Strafprozesses sichergestellt wurde, dass der Angeklagte eine „angemessene und ausreichende" Möglichkeit hatte, die Zeugenaussage anzugreifen und seinerseits Fragen an den Belastungszeugen zu stellen.[277] Daher muss die konfrontative Befragung in der Hauptverhandlung als – konventionsrechtlicher – Regelfall betrachtet werden[278], von dem jedoch abgewichen werden kann. Bei seiner Bewertung, ob das Verfahren insgesamt „fair" verlaufen ist, bezieht der EGMR die Schutzbedürfnisse des Zeugen und das Interesse der Öffentlichkeit und des Opfers an der ordnungsgemäßen Verfolgung des Verurteilten grundsätzlich ein[279], weshalb die „direkte Konfrontation" im Sinne einer Gegenüberstellung des Angeklagten (bzw. der Verteidigung) mit dem (Opfer-)Zeugen während der Hauptverhandlung kein unumstößlicher oder abwägungsfester Bestandteil des Fragerechts[280] darstellt. Im Rahmen einer Gesamtabwägung kommt es dem EGMR vorrangig darauf an, dass das Befragungsrecht durch die Verteidigung in einer dem Einzelfall

276 EGMR (GK), Schatschaschwili gegen Deutschland, Urteil vom 15.12.2015, Beschwerdenr. 9154/10.

277 Ständige Rechtsprechung: Vgl. hier EGMR, Lüdi gegen die Schweiz, Urteil vom 15.06.1992, Beschwerdenr. 12433/86, § 47; EGMR, Lucà gegen Italien, Urteil vom 27.02.2001, Beschwerdenr. 33354/96, § 39; EGMR (GK), Al-Khawaja und Tahery gegen das Vereinigte Königreich (Fn. 275), § 118; EGMR (GK), Schatschaschwili gegen Deutschland (Fn. 276), § 103 ff.

278 So auch *Bois-Pedain*, HRRS 2012, 120 (122).

279 EGMR (GK), Schatschaschwili gegen Deutschland (Fn. 276), § 101.

280 Im Ergebnis auch *Kirchhoff*, HRRS 2015, 506 (508); LR-StPO/*Esser*, Art. 6 EMRK Rn. 773 und Rn. 777.

angemessenen Art und Weise wahrgenommen werden konnte. Das muss nicht zwangsläufig nur durch den konventionsrechtlich vorgesehenen „Normalfall" der Befragung im Wege direkter Konfrontation geschehen. Insoweit besteht ausreichend Gestaltungsspielraum, gerade auch im Umgang mit sowie der Ausweitung von Kommunikationstechnologie in der Hauptverhandlung insgesamt. Der EGMR hat sich zu Letzterem bisher nicht ausführlicher geäußert, ganz im Gegensatz zum folgenden – für die vorliegende Untersuchung relevanten – Grenzfall zur Verfahrensfairness: der Vernehmungsersetzung in der Hauptverhandlung durch eine (unkonfrontierten) Zeugenaussage des Opfers aus dem Vorverfahren.

bb. Grenzfall: Vernehmungsersetzung in der Hauptverhandlung durch eine (unkonfrontierte) Zeugenaussage aus dem Vorverfahren

Um aufzuzeigen, welche Auswirkungen die noch junge Rechtsprechungsänderung des EGMR zum Konfrontationsrecht auf die Verteidigungsrechte insgesamt hat, ist vorweg die bisherige Rechtsauffassung zur Beweiszulassung von Zeugenaussagen aus dem Vorverfahren anhand von vier wichtigen Einzelfallentscheidungen in Erinnerung zu rufen. Dafür (und im Folgenden auch) wird der Fokus auf Beschwerdeverfahren mit minderjährigen Opfern sexueller Gewalt gelegt. Grund ist, dass auf der einen Seite stets eine besonders schutzbedürftige Opfergruppe steht, die die nationalen Hoheitsträger zur Einleitung eingriffsintensivster Schutzmaßnahmen des Strafprozessrechts veranlasst. Auf der anderen Seite handelt es sich regelmäßig auch um „Aussage-gegen-Aussage" Konstellationen, so dass auch den Verteidigungsrechten mit größter Sorgfalt zu begegnen ist. Die Grenze zwischen Mindestgehalt an Verfahrensfairness und Opferschutz kommt bei dieser Fallgruppe – die zwar nicht konkret Gegenstand der genannten Leitentscheidungen der Großen Kammer des EGMR war, aber dennoch von diesem Rechtsprechungswandel ebenso betroffen ist[281] – besonders zum Vorschein.

281 Siehe EGMR (GK), Al-Khawaja und Tahery gegen das Vereinigte Königreich (Fn. 275), § 127.

(1) Bisherige Rechtsauffassung des EGMR

(a) Kasuistik zum besonders sensiblen Opferzeugen

In dem Beschwerdeverfahren[282] *P.S. gegen Deutschland*[283] wurde dem Angeklagten vorgeworfen, in seiner Funktion als Musiklehrer ein 8jähriges Mädchen während des Einzelunterrichts sexuell belästigt zu haben. Nach Erstattung der Strafanzeige durch den Vater wurde das minderjährige Opfer und die Mutter, die von deutlichen Verhaltensauffälligkeiten des Opfers unmittelbar nach dem Einzelunterricht berichtete und der sich das Kind daraufhin anvertraut hatte, polizeilich vernommen. Der Angeklagte wurde von dem Gericht zu einer Freiheitsstrafe auf Bewährung verurteilt. Das Gericht stützte sich dabei sowohl auf die Aussage der Mutter – die über die Schilderung der Tochter, ihre allgemeinen Charakterzüge und die Verhaltensauffälligkeiten nach dem Einzelunterricht berichtete – als auch auf die Aussagen des Polizisten, der das Opfer vernommen hatte. Den Antrag des Angeklagten, ein aussagepsychologisches Gutachten bezüglich des Opfers einzuholen, wies das Gericht ab, weil der zuständige Strafrichter zugleich als Familienrichter tätig ist und deshalb zum Aussageverhalten von Kindern über hinreichend Erfahrung verfüge. Auf die gerichtliche Vernehmung des Opfers im Hauptverfahren wurde verzichtet, denn es habe das Geschehen laut Auskunft der Mutter bereits verdrängt und das Wiederhervorrufen wäre stark belastend und würde nicht zu einem klareren Bild der Vorgänge führen. Das Berufungsgericht folgte dem Begehren des Angeklagten, indem es ein entsprechendes Gutachten in Auftrag gab. Da das Opfer aber als glaubwürdig und die Aussage als glaubhaft eingestuft wurde, befürwortete das Berufungsgericht nach einer Gesamtschau der Beweismittel und aufgrund des „geringen Gewichts“ des Anklagevorwurfs die Abwesenheit der Opferzeugin in der Hauptverhandlung. Der Angeklagte machte vor dem EGMR eine Verletzung gem. Art. 6 Abs. 1 und Abs. 3 lit. d EMRK geltend, da er keine Fragen an die Hauptbelastungszeugin stellen konnte.[284]

Der EGMR stellte eine Verletzung des Fairnessgrundsatzes fest. Nach seiner Auffassung war die Aussage des Kindes im Ermittlungsverfahren entscheidend für die Verurteilung[285], da anderen Zeugenaussagen, die die Glaubwürdigkeit des

---

282 Es handelt sich im Folgenden um eine Zusammenfassung von vier Kammerentscheidungen, bei denen nur die für die vorliegende Untersuchung bedeutenden Sachverhalts- und Urteilspassagen hervorgehoben werden.

283 EGMR, P.S. gegen Deutschland, Urteil vom 20.12.2001, Beschwerdenr. 33900/96.

284 EGMR, P.S. gegen Deutschland (Fn. 283), §§ 9 ff., § 16 f.

285 EGMR, P.S. gegen Deutschland (Fn. 283), § 30.

Kindes lediglich stützten, kein maßgeblicher Beweiswert zukam. Im Weiteren tadelte der EGMR nebenbei die von dem Gericht in erster Instanz aufgeführten Gründe für die Ablehnung des Antrags auf Einholung des Glaubwürdigkeitsgutachtens, weil die Berufungsinstanz dieses Defizit an Verfahrensfairness noch durch nachträgliche Einholung ausgeglichen habe.[286] Für die Feststellung der Verletzung des Fairnessprinzips war dann vielmehr das Folgende ausschlaggebend: Zunächst wurde das Opfer zu keinem Zeitpunkt des Verfahrens weder von einem Richter, noch von dem Angeklagten befragt. Insbesondere hatte der Angeklagte auch keine Möglichkeit, das Verhalten des Opfers in einer Vernehmungssituation zu beobachten und die Glaubwürdigkeit des Opferzeugen zu prüfen.[287] Auch kritisierte der EGMR, dass die Justizbehörden trotz einer „ausreichend langen Zeitspanne" zwischen Tatgeschehen und der späteren Einholung des Glaubwürdigkeitsgutachtens durch die Berufungsinstanz dem Angeklagten nicht explizit die Möglichkeit eingeräumt haben, gegen die Opferaussagen Einwendungen zu erheben.[288]

Das Urteil des EGMR zum Beschwerdeverfahren *S.N. gegen Schweden*[289] stellt eine weitere und wohl wichtigste Entscheidung zur Abwesenheit minderjähriger Opfer in der Hauptverhandlung dar, weil die dazu getroffenen Entscheidungserwägungen die Rechtsprechung des EGMR maßgeblich geprägt haben. Dem Angeklagten wurde vorgeworfen, einen minderjährigen Jungen sexuell missbraucht zu haben. Die polizeiliche Vernehmung des Opfers wurde auf Video aufgezeichnet; zu diesem Zeitpunkt wusste der Angeklagte noch nicht von den gegen ihn erhobenen Vorwürfen. Nachdem dieser über den Tatvorwurf informiert und vernommen wurde, erhielt er eine Kopie des Berichts über den Stand der Voruntersuchung. Der dem Angeklagten inzwischen beigeordnete Verteidiger verlangte nach einer erneuten (polizeilichen) Vernehmung, die am Wohnort des Opfers durch denselben Beamten durchgeführt wurde. Weil man aber versäumte, den Rechtsbeistand des Opfers über die Durchführung dieser zweiten Vernehmung zu informieren, willigte der Verteidiger ein, die Vernehmung auch ohne seine Anwesenheit durchzuführen, da diese andernfalls nicht hätte stattfinden können. Der Verteidiger und der vernehmende Beamte sprachen sich über die seitens der Verteidigung zu klärenden Fragen an das Opfer zuvor ab, die durch den Beamten in der Vernehmung auch gestellt wurden. Die gesamte

286 EGMR, P.S. gegen Deutschland (Fn. 283), § 28.
287 EGMR, P.S. gegen Deutschland (Fn. 283), § 26.
288 EGMR, P.S. gegen Deutschland (Fn. 283), § 29.
289 EGMR, S.N. gegen Schweden, Urteil vom 02.07.2002, Beschwerdenr. 34209/96.

Vernehmung wurde auf Tonband aufgezeichnet und dem Verteidiger vorgespielt, der keine Einwände erhob; er erhielt eine Vernehmungsniederschrift. In der gerichtlichen Hauptverhandlung wurde das Opfer dann nicht vernommen, sondern die Videoaufzeichnung zur ersten Vernehmung vorgeführt und das Tonband sowie die Niederschrift zur zweiten Vernehmung abgespielt bzw. verlesen (was auch in der berufungsgerichtlichen Verhandlung geschah). Der Angeklagte behauptete eine Verletzung gem. Art. 6 Abs. 1 und Abs. 3 lit. d EMRK, weil ihm keine Gelegenheit eröffnet wurde, Fragen an den Opferzeugen zu stellen.[290]

Der EGMR hielt die Beschwerde für unbegründet. Zunächst wurden auch in diesem Fall die Aussagen des Minderjährigen als maßgeblich für die Verurteilung eingestuft, da die anderen Zeugenaussagen, etwa der Mutter und des Schullehrers, dem Verhaltensauffälligkeiten beim Opfer erstmals auffielen, lediglich unterstützende Beweismittel von nur geringer Beweiskraft darstellten.[291] Im Gegensatz zum Urteil in der Sache *P.S. gegen Deutschland* aber ging der EGMR nun nicht auf den Umstand ein, dass sich auch in diesem Strafverfahren kein Strafrichter zu irgendeinem Zeitpunkt einen persönlichen Eindruck über das Verhalten des Opferzeugen während der Vernehmungssituation verschaffte. Dies lässt sich nur vor dem Hintergrund der vorliegend nun vorhandenen Video- und Tonbandaufzeichnungen sowie deren Abspielen in der erstinstanzlichen und berufungsgerichtlichen Verhandlung erklären. Der EGMR betonte bezüglich der Verteidigungsrechte nämlich ausdrücklich, dass die Verwendung dieser Medien im Prozess eine ausreichende Überprüfung der Zuverlässigkeit und Glaubwürdigkeit des Opfers während der Vernehmungssituation ermöglichte und somit ausreichend Gelegenheit bestand, diese in Frage zu stellen.[292] Nach Auffassung des EGMR konnte die Abwesenheit des Verteidigers bei der zweiten Vernehmung keine Verletzung des Fairnessgrundsatzes begründen, denn der Verteidiger hätte eine neue Terminierung (zumindest) beantragen können. Stattdessen stimmte er der Art und Weise der Vernehmungsdurchführung explizit zu.[293] Zudem konnte die Verteidigung – die zu diesem Zeitpunkt bereits eine Kopie des Berichts zum Stand der Voruntersuchung hatte – über den vernehmenden Beamten einzelne Fragen an das minderjährige Opfer stellen lassen[294], so dass die Rechte des Angeklagten insgesamt gewahrt wurden.

290 EGMR, S.N. gegen Schweden (Fn. 289), §§ 9 ff., § 32.
291 EGMR, S.N. gegen Schweden (Fn. 289), § 46.
292 EGMR, S.N. gegen Schweden (Fn. 289), § 52.
293 EGMR, S.N. gegen Schweden (Fn. 289), § 49.
294 EGMR, S.N. gegen Schweden (Fn. 289), § 50.

In dem zeitlich dann folgenden Beschwerdeverfahren *B. gegen Finnland*[295] wurde die Angeklagte und eine weitere Person verdächtigt, die zwei Töchter der Angeklagten sexuell missbraucht zu haben. Beide Töchter wurden mehrere Male während des Ermittlungsverfahrens vernommen, die auf Video aufgezeichnet und der Verteidigung vorgeführt wurden [aus dem Urteil geht nicht hervor, ob der Verteidigung etwa eine Kopie der Videoaufzeichnung oder eine Vernehmungsniederschrift ausgehändigt worden ist]. Der Verteidigung wurde im Vorverfahren die Möglichkeit eingeräumt, Fragen an die Töchter stellen zu lassen, wovon diese jedoch keinen Gebrauch machte. Das Gericht erster Instanz vernahm mehrere Zeugen bzw. Experten – darunter Psychiater, Psychologen und andere Personen, die mit den Töchtern engen Kontakt pflegten. Die beiden Opfer wurden gerichtlich nicht vernommen, was die Verteidigung auch nicht ausdrücklich einforderte; die Videoaufzeichnungen wurden in der Verhandlung abgespielt. In erster Instanz wurde die Angeklagte zu einer Freiheitsstrafe verurteilt. Während des laufenden Berufungsverfahrens besuchte die ältere der beiden Töchter die in Untersuchungshaft sitzende Angeklagte. Auf Nachfrage der Angeklagten, ob sie [die Tochter] jemals sexuell missbraucht wurde, nahm die Tochter in Anwesenheit anderer Personen ihre Anschuldigungen gegenüber der angeklagten Mutter dann zurück. Daher verlangte der Verteidiger, die ältere Tochter während der Berufungsverhandlung gerichtlich zu vernehmen oder zumindest eine erneute – polizeiliche – Vernehmung durchzuführen und diese auf Video aufzuzeichnen. Dieser Antrag wurde vom Berufungsgericht aber wegen der übereinstimmenden und glaubhaften Aussagen der zwei Töchter aus dem Vorverfahren und aufgrund einer eingeholten psychologischen Expertise, die der älteren Tochter eine „leichte" Beeinflussbarkeit attestierte, abgelehnt; man beließ es dann beim Abspielen der Videoaufzeichnungen. Die Angeklagte machte eine Verletzung gem. Art. 6 Abs. 1 und Abs. 3 lit. d EMRK geltend, da ihr keine ausreichende Gelegenheit zur Befragung des Opfers eingeräumt wurde. Ferner war ihr im Vorverfahren, als man ihr die Gelegenheit der Befragung anbot, nicht bewusst, dass sie keine weitere Gelegenheit einer Opferbefragung im weiteren Verfahrensverlauf erhalten würde.[296]

Der EGMR stellte keine Verletzung des Fairnessgrundsatzes fest. Zunächst handelte es sich bei den auf Video aufgezeichneten und in den gerichtlichen Verhandlungen auch abgespielten Zeugenaussagen der Töchter um die

295 EGMR, B. gegen Finnland, Urteil vom 24.04.2007, Beschwerdenr. 17122/02.
296 EGMR, B. gegen Finnland (Fn. 295), §§ 6 ff., § 33.

entscheidenden Beweise für die Verurteilung der Angeklagten.[297] Der EGMR hielt mit Verweis auf das Urteil *S.N. gegen Schweden* und mit Blick auf das Konfrontationsrecht des Angeklagten es für ausreichend, dass der Verteidigung im Vorverfahren eine einmalige Befragung angeboten wurde. Auf ihren Einwand, sie sei irrtümlicherweise davon ausgegangen, in einem späteren Verfahrensabschnitt noch die Gelegenheit zur (konfrontativen) Befragung zu haben, ging der EGMR im Ganzen nicht ein.[298] Weiterhin stellte die Ablehnung des Antrags im Berufungsverfahren, die ältere Tochter aufgrund der neuen Faktenlage gerichtlich zu vernehmen, keine unangemessene Beeinträchtigung der Verteidigungsrechte dar, da das Berufungsgericht diese neuen Fakten in ausreichendem Maße einbezogen und bewertet habe. Die Beweiswürdigung liege hier innerhalb der Grenzen des gerichtlichen Ermessensspielraums.[299]

Zuletzt ist das Beschwerdeverfahren *A.H. gegen Finnland*[300] vorzustellen. Ein minderjähriger Junge berichtete während des Gesprächs mit einem Psychologen von „verbotenen Berührungen" in seiner Kindertagesstätte und bezog sich dabei auf den Angeklagten, der in der Tagesstätte als Betreuer arbeitete. Das Gespräch wurde in der Familienberatungsstelle per Video aufgezeichnet. Im Rahmen des nun eingeleiteten Ermittlungsverfahrens fand die zweite, ebenfalls aufgezeichnete Vernehmung des Opfers mit demselben Psychologen statt. Der Angeklagte wurde daraufhin polizeilich vernommen und erlangte Kenntnis von den Videoaufzeichnungen. Er bestritt den Vorwurf und stellte den Aussagegehalt des Opfers wegen suggestiver Befragung des Psychologen in Zweifel. Auch verlangte er im Falle einer Anklageerhebung nach einer gerichtlichen Vernehmung des Opferzeugen. Das Gericht erster Instanz lud mehrere Zeugen bzw. Experten vor, darunter die Mutter, Psychologen, Mitarbeiter in der Tagesstätte und Eltern anderer Kinder. Das eigentliche Opfer wurde nicht vernommen. Der Angeklagte wurde daraufhin zu einer Freiheitsstrafe in erster Instanz verurteilt. In der folgenden Berufungsverhandlung zog man die Videoaufzeichnungen ebenfalls heran, die insgesamt von schlechter Qualität waren. Dennoch begründeten die Aufzeichnungen aus der Sicht des Gerichts keine Zweifel an der sachlichen und neutralen Vorgehensweise des Psychologen in der Vernehmungssituation. Auf die Forderung des Angeklagten nach einer gerichtlichen Vernehmung ging weder

297 EGMR, B. gegen Finnland (Fn. 295), § 44.
298 EGMR, B. gegen Finnland (Fn. 295), § 45.
299 EGMR, B. gegen Finnland (Fn. 295), §§ 48 f.
300 EGMR, A.H. gegen Finnland, Urteil vom 10.05.2007, Beschwerdenr. 46602/99.

das Gericht erster Instanz, noch das Berufungsgericht ein. Der Angeklagte rügte eine Verletzung der Verfahrensfairness, da ihm keine Gelegenheit zur Befragung des Opferzeugen eingeräumt worden sei.[301]

In diesem Beschwerdeverfahren erkannte der EGMR eine Verletzung der Verfahrensfairness. Er stellte fest, dass die per Video aufgezeichneten Aussagen des Opfers, die in den gerichtlichen Verhandlungen abgespielt wurden, die entscheidenden Beweise für die Verurteilung waren, da es sich bei den anderen geladenen Personen nicht um Augenzeugen handelte. Der EGMR erklärte mit relativ knapper Begründung, dass in diesem Fall – und im Gegensatz zum Urteil *S.N. gegen Schweden* – die Rechte des Angeklagten hier in einer unverhältnismäßigen Art und Weise beschnitten worden seien. Den Umstand, dass die nationalen Gerichte das minderjährige Opfer nicht persönlich vernommen hatten, wie es der Angeklagte forderte, hielt der EGMR zwar nicht für konventionswidrig. Stattdessen wurde der Konventionsverstoß dann darin gesehen, dass dem Angeklagten und seinem Verteidiger zu keinem Zeitpunkt im Verfahren die Gelegenheit gegeben wurde, eigene Fragen an das Opfer zu stellen. Den Verfahrensakten ließe sich insoweit nicht entnehmen, ob die Behörden dem Angeklagten zur Ausübung des Fragerechts verhalfen.[302]

(b) Bewertung

Anhand dieser Entscheidungsgründe lässt sich die bisherige Rechtsauffassung des EGMR zum Mindestgehalt des Art. 6 Abs. 1 und Abs. 3 lit. d EMRK gut umreißen. Es zeigt sich, dass sämtlichen Aussagen von Vernehmungsbeamten, Sachverständigen oder sonstigen Zeugen in der Hauptverhandlung grundsätzlich kein maßgeblicher Beweiswert zugesprochen wurde, wenn diese das Tatgeschehen nicht selbst beobachtet hatten. Für den EGMR waren die Schilderungen des Tatopfers maßgebend. Hatte die Verteidigung zu keinem Zeitpunkt im gesamten Strafverfahren die Möglichkeit, konkrete Fragen an einen Hauptbelastungszeugen zu stellen oder stellen zu lassen, hat der EGMR durchweg eine Verletzung des Art. 6 Abs. 1 und Abs. 3 lit. d EMRK festgestellt. Das bedeutet, dass im Abwägungsprozess des EGMR das Recht der Verteidigung auf Befragung des Zeugen als grundsätzlich nicht kompensierbar eingestuft wurde. Eine solche Beschneidung des Befragungsrechts kam in der Rechtsfolge einer Verletzung des Kernbereichs des Fairnessgedankens gleich, soweit es sich um den alleinigen oder entscheidenden Beweis (sole or decisive) handelte.[303] Da der

301 EGMR, A.H. gegen Finnland (Fn. 300), §§ 6 ff., § 30.

302 EGMR, A.H. gegen Finnland (Fn. 300), § 44.

303 So auch *Meyer*, HRRS 2012, 117 (119 f.).

EGMR von diesem Grundsatz keine Ausnahme machte[304], markierte er damit eine nicht zu unterschreitende Grenze der Konventionsmäßigkeit. Zugleich haben die Entscheidungsgründe verdeutlicht, dass den Konventionsstaaten ein großzügiger Ermessensspielraum bei der Achtung des Konfrontationsrechts zukommt. Eine konventionskonforme Auslegung bewegt sich offensichtlich zwischen der uneingeschränkten direkten Befragung in der Hauptverhandlung und der Möglichkeit einer Befragung, vertreten durch den Verteidiger oder auch den vernehmenden Polizeibeamten bzw. Sachverständigen im Vorverfahren. Die Verteidigungsrechte wurden aus Sicht des EGMR hinreichend beachtet, wenn die Strafverfolgungsbehörden die Gelegenheit zur Befragung einmalig einräumten, die die Verteidigung aber zumindest auch hätte wahrnehmen können. Wurde diese Möglichkeit nicht „genutzt" oder willigte die Verteidigung in eine bestimmte Art der Vernehmungsdurchführung ein, sind die Verteidigungs- bzw. Angeklagtenrechte nicht in einer ungerechtfertigten Weise beschnitten worden. Sollte der Angeklagte irrtümlich von einer erneuten Befragungsmöglichkeit in der Hauptverhandlung ausgegangen sein, wurde dies als für die Verfahrensfairness unbeachtlich eingestuft, da der EGMR diesem Umstand keinerlei Beachtung schenkte.

In den Entscheidungsgründen tritt noch ein weiterer bedeutender Aspekt der Verfahrensfairness hervor, nämlich, dass der EGMR nach einer ausreichenden Grundlage zur Überprüfung der Zuverlässigkeit und Glaubwürdigkeit des Zeugenbeweises in der Hauptverhandlung verlangt. Hierfür muss sich das zuständige Gericht grundsätzlich einen eigenen bzw. persönlichen Eindruck von dem Verhalten eines (Opfer-)Zeugen auch während der Vernehmungssituation verschaffen. Gleiches gilt für den Angeklagten, der die Glaubwürdigkeit des Zeugen in angemessener Art und Weise in Zweifel ziehen können muss. In diesem Kontext haben die vorgestellten Entscheidungsgründe verdeutlicht, dass bei denjenigen Beschwerdeverfahren, in denen die belastende Aussage des Opfers während des Vorverfahrens auf Video aufgezeichnet und in der gerichtlichen Verhandlung abgespielt wurde, das Bestehen einer ausreichenden Grundlage zur Glaubwürdigkeitsprüfung nicht bemängelt wurde. Wenn es an der Videoaufzeichnung der Zeugenaussage hingegen fehlte, rügte der EGMR explizit, dass sich das zuständige Gericht keinen persönlichen Eindruck vom Opfer als Hauptbelastungszeugen in der Hauptverhandlung verschafft habe.[305] Somit stellt

304 Vgl. auch die insoweit übereinstimmenden Feststellungen von *Gerdemann*, Beeinträchtigung des Fragerechts, S. 125 f.

305 Vgl. bspw. EGMR, W.S. gegen Polen, Urteil vom 19.06.2007, Beschwerdenr. 21508/02, §§ 60 f.

die Aufzeichnung der Zeugenaussage und Verwendung in der Hauptverhandlung ein für die Strafverfolgung zunehmend bedeutungsvolles und aus Sicht des EGMR akzeptiertes Surrogat dar, das sowohl für das Gericht als auch die Verteidigung eine ausreichende Grundlage zur Beurteilung bzw. Infragestellung der Glaubwürdigkeit des Zeugen bietet. Dennoch konnte eine Videoaufzeichnung grundsätzlich nicht das Fehlen der Befragungsmöglichkeit durch die Verteidigung kompensieren.

(2) Rechtsprechungsänderung der Großen Kammer im Urteil *Al-Khawaja und Tahery gegen das Vereinigte Königreich*

Die Große Kammer des EGMR hat sich im Urteil *Al-Khawaja und Tahery gegen das Vereinigte Königreich* dafür ausgesprochen, diese starre Interpretation der so bezeichneten *sole or decisive rule* zugunsten einer flexiblen Regelung aufzugeben. Beruht eine Verurteilung des Angeklagten nun allein oder entscheidend auf einer im Vorverfahren gemachten Zeugenaussage, führt es bei dem Fehlen einer Befragung (bzw. der Möglichkeit dazu) nicht prinzipiell zu einer Verletzung des Fairnessgrundsatzes. Das Gericht muss jedoch aufgrund der Gefahr, die mit der Zulassung des nicht konfrontierten Zeugenbeweises verbunden ist, größte Sorgfalt walten lassen. Auch sind „angemessene Ausgleichsmaßnahmen" notwendig, darunter strikte strafprozessrechtliche Maßnahmen, um eine dem Fairnessgedanken entsprechende Beurteilung der Glaubwürdigkeit des Zeugenbeweises noch zu gewährleisten.[306] Dieser Rechtsprechungswandel zum Gewährleistungsgehalt des Konfrontationsrechts wird mit Hinweis auf die Besonderheiten innerhalb der einzelnen nationalen Strafrechtssysteme begründet. Die Große Kammer möchte fortan mehr Rücksicht auf die nationalen Beweisregeln und Bewertungen durch die zuständigen Gerichte nehmen können. Obendrein würde eine flexible Interpretation der traditionellen Art und Weise, die Fairness des Strafprozess in seiner Gesamtheit zu beurteilen, namentlich die sich gegenüberstehenden Interessen der Verteidigung, des Opfers, des Zeugen und der Öffentlichkeit an einer funktionsfähigen Strafrechtspflege abzuwägen, besser entsprechen, als es durch eine starre Interpretation möglich sei.[307] Demnach verliert das Befragungsrecht der Verteidigung in dem Abwägungsprozess des EGMR deutlich an Gewicht. Das Fehlen der Befragungsmöglichkeit führt nicht mehr zwangsläufig zum Konventionsverstoß und ist daher auch nicht mehr mit einer Verletzung des Kernbereichs gleichzusetzen.

---

306 EGMR (GK), Al-Khawaja und Tahery gegen das Vereinigte Königreich (Fn. 275), § 147.
307 EGMR (GK), Al-Khawaja und Tahery gegen das Vereinigte Königreich (Fn. 275), § 146.

Die Große Kammer hat dabei drei Kriterien aufgestellt, anhand derer eine Beweiszulassung der nicht konfrontierten Zeugenaussage fortan konventionsrechtlich zu bewerten ist:

Es braucht einen *legitimen Grund* für die Abwesenheit des Zeugen in der Hauptverhandlung. Zudem ist zu überprüfen, ob es sich bei der Zeugenaussage um den *alleinigen oder entscheidenden Beweis* für die Verurteilung handelt. Ferner müssen *ausreichende Ausgleichsmaßnahmen* vorliegen, welche die für die Verteidigung entstehenden Rechtsnachteile kompensieren und dadurch einen insgesamt noch fairen Verlauf des Strafprozesses ermöglichen.[308]

(a) Legitime Abwesenheitsgründe für die Hauptverhandlung

Die Große Kammer hatte zunächst für die konventionsrechtliche Beurteilung an dem Grundsatz festgehalten, dass bereits das Fehlen eines legitimen Grundes für die Abwesenheit des Zeugen in der Hauptverhandlung per se einen Verstoß gegen das Fairnessprinzip darstellt, selbst wenn es sich nicht um den alleinigen oder entscheidenden Beweis handelt. Der Zeugenbeweis musste also nur zugelassen sein und kein völlig unbrauchbares Indiz für eine Verurteilung darstellen.[309] Diese Ansicht hat die Große Kammer jedoch relativiert, denn damit würde man erneut an einer unflexiblen Regelung festhalten, die der ursprünglichen Absicht der Großen Kammer zur Rechtsprechungsänderung gerade entgegensteht. Das Fehlen eines legitimen Abwesenheitsgrundes soll daher nur ein wichtiger Aspekt für die Frage der Rechtfertigung der Abwesenheit des Belastungszeugen sein, der im Einzelfall für einen Verstoß gegen das Fairnessprinzip sprechen kann.[310] Um einen Abwesenheitsgrund als „legitim" bezeichnen zu können, gibt die Große Kammer vor, die Beweiszulassung einer bislang unkonfrontierten Zeugenaussage aus dem Vorverfahren anstelle der persönlichen Vernehmung seitens des Gerichts in der Hauptverhandlung als *ultima ratio* zu behandeln. Das bedeutet, dass sämtliche Schutzvorkehrungen, die eine persönliche Vernehmung ermöglichen würden, aus Sicht des Gerichts als „unangemessen oder praktisch undurchführbar" gelten müssen.[311] Die Konventionsstaaten müssen

---

308 EGMR (GK), Al-Khawaja und Tahery gegen das Vereinigte Königreich (Fn. 275), § 152; siehe EGMR (GK), Schatschaschwili gegen Deutschland, (Fn. 276), § 107.

309 Vgl. hierzu EGMR (GK), Al-Khawaja und Tahery gegen das Vereinigte Königreich (Fn. 275), § 120.

310 EGMR (GK), Schatschaschwili gegen Deutschland, (Fn. 276), § 113.

311 EGMR (GK), Al-Khawaja und Tahery gegen das Vereinigte Königreich (Fn. 275), § 125. Zwar steht diese Vorgabe aus der Leitentscheidung konkret mit dem Abwesenheitsgrund der „Furcht" im Zusammenhang. Sie wird aber als allgemeingültiges

zur Einräumung des Befragungsrechts hier alle zumutbaren Anstrengungen unternehmen.[312]

Im Einzelnen sind die Abwesenheitsgründe entweder tatsächlicher oder rechtlicher Natur[313], wobei für die vorliegende Untersuchung die rechtlichen Abwesenheitsgründe, bei denen die Anwesenheit des Opferzeugen während der Hauptverhandlung in der Regel faktisch möglich wären, im Mittelpunkt stehen:

Vom EGMR als legitimer Abwesenheitsgrund durchweg anerkannt ist das Zeugnisverweigerungsrecht des (Opfer-)Zeugen. Diese Fallgruppe ist von großer praktischer Bedeutung, weil nicht zuletzt bei Straftaten im innerfamiliären Bereich die Angehörigen des Angeklagten nicht nur die Tatopfer, sondern häufig auch die einzigen zur Verfügung stehenden Tatzeugen sind. Der EGMR legitimiert den Abwesenheitsgrund damit, dass diese Opfer nicht in eine (für diese Straftaten charakteristische) moralische Zwangslage (moral dilemma) versetzt werden sollen.[314]

Für den (Opfer-)Zeugen von Relevanz ist auch der Abwesenheitsgrund der „Furcht" vor einer Aussage in der Hauptverhandlung (absence owing to fear), die auf Drohungen oder ähnliche Verhaltensweisen zurückzuführen ist und diesem Angeklagten zugerechnet werden. Ein solches dem Angeklagten zurechenbares Verhalten stuft die Große Kammer als prinzipiell unvereinbar mit den Schutzinteressen des (Opfer-)Zeugen und auch der Funktionstüchtigkeit der Strafrechtspflege ein. Eine im Vorverfahren gemachte Zeugenaussage soll in diesem Fall ohne weitere konventionsrechtliche Bedenken bezüglich der Verteidigungsrechte möglich sein. Der Angeklagte wird so behandelt, als ob er auf sein Recht auf konfrontative Befragung verzichtet hat.[315] Auch soll die allgemeine Furcht vor den Folgen der Zeugenaussage (general fear of testifying) als legitimer Abwesenheitsgrund greifen. Dieser beruht nicht auf unmittelbaren Einschüchterungsversuchen, sondern auf dem „schlechten Ruf" des Angeklagten (notoriety of the defendant). Allerdings darf hierbei das subjektive Empfinden des (Opfer-)Zeugen allein nicht ausschlaggebend sein. Es müssen objektive und

---

Kriterium verstanden, vgl. EGMR, Lučić gegen Kroatien, Urteil vom 27.02.2014, Beschwerdenr. 5699/11, § 75.

312 EGMR (GK), Schatschaschwili gegen Deutschland, (Fn. 276), § 120 f.

313 Einen Überblick bietet *Bois-Pedain*, HRRS 2012, 120 (123 f.).

314 Vgl. EGMR, Unterpertinger gegen Österreich, Urteil vom 24.11.1986, Beschwerdenr. 9120/80, § 30; EGMR, Hümmer gegen Deutschland, Urteil vom 19.07.2012, Beschwerdenr. 26171/07, § 41.

315 Vgl. EGMR (GK), Al-Khawaja und Tahery gegen das Vereinigte Königreich (Fn. 275), § 123.

dem Beweis zugängliche Gründe vorliegen, damit der EGMR diesen Abwesenheitsgrund als gerechtfertigt einstuft.[316]

Ausschließlich auf den besonders schutzbedürftigen Opferzeugen anwendbar ist der – bereits in der oben untersuchten Kasuistik zur alten Rechtslage anzutreffende – Abwesenheitsgrund aufgrund der zu erwartenden Auswirkungen auf den (psychischen) Gesundheitszustand des Opfers. Der EGMR erkannt an, dass eine (erneute) Aussage des Opfers in der Hauptverhandlung einem unzumutbaren „Martyrium" gleichen kann. Der Hauptanwendungsfall in der EGMR Judikatur erfasst gegenwärtig solche Beschwerdeverfahren, die sexuelle Gewalttaten zum Gegenstand haben. Der EGMR hat in seinen Entscheidungsgründen dabei durchgehend die Notwendigkeit besonderer Rücksichtnahme betont, da die Opfer eine erzwungene Gegenüberstellung mit dem Angeklagten als eine schwerwiegende Belastung empfinden können (such proceedings are often conceived of as an ordeal by the victim, in particular when the latter is unwillingly confronted with the defendant). Wenn auch nicht gem. Art. 6 Abs. 3 lit. d EMRK ausdrücklich vorgesehen, dürfe der Fairnessgrundsatz nicht das Recht von Opfern auf Schutz der Privatsphäre ignorieren (in the assessment of the question whether or not in such proceedings an accused received a fair trial, account must be taken of the right to respect for the private life of the alleged victim. Therefore, the Court accepts that in criminal proceedings concerning sexual abuse certain measures may be taken for the purpose of protecting the victim [...]).[317] Was die Voraussetzungen zur Annahme dieses Abwesenheitsgrundes, der das Fernbleiben des Opfers von der Hauptverhandlung rechtfertigen können soll, im Einzelfall betrifft, hat der EGMR bislang keinen engen Kontrollmaßstab angelegt. Erst in jüngeren Entscheidungen weist der EGMR verstärkt darauf hin, dass auch in den Fällen des sexuellen Missbrauchs jedenfalls nicht automatisch von der Legitimität der Abwesenheit eines Opferzeugen in der Hauptverhandlung ausgegangen werden dürfe, sondern diese Maßnahme *ultima ratio* sei.[318] Anzumerken ist, dass die von der bisherigen EGMR Rechtsprechung umfassten Sachverhalte vor allem minderjährige Opfer von sexuellen Missbrauch betreffen.[319] In den

316 EGMR (GK), Al-Khawaja und Tahery gegen das Vereinigte Königreich (Fn. 275), § 124.

317 Ausführungen der Kommission zum Beschwerdeverfahren Baegen gegen die Niederlande, 20.10.1994, Beschwerdenr. 16696/90, § 77, die der EGMR in seinen Entscheidungen durchweg zitiert.

318 Siehe EGMR, Lučić gegen Kroatien (Fn. 311), § 75.

319 Siehe EGMR, S.N. gegen Schweden (Fn. 289), § 47; EGMR, Bocos-Guesta gegen Niederlande, Urteil vom 10.11.2005, Beschwerdenr. 54789/00, § 69; EGMR, B. gegen Finnland (Fn. 295), § 43; EGMR, A.H. gegen Finnland (Fn. 300), § 42; EGMR,

jüngeren Entscheidungen des EGMR sind nunmehr zunehmend auch erwachsene Opfer von sexueller Gewalt involviert[320], was den EGMR wohl dazu veranlasste, die in der Einzelfallrechtsprechung eher untergegangene *ultima ratio* Vorgabe dieser Maßnahme erneut hervorzuheben. Diese kontextuell verstärkt anzutreffenden erwachsenen Opfer sind ein „Indiz“ für eine fortschreitende Ausweitung von „besonderen Schutzmaßnahmen“ in den einzelnen Strafrechtsordnungen.

(b) Einziger oder entscheidender Beweis (sole or decisive)

Ferner ist zu überprüfen, ob die jeweilige Aussage des in der Hauptverhandlung abwesenden (Opfer-)Zeugen für die strafrechtliche Verurteilung der „einzige oder entscheidende Beweis“ war. Aus Sicht der Großen Kammer lässt diese Einordnung wichtige Rückschlüsse auf die Relevanz der ggfs. unkonfrontierten Zeugenaussage zu, was wiederum für die Feststellung des im Einzelfall erforderlichen Ausmaßes an angemessenen Ausgleichsmaßnahmen notwendig ist. Daher soll als Orientierungssatz gelten, dass je größer die Bedeutung der Aussage des abwesenden Zeugen für die konkrete Verurteilung ist, desto nachhaltiger müssen die Ausgleichsmaßnahmen sein, um ein faires Verfahren gewährleisten zu können. Weniger gewichtige Aussagen können – wenn es sich bspw. um einen von zahlreichen Indizienbeweisen handelt – somit dennoch für die Notwendigkeit von Ausgleichsmaßnahmen sprechen.[321] Es sind an die Erforderlichkeit der Ausgleichsmaßnahmen jedoch stets erhöhte Anforderungen zu stellen, wenn die Zeugenaussage das „einzige oder entscheidende“ Beweismittel darstellt. Bei dieser Prüfung bezieht der EGMR die Einschätzung der innerstaatlichen Gerichte zwar ein, legt aber insgesamt seinen eigenen konventionsrechtlichen Maßstab bei der Gewichtung des Beweiswerts der Zeugenaussage zugrunde.[322] Die Bezeichnung „einziges“ Beweismittel steht für das alleinige gegen den Angeklagten vorgebrachte Beweismittel. Als problematischer gilt die Einordnung als „entscheidendes“ Beweismittel. Die Große Kammer gibt zur Orientierung vor: Je größer die Beweiskraft derjenigen Beweismittel ist, die eine nicht konfrontierte

W.S. gegen Polen (Fn. 305), § 57; EGMR, D.T. gegen die Niederlande, Beschluss vom 02.04.2013, Beschwerdenr. 25307/10, § 47; EGMR, Vronchenko gegen Estland, Urteil vom 18.07.2013, Beschwerdenr. 59632/09, § 56.

320 Bspw. EGMR, Aigner gegen Österreich, Urteil vom 10.05.2012, Beschwerdenr. 28328/03; EGMR, Gani gegen Spanien, Urteil vom 19.02.2013, Beschwerdenr. 61800/08; EGMR, Lučić gegen Kroatien (Fn. 311).

321 Vgl. EGMR (GK), Schatschaschwili gegen Deutschland, (Fn. 276), § 115 f.

322 Vgl. EGMR (GK), Schatschaschwili gegen Deutschland, (Fn. 276), § 124.

Zeugenaussage stützen, desto wahrscheinlicher ist, dass die Zeugenaussage nicht als entscheidendes Beweismittel für die Verurteilung eingestuft wird.[323]

(c) Angemessene Ausgleichsmaßnahmen

Wie dargestellt, rücken mit der Rechtsprechungsänderung nunmehr die angemessenen Ausgleichsmaßnahmen in den Fokus, da sie für die Fairness des Verfahrens primär maßgebend sind. Die konkreten Auswirkungen auf die Verteidigungsrechte im Fall der Beweiszulassung einer unkonfrontierten Opferzeugenaussage aus dem Vorverfahren in der Hauptverhandlung werden im Folgenden anhand zweier Kammerentscheidungen des EGMR dargestellt und gewürdigt. Aus methodischen Gründen werden hier wiederum Beschwerdeverfahren herangezogen, bei denen es um die besonderen Schutzinteressen von minderjährigen Opfern sexueller Gewalt geht.

(α) Kasuistik zum besonders sensiblen Opferzeugen

In dem Beschwerdeverfahren *D.T. gegen die Niederlande* wurde der Angeklagte verdächtigt, seine 5jährige Tochter sexuell missbraucht zu haben. Die Mutter informierte die Polizei, dass die Tochter nach einem gemeinsamen Ausflug mit dem Vater über an ihr begangene sexuelle Handlungen berichtete. Im Vorverfahren wurde das Opfer ein einziges Mal durch einen speziell dafür ausgebildeten Polizeibeamten in entsprechenden Räumlichkeiten vernommen, so dass eine Videoaufzeichnung der Vernehmung erfolgen konnte. Dies geschah bevor der Beschuldigte von dem Vorwurf erfahren hatte. Unter anderem bestätigte im Vorverfahren die Großmutter, dass sich das Opfer seiner Mutter anvertraute und über das Geschehen berichtete. Der Ermittlungsrichter beauftragte einen forensischen Psychologen, die Videoaufzeichnung zu analysieren. Auf dessen Empfehlung wurde auch ein Kinderpsychologe sowie ein Kinderpsychiater beauftragt, anhand der Videoaufzeichnung die Glaubwürdigkeit des Opfers zu analysieren. Diese hielten es für äußerst unwahrscheinlich, dass die Aussage des Opfers in irgendeiner Form beeinflusst wurde. Der Angeklagte wurde vom Gericht in erster Instanz, das das Opfer in der Hauptverhandlung nicht vernommen hatte, zu einer Freiheitstrafe verurteilt. Erst in der Berufungsverhandlung verlangte dann die Verteidigung mehrmals nach Ladung des Opferzeugen, um ihr Befragungsrecht wahrnehmen zu können, und nach einer entwicklungspsychologischen Untersuchung. Mit Verweis auf die Empfehlung der behandelnden Therapeuten des Opfers lehnte man aus gesundheitlichen Gründen eine

323 Siehe hierzu EGMR (GK), Al-Khawaja und Tahery gegen das Vereinigte Königreich (Fn. 275), § 131; EGMR (GK), Schatschaschwili gegen Deutschland, (Fn. 276), § 123.

gerichtliche Vernehmung ab. Die entwicklungspsychologische Untersuchung hingegen wurde durchgeführt und keine besonderen Auffälligkeiten festgestellt. Das Berufungsgericht stufte die fehlende Befragungsmöglichkeit wegen der vorhandenen Sachverständigengutachten sowie insbesondere wegen der Videoaufzeichnung zur ersten Opfervernehmung als gerechtfertigt ein, da sie eine ausreichende Grundlage zur Glaubwürdigkeitsprüfung ermöglichten. Der Angeklagte machte eine Verletzung gem. Art. 6 Abs. 1 und Abs. 3 lit. d EMRK geltend, da man ihm zu keinem Zeitpunkt die Gelegenheit verschaffte, den Opferzeugen zu befragen, obwohl entsprechende Anträge – in der Berufungsverhandlung – gestellt wurden.[324]

Der EGMR lehnte hier eine Verletzung des Fairnessgrundsatzes ab, was vor der Rechtsprechungsänderung – also bei einer starren Interpretation der sog. *sole or decisive rule* – nicht geschehen wäre. Zunächst stellte der EGMR fest, dass die Abwesenheit des Opferzeugen in der Hauptverhandlung gerechtfertigt sei, da die eingeholte Expertise ausreichend belege, dass die zweite Vernehmung zu großen Druck auf das Opfer ausüben und den psychischen Heilungsprozess beeinträchtigen würde. Dem Begehren des Angeklagten musste insoweit nicht gefolgt werden.[325] Der EGMR stufte die Opferaussage als entscheidenden Beweis für die Verurteilung des Angeklagten ein[326], so dass für die Frage der angemessenen Ausgleichsmaßnahmen ein erhöhter Maßstab gelten musste, um den Eingriff in die Verteidigungsrechte zu kompensieren. Der EGMR stützte sich dabei maßgeblich auf die Videoaufzeichnung der polizeilichen Vernehmung, die auch der Verteidigung zur Verfügung gestellt und in der Berufungsverhandlung abgespielt wurde. Das Gericht konnte sich dadurch einen ausreichenden Eindruck von dem Opferzeugen verschaffen, und auch die Verteidigung konnte die Glaubwürdigkeit des Opfers anhand der Videoaufzeichnung in Frage stellen. Auch wurden die Mutter und Großmutter, die das Opfer relativ zeitnah nach dem Geschehen ins Vertrauen gezogen hatte, als Zeugen geladen, so dass der Angeklagte auch insoweit etwaige Inkohärenzen zwischen den Zeugenaussagen hätte aufdecken können.[327] Der EGMR fügte dem an, dass der Angeklagte drei der Sachverständigen, die sich mit der Videoaufzeichnung befassten, in der Hauptverhandlung befragen konnte. Auch konnte der Angeklagte die entwicklungspsychologische Expertise, die man auf Verlangen der Verteidigung durchgeführt

324 EGMR, D.T. gegen die Niederlande (Fn. 319), §§ 5 ff., § 33.
325 EGMR, D.T. gegen die Niederlande (Fn. 319), § 48.
326 EGMR, D.T. gegen die Niederlande (Fn. 319), § 49.
327 EGMR, D.T. gegen die Niederlande (Fn. 319), § 50.

hatte, einbringen. Weitere Ausgleichsmaßnahmen forderte die Verteidigung auch nicht ein.[328]

In dem zweiten Beschwerdeverfahren *Vronchenko gegen Estland* wurde der Angeklagte des wiederholten sexuellen Missbrauchs an seinem minderjährigen Sohn verdächtigt. Das Opfer wurde durch den Polizeibeamten in Anwesenheit des Schulpsychologen, der die Polizei informierte, erstmals vernommen. Es folgte die zweite Vernehmung in Anwesenheit eines Sozialarbeiters, wonach der Angeklagte in Untersuchungshaft kam. Eine durchgeführte psychologische und psychiatrische Untersuchung kam zu dem Ergebnis, dass eine gerichtliche Vernehmung dem Opfer vermutlich weiteren (psychischen) Schaden zufüge und daher nicht zumutbar sei. Der Angeklagte verlangte nunmehr explizit die konfrontative Befragung des Opferzeugen. Auf diesen Antrag des Angeklagten wurde allerdings nicht reagiert. Stattdessen wurde eine dritte Vernehmung des Opfers ohne Anwesenheit der Verteidigung durchgeführt, die auf Video aufgezeichnet wurde. Dem Opfer wurde mitgeteilt, dass die Videoaufzeichnung weitere Vernehmungen entbehrlich mache und dieses deshalb nicht mehr über das Tatgeschehen sprechen müsse. Darauf folgende Anträge des Angeklagten auf Befragung blieben weiterhin von den Strafverfolgungsbehörden unbeantwortet. Ihm wurden während seiner folgenden Beschuldigtenvernehmung einzelne Teile aus der aufgezeichneten Vernehmung des Opfers vorgelesen, ohne dass ihm in irgendeiner Form die Gelegenheit zur Befragung eingeräumt wurde. Ein weiteres psychiatrisches Gutachten wies darauf hin, dass eine (Video-)Fernvernehmung (remote examination) nicht vor einer Intensivierung der erlittenen oder dem Hervorrufen einer neuen Traumatisierung schütze. Für die Hauptverhandlung verlangten weder die Staatsanwaltschaft noch die Verteidigung ausdrücklich nach einer Vernehmung des Opfers. Neben der Vernehmung anderer Zeugen und Sachverständigen verlas man die Opferaussage und spielte die Videoaufzeichnung in der Hauptverhandlung ab. Der Angeklagte wurde in erster Instanz zu einer langjährigen Freiheitsstrafe verurteilt. Das Berufungsgericht bestätigte das Urteil. Der Angeklagte machte eine Verletzung seines Rechts auf ein faires Strafverfahren gem. Art. 6 Abs. 1 und Abs. 3 lit. d EMRK geltend, da ihm während des Vorverfahrens (trotz entsprechender Anträge) keine Gelegenheit zur Befragung des Opferzeugen eingeräumt worden sei.[329]

Der EGMR stellte in diesem Verfahren eine Verletzung des Fairnessgrundsatzes fest. Die Abwesenheit des Opfers in der Hauptverhandlung und die

---

328 EGMR, D.T. gegen die Niederlande (Fn. 319), § 51.

329 EGMR, Vronchenko gegen Estland (Fn. 319), §§ 6 ff., § 45.

Beweiszulassung seiner aufgezeichneten Zeugenaussage aufgrund gesundheitlicher Folgen für das Opfer wurden zwar als gerechtfertigt eingestuft, da psychologische und psychiatrische Expertenmeinungen, die auch von einer Fernvernehmung abrieten, diesen Schritt ausreichend absicherten.[330] Allerdings handelte es sich bei der Opferaussage auch um den entscheidenden Beweis für die Verurteilung, weil die anderen in der Hauptverhandlung geladenen Zeugen „lediglich" das ihnen vom Opfer Berichtete bestätigten oder allgemeine Angaben über das Verhalten des Opfers machten, ohne Augenzeugen des Tatgeschehens gewesen zu sein.[331] Daher seien erhöhte Anforderungen an die Ausgleichsmaßnahmen zu stellen, die der EGMR im vorliegenden Verfahren für unzureichend hielt. Der EGMR verwies dabei auf die drei polizeilichen Vernehmungen während des Vorverfahrens. Die Strafverfolgungsbehörden konnten wegen der frühzeitig eingeholten psychiatrisch-psychologischen Untersuchung des Opfers damit rechnen, dass es voraussichtlich nicht zu einer Aussage in der Hauptverhandlung kommen werde. Hiervon wussten die Behörden vor der dritten, auf Video aufgezeichneten Vernehmung des Opfers. Der EGMR bemängelte, dass man die Anträge des Angeklagten auf Befragung nicht berücksichtigte bzw. es nicht in Erwägung gezogen habe, das Befragungsrecht bei der dritten Vernehmung wenn nicht konfrontativ, so doch zumindest auf anderem Wege zu beachten. Die nationalen Hoheitsträger seien konventionsrechtlich gehalten, mit „aktiven Schritten" dem Angeklagten zur Ausübung des Befragungsrechts zu verhelfen. Auch stellte der EGMR mit Bezug auf kontradiktorische Verfahrenstypen fest, dass man dem Angeklagten nicht generell vorwerfen könne, nicht ausdrücklich die Ladung eines Belastungszeugen der Anklage verlangt zu haben.[332] Weiterhin hob der EGMR hervor, dass er grundsätzlich nicht die Ergebnisse von eingeholten Expertengutachten hinterfragt bzw. überprüft, auch wenn sich das nationale Gericht zur Begründung der Abwesenheit des Opferzeugen auf diese Ergebnisse stützt. Dann allerdings verlangte der EGMR unter den vorliegenden Umständen, dass die Gelegenheit der Befragung hätte eingeräumt werden müssen, damit die Verteidigung etwaige Widersprüche in der Zeugenaussage aufdecken kann.[333] Weiterhin betonte der EGMR, dass sich hier die Expertisen im Gegensatz zur Entscheidung des EGMR zur Sache *D.T. gegen die Niederlande* weder auf den Wahrheitsgehalt der per Video aufgezeichneten Opferaussage

330 EGMR, Vronchenko gegen Estland (Fn. 319), § 58.
331 EGMR, Vronchenko gegen Estland (Fn. 319), § 59.
332 EGMR, Vronchenko gegen Estland (Fn. 319), §§ 61 f.
333 EGMR, Vronchenko gegen Estland (Fn. 319), § 63.

bezogen hätten, noch die Sachverständigen zur Hauptverhandlung geladen und befragt worden seien.[334] Aus Sicht des EGMR konnte die Videoaufzeichnung der Opferaussage dem Gericht und dem Angeklagten ermöglichen, den Ablauf der Vernehmungsdurchführung zu kontrollieren, das Verhalten des Opfers in der Vernehmungssituation zu analysieren und die Glaubwürdigkeit des Opfers dadurch zu einem gewissen Grad anzuzweifeln. Für den EGMR konnten diese Ausgleichsmechanismen jedoch nicht die zuvor erwähnten Kritikpunkte kompensieren. Insbesondere stellte der EGMR hier auf die frühzeitige Kenntnis der Strafverfolgungsbehörden von dem voraussichtlichen Vorliegen eines Abwesenheitsgrundes für die Hauptverhandlung ab. Es bestand die Gelegenheit bei der dritten Vernehmung, dem Angeklagten die Befragung zumindest durch seinen Verteidiger zu ermöglichen.[335]

(β) Bewertung

Der eingeleitete Rechtsprechungswandel führt im normativen Bereich unzweifelhaft zu einer Schwächung der Rechtsposition des Angeklagten, da das bisher unantastbare Recht auf Befragung eines Hauptbelastungszeugen, dessen Missachtung prinzipiell die Verfahrensfairness in ungerechtfertigter Weise berührte, nunmehr „prozesssystem- und rechtskulturadäquaten Ausgleichsmechanismen“[336] offensteht. Wie die hier untersuchten Entscheidungen bestätigt haben, hat sich auch in der Rechtspraxis die frühere Untergrenze der Verfahrensfairness nun zum Nachteil der Verteidigungsrechte verschoben. Nach alter Rechtslage hätte der EGMR in seiner Entscheidung *D.T. gegen Niederlande* – konsequenterweise – einen ungerechtfertigten Verstoß gegen den Fairnessgrundsatz aufgrund des Fehlens einer Befragungsmöglichkeit des Opferzeugen feststellen müssen. Auch zeigt sich, dass es bei der Prüfung des Bestehens von angemessenen „Ausgleichsmaßnahmen“ nicht vorrangig – wie man vermuten würde – darum gehen muss, Vorkehrungen zu treffen, um die geschwächte Rechtsposition des Angeklagten „an anderer Stelle“ zu stärken. Obwohl der EGMR von den Strafverfolgungsbehörden aktive Schritte zur Wahrnehmung des Befragungsrechts fordert und ein grober Sorgfaltspflichtverstoß bereits als schwerlich kompensierbar eingestuft wurde, scheint es dem EGMR für die Gewährung der Verfahrensfairness insbesondere um die angemessene Beurteilungsgrundlage für die Zuverlässigkeit des nicht konfrontierten Zeugenbeweises zu gehen. Die Befragung im Vorverfahren als ehemals „rettendes“ Kriterium für die Annahme eines fairen

334 EGMR, Vronchenko gegen Estland (Fn. 319), § 64.
335 EGMR, Vronchenko gegen Estland (Fn. 319), § 65.
336 So kritisch *Meyer*, HRRS 2012, 117 (119).

Verfahrens wurde zu einem einfachen (wenn auch gewichtigen) Abwägungskriterium degradiert.[337]

Dass der Rechtsprechungswandel der Großen Kammer zur Rechtsunsicherheit anstatt zur Rechtssicherheit beigetragen hat, macht ein noch tiefergehender Blick auf die Urteilsgründe zur Sache *Vronchenko gegen Estland* deutlich. Die Richter *Lazarova Trajkovska* und *Sicilianos* haben mit ihrer abweichenden Meinung erhebliche Zweifel an dem Urteil der Richtermehrheit, die von einer Verletzung des Art. 6 Abs. 1 und Abs. 3 lit. d EMRK ausgegangen ist, geäußert, da man die neuen Maßstäbe der Großen Kammer nur ungenügend gewürdigt und sich dabei überwiegend auf Kammerentscheidungen zur alten Rechtslage bezogen habe. Nach ihrer Auffassung hätte man vielmehr von angemessenen Ausgleichsmaßnahmen ausgehen und eine Verletzung des Fairnessprinzips daher ablehnen müssen.[338] Festzustellen ist, dass es sich bei dieser abweichenden Meinung auch nicht um eine einzelfallbezogene, sondern vielmehr um eine grundlegende Meinungsverschiedenheit im Umgang mit der neuen Rechtslage handelt. Dies verdeutlicht der wiederholt fehlende Konsens innerhalb der 1. Kammer des EGMR zur Auslegung und Gewichtung der angemessenen Ausgleichsmaßnahmen.[339] Diese beiden Positionen unterscheiden sich in zwei wesentlichen Punkten:

Es besteht zum einen Uneinigkeit in der Gewichtung des sorgfaltswidrigen Verhaltens der Strafverfolgungsbehörden. Das Verfahren *Vronchenko gegen Estland* kann hier als Musterbeispiel gelten, weil den Strafverfolgungsbehörden ein zumindest „grob sorgfaltswidriges" Verhalten hinsichtlich der Nichtgewährung des Befragungsrechts des Angeklagten vorgeworfen wurde. Es geht um die Frage, was die konventionsrechtlich geforderten „aktiven Schritte" zur Gewährung des Konfrontationsrechts den Konventionsstaaten abverlangen. Die Richtermehrheit sprach dieser Form der Sorgfaltspflichtverletzung ganz offensichtlich ein erhebliches Gewicht zu[340], während die Gegenmeinung diesen Aspekt als

337 Das spiegelt sich in den allgemeinen Ausführungen der Großen Kammer zu den Ausgleichsmaßnahmen wider, vgl. EGMR (GK), Schatschaschwili gegen Deutschland, (Fn. 276), §§ 125 ff., insbesondere § 130.

338 EGMR, Vronchenko gegen Estland (Fn. 319), Joint dissenting Opinion of Judges Lazarova Trajkovska und Sicilianos. § 1 ff.

339 Siehe jetzt EGMR, Rosin gegen Estland, Urteil vom 19.12.2013, Beschwerdenr. 26540/08. In diesem Beschwerdeverfahren haben die Richter *Lazarova Trajkovska* und *Sicilianos* erneut anhand der bereits im Urteil Vronchenko gegen Estland (Fn. 319) erhobenen rechtlichen Einwände eine abweichende Meinung formuliert und sich wiederum gegen die Mehrheitsmeinung der 1. Kammer des EGMR gestellt.

340 Vgl. wiederum EGMR, Rosin gegen Estland (Fn. 339), §§ 59 ff. Die Richtermehrheit hat sich auch in diesem Verfahren auf die nur „unzureichende" Rücksichtnahme

vernachlässigbaren Faktor bei der Prüfung der Verfahrensfairness einstufte. Man stellte stattdessen auf den Umstand ab, dass die Verteidigung weder bei der Vernehmung des Angeklagten zum Tatvorwurf, noch nach Erhalt der Anklageschrift entsprechende Anträge einreichte, den Opferzeugen zu befragen bzw. für die Hauptverhandlung laden zu lassen. Aus Sicht der abweichenden Meinung müsste es aber ohnehin entscheidend nur auf die Frage ankommen, ob dem Gericht (trotz möglicher Versäumnisse der Strafverfolgungsbehörden) auch angemessene Ausgleichsmaßnahmen zur Verfügung standen, wie es in der Leitentscheidung der Großen Kammer als zentraler Aspekt hervorgehoben worden sei. Damit ist auch schon der zweite wesentliche Unterschied in der Begründung dieser beiden Positionen angesprochen, nämlich die Frage, welche Bedeutung der Videoaufzeichnung aus dem Vorverfahren für die Bewertung der Verfahrensfairness zuzusprechen ist. Laut abweichender Meinung reichte die Videoaufzeichnung der Aussage des Opferzeugen nämlich aus, damit sich das Gericht einen hinreichenden Eindruck von der Glaubwürdigkeit des Opfers verschaffen konnte. Erhielt auch die Verteidigung frühzeitig die Videoaufzeichnungen, um die Glaubhaftigkeit der Aussage anzweifeln zu können, und lud das Gericht entsprechende Zeugen und/oder Sachverständige zur Feststellung der Glaubwürdigkeit des Opfers als Hauptbelastungszeugen, die durch die Verteidigung in der Hauptverhandlung auch befragt werden konnten, dann geht die abweichende Meinung davon aus, dass der Zeugenbeweis mit größter Sorgfalt geprüft wurde und damit insgesamt angemessene Ausgleichsmaßnahmen bestanden.[341] Die Richtermehrheit äußerte sich zur Gewichtung der Videoaufzeichnung zurückhaltender, machte dabei aber auch keine grundlegenden Einwände geltend, dass eine den konventionsrechtlichen Forderungen entsprechende Glaubwürdigkeitsprüfung eines unkonfrontierten Zeugenbeweises im Einzelfall nicht gewährleistet sei. Weil die Richtermehrheit neben der Sorgfaltspflichtverletzung auch auf den Umstand abstellte, dass man – im Unterschied zur Sache *D.T. gegen Niederlande* – keine psychologischen bzw. psychiatrischen Expertisen zur Überprüfung der Glaubwürdigkeit des Opferzeugen eingeholt habe, wurden jedoch keine weiteren Ausführungen mehr zur (allgemeinen) Bedeutung einer Videoaufzeichnung als angemessene Ausgleichsmaßnahme gemacht, so dass sich die Gewichtung der Videoaufzeichnung nicht abschließend bewerten lässt. Ganz

---

der Strafverfolgungsbehörden zur Einräumung des Fragerechts des Angeklagten im Ermittlungsverfahren bezogen.

341 Vgl. insbesondere EGMR, Vronchenko gegen Estland (Fn. 319), Joint dissenting Opinion of Judges Lazarova Trajkovska und Sicilianos. §§ 5 f.

generell sollte berücksichtigt werden, dass der EGMR an die Überprüfung der Glaubwürdigkeit eines minderjährigen Opferzeugen jedoch höhere Anforderungen als bei einem erwachsenen Opferzeugen stellt[342], was insgesamt die große Bedeutung der Videoaufzeichnung als eine angemessene Ausgleichsmaßnahme eher unterstreicht.

b. *Staatliche Verpflichtung zum Schutz der persönlichen Integrität eines Opferzeugen während des Strafverfahrens (Urteil der 5. Kammer des EGMR,* Y. gegen Slowenien*)*

Es wurde angedeutet, dass das jüngst ergangene Urteil zum Beschwerdeverfahren *Y. gegen Slowenien* auf konventionsrechtlicher Ebene ein Novum darstellt, da sich erstmals ein Opfer als Beschwerdeführer an den EGMR gewandt und hierbei eine Verletzung gem. Art. 8 EMRK wegen unzureichender Zeugenschutzmaßnahmen des Konventionsstaates geltend gemacht hat.[343] Diese Beschwerde bewirkte, dass der EGMR erstmals ausführlicher zur Reichweite der staatlichen Verpflichtung, einem Opferzeugen unter anderem während einer konfrontativen Befragungssituation in der Hauptverhandlung „angemessenen" Schutz zu gewähren, Stellung beziehen und den Interessenausgleich aus der Perspektive eines Opfers vornehmen musste. Auch in diesem Beschwerdeverfahren handelte es sich um ein mutmaßliches Opfer sexuellen Missbrauchs, das zum Tatzeitpunkt noch minderjährig war, aber zu Beginn des Strafprozesses die Volljährigkeit erreicht hatte. Der EGMR hat das Opfer, dessen Aussage als entscheidender Beweis gegen den Angeklagten angesehen wurde, als schutzbedürftig betrachtet und zugleich, mit Rücksicht auf die Interessen der Verteidigung, die Gelegenheit der konfrontativen Befragung in der Hauptverhandlung für gerechtfertigt eingestuft – voraussichtlich wegen zwei sich im Ergebnis widersprechender Sachverständigengutachten bzw. wegen der erreichten Volljährigkeit des Opferzeugen.[344] Weil die Beweisführung allgemein, und damit auch die Heranziehung und Befragung von Zeugen, in das Ermessen der Konventionsstaaten fällt, legt

342 EGMR, Aigner gegen Österreich, Urteil vom 10.05.2012, Beschwerdenr. 28328/03, § 42. Bei Volljährigen sei in der Regel davon auszugehen, dass sie „im Vollbesitz ihrer geistigen Kräfte" sind.

343 Siehe EGMR, Y. gegen Slowenien, Urteil vom 28.05.2015, Beschwerdenr. 41107/10, §§ 73 ff. Dass das Opfer zudem eine Verletzung von Art. 3 EMRK wegen Verfahrensverzögerung geltend machte, soll der Vollständigkeit halber erwähnt sein, ist jedoch für die vorliegende Untersuchung ohne Bedeutung.

344 Vgl. EGMR, Y. gegen Slowenien (Fn. 343), § 103 und § 105.

sich der EGMR zwar Zurückhaltung auf. Dennoch verlangt er von den nationalen Hoheitsträgern, dass eine konfrontative Befragung durch den Angeklagten persönlich einer besonders sorgfältigen Begutachtung durch das Gericht bedarf, und zwar umso stärker, je intimer die gestellten Fragen sind.[345] Neben der Vernehmungsdurchführung in der Hauptverhandlung hat der EGMR zwei weitere Aspekte im Umgang mit den Opferzeugen – namentlich einen von Opferseite beantragten Ausschluss des Verteidigers sowie den Verlauf einer medizinisch gynäkologischen Untersuchung im Vorverfahren – kritisiert, und eine Verletzung von Art. 8 EMRK wegen unzureichender Schutzmaßnahmen festgestellt.

Was die *Vernehmungsdurchführung* betrifft, so beanstandete der EGMR zunächst, dass sich die Vernehmung des Opfers insgesamt über vier Verhandlungstage und innerhalb eines Zeitraums von sieben Monaten hinzog. Insoweit kritisierte er nicht die Anzahl der Vernehmungen, sondern vielmehr die lange Zeitspanne, für die kein plausibler Grund erkennbar war. Im Fokus seiner Kritik stand jedoch die vom Angeklagten – der anwaltlich vertreten war – selbst durchgeführte Befragung des Opferzeugen. Diese baute er laut EGMR auf der Prämisse auf, dass das Opfer den Angeklagten als Vertrauensperson gesehen und seine persönliche Gesellschaft gesucht habe (was konträr zu den Angaben des Opfers stand); auch seien die hiesigen Vorwürfe vom Verlangen der – damals noch mit dem Angeklagten befreundeten – Mutter des Opfers angetrieben gewesen, Geld vom Angeklagten zu erpressen. In diesem Zusammenhang kritisierte der EGMR nicht die Tatsache, dass der Angeklagte teilweise in eigener Person die Befragung des Opfers durchführte, sondern es ging ihm maßgeblich um Form und Inhalt der Befragung. Nach Auffassung des EGMR waren die meisten der gestellten Fragen und Anmerkungen rein persönlicher Natur.[346] Einige hatten Suggestivcharakter, wurden vom Angeklagten auch wiederholt gestellt und Antworten teilweise umgehend in Zweifel gezogen. Manche der Fragen und Anmerkungen ("[…] that the applicant could cry on cue in order to manipulate people, that her distress might be eased by having dinner with him or that she had confided in him her desire to dominate men […]") zielten nicht nur darauf ab, die Glaubwürdigkeit des Opferzeugen in Frage zu stellen, sondern dienten – mangels einer validen Grundlage („evidentiary basis") – auch dazu, seinen Charakter herabzusetzen bzw. schlechtzumachen.[347] In diesem Kontext hob der EGMR die konventionsrechtlich zu beachtende „Sorgfaltspflicht" der

---

345 EGMR, Y. gegen Slowenien (Fn. 343), § 106.
346 EGMR, Y. gegen Slowenien (Fn. 343), § 107.
347 Vgl. jetzt EGMR, Y. gegen Slowenien (Fn. 343), § 108.

Gerichte gegenüber dem Opferzeugen, insbesondere im Fall einer ausführlicheren, zeitlich andauernden konfrontativen Befragung durch den des sexuellen Missbrauchs Angeklagten hervor. Obwohl in diesem Verfahren eine Reihe von Schutzmaßnahmen – darunter die anwaltliche Vertretung des Opfers, Ausschluss der Öffentlichkeit während der gerichtlichen Vernehmungen des Opferzeugen sowie Unterbrechungen und Vertagung aufgrund der starken Belastungen für das Opfer[348] – gerade auch wegen der Art der Befragung dieses Angeklagten – namentlich vom Gericht ausgesprochene Verwarnungen wegen wiederholter Fragestellungen sowie Zurückweisungen von einzelnen Fragen wegen fehlenden Bezugs zur Verhandlungssache[349] – eingeleitet wurden, reichte dies dem EGMR zum Schutz der persönlichen Integrität des Opfers nicht aus. Er verwies primär auf den Umstand, dass das Gericht die genannten persönlichen und charakterbezogenen, das Opfer „herabsetzenden" Bemerkungen zur Prüfung der Glaubwürdigkeit nicht unterbunden habe. Nach Auffassung des EGMR sei eine solche Beschneidung der Verteidigungsrechte rechtlich vertretbar und angezeigt gewesen, um die traumatischen Belastungen beim Opfer zu reduzieren.[350]

Der Antrag von Opferseite auf *Ausschluss des Verteidigers* wurde damit begründet, dass das Opfer und die Mutter offenbar noch vor Anzeigeerstattung den Verteidiger selbst aufgesucht und diesen um Rat in der vorliegenden Angelegenheit gefragt hatten. Er hätte daher die erlangten Informationen missbräuchlich zugunsten des Angeklagten nutzen können. Der Verteidiger stritt zunächst ab, das Opfer und die Mutter zu kennen. Erst später im Prozess eröffnete der Verteidiger dem Gericht, dass ihm die Mutter des Opfers, die von einem ehemaligen Anwaltskollegen in der früheren Kanzlei bereits gerichtlich vertreten wurde, bekannt sei. Daraufhin beantragte er, das Mandat wegen persönlicher Betroffenheit niederlegen zu dürfen. Das Gericht lehnte sowohl den Antrag des Opfers als auch den später folgenden Antrag des Verteidigers ab, weil nach nationalem Recht kein Interessenkonflikt bestanden habe.[351] Der EGMR betonte hierzu, dass es grundsätzlich nicht seine Aufgabe sei, zu überprüfen, ob es vor dem Strafverfahren tatsächlich zu der behaupteten Kontaktaufnahme gekommen sei. Wenn diese Behauptung des Opfers jedoch der Wahrheit entsprechen sollte, dann – so gab der EGMR zu bedenken – darf der negative psychologische

348 Vgl. EGMR, Y. gegen Slowenien (Fn. 343), § 29, § 31, § 34, § 38.
349 EGMR, Y. gegen Slowenien (Fn. 343), § 36.
350 EGMR, Y. gegen Slowenien (Fn. 343), § 109.
351 Vgl. EGMR, Y. gegen Slowenien (Fn. 343), § 29, §§ 41 f.

Effekt, der von einer konfrontativen Befragung durch ebendiesen Verteidiger ausgeht, bei der Entscheidung über den Verteidigerausschluss nicht außer Acht bleiben. Zudem sollten laut EGMR solche Informationen, die ein Verteidiger aufgrund seiner Eigenschaft als Rechtsanwalt erlangt, grundsätzlich als vertraulich behandelt werden und nicht den Interessen einer anderen Person in derselben Rechtssache zum Vorteil gereichen dürfen. Das Gericht habe diese Aspekte nicht genügend berücksichtigt.[352]

Zuletzt rügte der EGMR die Art der Durchführung einer angeordneten Untersuchung des Opfers durch einen *gynäkologischen Sachverständigen.* Dieser wurde durch den zuständigen Untersuchungsrichter im Rahmen der gerichtlichen Ermittlungen beauftragt, gutachterlich zu klären, mit welcher Wahrscheinlichkeit das Opfer im fraglichen Zeitraum Geschlechtsverkehr mit dem Angeklagten hatte. Weil das Opfer nicht in eine körperliche Untersuchung eingewilligt hatte, beschränkte sich die Untersuchung des Sachverständigen auf eine mündliche Befragung, mit der sich das Opfer einverstanden erklärte[353]. Im Rahmen der Befragung wurde das Opfer unter anderem mit einem orthopädischen Bericht zum körperlichen Zustand des Angeklagten konfrontiert, wonach dieser – entgegen der vorherigen Angaben des Opfers – nicht in der Lage war, seinen linken Arm während der Tathandlung zu benutzen. Der Sachverständige ging auch auf einen Polizeibericht ein, wonach das Opfer keine konkreteren Angaben zu den sexuellen Übergriffen und dem Tatort machen konnte; auch fragte der Sachverständige, warum es sich nicht gegen die Übergriffe bspw. durch Kratzen und Beißen gewehrt habe, woraufhin das Opfer erwiderte, dass es dazu nicht in der Lage gewesen sei. Das daraufhin angefertigte Gutachten des Sachverständigen stützte sich auf den Akteninhalt, einschließlich eines gynäkologischen Erstbefundes, und der von ihm durchgeführten Befragung. Der Sachverständige hielt im Ergebnis fest, dass nicht mit Gewissheit davon ausgegangen werden könne, dass es zum fraglichen Zeitraum zum Geschlechtsverkehr gekommen sei. Neben der medizinischen Expertise wies der Sachverständige in seinem schriftlichen Gutachten auf gewisse „Widersprüche“ zwischen den Schilderungen des Opfers und

---

352 EGMR, Y. gegen Slowenien (Fn. 343), §§ 111 f.

353 Der im Urteil vorhandenen Sachverhaltsschilderung ist nicht eindeutig zu entnehmen, ob auch die Befragung von der Einwilligung des Opfers abhing. Hierfür spricht aber die ebenfalls im Urteil aufgeführten relevanten Regelungen des nationalen Verfahrensrechts für die Entscheidungsfindung des EGMR, da hier keine Regelung aufgeführt ist, die den Umgang eines Sachverständigen mit einem Zeugen näher regelt. Daher wird die Durchführung der Befragung an die vorherige Einwilligung des Opfers geknüpft worden sein.

den fraglichen Ereignissen hin, die mit der medizinischen Beauftragung aber in keinem Zusammenhang gestanden hätten.[354] Vor diesem Hintergrund machte das Opfer geltend, dass der gynäkologische Sachverständige seinen Pflichtenumfang verletzt habe; anstatt hier die Beweisfrage des Ermittlungsrichters zu beantworten, habe der Sachverständige vielmehr die Aufklärung der Straftat verfolgt und bestimmte Fragen gestellt, die das Opfer in eine „sich verteidigende Position" gedrängt hätten.[355] Der EGMR betonte insoweit, dass primär die im Strafverfahren zuständigen Hoheitsträger für den Schutz der persönlichen Integrität des Opfers verantwortlich seien. Soweit die Hoheitsträger zur Erfüllung ihrer Aufgaben Dritte – wie bspw. Sachverständige – zur Unterstützung heranzögen, hätten sie darauf zu achten, dass (Opfer-)Zeugen generell mit Würde behandelt und unnötigen Belastungen nicht ausgesetzt werden.[356] Auf dieser Grundlage stellte der EGMR fest, dass die Konfrontation des Opfers mit den Feststellungen des orthopädischen und polizeilichen Berichts nicht mehr mit der Beweisfrage des Ermittlungsrichters in Verbindung stünde. Die vom Sachverständigen hier gestellten Fragen bzw. Anmerkungen sowie die in seinem Gutachten angefügten rechtlichen Feststellungen seien von der ihm zugewiesenen Aufgabe nicht mehr gedeckt und überschritten seine medizinische Kompetenz; der Sachverständige scheine auch nicht in der Befragung von Opfern sexueller Gewalt geschult zu sein. Aus Sicht des EGMR war demnach von Bedeutung, dass sich das Opfer hier in einer „sich verteidigenden Position" wähnte, was zu zusätzlichen und vermeidbaren Belastungen im Strafverfahren führte.[357]

Festzuhalten ist, dass die Richtermehrheit bei all diesen Aspekten zugunsten des Opfers entschieden hat. Die gesamten Belastungen für das Opfer würden das zu „rechtfertigende Maß an Unannehmlichkeiten erheblich überschreiten" und sich mit dem Recht des fairen Verfahrens nicht rechtfertigen lassen.[358] Zugleich verdeutlicht wiederum die abweichende Meinung des Richters *Yudkivska*, der bei allen drei genannten Aspekten eine von der Mehrheitsmeinung gegenteilige Position einnimmt, wie unberechenbar eine für den Einzelfall konventionskonforme Abwägung der Interessen der Verteidigung und des Opferzeugen zu erreichen sein dürfte. In nachvollziehbarer Weise wird dargelegt, dass eine aufdringliche bzw. intime Befragung für die Wahrheitsfindung unverzichtbar sein

354 EGMR, Y. gegen Slowenien (Fn. 343), § 22.
355 EGMR, Y. gegen Slowenien (Fn. 343), § 87.
356 EGMR, Y. gegen Slowenien (Fn. 343), § 112.
357 EGMR, Y. gegen Slowenien (Fn. 343), § 113.
358 EGMR, Y. gegen Slowenien (Fn. 343), § 114.

kann, insbesondere, wenn es sich um eine für die Verurteilung entscheidende Zeugenaussage handelt. Dass die Fragen und Anmerkungen des Angeklagten meistens persönlicher Natur waren, sei in solch gelagerten Fällen häufig unvermeidbar, gerade wenn der Angeklagte den Tatvorwurf bestreite. Das Beschreiben von negativen Charakterzügen des Opferzeugen zielte auf dessen Glaubwürdigkeit ab. Dies hätte der Angeklagte mit seinen provokativen Äußerungen primär verfolgt, auch um dem Gericht die Möglichkeit zu eröffnen, dabei das Verhalten des Opferzeugen zu beobachten, was der Sinn der konfrontativen Befragung in der Hauptverhandlung sei. Die erlittene Belastung für die persönliche Integrität des Opfers wäre graduell nicht mit dem Vorwurf der Begehung dieser schweren Straftat vergleichbar, auch vor dem Hintergrund, dass das Gericht eine Reihe von Schutzmaßnahmen einleitete. Weiterhin sei zu bedenken, dass ein Ausschluss des Verteidigers regelmäßig auf Kosten des Angeklagten ergehe, der das Recht hat, diesen frei zu wählen. Ein Ausschluss wäre insbesondere fragwürdig, wenn dieser lediglich auf Mutmaßungen beruhe und dann aus präventiven Erwägungen ergehe. Die gestellten Fragen des Sachverständigen seien für das medizinische Gutachten auch nicht völlig irrelevant gewesen. Schließlich hätte der Sachverständige für sein Gutachten überprüfen müssen, ob die Aussagen glaubhaft waren.[359] Diesen Erwägungen ist die Richtermehrheit aus Opferschutzgründen aber nicht gefolgt.

c. *Zusammenfassende Würdigung*

Die Verteidigungsrechte haben auf konventionsrechtlicher Ebene an Gewicht verloren. Zum einen führt die hinter der Rechtsprechungsänderung zum Konfrontationsrecht stehende Intention, größere Rücksicht auf die Besonderheiten der nationalen Rechtsordnungen nehmen zu wollen, zur Rechtsunsicherheit und zur Erosion von europaweit greifenden rechtsstaatlichen Standards zum Angeklagtenschutz. Zum anderen hat der Opferschutz einen erheblichen Aufwind erfahren, indem sich Opferzeugen konventionsrechtlich gegen unzureichende Schutzmaßnahmen während des Strafverfahrens wehren können. Dem Urteil *Y. gegen Slowenien* kommt Präzedenzwirkung zu, wonach sich die Konventionsstaaten auf einen erhöhten Sorgfaltsmaßstab unter anderem bei der konfrontativen Befragung einstellen müssen. Dem EGMR genügt es offensichtlich nicht mehr länger, dass das Gericht seiner Sorgfaltspflicht nachgekommen ist, indem es bestimmte Schutzmaßnahmen einleitete. Es geht ihm inzwischen

---

359 Vgl. dazu EGMR, Y. gegen Slowenien (Fn. 343), Partly Dissenting Opinion of judge Yudkivska.

auch darum, wie der Konventionsstaat diese Sorgfaltspflicht erfüllt bzw. ob die eingeleiteten Maßnahmen zum Schutz des Opfers ausreichend waren.

Die Vernehmung des Opferzeugen in der Hauptverhandlung und bei Anwesenheit des Angeklagten bleibt der konventionsrechtlich vorgesehene Regelfall. Kommt es zur konfrontativen Befragung des besonders schutzbedürftigen Opfers in der Hauptverhandlung, müssen die Gerichte im Fall eines Beschwerdeverfahrens vor dem EGMR fortan damit rechnen, dass die Zulassung von intimeren bzw. das Privatleben des Opfers betreffenden Fragen und Anmerkungen des Angeklagten (oder auch des Verteidigers) begründet werden muss, sofern der Opferzeuge erheblichen Belastungen ausgesetzt wurde. Der EGMR hat hier Schutzmaßnahmen wie etwa den Ausschluss der Öffentlichkeit vorausgesetzt, anstatt sie als eine Art des Ausgleichs für die durch die Befragung zu erwartende Beeinträchtigung zu begreifen. Eine die Glaubwürdigkeit des besonders schutzbedürftigen Opfers in provokativer Weise durchgeführte Befragung scheint der EGMR nur unter „engen" Voraussetzungen als zulässig anzusehen, wenn sie das Privatleben des Opfers betrifft. Insoweit hat der EGMR die zuvor noch unangetastete Einschätzungsprärogative der nationalen Gerichte zur Erforderlichkeit von Schutzmaßnahmen als nunmehr „revisibel" erklärt und den konventionsrechtlichen Sorgfaltsmaßstab auf solch „sensible" Bereiche wie der konkreten Befragungssituation eines Opferzeugen erstreckt. Das setzt die nationalen Gerichte zunehmend unter Erklärungs- bzw. Rechtfertigungsdruck hinsichtlich der Zulassung von Fragen und Anmerkungen zum privaten Lebensbereich und könnte die Entscheidungen der nationalen Gerichte über die Notwendigkeit von Schutzmaßnahmen bei der konfrontativen Befragung eines schutzbedürftigen Opferzeugen – im Zweifel zu Lasten des Rechts des Angeklagten auf eine möglichst uneingeschränkte konfrontative Befragung des Opferzeugen – beeinflussen.

Die Rechtsprechungsänderung durch das Urteil *Al-Khawaja und Tahery gegen das Vereinigte Königreich* bewirkte, dass nicht mehr nur das Element der Konfrontation, sondern ferner das Recht der „Befragung" selbst zu einer Soll-Vorschrift verkommen ist. Der EGMR hat unmissverständlich erklärt, dass das Fehlen der Befragungsmöglichkeit im gesamten Strafverfahren nicht mehr zwangsläufig die Unfairness des Verfahrens nach sich zieht, sofern bestimmte Voraussetzungen erfüllt sind. Hierzu zählt insbesondere das Bestehen des legitimen Grundes für die Abwesenheit eines Opferzeugen in der Hauptverhandlung. Die hier untersuchten Entscheidungen des EGMR zeigen, dass die Eigenschaft, Opfer eines Sexualdelikts zu sein, für sich nicht die Abwesenheit in der Hauptverhandlung rechtfertigen kann, wenn das Opfer bisher nicht befragt werden konnte. Es ist daher festzuhalten, dass die Deliktsart ein bedeutendes Indiz darstellt, aber letztlich die tatsächliche Schutzbedürftigkeit des Opfers doch das ausschlaggebende Kriterium ist. Die Beurteilung der Annahme einer solchen besonderen Schutzbedürftigkeit überlässt der EGMR gänzlich den nationalen Hoheitsträgern, denn es ist keine Entscheidung – soweit ersichtlich – bekannt, in der der EGMR diese explizit kritisierte oder angezweifelt hat. Auch psychologische bzw. psychiatrische Expertisen, die in diese Beurteilung des nationalen Gerichts eingeflossen sind, werden nicht hinterfragt, weil der EGMR nicht die Stichhaltigkeit solcher Expertenmeinungen überprüft. Vor diesem Hintergrund wird es eine nationale Frage bleiben, ob auch Opfer anderer schwerer Straftaten – namentlich von Gewaltdelikten – nach nationalem Recht als „derart“ schutzbedürftig eingestuft werden, dass auch ihnen die wiederholte Zeugenaussage in der Hauptverhandlung erspart bleiben soll und der EGMR das als legitimen Grund für die Abwesenheit dieses Opferzeugen in der Hauptverhandlung anerkennt. Ob und wie diese Ausweitung des Opferschutzes zu beurteilen ist, ist daher nicht eine konventionsrechtliche, sondern gegenwärtig primär eine nationale Rechtsfrage. Ein für die Gewährung des Befragungsrechts des Angeklagten zentrales – in der jüngeren EGMR Rechtsprechung zugleich vernachlässigtes – Kriterium ist die *ultima ratio* Vorgabe der Großen Kammer, wonach die Abwesenheit eines Opferzeugen in der Hauptverhandlung nur gerechtfertigt ist, wenn sämtliche der alternativen Schutzmaßnahmen, welche die persönliche Aussage des Opferzeugen während der Hauptverhandlung ermöglichen, als „unangemessen oder undurchführbar“ erscheinen. Das ist bei der – für die hiesige Untersuchung im Vordergrund stehende – Fallgruppe der besonders sensiblen Opferzeugen dann einschlägig, wenn die alternativen Schutzmaßnahmen nicht geeignet wären, den mit hoher Wahrscheinlichkeit drohenden Eintritt einer seelischen Destabilisierung oder Traumatisierung (deutlich) zu senken. Unter diesen Umständen geht der EGMR von einem solchen „legitimen Abwesenheitsgrund“ aus. Zu betonen aber ist, dass der EGMR diese *ultima ratio* Vorgabe ausschließlich nur im Zusammenhang mit einer – durch die Verteidigung bislang – unkonfrontierten Zeugenaussage aufstellt, nicht aber mit einer im Vorverfahren durch die Verteidigung konfrontierten Zeugenaussage.

Weil das Vorliegen eines legitimen Abwesenheitsgrundes nur noch ein schwerwiegendes, jedoch nicht mehr entscheidendes Kriterium für die Fairness eines Verfahrens darstellt, stehen die angemessenen Ausgleichsmaßnahmen bei der Beweiszulassung einer (unkonfrontierten) Opferaussage aus dem Vorverfahren zwangsläufig im Mittelpunkt. So unklar die Gewichtung einzelner Ausgleichsmaßnahmen für die Annahme der Verfahrensfairness insgesamt ist, weil nicht zuletzt die Umstände des Einzelfalls einbezogen werden müssen, hat sich in der vorliegenden Untersuchung dennoch gezeigt, dass gerade den im Vorverfahren getroffenen Maßnahmen und Vorkehrungen ein erhebliches Gewicht im Rahmen der Gesamtwürdigung zugesprochen wird. Zwei Szenarien sind hierbei zu unterscheiden: Sofern es der Verteidigung zu irgendeinem Zeitpunkt während des Strafverfahrens ermöglicht wurde, dem Opferzeugen bestimmte Fragen zu stellen bzw. stellen zu lassen, ist die Wahrscheinlichkeit wohl „gering", dass der EGMR einen Verstoß gegen Art. 6 Abs. 1 und Abs. 3 lit. d EMRK feststellt. Schließlich hat es sich hier bis zur Rechtsprechungsänderung der Großen Kammer um eine fallentscheidende Grenze der Verfahrensfairness gehandelt, so dass davon auszugehen ist, dass die Befragungsmöglichkeit als eine Ausgleichsmaßnahme die wohl gewichtigste Garantie innerhalb der Gesamtabwägung darstellt. Sobald der Verteidigung eine solche Befragungsmöglichkeit hingegen nicht eingeräumt wurde, hat der EGMR insbesondere den folgenden zwei Aspekten als „Ausgleich" für die fehlende – konfrontative – Befragung in der Hauptverhandlung besondere Bedeutung zugewiesen: Zunächst scheint es dem EGMR von großer Relevanz zu sein, dass den Strafverfolgungsbehörden (bzw. Gerichten) kein Sorgfaltspflichtverstoß gegenüber der Verteidigung vorgeworfen werden kann. Wenn die Umstände des Einzelfalls dafür sprechen, dass das Opfer möglicherweise nicht in der Hauptverhandlung vernommen und befragt werden kann, haben die nationalen Hoheitsträger frühzeitig einem Angeklagten zur Ausübung des Befragungsrechts zu verhelfen, soweit dies möglich ist. Die Wahrnehmung des Fragerechts über einen Verteidiger ist grundsätzlich ausreichend. Des Weiteren stellt die Existenz einer Videoaufzeichnung der belastenden Opferaussage aus dem Vorverfahren eine bedeutende Garantie dar, um das für die Hauptverhandlung zuständige Gericht und die Verteidigung überhaupt erst – wenn auch unter erschwerten Bedingungen – in die Lage zu versetzen, das Verhalten bzw. die Glaubwürdigkeit des Opferzeugen in der Vernehmungssituation beobachten, anzweifeln und bewerten zu können. In den untersuchten Entscheidungen hat der EGMR nicht explizit hervorgehoben, ob und wie der Verteidigung eine Videoaufzeichnung frühzeitig vor Durchführung der Hauptverhandlung zukommen muss. Zugleich war der frühzeitige Erhalt der Videoaufzeichnung in diesen Entscheidungen der Regelfall, so dass sich der EGMR offensichtlich nicht zu weiteren Ausführungen aufgefordert sah. Die Protokollierungsvorschriften der Konventionsstaaten im Kontext mit einer Videoaufzeichnung hat der EGMR nicht gewürdigt. Vor diesem Hintergrund nun festzuhalten, dass die Achtung der Sorgfaltspflichten durch die Strafverfolgungsbehörden, die Existenz der Videoaufzeichnung einer Opferaussage im Vorverfahren und die Existenz eines Rechtsbeistands des Beschuldigten bei dieser Vernehmung stets die Fairness des Strafverfahrens gewährleistet, wäre aufgrund der Besonderheiten des Einzelfalls vermessen. Zugleich zeigt sich, dass sich die Entscheidung des EGMR über die Verfahrensfairness bei einer unkonfrontierten Zeugenaussage in nicht unerheblichen Maß präjudizieren lässt, wenn diese genannten Aspekte Beachtung finden.

2. Staatliche Verpflichtung zum Schutz der Privatsphäre bei medialer Berichterstattung

Die Verpflichtung des Konventionsstaates, die Privatsphäre des Opfers im Rahmen der medialen Berichterstattung über das Strafverfahren zu schützen, ist auf konventionsrechtlicher Ebene erst kürzlich in Erscheinung getreten. Das spiegelt die Judikatur des EGMR wider, weil nationalstaatliche Sanktionen gegen Medienunternehmen aus Opferschutzgründen nur sehr selten Gegenstand von Beschwerdeverfahren sind. Erst im Jahre 2012 sind zwei Kammerentscheidungen des EGMR ergangen, welche erstmals Ausführungen zur Konventionsrechtslage enthalten. Bei diesen Beschwerdeverfahren hat ein österreichisches Gericht eine Verletzung des nationalen Mediengesetzes (§§ 7, 7a MedienG) festgestellt, weil die Medienunternehmen ohne hinreichenden Grund die Identität des minderjährigen Tatopfers von sexueller Gewalt in der Öffentlichkeit enthüllt haben. In diesen – zusammengelegten – zwei Beschwerdeverfahren hat der EGMR keine Konventionsverletzung gem. Art. 10 Abs. 1 EMRK aufgrund der den Medienunternehmen auferlegten Entschädigungszahlung erkannt.[360] Was die Abwägung zwischen dem Recht der Medienunternehmen auf Berichterstattung und dem Interesse des Opfers auf Schutz seiner Privatsphäre aus einem konventionsrechtlichen Blickwinkel betrifft, lässt sich Folgendes ableiten:

Grundsätzlich kann die Freiheit der Meinungsäußerung gem. Art. 10 EMRK aus verschiedensten Gründen eingeschränkt werden, unter anderem auch zum „Schutz des guten Rufes oder der Rechte anderer“ (Art. 10 Abs. 2 EMRK). Demnach verfolgen nationale Regelungen wie §§ 7, 7a MedienG, die dem Schutz der Privatsphäre von Opfern von Straftaten dienen, generell einem legitimen und vom EGMR als solchen anerkannten Zweck.[361] Der Konventionstext verlangt jedoch noch darüber hinaus, dass jeder Eingriff in die Meinungsfreiheit als „in einer demokratischen Gesellschaft notwendig“ eingestuft werden muss. Das setzt nach gefestigter EGMR Rechtsprechung stets voraus, dass für den Eingriff ein „dringendes soziales Bedürfnis“ bestehen muss, dieser Eingriff nicht außer

360 EGMR, Krone Verlag GmbH & Co KG und Krone Multimedia GmbH & Co KG gegen Österreich, Urteil vom 17.01.2012, Beschwerdenr. 33497/07, § 52; EGMR, Kurier Zeitungsverlag und Druckerei GmbH gegen Österreich, Urteil vom 17.01.2012, Beschwerdenr. 3401/07, § 47.

361 Vgl. jetzt EGMR, Krone Verlag GmbH und Krone Multimedia GmbH gegen Österreich (Fn. 360), § 39.

Verhältnis zum verfolgten legitimen Zweck stehen darf sowie die konkrete Entscheidung der zuständigen Hoheitsträger ausreichend begründet wird.[362] Der EGMR betont, dass ein Konventionsstaat die herausragende Stellung der Presse, die das Informationsbedürfnis der Öffentlichkeit bei bestimmten Strafprozessen zu bedienen hat und einen unabhängigen Blick auf die Arbeitsweise des Staates ermöglicht, im Rahmen seiner Interessenabwägung entsprechend berücksichtigen muss. Das bedeute aber explizit nicht, dass den Medien keine Sorgfaltspflichten auferlegt werden dürfen.[363] Wegen des auf Konventionsstaatsebene fehlenden Konsenses zur Pressefreiheit[364] räumt der EGMR den einzelnen Konventionsstaaten einen weiten Ermessensspielraum ein[365], weshalb sich seine Prüfung regelmäßig auf die Frage konzentriert, ob die Entscheidung im Einzelfall ausreichend begründet wurde. Zwei Aspekte sollen dabei eine besondere Rolle spielen: Zum einen kann der Privatsphärenschutz zurücktreten, wenn es sich bei dem Opfer um eine Person des öffentlichen Lebens handelt oder das Opfer ggfs. selbst auf andere Weise an die Öffentlichkeit herangetreten ist (whether or not he or she was a public figure or had otherwise entered the public scene). Zum anderen ist einzubeziehen, ob die jeweilige Berichterstattung (z.B. Artikel und/oder Fotos) geeignet ist, eine „Debatte von öffentlichem Interesse" zu fördern (whether articles or photos in the Press contributed to a debate of general interest).[366]

In seinen Entscheidungsgründen hat der EGMR festgestellt, dass es sich bei der vorliegenden Berichterstattung über ein Strafverfahren wegen sexuellen Missbrauchs eines Kindes im innerfamiliären Bereich generell um eine Berichterstattung handelt, die eine Debatte von öffentlichem Interesse fördert, denn sie regt eine öffentliche Diskussion über die Frage an, wie die „Begehung gleicher oder ähnlicher Straftaten verhindert werden kann".[367] Der EGMR verwendet hier eine generalisierbare Argumentation, die ohne inhaltliche Bewertung der Berichterstattung vorgenommen wurde und sich problemlos auf eine Vielzahl anderer strafrechtlicher Berichterstattungen übertragen lässt. Faktisch entzieht

---

362 EGMR, Krone Verlag GmbH und Krone Multimedia GmbH gegen Österreich (Fn. 360), § 47.

363 EGMR, Krone Verlag GmbH und Krone Multimedia GmbH gegen Österreich (Fn. 360), §§ 48 f.

364 Tiefergehend hierzu *Prepeluh,* ZaöRV 2001, S. 774 ff.

365 EGMR, Krone Verlag GmbH und Krone Multimedia GmbH gegen Österreich (Fn. 360), § 51.

366 EGMR, Krone Verlag GmbH und Krone Multimedia GmbH gegen Österreich (Fn. 360), § 55.

367 EGMR, Krone Verlag GmbH und Krone Multimedia GmbH gegen Österreich (Fn. 360), § 57.

sich der EGMR damit einer eigenen rechtlichen Beurteilung. Was die Preisgabe der Identität des Opfers anbelangt, stellt der EGMR zunächst fest, dass das Opfer die Öffentlichkeit nicht gesucht hat und zudem keine Person des öffentlichen Lebens ist. Die Eigenschaft, das Opfer einer medienwirksamen Straftat zu sein, kann daher nicht bedeuten, den Privatsphärenschutz zu relativieren, da es „auf andere Weise an die Öffentlichkeit" getreten sei.[368] Selbst wenn anfangs eine Zusammenarbeit mit der Presse stattgefunden hat, kann das nicht bedeuten, dass das Opfer dann für die noch folgende Berichterstattung schutzlos gestellt und ihm Identitätsschutz verwehrt wird, insbesondere wenn sich das Opfer gegen die Veröffentlichung weiterer Fotos wehrt.[369] Der EGMR betont, dass die Preisgabe der Identität des Opfers zumindest nicht als eine wesentliche Einzelheit für das Verständnis des Falles betrachtet werden kann. Abgesehen von der Identität des Opfers bleibe die detaillierte Berichterstattung über das Tatgeschehen ja möglich.[370] Diese Erwägungen waren für den EGMR entscheidend, um die Sanktionierung der österreichischen Medienunternehmen als „menschenrechtlich vereinbar" einzustufen. Es kann festgehalten werden, dass der EGMR dem Identitätsschutz des Tatopfers (ähnlich wie beim Angeklagten[371]) besonderes Gewicht zuspricht. Die Medienwirksamkeit des Strafverfahrens führt laut EGMR nicht dazu, dass das Opfer mit Einbußen an seinem menschenrechtlich gewährten Persönlichkeitsschutz rechnen muss. Unter normalen Umständen dürfte die mediale Freiheit der Berichterstattung über Strafverfahren daher stets ihre Grenze im Identitätsschutz des – der Öffentlichkeit unbekannten – Opfers finden. Der EGMR beschränkt sich dabei nicht auf kindliche Opfer von Sexualdelikten. Er richtet seinen Blick auf die durch die Straftat konkret verursachte „verletzliche Position"[372].

---

368 EGMR, Krone Verlag GmbH und Krone Multimedia GmbH gegen Österreich (Fn. 360), § 56.

369 Vgl. EGMR, Krone Verlag GmbH und Krone Multimedia GmbH gegen Österreich (Fn. 360), § 59.

370 EGMR, Krone Verlag GmbH und Krone Multimedia GmbH gegen Österreich (Fn. 360), § 57.

371 Zum Schutz des verurteilten Straftäters unmittelbar nach Urteilsverkündung bspw. EGMR, Egeland und Hanseid gegen Norwegen, Urteil vom 16.04.2009, Beschwerdenr. 34438/04, §§ 48 ff. m.w.N.; zum Schutz der Privatsphäre des Beschuldigten und der Unschuldsvermutung während des laufenden Ermittlungsverfahrens bspw. EGMR, „Wirtschafts-Trend" Zeitschriften-Verlagsgesellschaft MBH (Nr. 2) gegen Österreich, Beschluss vom 14.11.2002, Beschwerdenr. 62746/00.

372 EGMR, Krone Verlag GmbH und Krone Multimedia GmbH gegen Österreich (Fn. 360), § 58.

D. Die Stellung des Opfers im deutschen Strafverfahrensrecht im Rahmen der europäischen Vorgaben

I. Rechtsanspruch auf Teilnahme am Strafverfahren

Die Darlegung der Stellung des Opfers im deutschen Strafverfahrensrecht muss sich zunächst einmal der Grundsatzfrage widmen, ob das Opfer überhaupt einen Rechtsanspruch auf Teilnahme am Strafverfahren hat. Die europäischen Institutionen sprechen aus Rücksicht auf die mitgliedstaatlichen Rechtstraditionen weder Verpflichtungen, noch Empfehlungen hinsichtlich einer formalen Stellung des Opfers im Strafverfahrensrecht aus. Allerdings verweist die EU im Rahmen ihrer Richtlinie 2012/29/EU insoweit auf das nationale Recht und fordert die Mitgliedstaaten auf, zu klären, ob dem Opfer ein Rechtsanspruch auf aktive Teilnahme am Strafverfahren zukommt. Diese Klärung ist deshalb nötig, weil einige Richtlinienbestimmungen nur umzusetzen sind, wenn das nationale Recht eine solche Stellung als Verfahrensbeteiligter vorsieht. Bislang hat man im deutschen Schrifttum weit überwiegend die Auffassung vertreten, dass das Opfer einen solchen Rechtsanspruch nicht hat. Die existierenden Einwirkungsrechte des Opfers auf den Verlauf des Verfahrens seien ausschließlich das Resultat rechtspolitischer Entscheidungen des Gesetzgebers und genössen deshalb keinen Bestandsschutz. In wie fern diese traditionelle Auffassung noch immer die gegenwärtige Rechtslage in Deutschland widerspiegelt, gilt es anhand der jüngeren verfassungsrechtlichen und straftheoretischen Entwicklung zu klären.

1. Verfassungsrechtslage

Es wurde bereits eingangs erwähnt, dass sich die verstärkte Opferzuwendung im deutschen Schrifttum auch auf verfassungsrechtlicher Ebene bemerkbar macht. Das betrifft sowohl die mit der staatsbürgerlichen Zeugenpflicht verbundenen Grundrechtseingriffe[373] als auch die vorliegend bedeutende Frage, welche Folgen sich für die Ausgestaltung der Opferstellung im Strafverfahrensrecht jenseits der Zeugenpflicht ergeben. Die im Schrifttum existierenden Abhandlungen analysieren, inwiefern die Grundrechte den Gesetzgeber möglicherweise zur

---

373 Ausführlich *Weigend*, Gutachten, C 17 ff.; SK-StPO/*Rogall*, Vor. § 48 StPO Rn. 71 ff.

Implementierung von bestimmten Partizipationsrechten des Opfers verpflichten[374] bzw. ob die Verfassung überhaupt einen gewissen Schutz für das Opfer vorsieht, geschweige denn das Opfer rechtlos stellt, sobald der Staat von der Strafverfolgung oder der Bestrafung absieht.[375] Wendet man sich der Verfassungsrechtslage zu und beschränkt sich auf die insgesamt überschaubare Anzahl an relevanten Entscheidungen des BVerfG zur Auslegung des Grundgesetzes, zeichnet sich eine Entwicklung ab, die sich von ihrem ursprünglichen Ausgangspunkt zunehmend entfernt:

In bislang ständiger Rechtsprechung hat das BVerfG klargestellt, dass es einen verfassungsrechtlich verbürgten Anspruch auf Strafverfolgung eines Dritten durch den Staat nicht gebe. Deshalb könne das Tatopfer auch nicht durch eine Entscheidung der Staatsanwaltschaft, bei der es um die Annahme oder Ablehnung des öffentlichen Interesses an der Strafverfolgung gehe, in seinen Rechten verletzt sein.[376] Insbesondere sei eine Grundrechtsverletzung eines mutmaßlichen Opfers bei erfolgtem Freispruch des Angeklagten ausgeschlossen[377], weshalb auch insoweit kein subjektives öffentliches Recht auf Bestrafung des Täters existiere. Dies wurde erst kürzlich als „absolut vorherrschende Ansicht" bezeichnet.[378] Das BVerfG hat auf dieser Grundlage einzelne Verfassungsbeschwerden von Opfern wiederholt abgewiesen, die sich als Nebenkläger dem Strafverfahren angeschlossen hatten bzw. anschließen wollten und eine Verletzung des gem. Art. 103 Abs. 1 GG garantierten rechtlichen Gehörs dabei rügten. Den Gesetzgeber treffe, so das BVerfG, von Verfassungs wegen nicht die Verpflichtung zur Einräumung eines Rechts des Opfers auf rechtliches Gehör im Strafverfahren.

Folglich hat das BVerfG bei Missachtung des Anhörungsrechts eines Nebenklägers bei einer gerichtlichen Einstellungsentscheidung keinen Grundrechtsverstoß gem. Art. 103 Abs. 1 GG festgestellt, auch wenn seine vorherige Anhörung einfachgesetzlich gewollt und deshalb verfassungsrechtlich geboten sei. Das BVerfG verweist dabei auf die beschränkte Rechtsmittelbefugnis des Nebenklägers. Bei gerichtlichen Verfahrenseinstellungen gem. § 153 Abs. 2, § 153a StPO

---

374 Vgl. *von Galen,* StV 2013, 171 (171 ff.); *Weigend,* RW 2010, 39 (51 ff.); *Walther,* JR 2008, 405 (406 ff.).

375 Siehe *Dölling,* GS Brugger, S. 657 ff., aus dessen Sicht mit Blick auf den Meinungsstand „beachtliche Gründe" für ein Recht des Opfers auf staatliche Verfolgung von schweren Straftaten sprechen.

376 BVerfG, Beschluss vom 08.05.1979 – 2 BvR 782/78, juris, Rn. 36; BVerfG, Beschluss vom 05.11.2001 – 2 BvR 1551/01, juris, Rn. 12.

377 BVerfG, Beschluss vom 10.02.1997 – 2 BvR 1492/96.

378 Siehe *Jahn,* Symposion Lüderssen, S. 144.

bestehe kein legitimes rechtliches Opferinteresse an einem Anfechtungsrecht und einem Zustimmungserfordernis, wenn sich der Angeklagte sowie die Staatsanwaltschaft mit dieser Einstellungsentscheidung zufrieden gäben. In Ermangelung eines Anspruchs auf Strafverfolgung Dritter durch den Staat bewegt sich der Gesetzgeber in einem „verfassungsrechtlich unangreifbaren Rahmen", weshalb die vorliegende Verletzung einfachen Rechts nicht als gewichtige Verletzung grundrechtsgleicher Rechte anzusehen sei.[379] Insofern wird dem Opfer selbst in der Nebenklägerrolle eine nur schwache verfassungsrechtliche Rechtsposition zugesprochen, was sich in einer weiteren Entscheidung des BVerfG zum Schutzbereich des rechtlichen Gehörs nach Art. 103 Abs. 1 GG niedergeschlagen hat. In diesem Fall hatte das Opfer wegen eines Verstoßes gegen die Hinweispflicht – § 406h Abs. 1 StPO a.F. – erst nach Rechtskraft des Freispruchs des Angeklagten darüber Kenntnis erlangt, dass es sich der öffentlichen Klage als Nebenkläger hätte anschließen und gegen das Strafurteil Rechtsmittel einlegen können.[380] Das BVerfG erkannte in der Verwerfung des Antrags des Opfers auf Wiedereinsetzung in den vorigen Stand keine Verletzung des Rechts auf rechtliches Gehör gem. Art. 103 Abs. 1 GG, weil der Gesetzgeber nicht zur „Einführung der Hinweispflicht in § 406h Abs. 1 StPO von Verfassungs wegen gezwungen gewesen wäre".[381] Das BVerfG fügte an, dass ein solch weitreichendes rechtliches Instrumentarium, das die Rechtskraft des Strafurteils berührt, allein mit der Statuierung einer Hinweispflicht vom Gesetzgeber vermutlich so nicht intendiert war, denn dafür hätte es wohl einer besonderen gesetzlichen Grundlage bedurft.[382] Beachtlich ist, dass das BVerfG trotz des fehlenden Verfassungsverstoßes kritisch anmerkte, dass die vom Gesetzgeber beabsichtigte Stärkung der Opferstellung „besser umgesetzt worden wäre, wenn ein Verstoß gegen die Hinweisplicht des § 406h Abs. 1 StPO durch eine Wiedereinsetzungsregelung flankiert worden wäre. Das Unterlassen des Gesetzgebers mag deshalb rechtspolitisch bedauerlich sein, einen Verfassungsverstoß beinhaltet es indes nicht".[383]

Das BVerfG hat in Bezug auf die Rechtsstellung eines Nebenklägers keine weiteren Entscheidungen zur Reichweite des rechtlichen Gehörs gem. Art. 103 Abs. 1 GG treffen müssen. Obwohl nach diesen Entscheidungen noch eine Reihe von Gesetzesänderungen – beginnend mit dem 2. OpferRRG – folgten, haben

379 BVerfG, Beschluss vom 28.05.1994 – 2 BvR 1235/94, juris, Rn. 8; BVerfG, Beschluss vom 27.08.2003 – 2 BvR 911/03, juris, Rn. 7.
380 BVerfG, Beschluss vom 09.10.2007 – 2 BvR 1671/07, juris, Rn. 6.
381 BVerfG, Beschluss vom 09.10.2007 – 2 BvR 1671/07, juris, Rn. 12.
382 BVerfG, Beschluss vom 09.10.2007 – 2 BvR 1671/07, juris, Rn. 13.
383 BVerfG, Beschluss vom 09.10.2007 – 2 BvR 1671/07, juris, Rn. 14.

diese nicht zu einer Änderung der hier dargestellten Verfassungsrechtslage geführt.

Allerdings sind in den letzten Jahren mehrere Entscheidungen ergangen, in denen sich das BVerfG mit der Grundannahme, dass es grundsätzlich keinen Anspruch auf Strafverfolgung Dritter durch den Staat gebe, näher befasst hat. Bei diesen Entscheidungen hat sich ein partieller Wandel in der Rechtsprechung des BVerfG bemerkbar gemacht, der letztlich unterstreicht, dass die im Schrifttum diskutierte Frage nach einem in der Verfassung verankerten Recht des Opfers auf strafrechtliche Verfolgung seines Täters von höchster Aktualität ist.

In einem Beschluss aus dem Jahre 2010 hat das BVerfG hinsichtlich einer staatsanwaltschaftlichen Einstellungsentscheidung gem. § 170 Abs. 2 StPO erstmals zu erkennen gegeben, dass die Ablehnung des Anspruchs des Opfers auf Strafverfolgung nicht absolut zu verstehen sei. Anderes könne bspw. gelten, „wenn ernstlich zu besorgen ist, dass ein Verzicht auf effektive Untersuchung verdächtiger Todesfälle zu einem allgemeinen Klima der Rechtsunsicherheit und Gewalt oder im Einzelfall zu einer Gefahrenlage für Leben und Gesundheit führt".[384] Auf die im Grundgesetz verankerte staatliche Schutzpflicht gestützt, könne gem. Art. 2 Abs. 2 S. 1 i.V.m. Art. 1 Abs. 1 S. 2 GG ein Einschreiten des Staates und seiner Organe mit den Mitteln des Strafrechts „verlangt werden", da die wirksame Ahndung von Gewaltverbrechen Teil der staatlichen Schutzpflicht sei, sich schützend und fördernd vor das menschliche Leben zu stellen.[385]

In den darauf folgenden Entscheidungen führt das BVerfG dann zum eingeleiteten Wandel in seiner Rechtsprechung aus, dass das Grundgesetz einen Anspruch auf Strafverfolgung Dritter „in der Regel" nicht vermittele, ein solcher Anspruch aber „bei erheblichen Straftaten gegen das Leben, die körperliche Unversehrtheit, die sexuelle Selbstbestimmung sowie die Freiheit der Person, bei Straftaten gegen Opfer, die sich in einem besonderen Obhutsverhältnis zur öffentlichen Hand befinden und bei Delikten gegen Amtsträger" in Betracht komme. Dieser Anspruch müsse bei Kapitaldelikten mit Todesfolge aufgrund des Art. 6 Abs. 1 GG dann auch den nahen Angehörigen des Getöteten zustehen.[386]

---

384 BVerfG, Beschluss vom 04.02.2010 – 2 BvR 2307/06, juris, Rn. 19.

385 BVerfG, Beschluss vom 04.02.2010 – 2 BvR 2307/06, juris, Rn. 19.

386 BVerfG, Beschluss vom 26.06.2014 – 2 BvR 2699/10, juris, Rn. 8 ff.; BVerfG, Beschluss vom 06.10.2014 – 2 BvR 1568/12, juris, Rn. 9 ff.; BVerfG, Beschluss vom 23.03.2015 – 2 BvR 1304/12, juris, Rn. 12 ff.

In seiner jüngsten Entscheidung im Jahre 2015 betont das BVerfG explizit, dass die staatliche Schutzpflicht Grundlage subjektiver öffentlicher Rechte sein kann.[387] Zur Reichweite des Anspruchs führt das BVerfG aus, dass sich dieser in einer zu gewährleistenden effektiven Strafverfolgung erschöpft, um unter anderem das „Vertrauen in das Gewaltmonopol des Staates" zu stabilisieren und einem „allgemeinen Klima der Rechtsunsicherheit und Gewalt" vorzubeugen.[388] Bestimmte Zwangsmaßnahmen könne das Opfer allerdings nicht einklagen.[389] Es geht bei dem Gewährleistungsgehalt dieses Anspruchs vorrangig um die Durchführung einer effektiven Strafverfolgung. Um diesem verfassungsrechtlichen Maßstab zu genügen, bedarf es ausdrücklich nicht stets einer Anklageerhebung. Vielfach reicht es aus, dass die Staatsanwaltschaft und die Polizei die ihnen zur Verfügung stehenden rechtlichen, personellen sowie sachlichen Ressourcen in verhältnismäßiger Weise zur Sachverhaltsaufklärung und Beweismittelsicherung einsetzen. Hierfür bedürfe es der vollständigen Dokumentation des Verlaufs der Ermittlungen und einer nachvollziehbaren Begründung der Einstellungsentscheidung, die der gerichtlichen Kontrolle (§ 172 StPO) unterliege.[390]

Mit diesen Erwägungen[391] stellt das BVerfG klar, dass das Opfer verfassungsrechtlich nicht gegenüber strafverfolgungsbehördlichem Handeln schutzlos gestellt ist. Indem es unter Verweis auf die staatliche Schutzpflicht gem. Art. 2 Abs. 2 S. 1 i.V.m. Art. 1 Abs. 1 S. 2 GG von einem subjektiven öffentlichen Recht des Opfers spricht, schließt das BVerfG eine zentrale Argumentationslücke in der verfassungsrechtlichen Anerkennung eines legitimen rechtlichen Opferinteresses an der öffentlichen Strafverfolgung. Aufgrund dieser jüngeren verfassungsrechtlichen Entwicklung ist von einem (begrenzten) Anspruch auf Strafverfolgung zugunsten von Opfern schwerer Straftaten zum Schutz der höchstpersönlichen Rechtsgüter Leben, Leib, sexueller Selbstbestimmung und Freiheit der Person auszugehen. Diesem Anspruch des Opfers liegt eine staatliche Verpflichtungserklärung zugrunde, das von dem Opfer behauptete strafrechtlich relevante Unrecht unter den geltenden rechtsstaatlichen Prämissen und unter verhältnismäßiger Ausschöpfung der Ressourcen der Strafverfolgungsorgane zu überprüfen. Darin erschöpft sich dann aber auch der Anspruch eines Opfers auf effektive Strafverfolgung.

387 BVerfG, Beschluss vom 19.05.2015 – 2 BvR 987/11, juris, Rn. 19.
388 BVerfG, Beschluss vom 19.05.2015 – 2 BvR 987/11, juris, Rn. 20.
389 BVerfG, Beschluss vom 19.05.2015 – 2 BvR 987/11, juris, Rn. 18.
390 BVerfG, Beschluss vom 19.05.2015 – 2 BvR 987/11, juris, Rn. 24.
391 Den Rechtsprechungswandel begrüßend, aber die dogmatische Herleitung und Begründung des BVerfG dennoch kritisierend *Hörnle*, JZ 2015, 893 (894 f.).

Diese Neujustierung strahlt konsequenterweise auf die einfachgesetzliche Ebene aus. Damit dieser Anspruch Wirksamkeit entfalten kann, ist der Gesetzgeber nunmehr von Verfassungs wegen aufgefordert, diesen Tatopfern ein effektives Kontrollmittel über die Einhaltung der staatlichen Schutzpflicht einzuräumen. Eine Stärkung des rechtlichen Gehörs eines Opfers ist damit jedoch nach wie vor nicht verbunden.[392] Den Ausführungen des BVerfG entsprechend folgt aus der Anerkennung des Anspruchs auf „effektive Strafverfolgung" primär nur eine Art Schutzmechanismus vor staatlichen Entscheidungen, die Strafverfolgung im Vorverfahren nicht weiter zu betreiben. Die Phase, in der das Gericht die Verfahrensleitung übernimmt, wurde vom BVerfG nicht aufgegriffen, so dass damit die Reichweite dieses Anspruchs auf effektive Strafverfolgung offensichtlich begrenzt wurde.

2. Straftheoretische Erwägungen

a. Opferberücksichtigung in den absoluten Straftheorien

aa. Konventionelle Auslegung

Den absoluten Straftheorien ist nach ihrem klassischen Verständnis charakteristisch, dass die Strafe ausschließlich ein Mittel zur Verwirklichung von Gerechtigkeit darstellt.[393] Die Strafe erfüllt keinen anderen Zweck als denjenigen, eine Antwort auf ein bestimmtes Fehlverhalten zu sein („punitur, quia peccatum est"). Vielfach wird heute die insbesondere durch *Kant* und *Hegel* geprägte Vergeltungstheorie als die maßgebliche absolute Straftheorie bezeichnet[394], was wegen ihrer Bedeutung für die geistesgeschichtliche Entwicklung unseres Strafrechts[395] sicherlich zutreffend ist. Allerdings bewirkte die verbreitete Fokussierung auf *Kant* und *Hegel* nahezu eine Gleichsetzung mit der Kategorie der „absoluten Straftheorien" selbst, was dazu führte, dass weitere analytische Arbeit vernachlässigt wurde und keine ernsthafte Auseinandersetzung mit den jüngeren Ansätzen der absoluten Straftheorie stattgefunden hat.[396]

Zugleich ist unbestritten, dass alle unter die Kategorie der absoluten Straftheorien fallenden Begründungsansätze den Rechtsgrund der Strafe in

---

392 Insoweit skeptisch und zweifelnd *Gärditz,* JZ 2015, 896 (900).

393 *Frister,* Strafrecht AT, 2. Kapitel Rn. 2.

394 Statt vieler *Kindhäuser,* Strafrecht AT, § 2 Rn. 9.

395 *Roxin,* Strafrecht AT, Band I, § 3 Rn. 2 f.; hierzu ferner *Frister,* Strafrecht AT, 2. Kapitel Rn. 3 f.

396 Kritisch *Hörnle,* Straftheorien, S. 15 f.

Geschehnissen suchen, die in der Vergangenheit liegen. Die Strafe legitimiert sich durch ihren Beitrag, den sie zur Wiederherstellung der durch die Tat gestörten Rechtsordnung leistet.[397] Durch das vergeltende Strafübel, das der Schuld des Täters entspreche, werde das abstrakte Recht wiederhergestellt.

Aufgrund ihrer Vergangenheitsorientierung hat *Hassemer* die absoluten Straftheorien als die „opfernächsten" bezeichnet. Sie blicken zwangsläufig auf das konkrete Tatopfer, weil sich an ihm die Verletzung vollzogen hat, um deren Vergeltung es geht. Die Verletzung des Opfers liefert die für das vergeltungsorientierte Strafrecht bedeutenden Kriterien für die Androhung und Auferlegung der Strafe.[398] Nach herrschender Ansicht wird den absoluten Straftheorien hingegen jegliche Opfernähe abgesprochen. Lässt man die ungeklärte Frage nach den realen Bestrafungsbedürfnissen des konkreten Opfers, denen der Staat durch das vergeltende, der Tatschuld entsprechende Strafübel insoweit normativ stets gerecht werde, beiseite[399], wird den absoluten Straftheorien aus primär konzeptionellen Gründen die „Opferlosigkeit" attestiert. Da die Aufgabe des Strafrechts hier nicht im Schutz von Rechtsgütern oder Interessen, sondern im Geltungsschutz von Rechtsnormen gesehen wird, finde das Tatopfer mit seinen Belangen „in dieser Konzeption denknotwendig keinen Platz, muss sich sogar sagen lassen, das eigentliche Opfer sei das Recht. Und wenn passend dazu, die Strafe das Recht wiederherstellt, dann ist auch insoweit für das Opfer keine Rolle in Sicht".[400] Diese Feststellung hat die im deutschen Schrifttum vorherrschende Ansicht von der konzeptionellen Opferlosigkeit der absoluten Straftheorien, welche die Polarität zwischen Staat und Täter tendenziell eher bekräftige[401], maßgeblich geprägt.[402]

Die Auffassung von der Opferlosigkeit der absoluten Straftheorien wird nunmehr von *Anders* entschieden zurückgewiesen und als „nicht haltbar" bezeichnet. Ausgangspunkt seiner Kritik ist, dass man einer freiheitsgesetzlichen Strafbegründung mit einem verkürzten und falschen Verständnis begegne.[403] „Indem der sog. absoluten Straftheorie allein eine Nähe zur Rache, jedoch nicht

397 *Pawlik*, Legitimation von Strafe, S. 19 f.

398 *Hassemer*, Grundlagen des Strafrechts, S. 72.

399 Zum Vergeltungsbedürfnis des Opfers und seiner empirischen Belegbarkeit siehe unten S. 167 f.

400 *Prittwitz*, Straftheorien, S. 60; siehe auch *Reemtsma*, Bestrafung, S. 13.

401 *Kleinert*, Betroffenheit und Mitwirkung, S. 203.

402 Vgl. *Sautner*, Opferinteressen, S. 47, S. 436; *Holz*, Justizgewähr, S. 174; *Hanloser*, Recht auf Gehör, S. 190 f.; *Kilchling*, NStZ 2002, 57 (58).

403 *Anders*, ZStW 124 (2012), S. 409.

zur aktuellen und zukünftig zu bewältigenden Traumatisierung“ eines Tatopfers bescheinigt werde, verwende man das Wort „absolut“ fehlerhaft und setze dieses mit einer irrationalen Metaphysik gleich.[404]

Diese Kritik sollte zumindest nicht (mehr) allein mit Verweis auf die Irrelevanz der absoluten Straftheorien als Legitimationsbegründung des Strafrechts und der Strafe verworfen werden. Ein Blick auf die aktuelle straftheoretische Debatte verdeutlicht, dass nach einer Phase der Ablehnung die absoluten Straftheorien wieder zunehmend Anerkennung erfahren[405], was sich auch daran festmachen lässt, dass sich ihre schärfsten Skeptiker wieder ernsthafter mit ihrem Argumentationsmuster auseinandersetzen.[406] Der maßgebliche Grund für die „Rückkehr“ der absoluten Straftheorien wird insbesondere in der Umstellung von einer gerechtigkeits- auf eine freiheitstheoretische Legitimationsgrundlage gesehen. Danach könnten einige der herkömmlichen Bedenken entkräftet werden, falls es der jeweiligen Version der Vergeltungstheorie gelingen sollte, darzulegen, dass „die Strafe einen unverzichtbaren Beitrag zur Erfüllung der Aufgabe leistet, die Freiheit der Bürger zu befestigen […]“.[407] Dieses Konzept der Vergeltungstheorie sieht also die Aufgabe des Strafrechts darin, dem freiheitstheoretisch gebotenen Zustand wechselseitigen Respekts zwischen den Rechtsgenossen die notwendige äußere Stabilität zu verleihen, womit es – wie die Präventionstheorien – auf weltimmanente Belange ausgerichtet sei.[408] Zu einer dieser – auch so bezeichneten – freiheitsgesetzlichen Vergeltungstheorien[409] ist das intersubjektive Anerkennungsverhältnis zu zählen, auf dessen Grundlage die oben genannte Kritik von *Anders* gegen die These von der Opferlosigkeit der absoluten Straftheorien basiert.

bb. Das „intersubjektive Anerkennungsverhältnis“

Die Behauptung von *Anders* setzt bei einem freiheitlichen Strafrechtsbegriff an, welcher sich zentral über die Rechtskonstituierung durch das sog. intersubjektive Anerkennungsverhältnis definiert.[410] Er beruft sich damit auf eine

---

404 *Anders*, ZStW 124 (2012), S. 403.

405 Vgl. NK-StGB/*Hassemer/Neumann*, Vor § 1 Rn. 107; *Roxin*, Strafrecht AT, Band I, § 3 Rn. 47.

406 *Schünemann*, FS Lüderssen, S. 327 ff.

407 *Pawlik*, FS Rudolphi, S. 228 f.

408 *Pawlik*, FS Rudolphi, S. 230.

409 Nach *Frister*, Strafrecht AT, 2. Kapitel Rn. 7 handele es sich in Wahrheit um eine „relative Straftheorie“.

410 *Anders*, ZStW 124 (2012), S. 404.

rechtsphilosophische Betrachtungsweise, die in der Tradition von *Kant* und *Hegel* stehend in der Strafrechtswissenschaft vertreten wird und auf einem „freiheitlichen Rechtsbegriff" beruht. Wie alle vergeltungstheoretischen Strafkonzepte geht auch dieser Ansatz allgemein von einem Menschenbild aus, welches den Einzelnen als vernunftgeleitete, mit einem freien und selbstbestimmten Willen ausgestattete Person betrachtet.[411] Diese Personen konstituieren selbstzweckhaft sowie geltungsreflektierend die Rechtsverhältnisse in Form der wechselseitigen Anerkennung.[412] Somit ist das wechselseitige Anerkennungsverhältnis nicht allein für die gesamte Rechtsordnung konstitutiv, sondern ihre inhaltliche Richtigkeit erschließt sich auch aus der Selbstgesetzgebung der vernünftigen Subjekte.[413] Versteht man das Recht als den „Inbegriff von autonom gesetzten Normen *äußeren* Handelns in wechselseitig-allgemeingültiger Eröffnung und Einschränkung personalen Freiheitsdaseins"[414], wird deutlich, dass Täter und Opfer jeweils als Mitkonstituent dieses Rechts bzw. Rechtsverhältnisses angesehen werden und zwangsläufig im Verbrechensbegriff sowie der Strafunrechtsbegründung enthalten sind.[415]

Das gegenseitige Anerkennungsverhältnis stellt sich insoweit als Einheit der privaten Existenz des Einzelnen und der ihm zugeordneten Rechtsposition mit dem ebenso bestimmten Anderen als zunächst persönliches – vorstaatliches – Verhältnis dar, das durch die staatsrechtliche Verfasstheit menschlichen Handelns zwar versachlicht wird, aber dennoch einen personalen Bezug bewahrt.[416] Das Strafrecht unterscheidet sich vom allgemeinen Recht aufgrund seines besonderen Regelungsbereichs und bezieht sich auf solche Rechtsverletzungen, auf die sich der Einzelne nach der Rechtsordnung als Sozialordnung bei einem selbstorientierten Leben nicht einstellen kann. Das Verbrechen wird als Verletzung des „öffentlichen Basisvertrauens"[417] und als Störung des – aufgrund der Allgemeinbezüglichkeit nun – tripolaren Anerkennungsverhältnisses verstanden, wobei die Wiederherstellung der zwischen Täter und Opfer gestörten Anerkennungsbeziehung nach wie vor im Vordergrund steht.[418] Ausschließlich der Staat

411 *Murmann,* Strafrecht, § 8 Rn. 22.
412 *Anders,* ZStW 124 (2012), S. 404.
413 Vgl. *Seelmann,* JZ 1989, 670 (675).
414 *Köhler,* ZStW 104 (1992), S. 15.
415 *Anders,* ZStW 124 (2012), S. 404; vgl. ferner *Köhler,* AT, S. 48.
416 *Anders,* ZStW 124 (2012), S. 404; *Wolff,* ZStW 97 (1985), S. 819.
417 *Anders,* ZStW 124 (2012), S. 404; *Wolff,* ZStW 97 (1985), S. 819.
418 *Anders,* ZStW 124 (2012), S. 405; *Seelmann,* JZ 1989, 670 (675 f.); *Holz,* Justizgewähr, S. 122 f.

als neutrale Instanz kann das (gestörte) gegenseitige Anerkennungsverhältnis wiederherstellen, das nur „unter Gleichen" Bestand habe. Hierzu wäre das Opfer aus eigener Kraft nicht in der Lage, weil sich der Täter bewusst gegen das Gleichheitsverhältnis mit dem Opfer entschieden hat[419] und dadurch zugleich das Recht als eine unter den vernünftigen Personen selbstkonstituierte Ordnung in Frage stellt.[420] Das Restitutionsinteresse der Allgemeinheit erschließt sich daraus, dass die Rechtsordnung durch jede einzelne Anerkennungsbeziehung zusammengehalten wird und deswegen ein langfristiges Interesse aller am Erhalt ebendieser gestörten Beziehung besteht.[421]

Auf Grundlage dieser freiheitsgesetzlichen Strafrechtsbegründung werden im Weiteren dann auch Folgerungen für das Strafverfahrensrecht gezogen. Wenn man davon ausgeht, dass die Herstellung des Rechtsfriedens allgemein das oberste Verfahrensziel darstellt[422], wird dieser Begriff nach hiesigem Verständnis ausschließlich normativ verstanden. Der Zweck des Strafverfahrens liegt in der „Wiederherstellung bzw. Verwirklichung des Rechts unter den Bedingungen der Unsicherheit des Erkenntnisprozesses".[423] Die Wiederherstellung des Rechts ist die Restitution der zwischen Täter und Opfer gestörten Anerkennungsbeziehung, die im Strafprozess reflektiert wird. Dem Opfer muss eine Verfahrensposition zukommen, die über eine „jedermann treffende" Zeugenpflicht hinausreicht und konsequenterweise in eine Subjektstellung als Verfahrensbeteiligter mündet. Die Opferrechtsposition lässt sich – laut *Anders* – danach in Grund und Grenzen angemessen wie folgt erfassen:

Da die Restitution der Anerkennungsbeziehung für den Erhalt der gesamten Rechtsordnung unerlässlich ist, ergibt sich zunächst zwingend ein öffentlicher Strafanspruch. Die Restitution dieses Rechts als Prozess kann grundsätzlich nicht der Disposition des Opfers unterliegen[424], weil die Rechtsstrafe selbst nicht nach Belieben disponibel ist. Die Schuld des Täters muss im Strafprozess durch das Gericht als neutrale Instanz festgestellt werden und darf daher in keiner Weise von subjektiven Einstellungen der Beteiligten abhängig sein. Daraus folgt, dass bestimmte prozessuale Rechtsinstitute, welche die Schuldfrage bzw.

---

419 *Noltenius,* GA 2007, 518 (525).

420 *Murmann,* GA 2004, 65 (71).

421 Instruktiv hier *Seelmann,* Wiederentdeckung des Opfers, S. 171; *ders.*, JZ 1989, 670 (675).

422 Hierauf abstellend *Anders,* ZStW 124 (2012), S. 393 f.; allgemein *Rieß,* JR 2006, 269 (270 ff.).

423 *Anders,* ZStW 124 (2012), S. 405; *Murmann,* GA 2004, 65 (73 f.).

424 *Anders,* ZStW 124 (2012), S. 406.

das Strafmaß beeinflussen, keine Legitimität beanspruchen können[425] und jeglichen darauf abzielenden Reformforderungen nach einer Einwirkungskompetenz des Opfers eine Absage zu erteilen wäre. Auch wäre eine Art prozessualer Gleichstand mit den Rechten des Angeklagten (Waffengleichheit) abzulehnen, wie es etwa das Fehlen einer prozessualen Wahrheitspflicht des Angeklagten in Abgrenzung zur sanktionierten Wahrheitspflicht eines Zeugen verdeutlicht.[426] Die Rechte des Opfers auf Partizipation müssen sich stattdessen strikt an dem – von diesem mitkonstituierten – gemeinsamen Ziel der materiellen Wahrheitsfindung messen lassen, ein wahres und gerechtes Urteil zu finden. Das Recht des Opfers auf Gehör müsste derart ausgestaltet sein, dass jede Form „ungebremster Subjektivität“ (das Streben bzw. Verlangen des Opfers nach Solidarität oder Sanktionierung des Täters) ausgeschlossen ist, weil es dem gemeinsamen Strafverfahrensziel der Wahrheitsfindung zuwiderlaufen würde.[427]

cc. Bewertung

Kehrt man zum Ausgangspunkt der Erörterung zurück, scheint die freiheitsgesetzliche Strafbegründung im Sinne des intersubjektiven Anerkennungsverhältnisses tatsächlich dem Opfer der Straftat eine konkrete Rolle im Strafverfahren zuzusprechen. Unter den Anhängern eines subjektivistischen Rechtsverständnisses hat *Anders* das Opfer als notwendigen Mitkonstituenten des Rechts daher nicht nur gedanklich aufgenommen, sondern dieses im Restitutionsprozess (dem Strafverfahren) explizit einbezogen. Für das Vorhaben, die absoluten Straftheorien in einer allgemein opferzugewandten Gesellschaft wieder salonfähig zu machen, dürfte dieser Gedankengang sicherlich von Vorteil sein, ohne dass man sich dogmatisch unnötig verbiegen müsste. Denn das Tatopfer ist nach diesem Verständnis stets in dieser freiheitsgesetzlichen Strafbegründung präsent gewesen, auch wenn die überlieferte Fokussierung auf den Täter (auch hier) den Blick auf das Opfer versperrt hat.

Dennoch stößt dieses straftheoretische Konzept aus zwei Gründen auf erhebliche Bedenken. Zunächst ist die Behauptung von *Anders*, die absoluten Straftheorien wiesen nicht eine Nähe zur Rache, sondern vielmehr zur „aktuellen

425 Demnach wäre der Täter-Opfer-Ausgleich nicht unter einem freiheitlichen Verständnis der Strafe mit dem Strafprozess zu vereinbaren, siehe *Noltenius*, GA 2007, 518 (531); Kritik auch zur Verständigung („Deal“) und zur Einstellung des Strafverfahrens aus Opportunitätserwägungen *Murmann*, GA 2004, 65 (81 f).

426 *Anders*, ZStW 124 (2012), S. 406.

427 *Anders*, ZStW 124 (2012), S. 407 f.

und zukünftig zu bewältigenden Traumatisierung des Verletzten" auf, kaum nachvollziehbar, wenn er diese mit der zwingend einzuräumenden Subjektstellung des Opfers im Strafverfahrensrecht begründet.[428] Die innere Einstellung des Tatopfers, ob durch die Straftat traumatisiert oder nicht, bleibt in einer freiheitsgesetzlichen Strafbegründung grundsätzlich ohne Bedeutung. Es geht ausschließlich um die Feststellung der Schuld des Täters, um das in erster Linie zwischen Täter und Opfer gestörte Verhältnis zu restituieren. Von besonderem Interesse ist, dass sich das anerkennungstheoretische Modell von jeglicher Subjektivität der Beteiligten gerade lossagt. Sämtliche Rechtsinstitute, die etwa im Verdacht stehen, die Strafe von den Beteiligten abhängig zu machen oder den sozialen Konflikt an ebendiese zurückzugeben, sind mit dem Gedanken der Rechtsstrafe unvereinbar. Eine Restitutionsleistung des Täters an das Opfer wäre vor diesem Hintergrund ohne Belang. Die rechtspolitische Tendenz, das Strafverfahren auch für die Bedürfnisse des Opfers nutzbar zu machen (wie bspw. durch einen Täter-Opfer-Ausgleich), verläuft konträr zum Anerkennungsmodell. Auch lässt sich eine dem Opfer anheimgestellte Beteiligung am Strafverfahren schwerlich erklären. Denn solange es in diesem Verfahren um die – symbolische – Wiederherstellung der zwischen Täter und Opfer gestörten Anerkennungsbeziehung geht, müsste das Opfer wie auch der Täter als ein unverzichtbarer Bestandteil des Restitutionsprozesses gelten. Eine optionale Partizipation scheidet aus. Wie das Opfer subjektiv dazu steht, ist für eine „absolute Straftheorie" ohne Bedeutung, denn sie ignoriert die innere Einstellung eines Opfers wie auch die des Täters und instrumentalisiert diese als Mittel zur Verwirklichung von Gerechtigkeit.

Damit ist der zweite Kritikpunkt angesprochen. Nicht nur in tatsächlicher, sondern auch in normativer Hinsicht geht es doch implizit um einen Bürger-Bürger-Konflikt.[429] Dem Anerkennungsmodell gelingt es nicht, plausibel darzulegen, warum der Staat als der Repräsentant der Allgemeinheit einen Ausgleichsanspruch besitzen soll, der sich über einen Verbrechensbegriff definiert, dessen Kern ein intersubjektives Geschehen ist. Die Strafe, die das gegenseitige Anerkennungsverhältnis zwischen Täter und Opfer restituiert, trägt „zur Heilung der Wunden des konkreten Opfers nichts" bei. Trotz des betont personalen (bzw. tripolaren) Bezugs wird die Strafe ausschließlich im Namen der Allgemeinheit verhängt.[430] Das Konstrukt der Drittbetroffenheit ist auch insoweit nicht

---

428 Vgl. jetzt *Anders*, ZStW 124 (2012), S. 409 f.

429 *Holz*, Justizgewähr, S. 124.

430 *Pawlik*, Legitimation von Strafe, S. 73; kritisch ferner *Müller-Tuckfeld*, Integrationsprävention, S. 319 „Damit gelingt dieser Strafrechtstheorie das Kunststück (zumal

überzeugend, weil die einzelne Anerkennungsbeziehung, die durch die Straftat zerbrochen wurde, für den Bestand der Rechtsgemeinschaft insgesamt als eine vernachlässigbare Größe erscheint.[431] Deshalb wird die Legitimation der Rechtsstrafe bezweifelt, da kein nachvollziehbarer Grund existiert, die Statusminderung des Täters durch Strafe als eine Notwendigkeit anzusehen, um die Anerkennungsbeziehung wiederherzustellen. Als symbolischer Restitutionsakt erschiene eine staatlich auferlegte und zu vollstreckende Kompensationsleistung des Täters bereits als ausreichend.[432]

b. Opferberücksichtigung in den relativen Straftheorien

aa. Konventionelle Auslegung

Im Gegensatz zu den absoluten Straftheorien- geben sich die relativen empirisch und fragen nach dem sozialen Nutzen der Strafe für das allgemeine Wohl. Ihrem klassischen Verständnis entsprechend dient die Strafe der Verhinderung zukünftiger Straftaten. Im Einzelnen muss in Bezug auf den Adressatenkreis näher differenziert werden.[433]

Die *spezialpräventive* Theorie nimmt ausschließlich den Täter in den Blick. Das Tatopfer ist in dem sozialen Leistungsprogramm nicht vorgesehen. In ihrer *negativen* Ausprägung setzt die Spezialprävention auf Abschreckung oder Wegsperrung des nicht besserungsfähigen Täters. Heutzutage erfährt sie aber insbesondere in ihrer *positiven* Ausgestaltung Zuspruch, weshalb der Resozialisierungsgedanke als ihr eigentliches Hauptaufgabenfeld bezeichnet wird.[434] Beschränkt man sich folglich auf diesen Zweckgedanken, lässt sich das konkrete Opfer nur dann straftheoretisch integrieren, soweit sich seine Einbeziehung tatsächlich eignen würde, einen Täter kriminalpräventiv zu beeinflussen und dadurch von der Begehung zukünftiger Straftaten abzuhalten.[435] Während Tatopfer im unteren und mittleren Sanktionsbereich hinsichtlich restitutiver Sanktionsformen durchaus positiv eingestellt sind und eine gewisse

---

unter Bezug auf Hegel) von Strafrecht zu sprechen, ohne den Staat oder sonstige Institutionen auch nur nennenswert zu erwähnen".

431 *Seelmann*, ARSP 1993, S. 233; *ders.*, JZ 1989, 670 (675 f.).

432 *Pawlik*, Legitimation von Strafe, S. 70 f., S. 73; *Seelmann*, ARSP 1993, S. 233 ff.; *ders.*, JZ 1989, 670 (676).

433 *Frister*, Strafrecht AT, 2. Kapitel Rn. 2.

434 *Roxin*, Strafrecht AT, Band I, § 3 Rn. 15.

435 *Schüler-Springorum*, Kriminalpolitik, S. 225; siehe auch den Diskussionsbeitrag von *Lüderssen* bei *Jahn*, Symposion Lüderssen, S. 168.

Mitwirkungsbereitschaft vorhanden wäre[436], werden Opfer schwerer Straftaten aus nachvollziehbaren Gründen kaum ein gesteigertes Interesse an einem spezifischen und für das Opfer häufig belastenden Resozialisierungsprogramm des Täters aufweisen. Selbst wenn man eine Mitwirkungsbereitschaft des Opfers unterstellt, ist vorliegend entscheidend, dass die Legalbewährung des Täters das alleinige Hauptziel bleibt. Die Befriedigung von Opferbedürfnissen kann in diesem Rahmen nicht mehr als nur eine erwünschte „Nebenfolge"[437] darstellen.

Die *generalpräventiven* Straftheorien blicken hingegen auf die Allgemeinheit. In ihrer *negativen* Ausprägung sollen potenzielle Täter primär durch die Strafandrohung abgeschreckt werden, so dass für die spezifischen Opferinteressen kein Raum ist. Das konkrete Opfer lässt sich von den potenziellen Opfern, um deren Schutz die Strafandrohung bemüht ist, nicht unterscheiden, weil der durch die Straftat verursachten Verletzung keine eigenständige Bedeutung zukommt.[438] Zu einem anderen Ergebnis gelangt *Reemtsma* bei der *positiven* Generalprävention, die den notwendigen Raum für ein „Recht des Opfers auf Bestrafung des Täters" ebnet, der aus der „Pflicht des Staates erwächst, den sozialen Schaden, den ein Verbrechen anrichtet, zu begrenzen".[439] Allerdings übersieht *Reemtsma* dabei, dass die Einbeziehung der individuellen Opferbedürfnisse – und insbesondere darum geht es ihm – nicht in das Gesamtkonzept der *positiven* Generalprävention passt, die primär die „Normtreue der Bevölkerung als Ganzes" anvisiert.[440] Mit Rücksicht auf die konkrete Viktimisierung des Opfers wird man auch nicht behaupten können, dass sich das Bedürfnis des Opfers und das der Allgemeinheit nach Sicherheit und Normvertrauen derart decken, um den Blick bedenkenlos auf das Opfer als Repräsentant der Allgemeinheit richten zu können. Diese beiden Zielgruppen dürften sich im Einzelfall vielmehr grundlegend voneinander unterscheiden.[441]

Diese Ausführungen haben verdeutlicht, dass sich die konkreten Opferbedürfnisse nicht unter die bekannten relativen Straftheorien subsumieren lassen, was primär an ihren – die Spezial- und Generalprävention schon seit langem prägenden – Wesensmerkmalen liegt.[442] Für die Berücksichtigung der

436 Vgl. *Kilchling*, NStZ 2002, 57 (62).
437 *Schüler-Springorum*, Kriminalpolitik, S. 225.
438 *Sautner*, Opferinteressen, 49.
439 *Reemtsma*, Bestrafung, S. 27.
440 *Prittwitz*, KritV 2000, 162 (175).
441 *Prittwitz*, KritV 2000, 162 (172); *Kilchling*, NStZ 2002, 57 (58 f).
442 A.A. *Weigend*, RW 2010, 39 (44), wenn er behauptet, dass sich das Genugtuungsbedürfnis des Opfers „harmonisch in die allgemeine Strafzwecklehre einfüge"; ähnlich schon *Rieß*, Gutachten, C 50 f.

Opferbedürfnisse im straftheoretischen Kontext kommt man nicht umhin, die eingetretenen Pfade zu verlassen und sich anderen Zweckgedanken zu öffnen. Es steht dabei nicht zur Disposition, dass eine solche Opferorientierung grundsätzlich nur unter Beibehaltung des öffentlichen Strafanspruchs überhaupt erwägenswert ist, was die Kritiker, die das Wiedererstarkens einer Art des privaten Strafanspruchs fürchten, besänftigen sollte.

bb. Das „Genugtuungsinteresse" des Opfers

Das Genugtuungsinteresse des Opfers spielt im Strafprozessrecht traditionell eine Rolle, hat jedoch im straftheoretischen Kontext erst in jüngster Zeit verstärkt Aufmerksamkeit erlangt. Die Kritiker halten bereits den Begriff „Genugtuung" allgemein für ungeeignet, weil er nicht standardisierbar, sondern „naturwüchsig, kurz: so unberechenbar wie maßlos" ist und daher nur schwerlich bestimmte Handlungsanweisungen für den Rechtsanwender und den Gesetzgeber zu liefern vermag.[443] Das Genugtuungsinteresse wird seinem überlieferten Verständnis nach mit einem Verlangen nach Rache bzw. Vergeltung gleichgesetzt[444], wobei sich diese Begriffe terminologisch durchaus unterscheiden ließen[445]. Trotz bzw. gerade wegen seiner vielseitigen Begriffsverwendungen eignet sich die Genugtuung zumindest als ein Oberbegriff für diejenigen Bedürfnisse des Opfers, die gegenwärtig im Schrifttum mit straftheoretischem Einschlag diskutiert werden.

Das Verlangen des Opfers nach Vergeltung bzw. Rache (im Folgenden: Vergeltungsbedürfnis) wird noch heute als Argumentationsgrundlage dafür verwendet, die notwendige Neutralisierung des Opfers im Straf(-verfahrens)recht zu unterstreichen. Der Einbeziehung des Opfers in die Strafzwecklehre begegnet man auch aus diesem Grund mit Skepsis. Diese Haltung hat einen berechtigten Kern, denn selbst von Opferseite wird offen zugegeben, dass gewisse Vergeltungswünsche in einem trivialen Sinne „normal" seien. Man könne sogar behaupten, dass solche Empfindungen der *conditio humana* entsprechen, weil die beim Opfer vereinzelt auftretende Unfähigkeit, seinen Täter zu hassen (Stockholm-Syndrom), nicht ohne Grund als „pathologischer Zustand" bezeichnet wird.[446] Dennoch erscheint es zu vorschnell, deswegen die Täterbestrafung

443 *Jahn,* Symposion Lüderssen, S. 149 f.

444 Vgl. *Weigend,* RW 2010 39 (43); *Reemtsma,* Bestrafung, S. 5 („ […] etwas wie einen Ausgleich, eine Art Genugtuung, vielleicht etwas wie „Wie-du-mir-so-ich(man)-dir" […]").

445 *Lüderssen,* FS Hirsch, S. 887; *Prittwitz,* KritV 2000, 162 (170 unter Fn. 73).

446 Hassemer/Reemtsma/*Reemtsma*, S. 123.

als den dominierenden Beweggrund des Opfers auszumachen, am Strafverfahren partizipieren zu wollen. Nach dem zur Sanktionseinstellung von Tatopfern vorzufindenden empirischen Material scheint die Sorge um das dominierende Vergeltungsbedürfnis jedenfalls bei den meisten Opfern unbegründet zu sein.[447] Anstelle einer „harten Bestrafung" wollen diese vielfach Verfahrens- und Ergebnisgerechtigkeit erfahren.[448]

Obwohl gegen den Aussagegehalt dieser Forschungsergebnisse teils methodische Bedenken geäußert werden[449] und andere Untersuchungen auf gegenläufige Tendenzen hindeuten[450], wäre es nach derzeitigem Erkenntnisstand nicht sachgerecht, dem Tatopfer grundsätzlich zu unterstellen, dass ein Vergeltungsbedürfnis die dominierende Antriebskraft sei. Klarzustellen ist allerdings auch, dass ein solches Bedürfnis nicht schützenswert wäre und ein präventionsorientiertes Strafrechtskonzept dieser Intention jede Legitimation absprechen muss.

Wenn es weder faktisch, noch rechtlich um Vergeltung geht bzw. gehen darf, dann fragt sich, welche Genugtuungsinteressen im straftheoretischen Kontext als legitim zu bezeichnen sind:

Nach *Velten* ist unter Genugtuung die Rehabilitierung durch Anerkennung zu verstehen, dass dem Opfer „Unrecht" widerfahren ist. Der klassische Zweck der präventiven Straftheorien im Sinne der *Verhinderung zukünftiger Straftaten* wird aufgegriffen und auf das konkrete Opfer übertragen. Derjenige, der sich an die bestehenden Rechtsnormen hält, macht dies generell nur, um selbst in den Genuss der Rechtstreue anderer zu gelangen. Folgt auf die Straftat keine hoheitliche Reaktion, ist es nicht nur eine verständliche, sondern eine legitime Opferreaktion, seinerseits die Rechtsgüter des Täters zu missachten, um diesem Grenzen aufzuzeigen und die durch die Straftat entstandenen Nachteile zu beheben. Aus der Opferperspektive ist die Hauptaufgabe des Strafrechts damit die Delegitimation und die Verhinderung von Selbstjustiz.[451] Auf ähnliche Weise argumentiert *Kilchling*: Aus seiner Sicht bedarf das durch die Opfererfahrung

447 *Schneider*, JR 2010, 375 (384) m.w.N. „Die Annahme ist unzutreffend, die meisten Opfer besäßen Rache- und Genugtuungsbedürfnisse"); SK-StPO/*Velten*, Vor. §§ 374 bis 406h StPO, Rn. 29 „Als gefestigt kann die Erkenntnis gelten, dass die Strafbedürfnisse von Opfern moderater sind als erwartet und von der Öffentlichkeit vielfach unterstellt"; *Sautner*, Opferinteressen, S. 260 f.

448 *Kölbel/Bork*, Viktimisierung, S. 49 m.w.N.

449 Ausführlich SK-StPO/*Velten*, Vor. §§ 374 bis 406h StPO, Rn. 29 ff.

450 *Anders*, ZStW 124 (2012), S. 396 f.; *Kölbel/Bork*, Viktimisierung, S. 49 (vgl. dort Fn. 88).

451 Vgl. SK-StPO/*Velten*, Vor. §§ 374 bis 406h StPO, Rn. 11.

konkret enttäuschte Normvertrauen der Wiederherstellung. Ansonsten könnte das bestehende Frustrationspotenzial des Opfers zur Erosion der stabilisierenden Normgeltung führen und kriminogenes Verhalten in zukünftigen Konflikt- oder Anreizsituationen fördern. Man spricht von einer Opfer-Täter-Karriere (im Sinne eines Michael Kohlhaas).[452]

Andere als legitim empfundene Opferinteressen an der Sanktionierung des Täters lösen sich von dem Zweck der Verbrechensverhütung und blicken stattdessen auf die Auswirkungen für den *Rehabilitationsprozess* des Opfers. Nach Ansicht von *Jerouschek* kommt der Bestrafung für den therapeutischen Traumabewältigungsverlauf des Opfers der Rang eines „supportiven heilsamen Faktors" zu. Der Staat ist als Repräsentant der Gesellschaft die Bestrafung des Täters schuldig, denn er hat die Straftat nicht verhindern können. Dieser muss daher bei traumaspezifischen Delikten alles Mögliche tun, um das fremdverschuldete Trauma des Tatopfers zu lindern.[453] Auch *Reemtsma* hat das durch die Straftat traumatisierte Opfer vor Augen. Zugleich lehnt er die Bestrafung als ein Mittel zur Traumabewältigung dezidiert ab, weil die Strafe diese Funktion nicht erfüllt. Das traumatische Erlebnis lässt sich grundsätzlich aus der Biographie eines Opfers nicht mehr entfernen, weshalb es nur darauf ankommen kann, welchen Einfluss das Trauma auf das künftige Leben des Opfers im Sozialverband ausübt.[454] Das könne der Staat mit dem Bestrafungsakt als staatliche Reaktion beeinflussen, indem er hierdurch dem Opfer zu verstehen gibt, dass das Verbrechen Unrecht war, und nicht ein Unglück. Das Opfer wird darin gefördert, die aufgrund der erlebten Rechtlosigkeit eingetretene soziale Orientierungslosigkeit abzulegen und die Traumatisierung nicht als Ausgangspunkt einer Sequenz, sondern singulär zu empfinden. Die Strafe dient aus Opferperspektive der Schadensbegrenzung, nicht der Wiedergutmachung.[455] Den Resozialisierungseffekt der Strafe sieht auch *Holz*, indem er im Rahmen seiner Untersuchung auf die Stabilisierung des subjektiven Sicherheitsgefühls des Opfers abstellt.[456] Genugtuung ist aus seiner Sicht ein legitimes Interesse an der Feststellung des rechtswidrigen und schuldhaft begangenen Normbruchs. Der Staat müsse angemessen reagieren, um dem Opfer symbolisch zu versichern, „so etwas werde in Zukunft nicht wieder passieren".[457]

452 *Kilchling,* NStZ 2002, 57 (59).
453 *Jerouschek,* JZ 2000, 185 (193).
454 *Reemtsma,* Bestrafung, S. 24 f.
455 *Reemtsma,* Bestrafung, S. 26 f.
456 *Holz,* Justizgewähr, S. 61 ff.
457 *Holz,* Justizgewähr, S. 134.

Nach einem weiteren Ansatz, den *Günther* in die straftheoretische Kontroverse eingebracht hat[458] und den *Hörnle* – mit Unterschieden im Einzelnen – vehement vertritt, wird die auch *expressive Funktion der Strafe* hervorgehoben, die im straftheoretischen Kontext neben den präventiven Ansätzen zu verorten ist und sich mit einer starken Opferakzentuierung auf die Interessen von Individuen bezieht.[459] *Hörnle* stellt klar, dass die persönlichen Präferenzen in Bezug auf die strafrechtliche Reaktion sowie auch die faktische Existenz von emotionalen Bedürfnissen grundsätzlich nicht zur Rechtfertigung von Strafe taugen. Eventuell positive Auswirkungen der Kriminalstrafe auf den Rehabilitationsprozess, die Konsequenzen für die künftige Lebensführung oder für die psychische Verfassung des Opfers insgesamt (Grad der Traumatisierung, Selbstzweifel, usw.) sind vernachlässigbare Parameter. Für das legitime Interesse des Opfers an der Kriminalstrafe müsse entscheidend sein, ob das Unwerturteil für die Opfer allgemein eine von Rechts wegen anzuerkennende Funktion erfüllt[460], was *Hörnle* – und im Ergebnis *Günther* – bejaht. Diese liegt in der opferspezifischen und offiziellen Botschaft des Unwerturteils, dass es sich vorliegend um Unrecht handelt, das die Allgemeinheit nicht akzeptiert und dem Täter zugerechnet wird, und dass das Opfer selbst an seiner Verletzung nicht schuld ist.[461] Dieses anzuerkennende legitime Opferinteresse an der offiziellen strafrechtlichen Reaktion wird normativ verstanden und ist der Abwägung zugänglich. So sei es bei geringeren Rechtsverletzungen zu rechtfertigen, dass dieses Opferinteresse zurücktritt, wenn die Strafverfolgung unverhältnismäßig erscheint. Bei gravierenderen Rechtsverletzungen jedoch (schweren bzw. erheblichen Straftaten) gehe das Unterbleiben einer strafrechtlichen Reaktion zu Lasten des Opfers und charakterisiere es negativ („Du bist es nicht wert, dass der Staat sich um Deine Belange kümmert").[462]

cc. Folgen für das Strafprozessrecht

Bei unterschiedlichen Zweckrichtungen und Begründungen halten diese Autoren durchweg das Genugtuungsinteresse des Opfers im straftheoretischen Kontext für legitim. Es lässt sich generell nur schwerlich erklären, „warum die spezifisch beim Opfer eintretende Wirkung der Bestrafung des Täters innerhalb

---

458 *Günther*, FS Lüderssen, S. 205 ff.

459 *Hörnle*, FS Roxin, S. 14 ff.; *dies.*, Straftheorien, 29 ff.; *dies.*, JZ 2006, 950 (953 ff).

460 *Hörnle*, Straftheorien, S. 38 f.

461 *Günther*, FS Lüderssen, S. 218; *Hörnle*, Straftheorien, S. 39.

462 *Hörnle*, FS Roxin, S. 16; *dies.*, Straftheorien, S. 40; *dies.*, JZ 2006, 950 (955).

der Begründung und Legitimation der Strafe keinerlei Platz beanspruchen können"[463] sollte. Die Integration eines Genugtuungsinteresses des Opfers in die moderne Straftheorie liegt nahe.[464] Die vorgestellten Ansichten haben verdeutlicht, dass von einem „Recht des Opfers auf Bestrafung des Täters" jedenfalls nicht die Rede sein kann. Obwohl diese Bezeichnung mit einer offensichtlich negativen bis abschreckenden Konnotation die gesamte Kontroverse von Beginn an begleitet, lehnen bei genauerem Hinsehen sämtliche Autoren ein solches Recht explizit ab.[465] An keiner Stelle wird aus der Anerkennung des Genugtuungsinteresses ein Mitsprache- und Entscheidungsrecht des Opfers bei der Sanktionswahl gefordert. Die Kriminalstrafe, die als eine öffentliche Reaktion an das sozialethische Unwerturteil anknüpft[466], bleibt unberührt. Das Opfer kann keine Verfahrensrechte in Bezug auf die Strafzumessung und des Strafvollzugs für sich reklamieren. Ebensowenig kann es für sich beanspruchen, eigene Strafvorstellungen – sei es der Wunsch nach Bestrafung oder etwa ihr gänzlicher Verzicht – vor dem Gericht äußern zu dürfen.[467] Die Integration des Genugtuungsinteresses in die Straftheorie hat nicht zur Folge, dass das Gericht das subjektive Empfinden des Opfers als weitere Zielgröße der Strafzwecke berücksichtigen muss. Eine Kollision mit anerkannten Strafzwecken ist demnach nicht zu befürchten[468].

Was die Auswirkungen auf die Rolle des Opfers im Erkenntnisverfahren anbelangt, lässt sich hingegen keine allgemeingültige Linie festmachen. Manche

463 Feststellend *Prittwitz*, KritV 2000, 162 (174).

464 *Roxin*, GA 2015, 185 (201).

465 Die Anerkennung eines subjektiven Rechts auf ein Unwerturteil lässt sich „nicht übersetzen in ein Recht des Opfers auf Bestrafung", siehe bei *Jahn*, Symposion Lüderssen, S. 163 den Diskussionsbeitrag von *Hörnle*; nach *Günther*, FS Lüderssen, S. 219 lässt sich der expressive Gehalt der Strafe vollständig in der Unrechts- und Schuldfeststellung ausdrücken; laut SK-StPO/*Velten*, Vor. §§ 374 bis 406h StPO, Rn. 11 dient die Strafe der Genugtuung jedenfalls nicht, indem dem Opfer ein Anspruch auf Bestrafung des Täters eingeräumt wird; „[…] der öffentliche Strafanspruch in keiner Weise angetastet würde", *Jerouschek*, JZ 2000, 185 (194); „Ein unmittelbares Interesse an der Verhängung einer bestimmten oder gar besonders gravierenden Sekundärsanktion (Freiheitsstrafe usw.) besteht deshalb nicht, […]", so *Holz*, Justizgewähr, S. 135.

466 *Fischer*, StGB, § 46 Rn. 2 m.w.N.

467 Obwohl *Hörnle* bei schwereren Straftaten eine Übelszufügung für zwingend hält, scheint es ihr wohl in erster Linie um Fälle des „Verzichts" (JZ 2006, 950 (956)) bzw. des gänzlichen „Unterbleibens" (2011, S. 40 f.) einer strafrechtlichen Reaktion zu gehen.

468 Kritisch und mit Sorge um die „positive Spezialprävention" aber *Kölbel*, StV 2014, 698 (702).

Autoren schweigen zu den strafprozessrechtlichen Auswirkungen ihres Ansatzes; andere nehmen ausführlich dazu Stellung. Bei allen den hier vorgestellten Ansätzen, ob nun empirisch oder normativ begründet, wurde jedoch der „Unrechtsfeststellung", die im deutschen Rechtsraum mit dem Strafurteil ergeht, eine zentrale Bedeutung zugesprochen. Das legitime Interesse eines Opfers an der Unrechtsfeststellung kann also als das gemeinsame Postulat gelten, an dem sich die Folgen der Anerkennung des Genugtuungsinteresses für das Strafprozessrecht festmachen lassen. Das bietet für den Gesetzgeber eine sinnvolle Orientierung für die Ausgestaltung der Einwirkungsmöglichkeiten auf den Verlauf des Strafprozesses. Ist der Ausgangspunkt derjenige, dass das Genugtuungsinteresse für ein berechtigtes Interesse an der Unrechtsfeststellung steht, dann ist die Existenz einer prozessrechtlichen Sonderstellung, die über die staatsbürgerliche Zeugenpflicht hinausgeht, die logische Konsequenz. Das Opfer muss die Möglichkeit haben, dass es dieses anerkannte Interesse im Rahmen eines Strafverfahrens, an deren Ende der staatliche Strafanspruch stehen muss, aktiv verfolgen kann. Dies ist insbesondere deshalb erforderlich, weil der Staat keine lückenlose Unrechtsaufklärung bieten kann, sei es aufgrund mangelhafter Aufklärungsarbeit oder aufgrund des bewussten Absehens von der staatlichen Unrechtsaufklärung. Für die Ausgestaltung der Opferrechtsposition bedeutet das zugleich nicht, dass das Unrechtsfeststellungsinteresse nur durch eine formale Stellung als Verfahrensbeteiligter im Sinne eines *status activus processualis* hinreichend verfolgbar ist. Es genügt regelmäßig, wenn das Opfer „von außen" durch die Einlegung von Rechtsmitteln den Verfahrensverlauf kontrollieren bzw. prüfen lassen kann.[469] Weitreichende Einflussmöglichkeiten, wie sie dem Angeklagten zu seiner Verteidigung im Verfahren zustehen müssen, sind durch die straftheoretische Anerkennung eines solchen Genugtuungsinteresses nicht gefordert. Beachtlich ist es, wenn der Staat der Unrechtsfeststellung nicht/ungenügend nachgeht.

3. Zusammenfassende Würdigung

Die Bestandsaufnahme zur verfassungsrechtlichen und straftheoretischen Opferkontroverse hat verdeutlicht, dass dem Tatopfer ein Recht auf Partizipation am Strafverfahren nicht vollends abgesprochen werden kann. Dafür hat bereits die verfassungsrechtliche Neujustierung durch die Anerkennung eines Anspruchs des Opfers auf effektive Strafverfolgung gesorgt. Es müssen rechtliche Schutzmechanismen vorhanden sein, damit das Opfer die Umsetzung dieses

469 In diesem Sinne schon *Hirsch,* GS Kaufmann, S. 715.

verfassungsrechtlich verbürgten Anspruchs einfachgesetzlich im Vorverfahren wahrnehmen kann. Die Art der Umsetzung fällt in das Ermessen des Gesetzgebers. Weil die Opferzuwendung somit auch verfassungsrechtlich induziert ist, sollte diese auch in den Straftheorien einen legitimen Platz finden.[470] Die straftheoretische Diskussion über eine Opferzuwendung hält seit ca. 15 Jahren an. Bei dem Ansatz des „intersubjektiven Anerkennungsverhältnisses" bestehen nicht nur erhebliche Bedenken an der Legitimationsbegründung der Rechtsstrafe, sondern auch an den gezogenen Folgerungen für die Ausgestaltung der Subjektstellung des Opfers im Strafverfahren. Dieser Ansatz verträgt sich mit einer Reihe etablierter Opferrechtsinstitute nicht, weshalb er insgesamt keinen brauchbaren Maßstab für die Ausgestaltung der Opferrechtsstellung im Strafverfahren zu liefern vermag. Die opferorientierten Ansätze der relativen Straftheorien sind deutlich facettenreicher, lassen sich aber im Einzelnen ebenfalls kritisieren. So ist bisher kein Nachweis erbracht worden, dass die Strafe zur Stärkung des Normvertrauens notwendig ist, um das Opfer selbst vor kriminellem Verhalten zu bewahren; nicht jedes Opfer ist durch die Straftat traumatisiert, wurde in seinem Sicherheitsgefühl beeinträchtigt oder benötigt die staatliche Reaktion als Mittel zur Schadensbegrenzung für das künftige Leben im Sozialverband. All diese Ansätze jedoch beruhen auf der Erkenntnis, dass das Tatopfer ein Interesse oder ein Recht an der Unrechtsfeststellung hat, ohne den öffentlichen Charakter des Strafverfahrens und der Strafe in Frage zu stellen. Wenn man sich – wie hier vertreten – darauf beschränkt, dass die Unrechtsfeststellung mit einer Kontrollfunktion des Opfers im Strafverfahrensrecht einhergeht und sich darin auch erschöpft, begründet sie nicht einen *status activus processualis* – wie ihn derzeit die Nebenklage umsetzt -, sondern es geht hier vorrangig darum, dass das Opfer ein Rechtsmittel zur staatlichen Überprüfung dort erlangt, wo die Gefahr besteht, dass sich der Staat in ungerechtfertigter Weise der Unrechtsfeststellung entzieht. Versucht man, die strafprozessrechtliche Ausgestaltung der Privatbeteiligung des Opfers im Strafverfahren darauf auszurichten, dann erzielte man einfachgesetzlich die größtmögliche Übereinstimmung zwischen den verfassungsrechtlichen Vorgaben und den straftheoretischen Erwägungen

470 So *Burgi*, FS Isensee, S. 665; das BVerfG fühlt sich jedenfalls seit seiner Entscheidung zur Verfassungsmäßigkeit der lebenslangen Freiheitsstrafe nicht aufgefordert, zu den verschiedenen Straftheorien ausführlicher Stellung zu beziehen. Soweit der Gesetzgeber „eine begrenzt offene Regelung" einführt, weil er „keiner der wissenschaftlich anerkannten Theorien die weitere Entwicklung versperren wollte", liegt das in seiner von Verfassungs wegen zukommenden Gestaltungsfreiheit, so das BVerfG, Urteil vom 21.06.1977 – 1 BvL 14/76, juris, Rn. 210.

zum Genugtuungsinteresse des Opfers der Straftat. Wenn der Gesetzgeber dennoch daran festhält, für das Opfer eine „aktive Rolle" im Strafverfahren vorzusehen, um sein Genugtuungsbedürfnis verfolgen zu dürfen, sollte er sich bei der Frage der Ausgestaltung dieser Prozessrolle bewusst sein, das die Anerkennung eines Genugtuungsbedürfnisses nicht mehr und nicht weniger bedeuten kann, als ein berechtigtes Interesse an der Unrechtsfeststellung zu besitzen.

II. Gesetzliche Ausprägung der Opferstellung im Strafverfahrensrecht

1. Opferbegriff

a. Darstellung der deutschen Rechtslage

Der Begriff des „Opfers" hat in den Kodifikationsbewegungen des 19. Jahrhunderts im deutschen Sprach- und Rechtsraum noch keine Erwähnung gefunden[471], ist aber heutzutage aus dem strafrechtspolitischen und wissenschaftlichen Diskurs nicht mehr wegzudenken. Daher kann es kaum verwundern, dass der Opferbegriff auch im Wortlaut materieller Strafrechtsnormen präsent[472] und den Vorschriften der deutschen Strafprozessordnung nicht fremd ist. Mit dem sog. Gesetz zur strafverfahrensrechtlichen Verankerung des Täter-Opfer-Ausgleichs und zur Änderung des Gesetzes über Fernmeldeanlagen vom 20. Dezember 1999[473] hat die Bezeichnung „Täter-Opfer-Ausgleich" erstmals in dem geänderten § 153a Abs. 1 S. 2 Nr. 5 StPO und neu eingeführten § 155b Abs. 1 und 2 StPO ausdrücklich in der Strafprozessordnung Erwähnung gefunden. Das 1. OpferRRG verankerte diese Bezeichnung in § 136 Abs. 1 S. 4 StPO und normierte den Begriff der „Opferhilfeeinrichtungen" gem. § 406h Abs. 3 StPO (§ 406j Nr. 5 n.F.). Das folgende 37. Strafrechtsänderungsgesetz vom 11. Februar 2005[474] ermöglichte der Staatsanwaltschaft im Wege eines neu eingeführten zweiten Absatzes gem. § 154c StPO auf die Strafverfolgung zu verzichten, wenn das „Opfer einer Nötigung oder Erpressung" diese anzeigt und dadurch ein vom Tatopfer selbst begangenes Vergehen bekannt würde. Durch das 2. OpferRRG wurden die Informationspflichten des § 406h StPO auf die Versorgungsansprüche des „Opferentschädigungsgesetzes" (§ 406j Nr. 3 n.F.) ausgeweitet.

---

471 *Günther,* Kampf um Anerkennung, S. 190.

472 Vgl. unten Fn. 673.

473 BGBl (1999) I Nr. 57, S. 2491 ff.

474 BGBl (2005) I Nr. 10, S. 239 ff.

Von diesen wenigen Ausnahmen abgesehen findet das „Opfer" im kodifizierten Strafprozessrecht keine weitere Erwähnung, was *prima facie* paradox erscheint. Dem Opferbegriff wird nicht nur nachgesagt, dass er heutzutage dem allgemeinen Sprachgebrauch entspreche und sich durch Plastizität auszeichne.[475] Hervorzuheben ist vor allem, dass der Opferbegriff das rechtspolitische Etikett für tiefgreifende Gesetzesnovellierungen der StPO darstellt. Zudem ist der Begriff „Opfer" das deutsche Pendant zum englischen Rechtsbegriff „victim" [aus dem lat. „victima"], mit dem internationale Rechtsquellen der EU oder des Europarats operieren. Deutschsprachige Nationalstaaten wie Österreich (§ 65 Ö-StPO[476]) oder die Schweiz (Art. 116 S-StPO[477]) haben durch ihre jüngsten Strafprozessrechtsreformen einen (definierten) Opferbegriff eingeführt. In der deutschen StPO wurde er hingegen nur punktuell und schrittweise eingeführt. Man spricht aus rechtstraditionellen Gründen vom „Verletzten", eine Bezeichnung, die noch auf die RStPO von 1877 zurückgeht. Daher steht zunächst der strafprozessuale Verletztenbegriff im Fokus, der für die Wahrnehmung der Verfahrensrechte ausschlaggebend ist. Danach ist das Verhältnis zum Opferbegriff zu klären, der verstärkt Eingang in die StPO gefunden hat.

aa. *Der strafprozessuale Verletztenbegriff*

(1) Rechtsauffassung des Gesetzgebers, Charakteristika und Auslegungsvorgaben

Eine Legaldefinition des strafprozessualen Verletztenbegriffs existiert nicht und wurde vom Gesetzgeber auch zu keinem Zeitpunkt ernsthaft in Erwägung gezogen, wie die Gesetzesbegründung zum Opferschutzgesetz 1986 verdeutlicht: „Wie das geltende Recht sieht auch der Entwurf davon ab, den Begriff des Verletzten zu bestimmen. Es ist heute weitestgehend anerkannt, daß es einen einheitlichen Verletztenbegriff im Strafverfahrensrecht nicht gibt, sondern daß dieser aus dem jeweiligen Funktionszusammenhang heraus zu bestimmen ist. Dabei haben sich bei unterschiedlichen dogmatischen Ausgangspunkten namentlich zu § 172 StPO im Ergebnis die Auffassungen so angenähert, daß in einem großen Kernbereich in der Praxis weitgehende Übereinstimmung besteht, wer als Verletzter anzusehen ist. Die nähere Bestimmung des Verletzten in Grenzbereichen

475 *Eckstein,* FS Schroeder, S. 782.

476 Strafrechtsreformgesetz, BGBl I Nr. 19 vom 23.03.2004, seit 01.01.2008 in Kraft.

477 Schweizerische Strafprozessrechtsordnung, SR 312.0 vom 05.10.2007, seit 01.01.2011 in Kraft.

sollte der Rechtsprechung überlassen bleiben; eine notwendigerweise generalisierende gesetzliche Regelung könnte, wie ausländische Regelungen zeigen, zu einer größeren Rechtssicherheit nicht nennenswert beitragen."[478] Im Schrifttum hat man wiederholt versucht, eine allgemeingültige Begriffsdefinition zu finden[479] oder eine Art Kerndefinition[480] herzuleiten. Der Gesetzgeber hat jedoch erst jüngst durch das 3. OpferRRG seinen bisherigen Ausgangspunkt bekräftigt und bewusst auf eine Begriffsdefinition verzichtet.[481] Es besteht zwar das Risiko einer uneinheitlichen Auslegung in Literatur und Rechtsprechung. Dieses wird allerdings hingenommen, weil man der Überzeugung ist, dass im Kern ohnehin nicht mit wesentlichen Differenzen zu rechnen sei.[482]

Als gemeinsamen und unumstrittenen Nenner kann man festhalten, dass sich der Verletzte allgemein durch eine stärkere Tatbetroffenheit gegenüber anderen Staatsbürgern abgrenzen lässt.[483] Demnach ist die potenzielle Spannweite des Verletztenbegriffs allerdings sehr weit, wenn man bedenkt, dass die Folgen einer Straftat einen großen Personenkreis betreffen und verschiedenste individuelle Interessen von unterschiedlichem Gewicht beeinträchtigen können. Darunter würde bereits eine erhöhte subjektive Betroffenheit zählen müssen, die bspw. traumatisierte Tatzeugen oder solche Personen, die sich durch die Straftat ganz besonders in ihrem Rechts- und Gerechtigkeitsempfinden beeinträchtigt fühlen, empfinden. Diese Beispiele verdeutlichen, dass einer Konturenlosigkeit des Verletztenbegriffs die Gefahr immanent ist, dass das Verfahren mit verschiedensten Interessen überfrachtet wird und damit auch die Funktionstüchtigkeit des Kriminaljustizapparates gefährden könnte. Der Verletztenbegriff erfüllt daher als Anwendungsvoraussetzung eine limitierende Funktion, die selbstbeschränkend zugleich einen angemessenen Rahmen um den potenziell uferlosen

---

478 BT-Drucks. 10/5305, S. 16 f.

479 *Henkel*, Strafverfahren, S. 234, der eine Auflage später (1968), S. 184 f., von seiner Begriffsdefinition absieht.

480 *Strüwer*, Verletztenbegriff, S. 184 f., der abgesehen von den auf das Zivilrecht abstellenden Vorschriften einen einheitlichen Verletztenbegriff formuliert, wobei sich die Untersuchung noch auf die Rechtslage vor dem Opferschutzgesetz 1986 bezieht; aktueller nun LR-StPO/*Hilger*, Vor §§ 374 ff. Rn. 20.

481 Siehe BT-Drucks. 18/4621, S. 13.

482 Mit Blick auf die bisherige Kasuistik zustimmend LR-StPO/*Graalmann-Scheerer*, § 172 Rn. 49 m.w.N., die jedoch darauf hinweist (vgl. dort Fn. 125), dass dies nicht die „einhellige Meinung" sei.

483 SK-StPO/*Wohlers*, § 172 Rn. 25; OLG Hamburg, Beschluss vom 24.06.1966 – 2 Ws 182/66 (NJW 1966, S. 1933 f.) zur Verletzteneigenschaft nach § 172 StPO wegen Verbreitung unzüchtiger Schriften.

Betroffenenkreis ziehen muss.[484] Unter Beachtung der oben zitierten Gesetzesbegründung handelt es sich nicht um eine statische, sondern um eine dynamische Limitierung, bei der für die Auslegung des Verletztenbegriffs zusammengefasst das Folgende zu beachten ist:

Nach dem Willen des Gesetzgebers wird die Reichweite des jeweiligen Verletztenbegriffs anhand der Funktionsbestimmung der Strafprozessrechtsnorm bestimmt. Somit sind sprachliche, historische und systematische, insbesondere aber teleologische Erwägungen zur Norm ausschlaggebend. Nach diesem Konzept ist jeder einzelne Verletztenbegriff in seinem Wesen unbeständig, da sich Änderungen am Gesetzestext oder unterschiedlich auslegbare bzw. sich wandelnde Funktionsbestimmungen auf seine Reichweite auswirken können. Der Gesetzgeber und die Rechtsprechung müssen sich bei Aus- und Umgestaltung bzw. bei Anwendung und Auslegung der Strafprozessrechtsnorm dieser Unbeständigkeit bewusst sein. Eine gewisse Stabilität soll der Verletztenbegriff – laut Gesetzgeber – allerdings durch die aus § 172 StPO hervorgegangenen dogmatischen Ausgangspunkte erlangen.[485] Sie werden im Schrifttum als Leitbild bzw. Vergleichsmaßstab bezeichnet, an deren Auslegungskriterien und -ergebnisse insoweit angeknüpft werden könne.[486] Deshalb wird zunächst der Verletztenbegriff zum Klageerzwingungsverfahren gem. § 172 StPO nach obigen Kriterien untersucht. Anschließend ist auf die Verletztenbegriffe des 5. Buches der StPO (§§ 374 ff.) und auf den Verletztenstatus minderjähriger Verletzter sowie Angehöriger einzugehen.

(a) Klageerzwingungsverfahren (§ 172 StPO)

(α) Funktionsbestimmung der Norm

Das Klageerzwingungsverfahrens gem. § 172 StPO ist systematisch nicht (wie die anderen für die Auslegung des Verletztenbegriffs relevanten Rechtsinstitute) dem 5. Buch „Beteiligung des Verletzten im Strafverfahren" zugeordnet, sondern es unterfällt dem 2. Abschnitt des 2. Buches „Verfahren im ersten Rechtszug", der die Vorschriften über die Vorbereitung der Anklage enthält. Es ermöglicht dem Verletzten der Straftat, gegen den staatsanwaltschaftlichen Einstellungsbescheid eine „gerichtliche Entscheidung" zu beantragen, um ggfs. die Erhebung der Klage durch das Gericht erzwingen zu lassen.[487]

---

484 In diesem Sinne bereits *Frisch,* JZ 1974, 7 (9).

485 Historisch verdeutlicht dies *E. Schmidt,* StPO 1957, 5. Buch, Vorbem. 5–9, Rn. 9, da die Erläuterungen zum Begriff des Verletzten im Klageerzwingungsverfahren „im gleichen Sinn" für die §§ 374, 395, 403 StPO galten.

486 Vgl. *Rieß,* Jura 1987, 281 (282); *Eckstein,* FS Schroeder, S. 781 m.w.N.

487 Zum Klageerzwingungsverfahren siehe auch unten S. 399 ff.

Die (bislang) herrschende Auffassung in Rechtsprechung sowie Literatur sieht den Zweck des Klageerzwingungsverfahrens ausschließlich in der „Kontrolle über die Ausübung des Legalitätsprinzips", das die Strafverfolgungsbehörden verpflichtet, wegen aller verfolgbaren Straftaten einzuschreiten und die Ermittlung aufzunehmen, sofern zureichende tatsächliche Anhaltspunkte vorliegen und die Verfolgung des Beschuldigten erfordern (§ 152 Abs. 2 StPO).[488] Anderen Normzwecken, darunter insbesondere die Durchsetzung subjektiver öffentlicher Rechte des Verletzten, wird jedwede Legitimation abgesprochen.[489] Neben der Gesetzessystematik beruft sich die herrschende Meinung maßgeblich auf die Entstehungsgeschichte der Norm. Nach dem ursprünglichen Willen des Gesetzgebers wurde die Antragsbefugnis nämlich nur deshalb an die Verletzteneigenschaft (und damit den Verletztenbegriff) gekoppelt, weil sich die während des damaligen Gesetzgebungsverfahrens weitergehende Forderung, nach der jeder Anzeigeerstatter *(quivis ex populo)* die öffentliche Anklage erzwingen können sollte, als nicht mehrheitsfähig erwiesen hatte.[490] Der Verletztenbegriff stellt eine Kompromisslösung der sich im damaligen Gesetzgebungsverfahren gegenüberstehenden „Lager" dar. Das verdeutlicht der Umstand, dass der Verletztenbegriff als Anwendungsbegrenzung erst in der dritten und damit letzten Lesung der Reichstagsberatungen eingeführt wurde.[491] Der Verletzte der Straftat schien ein geeigneter Kompromiss zu sein, weil man gerade durch ihn ein gesteigertes Interesse an der Kontrolle der staatsanwaltschaftlichen Ermittlungstätigkeit vermutete und er damit ein nützliches „Instrument" zur Sicherung des Legalitätsprinzips darstellte[492]. Demnach bezweckte der Gesetzgeber – was die Gesetzessystematik bestätigt – offensichtlich nicht, das „Verfolgungsinteresse" des Verletzten dem Normzweck zuzuordnen. Das Klageerzwingungsverfahren wird insoweit trefflich auch als „limitierte Popularklage"[493] charakterisiert.

---

488 SK-StPO/*Wohlers,* § 172 Rn. 2 ff.; KK-StPO/*Moldenhauer,* § 172 Rn. 1; KMR-StPO/*Plöd* (73. EL), § 172 Rn. 1; *Hermann,* ZIS 2010, 236 (240); *Küpper,* Jura 1989, 281 (281); *Ostendorf,* Recht und Politik 1980, 200 (203); *Kirstgen,* Klageerzwingungsverfahren, S. 8 f. m.w.N.

489 Vgl. insbesondere *Ostendorf,* Recht und Politik 1980, 200 (201 ff.); ferner SK-StPO/*Wohlers,* § 172 Rn. 3.

490 Ausführlich *Strüwer,* Verletztenbegriff, S. 89 ff; *Maiwald,* GA 1970, 33, (46), (50).

491 LR-StPO/*Graalmann-Scheerer,* § 172 Rn. 2 (dort insbesondere Fn. 6).

492 *Wohlers,* NStZ 1990, 98 (99).

493 SK-StPO/*Wohlers,* § 172 Rn. 3; *Bohnert,* Abschlußentscheidung, S. 334 „Klageerzwingung ist limitierte Popularklage. Das Limitationskriterium ist prozessual zufällig und gründet auf Erwägungen der Zweckmäßigkeit".

Dieser herrschenden Rechtsauffassung hält eine Mindermeinung entgegen, dass sich der Normzweck des § 172 StPO nicht allein in der Wahrnehmung von Allgemeininteressen in Form der „Gewährleistung eines objektiven Rechtsprinzips“ erschöpft. Teilweise wird dabei vertreten, dass der Schutz des Verletzten, soweit dieser durch die Einstellung des Verfahrens beschwert ist, im Vordergrund stehe und erst insoweit dem Legalitätsprinzip ganz im Sinne einer „Reflexwirkung“ diene.[494] Teilweise wird auch vertreten, dass das subjektive Verletzteninteresse und das objektive Allgemeininteresse „gleichrangig“ nebeneinander stünden.[495]

Bewertet man diese beiden Rechtsauffassungen zur Normfunktion des § 172 StPO, dann ist vorweg festzustellen, dass man der Mindermeinung, die sich zumindest für die Einbeziehung des Verletzteninteresses unter den Normzweck ausspricht, bislang – und in überzeugender Weise – mit den eindeutigen systematischen und historischen Argumenten begegnen konnte. Insbesondere gelang es den Vertretern dieser Mindermeinung nicht, eine überzeugende und allgemein anerkannte verfassungsrechtliche Rechtsgrundlage ins Feld zu führen, um im Wege teleologischer Auslegung ein „subjektiv-öffentliches Recht“ aus § 172 StPO heraus zu begründen. Dies wurde frühzeitig als ein wesentliches Defizit dieser Gegenposition erkannt.[496] Mit Rücksicht auf die jüngste verfassungsrechtliche Entwicklung ist dieser Kritikpunkt jedoch entfallen[497]. Die jetzige Auslegung des § 172 StPO, wie in sämtlichen oben aufgeführten Entscheidungen des BVerfG hervorgehoben wurde, beseitigt dieses Defizit, denn sie setzt auf einfachgesetzlicher Ebene den vom BVerfG hergeleiteten Anspruch des Opfers schwerer Straftaten auf effektive Strafverfolgung um. Der Standpunkt der über Jahrzehnte überzeugenden herrschenden Meinung zum Normzweck des § 172 StPO ist somit nicht länger haltbar. Es muss im Rahmen teleologischer Auslegung nunmehr das Verletzteninteresse an der Strafverfolgung einbezogen werden, zumindest bei den Verletzten schwerer Straftaten gegen die Rechtsgüter „Leben, körperliche Unversehrtheit, sexuelle Selbstbestimmung und Freiheit der Person“. Die zunächst im Schrifttum teilweise vertretene Meinung, die sich für

494 *Hefendehl,* GA 1999, 584 (586 f.); zustimmend OLG Brandenburg, Beschluss vom 16.11.2009 – 1 Ws 179/09; *Krumm,* NJW 2013, 2948 (2948 f.); *Roxin/Schünemann,* Strafverfahrensrecht, § 41 Rn. 2.

495 *Beulke,* StPO, Rn. 344; *Kindhäuser,* StPO, § 11 Rn. 1; *Wehnert,* Klageerzwingungsverfahren, S. 19 f.

496 *Weigend,* Deliktsopfer, S. 492.

497 Siehe oben, S. 153 ff.

einen dichotomen Normzweck des § 172 StPO ausgesprochen hatte, entspricht nunmehr der herrschenden Rechtslage.

(β) Dogmatische Bestimmung des Verletztenbegriffs

In Rechtsprechung und Schrifttum hat sich eine retrospektive und eine prospektive Sichtweise zur Herleitung der Verletzteneigenschaft herausgebildet[498].

Die retrospektive Sichtweise hat erstmals das Reichsgericht in einer Entscheidung aus dem Jahre 1935 eingenommen. Es vertrat die Auffassung, dass „als Verletzter nur der erachtet werden kann, in dessen Rechte die strafbare Handlung unmittelbar eingreift, nicht aber schon der, den nur die schädlichen Folgen der Straftat treffen. Ein unmittelbarer Eingriff in die Rechte eines Dritten liegt stets vor, wenn die Handlung gegen ein Rechtsgut des Dritten gerichtet ist. Die Strafvorschrift muss also unmittelbar dem Schutz des Dritten dienen.“[499] Man rezipierte diese Äußerung dahingehend, dass nur derjenige als verletzt anzusehen sei, in dessen Person dasjenige Rechtsgut unmittelbar beeinträchtigt sei, das durch den Straftatbestand konkret geschützt werden solle.[500] Die dogmatische Herangehensweise des Reichsgerichts war für die darauf folgende Entwicklung des Verletztenbegriffs prägend, da höchstrichterliche Entscheidungen zum Verletztenbegriff bis heute nur selten ergangen sind. In der oberlandesgerichtlichen Rechtsprechung, die primär für die Auslegung des Verletztenbegriffs bestimmend war und ist, wurde als Verletzter fortan bezeichnet, wer *unmittelbar* durch die Straftat in seinen *Rechten* beeinträchtigt ist.[501] Die heute herrschende Meinung in Rechtsprechung und Literatur hat an dieser Verletztenbegriffsdefinition bis heute im Kern festgehalten. Allerdings haben sich dabei verschiedene Varianten mit offensichtlich auch substanziellen Abweichungen herausgebildet. Während in der OLG Rechtsprechung von der Rechtsbeeinträchtigung kaum mehr die Rede ist, stellt man heute entweder auf die *unmittelbare Beeinträchtigung eines Rechtsguts*[502] oder auf die unmittelbare

498 Die Unterscheidung in retrospektiv und prospektiv ist angelehnt an *Eckstein,* FS Schroeder, S. 781.

499 RGSt 69, 107, 108.

500 Hierauf basiert die von *Henkel* zunächst vertretene allgemeingültige Begriffsdefinition (vgl. Fn. 479).

501 Als „feststehende Rechtsprechung“ bezeichnet OLG Stuttgart, Beschluss vom 03.11.1950 – Ws 180/50 (NJW 1951, 42 f.); „Überwiegende Meinung“, OLG Hamm, Beschluss vom 20.08.1954 – 3 Ws 127/54 m.w.N. (NJW 1954, 1659 f.).

502 OLG Braunschweig, Beschluss vom 29.08.2013 – 1 Ws 227/13, juris, Rn. 2; OLG Dresden, Beschluss vom 30.09.1996 – 1 Ws 186/96, juris, Rn. 7; OLG Hamm, Beschluss

Beeinträchtigung von *Rechten, Rechtsgütern oder rechtlich anerkannten Interessen*[503] ab.

Von einer allgemein geltenden Definition des Verletztenbegriffs kann also nicht ausgegangen werden. Man bezeichnet sie wegen der unbestimmten und variierenden Merkmale als „formelhafte Wendung“[504]. Kritisiert wird insbesondere, dass nicht klar sei, was unter *sonstigen Rechten* oder *rechtlich anerkannten Interessen* überhaupt zu verstehen ist, wenn diese Merkmale neben dem offensichtlich als zu eng empfundenen *Rechtsgutsbegriff* stehen[505] und für sich die Verletzteneigenschaft begründen können. Tatsächlich liefert hier weder die Rechtsprechung noch das Schrifttum eine befriedigende Antwort. Unter Bezugnahme auf ein Urteil des BGH wird diese Unterscheidung vereinzelt insoweit erläutert, als eine Person nur dann als durch eine Straftat verletzt gelten kann, wenn die übertretene Strafnorm – zumindest auch – die Rechte dieser Person schützen soll.[506] Unter diesen Vorzeichen lassen sich die drei genannten Merkmale zur Bestimmung des Verletzten aber inhaltlich nicht voneinander abgrenzen. Geht man nämlich mit der herrschenden Ansicht davon aus, dass allgemein die Aufgabe des Strafrechts im Rechtsgüterschutz liegt[507], dann lässt sich der Verletzte der Straftat schlichtweg nur über das von der Strafnorm geschützte Rechtsgut definieren[508]. Das zusätzliche Abstellen auf sonstige Rechte oder rechtlich anerkannter Interessen entpuppt sich demnach als inhaltsleer.

Die Existenz der unbestimmten Merkmale zur Feststellung der Verletzteneigenschaft hängt folglich mit der Entstehungsgeschichte des § 172 StPO zusammen, weil man mit § 172 StPO ein weitreichendes – aber nicht jedermann zustehendes – Kontrollmittel zur Einhaltung des Legalitätsprinzips etablieren wollte. Man befürwortete einen möglichst extensiven Verletztenbegriff[509] auf Kosten der Bestimmtheit.

---

vom 06.02.1986 – 6 Ws 9/86, juris, Rn. 9; OLG Koblenz, Beschluss vom 05.04.1984 – 1 Ws 224/84.

503 OLG Bamberg, Beschluss vom 17.12.2015 – 3 Ws 47/15, juris, Rn. 3; OLG Düsseldorf, Beschluss vom 23.04.1992 – 1 Ws 244/92, juris, Rn. 3; OLG Brandenburg, Beschluss vom 30.07.2008 – 1 Ws 111/08, juris, Rn. 12; OLG Stuttgart, Beschluss vom 04.12.2000 – 1 Ws 222/00, juris, Rn. 8.

504 *Bloy*, JR 1980, 480 (480).

505 Dies kritisierend *Hefendehl*, GA 1999, 584 (589).

506 Siehe KK-StPO/*Moldenhauer*, § 172 Rn. 19; KMR-StPO/*Plöd* (73. EL), § 172 Rn. 20.

507 Statt vieler SK-StGB/*Rudolphi*, Vor § 1 Rn. 2.

508 *Hefendehl*, GA 1999, 584 (589).

509 Vgl. LR-StPO/*Graalmann-Scheerer*, § 172 Rn. 50 m.w.N.

Inzwischen stellt eine in der Rechtsprechung im Vordringen befindliche Rechtsansicht für die Bestimmung der Verletzteneigenschaft auf den „Schutzbereich der Strafnorm“ ab.[510] Festzustellen ist, dass auch die Schutzbereichslehre einer Differenzierung in sonstige Rechte oder rechtlich anerkannter Interessen[511] allgemein nicht zugänglich ist, weil sich der Schutzbereich der Strafnorm ausschließlich nur über das durch die Strafnorm zu schützende „Rechtsgut“ sinnvoll umreißen lässt.[512] Die Schutzbereichslehre hat den Vorteil, dass eine methodisch einheitliche Bestimmung des Verletzten erfolgt und damit die Gefahr unterschiedlicher Auslegungsergebnisse in der Rechtspraxis[513] minimiert wird. Zudem macht das Abstellen auf den Schutzbereich auch das unbestimmte Kriterium der „Unmittelbarkeit“ überflüssig. Dieses hatte sich insbesondere deshalb etabliert, da man früher der Auffassung war, dass eine wirksame Auslegung des Verletztenbegriffs nur mit Hilfe des Unmittelbarkeitskriteriums gelingen könne.[514] Dieser Standpunkt dominierte den rechtspolitischen Dialog und trübte den Blick für die eigentlich wesentliche, dem Unmittelbarkeitskriterium vorangestellte Frage, welche Rechte schützenswert sind.[515] Bei Heranziehung der Schutzbereichslehre könnte auf die Unmittelbarkeit gänzlich verzichtet werden, denn sobald ein Individualrechtsgut durch eine Strafnorm geschützt ist, kommt dies ausnahmslos einer unmittelbaren Rechtsgutsverletzung gleich.[516] Ob die

---

510 OLG Brandenburg, Beschluss vom 30.07.2008 – 1 Ws 111/08, juris, Rn. 12; noch zurückhaltender („in Zweifelsfällen“) OLG Stuttgart, Beschluss vom 04.12.2000 – 1 Ws 222/00, juris, Rn. 8; OLG Bremen, Beschluss vom 01.10.1987 – Ws 118/87 (NStZ 1988, 39 ff.).

511 Das Abstellen auf „sonstige Rechte oder rechtlich anerkannte Interessen“ würde nur einen eigenen substanziellen Gehalt aufweisen, wenn man auf die Rechtssphäre einer Person abstellt und demnach die Beeinträchtigung irgendeines von der Strafrechtsordnung anerkannten Rechtsguts ausreichen ließe (vgl. *Frisch,* JZ 1974, 7, 8). Es ist jedoch nicht ersichtlich (anders wohl *Eckstein,* FS Schroeder, S. 781, allerdings ohne Angabe einer Fundstelle), dass dies vertreten wird.

512 Zutreffend *Hefendehl,* GA 1999, 584 (589 f.); zwischen Rechtsgutbegriff und Schutzzweck differenzierend, jedoch nicht erklärend, AK-StPO/*Moschüring,* § 172 Rn. 6.

513 Vgl. jetzt zur Frage der „Verletzteneigenschaft bei Volksverhetzung“ die methodisch zweifelhafte Herleitung ohne Rechtsgutsbezug des OLG Karlsruhe, Beschluss vom 10.02.1986 – 1 Ws 7/86 (NJW 1986, 1276 f.) und die methodisch überzeugendere Herleitung mit Rechtsgutsbezug i.S.d. der Schutzbereichslehre durch das OLG München, Beschluss vom 25.03.1985 – 2 Ws 242/85 (NJW 1985, 2430 f.).

514 *Kalsbach,* Gerichtliche Nachprüfung, S. 85 m.w.N.; *Neß,* Begriff des Verletzten, S. 67 ff.

515 So feststellend *Kalsbach,* Gerichtliche Nachprüfung, S. 86 f.

516 In diesem Sinne auch *Hilger,* GA 2007, 287 (292).

Strafnorm das Individualrechtsgut vorrangig, gleichrangig oder als Nebenzweck schützt, sollte – im Zweifel – zugunsten des Verletzten ausfallen.[517] Danach führen konkrete Gefährdungsdelikte zu der Annahme des Verletztenstatus, da diese stets auch Individualrechtsgüter schützen.[518] Über die Schutzbereichslehre werden nicht nur natürliche, sondern juristische Personen – ggfs. Behörden – als Verletzte einer Straftat erfasst, wenn sie als Träger des geschützten Rechtsguts[519] gelten können. Im Versuchsstadium befindliche Straftaten werden ebenfalls die Verletzteneigenschaft begründen, da normativ die Rechtsgutsverletzung schon in der versuchten Tatausführung zu erblicken und eine faktische Beeinträchtigung nicht zwingend wäre.

Der *prospektive Ansatz* zur Herleitung der Verletzteneigenschaft wurde nicht über die Rechtsprechung, sondern vom Schrifttum durch *E. Schmidt* eingeführt, der das Verlangen des Verletzten nach Strafverfolgung aus einem rechtlich anzuerkennenden *Vergeltungsbedürfnis* ableitete. Der Staat werde durch die Nichtdurchführung des Verfahrens der Justizgewährungspflicht nicht ausreichend gerecht, die er gegenüber dem Verletzten der Straftat als besonders Betroffenen zu erfüllen habe. Der Kreis an potenziellen Verletzten müsse ausgeweitet werden, weil die Verletzteneigenschaft bspw. der Witwe eines Getöteten, seinen Kindern oder sonstigen nahen Familienangehörigen nicht aberkannt werden dürfe.[520] Andernfalls nehme das Ansehen der Strafrechtspflege und das Vertrauen in die Rechtsdurchsetzung des Staates Schaden.[521]

Das Vergeltungsbedürfnis ist nicht nur im Schrifttum auf Zustimmung gestoßen, sondern ist auch in der oberlandesgerichtlichen Rechtsprechung wiederholt zur Annahme der Verletzteneigenschaft herangezogen worden.[522] Es wurde in der Rechtsprechung als Alternative zum herkömmlichen retrospektiven Ansatz verstanden. Das Vergeltungsbedürfnis wurde *rechtsethisch* ausdrücklich

---

517 Vgl. hierzu OLG Celle, Beschluss vom 26.04.1988 – 3 Ws 103/88 (NStZ 1988, 568); „[..] im Zweifel für den Verletzten", so *Küpper*, Jura 1989, 281 (283).

518 Einschränkend OLG Stuttgart, Beschluss vom 20.12.1996 – 1 Ws 189/96 (NJW 1997, 1320).

519 Ausführlich LR-StPO/*Graalmann-Scheerer*, § 172 Rn. 45, 59 ff.; *Meyer-Goßner/Schmitt*, § 172 Rn. 9 f.

520 *E. Schmidt*, StPO 1957, 2. Buch, 2. Abschnitt, § 171 Rn. 10 f.

521 *E. Schmidt*, StPO 1967, § 172 Rn. 1.

522 Vgl. OLG Braunschweig, Beschluss vom 30.06.1964 – Ws 65/64 (NdsRpfl. 1965, 17 ff.); OLG Celle, Beschluss vom 15.09.1958 – 1 Ws 188/57 (NJW 1960, 835); KG, Beschluss vom 17.12.1956 – 1 Ws 396/56 (JR 1957, 71 f.); OLG Celle, Beschluss vom 09.09.1954 – 2 Ws 209/54 (NJW 1954, 1660).

befürwortet, soweit der staatliche Strafanspruch in seinem Wesen unangetastet blieb.[523] Diese Auffassung stand mit dem damaligen gesellschaftspolitischen Zeitgeist in Einklang. Obwohl den Bedürfnissen des Verletzten im Rahmen der Strafzwecke keine eigenständige Bedeutung zugesprochen wurde[524], konnte das damals praktizierte vergeltungsorientierte Strafrechtskonzept den Weg dafür ebnen, ein Vergeltungsbedürfnis des Verletzten als privates Interesse zur Erzwingung der Strafverfahrensdurchführung rechtsethisch anzuerkennen. Vereinzelt wurde sogar betont, dass „das Vergeltungsbedürfnis der Allgemeinheit nicht stärker sein kann als das des Betroffenen“.[525]

Heute ist festzustellen, dass sich das Vergeltungsbedürfnis zur Bestimmung der Verletzteneigenschaft weder im Schrifttum noch in der Rechtsprechung durchgesetzt hat. In der jüngeren Rechtsprechung spricht man von einer „verschwommenen, alttestamentarisch anmutenden Formel“, die „als nicht brauchbar verworfen“ wurde[526], ohne jedoch die konkreten Ablehnungsgründe zu nennen. Kritik kam nur aus dem Schrifttum: Jeder Einzelfall unterläge den Gefühlen und Wertungen des Richters[527] und es fehle an einer Normativierung des Vergeltungsbedürfnisses.[528] Wie die einschlägige Rechtsprechung verdeutlicht[529], trafen diese Kritikpunkte zu. Ursprünglich sollte das Vergeltungsbedürfnis zu einer Erweiterung des Verletztenbegriffs führen, wurde aber nach Belieben restriktiv interpretiert. Der Kreis der unter den Verletztenbegriff einzubeziehenden Angehörigen ließ sich methodisch nicht rational begrenzen. So wurde teilweise der Todeseintritt des Verletzten nicht einmal als erforderlich angesehen, um einem Angehörigen das Vergeltungsbedürfnis zur Begründung ihrer Verletzteneigenschaft zuzusprechen.

Diese dem Vergeltungsbedürfnis zugewandte Rechtsprechung verstummte um die Zeit der großen Strafrechtsreformgesetze vollständig. Der Grund hierfür lag allerdings weniger in den aufgeführten Defiziten des Ansatzes, als vielmehr

---

523 *E. Schmidt,* StPO 1957, 2. Buch, 2. Abschnitt, § 171 Rn. 10 „[…] bei dem vom Standpunkte vernünftiger Lebenserfahrung aus mit einem nicht nur begreiflichen, sondern auch rechtsethisch durchaus zu billigenden Vergeltungsbedürfnis […]“. Dem fügte *E. Schmidt,* StPO 1967, § 172 Rn. 1 später hinzu, dass der staatliche Strafanspruch jedoch nicht in den Dienst des Verfolgungsanspruchs des Verletzten gestellt werden dürfe.

524 *Zipf,* Strafmaßrevision, S. 105; *Bruns,* Strafzumessungsrecht, S. 242.

525 *Moller,* NJW 1966, 1253 (1254).

526 OLG Stuttgart, Beschluss vom 04.12.2000 – 1 Ws 222/00, juris, Rn. 8.

527 *Strüwer,* Verletztenbegriff, S. 132 m.w.N.

528 *Hefendehl,* GA 1999, 584 (589).

529 Siehe oben Fn. 522.

in der Einführung der allgemeinen Strafzumessungsvorschrift (§ 13 a.F.; heute § 46 StGB), mit der kriminalpolitischen Zweckerwägung, die bestehende Willkür und Ungleichheit in der richterlichen Strafzumessung einzudämmen und nicht mehr überwiegend dem persönlichen Rechtsgefühl des Richters zu überlassen.[530] Die Neuregelung ist die Folge des Wandels von einem vergeltungs- zu einem präventionsorientierten Strafrechtskonzept. Es wurde vor allem dem Resozialisierungsgedanken eine besonders große Bedeutung zugesprochen[531] und die Vergeltung verlor ihren Status als dominierender Zweck der Kriminalstrafe.[532] Dadurch brachen zwei bedeutende Stützen des Vergeltungsbedürfnisses zur Bestimmung der Verletzteneigenschaft weg. Zum einen stand die Eindämmung des bislang dominanten Rechtsgefühls des Richters durch eine generell stärkere Bindung an normative Kriterien dem flexiblen Ansatz von *E. Schmidt* entgegen. Zum anderen – was ausschlaggebend ist – ließ sich das Vergeltungsbedürfnis *rechtsethisch* nicht länger halten, weil dieses die Hegemonie der Vergeltungsstrafe voraussetzte.

Nach Einführung der allgemeinen Strafzumessungsvorschrift und dem Wandel von einem vergeltungs- zu einem präventionsorientierten Strafrechtskonzept wurde der retrospektive Ansatz von *E. Schmidt* weiterentwickelt und versucht, sich dabei von dem Vergeltungsbedürfnis zu distanzieren. So vertritt *Maiwald* die Meinung, dass dem Verletzten aus der gegen ihn gerichteten Straftat ein Anspruch gegen die Allgemeinheit erwachsen müsse, dass keine unberechtigte Einstellung des Verfahrens erfolge. Dieses Interesse bezeichnet er als persönlichen *Genugtuungsanspruch*, der von dem zivilrechtlichen Anspruch auf Entschädigung unterschieden werden müsse und „über den staatlichen Strafanspruch hinausgehe". Die Legitimation des Genugtuungsanspruchs wird mit der Schutzfunktion der Strafrechtsordnung, namentlich dem Rechtsgüterschutz begründet, wonach das Verlangen eines Verletzten nach Bestrafung des Täters in den Vordergrund rücken und besonderes Gewicht erlangen würde.[533] Insoweit trennt *Maiwald* das private vom allgemeinen Verfolgungsinteresse, das dem staatlichen Strafanspruch zwar untergeordnet ist, darin aber eine eigenständige Funktion erhält. Welche Kriterien zur Annahme des Genugtuungsanspruchs führen, wird aber nicht erklärt. Zudem erweist sich der Gedanke, die Verfolgung

---

530 Hierzu NK-StGB/*Streng*, § 46 Rn. 2 ff.

531 Ausführlich NK-StGB/*Streng*, § 46 Rn. 33.

532 Laut *Frisch*, Strafkonzept, S. 271 f. hat bspw. die BGH-Rechtsprechung tunlichst vermieden, von einem Hauptzweck der Strafe zu sprechen, insbesondere nicht in Verbindung mit „Vergeltung und Sühne".

533 *Maiwald*, GA 1970, 33 (52).

des Täters mit Hilfe der Schutzfunktion der Strafrechtsordnung zu legitimieren, als nicht tragfähig, weshalb er auch erhebliche Kritik[534] hervorrief.

Die Koexistenz von „allgemeinen und privaten Interessen" beim Klageerzwingungsverfahren nimmt später *Frisch* zum Anlass, ein – strafrechtliches – Genugtuungsinteresse des Verletzten anzuerkennen. Im Gegensatz zu *Maiwald* beschäftigt er sich mit der Frage, unter welchen Umständen ein solches Genugtuungsbedürfnis zugesprochen werden müsste, und wird vor allem im materiellen Strafrecht fündig. Nach seiner Ansicht liege ein „berechtigtes Genugtuungsverlangen" vor, wenn der Betroffene unter den Schutzbereich der verletzten Strafnorm falle.[535] Insofern hat sich *Frisch* frühzeitig für die Schutzbereichslehre ausgesprochen und die dogmatischen Grundpositionen einander stark angenähert. Abweichungen ergeben sich aber dadurch, dass „sonstige normative Anhaltspunkte" für die Annahme des Bedürfnisses bereits genügen sollten.[536] *Frisch* ordnet dabei das Genugtuungsbedürfnis dem öffentlichen Strafanspruch als unselbstständigen Bestandteil unter, hält darin jedoch eine herausragende Position des Verletzten für gerechtfertigt, da das Genugtuungsverlangen „ein die Vergeltungs- und Sühnestrafe [...] wesentlich mittragender Gesichtspunkt ist".[537]

Das Genugtuungsinteresse – sozusagen der Nachfolger des Vergeltungsbedürfnisses – zur Bestimmung des Verletzten hat aber nur im Schrifttum Anklang gefunden.[538] In der Rechtsprechung findet es bis heute keine Verwendung.[539] Einzig das *OLG Dresden* hat diesen Ansatz ein einziges Mal ergänzend aufgegriffen, dabei jedoch zugleich Bedenken an der Anerkennung dieses Interesses geäußert. Zudem verdeutlicht diese Entscheidung, dass die Versuche einer Normativierung des Genugtuungsinteresses – d.h.: dieses an normative Kriterien zu koppeln und durch Objektivierung dem dominierenden Rechtsgefühl des Richters zu entziehen – keinen nachhaltigen Erfolg erzielten.[540] Insbesondere beim

534 *Ostendorf*, Recht und Politik 1980, 200 (202); im Ergebnis auch *Seelmann*, JZ 1989, 670 (676).

535 *Frisch*, JZ 1974, 7 (11).

536 *Frisch*, JZ 1974, 7 (10 ff.).

537 *Frisch*, JZ 1974, 7 (10).

538 Vgl. LR-StPO/*Graalmann-Scheerer*, § 172 Rn. 53; *Bloy*, JR 1980, 480 (481); SK-StPO/*Velten*, § 374 Rn. 10.

539 Einzige Ausnahme hier das OLG Stuttgart, Beschluss vom 01.12.1975 – 1 Ws 329/75 (Justiz 1976, 306), wobei das Bestehen eines Genugtuungsinteresses schlichtweg ohne Erläuterungen festgestellt wurde.

540 OLG Dresden, Beschluss vom 30.09.1996 – 1 Ws 186/96 (NStZ-RR 1998, 338): „Auch soweit ein spezifisches strafrechtliches Genugtuungsinteresse als maßgebliches

Ansatz von *Frisch* wird darüber hinaus deutlich, dass das Genugtuungs- gegenüber dem Vergeltungsbedürfnis letztlich nur in einem anderen Gewand auftritt, da sich beide über die Vergeltungsstrafe legitimieren. Der Schritt zur Emanzipierung des Genugtuungs- vom Vergeltungsinteresse gelang damit nicht. Es fehlte an einer entsprechenden (verfassungsrechtlichen) Legitimationsgrundlage.

(γ) Bewertung

Soweit der Gesetzgeber bei § 172 StPO von einer Annäherung der unterschiedlichen dogmatischen Ausgangspunkte zur Bestimmung des Verletzten spricht und offensichtlich auch ausgeht, um die fehlende Notwendigkeit einer Begriffsdefinition zu unterstreichen, ist dies nicht nachvollziehbar. Eine prospektive Bestimmung des Verletzten über das Vergeltungsbedürfnis ist rechtsethisch nicht mehr vertretbar. Das Genugtuungsbedürfnis findet in der Rechtspraxis keinen Anklang. Es hat sich ausschließlich eine retrospektive Sichtweise durchgesetzt. Dabei fällt auf, dass die Entwicklung dieses dogmatischen Ausgangspunktes durchweg darauf abzielte, ein möglichst „weites" Begriffsverständnis des Verletzten zu erhalten, um eine größtmögliche Kontrolle über die Einhaltung des Legalitätsprinzips seitens der Staatsanwaltschaft sicherzustellen. Diese weite Auslegung des Verletztenbegriffs steht mit dem ursprünglichen Normzweck des § 172 StPO auch durchaus in Einklang. Allerdings geht es zu Lasten der Bestimmtheit des Verletztenbegriffs. Das nämlich neben dem – durch die Strafnorm – geschützten Rechtsgut zusätzliche Abstellen auf „sonstige Rechte oder rechtlich anerkannten Interessen" mag zwar den erwünschten weiten Beurteilungsspielraum schaffen, ist jedoch aufgrund des unklaren Aussagegehalts unter rechtsstaatlichen Gesichtspunkten abzulehnen. Allein die Schutzbereichslehre ist über das durch eine Strafnorm „konkret geschützte Rechtsgut" in der Lage, eine methodisch einheitliche Bestimmung der Verletzteneigenschaft zu gewährleisten.

Nach dem Willen des Gesetzgebers bemisst sich die Reichweite des Verletztenbegriffs an der Funktionsbestimmung der Strafprozessrechtsnorm. Der § 172 StPO ist ein Beispiel dafür, wie sich die Funktionsbestimmung der Norm wandelt und die Reichweite des Verletztenbegriffs beeinflussen kann. Das Verletzteninteresse an der Unrechtsfeststellung lässt sich nicht mehr aus dem Normzweck des

---

Kriterium anzuerkennen wäre, ist nicht ersichtlich, dass im vorliegenden Fall ein solches besteht. Nach Auffassung des Senats besteht ein derartiges Genugtuungsinteresse nämlich nur dann, wenn der Ast. zunächst selbst alles in seiner Macht Stehende unternommen hat, um dieses in dem die Vortat betreffenden Verfahren zu befriedigen. […]".

§ 172 StPO heraushalten, zumindest was die Verletzten von schwereren Straftaten gegen das Leben, die körperliche Unversehrtheit, sexuelle Selbstbestimmung oder Freiheit der Person betrifft. Diese Funktionserweiterung des Normzwecks hat jedoch keine Beschränkung des Verletztenbegriffs auf ebendiese Straftaten zur Folge, weil neben dem Verletzteninteresse auch weiterhin die Einhaltung des Legalitätsprinzips als mindestens gleichrangiger Normzweck anzusehen ist. Letzteres ermöglicht es dann, den Verletztenbegriff des § 172 StPO auch weiterhin extensiv auszulegen, um eine möglichst umfassende Kontrollmöglichkeit zu gewährleisten. Darüber hinaus führt die Funktionserweiterung dazu, dass nunmehr auch die Angehörigen des durch die Straftat Getöteten unter den Verletztenbegriff des § 172 StPO subsumiert werden können. Das BVerfG hat nämlich klargestellt, dass auch den Angehörigen des Getöteten ein Anspruch auf effektive Strafverfolgung zustehe. Bisher konnten diese dogmatisch gerade nicht mit Hilfe des „retrospektiven Ansatzes" unter den Verletztenbegriff subsumiert werden[541]. Erst durch die Funktionserweiterung kann ihre Verletzteneigenschaft ohne materiell-rechtliche Betroffenheit aus der Anerkennung des Anspruchs auf effektive Strafverfolgung abgeleitet werden.

(b) Privatklage (§§ 374 ff. StPO)

(α) Funktionsbestimmung der Norm

Über das Privatklageverfahren soll der Verletzte bestimmter Straftaten die Strafverfolgung aus eigener Initiative betreiben und die Durchsetzung des Sanktionsanspruchs der Rechtsgemeinschaft bewirken können[542], wenn die Staatsanwaltschaft das dem Offizialprinzip zugrunde liegende „öffentliche Interesse" an der Strafverfolgung ablehnt.

Bei der Suche nach der Funktionsbestimmung der Privatklage ist festzustellen, dass der Gesetzgeber ursprünglich wiederum nicht die Wahrnehmung von Verletzteninteressen vor Augen hatte. Entstehungsgeschichtlich sollte das Privatklageverfahren vielmehr zur Entlastung der Strafverfolgungsbehörden im Bereich der Bagatellkriminalität beitragen. Damals war die Einstellung des Verfahrens aus Opportunitätserwägungen der Rechtspraxis noch fremd und das Legalitätsprinzip verlangte nach uneingeschränkter Strafverfolgung.[543] Trotz Einführung der Opportunitätsvorschriften – namentlich § 153 StPO im Jahre

541 Soweit man diesen Angehörigen dennoch die Berechtigung zur Klageerzwingung einräumt, verhilft man sich bspw. mit einem Verweis auf § 395 Abs. 2 Nr. 1 StPO, vgl. LR-StPO/*Graalmann-Scheerer,* § 172 Rn. 82 m.w.N.

542 *Rieß,* Gutachten, C 20.

543 *Rieß,* Gutachten, C 20 f.

1924 oder dem § 153a StPO im Jahre 1974 – trägt die Privatklage noch immer allein aufgrund ihrer Existenz zur Entlastung der Strafverfolgungsbehörden bei, weil die im Bagatellbereich häufig erfolgende Verweisung der Staatsanwaltschaft auf den Privatklageweg mit einem geringen Ermittlungs- und Bearbeitungsaufwand verbunden ist und selten von dem Verletzten weiter verfolgt wird.[544] Einer verfahrensökonomischen Funktion der Privatklage wird heute dennoch wegen der §§ 153 ff. StPO die Berechtigung abgesprochen.[545] Aus normativer Sicht könne der rein instrumentelle Gedanke nicht mehr „normzwecktragend" sein.[546]

Die Privatklage gem. §§ 374 ff. StPO ist wie die meisten Opferrechtsinstitute – eine Ausnahme stellt das Klageerzwingungsverfahren dar – dem 5. Buch zur „Beteiligung des Verletzten am Strafverfahren" zugeordnet. Es liegt somit aus systematischen Gründen nahe, dass hier bestimmte Opferinteressen eine normzwecktragende Funktion erfüllen. Dies ist insbesondere auch die Botschaft der kriminalpolitischen Agenda der letzten 30 Jahre zum Ausbau der Opferrechte, was auch die Privatklage als den „Pionier" der Opferrechtsinstitute nicht unberührt lassen kann. Die Privatklage gilt heute als ein Strafverfolgungsprivileg des Verletzten, da dieser als einziger Angehöriger der Rechtsgemeinschaft auf eine Bestrafung eigenständig hinwirken darf, um sich „sein Recht zu verschaffen".[547] Sie dient – zumindest auch – der „privaten Satisfaktion" des Verletzten.[548] In einem vielzitierten Beschluss des BVerfG aus dem Jahr 1969 findet dies Bestätigung: „Der Verletzte, der ohne das Eingreifen der StA selbst als Privatkläger auftreten könnte, soll durch die Erhebung der öffentlichen Klage nicht die Möglichkeit verlieren, sein durch § 374 StPO als rechtlich relevant anerkanntes Genugtuungsbedürfnis im Verfahren geltend zu machen", um einen Ausgleich für das erlittene Unrecht zu erlangen.[549] Aus Sicht des BVerfG ist es sachgerecht, wenn es der Gesetzgeber bei „leichten Vergehen", welche „die Allgemeinheit wenig berühren […]", der „Entscheidung des Verletzten überlässt, ob die Straftat

544 Vgl. *Rieß*, SchAZtg. 2000, 306 (310).

545 SK-StPO/*Velten*, Vor. § 374 StPO, Rn. 13; LR-StPO/*Hilger*, Vor § 374 Rn. 13; *Lütz-Binder*, Privatklage, S. 36.

546 In diesem Sinne *Kleinert*, Betroffenheit und Mitwirkung, S. 293 ff.

547 *Maiwald*, GA 1970, 33 (45); *Rieß*, Gutachten, C 20 f.

548 *Weigend*, Deliktsopfer, S. 479.

549 Das BVerfG hat hier über die Verfassungsmäßigkeit der Nebenklagezulassung entscheiden müssen. Zu diesem Zeitpunkt stand die Nebenklage noch in einem engen Zusammenhang mit der Privatklage und erhielt laut BVerfG erst „von hier aus seinen Sinn", BVerfG, Beschluss vom 03.06.1969 – 1 BvL 7/68 (NJW 1969, 1423); siehe auch BGH, Urteil vom 23.01.1979 – 5 StR 748/78 (NJW 1979, 1310).

geahndet werden soll".[550] Dies gelte bei schwereren Straftaten, die den „Rechtsfrieden empfindlicher stören" und an deren Ahndung durchweg ein „öffentliches Interesse bestehe", allerdings nicht.[551] Aus Sicht des BVerfG steht demnach die Genugtuungsfunktion im Fokus des § 374 StPO.[552]

Manche Autoren betonen, dass diese Interpretation straftheoretisch überholt und nicht haltbar sei, da diese Genugtuungsfunktion der Privatklage mit einer übelvergeltenden Strafe korreliere[553], die man hinter sich gelassen habe. Vielmehr handele es sich im Kern um ein vereinfachtes Verfahren für Bagatellstreitigkeiten des alltäglichen Lebens, bei dem insbesondere die *Versöhnung der Beteiligten* angestrebt wird. Schließlich käme nach geltendem Recht eine Bestrafung des Täters im Rahmen des Privatklageverfahrens regelmäßig erst nach einem zuvor gescheiterten Sühneverfahren gem. § 380 StPO als Zulässigkeitskriterium in Betracht.[554] Die Privatklage stelle daher die Aussöhnung der Beteiligten in den Mittelpunkt, was wegen des *ultima ratio* Charakters der Strafe auch dogmatisch eine Grundlage finde[555].

Festzuhalten ist vor diesem Hintergrund, dass die Privatklage zwei Funktionen erfüllt: Aufgrund des gesetzlich vorangeschalteten Sühneverfahrens erfüllt die Privatklage zweifellos eine Versöhnungsfunktion. Zugleich kann dies nicht der tragende Zweckgedanke der Privatklage sein, da das Sühneverfahren nur bei einem Teil der für das Privatklageverfahren enumerativ aufgelisteten Straftatbestände (vgl. § 374 Abs. 1 i.V.m. § 380 Abs. 1 StPO) überhaupt vorgesehen ist. Daher ist die Genugtuungsfunktion das zentrale Element zur Legitimation des Privatklageverfahrens.

(β) Normative Begrenzung des Verletztenbegriffs

Was die dogmatische Bestimmung der Verletzteneigenschaft anbelangt[556], ist auf die obigen Ausführungen zum retrospektiven Ansatz des Klageerzwingungsverfahrens zu verweisen, der für alle Opferrechtsinstitute maßgebend ist.[557] Im

550 BVerfG, Beschluss vom 03.06.1969 – 1 BvL 7/68 (NJW 1969, 1423).

551 BVerfG, Beschluss vom 03.06.1969 – 1 BvL 7/68 (NJW 1969, 1423).

552 Anders noch der Gesetzgeber bei Schaffung der RStPO, hierzu *Altenhain,* JZ 2001, 791 (795).

553 AK-StPO/*Rössner*, Vor § 374 Rn. 3.

554 *Grebing,* GA 1984, 1 (3); *Muttelsee,* Rechtsfrieden, S. 115 f.

555 *Maiwald,* GA 1970, 33 (48).

556 Als Verletzter gem. § 374 Abs. 1 Nr. 1 – 8 StPO gilt, wer in einem der aufgeführten Straftatbestände unmittelbar in dem jeweils geschützten Rechtsgut beeinträchtigt ist, siehe KMR-StPO/*Stöckel* (78. EL), § 374 Rn. 1.

557 Hierzu oben, S. 180 ff.

Vergleich zum Klageerzwingungsverfahren wird die Reichweite des Verletztenbegriffs der Privatklage jedoch zusätzlich durch einen enumerativen Straftatenkatalog (§ 374 Abs. 1 StPO) begrenzt. Verletzter einer Straftat ist nur derjenige, der durch eine der aufgezählten Straftatbestände verletzt wurde. Weil der Gesetzgeber für die Auslegung der Verletztenbegriffe vorgibt, dass dessen Reichweite jeweils anhand der Funktionsbestimmung der Norm zu beurteilen ist, bedeutet das, dass auch ein Limitierungskriterium wie ein Straftatenkatalog mit dem Normzweck kompatibel sein muss. Andernfalls würde das vom Gesetzgeber verfolgte Konzept für die Bestimmung der Reichweite des Verletztenbegriffs nicht vollständig beachtet und umgesetzt.

Die Ausgestaltung des Straftatenkatalogs muss damit primär an dem Genugtuungsinteresse als den maßgeblichen Normzweck ausgerichtet werden. Dem Gesetzgeber kommt dabei ein Ermessensspielraum zu, bei welchen Straftaten die Verfolgung des Genugtuungsbedürfnisses zur Einleitung des Privatklageverfahrens berechtigen können soll.[558] Allerdings muss das Genugtuungsbedürfnis des Verletzten als legitimes und Opferrechte legitimierendes Interesse zugleich eine berechenbare Zielgröße bleiben. Eine rechtspolitisch beliebige und universelle Anwendung dieses Opferbedürfnisses führt nämlich zur Einbuße an „Überzeugungskraft und Berechtigung“ insgesamt, wozu eine zügellose Ausdehnung der privatklagefähigen Straftatbestände beiträgt.[559] Es stellt sich daher die Frage, welche Handlungsanweisungen sich für den Gesetzgeber aus dem – vom BVerfG ausdrücklich als anerkannt bezeichneten – Genugtuungsbedürfnis bei der Ausgestaltung des Straftatenkatalogs ergeben. Die aktuelle straftheoretische Diskussion zur Anerkennung des Genugtuungsinteresses lieferte bislang keine Orientierung auf einfachgesetzlicher Ebene, insbesondere nicht für ältere Opferrechtsinstitute wie die Privatklage. Zieht man deshalb nur die Entscheidungsgründe des BVerfG heran, in dem das Genugtuungsinteresse des Verletzten anerkannt wurde, ist erkennbar, dass dieses vom BVerfG nur in Verbindung mit den in § 374 Abs. 1 StPO normierten Straftatbeständen des „Hausfriedensbruchs, der Beleidigung und der einfachen Körperverletzung“ aufgeführt wurde.[560] Bei diesen Straftatbeständen schreibt das Gesetz das vorherige Sühneverfahren als Zulässigkeitsvoraussetzung auch zwingend vor.[561] Weil zum Zeitpunkt der Entscheidung des BVerfG also das vorherige Sühneverfahren noch den gesetzlichen

---

558 Zutreffend SK-StPO/*Velten,* § 374 Rn. 11.

559 In diesem Sinne bereits *Schulz,* Nebenklage, S. 68 f.

560 BVerfG, Beschluss vom 03.06.1969 – 1 BvL 7/68 (NJW 1969, 1423).

561 Deshalb betont *Maiwald,* GA 1970, 33 (48) die Versöhnungsfunktion der Privatklage.

Normalfall darstellte, sollte das Genugtuungsinteresse allgemein nur bei Straftaten verfolgbar sein, bei denen eine Versöhnung aufgrund der Deliktsart, also bei einer engeren sozialen Beziehung der Beteiligten, überhaupt in Betracht kommt.

Der jüngere Ausbau des privatklagefähigen Straftatenkatalogs durch den Gesetzgeber zeigt nunmehr, dass die Versöhnungsfunktion in den Hintergrund getreten ist. Die „Verletzung des höchstpersönlichen Lebensbereichs" (Nr. 2a eingeführt durch das Neunundvierzigste Gesetz zur Änderung des Strafgesetzbuches vom 21. Januar 2015), die Nachstellung (Nr. 5 Alt. 1 eingeführt durch das Gesetz zur Strafbarkeit beharrlicher Nachstellung vom 22. März 2007) oder die Bestechlichkeit oder Bestechung im geschäftlichen Verkehr (Nr. 5a eingeführt durch das Gesetz zur Bekämpfung der Korruption vom 13. August 1997) wurden dem § 374 Abs. 1 StPO angehängt, ohne dass ein Sühneverfahren gem. § 380 StPO vorgeschaltet ist. Durch den Geltungsverlust der Versöhnungsfunktion aber verliert das Genugtuungsinteresse selbst an Kontur. Deshalb wurde zutreffend bereits bei anderen privatklagefähigen Straftatbeständen ein „Systembruch" konstatiert, da sich diese nicht mit dem Genugtuungsinteresse plausibel begründen ließen.[562] Dabei drängt sich der Verdacht auf, dass mit dem jüngeren Ausbau des privatklagefähigen Straftatenkatalogs vorrangig wieder verfahrensökonomische Motive verbunden sind[563], mit der Folge, dass der Verletztenstatus insoweit abseits der eigentlichen Funktionsbestimmung der Privatklage zugesprochen wird.

(γ) Bewertung

Die Strafverfolgungsbehörden und Gerichte sind an das einfache Recht gebunden. Existieren normative Limitierungskriterien des Verletztenbegriffs wie etwa ein Straftatenkatalog, dann liegt es im Verantwortungsbereich des Gesetzgebers, dass dieser mit dem Normzweck übereinstimmt. Andernfalls ignoriert der Gesetzgeber gerade sein eigenes Konzept, die Reichweite des Verletztenbegriffs anhand der Normfunktion zu bestimmen. Die obigen Ausführungen zur Privatklage haben Letzteres wegen der teils fehlenden Kompatibilität zwischen Straftatenkatalog und Genugtuungsfunktion nun bestätigt. Eine weitere Schwäche des gesetzgeberischen Konzepts offenbarte sich auch insoweit, als ein Rechtsinstitut

562 So AK-StPO/*Rössner*, § 374 Rn. 5 zu den in § 374 Abs. 1 Nr. 7 und Nr. 8 StPO normierten Straftatbeständen der Wettbewerbsvergehen und der patent-, gebrauchsmuster-, halbleiterschutz-, sortenschutz-, marken-, design- und urheberrechtlicher Vergehen.

563 Bspw. *Caspari*, DRiZ 2014, 82 (83) begründet eine „maßvolle Erweiterung" der privatklagefähigen Delikte mit der anzustrebenden „Eindämmung einer rechtsmissbräuchlichen Inanspruchnahme der Staatsanwaltschaft".

mehrere Funktionsbestimmungen aufweisen kann, deren Verhältnis zueinander unklar bleibt. Die Genugtuungsfunktion ist im Rahmen der Privatklage derzeit eine eher unberechenbare Zielgröße, insbesondere aufgrund des Bedeutungsverlusts ihrer Versöhnungsfunktion. Dies macht die Privatklage anfällig für andere Funktionen jenseits der Wahrnehmung von Opferbedürfnissen.

(c) Nebenklage (§§ 395 ff. StPO)

(α) Funktionsbestimmung der Norm

Ursprünglich wurde der Nebenklage eine *Kontrollfunktion* zugesprochen, die sich zum einen normativ ableiten lässt und noch auf die ursprüngliche Verbindung zwischen Privat- und Nebenklage zurückgeht. Gem. § 395 Abs. 2 Nr. 2 StPO darf sich diejenige Person dem Verfahren als Nebenkläger anschließen, die durch einen Antrag auf gerichtliche Entscheidung (§ 172 StPO) die Erhebung der öffentlichen Klage bewirkt hat. Diese Anschlussberechtigung geht auf die Entstehungszeit – die Reichsstrafprozessordnung – zurück und ist im Wortlaut bis heute nahezu unverändert[564] geblieben. Sie basiert auf dem Gedanken, dass im Falle eines begründeten Klageerzwingungsantrags es auch sachgerecht erscheint, eine fortgesetzte Kontrolle über die strafverfolgungsbehördliche Tätigkeit zu ermöglichen. Zum anderen sollte das Misstrauen desjenigen Verletzten, bei dem die Staatsanwaltschaft einen auf den Privatklageweg verwiesenen Sachverhalt im Nachhinein doch als eine öffentliche Angelegenheit deklarierte, als nützliches Kontrollinstrument genutzt werden. Dominierend war hier das allgemeine Unbehagen, das man gegenüber der weisungsabhängigen und das Anklagemonopol ausübenden Staatsanwaltschaft hegte.[565] Eine zur Anklageerhebung gezwungene Institution, so die Überlegung, würde nur widerstrebend und nicht mit ganzem Einsatz der Ressourcen strafverfolgen.[566] Die Kontrollfunktion wurde nach dem Opferschutzgesetz 1986 auch als das bedeutendste Kriterium bezeichnet, um die Rechtsfigur der Nebenklage zu rechtfertigen.[567] Diese Ansicht ist jedoch nicht überzeugend. Unabhängig von der Aufwertung der Verletzteninteressen insgesamt sprechen die tatsächlichen und rechtlichen Umstände gegen diesen Standpunkt: Durch die Entkoppelung der Neben- von

---

564 Anfangs noch auf Handlungen gegen das Leben, die Gesundheit, die Freiheit, den Personenstand oder die Vermögensrechte des Verletzten beschränkt und durch das 3. Strafrechtsänderungsgesetz vom 4. August 1953 (BGBl. I Nr. 44, S. 747) dann erweitert.

565 *Altenhain,* JZ 2001, 791 (795).

566 *Schulz,* Nebenklage, S. 178.

567 Hierzu *Hirsch,* GS Kaufmann, S. 714 f.

der Privatklage durch das Opferschutzgesetz 1986 sollte es gerade Verletzten schwerer Straftaten gegen höchstpersönliche Rechtsgüter ermöglicht werden, am Offizialverfahren teilnehmen zu können.[568] Es standen fortan solche Straftatbestände im Vordergrund der Nebenklage, bei denen die Staatsanwaltschaft ohnehin von dem Bestehen des „öffentlichen Interesses“ ausgehen muss und Anklage zu erheben hat, so dass der an die Privatklage ursprünglich gekoppelte Kontrollgedanke, den man auf die Nebenklage schlicht übertrug, entfallen ist.[569] Hält man dennoch wegen § 395 Abs. 2 Nr. 2 StPO an einer Kontrollfunktion der Nebenklage fest, dann handelt es sich hierbei jedenfalls nur um eine äußerst „schwache“ Form der staatsanwaltschaftlichen Kontrolle. Der Anschluss des Nebenklägers erfolgt gerade erst zum Zeitpunkt nach Anklageerhebung (§ 395 Abs. 1 S. 1 StPO). Insbesondere übernimmt das bisher noch nicht involvierte und unvoreingenommene Gericht die Leitung und Aufsicht über das Erkenntnisverfahren. Eine Kontrollfunktion, die noch auf dem ursprünglichen Gedanken der unkontrollierten Schirmherrschaft der Staatsanwaltschaft im Ermittlungsverfahren fußt, ist ab dem Zeitpunkt der Anklageerhebung sinnentleert.

Weiterhin wird der Nebenklage eine *Restitutions- bzw. Reparationsfunktion* nachgesagt. Die Nebenklage erleichtere die Geltendmachung von zivilrechtlichen Schadensersatzinteressen. Für den Gesetzgeber war insbesondere dieses Verletzteninteresse maßgeblich, den Kreis der Nebenklageberechtigten durch das 3. Strafrechtsänderungsgesetz 1953 auf die Angehörigen des durch die Straftat Getöteten auszuweiten.[570] Noch heute ist gem. § 395 Abs. 2 Nr. 1 StPO gesetzlich normiert, dass sich Personen als Nebenkläger dem Verfahren anschließen können, „deren Kinder, Eltern, Geschwister, Ehegatten oder Lebenspartner durch eine rechtswidrige Tat getötet wurden“. Trotz dieser Intention des Gesetzgebers kann man nicht erkennen, dass die Nebenklage auf die Wahrnehmung von zivilrechtlichen Ansprüchen ausgerichtet wurde. Das lässt sich unschwer daran festmachen, dass im deutschen Rechtssystem traditionell eine rigorose Trennung zwischen Straf- und Zivilrecht herrscht, die zugunsten des Nebenklägers nicht gelockert wurde. Bestimmte Gesetzesinitiativen, die auf eine stärkere Bindungswirkung strafrechtlicher Urteile abzielten, um namentlich für das Opfer die Beweisführung im Zivilprozess zu verbessern, blieben erfolglos.[571]

---

568 BT-Drucks. 10/5305, S. 10 f.

569 So auch *Schulz,* Nebenklage, S. 178 f.; *Kleinert,* Betroffenheit und Mitwirkung, S. 322.

570 Zur Entwicklung ausführlich *Schulz,* Nebenklage, S. 69 ff.

571 Vgl. den Entwurf eines Gesetzes zur Modernisierung der Justiz, BT-Drucks. 15/1508, S. 20 zu Nr. 15.

Weder verpflichtet der Nebenklägeranschluss die Gerichte zur Beurteilung der zivilrechtlichen Schadensposten des Opfers, noch sind die später befassten Zivilgerichte an ein Strafurteil gebunden. Für das Opfer kann es zwar faktisch eine Entlastung darstellen, sich zumindest im Rahmen der zivilrechtlichen Beweiswürdigung auf die durch ein Strafurteil festgestellten Tatsachen beziehen zu können. Allerdings kommt diese Entlastung in der zivilrechtlichen Beweisführung nicht nur einem Nebenkläger, sondern jedem „Verletzten" zu. Die Nebenklägerstellung ragt nicht heraus, den Erhalt von Schadensersatzleistungen zu fördern. Das zentrale Anliegen des Strafverfahrens selbst ist die Ermittlung der Wahrheit zur Verwirklichung des materiellen Schuldprinzips.[572] In wie weit die strafrichterliche Entscheidungsfindung zur Verbesserung einer zivilrechtlichen Beweisführung des Verletzten beitragen kann, ist unbedeutend. Es ist nicht ersichtlich, dass die Nebenklage dem wirtschaftlichen Restitutionsinteresse dient. Auch durch jüngere Opferreformgesetze wurde sie nicht dahingehend umstrukturiert.

Ferner wird der Nebenklage – im Einklang mit dem Ziel des Erkenntnisverfahrens – eine *Aufklärungsfunktion* zugesprochen. Der Nebenkläger kann Beweisanträge stellen und durch die Anhörungsrechte zur Sachverhaltsaufklärung bei Unklarheiten oder Fehlern in der Beweisführung beitragen. Dennoch erschließt sich aus dieser – im Einzelfall nützlichen – Aufklärungsfunktion nicht die Existenz einer Nebenklägerschaft. Der Mehrwert für die Wahrheitsfindung dürfte sich im Vergleich zur alleinigen Ausübung der Zeugenpflicht des Verletzten in Grenzen halten. Zugleich steigt die Gefahr, dass vermehrt ungeeignete Beweisanträge gestellt werden oder das Verfahren als eine Art Plattform des Verletzten genutzt wird, „seine Geschichte zu erzählen". Beides trägt zur Verzögerung des Verfahrens bei und ist mit Blick auf den verfassungsrechtlich verankerten Beschleunigungsgrundsatz zumindest nicht unbedenklich. Gegen die Aufklärungsfunktion als tragender Zweckgedanke spricht aber insbesondere: Würde die Nebenklage faktisch eine Bereicherung darstellen und den Amtsermittlungsgrundsatz „vervollkommnen", ließe sich ihre Beschränkung auf bestimmte Verletztengruppen – hierzu unten – kaum rechtfertigen. Insbesondere ließe sich eine nur optionale Beteiligung einer Nebenklägerschaft nicht erklären.[573] Die Aufklärung des Sachverhalts bleibt in einem inquisitorischen Strafverfahrensmodell primäre Aufgabe der staatlichen Institutionen.[574] Was

---

572 BVerfG, Beschluss vom 15.01.2009 – 2 BvR 2044/07, juris, Rn. 66.

573 Nach *Kleinert,* Betroffenheit und Mitwirkung, S. 324 „Redegradierung zum bloßen Informationsobjekt".

574 Zutreffend *Schulz,* Nebenklage, S. 180.

jedoch die originäre Aufgabe des Staates ist, kann und darf nicht zugleich die konzeptionstragende Funktionsbestimmung der Nebenklage sein. Aus diesem Grund ist es auch unpassend, wenn im Kontext mit der Nebenklage von einem Gehilfen der Staatsanwaltschaft gesprochen wird.

Was daher bleibt, ist die *Genugtuungsfunktion* der Nebenklage, die sie trotz erfolgter Trennung von der Privatklage beibehalten[575] haben könnte. Im Vergleich zur Privatklage jedoch ist die Ausgangslage eine andere: Die Institutionen der Strafrechtspflege haben nämlich den zugrunde liegenden Konflikt zwischen den Beteiligten als eine öffentliche Angelegenheit erklärt. Obwohl die Zurverfügungstellung und Durchführung eines formalisierten Strafverfahrens das Genugtuungsverlangen des Verletzten in ausreichendem Maß befriedigen könnte[576], teilt der Gesetzgeber diese Ansicht offenbar nicht. Die Frage, warum es dieses Surplus zur bloßen Bereitstellung des formalisierten Verfahrens bedarf, beantwortet der Gesetzgeber im Rahmen des Opferschutzgesetzes 1986 zunächst damit, dass sich das Opfer gegen unberechtigte Verantwortungszuweisungen seitens des Angeklagten in der Hauptverhandlung wehren können muss.[577] Insoweit betont der Gesetzgeber die Abwehr- und Verteidigungsinteressen des Opfers. Spätestens in der Gesetzesbegründung zum 1. OpferRRG erklärt der Gesetzgeber dann aber, dass die „Funktion und die Rechtfertigung" der Nebenklage darin besteht, „dem Verletzten durch aktive Teilhabe am Strafverfahren Genugtuung für das erlittene Unrecht erfahren zu lassen, Schuldzuweisungen des Angeklagten entgegentreten zu können und verfahrensmäßig abgesicherten Schutz und Beistand zu gewähren."[578] Damit wurde die Abwehr- und Verteidigungsfunktion der Nebenklage zwar nicht verworfen[579], aber an die Genugtuungsfunktion des Opfers von Straftaten gegen besonders wichtige höchstpersönliche Rechtsgüter[580] gekoppelt. Mit dem 2. OpferRRG erfolgte dann eine „Neujustierung" der Voraussetzungen der Nebenklage. Zugleich deuten die Gesetzesbegründungen auf keine Zweckänderung hin. Vielmehr akzentuierte der Gesetzgeber erstmals die „Schwere der Tatfolgen"[581], was tendenziell eher auf eine Stärkung der Genugtuungsfunktion

575 Zum Funktionsbestimmung der Privatklage vgl. oben, S. 188 ff.

576 So feststellend *Prittwitz* in seinem Diskussionsbeitrag zum Vortrag von *Jahn,* Symposion Lüderssen, S. 176; hingegen *Schulz,* Nebenklage, S. 184 f., der die Beteiligung des Verletzten unter dem Aspekt der Genugtuung aus rechtspolitisch-theoretischer Sicht für begründbar hält.

577 Siehe jetzt BT-Drucks. 10/5305, S. 11; *Rieß,* Gutachten C 83, Rn. 120.

578 BT-Drucks. 15/1976, S. 13.

579 *Weigend,* FS Schöch, S. 958; *Barton,* Opferschutz und Verteidigung, S. 54 f.

580 BT-Drucks. 15/1976, S. 7.

581 BT-Drucks. 16/12098, S. 9.

hinweist. Damit ist festzuhalten, dass die Nebenklage trotz ihrer Abspaltung von der Privatklage die ihr zugrunde liegende Genugtuungsfunktion nicht ablegte.[582]

(β) Normative Begrenzung des Verletztenbegriffs

Im Unterschied zur Privatklage wird der Verletztenbegriff der Nebenklage nicht allein durch einen enumerativen Straftatenkatalog (§ 395 Abs. 1 StPO) beeinflusst. Seit dem 2. OpferRRG existiert zudem ein Auffangtatbestand (§ 395 Abs. 3 StPO)[583], der die Reichweite des Verletztenbegriffs in nicht unerheblichem Maße tangiert.

Durch den Straftatenkatalog werden bestimmte Verletztengruppen privilegiert. Sie werden vom Gesetzgeber ohne weitere Begründung als besonders schutzbedürftig angesehen und sind zum Nebenklägeranschluss berechtigt. Die vergangenen Reformgesetze, die im Straftatenkatalog zu Streichungen und Erweiterungen führten, verdeutlichen, dass sich der Gesetzgeber im Rahmen der Funktionsbestimmung der Nebenklage durchaus bewegt, weil sich die in § 395 Abs. 1 Nr. 1–5 StPO genannten Straftatbestände auf das Konzept zum Schutz von höchstpersönlichen Rechtsgütern gegenüber schwerwiegenden „Aggressionsdelikte" zurückführen lassen.[584] Hingegen besteht im Schrifttum überwiegend Einigkeit darüber, dass dies für § 395 Abs. 1 Nr. 6 StPO, der einen Anschluss bei Delikten gegen gewerbliche Schutzrechte und des Urheberrechts ermöglicht, gerade nicht gilt[585], weil es sich hier nicht um höchstpersönliche Rechtsgüter handelt und diese Straftatbestände auch keinen vergleichbaren Schweregrad aufweisen.[586] Bei diesen Delikten geht es um den Schutz von wirtschaftlichen Interessen ohne jeglichen Bezug zum schutzbedürftigen Opfer.[587] Die Beratungen des Gesetzgebers zum 2. OpferRRG bestätigen diesen „Systembruch" sogar, denn es handelt sich bei diesem Anschlussgrund um ein „veraltetes Relikt" aus der Verbindung mit der Privatklage, die sich nicht mit der Zweckrichtung der Nebenklage decke.[588] Während des Gesetzgebungsverfahrens knickte der Gesetzgeber

582 Auch *Schöch*, FS Rieß, S. 508 stellte fest, dass die Genugtuungsfunktion der Nebenklage durch das Opferschutzgesetz 1986 nicht aufgehoben, sondern wenn überhaupt nur zurückgedrängt wurde. Dies macht er etwa an der Abschaffung der Strafmaßberufung und -revision eines Nebenklägers fest.

583 BT-Drucks. 16/12098, S. 31.

584 Zutreffend *Weigend*, FS Schöch, S. 957; vgl. ferner die Gesetzesbegründungen BT-Drucks. 10/5305, S. 11; BT-Drucks. 15/1976, S. 14; BT-Drucks. 16/ 12098, S. 29 ff.

585 AK-StPO/*Rössner*, § 395 Rn. 23.

586 BeckOK-StPO/*Weiner*, § 395 Rn. 19.

587 LR-StPO/*Hilger*, Vor. § 395 Rn. 9.

588 Siehe BT-Drucks. 16/12098, S. 30.

allerdings „vor einer gut organisierten Lobbyarbeit der Rechtsinhaberverbände" ein[589] und hielt entgegen seiner anfänglichen Überzeugung, die der BGH im Jahre 2012 im Rahmen eines *obiter dictum* auch bestätigte[590], an dem systemwidrigen Anschlussgrund, der sich mit den Legitimationserwägungen zum Ausbau der Nebenklägerschaft nicht deckt, fest.

Mit dem durch das 2. OpferRRG eingeführten Auffangtatbestand (§ 395 Abs. 3 StPO) hat der Gesetzgeber das Enumerationsprinzip der Anschlussberechtigung dann aufgeweicht. Als Verletzter kann sich der erhobenen öffentlichen Klage als Nebenkläger anschließen, „wer durch eine andere rechtswidrige Tat, insbesondere nach den §§ 185 bis 189, 229, 244 Absatz 1 Nummer 3, §§ 249 bis 255 und 316a des Strafgesetzbuches, verletzt ist, [...] wenn dies aus besonderen Gründen, insbesondere wegen der schweren Folgen der Tat, zur Wahrnehmung seiner Interessen geboten erscheint".

Die aufgeführten Straftatbestände folgen der Regelbeispieltechnik („insbesondere"), was die Funktion als Auffangtatbestand unterstreicht. Eine normative Begrenzung erfolgt durch die materielle Voraussetzung, dass der Anschluss aus „besonderen Gründen" zur Wahrnehmung der Interessen des Verletzten geboten erscheinen muss. Im Wortlaut wurde dabei auf die „schweren Folgen der Tat" abgestellt, die laut Gesetzesbegründung als körperliche oder seelische Schäden mit einem Grad an Erheblichkeit – die nicht den Schweregrad des § 397a Abs. 1 Nr. 3 StPO erreichen müssen – eingetreten oder zu erwarten sind. Gesundheitsschädigungen, Traumatisierungen oder erhebliche Schockerlebnisse werden hierbei exemplarisch hervorgehoben.[591] Bemerkenswert ist, dass sich die „besonderen Gründe" als das Anschlusskriterium nicht in den „schweren Folgen der Tat" erschöpfen, weil Letztere ebenfalls einer Regelbeispieltechnik („insbesondere") folgen. Andere „besondere Gründe" sollen laut Gesetzgeber bspw. die „Abwehr von schweren Schuldzuweisungen" sein; letztlich sei jedoch auf die „Gesamtsituation des Betroffenen abzustellen".[592] Auf die vom Bundesrat daraufhin vorgeschlagene Festlegung auf bestimmte Delikte zur Vermeidung einer Ausuferung der Nebenklagezulassung[593] entgegnete die Bundesregierung, dass die „Schwere der Folgen der Tat allein durch die Deliktsart nicht präjudiziert

589 Kritisch *Jahn/Bung*, StV 2012, 754 (755); nach *Barton*, Opferschutz und Verteidigung, S. 55 habe der Gesetzgeber dies „schlicht mit rechtspolitischen Erwägungen begründet".

590 BGH, Beschluss vom 09.05.2012 – 5 StR 523/11, juris, Rn. 7.

591 BT-Drucks. 16/12098, S. 31.

592 BT-Drucks. 16/12098, S. 31.

593 BT-Drucks. 16/12812, S. 12.

werden kann".[594] Insoweit stelle die Befugnis der Gerichte, anhand der Regelbeispieltechnik nach ihrem Ermessen über die Nebenklagebefugnis zu entscheiden, ein insgesamt ausreichendes Korrektiv dar.[595] Dass hier die „Schwere der Tatfolgen" aber eben nur eine denkbare Alternative des für den Nebenklageanschluss entscheidenden Merkmals der „besonderen Gründe" darstellt, wird vom Gesetzgeber nicht weiter gewürdigt.

Gegen eine Ausuferung der Nebenklagezulassung hat dann der BGH entsprechende Vorarbeit geleistet. Unter Heranziehung der einschlägigen Gesetzesbegründungen stellt er fest, dass die wirtschaftlichen Interessen eines Verletzten an der effektiven Durchsetzung seiner zivilrechtlichen Ansprüche gegen den Angeklagten als „besonderer Grund" im Sinne des § 395 Abs. 3 StPO unzureichend seien, da dies nicht mit der vom Gesetzgeber intendierten Schutzfunktion der Nebenklage im Einklang stehe.[596] Hierbei verweist der BGH auf die „schweren Folgen der Tat" und die „Abwehr von Schuldzuweisungen" als vom Gesetzgeber vorgegebene Funktionen der Nebenklage[597] und spricht sich zugleich für eine restriktive Auslegung dieses unbestimmten Rechtsbegriffs („besonderer Grund")[598] aus. Demnach hat der BGH klargestellt, dass die Nebenklage nicht dem Ausgleich zivilrechtlicher Schadensersatzansprüche des Opfers dient. Die Genugtuungsfunktion der Nebenklage bleibt unerwähnt.

Trotz dieser – für die Rechtspraxis sicherlich – richtungweisenden Entscheidung des BGH bleiben einige Rechtsfragen ungeklärt. Unklar bleibt insbesondere, in welchem Sinn die „besonderen Gründe" als Anschlussberechtigung auszulegen sind. Stützte man die Nebenklagezulassung nämlich allein (wozu der Gesetzgeber durch die besondere Hervorhebung im Gesetzestext ja einlädt) auf die schweren Folgen der Tat, würden offensichtlich weniger die Verteidigungs-, als vielmehr die Angriffsbedürfnisse des Verletzten angesprochen. Damit betone der Gesetzgeber jedenfalls primär die Genugtuungsfunktion.[599] Die attesttierte

594 BT-Drucks. 16/12812, S. 20.

595 BT-Drucks. 16/12812, S. 20; kritisch dazu *Jahn/Bung,* StV 2012, 754 (756 ff).

596 BGH, Beschluss vom 09.05.2012 – 5 StR 523/11, juris, Rn. 9.

597 BGH, Beschluss vom 09.05.2012 – 5 StR 523/11, juris, Rn. 8.

598 Dass die Vorgabe der restriktiven Auslegung leerzulaufen droht, verdeutlicht *Schiemann,* JR 2012, 392, 393. Würde ein Instanzgericht entgegen der Auffassung des BGH eine extensive Auslegung vertreten und bspw. einen hohen Vermögensschaden als „besonderen Grund" (§ 395 Abs. 3 StPO) ausreichen lassen, käme dieser Einzelfallentscheidung zum Nebenklageanschluss gem. § 396 Abs. 2 S. 2 StPO konstitutive Bedeutung zu.

599 Feststellend *Weigend,* FS Schöch, S. 958 f., der jedoch zu übersehen scheint, dass der Nebenklage seit jeher eine Genugtuungsfunktion zukommt.

„Diskrepanz zwischen der politischen Opferschutzlyrik und der letztlich kodifizierten Gesetzesprosa“[600] dürfte sich wegen der undurchsichtigen Auslegung der Gerichte in Bezug auf das Vorliegen von „besonderen Gründen“ (die Entscheidung des Gerichts ist gem. § 396 Abs. 2 S. 2 StPO unanfechtbar) daher vergrößern. Stützte man sich allein auf den Wortlaut der Gesetzesbegründungen des 2. OpferRRG zu § 395 Abs. 3 StPO, dann erschiene nicht einmal die Beschränkung auf „höchstpersönliche Rechtsgüter“ als verbindlich, obwohl das seit dem Opferschutzgesetz 1986 stets eine Grundvoraussetzung für einen Nebenklägeranschluss darstellte.[601]

(γ) Bewertung

Die Ausführungen zur Nebenklage haben die festgestellten Inkonsistenzen in der Umsetzung des gesetzgeberischen Konzepts zur Auslegung des Verletztenbegriffs bekräftigt. Das zeigt sich unter anderem bei § 395 Abs. 1 Nr. 6 StPO, der als Anschlussgrund keine Verbindung zum Merkmal der besonderen Schutzbedürftigkeit bzw. zum Schutz von höchstpersönlichen Rechtsgütern aufweist. Obwohl die Nebenklage weder in ihrer abwehrorientierten Funktion, noch in ihrer Genugtuungsfunktion einen solchen Anschlussgrund legitimieren kann, hält der Gesetzgeber sehenden Auges an diesem Funktionsbruch fest. Auch beim Auffangtatbestand des § 395 Abs. 3 StPO ist die Wahrscheinlichkeit hoch, dass die „besonderen Gründe“ losgelöst von der eigentlichen Funktionsbestimmung der Nebenklage ausgelegt werden und im Einzelfall zur Anschlussberechtigung führen. Das nimmt der Gesetzgeber durch die äußerst ungünstig verortete (doppelte) Regelbeispieltechnik sogar billigend in Kauf. Festzuhalten ist, dass die Konzeption der Nebenklagebefugnis in Form des Straftatenkatalogs sowie des Auffangtatbestands dazu führt, dass die Verletzteneigenschaft losgelöst vom Normzweck angenommen werden muss (§ 395 Abs. 1 Nr. 6 StPO) bzw. kann (§ 395 Abs. 3 StPO).

---

600 *Barton,* Opferschutz und Verteidigung, S. 56.

601 BT-Drucks. 16/12098, S. 31 „Nunmehr sollen auch Delikte, insbesondere die gegen höchstpersönliche Rechtsgüter gerichtet sind und bei denen die Opfer als besonders schutzbedürftig erscheinen, die Anschlussberechtigung als Nebenkläger nach sich ziehen, wenn dies aus besonderen Gründen zur Wahrnehmung ihrer Interessen geboten ist.“

(d) Adhäsionsklage (§§ 403 ff. StPO)

(α) Funktionsbestimmung der Norm

Das Adhäsionsverfahren wurde im Jahre 1943 durch die „Dritte Verordnung zur Vereinfachung der Strafrechtspflege“ in die RStPO aufgenommen.[602] Der Verletzte – sowie sein Erbe – soll einen durch die Straftat erwachsenen vermögensrechtlichen Anspruch im Strafverfahren geltend machen können, der zur Zuständigkeit der ordentlichen Gerichte gehört und nicht anderweitig geltend gemacht ist (vgl. § 403 StPO). Der ursprüngliche Zweck hinter der Einführung dieses Rechtsinstituts war erneut nicht primär die Wahrnehmung von Verletzteninteressen, sondern die Schonung von Justizressourcen. Die Kodifizierung der Vorschrift noch während des zweiten Weltkriegs unterstreicht das prozessökonomische Motiv des damaligen Gesetzgebers. Man versprach sich einen Rückgang der auf das Strafverfahren folgenden Zivilverfahren, um den Justizapparat insgesamt zu entlasten.[603] Trotz einer der Rechtspolitik willkommenen Ressourceneinsparung ist die „Schadenswiedergutmachungsfunktion“ in das Zentrum des Adhäsionsverfahrens[604] gerückt.[605] Das Opferschutzgesetz 1986 hat auch hier die Weichen gestellt, weil der angestrebte Abbau von anwendungshemmenden Bestimmungen des Adhäsionsverfahrens vorrangig mit einer verbesserten Durchsetzbarkeit der Schadensersatzansprüche des Verletzten begründet wurde.[606] Diese Modifizierungen erzielten jedoch nicht die erwünschte Wirkung in der Rechtspraxis. Deshalb wurden durch das 1. OpferRRG weitere – und bis heute letzte – Modifizierungen vorgenommen[607], um das „Schattendasein (dieses Rechtsinstituts) zu beenden“[608]. Bekanntermaßen konnten allerdings auch diese

602 RGBl. 1943 I, S. 342 ff.

603 Vgl. *Brokamp*, Adhäsionsverfahren, S. 14 f.; ferner *Meier/Dürre*, JZ 2006, 18 (19).

604 Nach *Kleinert*, Betroffenheit und Mitwirkung, S. 339 können reine Praktikabilitätserwägungen in einer freiheitlichen Rechtsordnung ohnehin nicht als tragfähige Grundlage des Adhäsionsverfahrens genügen.

605 Dass die Wahrnehmung des Verletzteninteresses im Mittelpunkt steht, lässt sich auch daran erkennen, dass die traditionelle Trennung zwischen Straf- und Ziviljustiz nur für das Adhäsionsverfahren gelockert wurde, soweit das Gericht dem Antrag des Verletzten stattgegeben hat. Eine nachteilige Entscheidung entfaltet gerade keine Bindungswirkung (vgl. § 406 StPO), weil laut Gesetzgeber im „Adhäsionsverfahren keine den Anspruch aberkennenden Entscheidungen möglich sind“ (BT-Drucks. 15/1976, S. 16 zu Buchstabe a). Mit der Schonung von Justizressourcen lässt sich diese Privilegierung demnach schwerlich erklären.

606 Vgl. BT-Drucks. 10/5305, S. 8 f. und S. 15.

607 Zusammenfassend LR-StPO/*Hilger*, Vor § 403 Rn. 15.

608 BT-Drucks. 15/1976, S. 8.

letzten Reformen dem Adhäsionsverfahren keinen deutlichen Aufwind in der Rechtspraxis verleihen.[609] Dennoch bleibt das Adhäsionsverfahren das Rechtsinstitut, mit dem der Verletzte sein Entschädigungsinteresse im Strafverfahren unmittelbar verfolgen können soll.

(β) Dogmatische Bestimmung des Verletztenbegriffs

Der Verletztenbegriff des Adhäsionsverfahrens ist nicht an besondere materielle Voraussetzungen geknüpft und wird auch nicht durch einen enumerativen Straftatenkatalog limitiert. Die Sachlage ähnelt vielmehr der des Klageerzwingungsverfahrens gem. § 172 StPO, weshalb die Rechtsprechung einen Beurteilungsspielraum hat, nach welchen dogmatischen Kriterien sich die Verletzteneigenschaft bestimmen lässt. Von Bedeutung ist, dass der Wortlaut des § 403 StPO auf „einen aus der Straftat erwachsenen vermögensrechtlichen Anspruch" abstellt, was es erlaubt, den Verletztenbegriff (im Vergleich zu § 172 StPO) extensiver auszulegen. Das wird in der Rechtsprechung und Literatur auch überwiegend vertreten. Die Verletzteneigenschaft soll gem. § 403 StPO bei jeder Person, die aus einer behaupteten Straftat des Beschuldigten einen vermögensrechtlichen Anspruch erworben hat, angenommen werden.[610] Der Verletztenstatus hängt folglich nicht davon ab, ob diejenige Person überhaupt durch die materielle Strafnorm geschützt werden soll, wie es bei dem Verletztenbegriff des § 172 StPO notwendig ist. Dieses weite Begriffsverständnis ist historisch überliefert (in Abgrenzung zum Verletztenbegriff des § 172 StPO sollte der mittelbar Geschädigte erfasst werden können[611]) und wird überwiegend unkritisch rezipiert.[612] Das lässt sich auf den Umstand zurückführen, dass sich die vom Gesetzgeber bezweckte „Schadenswiedergutmachungsfunktion" des Adhäsionsverfahrens problemlos mit einem erweiterten Begriffsverständnis vereinbaren lässt. Dadurch wird theoretisch nicht nur die Rechtsposition von Verletzten quantitativ verbessert (da die wirtschaftlichen Interessen „entfernt"

---

609 Näher hierzu unten S. 415 ff.; zur Rechtswirklichkeit auch LR-StPO/*Hilger*, Vor § 403 Rn. 8 f. m.w.N.

610 KK-StPO/*Zabeck*, § 403 Rn. 5; KMR/*Stöckel* (66. EL), § 403 Rn. 1; *Meyer-Goßner/Schmitt*, § 403 Rn. 2; OLG Hamburg, Beschluss vom 21.03.2012 – 2 Ws 11/12, 2 Ws 12/12, 2 Ws 11 – 12/12 m.w.N., juris, Rn. 12; LG Berlin, Beschluss vom 20.03.2008 – 514 AR 1/07, juris, Rn. 22 ff.

611 Vgl. jetzt oben, S. 180 f.

612 Ausnahme SK-StPO/*Velten*, § 403 Rn. 2 f., die für eine engere Auslegung des Verletztenbegriffs plädiert; OLG Stuttgart, Beschluss vom 28.06.2013 – 1 Ws 121/13, juris, Rn. 12.

Tatbetroffener ebenfalls erfasst werden können), sondern die Anzahl der Adhäsionsanträge erhöht, was an sich zu einer größeren Entlastung der Zivilgerichte führen müsste.

(γ) Bewertung

Der Verletztenbegriff erfährt im Rahmen des § 403 StPO seine größte Ausdehnung. Zugleich bewegt man sich hier in einem mit der Funktionsbestimmung vertretbaren Rahmen, weshalb im Gegensatz zur Privat- und Nebenklage keine vom Konzept des Gesetzgebers abweichende Begriffsauslegung festzustellen ist. Insofern lassen sich gegen einen weiten Verletztenbegriff gem. § 403 StPO keine normativen, sondern primär nur faktische Einwände erheben, sofern die – noch immer – zurückhaltende Anwendungspraxis zum Adhäsionsverfahren auf die weite Begriffsauslegung zurückzuführen ist. Dann kommen die mit § 403 StPO bezweckten Vorzüge möglicherweise bei denjenigen Verletzten nicht zur Geltung, zu deren Gunsten der Ausbau des Opferschutzes im Strafverfahrensrecht vorangetrieben und zudem gerechtfertigt wurde. Gemeint sind diejenigen Verletzten, deren Schutz die jeweilige Strafnorm bezweckt, da diese als „strafrechtlich" privilegiert gelten und die daher ein berechtigtes Interesse an besonderer staatlicher Fürsorge haben. In erster Linie soll diesen Verletzten die mit einem zusätzlichen Zivilprozess verbundenen Mehrfachbelastungen erspart bleiben und die Vorteile des Adhäsionsverfahrens (wie die Amtsermittlung[613]) zugutekommen.

(e) Der Verletzte im Sinne der §§ 406d ff. StPO

Die §§ 406d – 406l StPO stehen im vierten Abschnitt des fünften Buches der StPO und umfassen die sonstigen Befugnisse des Verletzten, die ihm neben den speziellen Beteiligungsrechten (Klageerzwingungsverfahren, Privat- und Nebenklage, Adhäsionsverfahren) zukommen. Umfasst sind Mitteilungsrechte (§ 406d), das Akteneinsichtsrecht (§ 406e), Beistandsrechte und die anwaltliche Vertretung (§§ 406f–406h) sowie behördliche Informationspflichten (§§ 406i–406l). Das jüngste Reformgesetz, das 3. OpferRRG 2015, führte in diesem Abschnitt zu einer Reihe punktueller Änderungen.[614] Festzustellen ist jedoch, dass keine einschneidenden substanziellen oder strukturellen Einschnitte vorgenommen wurden, die sich auf die Kontroverse zur Reichweite des Verletztenbegriffs gem. §§ 406d ff. StPO ausgewirkt haben könnten. Die Ausgangslage hat sich somit nicht verändert. Unter die §§ 406d ff. StPO fallen

---

613 Überblick zu den „Vorteilen" etwa *Greiner*, ZRP 2011, 132 (132 f).

614 Vgl. BT-Drucks. 18/4621, S. 2.

sowohl der „nebenklageberechtigte Verletzte“ als auch der „nicht nebenklageberechtigte Verletzte“.

Hinsichtlich des „nebenklageberechtigten Verletzten“ ist auf die Ausführungen zum Verletztenbegriff zur Nebenklage zu verweisen, da sich hinsichtlich der Auslegung des Verletztenbegriffs insoweit keine Besonderheiten ergeben.

Bei dem von §§ 406d ff. StPO ebenfalls erfassten „nicht nebenklageberechtigten Verletzten“ ist umstritten, ob der Verletztenbegriff i.S.d. § 172 StPO eng oder i.S.d. § 403 StPO weit auszulegen ist. Diese Rechtsfrage führt in der Rechtspraxis insbesondere im Zusammenhang mit dem Akteneinsichtsrecht gem. § 406e StPO zu abweichenden Auslegungsergebnissen. So hat das BVerfG zum Verletztenbegriff des § 406e StPO klargestellt, dass eine weite Auslegung im Sinne des § 403 StPO verfassungsrechtlich nicht zu beanstanden ist. Der Umstand, dass eine Strafnorm nicht den Schutz von Individualinteressen bezweckt, zwingt zumindest nicht von Verfassungs wegen zu einer Ablehnung der Verletzteneigenschaft nach § 406e StPO.[615] Das BVerfG hält die weite Auslegung aufgrund des systematischen und funktionalen Zusammenhangs der Normen des § 403 und des § 406e StPO für gerechtfertigt.[616] Zu beachten ist allerdings, dass die Gerichte deshalb nicht an eine „weite“ Begriffsauslegung gebunden sind, da das BVerfG hier lediglich die Vereinbarkeit dieser weiten Begriffsauslegung konstatierte. Die Rechtmäßigkeit der in der Rechtspraxis teilweise vertretenen engeren Begriffsauslegung steht damit ebenso außer Frage.[617] Folge ist, dass der Verletztenbegriff in verfassungsrechtlich unbedenklicher Weise durch die Rechtsprechung teilweise restriktiv (§ 172 StPO)[618] oder extensiv (§ 403 StPO)[619] interpretiert wird.

Der Umstand, dass die allgemeinen Verletztenbefugnisse gem. §§ 406d ff. alphabetarisch den Vorschriften des Adhäsionsverfahrens (§§ 403–403c) angehängt wurden, spricht zumindest systematisch für ein extensives Begriffsverständnis. Dass es sich dabei um eine vom Gesetzgeber intendierte Relation handelt, lässt sich durch die Gesetzesbegründungen jedoch nicht bestätigen.[620] Die Befürworter der extensiven Auslegung weisen nicht zu Unrecht darauf hin, dass ein Adhäsionsantrag sinnvollerweise erst durch vorherige Akteneinsicht vorbereitet werden könne. Der Gesetzgeber habe mit der Einführung der §§ 406d ff. die Absicht verfolgt, insbesondere auch die Möglichkeiten des Ersatzes

---

615 BVerfG, Beschluss vom 04.12.2008 – 2 BvR 1043/08, juris, Rn. 18.

616 BVerfG, Beschluss vom 04.12.2008 – 2 BvR 1043/08, juris, Rn. 22.

617 Zutreffend OLG Stuttgart, Beschluss vom 28.06.2013 – 1 Ws 121/13, juris, Rn. 20.

618 So das OLG Stuttgart, Beschluss vom 28.06.2013 – 1 Ws 121/13, juris, Rn. 18 f.

619 OLG Hamburg, Beschluss vom 21.03.2012 – 2 Ws 11–12/12, juris, Rn. 13.

620 Vgl. BT-Drucks. 10/5305, S. 16.

des materiellen Schadens zu verbessern. Weil der Verletzte im Adhäsionsverfahren als Verfahrensbeteiligter auftritt, müsse ihm dann auf der Grundlage eines weiten Begriffsverständnisses auch das Akteneinsichtsrecht eingeräumt werden, was der Wertung des Gesetzgebers entspreche.[621] Die Befürworter einer restriktiven Begriffsauslegung äußern hingegen erhebliche Zweifel, dass der Gesetzgeber das Strafverfahren mit der Verfolgung von vermögensrechtlichen Ansprüchen nur mittelbar Geschädigter befrachten wollte. Vielmehr seien die Gesetzesbegründungen erkennbar auf „unmittelbare Tatopfer zugeschnitten"[622], die vom Schutzzweck der Strafnorm umfasst sein müssten. Die Gerichte würden sonst mit Aufgaben belastet, die – trotz eines allgemein weit verstandenen Befriedungszwecks des Adhäsionsverfahrens – insbesondere zu Lasten der unmittelbaren Tatopfer gingen. Eine schonende Behandlung und eine möglichst rasche Herbeiführung von materieller Gerechtigkeit würden erschwert, während das eigentliche Opfer zugleich „auf seine Genugtuung warten muss". Das liefe dem übergreifenden rechtspolitischen Gedanken, „den Opferschutz zu stärken, in massiver Weise zuwider".[623]

Dieser divergierende Meinungsstand verdeutlicht noch einmal, dass unklare Äußerungen des Gesetzgebers zur Funktionsbestimmung der Norm auch eine unterschiedliche Auslegung des Verletztenbegriffs durch die Rechtsprechung bewirken können. Beide Ansichten stützen sich auf den Willen des Gesetzgebers, um ein enges oder weites Begriffsverständnis zu vertreten. Letzteres hat durch die Entkoppelung des Verletztenbegriffs von der Strafnorm eine quantitative Erweiterung der verfahrensrechtlichen Rechtsposition zugunsten von entfernt Tatbetroffenen zur Folge, verbunden mit der Gefahr einer qualitativen Einbuße des Opferschutzes für diejenigen Verletzten, deren verbesserte Rechtsposition oberster Zweck der Rechtspolitik ist.

(2) Sonderfälle

(a) Der minderjährige Verletzte einer Straftat

Die Verletzteneigenschaft ist materiellrechtlich nicht an persönliche Merkmale wie das Alter gekoppelt. Voll- und minderjährige Personen werden unterschiedslos anhand der dogmatischen Kriterien des Verletztenbegriffs bestimmt. Für

621 BVerfG, Beschluss vom 04.12.2008 – 2 BvR 1043/08, juris, Rn. 22; OLG Hamburg, Beschluss vom 21.03.2012 – 2 Ws 11–12/12, juris, Rn. 13.

622 OLG Stuttgart, Beschluss vom 28.06.2013 – 1 Ws 121/13, juris, Rn. 12 f.

623 OLG Stuttgart, Beschluss vom 28.06.2013 – 1 Ws 121/13, juris, Rn. 16.

die Berechtigung zur Ausübung der Verfahrensrechte gilt dies allerdings nicht. Minderjährige Verletzte, die das 18. Lebensjahr noch nicht vollendet haben (§ 2 BGB), benötigen nach herrschender Auffassung einen besonderen rechtlichen Schutz, da sie aufgrund ihres Entwicklungsstands nicht selten die Tragweite ihrer Entscheidungen verkennen würden. Diese paternalistische Ausrichtung gilt im Grundsatz für die gesamte deutsche Rechtsordnung und somit auch für die StPO. In Bezug auf den strafjustiziellen Umgang mit minderjährigen Verletzten stellt sich daher die Frage, inwieweit diese selbstbestimmt auftreten und die dem Verletzten offenstehenden Verfahrensrechte geltend machen dürfen.

Das einfache Recht bietet nur an zwei Stellen im Gesetz eine Antwort an. Zum einen wird in den Vorschriften zum Strafantragsrecht (§ 77 Abs. 3 StGB) unmissverständlich vorgegeben, dass bei einem „geschäftsunfähigen oder beschränkt geschäftsfähigen" Antragsberechtigten nur der gesetzliche Vertreter oder Personensorgeberechtigte (im Folgenden der gesetzliche Vertreter) den Strafantrag stellen kann. Dieselbe Lesart wird auch dem § 374 Abs. 3 StPO zugrundgelegt, der bei Existenz eines gesetzlichen Vertreters voraussetzt, dass alleine dieser den Antrag zur Erhebung der Privatklage stellen kann.[624] Das Gesetz geht folglich davon aus, dass ein minderjähriger Verletzter mangels voller Geschäftsfähigkeit (§ 106 BGB) von dem Willen des gesetzlichen Vertreters abhängt, da es ihm zur selbstbestimmten Wahrnehmung der Verfahrensrechte an der notwendigen Prozessfähigkeit (§ 52 ZPO) fehlt.

Die Prozessfähigkeit als Zugangsbeschränkung wird offensichtlich bei sämtlichen Verfahrensrechten des Verletzten in der StPO vorausgesetzt. Das verdeutlicht bspw. der Meinungsstand zur Wirksamkeit der Anschlusserklärung als Nebenkläger (§ 396 Abs. 1 StPO).[625] Im Schrifttum wird nur ganz vereinzelt eine Gegenposition vertreten, wonach der Wille des minderjährigen Verletzten dann Beachtung finden müsste, wenn er die erforderliche „Verstandesreife" besitzt.[626] Die Prozessfähigkeit sei dem Strafprozessrecht bis auf die genannten,

---

624 Statt vieler LR-StPO/*Hilger*, § 374 Rn. 35.

625 Vgl. OLG Hamburg, Beschluss vom 17.12.2012 – 2 Ws 175/12, juris, Rn. 19; KG Berlin, Beschluss vom 22.03.2010 – 4 Ws 6/10, 4 Ws 6/10 – 1 AR 48/10, juris, Rn. 9; OLG Stuttgart, Beschluss vom 31.03.1999 – 4 Ws 57/99, 4 Ws 58/99, juris, Rn. 10; LR-StPO/*Hilger*, § 395 Rn. 28; KK-StPO/*Hannich*, Vor. § 395 Rn. 2; SK-StPO/*Velten*, § 395 Rn. 6; zum Klageerzwingungsverfahren vgl. LR-StPO/*Graalmann-Scheerer*, § 172 Rn. 46 m.w.N.

626 *Eisenberg*, GA 1998, 32 (38 f.); in diese Richtung auch *Schwarz/Sengbusch*, NStZ 2006, 673 (680), die die Wirksamkeit eines Strafantrags anhand der „Einsichtsfähigkeit" des Minderjährigen beurteilt sehen wollen.

ausdrücklich kodifizierten Ausnahmen (§ 77 Abs. 3 StGB; § 374 Abs. 3 StPO) fremd. Es handele sich dabei nicht um einen allgemein geltenden Grundsatz des deutschen Prozessrechts. Man missachte stattdessen den Willen des potenziell grundrechtsmündigen Minderjährigen und verschließe sich von Beginn an einer Interessenabwägung mit seinem Selbstbestimmungsrecht. Erforderlich sei daher eine einzelfallbezogene Beurteilung, wenn die Verstandesreife nicht offensichtlich fehle.[627] Fernab von Mitwirkungsrechten des Verletzten kenne die StPO das Kriterium der Verstandesreife, wie beim Zeugnisverweigerungsrecht (§ 52 Abs. 2 StPO) oder der Verweigerung von Untersuchungen oder Entnahmen von Blutproben (§ 81c Abs. 3 StPO). Die Verstandesreife eigne sich demnach auch als Kriterium für das Recht zur (Nicht-)Erhebung der Nebenklage des Minderjährigen[628] im Sinne eines „Bewusstseins, durch eine Straftat des Angeklagten verletzt zu sein" sowie der „Bereitschaft, deshalb die eigenen Interessen in den Strafprozess einzubringen […]".[629]

In der Rechtsprechung wurde diese Mindermeinung explizit durch das *KG Berlin* zur Frage der Anschlussberechtigung als Nebenkläger abgelehnt. Das Kriterium der Verstandesreife sei aus Praktikabilitätsgründen abzulehnen, weil sich das Gericht zum Zeitpunkt der Entscheidung über dessen Anschlussberechtigung keinen eigenen Eindruck von der Verstandesreife machen könne. Eine vorherige persönliche Anhörung durch das Gericht stelle einen erheblichen zusätzlichen Prüfungsaufwand und deshalb eine unverhältnismäßige Beeinträchtigung der Funktionsfähigkeit der Strafrechtspflege dar.[630] Es entstünde ein Wertungswiderspruch im materiellen Recht, weil die Beleidigungsdelikte (§§ 185 bis 189 StGB) als nebenklagefähige Straftaten (§ 395 Abs. 3 StPO) einen Strafantrag voraussetzten, der gesetzlich nur durch einen prozessfähigen Verletzten erhoben werden könne.[631]

Festzuhalten ist, dass die Entscheidung des *KG Berlin* für die Rechtspraxis zweifellos Maßstäbe setzte. Die Begründung jedoch ist angreifbar: Die Anschlusserklärung des Verletzten muss nicht zwingend vor Beginn der Hauptverhandlung erfolgen, weil dieser Erklärung deklaratorische Bedeutung zukommt[632]. Zudem

627 *Eisenberg,* GA 1998, 32 (33 ff.).

628 *Eisenberg,* GA 1998, 32 (35 f.).

629 *Eisenberg,* GA 1998, 32 (38).

630 KG Berlin, Beschluss vom 22.03.2010 – 4 Ws 6/10, 4 Ws 6/10 – 1 AR 48/10, juris, Rn. 26.

631 KG Berlin, Beschluss vom 22.03.2010 – 4 Ws 6/10, 4 Ws 6/10 – 1 AR 48/10, juris, Rn. 36.

632 Zur Bedeutung der „deklaratorischen Wirkung" einer Anschlusserklärung siehe unten S. 363 f.

ist der aufgeführte Wertungswiderspruch nicht durchschlagend, da die nebenklagefähigen Delikte regelmäßig und weit überwiegend Offizialdelikte sind und gerade keine reinen Antragsdelikte wie die Beleidigungstatbestände gem. §§ 185 bis 189 StGB darstellen. Dennoch ist davon auszugehen, dass die Rechtspraxis von dieser Rechtsmeinung des *KG Berlin* nicht abweichen wird. Mit dem Verweis auf die Funktionstüchtigkeit der Strafrechtspflege zur Ablehnung der Wirksamkeit der Anschlusserklärung eines minderjährigen Verletzten beruft man sich auch auf eine universell einsetzbare Rechtserwägung, die sich problemlos – zur Festigung der herrschenden Grundhaltung – auch auf sämtliche andere Opferrechtsinstitute übertragen lässt.

(b) Der Verletztenstatus von Angehörigen des durch die Straftat Getöteten

Die Angehörigen weisen in der Regel ein besonderes Näheverhältnis zum Verletzten auf und werden aufgrund der Tatfolgen zum engeren Tatbetroffenenkreis gezählt. Dass ihnen verfahrensrechtlich ein Verletztenstatus zukommen kann, ist durch den Nebenklägeranschluss gem. § 395 Abs. 2 Nr. 1 StPO gesetzlich normiert, beschränkt auf Kinder, Eltern, Geschwister, Ehegatten oder Lebenspartner des durch eine rechtswidrige Tat Getöteten. Abgesehen von dieser Anschlussbefugnis zur Nebenklage erklärt sich ihre Einbeziehung unter den Verletztenbegriff in Ermangelung der Rechtsgutträgerschaft aber nicht von selbst. Dies ist bei den Ausführungen zum Verletztenbegriff des § 172 StPO bereits hinreichend deutlich geworden. Denn schließlich geht der dort diskutierte prospektive Ansatz zur Bestimmung des Verletzten ursprünglich auf das Fehlen dieser gesetzlichen Regelung zur Einbeziehung von Angehörigen eines durch die Straftat Getöteten zurück.[633] Weil der Gesetzgeber es nicht für erforderlich hält, die Angehörigen jeweils ausdrücklich bei dem jeweiligen Opferrechtsinstitut zu erwähnen, behilft sich die Rechtsprechung regelmäßig mit einem Verweis auf den § 395 Abs. 2 Nr. 1 StPO, da einem zur Nebenklage befugten Angehörigen konsequenterweise ein Verletztenstatus gem. § 172 StPO nicht abgesprochen werden könne.[634] Dies würde dann ebenso für die weiteren Verfahrensrechte, insbesondere der §§ 406d ff. StPO gelten. Es handele sich um eine gesetzgeberische Wertentscheidung für die Anerkennung des Verletztenstatus von Angehörigen des durch die rechtswidrige Tat Getöteten, die über die Vorschriften zur Nebenklage hinausreiche.[635]

---

633 Siehe oben, S. 183.

634 OLG Celle, Beschluss vom 09.02.2011 – 1 Ws 435/10, juris, Rn. 25; OLG Karlsruhe, Beschluss vom 10.11.2000 – 3 Ws 220/99, juris, Rn. 7; SK-StPO/*Wohlers*, § 172 Rn. 26; KMR-StPO/*Plöd* (73. EL), § 172 Rn. 24; KK-StPO/*Moldenhauer*, § 172 Rn. 21.

635 LR-StPO/*Graalmann-Scheerer*, § 172 Rn. 82.

Dass der Verletztenstatus von Angehörigen über die Vorschriften zur Nebenklage hinaus stets anerkannt wird, gilt deshalb aber nicht als gesichert. Es handelt sich lediglich um Einzelfallrechtsprechung, von der Abweichungen denkbar sind. Auch muss hier bedacht werden, dass der Angehörigenkreis zwar über § 395 Abs. 2 Nr. 1 StPO abschließend umrissen ist, der Vorschrift selbst aber nicht zu entnehmen ist, ob und welchem Angehörigen im Konfliktfall der Vorrang zur Ausübung des Verfahrensrechts gebührt. Gegenwärtig stehen sie scheinbar gleichberechtigt nebeneinander, mit der Folge, dass jeder in § 395 Abs. 2 Nr. 1 StPO normierte Angehörige den Nebenklägeranschluss erklären könnte.

bb. Das Verhältnis zwischen Verletzten- und Opferbegriff in der StPO

Vor dem Opferschutzgesetz 1986 hieß es im deutschen Schrifttum, dass das begriffliche Feld mit dem Verletzten und dem Opfer doppelt besetzt sei. Letzteres sei in einem stärkeren Maße viktimologisch geprägt, allerdings würden diese beiden Begriffe weitgehend „synonym" verwendet.[636] Die einleitenden Ausführungen zum Opferbegriff zeigen, dass der Opferbegriff aber erst ab dem Jahre 1999 in der StPO formell auftaucht.[637] Deshalb kann erst ab diesem Zeitpunkt von einer Doppelbesetzung im Strafprozessrecht gesprochen werden. Ob und ggfs. was der Gesetzgeber mit dieser Doppelbesetzung dann bezwecken wollte, ist unklar, weil er sich nicht zu dieser Frage geäußert hat. Dennoch verwendete er den Opferbegriff anstelle des Verletztenbegriffs in verschiedenen Normen der StPO. Dass die beiden Termini synonym auszulegen sind, ist deshalb zu hinterfragen.

(1) „Täter-Opfer-Ausgleich"

In der StPO wurde der Begriff „Opfer" erstmals im Zusammenhang mit dem Täter-Opfer-Ausgleich (TOA) formal verankert (§§ 155a, 155b, 153a Abs. 1 Nr. 5 StPO). Bei dem TOA handelt es sich um ein Instrument, das im angloamerikanischen Rechtskreis für den Bereich des Jugendstrafrechts als Teil der „Restorative Justice" (= den sozialen Frieden wiederherstellende Gerechtigkeit) entwickelt wurde. Zweck des Verfahrens ist die Konfliktbewältigung zwischen den Betroffenen möglichst ohne öffentliches Verfahren.[638]

Die Einführung des Opferbegriffs in die StPO findet ihren Ursprung im JGG. Durch das 1. JGGÄndG von 1990 wurde der § 10 Abs. 1 Nr. 7 JGG eingeführt,

---

636 *Jung*, ZStW 93 (1981), S. 1150.

637 Siehe oben, S. 174 f.

638 Zum TOA im Einzelnen siehe unten S. 409 ff.

der es einem Richter erlaubt, dem beschuldigten Jugendlichen die erzieherische Weisung aufzuerlegen, „sich zu bemühen, einen Ausgleich mit dem Verletzten zu erreichen (Täter-Opfer-Ausgleich)". Diese Formulierung orientiert sich an § 46 Abs. 2 letzter Halbsatz StGB[639] und wurde wortgleich in § 46a Nr. 1 StGB durch das Verbrechensbekämpfungsgesetz 1994 übernommen, mit dem Hintergrund, auch das Erwachsenenstrafrecht für diese neue Konfliktbewältigungsform zu öffnen und bei der Strafzumessung berücksichtigen zu können.[640] Diese Gesetzesänderung führte auch dazu, dass der TOA – und damit formell der Opferbegriff – Eingang in die Strafprozessordnung fand, namentlich in §§ 155a, 155b, § 153a Abs. 1 Nr. 5 StPO. Diese Normen der StPO beziehen sich – von prozessualen Anpassungen abgesehen – auf § 46a Nr. 1 StGB[641], weshalb auch das Verhältnis zwischen Opfer- und Verletztenbegriff primär im Rahmen der Auslegung des § 46a StGB erfolgen sollte.

Der § 46a StGB lautet wie folgt:

> „Hat der Täter
>
> 1. in dem Bemühen, einen Ausgleich mit dem *Verletzten* zu erreichen (Täter-*Opfer*-Ausgleich), seine Tat ganz oder zum überwiegenden Teil wiedergutgemacht oder deren Wiedergutmachung ernsthaft erstrebt oder
> 2. in einem Fall, in welchem die Schadenswiedergutmachung von ihm erhebliche persönliche Leistungen oder persönlichen Verzicht erfordert hat, das *Opfer* ganz oder zum überwiegenden Teil entschädigt,
>
> so kann das Gericht die Strafe nach § 49 Abs. 1 mildern oder [...] von Strafe absehen."

Betrachtet man zunächst den Wortlaut des § 46a StGB, wird deutlich, dass der Gesetzgeber in Nr. 1 auf den Verletzten abstellt, dabei jedoch die Bezeichnung des Täter-Opfer-Ausgleichs in Klammern anfügt. In Nr. 2 wird ausschließlich der Begriff „Opfer" verwendet.

Die im Schrifttum bestehende Kontroverse über die Begriffsauslegung beschränkt sich insbesondere auf das Verhältnis zwischen Nr. 1 und Nr. 2 des § 46a StGB. Man geht davon aus, dass der Verletzte und das Opfer zumindest in § 46a Nr. 1 StGB deckungsgleich sind, so dass sich etwaige Differenzierungsfragen ausschließlich im Zusammenhang mit Nr. 2 ergäben. In der Literatur wird dann entweder von einer Begriffsidentität der Nr. 1 und Nr. 2 des § 46a StGB

---

639 Vgl. BT-Drucks. 11/5829, S. 17. § 46 Abs. 2 StGB kennt nur den Klammerzusatz nicht.

640 BT-Drucks. 12/6853, S. 21.

641 Vgl. BT-Drucks. 14/1928, S. 6; LR-StPO/*Beulke*, § 153a Rn. 60 und § 155a Rn. 1.

ausgegangen[642] oder es wird zwischen diesen differenziert[643], wobei der Opferbegriff dann als dehnbarer bzw. neutraler Oberbegriff interpretiert wird.[644] Vereinzelt wird das Verhältnis schlicht als unklar bezeichnet.[645]

Hervorzuheben ist, dass diese Ansichten gemeinsam von einer Begriffsidentität des Verletzten und des Opfers in Nr. 1 ausgehen. Genau diese Annahme aber wird bislang nicht kritisch hinterfragt[646].

Betrachtet man die Begründungen, die für eine Begriffsidentität in § 46a Nr. 1 herangezogen werden, stützt man sich auf den Charakter als Legaldefinition, was sich aus dem Klammerzusatz ergäbe und zwingend zur Austauschbarkeit der Begrifflichkeiten führe. Bei näherer Betrachtung aber muss ebendiese Einordnung als Legaldefinition angezweifelt werden. Hätte der Gesetzgeber nämlich mit dem Klammerzusatz in § 46a Nr. 1 StGB eine Legaldefinition etablieren wollen, die dann für das gesamte Strafrecht gelten müsste, hätte der Gesetzgeber diesen Klammerzusatz an sich dem älteren und vom Normtext wortgleichen § 46 Abs. 2 StGB anfügen müssen.[647] Der Gesetzgeber hat sich aber bei der Wahl des Wortlauts lediglich nur an § 46 Abs. 2 StGB „orientiert"[648]. Hinzu kommt, dass der Gesetzgeber im Gesetzgebungsprozess nicht erklärte, eine Legaldefinition bezweckt zu haben. Eine solche Intention jedoch wäre den Gesetzesbegründungen normalerweise zu entnehmen, weshalb die Umstände gegen die Einführung einer Legaldefinition sprechen.

Der überwiegende Teil im Schrifttum erklärt die Annahme der Begriffsidentität von Verletzten und Opfer in § 46a Nr. 1 StGB jedoch nicht mit Verweis auf eine etwaige Legaldefinition. Der Klammerzusatz wird nur als Anhaltspunkt des Gesetzgebers verstanden, dass diese beiden Begriffe korrelieren sollen und sich deshalb inhaltlich nicht unterscheiden.[649] Diese Ansicht mag aufgrund des

---

642 *Heger,* JA 2007, 244 (246); *Richter,* Wiedergutmachung, S. 50; *Rössner/Klaus,* Rechtsgrundlagen, S. 55; *Schabel,* wistra 1997, 201 (205).

643 *Kasperek,* Auslegung und Anwendung, S. 60 ff.; *Meier,* JuS 1996, 436 (439 f.).

644 *Eckstein,* FS Schroeder, S. 779 f.; *Pielsticker,* Revisionsfalle oder Bereicherung, S. 172.

645 So *Kespe,* Täter-Opfer-Ausgleich, S. 81 f.

646 Ausschließlich *Büttig,* Wiedergutmachung, S. 44 merkt an, dass das Verhältnis zwischen Verletzter und Opfer insoweit als „unbehandelt" gelten muss.

647 *Oberlies,* Neue Justiz 2000, 550 (551).

648 BT-Drucks. 11/5829, S. 17.

649 Statt vieler *Kespe,* Täter-Opfer-Ausgleich, S. 81 „Denn das in § 46a Nr. 1 StGB angesprochene Bemühen des Täters um einen Ausgleich mit dem Verletzten korreliert mit dem in Klammern gesetzten Zusatz „Täter-Opfer-Ausgleich", so daß insoweit von der inhaltlichen Übereinstimmung der Begriffe Verletzter und Opfer ausgegangen werden muß".

Normtextes naheliegen. Dennoch findet sich auch insoweit kein Hinweis in den Gesetzesbegründungen.

Das Verhältnis zwischen Opfer und Verletztem in § 46a Nr. 1 StGB lässt sich folglich präzise nur mit einem tiefergehenden Blick auf die Entwicklung des TOA beurteilen.

Führt man sich die ursprünglichen Erwägungen des Gesetzgebers bei Einführung des wortgleichen § 10 Abs. 1 Nr. 7 JGG vor Augen, sollten die Vorteile des TOA, welche „weit über die Beseitigung finanziell bezifferbarer Tatfolgen" hinausreichen, besser genutzt werden. Dieser „bietet die Chance, beim Opfer Ängste und seelische Belastungen abzubauen und sein Vertrauen in das Funktionieren der Rechtsordnung wiederherzustellen oder zu stärken". Speziell bei jugendlichen Delinquenten ist dieser Aspekt „von nicht unerheblicher erzieherischer Bedeutung. Er konfrontiert ihn mit dem Verletzungscharakter seines Verhaltens […]. Verantwortlichkeit für seine Straftat, Einsicht und Verständnis für die Situation des Opfers können auf diesem Wege eher gewonnen werden, als dies bei lediglich […] repressiven Sanktionen möglich ist."[650] Man gewinnt umgehend den Eindruck, dass es sich beim Opfer um eine „natürliche Person" handeln muss. Nur sie kann im Wege eines kommunikativen Prozesses solche Emotionen wie Angst oder seelische Belastung empfinden bzw. abbauen oder auch Vertrauen in die Rechtsordnung (wieder-)herstellen.[651] Der Gesetzgeber fügte dem aber noch an, dass der TOA auch bei Taten zum Nachteil juristischer Personen oder Einrichtungen nicht ausgeschlossen sein solle.[652] Dies ist insoweit konsequent, als das maßgeblich an dem Erziehungsgedanken ausgerichtete Hauptziel der Individualprävention des JGG primär die Täterinteressen in den Mittelpunkt stellen muss und man sich bei Straftaten zum Nachteil juristischer Personen eine erzieherische Wirkung durch einen durchgeführten TOA verspricht. Daher soll der Jugendliche unabhängig von einem Straftatenkatalog (die „individuelle Fallkonstellation" ist entscheidend[653]) zu Ausgleichsbemühungen ermutigt und zur Unrechtseinsicht durch die Übernahme von Verantwortung bewegt werden, auch wenn „nur" eine juristische Person zu Schaden gekommen ist. Die in den Gesetzesbegründungen generell hervorgehobenen Vorteile für

650 BT-Drucks. 11/5829, S. 17.

651 Siehe die empirisch-kriminologische Untersuchung von *Bannenberg*, Wiedergutmachung, S. 59 ff., 89, 222.

652 BT-Drucks. 11/5829, S. 17.

653 BT-Drucks. 11/5829, S. 17.

das Opfer (wie Abbau von Ängsten, usw.) sind dann aber nur von sekundärer Bedeutung bei Durchführung des TOA im Rahmen des JGG.

Nimmt man mit diesem Hintergrundwissen eine erste Bewertung des Verhältnisses zwischen Verletzten- und Opferbegriff vor, spricht zunächst einmal nichts für die überwiegend vertretene Annahme der uneingeschränkten Austauschbarkeit dieser beiden Begriffe. Stattdessen lässt sich nach hiesiger Auffassung auch schlussfolgern, dass generell nur der am Zweck einer Vorschrift orientierte, dehnbare und neutrale Verletztenbegriff, der ohne gesetzgeberisches Zutun keine Deliktsbeschränkung in personaler und sachlicher Hinsicht kennt, diesen Anforderungen im praktischen Umgang mit der neuen Konflikterledigungsform des TOA[654] im JGG gerecht wurde. Der Verletztenbegriff sollte also als „vor die Klammer gezogenes" Merkmal das entscheidende Auslegungskriterium sein, um einen solchen weiten Anwendungsbereich unter Einbeziehung juristischer Personen auf Verletztenseite zu schaffen. Der hingegen personalisierte, mit subjektiven Empfindungen aufgeladene („Abbau von Ängsten", usw.) und damit engere Opferbegriff bot sich für ebendiese täterbezogenen Zwecke des JGG nicht an, weil er zu einer Beschränkung des Anwendungsbereichs hätte führen müssen. Der im Klammerzusatz des § 46a Nr. 1 StGB enthaltene Opferbegriff bringt danach nur die „Zweitrangigkeit" von Opferinteressen zum Ausdruck, da deren Befriedigung („Abbau von Ängsten", etc.) zwar grundsätzlich anvisiert, aber eben nicht entscheidend ist, sobald sich ein jugendlicher „Täter um einen Ausgleich mit dem Verletzten bemüht". Demnach decken sich die zwei Begriffe Verletzter und Opfer in § 10 Abs. 1 Nr. 7 JGG nicht ohne Weiteres.

Welche Schlussfolgerungen lassen sich danach für den TOA im Erwachsenenstrafrecht gem. § 46a Nr. 1 StGB ziehen? Die Zielrichtung des § 46a Nr. 1 StGB überschneidet sich im Wesentlichen mit den zu § 10 Abs. 1 Nr. 7 JGG erwähnten Gesetzesbegründungen. Der TOA soll „die Belange des Opfers stärker in den Mittelpunkt des Interesses rücken […], materielle und immaterielle Hilfen durch Schadenskompensation und Abbau von Ängsten geben können", und kann einen „Täter auf diesem Wege besser als mit bloßer Bestrafung zur Einsicht in die Verwerflichkeit seines Tuns und zur Übernahme von Verantwortung für die Folgen seiner Straftat" veranlassen und die friedensstiftende Wirkung des Strafverfahrens ergänzen.[655] Unabhängig von der generell kritisierten

654 BT-Drucks. 11/5829, S. 17 „Die Grenzen des Täter-Opfer-Ausgleichs im Hinblick auf Tatschwere und Opferschäden sind noch nicht ausgelotet. […] daß sich die Abgrenzung Vergehen/Verbrechen ebensowenig eignet wie Unterscheidung nach bestimmten Deliktsgruppen".

655 BT-Drucks. 12/6853, S. 21.

Unschärfe der Norm[656] bleibt damit klärungsbedürftig, ob auch im Erwachsenenstrafrecht eine solche Täterorientierung des § 46a Nr. 1 StGB zu verzeichnen ist, die – wie bei § 10 Abs. 1 Nr. 7 JGG herausgearbeitet – die Behauptung stützt, dass durchweg von deckungsgleichen Begriffen bei Verletzten und Opfer ausgegangen werden kann. Während sich diese Rechtsfrage im JGG aufgrund der einfachgesetzlich festgelegten Zielrichtung gem. § 2 Abs. 1 JGG von selbst beantwortet, fehlt ein solches Bekenntnis zur Individualprävention im StGB.

Blickt man auf die höchstrichterliche Rechtsprechung, soll § 46a StGB sogar anwendbar sein, wenn es kein individuelles Opfer gebe und ein „opferloses Delikt" vorliege; denn auch wenn die Allgemeinheit oder Juristische Personen geschädigt seien, könne der Täter durch das Verhalten nach der Tat zeigen, dass er zur Übernahme von Verantwortung bereit sei.[657] Folgt man demnach der vorherrschenden Meinung, die von einer Begriffsidentität des Verletzten- und des Opferbegriffs in § 46a Nr. 1 StGB ausgeht, dann würde der Opferbegriff durch die Hereinnahme opferloser Delikte unter den Anwendungsbereich des § 46a StGB terminologisch *ad absurdum* geführt[658], was gegen eine vollständige Begriffsidentität spricht. Es wird erkennbar, dass nur der Verletztenbegriff, der an der Funktion bzw. dem Normzweck zu bemessen ist, konzeptionell in der Lage wäre, auch solche „opferlosen Delikte" aufzufangen.

Im Schrifttum wird die Einbeziehung von opferlosen Delikten überwiegend abgelehnt[659], wobei der Begriffsdefinition dabei zu variieren scheint.[660] Soweit man darunter aber eine Einbeziehung von Juristischen Personen, des Staates bzw. Rechtsgütern der Allgemeinheit verstehen möchte und deren Einbeziehung unter den Anwendungsbereich des § 46a Nr. 1 StGB befürwortet[661], beruft man sich generell auf den Gleichbehandlungsgrundsatz, der zugunsten des Täters gegen eine Beschränkung auf natürliche Personen auf Verletztenseite spreche.[662]

---

656 Nach *Maiwald*, GA 2005, 339 (350) ist die „Regelung des Täter-Opfer-Ausgleichs nicht viel mehr als eine Delegation der Normsetzung auf die Rechtsprechung".

657 BGH, Urteil vom 18.11.1999, 4 StR 435/99, juris, Rn. 8.

658 In diesem Sinne nun auch BGH, Urteil vom 04.12.2014 – 4 StR 213/14 hinsichtlich § 315 b StGB.

659 Als „herrschende Meinung" bezeichnet, Lackner/Kühl-StGB/*Heger*, § 46a Rn. 1b.

660 Siehe *Pielsticker*, Revisionsfalle oder Bereicherung, S. 114 f.

661 *Parigger*, FS Riess, S. 786 ff.; *Rössner/Klaus*, Rechtsgrundlagen, S. 56 f.; *Schwedhelm/Spatscheck*, DStR 1995, 1449 (1450 f.); *Loos*, FS Hirsch, S. 863; LK-StGB/*Theune*, § 46a Rn. 26 ff.

662 A.A. *Kespe*, Täter-Opfer-Ausgleich, S. 77 ff. m.w.N.; *Kasperek*, Auslegung und Anwendung, S. 66; *Schabel*, wistra 1997, 201 (205).

Die Vertreter dieser Ansicht räumen zugleich offen ein, dass die Opferseite dann „eine nur untergeordnete Rolle spielt“[663] bzw. „keine Opferinteressen gegeben sind, die nach einem Ausgleichsgespräch rufen“[664]. Auch diese Begründung lässt sich plausibel nur unter der Heranziehung des Verletzten-, nicht aber des Opferbegriffs in § 46a StGB erklären. Wenn im Schrifttum – unabhängig von den Differenzen im Einzelnen – eine Gegenposition eingenommen wird, wonach § 46a Nr. 1 StGB nur auf einen durch die Straftat personalisierten Verletzten anzuwenden ist[665], hebt man hier den immateriellen Tatausgleich hervor, der vorrangig in der kommunikativen Verarbeitung des Geschehens zur Beendigung des sozialen Konflikts liege. Und dieser Faktor fehle bei Straftaten gegen Juristische Personen oder Gütern der Allgemeinheit.[666] Die Forderung nach einem durch die Straftat „personalisierten“ Verletzten für die Eröffnung des Anwendungsbereichs des § 46a Nr. 1 StGB wird maßgeblich mit den vom Gesetzgeber genannten Opferinteressen („Abbau von Ängsten“, usw.) begründet und macht die Frage nach einer inhaltlichen Differenzierung von Verletzten- und Opferbegriff dann sogar überflüssig.[667]

Der Blick auf die Entwicklung des § 46a Nr. 1 StGB lässt folgende Schlussfolgerung zu: Der herrschenden Ansicht, die von einer Begriffsidentität zwischen Verletzten- und Opferbegriff ausgeht, ist so nicht überzeugend. Es ist zu konstatieren, dass durch den in Klammern gesetzten Opferbegriff entweder die Zweitrangigkeit der Befriedigung von Opferinteressen bei Durchführung des TOA (weiter Verletztenbegriff) oder die dabei zwingende Befriedigung von Opferinteressen (enger Verletztenbegriff) zum Ausdruck kommen sollte. Letzteres hätte zur Rechtsfolge, dass der in Klammern gesetzte Opferbegriff eine den – vor der Klammer stehenden – Verletztenbegriff in personaler Hinsicht limitierende Funktion erfüllt. In beiden Fällen aber ist eine uneingeschränkte Gleichsetzung der Begriffe des Verletzten und des Opfers konzeptionell weder zwingend, noch aus einem historischen oder teleologischen Blickwinkel folgerichtig. Der

663 *Schwedhelm/Spatscheck*, DStR 1996, 667 (668).

664 *Steffens*, Wiedergutmachung, S. 181.

665 *König*, JR 2002, 251 (254); *Meier*, JuS 1996, 436 (439 f.); *ders.* GA 1999, 1 (8 f.); NK-StGB/*Streng*, § 46a Rn. 10; Schönke/Schröder/*Stree/Kinzig*, § 46a Rn. 4a.

666 *Kespe*, Täter-Opfer-Ausgleich, S. 74 ff.; *Kasperek*, Auslegung und Anwendung, S. 63 ff.

667 *Maiwald*, GA 2005, 339 (349) zu § 46a Nr. 1 und Nr. 2 StGB: „Sowohl die Überschrift „Täter-Opfer-Ausgleich, Schadenswidergutmachung“ als auch der Gesetzestext, der auf das Opfer und den möglicherweise vom Opfer verschiedenen Verletzten abstellt, legen allerdings nahe, dass es hier um einen individuellen Verletzten oder um ein individuelles Opfer geht, […]“.

Opferbegriff wurde nämlich stets im Kontext mit menschlichen Bedürfnissen (wie Abbau von Ängsten, etc.) gebraucht und setzt deshalb zwangsläufig einen individualisierten Verletzten voraus. Nur dann wären die zwei Termini „Verletzter und Opfer“ deckungsgleich. Die Einbeziehung von Juristischen Personen oder sonstigen Gütern der Allgemeinheit kann dogmatisch nur über den Verletztenbegriff erfolgen, der gerade nicht (wie der Opferbegriff) auf das verletzte Individuum beschränkt ist, sondern unabhängig davon durch die Normfunktion ausgefüllt wird.[668]

(2) „Opferhilfeeinrichtung“ (§ 406j Nr. 5 StPO)

Mit dem 1. OpferRRG wurde der § 406h Abs. 3 StPO (a. F.) eingeführt, wonach der „Verletzte auf die Möglichkeit, Unterstützung und Hilfe auch durch Opferhilfeeinrichtungen zu erhalten, hingewiesen werden soll.“ Der Gesetzgeber griff somit auf den Verletztenbegriff zurück, der in Verbindung mit dem nicht näher erläuterten Begriff der „Opferhilfe“ steht. Laut Gesetzesbegründung hängt die Information über die Opferhilfeeinrichtung vom jeweiligen Einzelfall ab und sollte nur dann erteilt werden, soweit dies für den Verletzten „erkennbar von Bedeutung ist“, was vor allem „bei Delikten gegen die körperliche Unversehrtheit“ der Fall wäre.[669] Seit der Neufassung des 2. OpferRRG soll die Hinweispflicht unabhängig von dem behördlichen Ermessen erfolgen, was aber nicht bedeutet, dass der für die „Opferhilfe“ relevante Verletztenkreis erweitert wurde. Das verdeutlicht der durch das 2. OpferRRG geringfügig geänderte Wortlaut des § 406h Nr. 5 StPO (a.F.), der exemplarisch die zwei Opferunterstützungsangebote der „Beratung“ und „psychosozialen Prozessbegleitung“ hervorhebt. Der Gesetzgeber betont, dass insbesondere solche „Verletzte schwerer Sexual- oder Gewalttaten“ diese Dienste in Anspruch nehmen können sollten. Zur Vermeidung von sekundärer Viktimisierung sollen diese bei „strafprozessualen Vernehmungen von besonders geschulten Mitarbeitern der Opferschutzverbände begleitet werden, die mit den üblichen Abläufen solcher Verhandlungen und den Möglichkeiten, diese für Verletzte möglichst schonend auszugestalten, vertraut sind.“[670] Demnach wird deutlich, dass der Gesetzgeber die Unterstützung

668 Bei einer alleinigen Verwendung des Opferbegriffs, wie es bei § 46a Nr. 2 StGB der Fall ist, muss deshalb die Beschränkung auf den individuellen Verletzten zwingend sein, weil – anders als bei § 46a Nr. 1 StGB – nur der Opferbegriff das alleinige und somit entscheidende Auslegungskriterium ist.

669 BT-Drucks. 15/1976, S. 18 f.

670 BT-Drucks. 16/12098, S. 39.

von „schutzbedürftigen Verletzten" im Blick hat, die über die Einrichtungen der Opferhilfe eine beschleunigte und begleitete Verarbeitung bzw. Heilung ihrer individuellen Viktimisierung erfahren sollen.[671] Die Reform des 3. OpferRRG bestätigt dann, dass im Kontext mit dem Begriff der Opferhilfe nur „natürliche Personen" erfasst sein sollen. Der den § 406h nun ersetzende § 406j Nr. 5 StPO nennt exemplarisch noch die Unterrichtung des Verletzten über die „Bereitstellung oder Vermittlung einer Unterkunft in einer Schutzeinrichtung".

(3) „Opfer einer Nötigung oder Erpressung" (§ 154c Abs. 2 StPO)

Die Einstellungsvorschrift der Staatsanwaltschaft gem. § 154c Abs. 2 StPO wurde geschaffen, um die Anzeigebereitschaft bei Fällen des Menschen- und Frauenhandels zu verbessern, weil denen zur Strafanzeige entschlossenen Opfern nicht selten selbst die Strafverfolgung drohen würde.[672] Durch das 37. StrÄndG wurden die Tatbestände zum strafbaren Menschenhandel insgesamt neu gefasst und mehrfach der Opferbegriff verwendet, so dass sich die Wortwahl des § 154c Abs. 2 StPO letztlich an das materielle Recht anlehnt. Die Verwendung des Opferbegriffs als Tatbestandsmerkmal im materiellen Strafrecht ist kein Novum, weil der Opferbegriff bereits seit Langem fest im Besonderen Teil des StGB verankert ist. Formulierungen des Gesetzgebers wie „die Sorge eines Dritten um das Wohl des Opfers" (vgl. § 239a StGB) oder „leichtfertig den Tod des Opfers" (vgl. § 239a StGB, § 177 StGB a.F.) sind durchweg geläufig. Insbesondere seit den 1990er Jahren findet der Opferbegriff auch bevorzugt im Rahmen der Straftaten gegen die „sexuelle Selbstbestimmung" Anwendung (vgl. § 177 StGB n.F.), ist aber auch bei zahlreichen anderen Tatbeständen ebenfalls anzutreffen[673]. All die Straftatbestände haben gemeinsam, dass sie zum Schutz von höchstpersönlichen

---

671 Vgl. auch *Hartmann*, Unterstützung von Opfern, S. 10.

672 BT-Drucks. 15/3045, S. 10.

673 Im StGB (Stand: Dez. 2015): Dritter Abschnitt (Rechtsfolgen der Tat), § 46a Nr. 1 und Nr. 2 / § 66 Abs. 1 Nr. 4 / § 66a Abs. 3 / § 66b Nr. 2 / § 67d Abs. 3; Fünfter Abschnitt (Verjährung), § 78b Abs. 1 Nr. 1; Siebenter Abschnitt (Straftaten gegen die öffentliche Ordnung), § 129 b Abs. 1 / § 130 Abs. 4; Dreizehnter Abschnitt (Straftaten gegen die sexuelle Selbstbestimmung), § 177 Abs. 1 Nr. 3, Abs. 2 Nr. 1, Abs. 3 Nr. 3, Abs. 4 Nr. 2 / § 178 / § 179 Abs. 5 Nr. 1 und Nr. 3 / § 182 Abs. 3; Vierzehnter Abschnitt (Beleidigung), § 194 Abs. 2; Sechzehnter Abschnitt (Straftaten gegen das Leben), § 221 Abs. 2 Nr. 2, Abs. 3; Achtzehnter Abschnitt (Straftaten gegen die persönliche Freiheit), § 232 Abs. 3 Nr. 1 und Nr. 2 / § 233a Abs. 2 Nr. 1 und Nr. 2 / § 235 Abs. 4 Nr. 1 Abs. 5 / § 238 Abs. 2, Abs. 3 / § 239 Abs. 3 Nr. 1 und Nr. 2, Abs. 4 / § 239a Abs. 1, Abs. 3, Abs. 4 / § 239 b Abs. 1.

Rechtsgütern[674], namentlich der körperlichen- oder sexuellen Integrität sowie der persönlichen Freiheit eines Verletzten erlassen worden sind. Folglich ist aus diesem materiell-rechtlichen Blickwinkel der personale Einschlag des Opferbegriffs unverkennbar.

(4) „Opferentschädigungsgesetz" (§ 406j Nr. 3 StPO)

Das 2. OpferRRG erweiterte die behördliche Informationspflicht gem. § 406h Nr. 3 StPO a.F. auf Versorgungsansprüche des „Opferentschädigungsgesetzes" (OEG), das inzwischen wegen der Umstrukturierung durch das 3. OpferRRG in § 406j Nr. 3 StPO aufgeführt ist. Das Gesetz über die Entschädigung für Opfer von Gewalttaten wurde bereits im Jahre 1976 verkündet[675] und 1985 neu bekanntgemacht. Laut Gesetzesbegründung wäre es Aufgabe des Staates, „die Bürger vor Gewalttätern zu schützen. Kann er diese Pflicht nicht erfüllen, muss er sich für die Entschädigung des Opfers verantwortlich fühlen".[676] Gem. § 1 Abs. 1 S. 1 OEG hat Anspruch auf Versorgung, „wer im Geltungsbereich dieses Gesetzes [...] infolge eines vorsätzlichen, rechtswidrigen tätlichen Angriffs gegen seine oder eine andere Person oder durch dessen rechtmäßige Abwehr eine gesundheitliche Schädigung erlitten hat [...]". Trotz zahlreicher Änderungen seit dem Gesetz von 1976 hat das BSG jüngst wieder den ursprünglichen Zielgedanken des OEG bekräftig, indem es klarstellte, dass der tätliche Angriff im Sinne des § 1 OEG „eine gewaltsame physische – nicht nur psychische – Einwirkung voraussetzt, die in feindseliger Willensrichtung unmittelbar auf den Körper eines anderen zielt." Eine Drohung, die erhebliche gesundheitliche Folgen bei einem Opfer hervorruft, würde nicht für den Versorgungsanspruch ausreichen.[677] Dem OEG liegt somit ein enges Begriffsverständnis zugrunde, das auf den Schutz höchstpersönlichen Rechtsgüter beschränkt ist.

b. Umsetzungsstand der europäischen Vorgaben, Kritik und rechtspolitische Folgerungen

(1) Was die Umsetzung der europäischen Vorgaben zum „Opferbegriff" betrifft, besteht für den deutschen Gesetzgeber teilweise Nachholbedarf:

---

674 Eine Sonderstellung nimmt wegen des Rechtsguts § 130 Abs. 4 StGB ein, dazu *Fischer*, StGB, § 130 Rn. 2 f.

675 BGBl I Nr. 53, S. 1 1181 ff.

676 BT-Drucks. 7/2506, S. 7.

677 BSG, Urteil vom 16.12.2014 – B 9 V 1/13 R.

Während sich europarechtlich ein bestimmter Opferbegriff etabliert hat, verfolgt die StPO ein eigenwilliges System. Eine Legaldefinition des Verletztenbegriffs existiert im deutschen Strafprozessrecht traditionellerweise nicht. Mit den Umsetzungsvorgaben der EU kann dies durchaus vereinbar sein, soweit sichergestellt ist, dass der personale und sachliche Anwendungsbereich des europäischen Opferbegriffs nicht unterschritten wird. Das gilt konsequenterweise für solche Opferrechte, für die die EU einen Mindestschutz in der Richtlinie vorsieht. Deshalb sind solche Opferrechte bzw. Rechtsinstitute, die aufgrund einer eigenständigen Stellung als Verfahrensbeteiligter zur Verfügung stehen, an sich nicht von der Umsetzungspflicht der EU erfasst, es sei denn, dass die Rechtsinstitute die durch die Richtlinie umzusetzenden Mindestrechte gerade umsetzen bzw. verwirklichen sollen. Dies muss der nationale Gesetzgeber grundsätzlich bei der Frage einer ausreichenden Umsetzung der europäischen Vorgaben berücksichtigen.

Das deutsche System bevorzugt eine uneinheitliche Begriffsauslegung, indem die Reichweite des jeweiligen Verletztenbegriffs anhand der Funktionsbestimmung der Norm ermittelt wird. Für die Frage der europarechtskonformen Umsetzung kann auf den Verletztenbegriff des § 172 StPO als primären Vergleichsmaßstab abgestellt werden. Dies ist, wie sich zeigte, entwicklungsgeschichtlich bedingt, da die Diskussion über die korrekte dogmatische Herleitung des Verletzten entscheidend im Rahmen des § 172 StPO geführt und anschließend von dort auf die anderen Verletztenbegriffe weitestgehend übertragen wurde. Als einziges konkurrierendes Modell innerhalb der StPO ist der Verletztenbegriff des § 403 StPO anzusehen, der wegen seiner vermögensrechtlichen Ausrichtung nach der derzeit herrschenden Auffassung aber einen erweiterten Verletztenkreis erfassen soll. Daher bietet sich für die Frage der Umsetzung der europäischen Vorgaben zunächst nur die Fokussierung auf den restriktiven Verletztenbegriff des § 172 StPO an, da dessen Europarechtskonformität zwangsläufig auf das erweiterte Begriffsverständnis des § 403 StPO zutreffen würde.

Festzustellen ist, dass die europäischen Vorgaben zum Opferbegriff über die Schutzbereichslehre, nach der das durch die Strafnorm konkret geschützte Rechtsgut im Vordergrund steht und als Verletzter nur der Rechtsgutsträger in Betracht kommen kann, bereits in ausreichender Weise umgesetzt werden. In personaler Hinsicht geht man über die Vorgaben der EU hinaus, da auch Juristische Personen als Rechtsgutträger und damit als Verletzte angesehen werden können. In sachlicher Hinsicht sind die europäischen Vorgaben ebenfalls erfüllt, weil der Verletztenbegriff des § 172 StPO keinerlei Beschränkungen auf einzelne Individualrechtsgüter bzw. Straftaten kennt.

Ein faktischer Schadenseintritt wird nicht vorausgesetzt, so dass die Verletzteneigenschaft grundsätzlich auch schon bei fehlender Tatvollendung angenommen werden kann. Der zwischen Straftat und Schaden bestehende Unmittelbarkeitszusammenhang, den die EU ihrem Opferbegriff zugrunde legt, findet sich spiegelbildlich in dem Verletztenbegriff zu § 172 StPO wider. Problematisch bzw. defizitär ist die Umsetzung der europäischen Vorgaben zu den Angehörigen des durch die Straftat getöteten Verletzten und den minderjährigen Verletzten:

Bei der Anerkennung des Verletztenstatus von Angehörigen des durch die Straftat Getöteten gibt es über die Vorschrift zur Nebenklagebefugnis gem. § 395 Abs. 2 Nr. 1 StPO hinaus keine allgemeine Vorschrift, die den Verletztenstatus für sämtliche Opferrechtsinstitute garantiert. Ihr Verletztenstatus ist somit jenseits den Nebenklagevorschriften ausschließlich durch Richterrecht anerkannt. Der europarechtlich vorgesehene Opferstatus dieser Angehörigen dürfte somit in der Rechtspraxis regelmäßig zugesprochen werden, auch wenn hier nicht von einem optimalen Umsetzungsstand auszugehen ist. Wie sich allerdings herausgestellt hat, dürfte es der Rechtsprechung nun deutlich leichter fallen, den Angehörigen den Verletztenstatus zuzusprechen, weil das BVerfG im Rahmen der Anerkennung des Anspruchs auf effektive Strafverfolgung die Grundlage dafür geschaffen hat, dass die Angehörigen des Getöteten bei § 172 StPO unter den Verletztenbegriff zu subsumieren sind. Der bislang herangezogene Verweis auf eine „rechtspolitische Wertentscheidung" des Gesetzgebers ist insoweit nicht mehr erforderlich, um die Verletzteneigenschaft dieser Angehörigen festzustellen. Hinsichtlich der Frage, welche Angehörigen als Verletzte in Frage kommen, hat der Gesetzgeber gem. § 395 Abs. 2 Nr. 1 StPO eine durchaus allgemeingültige Vorauswahl getroffen. Dass eine nähere Regulierung fehlt, welchen Angehörigen der Vorrang zur Ausübung von Verfahrensrechten gegenüber anderen Angehörigen einzuräumen ist, ist zumindest aus europarechtlicher Sicht unproblematisch, weil die EU lediglich die Einführung einer solchen Bestimmung empfiehlt.

Die Umsetzung der europäischen Vorgaben ist hinsichtlich des Umgangs mit minderjährigen Verletzten defizitär. Die deutsche Rechtslage folgt einer starren Altersgrenze, indem sie für die Ausübung von Verfahrensrechten ohne Ausnahme die Prozessfähigkeit des Verletzten verlangt. Nach deutscher Lesart kann demnach nur der voll Geschäftsfähige die Verfahrensrechte selbstbestimmt ausüben. Minderjährige Verletzte sind unabhängig von ihrem Entwicklungs- und Reifegrad stets auf die Entscheidung ihres gesetzlichen Vertreters angewiesen. Dies allerdings widerspricht den europäischen Vorstellungen. Die EU verlangt eine nationale Regelung, die der individuellen Einsichtsfähigkeit des minderjährigen Opfers Rechnung trägt. Der nationale Gesetzgeber muss daher eine Regelung implementieren, die eine Einzelfallbeurteilung ermöglicht und dem Minderjährigen nicht per se seine Entscheidungsfähigkeit abspricht. Eine Einzelfallbeurteilung wird regelmäßig nur erforderlich sein, wenn sich der Wille des Minderjährigen und des gesetzlichen Vertreters nicht decken. Für diese Fälle bietet es sich an, auf den in der StPO bereits bekannten Begriff der „Verstandesreife" (§ 52 StPO) zurückzugreifen.

(2) Unabhängig von der Europarechtskonformität ist die deutsche Rechtslage zum „Opferbegriff" in insbesondere folgenden zwei Punkten kritikwürdig:

Das betrifft zum einen das hinter dem Verletztenbegriff stehende Konzept, seine Reichweite anhand der Funktionsbestimmung der jeweiligen Norm festzulegen. Es zeigt sich, dass dieses Konzept verschiedene Schwachstellen aufweist und auch deshalb nicht einwandfrei funktioniert, weil es nicht konsequent beachtet wird. Adressat der Kritik ist weniger die Rechtsprechung, als der Urheber dieses Konzepts, nämlich der Gesetzgeber. Wenn die Funktion der Norm das entscheidende Kriterium für die Reichweite des Verletztenbegriffs darstellt, muss der Normzweck hinreichend bestimmbar sein, was sich vorrangig aus dem Willen des Gesetzgebers erschließen sollte. Tritt dieser nicht präzise hervor oder ist mehrdeutig interpretierbar, kann dies zu einer uneinheitlichen Auslegung innerhalb des Rechtsinstituts führen, wie es beim Verletztenbegriff der §§ 406d ff. StPO der Fall ist. Man stützt sich jeweils auf den Willen des Gesetzgebers und vertritt eine enge (§ 172 StPO) oder weite (§ 403 StPO) Begriffsauslegung. Erschwerend kommt hinzu, dass der ursprüngliche Wille des Gesetzgebers für die Normfunktionsbestimmung nicht sakrosankt ist, da die Normfunktion auch Änderungen der verfassungsrechtlichen Rechtsprechung unterliegt. Zudem zeigte sich, dass mit der Einführung von zusätzlichen Begrenzungskriterien – einem Straftatenkatalog oder besonderen Tatbestandsmerkmalen – Diskrepanzen zwischen dem Gesetzestext und der Normfunktion entstanden sind, welche der Gesetzgeber teilweise offenen Auges hinnimmt. Insgesamt ist in dieser Rechtsfrage eine unausgereifte und disparate Entwicklung festzustellen, bei der an alten Rechtsinstituten, die ursprünglich eine effizientere Aufgabenbewältigung der Strafjustiz bewirken sollten, festgehalten wurde, obwohl mit der Zeit die individuellen Verletzteninteressen funktionstragend wurden. Auf diesen Wandel hat der Gesetzgeber nicht ausreichend reagiert. Auf die maßgebliche Frage, welche Funktion das rechtsstaatliche Strafverfahren für den Verletzten erfüllt, wird zwar auf das Entschädigungs- und insbesondere

das Genugtuungsinteresse abgestellt. Jedoch scheint dem Gesetzgeber aus dem Blick geraten zu sein, welche Tatbetroffenen diese Bedürfnisse im Verfahren berechtigterweise beanspruchen können sollten, weil das einfache Recht die Annahme des Verletztenstatus ohne erkennbaren Bezug zu einem dieser Verletzteninteressen ermöglicht. In der Rechtsprechung zu §§ 406d ff. StPO wurde jüngst sogar kritisiert, dass ein weit verstandener Verletztenbegriff dem Gesamtkonzept des Opferschutzes zuwiderlaufen kann.
Zum anderen ist die überlieferte und weit verbreitete, aber nicht reflektierte Annahme, dass der Opfer- und der Verletztenbegriff im Strafprozessrecht als Synonyme zu behandeln seien, nicht überzeugend. Insbesondere wäre es ein Fehlschluss, diese Annahme als logische Konsequenz einer offensichtlich unüberlegten Begriffswahl bei § 46a Nr. 1 StGB zu betrachten. Stattdessen zeigte sich, dass der Opferbegriff andere Charakteristika als der Verletztenbegriff aufweist. Ersterer wird nur im Kontext mit natürlichen Personen und höchstpersönlichem Rechtsgütereinschlag gebraucht. Allein in diesem Rahmen kann von einer Begriffsidentität gesprochen werden, weshalb der Opferbegriff „restriktiv" auszulegen ist. Derjenigen Ansicht, welche den Opfer- im Verhältnis zum Verletztenbegriff als einen „dehnbaren oder neutralen Oberbegriff" versteht, muss nach dieser Untersuchung im Grundsatz widersprochen werden. Es macht auch keinen Sinn, einen „über den Verletztenbegriff hinausgehenden" Opferbegriff zu vertreten, wenn sich Ersterer durch ebendiese Attribute der „Dehnbarkeit und Neutralität" auszeichnet. Hinzu kommt, dass der Opferbegriff vollständig sein Profil verliert und – wie sich gezeigt hat – terminologisch *ad absurdum* geführt wird. Aufgrund seiner Koppelung an die Normfunktion kann der Verletztenbegriff theoretisch derart weit ausgelegt werden, dass er sich dem *quivis ex populo* annähert. Letzterer ist von der strafprozessualen Verwendung des Opferbegriffs jedoch weit entfernt.

(3) Das führt zu folgenden rechtspolitischen Folgerungen:

- Der Gesetzgeber ist aufgefordert, eine Regelung zu erlassen, wonach minderjährige Verletzte ohne Zustimmung der gesetzlichen Vertreter die dem Verletzten allgemein zustehenden Verfahrensrechte ausüben können, wenn der minderjährige Verletzte die erforderliche Verstandesreife besitzt und sich sein Wille nicht mit dem seines gesetzlichen Vertreters deckt.
- Für eine verbesserte Umsetzung des deutschen Konzepts des Opferbegriffs ist eine tiefergehende Befassung mit der Bedeutung des Genugtuungsinteresses erforderlich. Während dieses Interesse auf gesetzlicher Ebene anfangs noch im Kontext mit einem Schutz- (Nebenklage) und Befriedungszweck

(Privatklage) gelesen wurde, läuft die jüngere rechtspolitische Entwicklung auf eine isolierte Betrachtungsweise des Genugtuungsinteresses hinaus. Vor diesem Hintergrund ist es umso bedeutender, dass sich der Gesetzgeber bewusst wird, welche Opfer als derart prozessrechtlich privilegiert gelten sollten. Die verfassungsrechtliche und straftheoretische Diskussion bietet hier Lösungsansätze. Vor allem das BVerfG hat in seinen jüngsten Entscheidungen die Opfer von „erheblichen Straftaten gegen das Leben, die körperliche Unversehrtheit, sexuelle Selbstbestimmung und die Freiheit der Person" hervorgehoben. Der Gesetzgeber sollte sich bei § 395 StPO auf diese Delikte beschränken, um Funktionsbrüche bei der Annahme der Nebenklägerschaft zu verhindern. Die offensichtlich bestehenden Funktionsbrüche (§ 395 Abs. 1 Nr. 6 StPO) müssen endgültig behoben werden.

- Der Gesetzgeber sollte sich besser auf eine Legaldefinition des Verletzten festlegen. Mit einer steigenden Formalisierung der Opferstellung im Strafprozessrecht gewinnt zwangsläufig eine Legaldefinition des Begriffs des „Verletzten" an Bedeutung. Sämtliche dem deutschen Modell anhaftenden Probleme, die Verletzteneigenschaft über die teilweise nicht eindeutig bestimmbare Normfunktion abzuleiten, stellten sich nicht bei einem klar abgrenzbaren Verletztenkreis.
- Rechtspraxis und Schrifttum sollten das Verhältnis zwischen Opfer- und Verletztenbegriff klären, da Ersterer zunehmend neben dem Verletztenbegriff in der StPO Erwähnung findet. Aufgrund seiner Präsenz im Allgemeinen und Besonderen Teil des materiellen Strafrechts wird er aus dem Regelungsbereich der StPO auch nicht herauszuhalten sein. Entgegen der herrschenden Auffassung ist der Opfer- im Vergleich zum Verletztenbegriff restriktiv zu interpretieren. Nach hiesiger Ansicht ist das Opfer stets Verletzter, der Verletzte aber nicht immer auch das Opfer der Straftat.

2. Opfer sollen „angemessene Informationen erhalten"

a. *Darstellung der deutschen Rechtslage*

Die Vorschriften, die einen angemessenen Informationsaustausch zwischen den zuständigen Institutionen der Strafrechtspflege und dem am Verfahren beteiligten Opfer regeln, entspringen unterschiedlichen Rechtsquellen (StPO, GVG, RiStBV). Sie gelten als inkohärent bzw. unstrukturiert, so dass man mit dem 3. OpferRRG 2015 beabsichtigte, Abhilfe zu schaffen.[678] Die erfolgten

678 Vgl. BT-Drucks. 18/4621, S. 2.

Änderungen mögen zwar zu einer Systematisierung und anwendungsfreundlicheren Gestaltung beigetragen haben. Die bestehende gesetzliche „Zerfaserung“[679] konnten sie im Ergebnis aber nicht beheben.

aa. Das Recht, zu verstehen und verstanden zu werden

Um das Opfer in die Lage zu versetzen, über die ihm zustehenden Rechte sowie Pflichten im Verfahren nicht nur Informationsmaterial zu empfangen, sondern sie auch zu verstehen, sind die staatlichen Institutionen der Strafrechtspflege grundsätzlich zu sensibilisieren, das Opfer als juristischen Laien in einer für es verständlichen Wortwahl zu informieren. Das dürfte für den mündlichen und schriftlichen Informationsaustausch gleichermaßen zutreffen.[680] Einem Verletzten ist es etwa gestattet, bei polizeilichen, staatsanwaltschaftlichen und gerichtlichen Vernehmungen eine „Vertrauensperson“ bei sich zu haben, um ihm ein Gefühl der Sicherheit zu vermitteln, wenn die Begleitung seitens des Verletzten erwünscht und eine Gefährdung des Untersuchungszwecks nicht zu befürchten ist (§ 406f Abs. 2 StPO).

Insbesondere im Umgang mit sprachunkundigen- oder behinderten Personen existieren aus vorrangig rechtsstaatlichen Gründen besondere Vorschriften, um die Kommunikation sicherzustellen. Die §§ 184–191a GVG sind insoweit als Kernvorschriften zu betrachten. Aufgrund ihrer Verortung im GVG gelten diese in der Regel für die gesamte ordentliche Gerichtsbarkeit und beziehen sich primär auf das gerichtliche Verfahren, weshalb sich das Strafverfahren mit seinen Eigenheiten nur schwerlich im Ganzen erfassen lässt. Aus diesem Grund finden sich in der StPO als Primärquelle für die kodifizierten Hinweispflichten und Informationsrechte des Opfers zusätzliche – teilweise noch durch die Vorschriften der RiStBV ergänzte – Regelungen, um den Umgang mit sprachunkundigen und behinderten Opfern für alle Abschnitte des Verfahrens abzudecken und zu regulieren.

(1) Sprachunkundigkeit

Für sprachunkundige Personen sind die §§ 185 und 187 GVG von zentraler Bedeutung, denn sie regeln abschließend die Dolmetsch- und Übersetzungsleistung.

---

679 Aus der Rechtspraxis insoweit kritisch *Löffelmann*, Recht + Politik, 1 (4), http://www.recht-politik.de/wp-content/uploads/2015/04/Ausgabe-vom-16.-April-2015-G%C3%BCterabw%C3%A4gung-PDF-Download.pdf (Letzter Abruf: 12.Dezember 2017); ferner *Haverkamp*, Sachverständigenanhörung, S. 7.

680 Zu den auftretenden Schwierigkeiten aus strafjustizieller Sicht insbesondere *Puderbach*, Informiertheit über Opferrechte, S. 43 ff.

Nach § 185 Abs. 1 GVG, der allgemein für das gerichtliche Verfahren der ordentlichen Gerichtsbarkeit gilt, muss ein Dolmetscher beigezogen werden, wenn unter Beteiligung einer Person verhandelt wird, die der deutschen Sprache nicht mächtig ist. Man geht, was das Strafverfahren betrifft, davon aus, dass der Regelungsgehalt jegliche mündliche Kommunikation zwischen dem Gericht und der beteiligten Person erfasst, so dass diese Vorschrift insbesondere auch die Verständigung während einer Hauptverhandlung sichern soll.[681] In diesem Rahmen ist dem sprachunkundigen Opfer der Anspruch auf eine angemessene Dolmetschleistung zuzusprechen, wenn es durch das Gericht zur Anwesenheit verpflichtet wurde oder zur Anwesenheit einfachgesetzlich berechtigt ist – etwa als Privat-, Neben-, Adhäsionskläger oder nebenklageberechtigter Verletzter nach §§ 406d ff. StPO.

Der Anwendungsbereich des § 185 GVG ist auf den unmittelbaren Kontakt zwischen Gericht und beteiligten Opfer beschränkt. Der Gesetzgeber sah sich deshalb aufgefordert, mit dem 1. OpferRRG den § 187 GVG als eine den § 185 GVG ergänzende Vorschrift einzuführen, um die speziell im Strafverfahren erkannten Defizite auszugleichen. Ein Anspruch auf Dolmetsch- und Übersetzungsleistung kommt nach § 187 GVG einem sprachunkundigen Beschuldigten bzw. Verurteilten sowie dem nebenklageberechtigten Verletzten auch dann zu, „soweit dies zur Ausübung ihrer strafprozessualen Rechte erforderlich ist". Hiermit wollte der Gesetzgeber einfachgesetzlich festhalten, was etwa für den Beschuldigten ohnehin bereits wegen des Art. 6 Abs. 3 lit. e EMRK in der Rechtspraxis zu beachten war. Zudem wollte der Gesetzgeber die Rechtsposition des zur Nebenklage berechtigten Verletzten angleichen, weil für ihn ein entsprechendes Schutzniveau nicht existierte und dieser aus „opferschützenden Gesichtspunkten nicht schlechter gestellt werden soll als der Beschuldigte".[682]

Der knappe Wortlaut des § 187 GVG und die wenig aussagekräftigen Gesetzesbegründungen lassen jedoch Fragen zum materiellen Gehalt dieser Vorschrift bei sprachunkundigen nebenklageberechtigten Opfern unbeantwortet, mit denen sich bislang nur das *OLG Hamburg* näher befassen musste. Es stellt in Abgrenzung zu § 185 GVG klar, dass der Anwendungsbereich des § 187 GVG einen Anspruch auf kostenlose Heranziehung eines Dolmetschers bzw. Übersetzers außerhalb der Hauptverhandlung für deren Vorbereitung und für die Vorbereitung damit in Zusammenhang stehender Verfahrenshandlungen erfasst.[683] Der Umfang der Dolmetsch- und Übersetzungsleistung bei

681 Vgl. SK-StPO/*Frister*, GVG § 185 Rn. 2.
682 BT-Drucks. 15/1976, S. 20.
683 OLG Hamburg, Beschluss vom 27.10.2004 – IV-1/04, juris, Rn. 6 ff.

nebenklageberechtigten Verletzten sei auf das zur Wahrnehmung ihrer strafprozessualen Rechte „erforderliche Maß" beschränkt, das mit Blick auf die vom Gesetzgeber bezweckte Annäherung der Rechtspositionen den durch die Rechtsprechung geformten Schutzstandard zugunsten des sprachunkundigen Beschuldigten weder unter- noch überschreiten sollte.[684] Das *OLG Hamburg* stellt weiterhin fest, dass eine außerhalb der Hauptverhandlung zu gestattende Bestellung eines Dolmetschers für zu führende vor- bzw. nachbereitende Gespräche eines sprachunkundigen Nebenklägers mit seinem Rechtsbeistand nicht auch eine schriftliche oder mündliche Übersetzung der gesamten Akte oder von Aktenbestandteilen (Vernehmungsprotokollen) erfasse. Zur Wahrnehmung seiner Rechte als Verfahrensbeteiligter – konkret dem Frage- und Erklärungsrecht des Nebenklägers bei Zeugenvernehmungen – reiche es regelmäßig aus, wenn sich die Dolmetschertätigkeit auf die Übersetzung von zu erstattenden zusammenfassenden Berichten seines Rechtsbeistands über den Akteninhalt beschränke, wie es auch beim Beschuldigten gelte. Nach Ansicht des *OLG Hamburg* ist also nur dies „zur Rechtswahrnehmung erforderlich" und daher auch auf Staatskosten zu tragen.[685]

Trotz einer darauf folgenden Reform des § 187 GVG durch das „Gesetz zur Stärkung der Verfahrensrechte von Beschuldigten im Strafverfahren" im Jahr 2013 hat sich die Rechtslage für das nebenklageberechtigte sprachunkundige Opfer substanziell kaum verändert. Der § 187 Abs. 2 GVG, der in Form der Regelbeispieltechnik auf die Erforderlichkeit von Übersetzungsleistungen bei bestimmten Anordnungen oder Entscheidungen gegen den Beschuldigten hinweist (S. 1) und zugleich Vorgaben zum Übersetzungsumfang enthält (S. 2–5), soll laut Gesetzesbegründung nur als Orientierung im Umgang mit nebenklageberechtigten Verletzten dienen. Auf § 187 Abs. 3 GVG, der die Voraussetzungen im Falle des Verzichts des Beschuldigten auf Erhalt von schriftlichen Übersetzungen regelt, wird kein Bezug genommen, so dass eine vorherige Belehrung bei Verzicht des Nebenklageberechtigten auf die schriftliche Übersetzung auch nicht notwendig ist.[686] Die einzige, den Nebenklageberechtigten konkret betreffende, Änderung dieser Reform ist die Ergänzung des § 187 Abs. 1 um einen Satz 2, der eine Hinweispflicht des Gerichts statuiert. Laut Gesetzesbegründung soll „der Nebenklageberechtigte […] im Rahmen des Hauptverfahrens auf die Möglichkeit hingewiesen werden, einen Dolmetscher und Übersetzer zur

684 OLG Hamburg, Beschluss vom 27.10.2004 – IV-1/04, juris, Rn. 16 ff.
685 OLG Hamburg, Beschluss vom 27.10.2004 – IV-1/04, juris, Rn. 21 f.
686 BT-Drucks. 17/12578, S. 13.

Wahrnehmung seiner prozessualen Einflussmöglichkeiten in Anspruch zu nehmen".[687] Damit bekräftigt der Gesetzgeber, dass sich § 187 GVG – wie § 185 GVG auch – ausschließlich auf das gerichtliche Verfahren beschränkt und andere Verfahrensstadien somit nicht abgedeckt.[688]

Aufgrund des beschränkten Anwendungsbereichs des § 185 GVG und des § 187 GVG hat der Gesetzgeber mit dem 3. OpferRRG einzelne Regelungen für die Verfahrensstadien geschaffen, die von den Regelungen des GVG nicht erfasst werden. Dazu gehört § 406d Abs. 1 S. 2 StPO, der sicherstellen soll, dass das Opfer auf Antrag über Ort und Zeitpunkt der Hauptverhandlung in einer ihm verständlichen Sprache unterrichtet wird. Insbesondere musste der Gesetzgeber eine Reihe von Vorschriften erlassen, die das insgesamt nicht erfasste Ermittlungsverfahren betreffen. Für den Erstkontakt des Opfers mit den Strafverfolgungsbehörden wurde daher § 158 StPO, der die Strafanzeige bzw. den Strafantrag regelt, erweitert. Diejenigen Opfer, die „der deutschen Sprache nicht mächtig sind", müssen bei Anzeigeerstattung bzw. Antragstellung die dafür „notwendige Hilfe für die Verständigung" erhalten (§ 158 Abs. 4 S. 1 StPO). Die Entscheidung über Notwendigkeit und Art dieser Verständigungshilfe beim Erstkontakt wurde dem Ermessen der Behörden unterstellt, wobei die Beiziehung eines Dolmetschers nicht als Regelfall betrachtet werden soll. Laut Gesetzgeber sollen die Strafverfolgungsbehörden möglichst selbstständig die auftretenden Verständigungsprobleme überwinden, ggfs. als Verständigungshilfe auch auf Begleitpersonen des Opfers zurückgreifen.[689] Was die behördlichen Informationspflichten (§§ 406i, 406j, 406k, 406l StPO) angeht, die der Aufklärung des Opfers über seine allgemeinen Befugnisse inner- und außerhalb des Strafverfahrens dienen, muss die Unterrichtung dem Gesetzeswortlaut nach in einer für den Verletzten „verständlichen Sprache" erfolgen. Der Gesetzgeber fordert deshalb, dass die zur Aufklärung „anzufertigenden Informationsblätter" in den verbreitetsten – und in Deutschland am häufigsten anzutreffenden – Sprachen übersetzt vorliegen müssen.[690] Für die Rechtswahrnehmung des Opfers im Rahmen des Vorverfahrens soll dem – durch das 3. OpferRRG erweiterten – § 171 StPO eine zentrale Funktion zukommen. Der angefügte § 171 S. 3 StPO enthält dafür einen Verweis auf § 187 Abs. 1 S. 1 und Abs. 2 GVG, wonach die Vorschriften des GVG bei sämtlichen staatsanwaltschaftlichen Einstellungsentscheidungen im

687 BT-Drucks. 17/12578, S. 13.

688 Vgl. jetzt BT-Drucks. 18/4621, S. 26; a.A. SK-StPO/*Frister*, GVG § 187 Rn. 2.

689 BT-Drucks. 18/4621, S. 24 f.

690 Vgl. BT-Drucks. 16/12098, S. 38 f., noch bezogen auf § 406h StPO a.F.

Vorverfahren entsprechend gelten. Der nebenklageberechtigte Verletzte kann unter diesen Voraussetzungen eine kostenlose Übersetzung der Einstellungsentscheidung samt Gründen beantragen, damit sein Überprüfungsrecht zur Geltung kommt.[691] Allerdings hat der Gesetzgeber wohl übersehen, dass das nebenklageberechtigte Opfer bei einer von ihm angestrebten Überprüfung der Einstellungsentscheidung auf weitere Informationen – namentlich durch Akteneinsicht – angewiesen sein wird. Eine Übersetzung von Aktenbestandteilen ist von § 171 S. 3 StPO aber nicht erfasst und daher mangels einer anderen Rechtsgrundlage nicht gewährleistet.[692]

Festzuhalten ist, dass die jüngsten Änderungen des 3. OpferRRG „einige Lücken" geschlossen haben, die wegen des eingeschränkten Regelungsbereichs der §§ 185, 187 GVG bestanden. Dennoch handelt es sich dabei um Flickwerk. Es fehlt an einem Prüfungsverfahren[693] sowohl hinsichtlich der Feststellung der tatsächlichen Sprachunkundigkeit des Opfers (vgl. Nr. 181 RiStBV, wonach bei der ersten Vernehmung gegen einen ausländischen Beschuldigten aktenkundig zu machen ist, dass seine Deutschkenntnisse einen Dolmetscher nicht erfordern) als auch an gesetzlichen Bestimmungen zur Durchsetzung des Anspruchs etwa im Falle der Leistungsablehnung.[694] Stattdessen führte der Gesetzgeber durch das 3. OpferRRG eine Reihe weiterer Bestimmungen ein, die von der bestehenden Rechtslage ohnehin erfasst waren und deshalb auch nicht hätten kodifiziert werden müssen. So verlangt bereits die Amtsaufklärungspflicht (§§ 160 Abs. 1, 244 Abs. 2 StPO) bei jeglichen Vernehmungen von Opferzeugen, dass sämtliche Maßnahmen für eine funktionierende Kommunikation mit sprachunkundigen Personen getroffen werden. Die §§ 161a Abs. 5, 163 Abs. 7 StPO erfüllen somit nur eine klarstellende Funktion.[695] Ähnliches gilt für § 397 Abs. 3 StPO, der

691 Vgl. BT-Drucks. 18/4621, S. 26.

692 *Löffelmann,* Recht + Politik, 1 (4), http://www.recht-politik.de/wp-content/uploads/2015/04/Ausgabe-vom-16.-April-2015-G%C3%BCterabw%C3%A4gung-PDF-Download.pdf (Letzter Abruf: 12.12.2017); *Haverkamp,* ZRP 2015, 53 (56).

693 Es soll im Justizalltag keine Seltenheit sein, dass unqualifizierte Dolmetscher korrigiert bzw. ausgewechselt werden müssen. Auch kommt es vor, dass auf nicht vereidigte Dolmetscher zurückgegriffen wird. Siehe hierzu https://www.lto.de/recht/hintergruende/h/dolmetscher-bei-gericht-qualifikation-fehler-verfahren-bamf/ (Letzter Abruf: 12.12.2017).

694 Vgl. jetzt *Kotz,* StV 2012, 626 (627 ff.) in Bezug auf die Umsetzung der RL 2010/64/EU über das Recht des Beschuldigten auf Dolmetsch- und Übersetzungsleistung. Die dort einschlägigen Bestimmungen decken sich inhaltlich weitestgehend mit den hier relevanten Vorgaben der Opferrichtlinie.

695 *Ferber,* NJW 2016, 279 (279).

festlegt, dass sich die Übersetzung von schriftlichen Unterlagen an den Kriterien des § 187 Abs. 2 GVG ausrichten soll[696], was zuvor bereits über § 187 Abs. 4 GVG deutlich wurde.

(2) Opfer mit Behinderung

Das sprachunkundige Opfer ist in der StPO präsent („der deutschen Sprache nicht mächtig sein" oder „verständlichen Sprache"). Opfer mit Sinnes-, Sprach- bzw. geistiger Beeinträchtigungen oder etwa Analphabetismus sind weder in den Gesetzesbegründungen entsprechend einbezogen noch in den einschlägigen Vorschriften der StPO gesondert erwähnt worden. Aus diesem Grund äußerte man während des Gesetzgebungsverfahrens zum 3. OpferRRG Kritik, weil den Kommunikationsbedürfnissen von Opfern mit Behinderung nicht in gleicher Weise wie bei sprachunkundigen Opfern Rechnung getragen wird.[697] Es ist festzustellen, dass Nr. 21 RiStBV als einzige strafverfahrensrechtlich relevante Regelung bestimmte allgemeine Vorgaben für das staatsanwaltschaftliche Vorverfahren im „Umgang mit behinderten Menschen" enthält. Diese sind nicht konkret auf das Opfer der Straftat zugeschnitten, sondern bei jeder Person mit Behinderung zu berücksichtigen. Neben der allgemeinen und wenig aussagekräftigen Vorgabe, dass „behinderten Menschen mit besonderer Rücksichtnahme auf ihre Belange zu begegnen ist" (Nr. 21 Abs. 1 RiStBV) und den speziell für die Vernehmungssituation zu beachtenden Richtlinien (Nr. 21 Abs. 4 und 5 RiStBV)[698], ist für die Verständigung insbesondere der § 186 GVG (siehe dazu auch Nr. 21 Abs. 2 und 3 RiStBV) von Relevanz, der für die ordentliche Gerichtsbarkeit die Verständigung mit „hör- oder sprachbehinderten Personen" (gemeint ist: und/oder) regelt.

Der § 186 GVG wurde geschaffen, um den Interessen der Rechtspflege im Umgang mit hör- und/oder sprachbehinderten Personen gerecht zu werden und diesen eine gleichberechtigte Teilhabe vor Gericht zu ermöglichen. Die Betroffenen erhalten ein Recht zur Disposition über die Verständigungsform. Darüber sind sie zu belehren (Abs. 1 S. 3). Sie können entscheiden, ob

696 Vgl. BT-Drucks. 18/4621, S. 27.

697 *Haverkamp*, Sachverständigenanhörung, S. 6 m.w.N.

698 In Nr. 21 Abs. 4 ist ausdrücklich erwähnt, dass bei Vernehmungen von geistig- oder lernbehinderten Zeugen eine Vertrauensperson als Sprachmittler teilnehmen kann. Nach Nr. 21 Abs. 5 soll der Staatsanwalt bei Vernehmung eines hör- oder sprachbehinderten Beschuldigten, Verurteilten oder eines Nebenklageberechtigten auf die Beiziehung eines Dolmetsch- oder Übersetzers zur Ausübung seiner Rechte hinwirken können.

die Kommunikation mit dem Gericht mündlich, schriftlich oder mit Hilfe einer die Verständigung ermöglichenden Person, die vom Gericht hinzuziehen ist, stattfinden soll (Abs. 1 S. 1). Der Gesetzgeber gibt vor, dass als Kommunikationsmittler nicht nur Gebärden-, Schrift- oder Oraldolmetscher in Betracht kommen, sondern auch dem behinderten Menschen vertraute Personen ohne „formelle Dolmetscherfunktion", die „z.B. lautsprachbegleitende Gebärden, das Lormen[699] oder die Methode der gestützten Kommunikation[700] beherrschen".[701] Dem Gericht werden von Gesetzes wegen keine Grenzen gesetzt. Entscheidet sich die wahlberechtigte Person nicht für einen Kommunikationsmittler, müssen für die mündliche oder schriftliche Verständigung zumindest geeignete technische Hilfsmittel bereitgestellt werden (Abs. 1 S. 2), wenn die Kommunikation nicht auf andere Weise gesichert ist (etwa durch eigene technische Hilfsmittel der wahlberechtigten Person). § 186 GVG sieht zur Gewährleistung der Funktionsfähigkeit der Strafrechtspflege zugleich eine Beschränkung des Dispositionsrechts vor, falls der Betroffene von seinem Wahlrecht keinen Gebrauch macht oder trotz der Ausübung des Wahlrechts eine ausreichende Kommunikationsgrundlage nicht gesichert ist (Abs. 2). Trotz des Wortlauts des § 186 GVG, der das gerichtliche Verfahren umfasst, soll er nach dem ursprünglichen Willen des Gesetzgebers auch auf die Verfahrensabschnitte anwendbar sein, die in der Verfahrensherrschaft der Staatsanwaltschaft liegen (Ermittlungs- und Vollstreckungsverfahren).[702] Die Pflicht zur Belehrung über das Wahlrecht trifft deshalb den zuständigen Staatsanwalt, der nach Nr. 21 Abs. 2 RiStBV aufgefordert ist, „mit Erhebung der öffentlichen Klage [...] eine ihm bekannt gewordene Hör- oder Sprachbehinderung" mitzuteilen. Das Wahlrecht des Opfers gem. § 186 GVG deckt den gesamten Kommunikationsprozess mit den staatlichen Institutionen der Strafrechtspflege ab, unabhängig davon, welche Rolle das Opfer im Verfahren einnimmt. Die Zurverfügungstellung von geeigneten Verständigungsmitteln – gerade auch zur Vorbereitung und Ausübung der strafprozessualen

699 Das Lormen stellt eine Kommunikationsmethode für Taubblinde dar. Der Taubblinde berührt dabei ganz bestimmte Partien der Handfläche der anderen Person, die jeweils für einen Buchstaben steht.

700 Es handelt sich um eine körperliche Hilfestellung für kommunikationsbeeinträchtigte Personen, um eine Kommunikationshilfe bedienen zu können.

701 BT-Drucks. 14/9266, S. 40.

702 BT-Drucks. 14/9266, S. 41; missverständlich insoweit BT-Drucks. 18/10144, S. 21 zum EMöGG, dessen Änderungen am 19.10.2017 in Kraft getreten sind: „Die Beschränkung „in der Verhandlung" soll gestrichen und der Anwendungsbereich auf das gesamte gerichtliche Verfahren erstreckt werden".

Befugnisse[703] – bestimmt gem. § 186 Abs. 3 GVG das BMJV durch Rechtsverordnung.

Eine weitere Vorschrift im Umgang mit Personen mit Behinderung ist § 191a GVG, der die Zugänglichmachung von Schriftstücken für „blinde oder sehbehinderte Personen" regelt. Diese Vorschrift findet – im Gegensatz zu § 186 GVG – in der StPO und RiStBV keine Erwähnung, ist aber auch auf das Tatopfer anzuwenden. Obwohl sich der Wortlaut erneut auf das gerichtliche Verfahren bezieht, hat der Gesetzgeber bei Einführung des § 191a GVG klargestellt, dass auch diese Vorgaben für Verfahrensabschnitte gelten, die der staatsanwaltschaftlichen Verfahrensherrschaft unterstehen.[704] Das Opfer muss unabhängig von seiner Verfahrensrolle jeden Schriftsatz oder sonstige Dokumente in einer „für ihn wahrnehmbaren Form" (barrierefrei i.S.d. § 4 BGG) bei Gericht und Staatsanwaltschaft einreichen können (§ 191a Abs. 1 S. 1 GVG). Das Opfer kann dabei einen Kommunikationsweg wählen, der für behinderte Personen „in der allgemein zugänglichen Weise, ohne besondere Erschwernis und grundsätzlich ohne fremde Hilfe zugänglich und nutzbar" ist.[705] Auch bezüglich des Informationseingangs hat das Opfer nach Maßgabe der sog. Zugänglichmachungsverordnung (ZMV)[706] einen Anspruch auf barrierefreien Erhalt sämtlicher Schriftstücke (§ 191a Abs. 1 S. 2 GVG), die von Gesetzes wegen zuzustellen oder formlos bekannt zu geben sind, damit es die eigenen Rechte im Verfahren wahrnehmen kann (§ 4 Abs. 1 ZMV). Einem blinden oder sehbehinderten Opfer wird wiederum ein Wahlrecht – auf das die Staatsanwaltschaft und das Gericht als verpflichtete Stelle hinzuweisen haben (§ 4 Abs. 2 ZMV) – zugesprochen, das Schriftstück in elektronischer, schriftlicher, akustischer, mündlicher, fernmündlicher oder in einer anderen behindertengerechten Weise (siehe § 6 i.V.m. § 3 ZMV) erhalten zu können. Unter den Regelungsbereich der ZMV fallen auch formlose Dokumente, so dass beim Opfer sämtliche Schriftstücke, die aus den Hinweispflichten und Informationsrechten gem. § 406d ff. StPO entspringen, durch § 191a GVG erfasst sind.

---

703 Nach SK-StPO/*Frister*, GVG § 187 Rn. 8 hat das Gericht die technischen Hilfsmittel auch zur Kommunikation des Opfers mit seinem Rechtsbeistand zur Verfügung zu stellen, wenn dies erforderlich sein sollte.

704 BT-Drucks. 14/9266, S. 41.

705 BT-Drucks. 17/12634, S. 40.

706 Zugänglichmachungsverordnung vom 26.02.2007 (BGBl. I S. 215), die durch Artikel 20 des Gesetzes vom 10.10.2013 (BGBl. I S. 3786) geändert worden ist.

bb. Hinweispflichten ab der ersten Kontaktaufnahme

Unabhängig von etwaiger Rechtsmittelbelehrungen – die zur Gewährleistung eines effektiven Rechtsschutzes gegenüber jedem Betroffenen, der zur Anfechtung einer hoheitlichen Entscheidung berechtigt ist, erfolgen muss (vgl. § 35a StPO) – hat der Gesetzgeber mit dem Opferschutzgesetz 1986 erstmals eine Hinweispflicht in § 406h StPO (a.F.) statuiert, damit das Opfer der Straftat in den Stand gesetzt wird, seine Befugnisse wahrzunehmen.[707] Die jüngsten Änderungen des 3. OpferRRG haben zu einer Ausweitung dieser Hinweispflichten geführt und diese systematisch in die Befugnisse des Opfers im Strafverfahren (§ 406i StPO) und außerhalb des Strafverfahrens (§ 406j StPO) unterteilt. Der Gesetzgeber spricht hier von Belehrungspflichten[708], die überwiegend in die Form von „Muss-Vorschriften" formuliert wurden. Allein der neu eingeführte Hinweis auf geplante Schutzmaßnahmen während des Verfahrens (§ 406i Abs. 2 und 3 StPO) und solche Angaben, an welche Stelle sich das Opfer zur Wahrnehmung seiner Befugnisse wenden kann (§ 406k Abs. 1 StPO)[709], sind als „Soll-Vorschrift" kodifiziert worden.

Was die Modalitäten in der praktischen Umsetzung dieser Belehrungspflichten anbelangt, ist festzustellen, dass § 406i und § 406j StPO dieselben rudimentären Anforderungen enthalten. Opfer sind „möglichst frühzeitig, regelmäßig schriftlich" über die Befugnisse zu unterrichten. Für den Gesetzgeber heißt das, „sobald sie [die Hinweise] ohne Vernachlässigung vordringlicherer Aufgaben und auf einer für die Ausgestaltung der Hinweise hinreichend sicheren Tatsachengrundlage erfolgen können". Die Aushändigung von speziellen Merkblättern soll dafür ausreichend sein.[710] Einzelne Informationen dürfen unterbleiben, wenn eine der in §§ 406i, 406j StPO genannten Befugnisse (bspw. der Nebenklägeranschluss) „offensichtlich nicht vorliegt" (§ 406k Abs. 2 S. 1 StPO). Sollte das Opfer keine zustellungsfähige Anschrift angeben, muss zumindest ein mündlicher Hinweis ergehen (§ 406k Abs. 2 S. 2 StPO).[711]

Damit sind die gesetzlichen Vorgaben zu den Modalitäten bereits aufgezählt. Während demzufolge das wie und wann der Informationserteilung ansatzweise geregelt ist, bleibt der Adressat der Belehrungspflicht unbenannt. Aufschluss gibt

707 BT-Drucks. 10/6124, S. 15 f.

708 Siehe BT-Drucks. 18/4621, S. 14 f.

709 Gemeint sind vor allem die Kontaktangaben von Wiedergutmachungs- und Opferhilfsdiensten.

710 BT-Drucks. 16/12098, S. 38.

711 BT-Drucks. 18/4621, S. 36.

hier aber Nr. 174a RiStBV, wonach der Staatsanwalt ab dem Zeitpunkt der eigenen Ermittlungsaufnahme überprüfen muss, ob das Opfer gem. §§ 406i, 406j bis 406l StPO durch das dafür üblicherweise verwendete „Formblatt" belehrt wurde, was dieser dann ggfs. nachzuholen hat. Mangels einer klaren gesetzlichen Kompetenzverteilung müssen sich jedoch auch die Gerichte als staatliche Institution spätestens mit Übernahme der Verfahrensleitung verpflichtet fühlen, sicherzustellen, dass dieser Belehrungspflicht nachgekommen wurde.[712] Ein entsprechender Aktenvermerk über eine erfolgte Belehrung wäre in jedem Fall sinnvoll[713], der allerdings nicht – auch nicht in der RiStBV – vorgegeben ist. Die in Nr. 174a RiStBV statuierte Kontrollpflicht der Staatsanwaltschaft offenbart zudem, dass der aus §§ 406i ff. StPO entspringenden Belehrungspflicht zumindest mit der einmaligen, in der Regel durch die Polizeidienststellen schon erfolgenden, Aushändigung des sog. „Merkblatt über Rechte von Verletzten und Geschädigten in Strafverfahren", das in allen Bundesländern mit geringfügigen inhaltlichen Abweichungen existiert, ausreichend nachgekommen wurde. Eine etwa schrittweise Informationserteilung, die den konkreten Verfahrensverlauf berücksichtigt und das Opfer ab einem bestimmten Zeitpunkt bzw. Abschnitt des Verfahrens konkret auf seine Befugnisse hinweist, die für dieses Verfahrensstadium relevant sind, findet so nicht statt. Auf den – psychischen – Zustand des Opfers beim Erstkontakt muss insoweit auch keine besondere Rücksicht genommen werden. Dabei besteht die Gefahr, dass Begehrlichkeiten geweckt werden, die einem Opfer im Zweifel eher schaden als nutzen. Bei den Hinweispflichten überwiegt der pragmatische Gedanke, die der Belehrungspflicht unterliegenden Informationen (schlicht) erteilt zu haben.

Das erwähnte „Merkblatt über Rechte von Verletzten und Geschädigten in Strafverfahren" muss demnach auf sämtliche der in §§ 406i ff. StPO genannten Befugnisse des Opfers in und außerhalb des Verfahrens hinweisen, um der Belehrungspflicht inhaltlich zu genügen. Diesen Anforderungen wird das Merkblatt, das in knappen Sätzen formuliert und um Verständlichkeit sichtlich bemüht ist, überwiegend gerecht. Alleine die als Soll-Vorschriften kodifizierten Hinweise über strafprozessuale Schutzmaßnahmen (§ 406i Abs. 2 und 3 StPO) sind in dem Merkblatt nicht aufgeführt. Davon abgesehen bewegt man sich im gesetzlich vorgegebenen Rahmen. Das Opfer wird hierdurch bereits bei Erstkontakt – spätestens bei der polizeilichen Erstvernehmung – einer Informationsflut

712 In diesem Sinne bereits *Böttcher,* FS Widmaier, S. 83.

713 So *Böttcher,* FS Widmaier, S. 83; LR-StPO/*Hilger*, § 406h Rn. 5; *Meyer-Goßner/Schmitt,* § 406i Rn. 4.

über etwaige Befugnisse ausgesetzt. Dies könnte sich negativ auf die Wahrnehmung dieser Befugnisse auswirken, insbesondere bei denjenigen, die erst zu einem späteren Zeitpunkt im Verfahren geltend gemacht werden können und ggfs. einen Antrag des Opfers voraussetzen.[714] Neben Nr. 174a RiStBV als der zentralen Norm ist Nr. 173 RiStBV zu erwähnen, wonach der zuständige Staatsanwalt aufgefordert ist, dafür zu sorgen, dass das Opfer spätestens mit der Anklageerhebung auf die Möglichkeit des Adhäsionsantrags hingewiesen wird. Die Unterrichtung erfolgt auch hier regelmäßig durch das genannte „Merkblatt über Rechte von Verletzten und Geschädigten in Strafverfahren"; teilweise wird für das Adhäsionsverfahren auch ein zusätzliches Merkblatt ausgehändigt.

Im Unterschied zu Rechtsmittelbelehrungen bleiben denkbare Verstöße gegen die in §§ 406i ff. StPO statuierten Hinweis- bzw. Belehrungspflichten folgenlos. Wenn die staatlichen Institutionen dieser Belehrungspflicht nicht nachkommen und das Opfer infolge seiner Rechtsunkenntnis einen konkreten Zeitpunkt versäumen sollte, um seine Befugnisse wahrzunehmen, kann es die Wiedereinsetzung in den vorigen Stand wegen Fristversäumnis (§ 44 StPO) nicht verlangen. Aus Opfersicht kann das besonders misslich sein, insbesondere wenn es aufgrund dieser Pflichtverletzung die ihm gesetzlich an sich zustehenden Nebenklagebefugnisse – etwa die Einlegung von Rechtsmitteln – nicht ausüben kann, weil es über den möglichen Anschluss als Nebenkläger nicht aufgeklärt wurde. Die Folgenlosigkeit bei der Verletzung der Hinweispflicht wurde vom BVerfG nicht als Verfassungsverstoß bewertet. Zugleich hat es sich in den Entscheidungsgründen dahingehend geäußert, dass das übergeordnete Ziel der Stärkung der Opferrechte umfassender mit einer solchen Wiedereinsetzungsregelung umgesetzt worden wäre.[715] Im Schrifttum wird vereinzelt Regelungsbedarf erkannt, zumindest was die verfahrensrechtlichen Folgen bei einem Verstoß gegen § 406i Abs. 1 Nr. 2 und Nr. 3 StPO, die die Belehrung der wichtigsten Opferrechtspositionen im Verfahren – Nebenkläger nebst Rechtsbeistand und Adhäsionskläger – gewährleisten sollen, betrifft.[716] Eine solche Regelung entfalte präventive Wirkung, mit der Folge, dass es in der Rechtspraxis kaum mehr vorkäme, dass die Hinweise unterblieben.[717] Momentan scheitert nach h.M. ein Antrag des Opfers auf Wiedereinsetzung in den vorigen Stand wegen unverschuldet nicht erklärtem Nebenklägeranschluss daran, dass es sich bei der bis zum rechtskräftigen

---

714 Vgl. hier *Gelber/Walter*, NStZ 2013, 75 (80) (83).

715 Dazu bereits oben S. 155; kritisch hier *Wenske*, NStZ 2008, 434 (435).

716 BeckOK-StPO/*Weiner*, § 406d Rn. 20.

717 *Böttcher*, FS Widmaier, S. 92.

Verfahrensabschluss reichenden Zeitspanne, innerhalb derer ein solcher Nebenklägeranschluss möglich ist, nicht um eine Frist i.S.d. § 44 StPO handele. Diese Zeitspanne sei nämlich weder bestimmt noch im Voraus bestimmbar.[718] Zudem gäben die Regelungen zur Nebenklage vor, dass das Verfahren nicht durch einen Anschluss des Opfers aufgehalten werden soll (vgl. §§ 398, 399 StPO). Eine Wiedereinsetzungsmöglichkeit führe zu Friktionen mit geltenden Vorschriften und käme als Rechtsbehelf daher nicht in Betracht.[719] Über ein Wiedereinsetzungsbegehren wegen verpasster Frist zur Adhäsionsklage ist bisher gerichtlich nicht entschieden worden. Jedoch ist die zur Nebenklage aufgestellte Begründung problemlos auf die Vorschriften zur Adhäsionsklage übertragbar, weshalb kein anderes Ergebnis zu erwarten ist.

cc. Bestätigungspflicht bei Anzeige einer Straftat

Bis zum 3. OpferRRG sah ausschließlich Nr. 9 RiStBV vor, dass der Eingang einer Strafanzeige grundsätzlich bestätigt werden sollte, sofern daraufhin ein Ermittlungsverfahren eingeleitet wird. Nun wurde speziell zugunsten von Opfern der § 158 Abs. 1 StPO erweitert. Die Bestätigung der Strafanzeige ist nunmehr verpflichtend und soll eine kurze schriftliche Zusammenfassung der gemachten Angaben zur Tatzeit, Tatort und angezeigten Tat enthalten (S. 4), sofern das Opfer dies beantragt (S. 3). Die mit dieser Regelung bezweckte Nachweisfunktion verlangt nicht nach einer detaillierteren rechtlichen Bewertung des Sachverhalts, die von der die Anzeige aufnehmenden Behörde zu diesem frühen Verfahrensstadium auch nicht vorgenommen werden kann. Es genügt eine „ungefähre“ Deliktsbezeichnung.[720] Dennoch wurde dieses Recht des Opfers auf Aushändigung einer schriftlichen Zusammenfassung mit Blick auf den Wahrheitsgehalt der zu erwartenden Zeugenaussage kritisch bewertet. Gerade bei einer „Aussage-gegen-Aussage“-Konstellation würde die sog. Konstanzanalyse als ein anerkanntes Instrument zur Überprüfung der Glaubwürdigkeit einer Zeugenaussage beeinträchtigt. Daher müsse – wie beim Akteneinsichtsrecht (dazu unten) – der Versagungsgrund der Gefährdung des Untersuchungszwecks greifen.[721] Weil die schriftliche Bestätigung von Tatzeit, Tatort und angezeigter Tat aber lediglich stichwortartig ergehen muss und eben keine vom

718 BGH, Beschluss vom 10.07.1996 – 2 StR 295/96, juris, Rn. 4.

719 LR-StPO/*Hilger*, § 406h Rn. 6; *Meyer-Goßner/Schmitt*, § 406i Rn. 7; *Wenske*, NStZ 2008, 434 (435 f.).

720 BT-Drucks. 18/4621, S. 24.

721 *Ferber*, NJW 2016, 279 (279).

Sachbearbeiter aufbereitete und komprimierte Wiedergabe des geschilderten Tatgeschehens darstellen soll, ist doch zweifelhaft, ob diese Bestätigung geeignet ist, die Konstanzanalyse als Instrument zur psychologischen Glaubwürdigkeitsprüfung einer Zeugenaussage zu beeinträchtigen.[722] Die Anzeigebestätigung, die auf Antrag eines sprachunkundigen Opfers schriftlich zu übersetzen wäre (§ 158 Abs. 4 StPO), stellt damit den Regelfall dar, wohl auch bei einer möglichen Aussage-gegen-Aussage-Konstellation.

dd. Informationsrechte nach Einleitung des Strafverfahrens

(1) Auskunftsanspruch über den Verfahrensstand

Als zentrale Norm der Informationsrechte fungiert § 406d StPO, der sämtlichen Opfern unabhängig von ihrer konkreten Rechtsposition einen Anspruch zuspricht, Auskunft über den Stand des Verfahrens zu erhalten. Diese Informationsrechte setzen generell einen Antrag auf Mitteilung der Information voraus. Mit den Änderungen des 3. OpferRRG wurden die Belehrungspflichten zu den Informationsrechten gem. § 406d StPO, die bisher ausschließlich über das „Merkblatt über Rechte von Verletzten und Geschädigten in Strafverfahren" erfolgte, zumindest teilweise an den Bedürfnissen des Opfers neu ausgerichtet. Der Gesetzgeber hat offenbar erkannt, dass einige der Antragsrechte, die erst in einem späteren Verfahrensabschnitt Bedeutung erlangen werden, beim Opfer „nicht mehr präsent" sein dürften, wenn es über diese beim Erstkontakt unterrichtet wird. Allerdings betrifft die auferlegte zeitliche Verschiebung der Belehrungspflicht ausschließlich die in § 406d Abs. 2 StPO genannten Informationsrechte, die den Schutz- und Sicherheitsinteressen des Opfers dienen[723] und insbesondere im Stadium der Strafvollstreckung die Rechtswahrnehmung fördern sollen.[724] Bei den anderen Antragsrechten gem. § 406d Abs. 1 StPO, einschließlich der zu erteilenden Hinweise auf die Verfahrensbefugnisse nach § 406i StPO, berücksichtigt der Gesetzgeber das am Prozessverlauf ausgerichtete Bedürfnis des Opfers nach sukzessiver Informationserteilung nicht.

Damit bleibt für die Antragsrechte nach § 406d Abs. 1 StPO das regelmäßig bei Erstkontakt ausgeteilte „Merkblatt über Rechte von Verletzten und Geschädigten in Strafverfahren" die entscheidende Quelle für die Informationsrechte. Darunter fällt das Recht, über die „Einstellung des Verfahrens"

722 In diesem Sinne wohl auch *Meyer-Goßner/Schmitt*, § 158 Rn. 10b.

723 BeckOK-StPO/*Weiner*, § 406d.

724 Vgl. BT-Drucks. 18/4621, S. 29.

und den „Ausgang des gerichtlichen Verfahrens" (Nr. 1 und Nr. 3) unterrichtet zu werden. Davon sind sowohl staatsanwaltschaftliche (§ 170 Abs. 2, §§ 153 ff. StPO) als auch gerichtliche (§§ 153 ff., § 204 Abs. 1, § 206a, § 206b StPO) Einstellungsentscheidungen sowie das rechtskräftige Strafurteil erfasst. Eine mit Gründen versehene Entscheidungsabschrift ist dabei nicht vorgesehen, weil es im Rahmen des § 406d StPO primär darum gehen soll, das Opfer in einer für ihn verständlichen Art und Weise über das Verfahrensergebnis in Kenntnis zu setzen.[725] Weiterhin kann das Opfer beantragen, über „Ort und Zeitpunkt der Hauptverhandlung sowie die gegen den Angeklagten erhobenen Beschuldigungen" unterrichtet zu werden (Nr. 2), was noch vor dem 3. OpferRRG nur über das Akteneinsichtsrecht gem. § 406e StPO in Erfahrung zu bringen war[726] (dies setzte voraus, dass die Akteneinsicht durch einen Rechtsbeistand beantragt und nicht wegen eines Versagungsgrundes abgelehnt wurde). Die Auskunft zu den erhobenen Beschuldigungen gegen den Angeklagten bezieht sich auf den dem gerichtlichen Eröffnungsbeschluss – nicht der Anklageschrift – zugrundeliegenden Tatvorwurf. Hat das Opfer einen Antrag auf Mitteilung einer Information gem. § 406d Abs. 1 Nr. 1–3 StPO gestellt, findet sich in Nr. 140 Abs. 2 RiStBV die Zuständigkeitsregelung, wonach der Hoheitsträger für eine beantragte Information verantwortlich ist, der in dem Verfahrensabschnitt die Verfahrensherrschaft innehat; im Vorverfahren also die Staatsanwaltschaft, ab dem Zwischenverfahren das Gericht.

Bei den Informationsrechten gem. § 406d Abs. 2 StPO ist die Rechtslage ein andere. Zum einen hat der Gesetzgeber eine Regelung geschaffen, die den Belehrungszeitpunkt gesetzlich bestimmt (§ 406d Abs. 3 StPO). Das Opfer soll nicht mehr grundsätzlich, sondern nur noch bei einer zu erwartenden Anordnung der Untersuchungshaft schon beim Erstkontakt[727] darüber belehrt werden, dass ihm ein Auskunftsanspruch über die Anordnung und Beendigung einer freiheitsentziehenden Maßnahme und über eine (gelungene) Flucht des Beschuldigten vor bzw. während dieser Maßnahme zusteht. Die Belehrung erfolgt nur in diesem Fall über das auszuhändigende Merkblatt über Rechte von Verletzten und Geschädigten in Strafverfahren. Von diesem Sonderfall abgesehen, gilt allgemein, dass das Opfer erst nach „Urteilsverkündung oder Einstellung

725 *Meyer-Goßner/Schmitt*, § 406d Rn. 1 f.; KK-StPO/*Zabeck*, § 406d Rn. 1 f.

726 BT-Drucks. 18/4621, S. 27 f.; die Mitteilung nach Nr. 117 Abs. 4 RiStBV etwa gilt nur für Nebenklagebefugte.

727 Irritierenderweise heißt es im Gesetzeswortlaut „bei Anzeigeerstattung zu belehren". Der Auskunftsanspruch ist aber nicht an die Strafanzeige gekoppelt, was für die Belehrung dann ebenfalls gelten muss.

des Strafverfahrens" über seine Informationsrechte des § 406d Abs. 2 S. 1 StPO zu belehren ist. Zum anderen hat der Gesetzgeber neben dieser Neuregelung zur Belehrungspflicht auch eine eigene – von der Nr. 140 Abs. 2 RiStBV abweichende – Zuständigkeitsregelung in § 406d Abs. 2 S. 2 StPO eingeführt. Danach ist diejenige Institution zur Mitteilung der vom Opfer beantragten Auskunft verpflichtet, welche die vorangegangene Entscheidung gegen den Beschuldigten oder Verurteilten erlassen hat.

Für § 406d Abs. 2 S. 1 Nr. 1–4 StPO gilt zusammengefasst das Folgende: Das Opfer hat einen Auskunftsanspruch, über eine dem Verurteilten auferlegte Weisung in Form eines Kontaktverbots informiert zu werden (Nr. 1); Belehrung und Mitteilung erfolgen demnach durch das Gericht. Des Weiteren hat das Opfer ein Recht, darüber in Kenntnis gesetzt zu werden, dass eine „freiheitsentziehende Maßnahmen" gegen den Beschuldigten oder Verurteilten angeordnet oder beendet, oder diesem erstmalig eine Vollzugslockerung oder Hafturlaub gewährt wurde, sofern das Opfer dafür ein „berechtigtes Interesse" an der Auskunft – ausgenommen hier nur der zugelassene Nebenkläger – darlegt und die Interessen des Beschuldigten bzw. Verurteilten nicht schutzwürdiger erscheinen (Nr. 2); handelt es sich um Untersuchungshaft, erfolgt die Belehrung – siehe oben – über das Merkblatt, während die entsprechende Mitteilung durch den Richter ergehen muss, der den Haftbefehl gem. § 114 Abs. 1 i.V.m. § 125 StPO angeordnet bzw. gem. § 120 StPO aufgehoben hat. Bei sämtlichen anderen freiheitsentziehenden Maßnahmen (Vollstreckung der Freiheitsstrafe, Maßnahmen der Sicherung und Besserung) und Maßnahmen der Strafvollstreckungsplanung (Vollzugslockerung, Hafturlaub) ist das Opfer durch das Gericht nach Urteilsverkündung zu belehren. Hingegen muss bezüglich der Mitteilung differenziert werden: Weil das Gericht die freiheitsentziehende Maßnahme per Strafurteil fällt, muss es bei einem dahingehenden Antrag des Opfers Auskunft über den Beginn, regelmäßig die Strafvollstreckungskammern über ihre Beendigung bei Aussetzung der Vollstreckung erteilen. Bei Maßnahmen im Rahmen der Strafvollstreckungsplanung liegt die Entscheidungsgewalt bei den Justizvollzugsanstalten, die deshalb für die Benachrichtigung des Opfers verantwortlich sind.[728] Ferner besteht ein Auskunftsanspruch des Opfers, wenn sich der Beschuldigte oder Verurteilte durch „Flucht" einer freiheitsentziehenden Maßnahme entzogen hat (Nr. 3); während die Belehrung hier über das Merkblatt erfolgt, ist die Staatsanwaltschaft ausdrücklich gem. § 406d Abs. 2 S. 2 StPO zur Mitteilung verpflichtet. Zuletzt wird dem Opfer ein Informationsrecht zugestanden, sich über

728 Ausdrücklich auch BT-Drucks. 18/4621, S. 29.

erneute Vollzugslockerungen oder Hafturlaube jeweils unterrichten zu lassen, wenn ein „berechtigtes Interesse“ besteht und auch die Abwägung mit den Interessen des Verurteilten zu seinen Gunsten ausfällt (Nr. 4); Die Belehrung erfolgt durch das Gericht, die Mitteilung selbst durch die Justizvollzugsanstalt.

(2) Akteneinsichtsrecht

Seit den weitreichenden Reformen des Opferschutzgesetzes 1986 ist es jedem Opfer gem. § 406e StPO gestattet, durch seinen Rechtsbeistand Akteneinsicht zu erlangen. Es wird vorausgesetzt, dass das Opfer ein „berechtigtes Interesse“ aufweisen kann. Das ist etwa für die Prüfung eines Klageerzwingungsantrags (§ 172 StPO) oder für die Verfolgung eines zivilrechtlichen Anspruchs gegen den Beschuldigten anerkannt.[729] Allein das nebenklagebefugte Opfer und der Nebenkläger (§ 395 StPO) müssen ein solches Interesse an der Akteneinsicht nicht darlegen (§ 406e Abs. 1 StPO). Der damalige Gesetzgeber begründete das Recht auf Akteneinsicht damit, dass die Informationsbefugnisse des Opfers grundsätzlich auch die Kenntnis über den Akteninhalt umfassen müssten und man könnte dadurch zugleich den Umfang der Informationsrechte gem. § 406d StPO verhältnismäßig gering halten, weil sich ein gesteigertes Informationsbedürfnis des Opfers dann durch die Akteneinsicht befriedigen ließe.[730]

Interessanterweise wurden die Informationsrechte gem. § 406d StPO trotz der Existenz des Akteneinsichtsrechts kontinuierlich ausgebaut. Das Akteneinsichtsrecht wurde jedoch nicht hinterfragt, obwohl es während der Konsultationen zum Opferschutzgesetz 1986 aufgrund der möglichen Auswirkungen auf den Zeugenbeweis, und damit der Wahrheitsfindung in den folgenden Jahren heftigster Kritik ausgesetzt war.[731] Wurde dieser Kritikpunkt bei den Beratungen zum Opferschutzgesetz 1986 zumindest erörtert, hat er in den Konsultationen zum 2. OpferRRG, durch das § 406e StPO seine heutige Gestalt erhielt, keine Beachtung mehr in den Gesetzesmotiven gefunden. Die Bundesregierung als der Initiator des Gesetzes wollte sogar die Rechtsposition des Opfers ausbauen, indem es – wie beim Beschuldigten vorgesehen – ein ab Erhebung der öffentlichen Klage uneingeschränktes Akteneinsichtsrecht erhalten sollte.[732] Als Reaktion auf die hierauf geäußerten Bedenken des Bundesrates erkannte die

729 Vgl. *Meyer-Goßner/Schmitt*, § 406e Rn. 3.

730 BT-Drucks. 10/5305, S. 17.

731 *Schünemann*, NStZ 1986, 193 (199); *ders.*, FS Hamm, S. 693 f. „Ruinierung der Zeugenfunktion“.

732 BT-Drucks. 16/12098, S. 35.

Bundesregierung Korrekturbedarf nur in solchen Fällen, in denen überwiegende schutzwürdige Interessen anderer Personen entgegenstehen. Dass diese zum Schutz der informationellen Selbstbestimmung anderer Personen nur insoweit gefilterte Akteneinsicht in der Regel noch immer ausreichend Informationsgehalt bieten kann, um die Aussage dieses Opferzeugen zu „prägen"[733], wurde nicht in Erwägung gezogen. Dass entgegen der ursprünglichen Planung der Bundesregierung die heute geltenden Versagungsgründe in § 406e Abs. 2 StPO (überwiegende schutzwürdige Interessen Dritter, Gefährdung des Untersuchungszwecks, erhebliche Verfahrensverzögerung) nicht nur vor Abschluss der Ermittlungen, sondern während des gesamten Strafverfahrens für Verletzte, Nebenklagebefugte und Nebenkläger unterschiedslos greifen, ist somit auf die kritische Stellungnahme des Rechtsausschusses zurückzuführen. Allerdings hat auch dieser – wie bereits während der gesamten Gesetzeskonsultationen – die Gefahr der Beeinträchtigung des Zeugenbeweises durch das Akteneinsichtsrecht des Opfers nicht besonders hervorgehoben.[734]

Diese wichtige Rechtsfrage wurde in der Folgezeit auch von der Rechtsprechung nur stiefmütterlich behandelt, sodass ihr von den Kritikern „Gleichgültigkeit" attestiert wurde.[735] In der jüngeren OLG-Rechtsprechung zeichnet sich jedoch ein Wandel ab. Der Versagungsgrund der Gefährdung des Untersuchungszwecks gem. § 406e Abs. 2 S. 2 StPO wird inzwischen in diesem Kontext kontrovers diskutiert und bewertet. Ausgangspunkt dieser Kontroverse sind eine Reihe von Entscheidungen des *OLG Hamburg*, in denen es die Rechtsansicht vertritt, dass in Verfahren mit einer Aussage-gegen-Aussage-Konstellation[736] zum Kerngeschehen in aller Regel der Versagungsgrund der Untersuchungszweckgefährdung greife und zu einer vollumfänglichen bzw. teilweisen Beschränkung des Akteneinsichtsrecht führen müsse, sofern die Aussage des Opfers vor Gericht noch bevorsteht. Die Senatsrechtsprechung stützt sich dabei zum einen auf die in der höchstrichterlichen Rechtsprechung, aus aussagepsychologischen Erkenntnissen entwickelten Grundsätze zur richterlichen Beweiswürdigung. Daraus folgt für die Glaubwürdigkeitsprüfung einer Zeugenaussage, dass der

733 *Pfordte,* FS Müller, S. 563.

734 Zur Stellungnahme des Rechtsausschusses BT-Drucks. 16/13671, S. 22.

735 *Pfordte,* FS Müller, S. 565 f.

736 Es handelt sich um Sachverhalte, in denen der Angeklagte den Tatvorwurf detailliert oder pauschal bestreitet oder von seinem Schweigerecht Gebrauch macht, und in denen nur lediglich die belastende Aussage des (Opfer-)Zeugen zur Verfügung steht, die sich nicht durch unmittelbar tatbezogene weitere Indizien belegen lässt, MüKo-StPO/*Miebach,* § 261 Rn. 230.

inhaltlichen Konstanz aufeinander folgender Vernehmungen desselben Zeugen als eines von zahlreichen Realitätskriterien wesentliche Bedeutung zukommen muss. Die Konstanzanalyse geht davon aus, dass tatsächlich Erlebtes stärker, prägnanter, stabiler im Gedächtnis gespeichert ist als bloß Erdachtes. Sind mehrere Aussagen zu verschiedenen Zeitpunkten erhoben worden, können die Angaben des (Opfer-)Zeugen auf Übereinstimmungen, Ergänzungen und Widersprüche analysiert werden. Ist hinsichtlich des Kerngeschehens eine hinreichend hohe Übereinstimmung festzustellen, dann spricht das gegen eine ausgedachte Aussage.[737] Aus Sicht des Senats sei die Würdigung der Aussagekonstanz in Form der Unterscheidung zwischen der Wiedergabe des real erlebten Geschehens und dem schlichten Referieren der in der Akte festgehaltenen Inhalte früherer Vernehmungen deshalb nicht mehr möglich, wenn das Opfer vollumfänglich Akteneinsicht erhielte. Die Pflicht zur Wahrheitserforschung überwiege daher das Informationsinteresse des Opfers. Zum anderen seien keine milderen Mittel als die Beschränkung der Akteneinsicht vorhanden. Insbesondere sei die Verpflichtungserklärung des Nebenklagevertreters, die Akteninhalte dem Opfer nicht zur Kenntnis zu geben, nicht durchsetzbar bzw. kontrollierbar. In diesem Fällen sei der vorgesehene Ermessensspielraum somit auf Null reduziert und eine vollumfängliche Akteneinsicht stets abzulehnen.[738]

Während andere Oberlandesgerichtssenate diese Rechtsauffassung tendenziell goutieren[739], teilt das *OLG Braunschweig* diese ausdrücklich nicht. Es hält die Gefährdung des Grundsatzes der Wahrheitsermittlung auch bei einer „Aussage-gegen-Aussage-Konstellation“ regelmäßig nicht für derart schwerwiegend beeinträchtigt, um ein vollumfängliches Akteneinsichtsrecht abzulehnen. Nach Meinung des Senats sei durch eine Verpflichtungserklärung des Rechtsbeistands, den Akteninhalt dem Opfer nicht zur Kenntnis zu geben, die abstrakte Gefährdung der Wahrheitsermittlung maßgeblich verringert. Die Senatsmitglieder stützen sich dabei unter anderem auf ihre „als Tatrichter gesammelten Erfahrungen“. Den Rechtsbeiständen seien die erhöhten Anforderungen an die richterliche Beweiswürdigung und die in diesem Rahmen bedeutende Konstanzanalyse

737 *Baumhöfener*, NStZ 2014, 135 (136) m.w.N.

738 OLG Hamburg, Beschluss vom 24.10.2014 – 1 Ws 110/14, juris, Rn. 12 ff.; OLG Hamburg, Beschluss vom 22.07.2015 – 1 Ws 88/15, juris, Rn. 8; OLG Hamburg, Beschluss vom 21.03.2016 – 1 Ws 40/16, juris, Rn. 13.

739 Vgl. OLG Schleswig, Beschluss vom 19.02.2016 – 1 Ws 59/16 (33/16), juris, Rn. 5; Ferner wohl das KG Berlin, Beschluss vom 02.10.2015 – 4 Ws 83/15, 4 Ws 83/15 – 141 AR 417/15, juris, Rn. 26; Akteneinsicht im Ermittlungsverfahren OLG Düsseldorf, Beschluss vom 26.05.2014 – III-1 Ws 196/14, 1 Ws 196/14, juris, Rn. 5.

bewusst. Weil diese obendrein als ein rechtschaffendes Organ der Rechtspflege ihre Aufgaben wahrnähmen, dürfe man grundsätzlich auf ihre Integrität und Zuverlässigkeit vertrauen. Bei Zweifeln stehe es dem Gericht als Kontrollmittel auch durchaus offen, den als Zeuge aussagenden Nebenkläger (Opfer) zur Einhaltung der Verpflichtungserklärung zu befragen, wobei eine einstudierte Aussage des Opfers einem mit Vernehmungen erfahrenen Strafrichter in der Regel ohnehin nicht verborgen bliebe. Zudem ist der Senat der Auffassung, dass eine umfassende Versagung des Akteneinsichtsrechts die Ausübung der Nebenklagebefugnisse insgesamt erheblich behindere und das Opfer erneut zu einem bloßen Beweisobjekt degradiere.[740] Was die Konstanzanalyse konkret betrifft, hält der Senat ihre Bedeutung für die Glaubwürdigkeitsprüfung des Gerichts auch nicht für derart sakrosankt, um eine solche Beschneidung dieses Prozessrechts zu rechtfertigen. Die inhaltliche Konstanz einer Aussage sei „schon kein Wert an sich" und das Tatgericht müsse ohnehin beurteilen, ob die Konstanz einer Aussage für oder gegen die Glaubwürdigkeit spreche.[741] Der BGH hat diese Position letztlich gestützt, indem er die Meinung vertreten hat, dass die gewährte Akteneinsicht allein nicht dazu führe, dass das Tatgericht im Rahmen der Beweiswürdigung grundsätzlich eine Erteilung der Akteneinsicht würdigen müsse.[742] Selbst bei einer „Aussage-gegen-Aussage-Konstellation" sei es regelmäßig nicht erforderlich, den Zugriff des Opferzeugen auf den Inhalt der Ermittlungsakten zu würdigen, da die Wahrnehmung des gesetzlich eingeräumten Akteneinsichtsrechts nicht typischerweise mit einer Entwertung des Realitätskriteriums der Aussagekonstanz einhergehe. Eine solch generalisierende Annahme beeinträchtige sogar die freie Entscheidung des Opfers, das ihm gesetzlich zustehende Recht überhaupt zu beantragen.[743]

740 OLG Braunschweig, Beschluss vom 03.12.2015 – 1 Ws 309/15, juris, Rn. 12 ff.

741 OLG Braunschweig, Beschluss vom 03.12.2015 – 1 Ws 309/15, juris, Rn. 10; wohl auch BGH, Urteil vom 06.12.2016 – 5 StR 179/16, juris, Rn. 15.; kritisch dazu *Baumhöfener/Daber*, StraFo 2016, 77 (77 ff.) sowie OLG Hamburg, Beschluss vom 21.03.2016 – 1 Ws 40/16, juris, Rn. 15.

742 BGH, Beschluss vom 15.03.2016 – 5 StR 52/16, juris, Rn. 3.

743 BGH, Beschluss vom 05.04.2016 – 5 StR 40/16.

b. *Umsetzungsstand der europäischen Vorgaben, Kritik und rechtspolitische Folgerungen*

(1) Für den Bereich der Informationsrechte des Opfers muss man in Teilbereichen ein Zurückbleiben des deutschen Rechts hinter den europäischen Vorgaben konstatieren:

Bei der Umsetzung des Rechts, zu verstehen und verstanden zu werden, mangelt es an einer allgemeinen Vorschrift, die klarstellt, dass Opfern mit Verständigungsproblemen mit besonderer Rücksicht zu begegnen ist. Die Sensibilisierung der Institutionen der Strafjustiz, sich möglichst verständlich gegenüber dem Bürger auszudrücken, und die besonderen Vorschriften im Umgang mit sprachunkundigen und behinderten Opfern kennzeichnen die deutsche Rechtslage und sprechen insoweit auch für ein hohes Schutzniveau. Diese decken aber nicht sämtliche Fälle von Verständigungsproblemen jenseits der Sprachunkundigkeit und Behinderung – wie etwa der nicht pathologisch bedingte Analphabetismus – ab. Es fehlt im deutschen Recht an einer (Richtlinien-)Bestimmung, damit auch für diese Fälle – wie es die EU mit dem Begriff der persönlichen Merkmale umschreibt – die Rechtswahrnehmung des Opfers ermöglicht wird. Es bietet sich eine stärkere Einbeziehung der Opferhilfsdienste an. Der bei Erstkontakt zuständige Sachbearbeiter (in der Regel der Polizei) sollte verpflichtet werden, nicht nur auf entsprechende Unterstützungsangebote hinzuweisen, sondern den Kontakt immer dann aktiv herzustellen, wenn für den weiteren Strafverfahrensverlauf eine (eigenständige) Rechtswahrnehmung des Opfers wegen Verständigungsproblemen gefährdet erscheint.
Deutlich über die europäischen Vorgaben hinaus geht die deutsche Rechtslage mit §§ 186, 187 und 191a GVG, wenn es konkret um den Umgang mit behinderten Opfern geht. Während es der EU ausreicht, einen behindertengerechten Umgang über die staatliche Fürsorgepflicht sicherzustellen, wird den Betroffenen im deutschen Rechtsraum bei entsprechenden Behinderungen ein „Wahlrecht" über die Kommunikationsform garantiert. Deshalb hat sich auch die gelegentlich geäußerte Kritik, dass behinderte Opfer im Vergleich zu sprachunkundigen Opfern schlechter gestellt würden, aus materiell-rechtlicher Sicht nicht bestätigt. Verbesserungsbedürftig ist lediglich, die genannten Regelungen durch gezielte Verweise in der StPO – die bislang ausschließlich auf sprachunkundige Opfer ausgerichtet ist – auf behinderte Opfer auszuweiten.
Materiell-rechtliche Defizite bestehen hingegen im Umgang mit dem sprachunkundigen Opfer, und zwar in folgenden zwei Punkten: Zum einen verlangt

die EU, dass das Opfer, wenn es als Verfahrensbeteiligter nach nationalem Prozessrecht anerkannt ist, auch außerhalb der Hauptverhandlung entsprechende Dolmetsch- und Übersetzungsleistungen beanspruchen können muss, soweit es hierauf zur Wahrnehmung seiner Rechte angewiesen ist. Der einschlägige und vom *OLG Hamburg* auch in diesem Sinne ausgelegte § 187 GVG wird dem deshalb nicht vollständig gerecht, da er sich allein auf das nebenklageberechtigte Opfer bezieht und somit den Adhäsionskläger, der nach deutschem Rechtsverständnis als ein mit ähnlichen Befugnissen ausgestatteter Verfahrensbeteiligter auftritt, nicht erfasst. Zum anderen geben die §§ 185 ff. GVG kein Prüfungsverfahren zur Feststellung der Sprach(un-)kundigkeit vor. Dem Opfer steht – sofern es einen Antrag auf Dolmetsch- oder Übersetzungsleistung stellt – kein Mittel zur Durchsetzung des Anspruchs bzw. zur Anfechtung der hoheitlichen Entscheidung, die in der Regel für das gesamte Verfahren Bestand hat, zur Verfügung, obwohl die EU ausdrücklich ein solches fordert. Die Einführung eines Beschwerderechts, bei dem als Beschwerdegrund auch glaubhaft vorgetragene Zweifel an der Qualität eines bereits bestellten Dolmetschers oder Übersetzers genügen müssen, ist nachzuholen. Der Gesetzgeber sollte in Erwägung ziehen, den § 187 GVG durch eine allgemeine, das gesamte Strafverfahren abdeckende Regelung zu ersetzen. Weil § 187 GVG auf das gerichtliche Verfahren beschränkt ist und damit insbesondere das Vorverfahren nicht erfasst, bemüht sich der Gesetzgeber, dass jedem in diesen Verfahrensabschnitt relevanten Verfahrensrecht des Opfers eine gesonderte Bestimmung angefügt ist, um den Anspruch auf Dolmetsch- und Übersetzungsleistung gewährleistet zu haben. Dies führt allerdings zu einer – vermeidbaren und unnötigen – Aufblähung des Normgefüges der StPO. Teilweise lässt der Gesetzgeber dabei einen Hang zur Überregulierung erkennen. Vereinzelt fehlt es aber an einer entsprechenden Bestimmung, mit der Folge, dass der Anspruch auf Dolmetsch- und Übersetzungsleistung normativ nicht umfassend garantiert ist. Aus diesen Gründen empfiehlt sich von den punktuellen und fehlerbehafteten Änderungen Abstand zu nehmen und eine allgemeine Regelung einzuführen, dass Dolmetscher und Übersetzer unabhängig von der Opferrolle sowie des Verfahrensabschnitts stets heranzuziehen sind, wenn es zur Ausübung der strafprozessualen Rechte des Opfers erforderlich ist. Wie schon erwähnt, müsste gegen eine ablehnende Entscheidung die Beschwerde statthaft sein.

Was die den Mitgliedstaaten auferlegte Bestätigungspflicht der Strafanzeige bzw. des Strafantrags angeht, hat der deutsche Gesetzgeber die europäischen Vorgaben nahezu wortwörtlich in § 158 Abs. 1 S. 3 und 4 StPO aufgegriffen.

Einzig die Angabe, den durch die angezeigte Straftat möglicherweise verursachten Schaden ebenfalls schriftlich aufzuführen, wurde nicht aufgenommen. In den Gesetzesmaterialien erklärt sich der Gesetzgeber hierzu nicht, obwohl eine solche – aufgrund des frühen Verfahrensstadiums sicherlich nur vorläufige – Angabe für die Geltendmachung zivilrechtlicher Ansprüche durchaus nützlich sein kann, um die eventuell einzuleitenden Ermittlungen auch auf dieses Kriterium zu erstrecken. Schließlich möchte der Gesetzgeber die Adhäsionsklage im Strafverfahren fest etablieren, weshalb auch die nur vorläufige Fixierung des verursachten Schadens diesem gesetzgeberischen Konzept durchaus entspricht und in § 158 Abs. 1 S. 4 StPO anzufügen wäre.

Die Hinweispflichten und Informationsrechte dienen im deutschen Strafverfahren vornehmlich der Rechtswahrnehmung des Opfers. Die EU-Regelungen verfolgen insoweit denselben Zweck. Außer bei den als Soll-Vorschrift kodifizierten Schutzmaßnahmen (§ 406i Abs. 2 StPO) bestehen generell keine Zweifel, dass sämtliche der durch die Richtlinie 2012/29/EU zwingend zu erteilenden Hinweise sowie Auskunftsrechte durch die §§ 406d, 406i und 406j StPO umgesetzt werden.
Als problematisch erscheinen hier aber die Modalitäten der Informationserteilung. Zunächst sind die Hinweise auf die Opferbefugnisse sowie Auskunftsrechte nicht – wie es die Richtlinie vorschreibt – „unverzüglich" (without unnecessary delay), sondern nur „möglichst frühzeitig" zu erteilen. Der kleine maßgebliche Unterschied ist, dass nach deutschem Recht dann auch die behördliche Erwägung gestattet ist, sich vor der Erteilung der Hinweise anderen Aufgaben zuzuwenden, soweit diese als „vordringlicher" gelten. Wann dies der Fall ist, entscheidet der Sachbearbeiter offensichtlich selbst. Eine derartige Priorisierung aber lässt sich aus dem Begriff „unverzüglich" nicht ableiten, der lediglich eine Prüfungs- und Überlegungsfrist einräumt. Demnach gewährt die StPO den zuständigen Behörden einen größeren Beurteilungsspielraum, als es durch die Richtlinie vorgesehen ist. Es besteht ein rechtliches Umsetzungsdefizit. Interessanterweise führt dieser erweiterte Beurteilungsrahmen aber faktisch regelmäßig nicht zu einer solch verspäteten – den Anforderungen an die „Unverzüglichkeit" nicht mehr entsprechenden – Unterrichtung des Opfers. Der Grund dafür ist die in der deutschen Rechtspraxis standardisierte Aushändigung des „Merkblatts über Rechte von Verletzten und Geschädigten in Strafverfahren" durch den beim Erstkontakt zuständigen Sachbearbeiter der Polizei. Dieses Informationsblatt soll über sämtliche Verfahrensbefugnisse und einem Großteil der Auskunftsrechte informieren. Dies hat rechtspraktisch zur Folge, dass insoweit keine größeren behördlichen Prüfungen erfolgen.

Ob der Gesetzgeber daher überhaupt nachbessern muss, hängt maßgeblich davon ab, ob diese einmalige Aushändigung des „Merkblatts" das EU-Recht angemessen umsetzt. Und in diesem Punkt räumt die EU – auch wenn sie sich offenkundig für eine opferfreundliche Ausgestaltung der Hinweispflicht ausspricht – den Mitgliedstaaten einen Ermessensspielraum ein, wonach die in der deutschen Rechtspraxis praktizierte einmalige Aushändigung des Merkblatts beim Erstkontakt mit dem Opfer den europäischen Vorgaben insgesamt noch gerecht wird.

(2) Unabhängig von den Defiziten bei der Umsetzung der europäischen Mindestanforderungen ist die deutsche Rechtslage noch aus folgenden Gründen zu kritisieren:

Obwohl die derzeitige Umsetzung der Hinweispflichten als europarechtskonform einzustufen ist, sollte die Frage einer opferfreundlicheren, stärker den Einzelfall berücksichtigenden Ausgestaltung in Erwägung gezogen werden. Der Grund liegt in der (zunehmend als regelungsbedürftig eingestuften) Folgenlosigkeit der behördlichen Missachtung dieser Hinweispflichten. Ein zum Aktionismus neigender Gesetzgeber könnte versucht sein, hier durch die Schaffung einer – in der Literatur teilweise geforderten – Wiedereinsetzungsregelung in der StPO Abhilfe zu schaffen. Dies sollte allerdings aufgrund seiner weitreichenden Folgen für das Strafverfahren auf jeden Fall verhindert werden. Zum einen besteht von Rechts wegen keine Notwendigkeit, dem Opfer als Verfahrensbeteiligten einen Rechtsbehelf einzuräumen, durch den rechtskräftige Entscheidungen (wie Strafurteile) beseitigt werden können. Dies stellte eine enorme Einbuße an Rechtssicherheit dar. Zwar geht mit der Missachtung der Hinweispflicht stets auch eine Beeinträchtigung des Genugtuungsinteresses des Opfers einher, das die Beteiligung am Strafverfahren legitimiert. Allerdings wiegt diese Einbuße nicht besonders schwer, da durch den Amtsaufklärungsgrundsatz die Intensität dieser staatlich zu vertretenden Rechtsmissachtung abgeschwächt wird. Es ist nicht verhältnismäßig, auf ein staatliches Versäumnis mit einer Sanktionsregelung zu reagieren, deren Rechtsfolge primär den Beschuldigten bzw. Angeklagten trifft. Zum anderen lässt sich die präventive Wirkung, die diesem Rechtsbehelf zugesprochen wird, mit weniger scharfen Maßnahmen erreichen. Wenn es darum geht, die Gefahr der Missachtung der Hinweispflicht zu minimieren, damit die Rechtswahrnehmung des Opfers gesichert ist, genügt eine opferfreundlichere Gestaltung der staatlichen Belehrungspflicht. Der Gesetzgeber hat sich bereits mit den Änderungen des 3. OpferRRG für eine schrittweise, am Verfahrensverlauf ausgerichtete Belehrung ausgesprochen, sich dabei aber auf § 406d Abs. 2 StPO beschränkt.

Insoweit ist ihm nun zu empfehlen, diese auf die beiden bedeutendsten Opferrechte noch auszuweiten. Über die beim Erstkontakt erfolgende Aushändigung des „Merkblatt über Rechte von Verletzten und Geschädigten in Strafverfahren" hinaus ist die Staatsanwaltschaft demnach gesetzlich zu verpflichten, das Opfer zeitgleich mit Einreichung der Anklageschrift beim zuständigen Gericht (§ 170 Abs. 2 StPO) explizit auf einen – nach Aktenlage – möglichen Nebenklägeranschluss sowie auch auf eine mögliche Adhäsionsklage hinzuweisen. Den Befürwortern einer Wiedereinsetzungsregelung wird dadurch jeglicher Wind aus den Segeln genommen und der Gesetzgeber hätte alles Erforderliche getan, um der Beeinträchtigung des Genugtuungsinteresses des Opfers entgegenzuwirken.

Während der Ausbau der Hinweispflichten zu befürworten ist, erscheint ein partieller Abbau der Informationsrechte jedoch notwendig. Bei diesem – wegen seiner möglichen Auswirkungen auf den Wahrheitsfindungsprozess frühzeitig kritisierten – Informationsrecht, namentlich das Akteneinsichtsrecht, ist schon deswegen Klärungs- bzw. Reformbedarf angezeigt, da diese Rechtsfrage über das Bestehen eines Versagungsgrundes wegen Gefährdung des Zeugenbeweises in den jüngeren Gesetzesberatungen keine Rolle mehr spielte, jedoch in der OLG-Rechtsprechung inzwischen kontrovers diskutiert wird. Man kann mit Blick auf die vorgestellte Normgenese es sogar als einen Glücksfall bezeichnen, dass sich die Oberlandesgerichte überhaupt mit dieser – für den Erhalt eines rechtsstaatlichen Strafverfahrens – bedeutenden Frage, dem Nebenkläger das (uneingeschränkte) Akteneinsichtsrecht wegen Gefährdung des Untersuchungszwecks zu verweigern, noch befassen können. Aufgrund der Bedeutung dieser Rechtsfrage darf der Gesetzgeber jedoch das dem zugrunde liegende Spannungsverhältnis zwischen Wahrheitsfindung und Informationsrecht durch Akteneinsicht nicht alleine der Rechtsprechung überlassen. Auch zeichnet sich in der dortigen Kontroverse eine Fokussierung auf den beweisrechtlichen Sonderfall einer Aussage-gegen-Aussage-Konstellation ab, was voraussichtlich dazu führt, dass dem Antrag des Opfers auf Akteneinsicht jenseits dieses beweisrechtlichen Sonderfalls ohne größere Bedenken stattgegeben wird. Dies wäre zu bedauern, weil die Kenntnis über den gesamten Akteninhalt stets Zweifel an der Glaubwürdigkeit der Zeugenaussage, die dem gesetzlichen Auftrag entsprechend ausschließlich aus eigenem Wissen und Erinnerung über das faktisch Erlebte erfolgen soll, säen muss. Die Gefahr der Beeinflussung des wichtigsten Beweismittels durch vorherige Akteneinsicht liegt gerade nicht nur bei einer Aussage-gegen-Aussage-Konstellation vor. Es ist zu befürchten, dass dieser allgemeinen Erwägung durch den Fokus auf die momentane Kontroverse in der OLG-Rechtsprechung, in der es primär um die Bedeutung der Konstanzanalyse im Rahmen dieses beweisrechtlichen Sonderfalls geht, dann nicht mehr die nötige Aufmerksamkeit zuteilwird. Auch aus diesem Grund muss der Gesetzgeber aktiv werden. Er sollte sich dabei Folgendes vergegenwärtigen: Das Akteneinsichtsrecht wird für das Opfer nicht mehr benötigt, wenn es (wie ursprünglich bezweckt) darum gehen soll, ihm eine Informationsquelle anzubieten, um sich während des Verfahrens über den Stand und Verlauf informieren zu können. Das Opfer ist wegen des kontinuierlichen Ausbaus des § 406d StPO inzwischen nicht mehr auf das Akteneinsichtsrecht als eine solche Informationsquelle angewiesen, mit der Folge, dass dieser ursprünglich vom Gesetzgeber verfolgte Zweck für die Erforderlichkeit eines Akteneinsichtsrechts des Opfers nicht mehr länger überzeugt. Deshalb stellt sich mit Blick auf die – potenzielle – Gefahr für die Wahrheitsfindung infolge der gewährten Akteneinsicht nur noch die Frage, ob das Opfer zur Ausübung seiner Verfahrensbefugnisse auf eine vorherige Akteneinsicht denn zwingend angewiesen ist. Wäre das Opfer auf das Akteneinsichtsrecht nicht angewiesen, handelt es sich, solange eine Gefährdung der Wahrheitsfindung zu befürchten ist (etwa die Zeugenaussage des Opfers noch bevorsteht oder für die Beweisführung eine nicht nur untergeordnete Bedeutung hat), stets um eine nicht zu rechtfertigende Überinformation des Opfers. Für den Gesetzgeber sollte das im Umkehrschluss bedeuten, dass die Akteneinsicht nur für die Ausübung von Verfahrensbefugnissen zwingend zu gestatten wäre, die er dem Opfer von Verfassungs wegen einzuräumen hat. Nach hiesiger Meinung und mit Rücksicht auf die straftheoretischen und verfassungsrechtlichen Erwägungen kann es sich hierbei nur um solche Verfahrensbefugnisse handeln, die es einem Opfer ermöglichen, den Ablauf des Strafverfahrens durch „Einlegung von Rechtsmitteln“ von außen kontrollieren zu lassen. Gegenwärtig betrifft dies nur das Klageerzwingungsverfahren nach § 172 Abs. 2 StPO. Sofern dafür ein unbeschränktes Akteneinsichtsrecht erforderlich ist, muss es staatlicherseits gewährt werden, selbst wenn im Fall einer erfolgreichen Rechtsmitteleinlegung eine Gefährdung des Untersuchungszwecks – etwa wegen einer erst noch folgenden gerichtlichen Zeugenvernehmung des Opfers – besteht (das Gericht sollte in der richterlichen Beweiswürdigung dann zumindest nicht unberücksichtigt lassen, inwieweit das Opfer Zugang zum Akteninhalt erhalten hatte). Bei denjenigen Verfahrensbefugnissen hingegen, die nicht von Verfassungs wegen dem Opfer zugestanden werden müssen und deshalb vom Gesetzgeber aus rein rechtspolitischen Erwägungen implementiert wurden, tritt das Akteneinsichtsrecht gegenüber der verfassungsrechtlichen Pflicht zur objektiven Wahrheitsfindung in der Regel zurück. Zusammengefasst bedeutet das, dass die (ungefilterte) Akteneinsicht nur zu gewähren wäre, wenn entweder die Gefährdung des Zeugenbeweises ausgeschlossen werden kann oder das Opfer zur Ausübung seiner von Verfassungs wegen zu garantierenden Verfahrensbefugnisse (was nach hiesiger Ansicht nur die Vorbereitung hinsichtlich der Einlegung des Klageerzwingungsantrags gem. § 172 Abs. 2 StPO betrifft) auf diese angewiesen ist. Dies rückt den Grundsatz der Wahrheitsfindung in den Mittelpunkt und deckt sich zudem mit dem hiesigen Verständnis des Genugtuungsbedürfnisses, das im Sinne eines berechtigten Interesses des Opfers an der Unrechtsfeststellung zu verstehen ist.

(3) Diese Überlegungen führen zusammenfassend zu den folgenden rechtspolitischen Forderungen:

- Einführung einer allgemeinen Regelung in die RiStBV, die vorschreibt, dass bei einem Opfer mit Verständigungsproblemen, die eine Beeinträchtigung der Rechtswahrnehmung vermuten lassen, vom zuständigen Sachbearbeiter aktiv der Kontakt zu Opferhilfsdiensten herzustellen ist, es sei denn, das Opfer lehne dies ausdrücklich ab. Dies wird primär durch die Polizei als ermittlungsausführendes Organ der Staatsanwaltschaft geschehen.
- Allgemein ist dem Gesetzgeber anzuraten, die bestehende Fokussierung der StPO auf sprachunkundige Opfer durch eine formale Aufwertung von behinderten Opfern aufzuheben.
- Dem Gesetzgeber ist aufgefordert, den § 187 Abs. 4 GVG dahingehend zu reformieren, dass der Anspruch auf Dolmetsch- und Übersetzungsleistungen unabhängig von der Opferrolle und des Strafverfahrensabschnitts besteht. Eine solche Leistung muss dem Opfer gewährt werden, wenn sie zur Wahrnehmung seiner Verfahrensbefugnisse erforderlich ist.
- Der Gesetzgeber ist aufgefordert, § 158 Abs. 1 S. 4 StPO durch das Merkmal „durch die behauptete Straftat verursachten Schaden“ zu ergänzen.
- Dem Gesetzgeber wird empfohlen, die Hinweispflichten in § 406i StPO opferfreundlicher auszugestalten. Dass Opfer ist (über die Unterrichtung durch das Merkblatt über Rechte von Verletzten und Geschädigten in Strafverfahren hinaus) zeitgleich mit Einreichung der Anklageschrift beim zuständigen Gericht über die Möglichkeiten des Nebenklageanschlusses und des Adhäsionsverfahrens durch den zuständigen Staatsanwalt zu belehren.
- Dem Gesetzgeber wird empfohlen, die Informationsrechte durch eine Beschränkung des Akteneinsichtsrechts abzubauen. Wegen der Gefährdung des Zeugenbeweises ist die Akteneinsicht nur bei der Ausübung von Verfahrensrechten zu gestatten, die der Gesetzgeber von Verfassungs wegen einzuräumen hat oder der Untersuchungszweck nicht gefährdet ist,

was erst dann der Fall ist, wenn eine gerichtliche Zeugenvernehmung des Opfers bereits stattgefunden hat oder sie in der Beweisführung keine oder eine offensichtlich nur untergeordnete Rolle spielt. Es macht keinen Unterschied, ob der Opferzeuge als Nebenkläger oder etwa „nur" als Verletzter i.S.d. §§ 406d ff. StPO auftritt.

3. Opfer sollen „angemessene Unterstützung erhalten"

a. Darstellung der deutschen Rechtslage

Im deutschen Rechtsraum erhält das Opfer einer Straftat auf zwei unterschiedlichen Wegen Unterstützungsleistungen. Diese Dichotomie erschließt sich – trotz bestehender Überschneidungen im Konkreten – aus den differierenden Zweckrichtungen und Rechtsgrundlagen. Zum einen erfolgt die Unterstützung des Opfers einer Straftat über die facettenreichen Leistungsangebote der „institutionellen Opferhilfe". Die Opferhilfe verfolgt hierbei einen sozialen und therapeutischen Ansatz, indem das Opfer bei der Verarbeitung der Tat und der damit einhergehenden Viktimisierung entsprechende Unterstützungsmaßnahmen empfängt, um aus eigener Initiative heraus „wieder zu Kräften" zu kommen.[744] Die staatliche Pflicht, für einschlägige Angebote der Opferhilfeeinrichtungen zu sorgen, wird aus dem Sozialstaatsprinzip abgeleitet. Es wird argumentiert, dass wenn es dem Staat schon nicht gelänge, der von ihm übernommenen Schutzpflicht im Einzelfall nachzukommen, müsse er zumindest die erforderlichen Maßnahmen treffen, um zu verhindern, dass die Stellung des Opfers im Sozialverband keinen nachhaltigen Schaden erleide.[745] Zum anderen – von der Opferhilfe zu unterscheiden – erlangt das Opfer Unterstützung in Form der Stellung eines Rechtsbeistands, der insbesondere den fehlenden juristischen Sachverstand im Verfahren kompensieren soll. Weil es dabei vorrangig um die Wahrnehmung von Verfahrensbefugnissen geht, ist diese staatliche Leistung als Ausfluss des Rechtsstaatsprinzips zu betrachten.

aa. Institutionelle Opferhilfe

(1) Bestandsaufnahme

Das facettenreiche Leistungsangebot der Opferhilfe lässt sich unter anderem mit der fehlenden staatlichen Regulierung auf Bundesebene erklären, denn Opferhilfe ist zunächst einmal Ländersache. Damit hängt auch zusammen, dass sich

744 *Hartmann,* Unterstützung von Opfern, S. 10 f.

745 Exemplarisch hier die einleitenden Ausführungen von *Markwardt,* FS Schöch, S. 781 f.

die gesammelten empirischen Erkenntnisse überwiegend (nur) auf Teilaspekte des Tätigkeitsfelds der Opferhilfe beschränkt haben. Folglich fehlt es zunächst an einem Gesamtüberblick zur Betreuungssituation in Deutschland. Das Bundesministerium für Arbeit und Soziales hat diese Lücke dadurch zu schließen versucht, indem es das empirische Forschungsprojekt „Atlas der Opferhilfen in Deutschland", durchgeführt von der Kriminologischen Zentralstelle e.V. (KrimZ) in Kooperation mit dem Arbeitskreis der Opferhilfen e.V., in Auftrag gegeben hat. Es handelte sich um eine bundesweite Befragung sämtlicher Opferhilfeeinrichtungen, die Betroffenen von Gewalt- und Sexualdelikten Unterstützung bieten, um Erkenntnisse zur Organisation, Personal, Spezialisierung, Leistungsangebot, Kontakte und Kooperationen zu erhalten.[746] Die im Jahr 2015 veröffentlichten Untersuchungsergebnisse ermöglichten erstmals eine Bestandsaufnahme über die gegenwärtige Betreuungssituation von Opfern von Gewalt- und Sexualdelikten, die auch als Primäradressaten der institutionellen Opferhilfe angesehen werden.[747]

Die für die vorliegende Untersuchung wesentlichen Ergebnisse zeigen ein dichtes Netz an Opferhilfeeinrichtungen, die über das Bundesgebiet „recht gleichmäßig" verteilt sind. Die beiden Parameter, Bevölkerungsanteil/Anzahl der Opferhilfeeinrichtungen, spiegeln ein insgesamt ausgewogenes Verhältnis innerhalb der Bundesländer wider, weshalb bis auf wenige Ausnahmen – namentlich Bayern – das vorläufige Fazit gezogen werden kann, dass quantitativ ausreichend Opferhilfeeinrichtungen vorhanden sind. Jedoch muss beachtet werden, dass regionale Unterschiede bei den einzelnen Bundesländern (Stadt-Land-Gefälle) bestehen und die geographische Erreichbarkeit in kleineren, ländlichen Gebieten erschwert ist. Auch wird darauf hingewiesen, dass sich hieraus keine Rückschlüsse über die Qualität der Betreuungssituation und die Einrichtungsgröße (Personalstärke) ziehen lassen.[748] Von den geographischen Aspekten abgesehen sind letztlich keine (formalen) Hürden vorhanden, um mit den Einrichtungen in Kontakt zu treten und diesen zu intensivieren. Fast alle der befragten Opferhilfeeinrichtungen (98 %) haben angegeben, keine Strafanzeige bzw. -antrag für ihr Leistungsangebot vorauszusetzen. Der Erstkontakt lässt sich grundsätzlich telefonisch, weit überwiegend auch auf anderen Kommunikationswegen

746 *Leuschner/Schwanengel,* Atlas der Opferhilfe, S. 14 f. (zum bisherigen Forschungstand siehe dort, S. 38 ff).

747 Ausfindig gemacht und befragt wurden 1.360 Einrichtungen (Rücklauf 702), *Leuschner/Schwanengel,* Atlas der Opferhilfe, S. 61 ff.

748 Vgl. *Leuschner/Schwanengel,* Atlas der Opferhilfe, S. 61 ff.

herstellen, wobei die Sprechzeiten der einzelnen Opferhilfeeinrichtungen stark variieren.[749] Was die Kooperation mit anderen Hilfeeinrichtungen anbelangt, gaben nahezu alle Befragten an, miteinander vernetzt und organisiert zu sein. Das deutet auf eine funktionierende Vermittlung zwischen den allgemeinen und den spezialisierten Opferhilfsdiensten hin und spricht für eine einzelfallgerechte Behandlung des Opfers. Bei der Kooperation mit anderen Institutionen gilt die Zusammenarbeit mit Polizei (ca. 90 %) und Jugendämtern (ca. 89 %) als „regelmäßig, fallübergreifend und etabliert". Bei mehr als der Hälfte der Einrichtungen trifft dies auch auf Schulen (ca. 66 %), Ärzte und Krankenhäuser (ca. 62 %) sowie Kinderbetreuungseinrichtungen (ca. 55 %) zu. Hingegen gaben weniger als die Hälfte der befragten Einrichtungen an, dass eine solche Zusammenarbeit mit dem Gericht (ca. 49 %), der Staatsanwaltschaft (ca. 42 %) sowie dem Nebenklagevertreter (ca. 45 %) stattfindet. Es verwundert deshalb kaum, dass sich die Opferhilfeeinrichtungen von den Gerichten und den Staatsanwaltschaften häufig nicht „ernst genommen" fühlen und die Zusammenarbeit etwa in Form des Informationsaustauschs hier am schlechtesten bewertet worden ist. Die Kooperation mit den Nebenklagevertretern wird demgegenüber überwiegend als positiv angesehen. Hervorzuheben ist, dass die Herstellung des Erstkontakts mit den Opferhilfeeinrichtungen nicht nur durch die Polizei, sondern durch eine Vielzahl von Institutionen stattfindet, die nicht der Strafrechtspflege zuzuordnen sind. Daraus kann geschlossen werden, dass sich die vergleichsweise jungen Opferhilfeeinrichtungen im Sektor der öffentlichen Fürsorge gut etabliert haben.[750] Auf Bundesebene sind die Opferhilfeeinrichtungen größtenteils als eingetragener Verein (ca. 56 %) oder als Teil eines solchen Vereins (ca. 27 %) organisiert. Bei den anderen Organisationformen handelt es sich entweder um behördliche Angliederungen oder um gemeinnützige GmbHs und Stiftungen.[751] Betrachtet man die finanziellen Mittel, die seitens des Staates bereit gestellt werden, wird ein Großteil der Opferhilfeeinrichtungen durch die Städte und Kommunen (ca. 72 %) bzw. über das Bundesland (ca. 65 %) zumindest teilfinanziert. Die staatlichen Mittel stellen deshalb einen wesentlichen Teil der Gesamtfinanzierung dieser Einrichtungen (ca. 53 % bzw. ca. 49 %) dar. Nur wenige Einrichtungen (ca. 5 %) erhalten finanzielle Unterstützung vom Bund. In diesen Fällen beträgt der durchschnittliche Anteil an der Gesamtfinanzierung ca. 26 %. Viele Opferhilfeeinrichtungen (ca. 43 %) erhalten zusätzlich Zahlungen aus Bußgeldern.

749 Vgl. *Leuschner/Schwanengel,* Atlas der Opferhilfe, S. 82 f.
750 Vgl. *Leuschner/Schwanengel,* Atlas der Opferhilfe, S. 93 ff.
751 Vgl. *Leuschner/Schwanengel,* Atlas der Opferhilfe, S. 66 f.

Sie machen jedoch nur einen geringen Anteil an der Gesamtfinanzierung aus (ca. 14 %). Weitere Finanzierungswege sind Spenden, Stiftungsgelder, Mitgliederbeiträge, Eigenmittel und Bezahlung durch Klientel (der Opfer selbst). Die Finanzierung gilt vor diesem Hintergrund keineswegs durchweg als „endgültig gesichert", da auch die Zuteilung öffentlicher Mittel schwankt.[752] Die Befragung zeigt, dass die Opferhilfeeinrichtungen hauptsächlich mit Teilzeitarbeitskräften arbeiten. Als Gründe hierfür werden die unsichere Finanzierungslage und die unterschiedliche Arbeitsbelastung genannt. Beschränkt man sich beim Personalschlüssel auf das Aufgabengebiet der Opferbetreuung, beschäftigen die meisten Einrichtungen (ca. 95 %) hauptberufliche Mitarbeiter. Die befragten Einrichtungen gaben an, alternativ auch externe Honorarkräfte (ca. 28 %) oder ehrenamtliches Personal (ca. 25 %) einzusetzen.[753] Was die berufliche Qualifikation angeht, beherrschen bei den Hauptberuflichen bzw. Ehrenamtlichen die Studienabschlüsse Soziale Arbeit und Sozialpädagogik (ca. 88 % bzw. ca. 37 %) das Feld, wobei auch andere Professionen wie bspw. die Pädagogik (ca. 33 % bzw. ca. 24 %) oder Psychotherapie (ca. 23 % bzw. ca. 8 %) zugegen sind.[754] Betrachtet man die Leistungsangebote der Opferhilfeeinrichtungen, die nicht im direkten Zusammenhang mit dem Strafverfahren stehen, werden Beratungs- und Informationsgespräche (ca. 93 %), Information über und Vermittlung an geeignete Einrichtungen (ca. 90 %) und die Unterstützung bei Behördengängen sowie Antragstellungen (ca. 74 %) am häufigsten genannt. Mehr als ein Drittel dieser Einrichtungen bieten Unterbringungsmöglichkeiten (ca. 35 %), finanzielle Hilfeleistung (ca. 18 %), Psychotherapie (ca. 21 %) und juristische Beratung (ca. 14 %) an.[755] Was diejenigen Hilfeleistungen anbelangt, die im direkten Zusammenhang mit dem Strafverfahren stehen, werden von den Einrichtungen vor allem die Kontaktherstellung mit Rechtsbeiständen (ca. 76 %), Begleitung bei polizeilichen und staatsanwaltschaftlichen Ladungen (ca. 71 %) und bei Anzeigeerstattungen (ca. 71 %) angeboten. Die Begleitung von (Opfer-)Zeugen bei der gerichtlichen Hauptverhandlung (ca. 69 %), die Betreuung zur Prozessfähigkeitsherstellung (ca. 34 %) und rechtliche Beratung bezüglich des gerichtlichen Verfahrens (ca. 18 %) werden ebenfalls angeboten. Nur eine geringe Anzahl der Opferhilfeeinrichtungen (ca. 14 %) bietet überhaupt keine Leistungen an, die mit dem Strafverfahren in direktem Zusammenhang stehen.[756]

752 Vgl. *Leuschner/Schwanengel*, Atlas der Opferhilfe, S. 67 ff.
753 Vgl. *Leuschner/Schwanengel*, Atlas der Opferhilfe, S. 69 ff.
754 Vgl. *Leuschner/Schwanengel*, Atlas der Opferhilfe, S. 76.
755 Vgl. *Leuschner/Schwanengel*, Atlas der Opferhilfe, S. 85.
756 Vgl. *Leuschner/Schwanengel*, Atlas der Opferhilfe, S. 86.

(2) Restriktion der Vertraulichkeit am Beispiel der psychosozialen Prozessbegleitung

Konsens dürfte darin bestehen, dass die Opferhilfeeinrichtungen im Grundsatz vertraulich arbeiten müssen, da ihre Leistungsangebote ein gewisses Vertrauensverhältnis mit dem Opfer schlicht voraussetzen. Einzelne Leistungsangebote der Opferhilfe stehen aber im Verdacht, sich auf den Zeugenbeweis und damit auf den Grundsatz der Wahrheitsfindung negativ auszuwirken. Das betrifft gerade die Unterstützungsleistungen, die mit dem Strafverfahren im direkten Zusammenhang stehen, namentlich die Zeugenbetreuung und psychosoziale Prozessbegleitung. Diese beiden Unterstützungsleistungen unterscheiden sich in Dauer und Intensität, denn während sich die Zeugenbetreuung[757] – die eine Verletzteneigenschaft nicht zwingend voraussetzt – im Wesentlichen auf die Vernehmungssituation konzentriert, handelt es sich bei der psychosozialen Prozessbegleitung um eine besondere Form der nicht rechtlichen Begleitung im Strafverfahren. Sie soll ausschließlich für besonders schutzbedürftige Opfer vor, während und nach der Hauptverhandlung zur Verfügung stehen. Ein vom Gericht beigeordneter (und für das Opfer dann kostenfreier) psychosozialer Prozessbegleiter besitzt ein Anwesenheitsrecht für sämtliche Vernehmungen des Opfers und während der Hauptverhandlung, sofern das Opfer sein Recht auf Anwesenheit ausübt (§ 406g Abs. 1 StPO). Durch eine gezielte Informationsvermittlung und einer qualifizierten Betreuung soll der individuellen Belastung des Opfers und der Sekundärviktimisierung entgegengewirkt werden (§ 406g Abs. 2 StPO i.V.m. § 2 Abs. 1 PsychPbG). Die psychosoziale Prozessbegleitung stellt damit die intensivste Form der Betreuung dar, weshalb der mögliche Konflikt mit der Wahrheitsfindung besondere Aufmerksamkeit verdient. Damit hängt maßgeblich zusammen, wie vertraulich diese Form der Prozessbegleitung sein sollte.

Konkret handelt es sich um das in der Rechtswissenschaft und -praxis bekannte Problem der bewussten und unbewussten Beeinflussung des (Opfer-) Zeugen im Hinblick auf seine Wahrnehmungen, Erinnerungen und Aussagen. Sie wird vor allem bei einer intensiven und frühzeitigen, im Einzelfall schon vor der Anzeigeerstattung stattfindenden Betreuung als besonders kritisch angesehen. Der Fokus liegt hierbei wegen der interdisziplinär „als bekannt" vorauszusetzenden strafprozessrechtlichen Maxime, der objektiven Wahrheitsfindung, auf den Beeinflussungsfaktoren, die unbeabsichtigt – und damit in der Regel auch unbewusst – die forensische Qualität der Zeugenaussage beeinträchtigen,

757 Überblick zur Angebotsvielfalt der Zeugen- und Prozessbegleitung am Beispiel Baden-Württemberg bei *Neubauer*, Prozessbegleitung, S. 524 (Tabelle 2).

weil sie das Erinnerungsgeschehen und den Aussageinhalt quantitativ und qualitativ verändern können.[758] Darunter fallen sämtliche im Kommunikationsprozess vorkommenden suggestiven Einfluss- und Begleitfaktoren sowie die sich in sozialer Interaktion zwischen Betreuer und Opfer entwickelnden und – häufig in negativer Weise – verstärkenden Selbst- und Fremdbilder.[759] Der Gesetzgeber hat bei der normativen Verankerung der psychosozialen Prozessbegleitung gem. § 406g StPO und PsychPbG ausdrücklich Schutzmechanismen eingeführt, um „jegliche bewusste oder unbewusste Beeinflussung oder Beeinträchtigung der Zeugenaussage durch die Begleitperson auszuschließen […]".[760] Als Zielvorgabe sicherlich „zu hoch" gegriffen, weil sich eine vollständige Vermeidung von Beeinflussungsfaktoren grundsätzlich nicht verwirklichen lässt[761], wird man dem Gesetzgeber dennoch keinen übereilten Aktionismus vorwerfen können. Insbesondere wurde das gesetzliche Leitbild an den sog. „Mindeststandards der psychosozialen Prozessbegleitung" ausgerichtet, die aus der interdisziplinär besetzten Bund-Länder-Arbeitsgruppe des Strafrechtsausschusses der 83. Justizministerkonferenz (2012) hervorgegangen sind. Der Bericht der Arbeitsgruppe, der unter Berücksichtigung sämtlicher bis dahin gesammelten Erfahrungen in den Bundesländern erstellt wurde, verdeutlicht, dass man sich insbesondere mit dem Problem der Vermeidung der (Opfer-)Zeugenbeeinflussung beschäftigt hat. Dabei hat man den Fokus auf den Umstand gelegt, in wie fern Gespräche eines psychosozialen Prozessbegleiters mit dem Opfer über den Sachverhalt bzw. das Tatgeschehen erlaubt sein sollen, da hier die Gefahr der Suggestion als besonders hoch gilt und eine richterliche Prüfung der Glaubwürdigkeit der Opferaussage erheblich erschwert bzw. unmöglich gemacht werden könnte[762].

Weil die in der Arbeitsgruppe entwickelten Empfehlungen maßgeblich die deutsche Rechtslage zur psychosozialen Prozessbegleitung prägen, sollte nicht unerwähnt bleiben, dass man in der wichtigen Frage der Vermeidung der Opferbeeinflussung nur schwer eine gemeinsame Kompromisslinie gefunden wurde. Der Kompromiss bestand darin, dass man an dem Grundsatz „keine Beeinflussung oder Beeinträchtigung der Zeugenaussage" zwar festhielt, allerdings die zur Realisierung dieses Grundsatzes anfangs vorgesehene, von der Mehrheit

758 *Blum*, Zeugenbetreuung, S. 291 f.; *dies.*, Suggestive Prozesse, S. 354 ff.; *Steffen*, Opferschutz, S. 114.

759 Zu den möglichen (ungewollten) Nebenwirkungen der Zeugenbetreuung *Blum*, Zeugenbetreuung, S. 122 ff.

760 BT-Drucks. 18/4621, S. 29; siehe auch BT-Drucks. 16/12098, S. 39.

761 *Blum*, Suggestive Prozesse, S. 377.

762 Siehe hierzu *Steffen*, Opferschutz, S. 114 ff.

befürwortete, strikte Trennung zwischen Beratung und Begleitung relativierte, indem man die ausdrückliche Untersagung der „Gespräche über das Tatgeschehen" aus der Empfehlung strich. Grund hierfür ist laut Bericht der Arbeitsgruppe die Gegenwehr einer Minderheit, bei der es sich primär um Organisationen und Verbände der (professionellen) Opferhilfe handelte, die nicht nach dem Grundsatz einer strikten Trennung zwischen Beratung und Begleitung arbeiten und Gespräche über das Tatgeschehen als einen notwendigen Bestandteil ihrer Arbeit betrachten. Zudem sei es gerade bei bestimmten Delikten, die nach einer spezialisierten Beratung verlangen, den Opfern auch nicht zumutbar, sich etwa im Anschluss an das Verfahren einer zweiten Betreuungsperson anzuvertrauen.[763] In dem Bestreben, eine von der gesamten Arbeitsgruppe getragene Empfehlung zur Frage der Vermeidung der (Opfer-)Beeinflussung und zur Wahrung der Neutralität im Verfahren auszusprechen, soll daher eine Trennung zwischen Beratung und Betreuung der Regelfall sein, bei der die Arbeit am und die Gespräche über das Tatgeschehen als „grundsätzlich nicht erforderlich" gelten. Damit sind Ausnahmen von diesem Regelfall möglich, „wenn es zur Erreichung der Ziele der psychosozialen Prozessbegleitung (Abbau von Belastungen und Ängsten im Zusammenhang mit dem Strafverfahren) unbedingt erforderlich ist oder wenn der betroffenen Person nicht zugemutet werden kann, durch eine zweite Person betreut zu werden". Bei einem solchen Ausnahmefall sollen die Prozessbegleiter für die dann notwendige Transparenz im Strafverfahren sorgen, damit festgestellt werden kann, ob es im Rahmen von Gesprächen über das Tatgeschehen – die ggfs. dokumentiert werden sollten – zu einer Beeinflussung bzw. Beeinträchtigung der Zeugenaussage gekommen ist.[764]

Die Kompromisslösung wurde nicht wortwörtlich im Gesetzestext übernommen, sie spiegelt sich aber im PsychPbG wider. Zur Wahrung des Grundsatzes der Neutralität im Strafverfahren sowie der Trennung von Beratung und Begleitung ist dem psychosozialen Prozessbegleiter ausdrücklich die *Aufklärung des Sachverhalts* und *die Beeinflussung des Zeugen und Beeinträchtigung der Zeugenaussage* untersagt (§ 2 Abs. 2 PsychPbG). Das schafft den Raum für die vorgestellten – nur in den Mindeststandards aufgeführten – Ausnahmefälle, auf deren Gültigkeit die Gesetzesmaterialien zumindest hindeuten[765]. Man muss

763 Vgl. den Bericht der Arbeitsgruppe des Strafrechtsausschusses „psychosoziale Prozessbegleitung", S. 47 ff. https://jm.rlp.de/fileadmin/mjv/Themen/Bericht_der_AG_Psychosoziale_Prozessbegleitung.pdf (Letzter Abruf: 12.12.2017).

764 Bericht der Arbeitsgruppe (Fn. 763), S. 49 f.

765 BT-Drucks. 18/4621, S. 30; BT-Drucks. 18/6906, S. 20. Obwohl im Rahmen der Beratungen des federführenden Ausschusses für Recht und Verbraucherschutz per

davon ausgehen, dass Gespräche über das Tatgeschehen gesetzlich nicht über § 406g Abs. 2 StPO i.V.m. § 2 Abs. 2 PsychPbG ausgeschlossen sind. Damit setzt sich der Gesetzgeber in erhöhtem Maße der Kritik aus, durch ein „wackeliges Konkurrenzverhältnis" zwischen Begleitung und Beratung im Strafverfahren die bekannte Gefahr einer Opferbeeinflussung in Kauf zu nehmen, obwohl im Vergleich zu den schon vorhandenen Unterstützungsangeboten nicht einmal ein zusätzlicher Nutzen der psychosozialen Prozessbegleitung zur Stabilisierung des Opfers erkennbar sei. Vielmehr stehe – so die Kritik[766] – der Grundsatz der Neutralität im Strafverfahren mit der psychosozialen Prozessbegleitung, die ein besonderes Vertrauensverhältnis gerade voraussetzt, in Widerspruch. Es sei zu erwarten, dass man sich regelmäßig auf die Einschlägigkeit dieser Ausnahmeregelungen berufen werde, die deutlich zu weit ausgestaltet seien und sich einer gerichtlichen Beurteilung weitgehend entzögen. Die gesetzlichen Schutzmechanismen liefen zu Lasten rechtsstaatlicher Grundsätze „ins Leere".[767]

Unabhängig von der Frage, inwiefern die genannten Kritikpunkte berechtigt sind oder nicht, hat der Gesetzgeber eine zentrale Weiche zum Schutz der objektiven Wahrheitsfindung dadurch gestellt, dass er sich ausdrücklich gegen das Zeugnisverweigerungsrecht eines psychosozialen Prozessbegleiters ausgesprochen hat.[768] Darüber ist das Opfer bereits zu Beginn der Begleitung zu informieren (§ 2 Abs. 2 PsychPbG). Folglich stuft der Gesetzgeber das der Prozessbegleitung zugrundeliegende Vertrauensverhältnis zumindest nicht als derart schutzwürdig ein, dass es der richterlichen Überprüfung zu entziehen wäre.[769] Vielmehr zeigt diese Restriktion des ansonsten uneingeschränkt geltenden Grundsatzes der Vertraulichkeit, dass man die Gefahr der Zeugenbeeinflussung nicht marginalisiert. Mit Rücksicht auf die dargestellte Normgenese blieben jedoch Zweifel bestehen, ob der Gesetzgeber neben der Kontrollmöglichkeit des Gerichts auch die entsprechenden präventiven Schutzvorkehrungen

Entschließungsantrag noch einmal ausdrücklich gefordert wurde, im Gesetzestext die Versagung von Gesprächen über das Tatgeschehen zu verankern, wurde diesem Vorschlag nicht entsprochen.

766 Sämtliche aufgeführte Kritikpunkte aus *Stremlau*, Praxis der Rechtspsychologie 2016, 125 (130 f.).

767 *Stremlau*, Praxis der Rechtspsychologie 2016, 125 (131).

768 BT-Drucks. 18/4621, S. 30.

769 Demnach bekräftigt der Gesetzgeber die mehrheitlich in Rechtsprechung und Schrifttum vertretene Auffassung, dem (ehrenamtlichen) Personal der Opferhilfsdienste das Zeugnisverweigerungsrecht zu versagen. Vgl. *Meyer-Goßner/Schmitt*, § 53 Rn. 3; a.A. insoweit *Weigend*, Gutachten, C 130.

zur Vermeidung der Opferbeeinflussung in ausreichendem Maße getroffen hat. Schließlich habe der Gesetzgeber durch die schwammige Gesetzesformulierung in § 2 Abs. 2 PsychPbG nicht das „rechtlich" Mögliche zugunsten der Wahrheitsfindung getan, so die Kritiker. Betrachtet man die empirischen Fakten, sprechen diese allerdings eher gegen die Befürchtung, dass die beiden Ausnahmefälle vom rechtlich festgelegten Regelfall der Trennung zwischen Beratung und Begleitung die Rechtswirklichkeit dominieren werden. Die meisten Opferhilfeeinrichtungen gaben etwa an, dass für sie die Kenntnis über das Tatgeschehen grundsätzlich keine Rolle spiele.[770] Deshalb werden die von ihnen eingesetzten Prozessbegleiter mehrheitlich nicht das Gespräch auf das Tatgeschehen (aktiv) lenken, so dass diese Ausnahmefälle der gesetzlichen Regelung nur für die wenigsten Einrichtungen überhaupt in Betracht kommen dürften.[771] Gem. § 3 PsychPbG ist gesetzlich vorgeschrieben, dass es sich bei den psychosozialen Prozessbegleitern um qualifiziertes Personal handeln muss. Man setzt dafür nicht nur einen Hochschulabschluss – oder eine abgeschlossene Berufsausbildung – im Bereich der Sozialpädagogik, Sozialarbeit, Pädagogik oder Psychologie mit bereits vorhandener Berufserfahrung, sondern auch eine vom Bundesland anerkannte Aus- und Weiterbildung zum psychosozialen Prozessbegleiter voraus. Letzteres mag zwar zu einem Gefälle hinsichtlich der Qualifikation innerhalb der Bundesländer führen (vgl. § 4 PsychPbG). Soweit aber sichergestellt ist, dass das aussagepsychologische Problem der Opferbeeinflussung und die möglichen rechtlichen Konsequenzen für das Strafverfahren ausführlich erörtert bzw. einstudiert werden[772], dürfte das Risiko einer Opferbeeinflussung insgesamt überschaubar bleiben. Kein Prozessbegleiter wird ein Interesse daran haben, dass die Aussage des von ihm betreuten Opfers aufgrund einer nicht auszuschließenden Beeinflussung als unglaubwürdig eingestuft wird. Falls das Opfer von sich aus über das Tatgeschehen spricht, ist davon auszugehen, dass sich der psychosoziale Prozessbegleiter „passiv" verhält und auf das Zuhören beschränkt[773], wenn das Tatgeschehen bei den meisten Einrichtungen ohne Bedeutung ist. In den

770 Vgl. *Leuschner/Schwanengel*, Atlas der Opferhilfe, S. 119 f.

771 Das spiegelt sich auch in dem Bericht der interdisziplinären Arbeitsgruppe wider. Die überwiegende Mehrheit hat sich für das explizite Verbot von Gesprächen über den Sachverhalt ausgesprochen.

772 Vgl. die Mindeststandards zur Fort- bzw. Weiterbildung zum psychosozialen Prozessbegleiter in dem Bericht der Bund-Länder-Arbeitsgruppe (Fn. 763), S. 56 ff., der explizit „Aspekte der Aussagepsychologie" aufgreift.

773 So auch die Forderung von *Steffen*, Opferschutz, S. 117; ferner *Blum*, Suggestive Prozesse, S. 377 f.

seltenen Fällen, in denen das Gespräch über das Tatgeschehen als notwendiger Beratungsschritt gilt, muss aber größtmögliche Transparenz für das Gericht bestehen. Dies dürfte dadurch gewährleistet sein, dass nach dem Willen des Gesetzgebers eine Dokumentationspflicht greift, wenn es zu Gesprächen über das Tatgeschehen kommt.[774]

bb. Rechtsbeistand

Seit einem wegweisenden Beschluss des BVerfG vom 08.10.1974 steht fest, dass es als Ausfluss des Prinzips des fairen Verfahrens einem Zeugen grundsätzlich gestattet sein muss, einen Rechtsbeistand bei einer Vernehmung heranzuziehen, sofern er dies zur Wahrnehmung seiner prozessualen Befugnisse und Interessen als erforderlich erachtet und die Funktionstüchtigkeit der Strafrechtspflege dem nicht entgegensteht.[775] Der Gesetzgeber hat diese verfassungsrechtlichen Vorgaben in einfaches Recht im § 68b StPO umgesetzt. Konkret für den Opferzeugen existiert gem. § 406f StPO eine eigene, mit der allgemeinen Regelung des § 68b StPO aber korrespondierende Vorschrift.[776] Trotz dieser systematischen Trennung handelt es sich bei dem Verletztenbeistand um einen bloßen Zeugenbeistand, der – abgesehen von der persönlichen Aussage des Zeugen – berechtigt ist, zugunsten eines Zeugen von allen diesem zustehenden Befugnissen Gebrauch zu machen, wenn es mit dem Willen des Zeugen in Einklang steht. Die Rechtsposition dieses Beistands richtet sich somit an der des Zeugen aus.[777]

Anders verhält es sich beim Rechtsbeistand eines nebenklageberechtigten Verletzten gem. § 406h StPO. Dieser wurde mit erweiterten und teilweise eigenen Verfahrensbefugnissen ausgestattet, die über das erforderliche Maß des einfachen Zeugenbeistands hinausgehen und damit verfassungsrechtlich auch nicht induziert sind. Zu nennen ist insbesondere sein erweitertes Anwesenheitsrecht während der gesamten Hauptverhandlung und bei sämtlichen parteiöffentlichen Vernehmungen – auch den Beschuldigtenvernehmungen – im Ermittlungsverfahren sowie seine eigenen Benachrichtigungsrechte.[778] Diese Verfahrensbefugnisse gehen über die Aufgaben des Zeugenbeistands hinaus[779], weshalb sich die

774 BT-Drucks. 18/4621, S. 30.

775 BVerfG, Beschluss vom 08.10.1974 – 2 BvR 747/73, juris, Rn. 16 ff.

776 Was insbesondere für die gesetzliche Pflicht zur Beiordnung eines Zeugenbeistands, geregelt in § 68b Abs. 2 StPO, von Relevanz ist, BeckOK-StPO/*Weiner,* § 406f Rn. 1.

777 BT-Drucks. 16/12098, S. 36; so auch BVerfG, Beschluss vom 08.10.1974 – 2 BvR 747/73, juris, Rn. 24.

778 Siehe *Meyer-Goßner/Schmitt,* § 406h Rn. 4.

779 Vgl. hierzu auch unten S. 383 f.

Frage stellt, welchen Auftrag der Rechtsbeistand des nebenklageberechtigten Opfers wahrnimmt. Die einschlägigen Gesetzesbegründungen helfen insoweit nicht weiter.[780] Aufschluss könnte das „wesensnahe“ Rechtsinstitut der Nebenklage geben, für das mit § 397a StPO eine weitere spezielle Vorschrift zur Heranziehung eines Nebenklagevertreters geschaffen wurde.

Der Blick auf die Vorschriften zur Nebenklage fällt allerdings ernüchternd aus. Die Rechtsstellung eines Nebenklagevertreters gilt ebenfalls als unklar, was sowohl mit der herrschenden Unsicherheit über die Funktion des Rechtsinstituts insgesamt zusammenhängt, als auch auf das bisher geringe analytische rechtswissenschaftliche Interesse an diesem Institut zurückgeführt wird.[781] Die Folgen des Fehlens eines gesetzlichen Leitbilds spiegelt die Rechtswirklichkeit wider. Das Selbstverständnis von Nebenklagevertretern betrachtet sieht so aus, dass es einem Großteil offensichtlich weniger um die Wahrnehmung von Prozessaktivitäten, sondern vielmehr um die psychosoziale Stabilisierung des Opfers geht. Deshalb verwundert es nicht, dass die förmliche Wahrnehmung der Verfahrensbefugnisse der Nebenklage gering ausfällt. Aus Sicht einiger Nebenklagevertreter stelle die Staatsanwaltschaft ohnehin die erforderlichen Anträge; und um den Bedürfnissen des Opfers in der Hauptverhandlungen gerecht zu werden – so geben manche Rechtsanwälte an -, genüge ihre bloße Anwesenheit bzw. entsprechende Drohgebärden.[782] Hierbei darf nicht unberücksichtigt bleiben, dass jeder Rechtsanwalt eine Nebenklagevertretung übernehmen kann. Man nimmt sie innerhalb der Rechtsanwaltschaft als ein weiteres, nicht zuletzt lukratives Tätigkeitsfeld wahr. Inzwischen ist vom Berufstypus des „Opferanwalts“ die Rede, was in Zukunft eine steigende Professionalisierung und stärkere Wahrnehmung von Prozessbefugnissen zumindest erwarten lässt.[783] Allerdings dürfte sich dieser Prozess wegen der „ins Stocken geratenen“ Diskussion um die Einführung des „Fachanwalts für Opferrechte“, der neben einschlägigen zivil- und sozialrechtlichen (Gewaltschutzgesetz oder OEG) gerade auch die spezifischen strafprozessrechtlichen Kenntnisse sicherstellen soll, hinauszögern.[784] Ohne die

780 Nach BT-Drucks. 10/5305, S. 19 „Es sei sachgerecht, daß dieser Personenkreis [nebenklagebefugte Verletzte] auch das Recht zur Heranziehung eines Beistands mit erweiterten Befugnissen erhält“.

781 *Barton/Flotho,* Opferanwälte, S. 30; frühzeitig warnend *Fabricius,* NStZ 1994, 257 (257 Fn. 1).

782 *Barton,* StraFo 2011, 161 (163).

783 Vgl. *Pollähne,* StV 2016, 671 (673).

784 In der 6. Satzungsversammlung der BRAK (01.07.2015 – 30.06.2019) kam der „Fachanwalt für Opferrechte“ aufgrund seiner rechtspolitischen Aktualität auf die Tagungsordnung, wurde allerdings nicht eingeführt.

Fachanwaltsbezeichnung als zertifizierter Nachweis von erworbenen Kenntnissen und Erfahrungen auf dem Gebiet der Opferrechte werden sich deshalb die unter den Nebenklagevertreter teilweise anzutreffenden Defizite an Professionalität, die sich „in gut gemeinten laienpsychologischen Bemühungen erschöpfen“[785], nur schwerlich beheben lassen.

Der Verweis sämtlicher für die Opferrechtsbeistände relevanter Normen auf den § 142 Abs. 1 StPO[786] verdeutlicht, dass das Opfer seinen Rechtsbeistand frei wählen darf, es sei denn, dieser Bestellung würde ein „wichtiger Grund“ entgegenstehen. Dass im Wortlaut der §§ 406f, 406h und 397a StPO ausdrücklich von einem „Rechtsanwalt als Beistand“ gesprochen wird, bedeutet allerdings nicht, dass es sich bei dem Rechtsbeistand zwangsläufig um einen Rechtsanwalt handeln muss. Die Änderungen des 2. OpferRRG haben nämlich dazu geführt, dass es auch „anderen Personen“ gestattet werden kann, auf Wunsch des Opfers das Tätigkeitsfeld des Rechtsbeistands zu übernehmen, sofern das Gericht dies genehmigt (vgl. § 138 Abs. 3, Abs. 2 StPO). Das Gesetz räumt dem Gericht in diesem Fall also einen Ermessensspielraum ein. Denkbar ist daher, dass Sozialarbeiter der Opferhilfe, die ggfs. frühzeitig einem Verletzten Unterstützung leisten und eine Vertrauensbasis geschaffen haben, auf eindringlichen Wunsch des Opfers hin als Rechtsbeistand auftreten könnten. Ein solcher Fall ist – soweit ersichtlich – zwar noch nicht eingetreten, aber gesetzlich möglich[787] und mit Blick auf die Rechtspraxis nicht völlig fernliegend[788]. Ein Richter, der aufgrund der gesetzlich unklaren Nebenklagefunktion (was ein Großteil der Nebenklagevertreter auch so empfindet) die Ansicht vertritt, dass es primär um die psychische Stabilisierung des Opfers und weniger um die Wahrnehmung der Verfahrensbefugnisse zur Verfolgung eines anerkannten rechtlichen Opferinteresses geht, wird der Beiordnung bzw. Zulassung eines Opferhelfers als „andere Person“ i.S.d. § 138 Abs. 2 StPO aufgeschlossener gegenüberstehen. Eventuell noch vorhandene (seien es nur rudimentäre) verfahrensrechtliche Kenntnisse könnten den Ausschlag geben, einen Opferhelfer als genügend sachkundig und vertrauenswürdig[789] einzustufen.

785 *Barton,* StraFo 2011, 161 (165 ff.), der hier primär die sog. „Allrounder mit Opferschutzaffinität“ im Blick hat. Auf die „Gelegenheitsnebenklagevertreter“ dürfte das allerdings in gleicher Weise zutreffen.

786 § 397a Abs. 3 S. 2, § 406h Abs. 4 S. 2 und § 406f i.V.m. § 68b Abs. 2 S. 2 StPO.

787 Hierzu *Barton,* StraFo 2011, 161 (166); *Barton/Flotho,* Opferanwälte, S. 247 f.

788 Unter „andere Personen“ sollen sogar Familienangehörige, Freunde oder Bekannte des Vertretenen fallen können, BeckOK-StPO/*Wessing,* § 138 Rn. 9.

789 Zum pflichtgemäßen Ermessen des Gerichts vgl. *Meyer-Goßner/Schmitt,* § 138 Rn. 13.

Festzuhalten ist, dass die konkreten Aufgaben insbesondere des Rechtsbeistands des nebenklageberechtigten Opfers und eines Nebenklägers nicht hinreichend geklärt zu sein scheinen. Zu erwähnen ist noch, dass das erwähnte richterliche Ermessen gem. § 142 Abs. 1 StPO auch zur Beschneidung der Wahlfreiheit des Opfers führen kann. Dies zeigt ein Blick auf die jüngere Rechtsprechung. Es geht dabei um Sachverhalte, bei denen sich mehrere Angehörige eines durch eine rechtswidrige Tat Getöteten (vgl. § 395 Abs. Nr. 1 StPO) dem Verfahren als Nebenkläger angeschlossen haben. Dies führte rechtlich dazu, dass jeder einzelne Angehörige eine eigene Rechtsposition innehat und den Anspruch auf Beiordnung eines Rechtsbeistands gem. § 397a StPO für sich wahrnehmen kann. Obwohl gesetzlich nicht explizit geregelt, soll eine Gruppenvertretung gerichtlich bestimmt werden können, wenn es sich um gleichgelagerte Interessen handelt, die von einem einzelnen Rechtsbeistand wahrgenommen werden können, und kein sachlicher Grund für eine separate Vertretung ersichtlich ist. Auf dieser Grundlage wurde eine individuelle Vertretung eines minderjährigen Kindes als „sinnentleert" bezeichnet, da die ebenfalls als Nebenklägerin auftretende Mutter, die als gesetzlicher Vormund zugleich für den minderjährigen Nebenkläger die Verfahrensbefugnisse stellvertretend ausübt[790], bereits durch einen Rechtsanwalt vertreten wurde[791].[792] Während sich die Rechtsprechung allmählich der Frage der Gruppenvertretung annimmt, wird der Gesetzgeber mit Verweis auf die Rechtssicherheit explizit zum Handeln aufgefordert.[793] Da die Strafjustiz bei Sachverhalten mit zahlreichen Nebenklägern, die jeweils ihr Recht auf einen Rechtsbeistand wahrnehmen, an die Grenzen ihrer Kapazitäten gelangen kann, wird eine gesetzliche Bündelungsmöglichkeit rechtspolitisch zwar diskutiert[794], wurde bislang jedoch nicht in Gesetzesform gegossen[795].

---

790 Zu den minderjährigen Verletzten siehe auch oben, S. 205 ff.

791 OLG Hamburg, Beschluss vom 17.12.2012 – 2 Ws 175/12, juris, Rn. 16; OLG Köln, Beschluss vom 22.02.2013 – III-2 Ws 100/13, 2 Ws 100/13, juris, Rn. 14.

792 Sollte das Angehörigenverhältnis gestört sein, müsste im Einzelfall geprüft werden, ob eine Gruppenvertretung zumutbar erscheint, OLG Köln, Beschluss vom 18.04.2013 – III-2 Ws 207/13, 2 Ws 207/13, juris, Rn. 10 ff.

793 *Pues*, StV 2014, 304 (309).

794 Siehe Bericht der BMJV Expertenkommission StPO, S. 146 f.

795 Obwohl zuletzt die BMJV Expertenkommission StPO diesen Aspekt aufgriff, hat man die entsprechenden Vorschläge zur Nebenklagevertretung in dem darauf folgenden Referentenentwurf zur effektiveren und praxistauglicheren Ausgestaltung des Strafverfahrens nicht aufgenommen.

b. Umsetzungsstand der europäischen Vorgaben, Kritik und rechtspolitische Folgerungen

(1) Für diesen Bereich der Opferrechte kann ohne Einschränkungen festgestellt werden, dass die deutsche Rechtslage den europäischen Mindestanforderungen gerecht wird:

Dies gilt auf jeden Fall für die „institutionelle Opferhilfe". Die Bestandsaufnahme zu den Opferhilfeeinrichtungen in Deutschland hat zunächst verdeutlicht, dass die Opferhilfeleistungen grundsätzlich kostenlos gewährt werden. Die „Bezahlung durch Klientel" spielt beim Jahresbudget der Opferhilfeinstitutionen eine untergeordnete bis keine Rolle. Diese werden auch unabhängig von einer Strafanzeige (bzw. Strafantrag) gewährt, wie es die EU verlangt. Eine individuelle und einzelfallgerechte Betreuung des Opfers prägt nicht nur das Selbstverständnis der untersuchten Einrichtungen, sondern kann auch aufgrund der funktionierenden Vernetzung zwischen den allgemeinen und speziellen Opferhilfediensten als sichergestellt gelten. Des Weiteren zeigt sich, dass eine Kooperation nicht nur mit den Polizeibehörden, sondern auch mit zahlreichen anderen Institutionen, die häufiger in Kontakt mit Opfern von Straftaten kommen, gepflegt wird und eine Vermittlung an die Opferhilfeeinrichtungen auch stattfindet. Hinreichend umgesetzt sind zudem die Vorgaben der EU zur Erreichbarkeit der Einrichtungen, die laut eigenen Angaben ohne bürokratische Hürden und nennenswerten Aufwand ihr Leistungsspektrum dem Opfer anbieten. Der Vergleich der prozentualen Verteilung der Opferhilfeeinrichtungen auf die Länder gemessen am Anteil der Gesamtbevölkerung deutet auf ein quantitativ ausreichendes Angebot an Einrichtungen hin. Dass die Opferhilfe in den Zuständigkeitsbereich der Länder fällt, wird für die geographische Erreichbarkeit der Einrichtungen innerhalb eines Bundeslands tendenziell eher förderlich sein. Die Vorgaben zur Organisationsform und Personalstruktur können wegen des weiten Ermessens des nationalen Gesetzgebers letztlich nicht verfehlt werden. Dass der weit überwiegende Teil der Opferhilfeeinrichtungen privatrechtlich organisiert und damit nicht behördlich angegliedert wurde, ist mit EU-Recht vereinbar, solange ein ausreichendes Hilfeangebot besteht. Aus diesem Grund muss die Finanzierung, die als „unsicherer" Faktor gilt und sich auf den Personalschlüssel (befristete Teilzeitarbeit) auswirkt, notfalls mit der Aufstockung der öffentlichen Gelder gesichert werden. Alternativ ist an eine Ausweitung von Geldzahlungen als Auflage (§ 153a StPO) zugunsten der Opferhilfeeinrichtungen zu denken, indem sie namentlich im Gesetz aufgeführt werden. Zuletzt zeigt sich, dass die in der RL 2012/29/EU festgelegten Unterstützungsangebote, die sich in

Hilfeleistungen ohne oder mit direktem Bezug zum konkreten Strafprozess unterteilen lassen, vollständig im Leistungskatalog der deutschen Opferhilfe aufgehen. Eine Betreuung vor, während und nach dem Verfahren ist gewährleistet. Dass die Umsetzungsvorgaben der EU hinsichtlich der vorgestellten Durchschnittszahlen zur Opferhilfe in Deutschland somit als erfüllt anzusehen sind, bedeutet jedoch nicht, dass keinerlei Verbesserungsbedarf in Deutschland (darunter etwa die Finanzierung/der Zugang für männliche Opfer[796]) besteht.

Der zweite bedeutende Aspekt betrifft den von der EU vorgeschriebenen Grundsatz der Vertraulichkeit von Opferhilfediensten. Es wurde anhand der Normgenese herausgearbeitet, dass dieser Grundsatz nicht absolut zu verstehen ist, sondern seine Reichweite im Bereich des Strafprozessrechts dem Ermessen der Mitgliedstaaten unterliegt. Rechtspolitisch bleibt dem nationalen Gesetzgeber damit der notwendige Raum erhalten, um mögliche Konflikte mit Strafverfahrenszielen eigenständig zu lösen. Im deutschen Rechtsraum betrifft das insbesondere die Gefahr der Beeinträchtigung der prozessualen Wahrheitsfindung, die durch eine intensive und zeitlich ausgedehnte Betreuungsleistung wie der psychosozialen Prozessbegleitung besondere Aufmerksamkeit erfordert. Der deutsche Gesetzgeber hat sich mit der Ablehnung des Zeugnisverweigerungsrechts des psychosozialen Prozessbegleiters gegen den absoluten Schutz der Vertraulichkeit von Opferhilfediensten im Strafprozess ausgesprochen, um einem Verdacht von suggestiven Einflüssen nachgehen zu können. Diese Positionierung steht nicht nur mit EU Recht im Einklang, sondern ist auch uneingeschränkt zu befürworten, um sich die gerichtliche Kontrollmöglichkeit zu erhalten. Man sollte vor diesem Hintergrund versuchen, die psychosoziale Prozessbegleitung, die trotz erheblicher Bedenken gesetzlich verankert wurde und deshalb zunehmend die Rechtswirklichkeit mitgestalten wird, als ein nützliches Instrument zur Eindämmung der Suggestionsgefahr zu begreifen. Fakt ist, dass die Beeinflussungsfaktoren dermaßen vielfältig und facettenreich sind, dass sich die Gefahr von Suggestionen nicht vollends beherrschen lässt. Man wird dem Opfer einer schweren Straftat bspw. nicht untersagen können, bis zur Zeugenaussage in der Hauptverhandlung das soziale Umfeld zu meiden bzw. nicht über das Tatgeschehen zu sprechen. Man

796 Es existieren deutschlandweit keine repräsentativen Opferbefragungen von häuslicher Gewalt gegen Männer. Dennoch besteht auch insoweit Bedarf an Opferhilfeeinrichtungen (namentlich Schutzwohnungen). Vgl. *Winter*, DER SPIEGEL 16/2017, S. 46 f.; ferner *Leuschner/Schwanengel*, Atlas der Opferhilfe, S. 167 f.

wird auch nicht unterbinden können, dass sich das Opfer vor dieser Zeugenaussage in psychotherapeutische – insbesondere psychotraumatologische – Behandlung begibt, bei der nicht nur das Tatgeschehen wesentlicher Teil des therapeutischen Ansatzes sein kann, sondern auch die gesamte Behandlung unter den Schutzbereich des § 53 StPO fällt und sich damit – anders als die psychosoziale Prozessbegleitung – der gerichtlichen Prüfung entzieht. Die psychosoziale Prozessbegleitung kann insofern auch eine Chance sein, weil sie das Bedürfnis des Opfers nach Stabilisierung sowie Unterstützung inner- und außerhalb eines Strafprozesses frühzeitig auffangen kann. Dadurch wird die Gefahr der Suggestion erst ein Stück weit regulierbar. Der große Vorteil ist, dass sich die fachliche Qualifikation des psychosozialen Prozessbegleiters mit den Eigenheiten des Strafverfahrensrechts abstimmen lässt und sich die Betreuung sowohl in rechtlicher als auch – wie sich gezeigt hat – in faktischer Hinsicht nur im Ausnahmefall auch um das Tatgeschehen dreht. Das fehlende Zeugnisverweigerungsrecht im Zusammenspiel mit der auferlegten Dokumentationspflicht des psychosozialen Prozessbegleiters bei Gesprächen über das Tatgeschehen kommt demnach der Effektivität der gerichtlichen Überprüfung zugute. Voraussetzung ist allerdings, dass die Bundesländer für eine sachgerechte Aus- und Fortbildung der psychosozialen Prozessbegleiter sorgen, damit die gesetzlichen Schutzmechanismen greifen. Insofern darf auf eine Evaluierung der Prozessbegleitung nicht verzichtet werden.

(2) Unabhängig von der Frage der Europarechtskonformität der deutschen Rechtslage zu der „angemessenen Unterstützung" sind folgende Kritikpunkte angezeigt:

Es ist eine Verwischung zwischen rechtlichem und sozialem Tätigkeitsfeld zu beobachten, die durch die bestehende Rechtslage gem. § 138 Abs. 3, Abs. 2 StPO ermöglicht und sogar begünstigt wird. Das kann zu einem Konkurrenzverhältnis zwischen Rechtsanwaltschaft und Opferhilfe führen. Dies wurde zwar nur im Kontext der Nebenklagevertretung (§ 397a StPO) aufgegriffen, trifft aber auch auf die Vorschriften zur Heranziehung des Beistands eines nebenklageberechtigten Verletzten (§ 406h StPO) und des Zeugenbeistands (§ 406f StPO) zu. Ein Großteil der Rechtsanwälte sieht sich in der Funktion als Nebenklagevertreter primär als psychosozialen Beistand, was spätestens mit der gesetzlichen Verankerung einer psychosozialen Prozessbegleitung (§ 406g StPO) für Verwirrung sorgen dürfte. Umgekehrt legt die Opferhilfe zunehmend Wert auf eine auch strafprozessrechtliche Schulung ihres Personals. Das führt zu der Frage, ob diese zwei Leistungen, auf die Opfer von bestimmten Straftaten einen Anspruch haben, verschmolzen werden sollten. Die Alternative ist, dass man eine klare Aufgabenverteilung durchsetzt. In diese Richtung hat der Gesetzgeber nun mit dem kürzlich in Kraft getretenen § 2 Abs. 1 PsychPbG einen Schritt getan, wenn es heißt, dass die psychosoziale Prozessbegleitung eine nicht-rechtliche Begleitung im Strafverfahren darstellt. Die im PsychPbG bezweckte „gezielte Informationsvermittlung und qualifizierte Betreuung und Unterstützung" des Opfers im Strafprozess setzt Kenntnisse über die Opferrechte und den Gang eines solchen Verfahrens auch weiterhin voraus, um das Opfer vorzubereiten und entsprechend zu stabilisieren. Sobald es jedoch um die einzelfallbezogene Interessenwahrnehmung in Form der Beratung und Ausübung von Rechten und Pflichten im Strafverfahren geht, muss man von einer Form der rechtlichen Begleitung sprechen, die nicht mehr vom PsychPbG erfasst ist. Darunter fallen letztlich sämtliche mit einer Zeugenstellung und darüber hinausgehenden Rechtsposition des Tatopfers verbundenen Prozessbefugnisse, deren Wahrnehmung nur über die Rechtsanwaltschaft als Stellvertretungsorgan erfolgen soll. Diese vom Gesetzgeber kürzlich vertretene Trennung zwischen rechtlichem und sozialem Aufgabenbereich ist bei Anwendung des § 138 Abs. 3 StPO einzubeziehen, mit der Folge, dass sich das Ermessen der Rechtsprechung nicht darauf erstrecken darf, im Einzelfall einen juristisch nachgeschulten Opferhelfer als einen Rechtsbeistand gem. § 406f, § 406h oder § 397a StPO zuzulassen.

Die Feststellung, dass die psychosoziale Unterstützung des Opfers eine – für das Opfer – willkommene Nebenfolge des Rechts auf Heranziehung eines Rechtsbeistands ist, gibt zudem Aufschluss über die ungeklärte Frage nach dem gesetzlichen Leitbild des Rechtsbeistands. Es kann nur darum gehen, der jeweiligen Rechtsposition des Opfers im Strafverfahren rechtlich zur Wirksamkeit zu verhelfen, indem man stellvertretend für das Opfer und im Einklang mit seinen Vorstellungen dessen Verfahrensbefugnisse sachgerecht ausübt. Wie das BVerfG bereits beim Zeugenbeistand festgestellt hat, verfolgt dieser keine eigenen Interessen. Seine Rechtsposition richtet sich ausschließlich nach der Rechtsposition des Opfers, und es ist kein Anzeichen ersichtlich, dass für den Rechtsbeistand des nebenklageberechtigten Verletzten (§ 406h StPO) oder des Nebenklagevertreters (§ 397a StPO) etwas anderes gelten soll. Dass der Beistand eines nebenklageberechtigten Verletzten und der Nebenklagevertreter – anders als der reine Zeugenbeistand – auch eigene Verfahrensrechte erlangen, steht dieser Annahme nicht entgegen, da es sich bei diesen Verfahrensrechten nur um Anwesenheits- und Benachrichtigungsrechte handelt. Sämtliche verfahrensgestaltenden Mitwirkungsbefugnisse werden gesetzlich nämlich allein dem Opfer zugestanden und können deshalb – anders als bspw. beim Verteidiger, der eigene Aktivbefugnisse losgelöst von den Angeklagtenrechten erlangt – nicht gegen den Willen des Opfers ausgeübt werden. Das gesetzliche Leitbild des Nebenklagevertreters und – wegen seiner konzeptionellen Nähe – des Rechtsbeistands des nebenklageberechtigten Verletzten muss sich daher, soweit es nicht im Verfahren gerade konkret um den Zeugenschutz geht, stets an der Funktion der Nebenklage ausrichten. Wie dargestellt, legitimiert sich die Befugnis zur Nebenklage über das Genugtuungsbedürfnis des Opfers, das nach hiesiger Meinung als anerkanntes Interesse an der Feststellung des konkret erlittenen Unrechts zu verstehen ist. Der Rechtsbeistand muss sich bei der Ausübung der Verfahrensbefugnisse und beim Abstecken seines Pflichtenkreises danach ausrichten. Dieses gesetzliche Leitbild muss dann konsequenterweise auch das Gericht beachten, wenn es um die Gewährung der Wahlfreiheit des Opfers auf Beiordnung eines bestimmten Rechtsbeistands gem. § 142 Abs. 1 StPO geht. Und auch für die Frage der Heranziehung eines Gruppenvertreters ist es mit Blick auf das Genugtuungsbedürfnis sachgerecht und begründbar, eine Vielzahl von Nebenklägern – je nach Fallkonstellation – in Untergruppen zu unterteilen, für die jeweils ein Gruppenvertreter ernannt wird. Maßgebend für diese Unterteilung können die der Anklageschrift bzw. dem Eröffnungsbeschluss des Gerichts zugrundeliegenden prozessualen Taten sein. Es handelt sich gewissermaßen um Unrechtseinheiten mit jeweils einem Gruppenvertreter. Gerade wenn die Strafjustiz wegen des Verfahrensumfangs nachweislich an die Kapazitätsgrenzen gelangen sollte, handelt es sich um ein taugliches und mit dem Genugtuungsinteresse eines Opfers zu vereinbarendes Selektionskriterium. Bei einer Vielzahl von Angehörigen des durch die Straftat Getöteten, die sich als Nebenkläger beteiligen, könnte so ohne weitere Bedenken ein Gruppenvertreter ernannt werden, es sei denn, dass bspw. – wie in der Rechtsprechung bei Angehörigen bereits vertreten – das Verhältnis der Nebenkläger untereinander gestört ist bzw. eine Interessenkollision besteht. Die Einzelfallprüfung wäre jedoch wegen der allgemein bestehenden Wahlfreiheit eines Nebenklägers erforderlich. Eine Gesetzesreform zur Gruppenvertretung wäre demnach nicht einmal notwendig.

(3) Das führt zu folgenden rechtspolitischen Forderungen:

- Bund- und Länderparlamente sollten die staatlichen Mittel für Opferhilfeeinrichtungen aufstocken, um die Finanzierung zu sichern und Planungssicherheit zu schaffen.
- Bund- und Länderparlamente müssen für die Evaluierung der eingeführten psychosozialen Prozessbegleitung und seiner Schutzmechanismen sorgen.

Es gilt vorrangig zu prüfen, inwieweit sich die Aus- und Fortbildungsprogramme der einzelnen Länder unterscheiden und ggfs. zu einem Qualifikationsgefälle auf Bundesebene führen. Zudem muss evaluiert werden, in welchem Maß von den Ausnahmeregelungen, Gespräche über das Tatgeschehen zu erlauben, Gebrauch gemacht wird. In diesen Fällen ist von Bedeutung, ob die psychosozialen Prozessbegleiter der Dokumentationspflicht nachgekommen sind, und wenn ja, ob die Dokumentation dem Gericht von Nutzen war bzw. auf welche Art diese optimiert werden kann.

- Dem Gesetzgeber wird empfohlen, in § 138 Abs. 2 StPO festzulegen, dass Opferhelfer nicht unter „andere Personen" fallen und nicht als Rechtsbeistände auftreten dürfen. Dadurch wird die Trennung zwischen rechtlichem (Rechtsanwaltschaft) und sozialem (Opferhilfe) Tätigkeitsfeld im Strafverfahren gefestigt. Alternativ dazu ist zu bedenken, den Verweis in § 138 Abs. 3 StPO auf § 138 Abs. 2 S. 1 abzuschaffen.
- Vor allem die Rechtsprechung und Rechtsanwaltschaft müssen darauf achten, dass sich die Rechtsposition des Rechtsbeistands (§ 406f, § 406h und § 397a StPO) an der Rechtsposition des Opfers auszurichten hat. Danach sind die Befugnisse und Pflichten des Rechtsbeistands sowohl des nebenklageberechtigten Opfers als auch des Nebenklägers einzig auf das Genugtuungsbedürfnis des Opfers auszurichten, mit der Folge, dass sich der gesetzliche Auftrag der Rechtsbeistände allein auf die gerichtliche Feststellung des erlittenen Unrechts konzentriert. Das gilt es im Rahmen des gerichtlichen Ermessens gem. § 142 Abs. 1 StPO ebenfalls zu berücksichtigen. Auf der Grundlage der hiesigen Auslegung des „Genugtuungsinteresse des Opfers" wäre es denkbar, für jede prozessuale Tat einen Rechtsbeistand als Gruppenvertreter zu bestellen, sofern sich eine Vielzahl von Nebenklägern dem laufenden Verfahren anschließen sollte.

4. Opfer sollen „angemessenen Schutz erhalten"

a. Zum Rechtsanspruch auf Schutz

Die strafverfahrensrechtliche Einbindung des Opfers ist im deutschen Rechtsraum primär die Folge der rechtstraditionell anerkannten „Staatsbürgerpflicht" eines jeden Tatzeugen. Aus ihr werden die inzwischen in § 48 StPO normierten Zeugenpflichten – namentlich die Pflicht des Zeugen zum persönlichen Erscheinen und die Pflicht zur wahrheitsgemäßen Aussage – abgeleitet.[797]

---

797 BVerfG Beschluss vom 08.10.1974 – 2 BvR 747/73, juris, Rn. 18; BVerfG, Beschluss vom 10.10.1978 – 2 BvL 3/78, juris, Rn. 12; BT-Drucks. 16/12098, S. 11; *Meyer-Goßner/Schmitt*, Vor 48 Rn. 5.

Diese überlieferte Perspektive, den Zeugen als pflichtgebundenes Objekt anzusehen, hat über Jahrzehnte den Blick auf die Zeugenrechte getrübt und ein prozessuales Klima der Verantwortungs- und Rücksichtslosigkeit im Umgang mit Opferzeugen begünstigt.[798] Inzwischen ist unstreitig, dass auch die „Staatsbürgerpflicht" mit dem Schutz von Grundrechten des Zeugen einhergeht. Dieser Perspektivenwandel führte zu einer deutlichen Stärkung der Zeugenrechte, eingeleitet durch das ZSchG 1998 und rechtspolitisch befeuert durch die Figur des Opferzeugen.[799] Im deutschen Recht ist der Schutzanspruch des Zeugen – überwiegend – verfassungsrechtlich induziert. Die Tatsache, dass ein Strafverfahren in den allermeisten Fällen aufgrund der Strafanzeige des Opfers eingeleitet wird und das Opfer demnach mit staatlichen Grundrechtseingriffen rechnen muss, rechtfertigt kein Herabsenken des Schutzniveaus. Die Einbindung eines Zeugen in das Verfahren stellt eine Zwangslage dar, denn der Staat drängt den betroffenen Bürger – ggfs. mit Drohung bzw. Anwendung von Zwangsmitteln – in die Zeugenrolle hinein. Das führt zu unterschiedlichen und vielseitigen Eingriffen in die Freiheitsrechte des Betroffenen.[800] Gerechtfertigt werden die Grundrechtseingriffe mit der Funktionsfähigkeit der Strafrechtspflege sowie der Achtung der Verteidigungsrechte[801]. Dass diese Eingriffe allgemein als gerechtfertigt eingestuft werden[802], schließt nicht aus, dass es im Einzelfall zu Grundrechtseingriffen kommen kann, die eben nicht gerechtfertigt sind.

Von Bedeutung ist, dass die Frage der Rechtfertigung eines Eingriffs nicht zwingend nach abwehrrechtlichen Maßstäben zu beurteilen ist, nur weil sich die Grundrechtsbeeinträchtigung kausal auf die Zeugenpflichten als originär staatlichen Freiheitseingriff zurückführen lässt.[803] Es kommt im Einzelfall darauf an, ob dieser Eingriff in die Verantwortungssphäre des Staates oder eines Dritten fällt. Bei Letzterem muss die Rechtfertigung am Maßstab der grundrechtlichen Pflicht zur Gewährung eines ausreichenden Zeugenschutzes

798 Siehe *Weigend,* Gutachten, C 13 ff.

799 Erster Satz der Gesetzesbegründung zum ZSchG lautet: „Opfer von Straftaten werden durch die im Laufe des Strafverfahrens durchgeführten Vernehmungen nicht selten erheblich belastet", BT-Drucks. 13/7165, S. 4.

800 Im Einzelnen SK-StPO/*Rogall,* Vor 48 Rn. 73 ff.

801 *Weigend,* Gutachten, C 18 f.; *Rebmann/Schnarr,* NJW 1989, 1185 (1185); *Griesbaum,* NStZ 1998, 433 (434).

802 *Möstl,* Handbuch des Staatsrechts, § 179 Rn. 24.

803 Das würde dem Kriterium der Unmittelbarkeit und Finalität des klassischen Eingriffsbegriffs nicht genügen.

bemessen werden.[804] Das betrifft solche Eingriffe, die primär aus der Sphäre des Beschuldigten (wie Einschüchterungs- bis Vergeltungsmaßnahmen und wiederholte Viktimisierung) stammen oder von Seiten der Verteidigung ausgehen (bspw. eine Befragung der Verteidigung mit dem Zweck der Verhöhnung oder Drangsalierung des Opfers ohne Verbindung zur Wahrheitsfindung). Etwas anderes würde gelten, wenn eine solche grundrechtsbeeinträchtigende Befragung von den Strafverfolgungsbehörden oder dem Gericht ausgeht, denn insoweit muss der abwehrrechtliche Rechtfertigungsmaßstab gelten. Auf diesen grundrechtsdogmatischen Erwägungen beruht der Schutzanspruch des Opfers im deutschen Recht.

Mit Blick auf den europäischen Schutzanspruch stellt sich die Frage, wie der rechtspolitische (Haupt-)Auftrag der EU, den Opferzeugen vor Sekundärviktimisierung im Strafverfahren zu schützen, vom deutschen Gesetzgeber umgesetzt wird. Die einschlägigen Gesetzesmaterialien seit dem Opferschutzgesetz 1986 verdeutlichen, dass der deutsche Gesetzgeber auffallend selten und ohne nähere inhaltliche Ausführungen den Fachbegriff der Sekundärviktimisierung gebraucht, ihn möglicherweise sogar zu meiden versucht.[805] Inhaltliche Rückschlüsse lassen sich nur aus den Äußerungen des Schrifttums ziehen, das diesen Begriff zwar deutlich häufiger einsetzt, jedoch weniger an einer definitorischen Klärung der Sekundärviktimisierung interessiert ist.[806] Versucht man dieses Phänomen zu definieren, steht es ganz allgemein für eine Verschärfung des Schadenszustands, den das Opfer durch die Tat als solche (sog. Primärviktimisierung) erlitten hat. Die Sekundärviktimisierung wird durch soziale Reaktionen auf diese Tat verursacht. Dabei unterscheidet man das Folgeelement (negative Auswirkung beim Opfer) von dem Verursachungselement (postdeliktisches Ereignis bzw. Verhalten).[807] Bei der hier im Fokus stehenden strafprozessualen Sekundärviktimisierung geht es somit um die psychische Beeinträchtigung des Opfers aufgrund seiner Teilnahme am Strafverfahren. Nach dem gängigen

804 *Möstl,* Handbuch des Staatsrechts, § 179 Rn. 24; LR-StPO/*Kühne,* Einl. Abschn. J Rn. 127.

805 Erstmals verwendet in BT-Drucks. 16/12098, S. 39; dann in BT-Drucks. 18/4621, S. 29, jeweils mit Bezug zur psychosozialen Prozessbegleitung. Im Wege des 3. OpferRRG hat der Begriff „Sekundäre Viktimisierung", der zunächst in § 406g Abs. 1 StPO (n.F.) verankert werden sollte, erstmals über § 2 Abs. 1 PsychPbG Eingang in einen Gesetzestext gefunden.

806 So kritisch *Kölbel/Bork,* Viktimisierung, S. 38.

807 Diese und die folgenden Ausführungen basieren maßgeblich auf den erkenntnisreichen Feststellungen der Untersuchung von *Kölbel/Bork,* Viktimisierung, S. 39–48.

Verständnis der Sekundärviktimisierung macht es offenbar keinen Unterschied, ob die Beeinträchtigung eine Vertiefung der Ausgangsschädigung darstellt oder sie eine neue (zusätzliche) Verletzung der körperlichen Unversehrtheit hervorruft. Nicht einmal die Beeinträchtigungsstärke – im Sinne eines Erheblichkeitswerts – spielt hierbei eine wesentliche Rolle, weil man teilweise einfachste und in einem Strafprozess „normale" Belastungsmomente bereits als einschlägige Viktimisierungsphänomene behandelt. Deshalb lassen sich auch keine gesicherten Parameter wie Art, Intensität oder Dauerhaftigkeit finden. Das Folgeelement gilt daher als diffus und verschwommen.[808] Die zweite Komponente der Sekundärviktimisierung im Strafprozess, das Verursachungselement, kann nicht mehr als einen kausalen Zusammenhang zwischen psychischer Beeinträchtigung des Opfers und dem Prozessgeschehen voraussetzen. Eine Trennung in prozessuale- und außerprozessuale Belastungsfaktoren zur Feststellung der konkreten Ursachenbestimmung – insbesondere während des Verfahrensverlaufs – kann faktisch kaum gelingen.[809] Akteursbezogenes Fehlverhalten (bspw. vermeidbare Mehrfachvernehmungen) oder auch rollenspezifische, von der individuellen psychischen Konstitution abhängige Prozesse (gemeint ist, dass die Zuteilung und die Annahme der Opferrolle das Viktimisierungsgefühl intensivieren kann) können für eine Sekundärviktimisierung entweder maßgeblich sein[810] oder nur eine Anstoßhandlung der psychischen Verletzung darstellen.

Daraus folgt, dass der Schutz vor Sekundärviktimisierung als rechtspolitischer Auftrag der EU mit vielen Unklarheiten verbunden ist. Die Fachdiskussion lässt sich nicht auf bestimmte Parameter festlegen. Dennoch ist festzustellen, dass die hier interessierende strafprozessinduzierte Sekundärviktimisierung stets im Zusammenhang mit der bestehenden Zwangslage des Opfers gelesen wird, die wegen der Zeugenpflichten entsteht und der man sich ungeachtet der gesetzlichen Ausnahmefälle nicht entziehen kann. Das bedeutet zwar nicht, dass psychische Beeinträchtigungen nicht auch bei einer freiwilligen Partizipation des Opfers im Verfahren – etwa als Nebenkläger – aufgrund von Fehlverhalten anderer denkbar sind. Der entscheidende Unterschied aber ist, dass sich nur der Opferzeuge den prozessualen Belastungsfaktoren nicht entziehen kann, während das Opfer als Privatbeteiligter autonom über seine Anwesenheit im Strafprozess

---

808 Vgl. *Kölbel/Bork*, Viktimisierung, S. 40 ff. „Enttäuschte Opferbedürfnisse" bzw. Erwartungen an den Prozess (etwa ein nicht erwünschter Prozessausgang) sind hiervon strikt abzugrenzen (dort S. 48 f.).

809 Vgl. *Kölbel/Bork*, Viktimisierung, S. 43 f.

810 Vgl. *Kölbel/Bork*, Viktimisierung, S. 47.

entscheidet. Die Zwangslage stellt damit das wesentliche Element der prozessinduzierten Sekundärviktimisierung dar. Rechtspolitisch kann es damit bei der Vermeidung von Sekundärviktimisierung nicht darum gehen, den psychischen Tatbewältigungs- und Heilungsprozess des Opfers beschleunigen zu wollen. Es kann ausschließlich nur darum gehen, Vorkehrungen zu treffen, dass sich der „psychische Zustand" des Opfers in der aufgedrängten und viktimisierungsgeneigten[811] Belastungssituation (Zeugenrolle) möglichst nicht verschlechtert und nicht über die einen jeden Zeugen treffenden Belastungen hinausgeht. Das materielle Recht bietet hier keinen ausreichenden Schutz. Strafprozessuale Vorschriften sind erforderlich, damit auch nicht strafbare Takt- sowie Rücksichtslosigkeiten in der Prozesskommunikation verhindert und rechtlich an sich legitime, im Einzelfall aber dennoch unangemessene Prozessaktivitäten kontrolliert und reguliert werden können.[812] Es geht daher bei dem rechtspolitischen Auftrag der Vermeidung von Sekundärviktimisierung im Strafverfahren um den Schutz der seelischen und körperlichen Unversehrtheit, die infolge der Zeugenpflichten durch nicht strafbare, aber im Einzelfall unangemessene Einwirkungen auf das psychische Wohlbefinden droht. Beschränkt man sich auf diese Feststellung, dann wird dieser unpräzise rechtspolitische Auftrag der EU, das Opfer vor strafprozessinduzierter Sekundärviktimisierung zu schützen, hinreichend durch die Grundrechtsverpflichtungen des deutschen Gesetzgebers (namentlich Art. 2 Abs. 2 GG) aufgefangen.

Der Schutzanspruch des Opfers wird im Wege der staatlichen Fürsorgepflicht umgesetzt. Dem Opferzeugen ist es zwar möglich, durch entsprechende Anträge auf die Einleitung von bestimmten Schutzvorkehrungen im Strafprozess hinzuwirken, um seinen persönlichen Wünschen und Vorstellungen Nachdruck zu verleihen. Rechtlich soll das Opfer der Straftat aber keinen unmittelbaren Einfluss auf die hoheitliche Entscheidung über die Einleitung von Schutzmaßnahmen im Strafverfahren ausüben. In der höchstrichterlichen Rechtsprechung sind jedoch Ansätze zu erkennen, zumindest auch die richterliche Entscheidung in gewisser Weise kontrollierbar machen zu lassen.

Exemplarisch lässt sich das an der audiovisuellen Zeugenvernehmung verdeutlichen, die mit der „Unanfechtbarkeit" der hoheitlichen Ermessensentscheidung (§ 247a Abs. 1 S. 2 StPO) eine durchaus gängige Regelung enthält. Der Gesetzgeber hat sich zur Vermeidung von Verfahrensverzögerungen und Unsicherheiten im Strafprozess explizit gegen ein Anfechtungsrecht des Opfers

---

811 So trefflich umschrieben *Kölbel/Bork,* Viktimisierung, S. 43.

812 Vgl. hierzu eingehend *Kölbel,* ZStW 119 (2007), S. 360.

bei Ablehnung dieser Schutzmaßnahme ausgesprochen. Weil er sich hier aber ausschließlich auf die Anordnung einer audiovisuellen Zeugenvernehmung bezogen hat[813], bestehen zumindest Zweifel, ob der Gesetzgeber ferner den Fall der Ablehnung dieser Maßnahme von der Vorgabe der Unanfechtbarkeit umfasst sehen wollte. Insbesondere im Schrifttum wird die Rechtsauffassung vertreten, dass die Versagung des Anfechtungsrechts grundsätzlich auch die ablehnende Entscheidung erfasst, weil der mit der Anfechtungsuntersagung verbundene Regelungszweck keinen Spielraum für eine differenzierte Handhabung zulasse und zudem der Wortlaut dieser Norm, der ganz allgemein auf „die Entscheidung" abstellt, dafür spreche, dass sowohl die anordnende als auch die ablehnende Entscheidung gemeint sei.[814] Die Rechtsprechung zeigt sich zurückhaltender.[815] Insbesondere das BVerfG scheint nicht nur wegen der insoweit unklaren Gesetzesmaterialien gewisse Bedenken gegenüber der herrschenden Rechtsauslegung zu hegen. Mit seinem Hinweis auf den „Justizgewährleistungsanspruch", der eventuell ein Beschwerderecht bei Ablehnung der – vom Opfer beantragten – Anordnung voraussetzen könnte[816], bringt das BVerfG dabei eine verfassungsrechtliche Komponente „ins Spiel", die durchaus Bedenken an der herrschenden Meinung aufkommen lässt. Anlass für diesen „Hinweis" des BVerfG war jedoch nicht der konkrete Zeugen- bzw. Opferschutz, sondern die allgemeine Tendenz der Rechtsentwicklung, über den verfassungsrechtlichen Justizgewährungsanspruch ein bestimmtes Maß an Rechtsschutz auch gegenüber richterlicher Tätigkeit während der Prozessdurchführung sicherzustellen.[817] Andernfalls sei es nicht möglich, behaupteten Grundrechtsverstößen fachgerichtlich nachzugehen, obwohl es „rechtsstaatlich geboten" sein könnte. Laut BVerfG muss das aber nicht bedeuten, deshalb die gegen exekutivische Maßnahmen bekannten Rechtsschutzmaßstäbe (wie den Devolutiveffekt) zu übernehmen und auf die Kontrolle richterliche Tätigkeit zu erstrecken. Es käme aus verfassungsrechtlicher Sicht nur darauf an, eine nach rechtsstaatlichen Maßstäben „hinreichende" Kontrolle zu gewährleisten, die bei Hoheitsakten der rechtsprechenden Gewalt niedriger angesetzt

813 Siehe BT-Drucks. 13/7165, S. 10.

814 Vgl. SK-StPO/*Frister*, § 247a Rn. 47; *Meyer-Goßner/Schmitt*, § 247a Rn. 13; MüKo-StPO/*Ciernak/Niehaus*, § 247a Rn. 26; *Diemer*, NStZ 2001, 393 (396 f.).

815 Offen gelassen BGH, Urteil vom 10.11.1999 – 3 StR 331/99, juris, Rn. 5.

816 BVerfG, Beschluss vom 27.02.2014 – 2 BvR 261/14, juris, Rn. 26.

817 Dies zeigt der explizite Verweis auf die Plenumsentscheidung des BVerfG, Beschluss vom 30.04.2003 – 1 PBvU 1/02, juris, Rn. 21 ff.

werden könne.[818] Die rechtsstaatliche Notwendigkeit von Rechtsmitteln des Opferzeugen gegen richterliche Ablehnungsentscheidungen (in dem hier vorgestellten Fall stand eine Grundrechtsverletzung des „Rechts auf körperliche Unversehrtheit" wegen Ablehnung von besonderen Aussagemodalitäten in der Hauptverhandlung im Raum) hat das BVerfG aber bis heute nicht erneut aufgegriffen.[819] Auch wenn der Hinweis des BVerfG also durchaus Anlass gibt, über die Frage von einfachgesetzlichen Rechtsmitteln bei der Ablehnung von Zeugenschutzmaßnahmen nachzudenken, ist gegenwärtig nicht davon auszugehen, dass der Opferzeuge einen grundrechtlich induzierten Anspruch auf Einführung von derlei Rechtsmitteln für sich reklamieren kann.

b. Allgemeine Schutzvorkehrungen

aa. Darstellung der deutschen Rechtslage

(1) Vermeidung des Zusammentreffens mit dem Angeklagten

In der StPO ist keine allgemeine Regelung vorhanden, die vorschreibt, dass ein Aufeinandertreffen des Opferzeugen mit dem Angeklagten zu vermeiden ist, soweit es nicht aus rechtsstaatlichen Gründen dazu kommen muss. Zugleich gelten im Strafverfahrensrecht eine Reihe von – teils kodifizierten – Prozessmaximen, aus denen hervorgeht, in welchem Abschnitt des Verfahrens ein Aufeinandertreffen den Regelfall darstellt. Gemeint ist primär das Hauptverfahren mit seinem Schwerpunkt auf der Hauptverhandlung, weil die hier ausschließlich geltenden Maximen der Mündlichkeit, Unmittelbarkeit und Öffentlichkeit die Anwesenheit des Angeklagten in der Hauptverhandlung voraussetzen (§ 230 StPO) und nach der persönlichen Vernehmung des Zeugen vor dem zuständigen Gericht verlangen. Die Verlesung von Protokollen anstelle der persönlichen Aussage ist regelmäßig nicht gestattet (§ 250 StPO). Sofern auf die Benennung des Opfers als Zeuge zum Zweck der Wahrheitsfindung nicht ausnahmsweise doch verzichtet werden kann[820], stellt das Aufeinandertreffen des Opferzeugen mit dem Angeklagten unabhängig von besonderen Schutzmaßnahmen (die im Einzelfall den direkten (Sicht-)Kontakt in der gerichtlichen Vernehmungssituation erschweren bzw. verhindern

---

818 Vgl. BVerfG, Beschluss vom 30.04.2003 – 1 PBvU 1/02, juris, Rn. 35 ff.

819 Weil die Entscheidung des BVerfG im Eilverfahren ergangen ist, musste es einer tiefergehenden Beurteilung dieser Rechtsfrage nicht nachgehen, siehe BVerfG, Beschluss vom 27.02.2014 – 2 BvR 261/14, juris, Rn. 26.

820 Etwa bei Vorliegen eines umfassenden Geständnisses (vgl. Nr. 111 Abs. 4 RiStBV).

können) den gesetzlichen Normalfall dar. Das Gericht kann dieses Aufeinandertreffen in der Hauptverhandlung auf das erforderliche Maß auch begrenzen, weil das geltende Strafverfahrensrecht einen gewissen Beurteilungsspielraum einräumt: Die StPO sieht für solche Hauptverhandlungen, die sich über mehrere Tage erstrecken werden, die Möglichkeit einer gestaffelten Ladung gem. § 214 Abs. 2 StPO vor. Dem Zeugen ist es dann gestattet, erst am Verhandlungstag der für ihn geplanten Vernehmung zu erscheinen, obwohl zu Beginn einer Hauptverhandlung an sich sämtliche für das Verfahren geladenen Zeugen erscheinen sollen (§ 243 StPO). Der für die Ladungsplanung zuständige Vorsitzende des Gerichts wird sogar ausdrücklich darauf hingewiesen, zu berücksichtigen, dass insbesondere Opferzeugen die Begegnung mit einem Angeklagten „in den Räumen der Justiz als bedrohlich oder belastend" empfinden können (Nr. 117 Abs. 3 RiStBV). Aus diesem Grund wird die Nutzung der speziellen Warteräume für Zeugen auch empfohlen (Nr. 135 Abs. 1 RiStBV), die sich im Rahmen der justiziellen Zeugenbetreuung, auf die im Ladungsschreiben auch von Gesetzes wegen hinzuweisen ist (§ 48 Abs. 2 StPO), wohl inzwischen flächendeckend etabliert haben sollen.[821] Sollten aus Kapazitätsgründen keine solche Zeugenzimmer vorhanden sein, dann scheint man bei Bedarf eine andere Wartemöglichkeit anzubieten, indem freie Räumlichkeiten umfunktioniert werden, um den Zeugen abzuschirmen.[822] Es bestehen damit für das Hauptverfahren gesetzliche Vorkehrungen, die es ermöglichen, das Aufeinandertreffen zeitlich auf das rechtlich erforderliche Maß zu begrenzen. Für die anderen Verfahrensabschnitte existieren hingegen keine Vorschriften oder Verhaltensanweisungen.

(2) Schutz während der strafrechtlichen Ermittlungen[823]

(a) Unverzügliche Zeugenvernehmung nach Anzeigeerstattung

Das deutsche Strafverfahrensrecht kennt keine ausdrückliche Regelung, die vorschreibt, dass das Opfer einer Straftat unverzüglich nach Erstkontakt mit den

---

821 So *Kühne*, StPO, Rn. 837.

822 Vgl. die Ergebnisse des Abschlussberichts „Zweite Opfer- und Zeugenschutzkommission", die im Mai 2012 vom Land Baden-Württemberg einberufen wurde, https://www.baden-wuerttemberg.de/de/service/presse/pressemitteilung/pid/zweite-opfer-und-zeugenschutzkommission-legt-abschlussbericht-vor/ (letzter Abruf: 12.12.2017).

823 Die in Art. 20 lit. c RL enthaltene Vorgabe, dass sich das Opfer bei Vernehmungen von einer „Person seiner Wahl" begleiten lassen können muss, ist mit der Vorgabe des Art. 3 Abs. 3 RL nahezu identisch, weshalb auf die dortigen Ausführungen zur deutschen Rechtslage (siehe oben S. 224) verwiesen werden kann.

Strafverfolgungsbehörden zu vernehmen ist. Eine solche Verpflichtung der Strafverfolgungsbehörden könnte sich nur aus dem gem. § 152 Abs. 2 StPO verankerten Legalitätsprinzip ergeben: Sofern die Staatsanwaltschaft bzw. die Polizeibeamten gesetzlich aufgefordert sind, bei einem Anfangsverdacht wegen aller verfolgbaren Straftaten einzuschreiten, dann fällt darunter die Pflicht zur Sicherung von Beweismitteln. Dies kann im Einzelfall die Vernehmung des Opfers ohne zeitliche Zäsur erfordern, wenn der Verlust oder die Beeinträchtigung eines Beweismittels unmittelbar drohen sollte.[824] Das aber ist in der Rechtspraxis nicht der Regelfall, weshalb das Legalitätsprinzip die einzelnen Ermittlungsschritte der Einschätzung des zuständigen (polizeilichen bzw. staatsanwaltschaftlichen) Sachbearbeiters überlässt. Dieser wird bei der Beurteilung, wann die (erste) Vernehmung des Opferzeugen im Vorverfahren stattfinden sollte, deshalb nicht allein von ermittlungstaktischen Erwägungen, sondern auch von organisatorischen und ressourcenabhängigen Aspekten geleitet. Während das Legalitätsprinzip hierfür den notwendigen Beurteilungsspielraum eröffnet, ist hingegen der Opferschutzgedanke im Sinne der Vermeidung von zusätzlichen (unnötigen) Belastungen während des Vorverfahrens keine vom Legalitätsprinzip vorgesehene Abwägungskonstante. Damit sichergestellt ist, dass dieser Opferschutzaspekt im Rahmen der Beurteilung des Sachbearbeiters nicht übergangen werden kann, bedarf es folglich einer verfahrensrechtlichen Regelung[825]. Eine solche kann man in der allgemein gehaltenen Verwaltungsvorschrift Nr. 4c RiStBV erblicken, wonach die aus einem Strafprozess entstehenden Belastungen möglichst gering zu halten sind und die Belange des Opfers im Verfahren berücksichtigt werden sollen. Inwiefern diese Vorgabe in der Praxis jedoch geeignet ist, den Opferschutzaspekt als Abwägungsfaktor für die Beurteilung einzubeziehen, ist fraglich.

(b) Vermeidung von Mehrfachvernehmungen

Mehrfachvernehmungen von Zeugen im Laufe eines Strafverfahrens stellen den gesetzlichen Regelfall dar und sind in der StPO angelegt. Im Vorverfahren ist es primär der Sachbearbeiter der Polizei, der als erste Ermittlungsbehörde eine

---

824 Vgl. Nr. 248 Abs. 2 RiStBV, wonach in den Fällen der Prostitution, Menschenhandel und Zuhälterei empfohlen wird, im Anschluss an die polizeiliche Vernehmung „unverzüglich" eine richterliche Vernehmung herbeizuführen.

825 Die aus dem Rechtsstaatsprinzip abzuleitende Beschleunigungsmaxime weist nach absolut h.M. nur eine beschuldigtenschützende und verfahrensökonomische Dimension auf (MüKo-StPO/*Kudlich*, Einleitung Rn. 156). Sie lässt sich demnach zum Zwecke des Opferschutzes auch nicht nutzbar machen.

Zeugenvernehmung durchführt (§ 163 Abs. 3 StPO). Mit steigender Schwere des Tatvorwurfs steigt dann die Wahrscheinlichkeit, dass die Staatsanwaltschaft als Herrin des Ermittlungsverfahrens eine eigene Zeugenvernehmung anberaumt (§ 161a StPO); hierzu alternativ oder auch kumulativ kann die Staatsanwaltschaft eine richterliche Zeugenvernehmung im Vorverfahren beantragen, wenn sie das im Einzelfall für erforderlich erachtet (§ 162 StPO). Das Gesetz räumt den Strafverfolgungsbehörden insoweit einen Beurteilungsspielraum ein. So kann die erste Zeugenaussage lückenhaft sein oder nicht aussagekräftig erscheinen; auch kann sich die Beweislage ändern. Die Gründe, die eine erneute bzw. mehrfache Vernehmung(en) im Vorverfahren notwendig machen können, sind vielfältig. Kommt es zur Eröffnung des Hauptverfahrens, ist regelmäßig mit der persönlichen Vernehmung vor dem Gericht zu rechnen (§ 250 StPO). Folgt darauf eine Berufungsverhandlung, muss aufgrund der sich wiederholenden Beweisaufnahme erneut mit der Zeugenvernehmung gerechnet werden. Auch bei der erfolgreich erhobenen Revision droht dem Opfer im Fall der Zurückverweisung an die Tatsacheninstanz, dass eine weitere persönliche Vernehmung erforderlich ist. Man kann festhalten, dass sich die Schutzvorschriften der StPO vorrangig um eine schonende Art und Weise der Vernehmungsdurchführung bemühen (§ 48 Abs. 3 StPO), jedoch nicht die Restriktion der Vernehmungszahl bezwecken. Die Pflicht zur Erforschung der Wahrheit (§ 244 Abs. 2, § 160 StPO) gestattet aber nicht nur, dass ein Opfer mehrfach vernommen werden kann, wenn es notwendig erscheint. Zugleich hat die Wahrheitserforschungspflicht auch eine begrenzende Funktion, weil das Opfer niemals grundlos, sondern stets nur zur Förderung der Sachverhaltsaufklärung vernommen werden darf. Eine konkretere Vorschrift findet sich auch in der RiStBV, die der Staatsanwaltschaft nahelegt, mehrmalige Vernehmungen von Opferzeugen wegen der psychischen Belastungen möglichst zu vermeiden (Nr. 19a Abs. 3 RiStBV).

Mit Gesetzescharakter existieren zwei Schutzvorschriften zum Zwecke der Vermeidung von Mehrfachvernehmungen, auf die der deutsche Gesetzgeber hinsichtlich der Umsetzung der EU Vorgaben ausdrücklich verwiesen hat. Zum einen geht es um die Möglichkeit der Videoaufzeichnung der Zeugenaussage (§ 58a, § 247a Abs. 1 S. 4 StPO), zum anderen um die Ausschaltung der Berufungsinstanz (§ 24 Abs. 1 Nr. 3 GVG).

(α) Videoaufzeichnung der Zeugenaussage

Wie die Gesetzesbegründungen zeigen, hat der Gesetzgeber bei Einführung des § 58a StPO als zentrale Vorschrift für die Videoaufzeichnung von Zeugenaussagen primär den Opferzeugenschutz im Blick gehabt. Auch in den folgenden Reformgesetzen wurde durchgehend das Ziel der Vermeidung von

Mehrfachvernehmungen betont. Dennoch ist der anfangs eher beiläufig erwähnte Nutzen der Videoaufzeichnung für die Beweismittelsicherung und die Wahrheitsfindung dann verstärkt in den Fokus der Gesetzesbegründungen gerückt.[826] Dieser Perspektivenwandel spiegelt sich in der aktuellen strafrechtspolitischen Kontroverse zur Frage der Ausweitung der Videoaufzeichnung wider. Man thematisiert primär nur noch ihren Nutzen als Dokumentationsmittel gegenüber dem herkömmlichen schriftlichen Inhaltsprotokoll von Zeugenaussagen[827] und weniger den positiven Effekt für den Opferschutz. Diese rechtspolitische Kontroverse ist aktueller denn je. Obwohl § 58a StPO nun vor fast 20 Jahren eingeführt wurde, hat sich die Videoaufzeichnung von Zeugenaussagen noch immer nicht in der Rechtspraxis etabliert. Trotz fehlender valider Zahlen ist aus der Rechtspraxis bekannt, dass von der Aufzeichnungstechnik zurückhaltend bzw. kaum Gebrauch gemacht wird.[828]

Dabei wird – soweit ersichtlich – von keiner Seite ernsthaft das Potenzial der Videoaufzeichnung der Zeugenaussage für den Wahrheitsfindungsprozess im Strafverfahren angezweifelt. Stattdessen tritt man gewissermaßen „geschlossen" für eine Ausweitung der Videoaufzeichnung ein. Differenzen bestehen lediglich hinsichtlich ihres Umfangs (die Forderungen reichen bis zur Aufzeichnungspflicht von sämtlichen Vernehmungen im Vorverfahren). Als ihr größter Vorteil gilt die Beweisqualität, die einer Videoaufzeichnung im Gegensatz zum – bisher in der Rechtspraxis üblichen – schriftlichen Inhaltsprotokoll zukommt. Einer der Hauptkritikpunkte ist, dass dieses Inhaltsprotokoll eine nur reduzierte, vom Vernehmenden erstellte schriftliche Widergabe bzw. Zusammenfassung des kommunikativen Prozesses mit dem Zeugen darstellt und obendrein durch gewisse Befragungsmuster bzw. -techniken des Vernehmenden erheblich beeinflusst worden sein kann.[829] Das Inhaltsprotokoll bietet keine vergleichbare Gewähr für die Authentizität des tatsächlich Gesagten[830], da auch das dem Vernommenen gesetzlich eingeräumte Prüfungsrecht der Niederschrift (§ 168a Abs. 3 StPO)

---

826 Vgl. BT-Drucks. 13/7165, S. 1, 6 f.; BT-Drucks. 16/12098, S. 12; BT-Drucks. 17/6261, S. 8, 10 f.; ausführlich nun *Altenhain,* ZIS 2015, 269 (270), der einen Wandel des Normzwecks und Umfangs der Videoaufzeichnung zugunsten der Wahrheitsfindung ausmacht.

827 BMJV Expertenkommission StPO, S. 67 ff.; ferner *Nack/Park/Brauneisen,* NStZ 2011, 310 (310 ff.); *Altenhain,* ZIS 2015, 269 (269 ff.); *Schlothauer,* StV 2016, 607 (613).

828 Zusammenfassend *Altenhain,* ZIS 2015, 269 (271 f.) m.w.N.; siehe auch KK-StPO/*Senge,* § 58a Rn. 3.

829 Laut *Schünemann,* StraFo 2016, 45 (49) m.w.N. gilt das als „empirisch gesichert".

830 BMJV Expertenkommission StPO, S. 69; *Schlothauer,* StV 2016, 607 (613).

keine wirksame Kontrolle bietet.[831] Hingegen lässt sich mit einer Videoaufzeichnung die gesamte Kommunikation und das nonverbale Verhalten[832] festhalten. Der Vernehmungsverlauf wird für den weiteren Prozess damit überhaupt erst überprüfbar. Dies kann nicht zuletzt mit Blick auf mögliche Suggestionen von nicht zu unterschätzender Bedeutung sein. Aus diesem Grund spricht man der Videoaufzeichnung den „größtmöglichen" Beweiswert unter den Dokumentationsmitteln zu. Dem Gericht eröffnet sich mit dieser (zusätzlichen) Beweisquelle ein unverfälschter Eindruck von der früheren Vernehmungssituation. Dies dürfte nicht zuletzt die Konstanzanalyse als ein wichtiges Instrument zur Prüfung der Glaubhaftigkeit[833] erheblich effektivieren. Auch außerhalb der Hauptverhandlung kann eine Videoaufzeichnung als Entscheidungsgrundlage dienlich sein, etwa bei der Anordnung von bestimmten Ermittlungs- und Verfahrensschritten im Vor- bzw. Zwischenverfahren.[834] Die Aufzeichnungen können bei bewussten Falschaussagen ggfs. gegen den Zeugen verwertbar sein[835] oder diesen gar von der Begehung abhalten. Vereinzelt wird der Haupteffekt einer Videoaufzeichnung auch darin gesehen, dass diese für die Verteidigung ein insgesamt zuverlässiges Kontrollmittel zur Beurteilung der Ermittlungsergebnisse in der Hauptverhandlung darstellt.[836]

Im Vergleich dazu sind die mit einer vermehrten Anwendung der Videoaufzeichnung verbundenen Vorteile für den Opferschutz im Verfahren überschaubar, obwohl es sich hier ursprünglich um den erklärten Hauptzweck des § 58a StPO handelt. Wie bereits zuvor festgestellt wurde, zählt der Opferschutz nicht zu den gesetzlich bestimmten Beschränkungen des Legalitätsprinzips. Wenn im Vorverfahren mehrere Vernehmungen des Opferzeugen erforderlich erscheinen, muss sich der Opferschutz dem öffentlichen Verfolgungsinteresse unterordnen.[837] Nicht ausgeschlossen ist deshalb, dass mehrere Vernehmungen aus Gründen der Wahrheitsfindung erforderlich sein können, um den Inhalt und die Begleiterscheinungen der Zeugenaussage hinreichend zu würdigen[838] (zu

831 Näher *Altenhain,* ZIS 2015, 269 (277 f.).

832 Nach den Erkenntnissen der Aussagepsychologie erlaubt non- und paraverbales Verhalten nur begrenzt zuverlässige Rückschlüsse auf die Täuschungs- und Wahrheitsmotivation des Zeugen, siehe *Köhnken,* Fehlerquellen, S. 8 f.

833 Siehe hierzu auch oben S. 240 ff.

834 *Altenhain,* ZIS 2015, 269 (274 f.).

835 *Eisenberg,* HRRS 2011, 64 (69).

836 So etwa *Schünemann,* StraFo 2016, 45 (51) insbesondere mit Blick auf etwaige Verständigungsgespräche.

837 Im Ergebnis auch *Eisenberg,* HRRS 2011, 64 (67 f.).

838 *Eisenberg,* HRRS 2011, 64 (68); *von Knoblauch zu Hatzbach,* ZRP 2000, 276 (278).

erwähnen ist aber, dass die Reduzierung von Opferbelastungen nicht zwingend die Folge einer Einmalvernehmung sein muss; denkbar ist, dass sie mögliche – psychische – Entlastungs- und Erledigungsmomente in der Hauptverhandlung beim Opfer verhindert, wenn das Opfer ggfs. erneut aussagen möchte[839]). Der Ausweitung von Videoaufzeichnungen, die den Opferzeugenschutz an sich fördern soll, werden auch verfassungsrechtliche Zeugenschutzerwägungen entgegengehalten, da der Gesetzgeber bei der Videoaufzeichnung von einem „erheblichen Eingriff in das Persönlichkeitsrecht des Zeugen" ausgeht[840]. Führt man sich die Begründung des Gesetzgebers näher vor Augen, kann die Erheblichkeit dieses Eingriffs aber durchaus in Frage gestellt werden. Der Gesetzgeber hat nämlich auf die „unbegrenzte Reproduzierbarkeit" der Zeugenaussage zur Untermauerung der Erheblichkeit dieses Eingriffs abgestellt und die damals herrschende Auffassung vertreten, das Abspielen der Videoaufzeichnung in der Hauptverhandlung bloß nicht zum „Normalfall" werden zu lassen.[841] Diese Argumentation kann inzwischen als überholt betrachtet werden: Die unverfälschte Reproduzierbarkeit gilt als enormer Vorteil der Videoaufzeichnung; und was die Bedenken hinsichtlich der unbegrenzten Reproduzierbarkeit anbelangt, beruhen diese auf einer inzwischen unbegründeten Sorge einer missbräuchlichen Verwendung der Videoaufzeichnung bzw. Daten. Die Gefahr des Missbrauchs geht aufgrund der bestehenden Sicherungsmechanismen gem. § 58a Abs. 2 StPO[842], die gerade die Vervielfältigung, Weitergabe und Löschung der Videoaufzeichnungen regeln, „gegen Null". Selbst wenn man jedoch davon ausgeht, dass es sich trotz der Sicherungsmechanismen um einen erheblichen Eingriff in das allgemeine Persönlichkeitsrecht des Zeugen handelt, dann ist dieser in Relation mit den prozessualen Zeugenpflichten und dem Grundsatz der Wahrheitsfindung zu setzen, wobei das Ergebnis dieser Abwägung eine Anordnung der (uneingeschränkten) Videoaufzeichnung von Zeugenaussagen rechtfertigt[843]. Die vorgebrachten Zeugenschutzerwägungen sprechen somit nicht gegen die Ausweitung der Videoaufzeichnung.

---

839 Berufsverband Deutscher Psychologinnen und Psychologen, Sektion Rechtspsychologie, zum Gesetzesentwurf: StORMG, http://www.rechtspsychologie-bdp.de/2011/01/stellungnahme-4/ (Letzter Abruf: 12.12.2017).

840 BT-Drucks. 17/6261, S. 10; BT-Drucks. 16/12098, S. 12.

841 Siehe jetzt BT-Drucks. 13/7165, S. 6.

842 Die auch auf Beschuldigtenvernehmungen anzuwenden sind, vgl. BT-Drucks. 18/11277, S. 25 f.

843 Ausführlich und überzeugend nun *Altenhain*, ZIS 2015, 269 (275 ff.).

Unabhängig davon stellt sich nunmehr die Frage, weshalb der § 58a StPO in der Rechtspraxis kaum Anwendung findet.

In tatsächlicher Hinsicht scheinen die Innen- und Justizverwaltungen der Länder insbesondere den „technischen Aufwand“, darunter die Anschaffungs- und Unterhaltungskosten, zu scheuen, die mit der Videoaufzeichnung einer Aussage verbunden sind.[844] Was die unzureichende technische Ausstattung zur Begründung der Nichtanwendung einer Regelung anbelangt, die dem Schutz von grundrechtlich geschützten Interessen zu dienen bestimmt ist, stellte das BVerfG kürzlich fest, dass es sich dabei um eine „sachfremde Erwägung“ handele, die keinesfalls für die Ablehnung einer Schutzmaßnahme ermessenslenkend sein dürfe (Verbot objektiver Willkür).[845] Das Ressourcenargument darf daher die Entscheidungspraxis der Strafverfolgungsbehörden und Gerichte nicht länger rechtfertigen. Dies schließt die Modernisierung des Dokumentationswesens zur praktischen Umsetzung dieser Schutzmaßnahmen ein.[846] Die Justiz- und Innenministerien müssen deshalb für die technische Ausstattung und Ausbildung im Umgang mit der Aufzeichnungstechnik sorgen, um nicht einen Verstoß gegen das verfassungsrechtliche Willkürverbot, für den es laut BVerfG nicht auf ein schuldhaftes Handeln der zuständigen staatlichen Institution (Gericht, Staatsanwaltschaft, Polizei) im Einzelfall ankommt, zu riskieren. Die gerne vorgeschobenen technischen Einwände[847] sind damit hinfällig, da jede Strafverfolgungsbehörde oder Gericht in der Lage sein muss, ohne unzumutbaren Aufwand den § 58a StPO anzuwenden.

Wichtiger für die zurückhaltende Anwendungspraxis dürfte aber sein, dass § 58a Abs. 1 StPO als Ermessensvorschrift ausgestaltet wurde. Danach gestattet der als Kann-Vorschrift formulierte § 58a Abs. 1 S. 1 StPO eine Videoaufzeichnung der Zeugenaussage ohne weitere gesetzliche Vorgaben; der als Soll-Vorschrift kodifizierte § 58 Abs. 1 S. 2 StPO hingegen enthält zwei Vorschriften, wonach die Aussage – möglichst durch richterliche Vernehmung – aufzuzeichnen ist, sofern entweder die schutzwürdigen Interessen von Personen unter 18 Jahren oder von Personen, die als Kinder oder Jugendliche durch eine der in § 255a Abs. 2 StPO genannten Straftaten verletzt worden sind, besser gewahrt

844 Vgl. Bericht der BMJV Expertenkommission StPO, S. 68; KK-StPO/*Senge*, § 58a Rn. 3; zurückhaltende Anwendung vermutend auch *Meyer-Goßner/Schmitt*, § 58a Rn. 4;

845 BVerfG, Beschluss vom 27.02.2014 – 2 BvR 261/14, juris, Rn. 31.

846 *Hamm*, StV 2015, 137 (141).

847 Im Einzelnen *Altenhain*, ZIS 2015, 269 (272).

werden können (Nr. 1)[848], oder wenn zu besorgen ist, dass ein Zeuge in der Hauptverhandlung nicht vernommen werden kann (Nr. 2). Man kann danach nicht behaupten, dass der Wortlaut des § 58a Abs. 1 StPO besonders hohe Anforderungen an die Anwendung der Videoaufzeichnung stellt. Eher lädt er zur Aufzeichnung der Aussage sogar ein. Die Einräumung eines derart weiten Ermessensspielraums macht das Entscheidungsverhalten des Hoheitsträgers jedoch auch grundsätzlich anfälliger für ökonomische bzw. menschliche Faktoren, die im Rahmen des § 58a Abs. 1 StPO eine besondere Rolle spielen. In der Rechtspraxis scheint man mit der Durchführung der Videoaufzeichnung nämlich einen deutlichen Mehraufwand zu verbinden, und das nicht nur in technischer, sondern gerade auch in zeitlicher Hinsicht. Letzteres ergäbe sich aus der mit der Videoaufzeichnung der Zeugenaussage angeblich verbundenen Pflicht zur Erstellung eines schriftlichen Protokolls, das als „Wortprotokoll" deutlich umfangreicher sei, als es bei einer gewöhnlichen – nicht auf Video aufgezeichneten – Vernehmung eines Zeugen der Fall sei.[849] Dieser Standpunkt ist aus rechtlicher Sicht zugleich nicht nachvollziehbar:

Richtig ist, dass das geltende Recht eine Pflicht zur schriftlichen Protokollierung von Zeugenaussagen bei richterlichen Untersuchungshandlungen (§ 168 StPO) vorschreibt und dies auch bei staatsanwaltschaftlichen sowie polizeilichen Untersuchungshandlungen als den Regelfall betrachtet (§ 186b Abs. 2 StPO)[850]. Das Gesetz macht keinen Unterschied, ob die Zeugenvernehmung per Video oder auf sonstige Weise aufgezeichnet wurde[851]. Woraus der erhebliche Mehraufwand für die Sachbearbeiter der Polizei (und Staatsanwaltschaft) resultiert, nur weil die Vernehmung gem. § 58a StPO auf Video aufgezeichnet worden ist, erschließt sich daraus aber nicht. Lässt man die in zeitlicher Hinsicht zumutbaren Vorbereitungs- und Bedienungshandlungen des Videoaufzeichnungsgeräts außer Betracht, dann ändert sich an den Modalitäten dieser Vernehmung und ihrer Protokollierung

---

848 Das betrifft Straftaten gegen die sexuelle Selbstbestimmung (§§ 174 bis 184h StGB), das Leben (§§ 211 bis 222 StGB), wegen Misshandlung von Schutzbefohlenen (§ 255 StGB) oder gegen die persönlichen Freiheit (§§ 232 bis 233a StGB). Maßgeblich ist dann das Alter des mutmaßlichen Opfers zum Tatzeitpunkt.

849 Siehe *Altenhain,* ZIS 2015, 269 (272 f.).

850 Der als Soll-Vorschrift ausgestaltete § 168b Abs. 2 StPO ermöglicht das Absehen von der Protokollierung nur, wenn sie nicht „ohne erhebliche Verzögerung der Ermittlungen" erstellt werden kann. Bei einer Zeugenaussage werden die Ermittlungen aber regelmäßig nicht durch die Protokollerstellung (erheblich) verzögert.

851 H.M.: BT-Drucks. 13/7165, S. 6; LR-StPO/*Erb,* § 168a Rn. 18a; *Meyer-Goßner/Schmitt,* § 58a Rn. 9; MüKo-StPO/*Maier,* § 58a Rn. 68.

gerade nichts. Der Zeuge berichtet auch bei § 58a StPO zunächst frei heraus über den Untersuchungsgegenstand, bevor der Vernehmende mit einzelnen Fragen und ggfs. Vorhalten in die Verhörphase übergeht (§ 69 StPO). Der gesetzliche Spielraum, den das Gesetz für eine Protokollerstellung grundsätzlich vorsieht, bleibt auch bei der Videoaufzeichnung mangels spezieller Bestimmungen unverändert bestehen (§ 168a StPO). Es ist sogar festzustellen, dass die Videoaufzeichnung dem Vernehmenden für die Protokollerstellung eine zusätzliche Variante eröffnet, denn der Vernehmende kann die Videoaufzeichnung als eine Form der vorläufigen Aufzeichnung nutzen (§ 168a Abs. 2 StPO) und dies als Grundlage für das nach der Vernehmung unverzüglich anzufertigende schriftliche Protokoll heranziehen. Der Vernehmende könnte auch wahlweise oder in Kombination[852] eigene Kurzschriften oder andere Tonaufnahmegeräte nutzen (§ 168a Abs. 2 StPO). Entscheidend aber ist, dass es dem Vernehmenden überlassen bleibt, auch weiterhin das in der Rechtspraxis verbreitete „Inhaltsprotokoll" anzufertigen. Der Vernehmende kann dieses nach Belieben während der aufgezeichneten Vernehmung anfertigen, was sogar den Vorteil hätte, dass auch die Anfertigung des Inhaltsprotokolls als kommunikativer Prozess per Video festgehalten und kontrollierbar wäre. Keinesfalls sieht jedoch das Gesetz für die Videoaufzeichnung der Vernehmung striktere Protokollvorschriften vor. Einen Wechsel vom Inhaltsprotokoll zum Wortprotokoll (darunter Anmerkungen zum non- und paraverbalen Verhalten des Zeugen) nun plötzlich herauszulesen, ist gesetzlich nicht gestützt[853] und wäre obendrein nicht erforderlich. Die Existenz der Videoaufzeichnung ermöglicht gerade die unverfälschte Wiedergabe des gesamten Vernehmungsverlaufs, was die – noch vor der Digitalisierung des Strafverfahrens bestehende – Forderung nach einem Wortprotokoll gerade relativiert. Es ist damit nicht ersichtlich, dass das einfache Recht diesen beklagten Mehraufwand verursacht. Sofern justiz- bzw. behördeninterne Anweisungen an die Vernehmenden zu einem solchen Mehraufwand führen, sind diese zu ändern.

Weitere rechtliche Einwände, die gegen die Videoaufzeichnung gem. § 58a Abs. 1 StPO erhoben werden[854] und die Ermessensentscheidung über die Durchführung der Videovernehmung beeinflussen könnten, sind ebenfalls nicht durchschlagend: Wenn auf die rechtlichen Schwierigkeiten des Beweistransfers vom

852 Vgl. LR-StPO/*Erb*, § 168a Rn. 23.

853 Auch der Gesetzgeber stellt zu § 136 Abs. 4 StPO (n.F.) – der am 01.01.2020 in Kraft tritt – klar, dass eine Vollverschriftlichung der Videoaufzeichnung des Beschuldigten nicht verlangt wird, BT-Drucks. 18/11277, S. 26.

854 Zu den Kritikpunkten im Einzelnen siehe den Bericht der BMJV Expertenkommission StPO, S. 68 f.

Vorverfahren in die Hauptverhandlung verwiesen wird, wonach der Opferzeuge trotz einer Videoaufzeichnung regelmäßig erneut zur Aussage vor dem Gericht verpflichtet wäre, greift diese Begründung zu kurz. Sie zielt zu stark auf die vernehmungsersetzende Funktion der Videoaufzeichnung ab[855] und verschleiert die anderen vielseitigen Verwendungsmöglichkeiten als wertvolle Quelle für die Wahrheitsfindung. Weil für die Videoaufzeichnung dieselben Regelungen wie für die Verlesung von Protokollen gelten[856], kann sie zwar regelmäßig nicht die persönliche Zeugenvernehmung in der Hauptverhandlung ersetzen, diese aber sehr wohl – wie bei der Protokollverlesung anerkannt – ergänzen, sofern Aufklärungsgesichtspunkte dies gebieten oder um die Glaubwürdigkeit des Zeugen zu überprüfen (etwa die Aussagekonstanz).[857] Die Vernehmungsergänzung[858] fällt ja gerade nicht unter das in § 250 StPO statuierte Beweisverwertungsverbot und kann daher zur eigenständigen Beweisverwendung genutzt werden, um Lücken in der Aussage zu schließen, die Erinnerung des Zeugen aufzufrischen und Widersprüche aufzudecken.[859] Sie kann dem Zeugen während der Vernehmung in der Hauptverhandlung auch nur vorgehalten werden[860]. Auch kann eine Videoaufzeichnung zur Gedächtnisunterstützung im Sinne § 253 StPO genutzt und damit ihr Inhalt zur Beweisgrundlage werden. Indem die Regelungen zur Protokollverlesung entsprechend Anwendung finden, handelt es sich nicht um „Neuland", sondern man greift letztlich auf eine über Jahrzehnte gewachsene Rechtsprechung zurück.

Ein weiteres rechtliches Hemmnis soll sein, dass die Sachbearbeiter der Polizei dahingehend ausgebildet werden, die Videoaufzeichnung der Zeugenvernehmung nur bei „ausdrücklicher Zustimmung" des Betroffenen durchzuführen.[861] Die Zustimmungspflicht des (Opfer-)Zeugen ist zwar einfachgesetzlich nicht normiert, aber bei polizeilichen Vernehmungen erforderlich, weil die mit § 58a StPO verbundene Duldungspflicht als Teil der „staatsbürgerlichen Zeugenpflicht" verstanden wird. Diese griff aber bisher nur bei staatsanwaltschaftlichen und richterlichen

855 Hierzu ausführlich unten S. 328 ff.
856 BT-Drucks. 13/7165, S. 10 f. zu § 255a StPO.
857 Vgl. BGH, Urteil vom 14.05.2014 – 2 StR 475/13, juris, Rn. 6.
858 Ausführlich zur Abgrenzung von der Vernehmungsersetzung MüKo-StPO/*Kreicker*, § 250 Rn. 26 ff. m.w.N.
859 Str.: LR-StPO/*Sander/Cirener*, § 250 Rn. 19; restriktiver etwa MüKo-StPO/*Kreicker*, § 250 Rn. 36 f.
860 Vgl. MüKo-StPO/*Kreicker*, § 249 Rn. 69.
861 Vgl. hier exemplarisch die Fortbildungsliteratur der Hochschule der Polizei Baden-Württemberg von EPHK *Beck*, Lehrbrief Vernehmung, S. 30.

Vernehmungen.[862] Mit der kürzlich erfolgten Erweiterung des § 163 Abs. 3 StPO[863], wonach ein Zeuge nunmehr verpflichtet ist, auf Ladung vor Ermittlungspersonen der Staatsanwaltschaft zu erscheinen und zur Sache auszusagen, wenn der Ladung ein staatsanwaltschaftlicher Auftrag zugrunde liegt, hat der Gesetzgeber klargestellt, dass sich die staatsbürgerliche Zeugenpflicht nun auch auf diese Fälle der polizeilichen Vernehmung erstrecken und damit die Pflicht zur Duldung der Videoaufzeichnung auslösen kann. Es braucht folglich keiner Zustimmung des Zeugen für die Videoaufzeichnung seiner Aussage.

(β) Ausschaltung der zweiten Tatsacheninstanz

Die zweite einfachgesetzliche Regelung, die einen Opferzeugen vor Mehrfachvernehmungen im Strafverfahren schützen soll, ist in § 24 Abs. 1 S. 1 Nr. 3 GVG zu finden. Hiernach sind die Amtsgerichte in Strafsachen zuständig, wenn nicht die Staatsanwaltschaft wegen der besonderen Schutzbedürftigkeit von Verletzten, die als Zeugen in Betracht kommen, des besonderen Umfangs oder der besonderen Bedeutung des Falles Anklage beim Landgericht erhebt. Die Variante der besonderen Schutzbedürftigkeit des Opferzeugen geht auf das 1. OpferRRG 2004 zurück.[864] Seit dem Reformgesetz StORMG 2013 ist gem. § 24 Abs. 1 S. 2 GVG von einer besonderen Schutzbedürftigkeit „insbesondere" auszugehen, wenn zu erwarten ist, dass die Vernehmung für den Verletzten mit einer besonderen Belastung verbunden sein wird, und deshalb mehrfache Vernehmungen vermieden werden sollten. Der Ausbau der (häufig negativ konnotierten) „beweglichen" Zuständigkeitsregelung hat eine seit Längerem bestehende Diskussion um die Verfassungswidrigkeit des § 24 Abs. 1 S. 1 Nr. 3 GVG erneut befeuert[865]. Es werden zudem Zweifel geäußert, ob die Ausschaltung des Rechtsmittels „Berufung" tatsächlich dem Opferschutz diene.

Die Kritiker von beweglichen Zuständigkeitsregelungen argumentieren, dass sie der Staatsanwaltschaft ermöglichten, jeweils nach Belieben über den gesetzlichen Richter entscheiden zu können, was mit Art. 101 Abs. 1 S. 2 GG nicht zu vereinbaren sei. Das BVerfG hat dazu in einem älteren Urteil Stellung genommen und die Existenz der beweglichen Zuständigkeitsregelung nicht per se als

862 Vgl. SK-StPO/*Rogall*, § 58a Rn. 10 m.w.N.

863 BT-Drucks. 18/11277, S. 30.

864 Noch vor den Änderungen des 1. OpferRRG 2004 war die „besondere Schutzbedürftigkeit" des Opferzeugen als ein Unterfall der „besonderen Bedeutung des Falles" höchst umstritten. Damals ablehnend nicht zuletzt BGH, Urteil vom 20.05.2001 – 1 StR 504/00, juris, Rn. 15.

865 Einleitend hierzu *Arnold*, ZIS 2008, 92 (92).

verfassungswidrig erklärt. Der Gesetzgeber sei von Verfassungs wegen nicht gezwungen, den gesetzlichen Richter für jeden Einzelfall exakt zu bestimmen. Entscheidend sei, dass die Rechtspflege vor „sachfremden Einflüssen" geschützt werde, weshalb der gesetzliche Richter sich möglichst eindeutig aus einer allgemeinen Zuständigkeitsnorm ergeben solle.[866] Das BVerfG hat zeitlich weit vor dem 1. OpferRRG 2004 diese Ansicht vertreten und die damalige Fassung des § 24 Abs. 1 Nr. 2 GVG, in der nur das Merkmal „besondere Bedeutung des Falles" zu einer Zuständigkeitsverschiebung berechtigte, als ausreichend eingestuft, derlei sachfremde Einflüsse auszuschließen, vorausgesetzt, man lege die Klauseln restriktiv aus. Diese restriktive Auslegung setze voraus, dass der Staatsanwalt bei Anklageerhebung kein Ermessen ausüben dürfe. Das Kriterium der „besonderen Bedeutung des Falles" sei also ein unbestimmter Rechtsbegriff und müsse bei seinem Vorliegen zwingend zur Anklage beim Landgericht führen. Es bestehe daher kein „Wahlrecht" der Staatsanwaltschaft. Das BVerfG führt weiter aus, dass dieser unbestimmte Rechtsbegriff „besondere Bedeutung des Falles" dem rechtsstaatlichen Gebot der Normenklarheit entspreche. Zudem stelle die Weisungsgebundenheit der Staatsanwaltschaft generell keinen verfassungsrechtlich bedenklichen Mangel dar, weil sich der Weisungsgebundene nicht von rechts- oder sachfremden Erwägungen leiten lassen dürfe. Diese Bedenken seien auch deshalb zu vernachlässigen, weil die Staatsanwaltschaft die Umstände, die ihre Entscheidung tragen, darzulegen habe und dies durch das Gericht im Rahmen seines Eröffnungsbeschlusses überprüft werden müsse. Zuletzt merkt das BVerfG noch an, dass gegen die Ausschaltung der zweiten Tatsacheninstanz keine sonstigen verfassungsrechtlichen Bedenken bestünden. Zum einen gebiete das Grundgesetz keine mehrstufige Gerichtsbarkeit. Zum anderen sei ein Verstoß gegen den allgemeinen Gleichheitsgrundsatz nicht ersichtlich, weil es dem Gesetzgeber überlassen bleibe, einzelne Strafverfahren, die den gleichen Tatbestand betreffen, sich aber aufgrund „besonderer Merkmale deutlich aus der großen Masse der Strafverfahren herausheben", unterschiedlich zu behandeln, sofern „die Regelung unter justizmäßigen Gesichtspunkten generalisiert, das Ziel also ein gerechtes, der Straftat und der Persönlichkeit des Täters angemessenes Verfahren und Urteil durch ein dazu geeignetes Gericht ist".[867]

866 BVerfG, Urteil vom 19.03.1959 – 1 BvR 295/58, juris, Rn. 15; bekräftigt durch BVerfG, Beschluss vom 19.07.1967 – 2 BvR 489/66, juris, Rn. 14.

867 BVerfG, Urteil vom 19.03.1959 – 1 BvR 295/58, juris, Rn. 17 ff.

Über die Verfassungsmäßigkeit der Erweiterung der Zuständigkeitsverschiebung auf „besonders schutzbedürftige Opferzeugen“ hat das BVerfG bisher nicht entschieden. Im Schrifttum wird aber verschiedentlich die Verfassungswidrigkeit dieser „neuen“ Variante behauptet[868], was die Frage aufwirft, ob dies unter Beachtung der vom BVerfG gesetzten Rechtsauffassung Bestand haben kann.

Festzustellen ist, dass eine zweite Tatsacheninstanz verfassungsrechtlich nicht zur Verfügung gestellt werden muss, auch wenn gerade in der jüngeren Rechtsprechung des BVerfG durchaus die Tendenz zu erkennen ist, richterliche Verfahrenshandlungen aufgrund des Justizgewährungsanspruchs stärker kontrollierbar zu machen.[869] Das Rechtsmittel der Revision dürfte dem bereits ausreichend gerecht werden. Das gilt im Ergebnis auch hinsichtlich der Äußerungen des BVerfG zum allgemeinen Gleichheitsgrundsatz. Das Abstellen auf die besondere Schutzbedürftigkeit des Opferzeugen stellt eine sachbezogene Ungleichbehandlung des Angeklagten dar, an die regelmäßig keine „hohen“ Rechtfertigungsanforderungen geknüpft werden dürften. Die Verfolgung des Opferschutzes als legitimer Zweck bei gleichzeitiger Gewährung eines fairen Strafverfahrens für den Angeklagten vor dem Landgericht ist verfassungsrechtlich ausreichend, um diese sachbezogene Ungleichbehandlung zu rechtfertigen. Indem das BVerfG nämlich eine generalisierende Regelung voraussetzt, hat es nicht gleichzeitig ausgeschlossen, dass sich diese „individualisierend“ an der Situation eines Opfers ausrichten darf[870]. Entscheidend bleibt hier, dass ein faires und angemessenes Strafverfahren vor einem dazu geeigneten Gericht sichergestellt bleibt. Problematischer allerdings ist die Vereinbarkeit mit dem Prinzip des gesetzlichen Richters (Art. 101 Abs. 1 S. 2 GG). Zunächst zeigen die Gesetzesbegründungen zum 1. OpferRRG, dass sich der Gesetzgeber bewusst an den obigen Urteilsgründen des BVerfG zur Verfassungsmäßigkeit der Variante der besonderen Bedeutung des Falls ausgerichtet hat. Auch die „besondere Schutzbedürftigkeit“ muss als unbestimmter Rechtsbegriff behandelt und ausgelegt werden, damit er der vollständigen gerichtlichen Kontrolle unterliegt.[871] Von Bedeutung ist also, ob der unbestimmte Rechtsbegriff der „besonderen Schutzbedürftigkeit“ in gleicher Weise Schutz vor sachfremden Einflüssen bei der Bestimmung des gesetzlichen Richters verspricht. Gem. § 24 Abs. 1 S. 2 GVG liegt die besondere

868 *Von Galen*, StV 2013, 171 (173); *Heghmanns*, DRiZ 2005, 288 (288 ff.); SK-StPO/*Degener*, GVG § 24 Rn. 21 ff.; BeckOK-StPO/*Eschelbach*, § 24 GVG Rn. 13.1. f.

869 Hierzu bereits oben, S. 272 ff.

870 So aber *van Galen*, StV 2013, 171 (173).

871 Vgl. BT-Drucks. 15/1976, S. 19.

Schutzbedürftigkeit des Opfers „insbesondere vor, wenn zu erwarten ist, dass die Vernehmung mit einer besonderen Belastung verbunden sein wird, und deshalb mehrfache Vernehmungen vermieden werden sollten". Durch die Verwendung der Regelbeispieltechnik („insbesondere") ermöglicht der Gesetzgeber also, die besondere Schutzbedürftigkeit des Opferzeugen an Umständen festzumachen, die nicht auf der besonderen Belastung beruhen, die mit einer zweiten Tatsacheninstanz einhergehen könnte. Zugleich aber bleibt unklar, woran die besondere Schutzbedürftigkeit des Opferzeugen noch festzumachen wäre. Schließlich betont die Gesetzesbegründung als Normzweck nur den Schutz vor Mehrfachvernehmungen. Diese Konstellation begünstigt nach hiesiger Ansicht, dass nun sachfremde Einflüsse bei der Bestimmung des gesetzlichen Richters Eingang finden könnten, weil der Gesetzgeber den stets beibehaltenen und nicht erweiterten Zweck der Zuständigkeitsregelung (die Vermeidung von Belastungen durch Mehrfachvernehmungen) im Rahmen seines Reformeifers StORMG 2013 zugleich als Regelbeispiel auflistete, womit er den Rechtsanwender rechtstechnisch anbietet, fernab des Regelbeispiels (und damit rechtstechnisch grundsätzlich legitim) einen anderen Sachgrund heranzuziehen. Wenn sich der Rechtsanwender aber vom Regelbeispiel distanziert, dann distanziert er sich automatisch auch vom Normzweck. Dies wiederum dürfte – nach der Rechtsprechung des BVerfG – zu einer sachfremden Erwägung und damit zu einem Verstoß gegen das Prinzip des gesetzlichen Richters führen. Diese Gefahr kann nach hiesiger Meinung nur mit einer Restriktion des Anwendungsbereichs auf das Regelbeispiel selbst gebannt werden.

Ferner wird dem Gesetzgeber vorgeworfen, er habe den Anwendungsbereich nicht auf Deliktsgruppen – insbesondere der Sexualdelikte – beschränkt, bei denen typischerweise von einer besonderen Belastung während der Vernehmungssituation auszugehen sei.[872] In Ermangelung dessen werde die Beurteilung der Schutzbedürftigkeit im Einzelfall und die gerichtliche Nachprüfung erschwert. Eine einzelfallgerechte Beurteilung verlange, dass man das „fragliche Opfer kennt".[873] Diese Kritikpunkte aber reichen letztlich nicht so weit, um einen Verstoß etwa gegen das Bestimmtheitsgebot begründen zu können. Für eine verfassungskonforme Anwendung ist entscheidend, dass die zentrale Frage, ob bei dem Opferzeugen eine über das „normale Maß hinausgehende" gravierende Belastung infolge einer nicht auszuschließenden zweiten

872 SK-StPO/*Degener*, GVG § 24 Rn. 36.

873 *Heghmanns*, DRiZ 2005, 288 (291 f.).

Tatsacheninstanz[874] zu erwarten ist, anhand von einzelnen Kriterien entschieden wird. Diese müssen der Überprüfung zugänglich sein. Ein Blick auf die einschlägige Rechtsprechung zeigt, dass die Beurteilung konkret-individuell[875] und unter Beachtung verschiedener Kriterien[876] verläuft. Auch kommt hinzu, dass die Staatsanwaltschaft ihre Entscheidung begründen muss, weil die besondere Schutzbedürftigkeit nicht als „offensichtlich" gelten kann[877] und auch nur in diesem Fall eine effektive gerichtliche Nachprüfung (§ 209 StPO) möglich ist. Unter diesen Umständen erscheinen verfassungsrechtlichen Zweifel nicht angezeigt und der Gesetzgeber bewegt sich im Rahmen des Gestaltungsspielraums.[878]

(c) Beschränkung medizinischer Untersuchungen

Die Untersuchungen von Opferzeugen im Strafverfahren beschränken sich primär auf körperliche oder psychische – hervorzuheben sind insbesondere aussagepsychologische – Untersuchungen, die von Sachverständigen der beteiligten Disziplinen durchgeführt werden. Weil diese Untersuchungen regelmäßig mit einem erheblichen Grundrechtseingriff in höchstpersönliche Rechtsgüter des Opferzeugen verbunden sind, ist die staatliche Anordnung im Verfahren nur in begrenztem Rahmen zulässig. Nach gegenwärtiger Rechtslage erstreckt sich die Duldungspflicht des Opferzeugen ausschließlich auf die körperlichen Untersuchungen gem. § 81c Abs. 1 StPO. Diese Vorschrift ist abschließend und umfasst daher nicht die Duldung von psychischen, insbesondere aussagepsychologischen Untersuchungen[879], für die auch keine

---

874 Fernliegend ist dies etwa bei umfassenden Geständnissen im Rahmen des Vor- oder Zwischenverfahrens, BeckOK-StPO/*Eschelbach*, § 24 GVG Rn. 12.

875 Vgl. OLG Celle, Beschluss vom 05.09.2016 – 2 Ws 119/16, juris, Rn. 10; OLG Karlsruhe, Beschluss vom 29.08.2013 – 3 Ws 344/13, juris, Rn. 4.

876 LG Ravensburg, Beschluss 01.01.2014 – 2 KLs 420 Js 12079/13, juris, Rn. 7: „Das Alter des Zeugen, seine gesundheitliche, namentlich psychische Verfassung im allgemeinen sowie die Auswirkungen der Tat hierauf, sein Verhältnis zum Angeklagten, die Beweislage und der Inhalt der Einlassung des Angeschuldigten, Anzahl, Umfang und Dauer zu erwartender Vernehmungen des Verletzten, mögliche Auswirkungen wiederholter Vernehmungen auf ggfs. laufende ärztliche oder therapeutische Behandlungen sowie die Tatumstände, besonders wenn sie Aufschluss über das Verhalten des Verletzten vor und nach der Tat geben".

877 Siehe aber OLG Karlsruhe, Beschluss vom 04.03.2005 – 2 Ws 22/05, juris, Rn. 17; LG Hechingen, Beschluss vom 28.11.2005 – 1 AR 31/05, juris, Rn. 24.

878 Kritisch SK-StPO/*Degener*, GVG § 24 Rn. 36; *Heghmanns*, DRiZ 2005, 288 (292); BeckOK-StPO/*Eschelbach*, § 24 GVG Rn. 13 insoweit, als der Gesetzgeber das „bereits vorhandene Arsenal" an Opferschutzmaßnahmen nicht hinreichend gewürdigt habe.

879 Vgl. MüKo-StPO/*Trück*, § 81c Rn. 5 m.w.N.

entsprechende Anordnungsregelung existiert. Ein entgegenstehender Opferwille kann deshalb nur bei medizinisch-körperlichen Untersuchungen gem. § 81c Abs. 1 StPO unbeachtlich sein. Allerdings müssen dafür verschiedene Voraussetzungen vorliegen, welche als „Schutzmechanismen" vor einer unverhältnismäßigen Inanspruchnahme dienen. Neben dem bei schwereren Grundrechtseingriffen regelmäßig anzutreffenden Richtervorbehalt[880] und einer zu beachtenden Zumutbarkeitsklausel (§ 81 Abs. 4 StPO) dürfen Opferzeugen nur dann ohne ihre Einwilligung untersucht werden, „soweit zur Erforschung der Wahrheit festgestellt werden muss, ob sich an ihrem Körper eine bestimmte Spur oder Folge einer Straftat befindet" (§ 81c Abs. 1 StPO). Diese Tatbestandsmerkmale beschränken den Anwendungsbereich erheblich: Es sind keine körperlichen Eingriffe, sondern ausschließlich Untersuchungen „am" Körper erlaubt, weshalb bereits die „innere" Inspektion von natürlichen Körperöffnungen als Grenzfall gelten muss[881]. Die körperliche Untersuchung dient ausschließlich der Beweismittelsicherung. Dies hat zur Folge, dass die Anordnung in der Regel zeitnah zum Tatzeitpunkt ergeht, solange noch die Spuren oder Tatfolgen wahrnehmbar sind (sog. Spurengrundsatz). Dass die körperliche Untersuchung zum Zweck der Wahrheitserforschung „wesentlich" sein muss, setzt zwingend voraus, dass diese Anordnung zur Aufklärung notwendig ist, sprich, die Beweislage ohne eine körperliche Untersuchung nicht ausreichend gesichert erscheint.[882] Bei diesen Anordnungen geht es folglich primär um die Beweismittelsicherung durch einen medizinischen Erstbefund, der nicht mehr als eine „bloß verrichtende" Sachverständigentätigkeit darstellt.

Medizinische Sachverständige werden aber auch zur Tatsachenfeststellung und -beurteilung herangezogen, bei der die Erstattung eines umfangreichen Gutachtens erforderlich ist. In der Rechtspraxis erteilen insbesondere die Gerichte diese Gutachtenaufträge zu einer für sie bedeutenden Beweisfrage, wenn eine sachgerechte Aufklärung diese gutachterliche Unterstützung erfordert bzw. das Gericht auf die Sachkunde des Sachverständigen angewiesen ist. Notwendig ist eine eindeutige Auftragsbeschreibung, bei der die zu klärende Beweisfrage in unmissverständlicher Weise formuliert ist.[883] Bei solchen Gutachtenaufträgen,

---

880 Bei „Gefahr im Verzug" kann auch die Staatsanwaltschaft und ihre Ermittlungspersonen die körperliche Untersuchung anordnen (§ 81c Abs. 5 StPO).

881 Nach h.M. zulässig, wenn das „Innere" der natürlichen Körperöffnung ohne Verwendung von Instrumenten sichtbar gemacht werden kann, vgl. LR-StPO/*Krause,* § 81c Rn. 19; a.A. KMR-StPO/*Bosch* (33. EL), § 81c Rn. 10.

882 Siehe MüKo-StPO/*Trück,* § 81c Rn. 13.

883 *Meyer-Goßner/Schmitt,* § 78 Rn. 3.

gerade wenn sie in einem fortgeschrittenen Verfahrensstadium erteilt werden, greift § 81c Abs. 1 StPO regelmäßig – unter anderem wegen des Spurengrundsatzes – nicht. Sofern der Sachverständige für die Gutachtenerstellung eine körperliche (z.B. gynäkologische) oder eine psychische (z.B. aussagepsychologische) Untersuchung am Opferzeugen vornehmen möchte, kann seine Mitwirkung mangels einer gesetzlichen Duldungspflicht nicht erzwungen werden. Der medizinische Sachverständige ist auf die Einwilligung des Opferzeugen angewiesen. Von Bedeutung ist, dass der – richterliche – Gutachtenauftrag insgesamt nicht von der Einwilligung des Opferzeugen abhängt. Aus diesem Grund kann sich der Opferzeuge im Falle der Ablehnung nicht vollständig dem Zugriff eines Sachverständigen entziehen, weil es diesem auf sein Verlangen zur Vorbereitung des Gutachtens ermöglicht werden kann, nicht nur Akteneinsicht zu nehmen, sondern auch bei Vernehmungen des Opferzeugen zur weiteren Aufklärung anwesend zu sein. Einem Sachverständigen kann während dieser Vernehmung das unmittelbare Stellen von Fragen gestattet werden (§ 80 Abs. 1 und Abs. 2 StPO). Jedoch hat bei dieser Vernehmung der Strafrichter – ggfs. der Staatsanwalt oder Polizeibeamte – die Grenzen des Aufklärungsgrundsatzes zu beachten und deshalb den Schutz des Privat- und Intimlebens des Opferzeugen zu gewährleisten, insbesondere bei der unmittelbaren Befragung durch einen Sachverständigen. Die gesetzlich festgelegte Leitungsfunktion des Richters gegenüber dem beauftragten Sachverständigen (§ 78 StPO) schließt die Belange des Opferschutzes ein[884]. Sollte der Opferzeuge in eine Untersuchung des Sachverständigen einwilligen und sich freiwillig dem „direkten Kontakt“ aussetzen, entlässt das den Hoheitsträger – in der Regel den Richter – nicht aus seiner Fürsorgepflicht. Dieser bleibt wegen der ihn gesetzlich treffenden Leitungsfunktion weiterhin verantwortlich, etwaiges Fehlverhalten des von ihm beauftragten Sachverständigen zu unterbinden. Wie der Hoheitsträger dieser Pflicht faktisch nachzukommen hat, regelt das Gesetz aber nicht näher. Es räumt ihm einen Beurteilungsspielraum ein überlässt dem Hoheitsträger die Entscheidung, wie intensiv er seine Leitungsstätigkeit wahrnehmen will. Demnach bleibt es auch ihm überlassen, bei dem Aufeinandertreffen zwischen Opfer und Sachverständigem anwesend zu sein.[885] Die Fürsorgepflicht gegenüber dem Opfer jedoch bleibt während der gesamten Sachverständigentätigkeit stets bestehen. Andernfalls würde nicht das Gesetz, sondern der Hoheitsträger selbst über die Reichweite seines eigenen Pflichtenmaßes bestimmen können. Die Einwilligung in die Untersuchung lässt

884 Zutreffend MüKo-StPO/*Trück*, § 78 Rn. 2.
885 KK-StPO/*Senge*, § 78 Rn. 4.

das Opfer also nicht weniger schutzwürdig erscheinen, denn diese Einwilligung bezieht sich allein auf die Einhaltung des vom Gericht veranlassten Gutachtenauftrags. Dies kann nur der Hoheitsträger als Auftraggeber kontrollieren. Es ist für die Belange des Opferschutzes deshalb im Ergebnis unerheblich, ob die Untersuchung mit Einwilligung erfolgt oder von Gesetzes wegen zu dulden ist. Die staatliche Fürsorgeplicht gegenüber dem Opfer resultiert aus der Leitungsfunktion des § 78 StPO.

(3) Schutz der Privatsphäre

(a) Pflicht zur Angabe von Personalien

Ein Opferzeuge ist in den verschiedenen Abschnitten des Verfahrens[886] gesetzlich verpflichtet, gegenüber den Strafverfolgungsbehörden und Gerichten Angaben zu seinen Personalien zu machen. Bspw. beginnt eine Vernehmung grundsätzlich mit der Befragung des Opferzeugen über Vornamen, Nachnamen, Geburtsnamen, Alter, Beruf und Wohnort (§ 68 Abs. 1 S. 1 StPO), was Bestandteil der Akte ist. Die Staatsanwaltschaft hat in der Anklageschrift, die dem Angeschuldigten zugeht, unter anderem die Zeugen zu benennen und deren Wohn- oder Aufenthaltsort anzugeben (§ 200 Abs. 1 S. 3 StPO). Das Gericht hat wiederum sämtliche der für die Hauptverhandlung geladenen Zeugen gegenüber der Staatsanwaltschaft und dem Angeklagten rechtzeitig namhaft zu machen und den Wohn- oder Aufenthaltsort anzugeben (§ 222 Abs. 1 S. 1 StPO). Das Opfer muss als Nebenkläger damit rechnen, dass das Gericht in dem Kostenfestsetzungsbeschluss seine vollständige Anschrift aufführt (§ 464b S. 5 StPO).

Der Gesetzgeber hat inzwischen erkannt, dass diese Pflicht zur Angabe von Personalien nicht dem Opferzeugenschutz dienlich ist. Aus diesem Grund hat er mit dem 2. OpferRRG im Jahre 2009 insbesondere die § 68 Abs. 2 und 3 StPO überarbeitet.[887] Diese Vorschriften erlauben es, dass einzelne Pflichtangaben nicht gegenüber Dritten bekannt gemacht werden müssen, sondern lediglich den staatlichen Hoheitsträgern zur Verfügung stehen. Sie sind zwar systematisch den Regelungen zur Vernehmung untergeordnet, erstrecken sich aber auch auf die Anklageschrift und die Namhaftmachung durch das Gericht. Sollten insoweit die Personalien des Opfers geschützt werden, würde dies auch im Kostenfestsetzungsbeschluss berücksichtigt. Diese zwei Ausnahmevorschriften gestatten es

---

886 Die Frage des Identitätsschutzes stellt sich erstmals beim Stellen einer Strafanzeige. Zur sog. vertraulichen Anzeige vgl. *Meyer-Goßner/Schmitt,* § 158 Rn. 16 f.

887 BT-Drucks. 16/12098, S. 12 ff.

einem Opfer, statt des Wohnorts – gemeint ist die postalische Adresse[888] – den Geschäfts- oder Dienstort oder eine andere ladungsfähige Anschrift anzugeben, wenn ein begründeter Anlass zu der Besorgnis besteht, dass durch die Angabe des Wohnorts seine Rechtsgüter oder die einer anderen Person gefährdet werden oder auf diese in sonstiger unlauterer Weise eingewirkt wird (§ 68 Abs. 2 S. 1 StPO). Bietet dies nicht hinreichend Schutz[889] und besteht begründeter Anlass zur Besorgnis, dass die Offenbarung der Angaben eine Gefährdung der Rechtsgüter Leben, Leib oder Freiheit des Opferzeugen oder einer anderen Person bewirkt, kann dem Opferzeugen auch erlaubt werden, keine Angaben zur Person zu machen (§ 68 Abs. 3 S. 1 StPO). Die Pflicht zur Angabe von Personalien besteht nur gegenüber dem staatlichen Hoheitsträger, der dafür zu sorgen hat, dass diese nicht gegenüber Dritten preisgegeben werden. Die Staatsanwaltschaft als Verwahrer der Personalien legt diese auch erst dann den Akten bei, wenn die Besorgnis der Gefährdung entfällt (§ 68 Abs. 4 S. 3 und 4 StPO).

Nach gegenwärtiger Rechtslage stellt die Offenlegung von Personalien des Opferzeugen aber den gesetzlichen Regelfall dar. Maßgeblicher Hintergedanke ist, den Zeugen zu identifizieren, um keiner Personenverwechslung zu unterliegen. Zudem können diese Angaben für die Beurteilung der Glaubwürdigkeit von Bedeutung sein.[890] Wie gezeigt, sind Ausnahmen von diesem Grundsatz nur unter bestimmten Voraussetzungen zulässig, wofür der Gesetzgeber insbesondere nach einer Gefährdungslage verlangt, die bspw. vorliegt, wenn bereits ein Anschlag auf den Zeugen oder einen Dritten erfolgt oder angedroht worden ist. Auch können kriminalistische Anhaltspunkte, kriminologische Erfahrung oder Lebenserfahrung darauf hindeuten, die man gegenüber Personen und Personengruppen gewonnen hat.[891] Grundsätzlich bedarf es zureichender tatsächlicher Anhaltspunkte für die Annahme der Gefährdungslage, um den gesetzlichen Anforderungen zu entsprechen. Das subjektive Unsicherheitsgefühl des Opferzeugen ist *per se* nicht ausreichend.[892] Selbst wenn die gesetzlichen Voraussetzungen vorliegen, führt dies aber nicht zwingend zur Beschränkung der Angabepflicht, weil dem zuständigen Hoheitsträger ein Ermessensspielraum eingeräumt ist.

---

888 Näher hierzu MüKo-StPO/*Maier*, § 68 Rn. 28 sowie MüKo-StPO/*Arnoldi*, § 222 Rn. 12.

889 Das Vorrangverhältnis des Abs. 2 gegenüber Abs. 3 gilt als h.M., vgl. MüKo-StPO/*Maier*, § 68 Rn. 54 m.w.N.

890 *Meyer-Goßner/Schmitt*, § 68 Rn. 1.

891 BT-Drucks. 16/12098, S. 13.

892 Vgl. SK-StPO/*Rogall*, § 68 Rn. 26.

Vor diesem Hintergrund stellt sich unweigerlich die Frage, ob die geltende Rechtslage hinreichend Rücksicht auf die Bedürfnisse eines Opferzeugen nimmt. Fakt ist, dass das Erfordernis der Gefährdungslage keinen optimalen Schutz vor Beeinträchtigungen aus der „Tätersphäre" verspricht. Nur weil eine Gefährdung (zunächst) ausgeschlossen werden kann, bedeutet das nicht, dass eine solche für den Opferzeugen bedrohliche Lage zu einem späteren Zeitpunkt im Verfahren nicht eintreten kann. Die Option, sich mit Eintritt und Kenntnisnahme der Gefährdungslage noch um den Schutz der Personalien bemühen zu können, greift dann aus Zeugenschutzgesichtspunkten im Einzelfall zu spät, da die Personalien des Opferzeugen bereits in der Akte vermerkt und dem Beschuldigten/Angeklagten aufgrund der Akteneinsicht des Verteidigers bekannt sein können. Selbst wenn man davon ausgeht, dass während des Verfahrens zu keinem Zeitpunkt eine Gefährdungslage für seine Rechtsgüter bestand, kann der Opferzeuge dennoch ein nachvollziehbares Interesse daran haben, dass seine Anschrift nicht in die Hände des Angeklagten gelangt. Dem Opferzeugen vermittelt dies ein Gefühl von Sicherheit, wenn dadurch unter anderem eigenmächtigen, wenn auch versöhnlich gemeinten, direkten Kontaktversuchen des Täters vorgebeugt wird[893]. Während die Erhebung und Verwendung der Personalien des Opferzeugen durch die Strafverfolgungsbehörden notwendig ist, um die Funktionstüchtigkeit der Strafrechtspflege sicherzustellen, kann nicht ohne Weiteres auch behauptet werden, dass sich die Offenlegung dieser Personalien gegenüber Dritten – was auch ein Eingriff in die informationelle Selbstbestimmung des Opferzeugen ist – rechtfertigen lässt. Mit dem hinter § 68 Abs. 1 StPO stehenden Identifizierungsgrundsatz, der insbesondere Personenverwechslungen vermeiden soll, lässt sich die Offenlegung der normierten Personalien gegenüber Dritten gerade nicht rechtfertigen.[894] Nur die mit einer effektiven Verteidigung verbundenen Verfahrensgarantien können dies legitimieren. Entscheidend ist hier also die Bedeutung der Offenlegung von Personalien des Opferzeugen, um eine angemessene Überprüfung der Glaubwürdigkeit garantieren zu können. Dabei muss im Einzelnen näher differenziert werden: Was die Namhaftmachung des Opferzeugen anbelangt, gilt diese als unverzichtbarer Bestandteil zur Gewährleistung einer effektiven Verteidigung. Man muss beurteilen können, ob und welche Beweismittel (Beweisperson) selbst beizubringen sind.[895] So spricht

---

893 Hierzu *Schweckendieck*, NStZ 2002, 408 (409 ff.).

894 Der möglicherweise in dieser Vorschrift noch immer mitschwingende Gedanke, der „Schattenjustiz" keinen Raum zu geben, ist inzwischen überholt.

895 MüKo-StPO/*Arnoldi*, § 222 Rn. 1 f.; *Meyer-Goßner/Schmitt*, § 222 Rn. 1.

auch das Gesetz der Offenlegung dieser bestimmten Personalie eine hervorgehobene Stellung zu, da der erforderliche Zeitrahmen für die Einziehung von Erkundigungen über den Zeugen ausschließlich vom Zeitpunkt der Namhaftmachung abhängt, und allein danach beurteilt wird, ob die Hauptverhandlung auszusetzen ist (§ 246 Abs. 2 StPO). Für die anderen Personalien gilt das aber nicht. Insbesondere leuchtet nicht ein, weshalb die Offenlegung des Wohnorts des Zeugen – gemeint ist die postalische Anschrift – aus rechtsstaatlichen Gründen als Regelfall betrachtet werden sollte. Auch der Gesetzgeber hat mit Verweis auf den BGH betont, dass es bei der Ermittlung des Wahrheitsgehalts einer Zeugenaussage allgemein nicht auf den Wohnort, sondern auf den Inhalt der Aussage und das Aussageverhalten des Zeugen ankommt.[896] Umso mehr ist nicht nachvollziehbar, die Offenlegung gerade dieser Personalie als gesetzlichen Regelfall zu behandeln, wenn genau diese wie keine zweite geeignet ist, das subjektive Sicherheitsempfinden des Opferzeugen zu beeinträchtigen. Was die sonstigen in § 68 Abs. 1 S. 1 StPO enthaltenen Personalien – namentlich der Geburtsname, Beruf und Alter – anbelangt, wurden diese – von Seiten der Rechtspraxis – ohnehin schon als „völlig überflüssig“[897] bezeichnet.

(b) Identitätsschutz bei medialer Berichterstattung

Bei den (Massen-)Medien, die die Öffentlichkeit über Strafverfahren regelmäßig informieren, ist zwischen Rundfunk, Printmedien und Online-Diensten zu unterscheiden. Die Rundfunkanstalten unterliegen bei ihrer Berichterstattung grundsätzlich der Kontrolle der Rundfunkräte der jeweiligen Landesrundfunkanstalten. Diese überprüfen die Einhaltung der staatsvertraglich festgelegten Programmgrundsätze, darunter die Achtung und der Schutz der Menschenwürde (§ 3 RStV). Für die Printmedien und Online-Dienste ist hingegen der Deutsche Presserat das Kontrollgremium, das den sog. „Pressekodex“ entwickelt und die Einhaltung der darin festgelegten berufsethischen Verhaltensregeln in der journalistischen Berichterstattung kontrolliert. Bei dem Pressekodex handelt es sich somit um ein Instrument der „Selbstkontrolle“, das trotz des nur begrenzten Wirkungsbereichs als allgemeingültiger (ethischer) Maßstab für jegliche Form der journalistischen Berichterstattung anerkannt ist. Speziell zum Opferschutz führt der Pressekodex aus, dass die Identität des Opfers besonders zu schützen ist und diese für das Verständnis des Tathergangs „in der Regel“ unerheblich ist. Der Name und Foto des Opfers kann bei einer entsprechenden

896 Vgl. jetzt BT-Drucks. 16/12098, S. 13; BT-Drucks. 12/989, S. 35; BGH, Urteil vom 05.04.1990 – 1 StR 68/90, juris, Rn. 15.

897 *Bittmann*, ZRP 2009, 212 (212).

Einwilligung veröffentlicht werden, oder wenn es sich bei dem Opfer um eine Person des öffentlichen Lebens handelt (Richtlinie 8.2. Pressekodex). Der Pressekodex bemüht sich offensichtlich um eine restriktive Linie hinsichtlich einer Berichterstattung, die die Identifizierung des Opfers ermöglicht. Darauf deutet insbesondere auch die Verwendung des unbestimmten Rechtsbegriffs „Person des öffentlichen Lebens" hin. Der Presserat bringt hier zum Ausdruck, dass nur solche Opfer identifiziert werden sollten, die schon vor Begehung der Straftat der Öffentlichkeit bekannt waren.

Ein uneingeschränkter Identitätsschutz für Opfer von Straftaten ist im Pressekodex nicht angelegt. Er wäre auch nicht in der Lage, einen uneingeschränkten Identitätsschutz zugunsten von Opfern zu gewährleisten. Der alljährliche Bericht des Presserats über die ihm bekanntgewordenen und gerügten Berichterstattungen verdeutlicht, dass weder die Journalisten den sich selbst auferlegten Schutzstandard der Privatsphäre durchweg befolgen, noch die Medienunternehmen eine Sanktion in Form der Rügenveröffentlichung (Ziffer 16 Pressekodex) ernsthaft fürchten. Zugleich bedeutet die Missachtung der im Pressekodex angelegten berufsethischen Verhaltensregeln nicht automatisch, dass normativ gegen das Persönlichkeitsrecht des Opfers in rechtswidriger Weise verstoßen wurde. Der Kodex dient primär der Beachtung des medienethischen Verantwortungsgefühls. Regelmäßig überschreitet das medienethische Schutzniveau den gesetzlichen Schutzstandard.

Keinesfalls aber darf eine Berichterstattung den gesetzlichen Schutzstandard unterschreiten. Hinsichtlich des gesetzlichen Identitätsschutzes von Opfern von Straftaten gegenüber medialer Berichterstattung geht man davon aus, dass weniger die Art und Weise, sondern vielmehr die Frage der Zulässigkeit der identifizierbaren Berichterstattung als solche wesentlich ist.[898] Ob durch die Namensnennung und/oder Bildveröffentlichung oder durch sonstige identifizierende Merkmale die Identität einer Person veröffentlicht wird, spielt rechtlich eine untergeordnete Rolle.[899] Grundsätzlich richtet man sich in der Rechtspraxis allgemein an den gem. §§ 22, 23 KUG enthaltenen Grundsätzen aus, ob eine identifizierbare Berichterstattung rechtmäßig ist. Dass sich diese Vorschriften an sich „nur" auf die Verbreitung und Veröffentlichung von Bildnissen beziehen, ist ohne Belang. Der Gesetzgeber hat neben den §§ 22, 23 KUG auch keine

898 Erst in einem zweiten Schritt gem. § 23 Abs. 2 KUG wird auch die Art der Darstellung in den Blick genommen und dabei überprüft, ob „berechtigte Interessen" des Betroffenen/Abgebildeten entgegenstehen könnten.

899 *Soehring*, Presserecht, § 17 Rn. 3.

weiteren Vorschriften geschaffen, die gesetzlich den Interessenkonflikt zwischen dem Identitätsschutz einer Person und dem Recht der Medien auf freie Berichterstattung behandeln.[900] Das könnte darauf hindeuten, dass auch der Gesetzgeber bislang kein gesteigertes Interesse an einer unterschiedlichen Bewertung der verschiedenen Identifizierungsarten hat. Bei der Frage, unter welchen Umständen eine identifizierbare Berichterstattung über Strafverfahren ohne die grundsätzlich erforderliche Einwilligung eines Betroffenen (§ 22 KUG) rechtmäßig ist, kommt ausschließlich der in § 23 Abs. 1 Nr. 1 KUG enthaltene Ausnahmetatbestand in Betracht, wonach Bildnisse aus dem „Bereich der Zeitgeschichte" in einer die beteiligten Personen identifizierenden Weise veröffentlicht werden dürfen. Nach höchstrichterlicher Rechtsprechung ist für die Beurteilung, ob es sich um ein zeitgeschichtliches Ereignis handelt, stets eine Abwägung zwischen dem Persönlichkeitsrecht des Abgebildeten und der Pressefreiheit des Medienunternehmens erforderlich. Letzteres bemisst sich maßgeblich nach dem Informationsinteresse der Öffentlichkeit.[901] Von einem zeitgeschichtlichen Ereignis ist auszugehen, wenn die Pressefreiheit das Recht des Betroffenen auf Anonymität überwiegt.[902]

Bei der Berichterstattung über Straftaten geht die Rechtsprechung von einem „hohen" Informationsinteresse der Öffentlichkeit aus. Die Verletzung der Rechtsordnung sowie die Beeinträchtigung individueller Rechtsgüter, die Sympathie mit dem Opfer, die Furcht vor Wiederholungen solcher Taten und das gesellschaftliche Anliegen, diesen vorzubeugen, begründeten ein anzuerkennendes Interesse der Öffentlichkeit an Informationen über das Tatgeschehen, den Täter und über die Strafverfolgung. Das Interesse ist umso stärker, je mehr sich die Begehungsweise und Schwere der Tat von der gewöhnlichen Kriminalität abhebt.[903] Weil nicht zuletzt auch das BVerfG in diesem Kontext klargestellt hat, dass die – sitzungspolizeilich angeordnete – Anonymisierung des Verfahrensbeteiligten eine gewichtige Beschränkung von Informationsmöglichkeiten der

---

900 Vgl. Wenzel/*Burkhardt,* Kap. 10 Rn. 190; *Soehring,* Presserecht, § 17 Rn. 10 m.w.N.; siehe auch BGH, Urteil vom 07.06.2011 – IV ZR 108/10, juris, Rn. 27. Der BGH stellte fest, dass auch die „sitzungspolizeilichen Maßnahmen" gegenüber den Medien nicht über das in §§ 22, 23 KUG enthaltene „abgestufte Schutzkonzept" hinausreichen dürfen, sondern diese vielmehr daran zu messen sind.

901 Vgl. jetzt BGH, Urteil vom 07.06.2011 – IV ZR 108/10, juris, Rn. 17; BeckOK-KunstUrhG/*Engels,* § 23 Rn. 2.

902 Dreier/Schulze/*Specht,* KUG § 23 Rn. 10.

903 Herrschende Rechtsprechung, vgl. BGH, Urteil vom 07.06.2011 – IV ZR 108/10, juris, Rn. 19 m.w.N.

Öffentlichkeit darstellen kann[904], ist es naheliegend, dass vor allem der Täter, der das öffentliche Informationsinteresse durch die Tatbegehung überhaupt erst erregte und auf sich lenkte, die Beeinträchtigung des Persönlichkeitsrechts insbesondere bei schwereren Straftaten hinnehmen müsse. Beim Opfer hingegen ist strittig und auch höchstrichterlich ungeklärt, ob es im Rahmen der medialen Berichterstattung über ein Strafverfahren als zeitgeschichtliches Ereignis diese Beeinträchtigung rechtlich zu dulden habe.[905] Teilweise wird vertreten, dass ein Opfer Teil des zeitgeschichtlichen Ereignisses sei. Als (relative) Person der Zeitgeschichte könne demnach das Persönlichkeitsrecht eines Opfers nicht per se das Informationsinteresse der Öffentlichkeit überwiegen. Dass das Opfer unfreiwillig in den strafrechtlich relevanten Konflikt hineingezogen wurde und daher nicht nur aufgrund seiner verletzlichen Position schutzwürdiger als der Angeklagte bzw. Täter ist, müsse in einer Interessenabwägung berücksichtigt werden, solle aber zugleich keinen – absoluten – Ausschlussgrund für die Rechtmäßigkeit der identifizierenden Berichterstattung darstellen. Entscheidend sei der Einzelfall.[906] Ob und inwieweit sich die verschiedenen Opferrollen (Nebenkläger, Adhäsionskläger und/oder Zeuge) auf diesen Abwägungsprozess auswirken bzw. den Identitätsschutz des Opfers absenken oder steigern können, ist fraglich.[907]

bb. *Umsetzungsstand der europäischen Vorgaben, Kritik und rechtspolitische Folgerungen*

(1) Für den Bereich der allgemeinen Schutzrechte muss man in Teilbereichen ein Zurückbleiben des deutschen Rechts hinter den europäischen Vorgaben konstatieren:

Bei den Schutzvorkehrungen gegen ein Zusammentreffens des Opfers mit dem Angeklagten im Strafverfahren ist vorweg festzuhalten, dass die EU keine Vorgaben macht, wann ein Zusammentreffen rechtlich erforderlich ist. Dies zu beurteilen, ist primär eine Frage des nationalen Rechts sowie des menschenrechtlich verbürgten Konfrontationsrechts (Art. 6 Abs. 3 lit d. EMRK). Die Schutzvorkehrung der EU hat hier ausschließlich eine „vorausschauende Vorgehensweise" der zuständigen Hoheitsträger zum Ziel. Es

904 BVerfG, Beschluss vom 27.11.2008 – 1 BvQ 46/08, juris, Rn. 12.

905 Zum Meinungsstand vgl. Wandtke/Bullinger/*Fricke*, § 23 KUG Rn. 16.

906 Vgl. Wenzel/*Von Strobl-Albeg*, Kap 8 Rn. 23; Wenzel/*Burkhardt*, Kap. 10 Rn. 194.

907 Vgl. das KG Berlin, Urteil vom 02.11.2010 – 9 U 208/09, juris, Rn. 18 ff., das den Identitätsschutz eines minderjährigen Opfers eines Sexualdelikts, das sich durch seine Mutter vertreten als Nebenklägerin dem Strafverfahren angeschlossen hat, als gewichtiger einstufte.

soll danach sichergestellt werden, dass sich das Aufeinandertreffen „zeitlich“ auf das „rechtlich notwendige Maß“ beschränkt. Deshalb aber haben die Mitgliedstaaten auch solche Vorkehrungen zu treffen, dass im Verantwortungsbereich des Strafjustizsystems ein zufälliges Aufeinandertreffen zwischen Angeklagten und Opfer vermieden wird. Diesen europäischen Anforderungen wird die deutsche Rechtslage nur im Rahmen des Hauptverfahrens gerecht. Lediglich für diesen Verfahrensabschnitt bestehen Vorschriften für die Terminierung und Ladung für die Hauptverhandlung, die den Vorsitzenden des Gerichts konkret darauf hinweisen, dass eine Begegnung des Opferzeugen mit dem Angeklagten in den Räumen der Strafjustiz zu vermeiden ist und dafür Zeugenzimmer oder spezielle Wartebereiche zur Verfügung stehen und in Anspruch genommen werden sollen. Für das Vorverfahren existieren solche Regelungen hingegen nicht, obwohl bereits in diesem frühen Verfahrensstadium eine direkte Begegnung – z.B. auf der Polizeiwache – nicht ausgeschlossen werden kann und in der Rechtspraxis auch immer wieder vorkommt. Für Polizeibeamte, Staatsanwälte oder Ermittlungsrichter fehlt es an Vorgaben, sich um eine vorsorgliche Terminierung zu bemühen, um ein solches zufälliges Aufeinandertreffen zwischen Opfer und Beschuldigten zu verhindern. Dies gilt auch für die selteneren Fälle einer Vernehmung durch den Ermittlungsrichter, bei der ein Aufeinandertreffen rechtlich notwendig sein kann, aber keine Vorgabe existiert, dass ein Aufeinandertreffen unmittelbar davor bzw. danach zu verhindern ist. Hier allein auf eine zuverlässige administrative Praxis zu vertrauen, die sich der Notwendigkeit der opfergerechten Terminierung hinreichend bewusst ist, reicht als Schutzvorkehrung, wie es die EU fordert, nicht aus.

Als nicht optimal, vereinzelt auch defizitär, ist der Umsetzungstand hinsichtlich des Schutzes während der strafrechtlichen Ermittlungen zu bezeichnen: Erstens fordert die EU, dass das Opfer zum Schutz vor Sekundärviktimisierung unverzüglich nach Anzeigenerstattung vernommen werden muss. Das Kriterium der Unverzüglichkeit räumt eine Prüfungs- und Überlegungsfrist zwar ein („ohne schuldhaftes Zögern“), bindet jedoch die Entscheidung der für die (Erst-)Vernehmung eines Opfers zuständigen Behörde, ob diese Vernehmung zeitnah bzw. umgehend zur Verringerung der Opferbelastung erfolgen muss, an zwei Kriterien. Von diesen zwei Kriterien findet allerdings nur eines im deutschen Recht Beachtung: In Ermangelung einer konkreten gesetzlichen Regelung zum Ermittlungsverlauf erfüllt ausschließlich das Legalitätsprinzip (§ 152 Abs. 2 StPO) eine den – im Grundsatz notwendigen – Ermessensspielraum der

Strafverfolgungsbehörde begrenzende Funktion, indem es im Einzelfall manche Ermittlungsschritte des sachbearbeitenden (Polizei-)Beamten als prioritär einstuft, um dem gesetzlichen Auftrag gerecht zu werden. So muss die Vernehmung eines Opfers unmittelbar nach Kenntnisnahme des Tatverdachts durchgeführt werden, wenn andernfalls der Verlust eines bedeutenden Beweismittels zu befürchten ist. Der Opferschutzaspekt im Sinne einer größtmöglichen Schonung des Opfers findet im Legalitätsprinzip keinen Platz, so dass der sachbearbeitende (Polizei-)Beamte den Gedanken der Opferschonung nicht in seine Beurteilung, ob eine umgehende Vernehmung angezeigt ist, einbeziehen muss. Bequemlichkeitserwägungen oder organisatorische Gründe können ohne Berücksichtigung der Opferbelange die Entscheidung über eine unmittelbare Durchführung der Vernehmung beherrschen. Die EU möchte aber die Opferbelange bei dieser Entscheidung berücksichtigt sehen.
Zweitens fordert die EU im Zusammenhang mit dieser Schutzvorkehrung, dass Mehrfachvernehmungen im Strafverfahren zu vermeiden sind. Es ist festzuhalten, dass die europäischen Vorgaben im Wesentlichen über den Grundsatz der Erforschung der Wahrheit umgesetzt werden, weil dieser sowohl die Strafverfolgungsbehörden als auch die Richter bindet, Zeugenvernehmungen nur zu diesem Zweck durchzuführen. Wenn eine zweite Vernehmung des Opferzeugen keine weiteren Erkenntnisse verspricht, ist eine solche nicht vorzunehmen. Im Vorverfahren wird die Staatsanwaltschaft bzw. der sachbearbeitende (Polizei-)Beamte explizit aufgefordert, wegen der psychischen Belastungen eine mehrfache Vernehmung des Opfers zu vermeiden (Nr. 19a RiStBV). Die europäischen Vorgaben sind daher ausreichend umgesetzt. Über das von der EU vorgegebene Mindestschutzniveau hinaus gehen insoweit die im deutschen Recht anzutreffenden – unten noch zu kritisierenden – besonderen Schutzvorschriften der Ausschaltung der Berufungsinstanz gem. § 24 Abs. 1 Nr. GVG und die Videoaufzeichnung von Vernehmungen gem. § 58a StPO, die zu ebendiesem Zweck der Vermeidung von Mehrfachvernehmungen des Opfers eingeführt wurden.
Drittens ist – als letzte Vorkehrung zum Schutz des Opfers während der strafrechtlichen Ermittlungen – festzustellen, dass die deutsche Rechtslage zur Begrenzung von medizinischen Untersuchungen des Opfers zumindest im Einzelfall anfällig dafür ist, die europäischen Mindestanforderungen zu unterschreiten. Zunächst wird es den Mitgliedstaaten überlassen, ob medizinische Untersuchungen ohne Einwilligung des Opfers überhaupt möglich sein sollen. Sofern das nationale Recht dies erlaubt, darf das laut EU allerdings nur gerechtfertigt sein, wenn diese Untersuchung zum Zwecke

der strafrechtlichen Ermittlungen „unbedingt" erforderlich ist. Dieses Mindestschutzniveau bezieht sich auf das „Ob" einer Untersuchung, das im deutschen Recht auch hinreichend umgesetzt wird. Die Duldungspflicht des Opfers steht hier nicht allein unter der Bedingung der Erforschung der Wahrheit, sondern zusätzlich unter einem Richtervorbehalt und einer Zumutbarkeitsklausel. Mit Blick auf den europäischen Umsetzungsstand problematisch ist vielmehr die Frage des „Wie" der Untersuchung. Die Umsetzung der EU Vorgaben steht hier nicht im Fokus. Weil die Anordnung einer körperlichen Untersuchung im deutschen Rechtsraum nur eine Untersuchung „am" Körper des Opfers umfassen kann, bleibt diese – wie von der EU gefordert – nämlich auf das notwendige Mindestmaß beschränkt, so dass die EU Vorgaben insoweit als gewahrt gelten. Zweifelhaft jedoch ist die Vereinbarkeit der deutschen Rechtslage mit der jüngeren Rechtsprechung des EGMR zum Schutz der persönlichen Integrität des Opfers im Strafverfahren. Der EGMR hat für den Fall des Aufeinandertreffens zwischen dem (medizinischen) Sachverständigen und dem Opferzeugen hohe Anforderungen an die staatliche Schutzpflicht gestellt. Nach seiner Rechtsprechung haben die nationalen Hoheitsträger dafür zu sorgen, dass von ihnen beauftragte Dritte, die zur Unterstützung der eigenen Aufgabenbewältigung herangezogen werden, einen Opferzeugen im Fall des direkten Kontakts nicht „unnötig belasten". Der Hoheitsträger muss gewährleisten, dass sich der Sachverständige auf seinen Aufgabenbereich beschränkt und diesen nicht überschreitet. Dies gilt unabhängig davon, ob der Opferzeuge in diese Untersuchung nun eingewilligt hat oder sie von Gesetzes wegen dulden muss. Ein Konventionsstaat muss diesen Anforderungen des EGMR an die staatliche Schutzpflicht gerecht werden, was Deutschland als Konventionsstaat nicht durchweg gewährleisten kann. Mit § 78 StPO existiert eine Vorschrift, die dem Strafrichter – Staatsanwalt oder Polizeibeamten – allgemein die Leitungsfunktion gegenüber dem Sachverständigen auferlegt. Wie sich zeigte, werden dabei auch die Opferbelange abgedeckt. Weil § 78 StPO aber generell die Art und Weise der konkreten Leitung des Sachverständigen in das Ermessen des Richters stellt, besteht insbesondere in denjenigen Einzelfällen, in denen sich das Opfer freiwillig einer vom Richter angeregten medizinischen oder psychologischen Untersuchung unterzieht, die erhöhte Gefahr von zusätzlichen bzw. vermeidbaren psychischen Belastungen des Opfers aufgrund des Fehlverhaltens des Sachverständigen. Dies ist deshalb möglich, weil der Richter regelmäßig auf seine „persönliche" Anwesenheit während der Untersuchung verzichtet. Der Richter nimmt in diesem Fall seine Fürsorgepflicht gegenüber einem Opfer faktisch nicht wahr, was die

Gefahr eines möglichen Menschenrechtsverstoßes öffnet.[908] Um dem vorzubeugen, muss die Fürsorgepflicht des jeweiligen Hoheitsträgers noch stärker in den Mittelpunkt des § 78 StPO rücken. Eine Gesetzesänderung ist deshalb nicht erforderlich, wenn sich die Rechtspraxis der Bedeutung ihrer Leitungsfunktion speziell im Umgang mit Opfern von Straftaten bewusst ist. Dies aber setzt eine eindeutige und präzise Aufgabenbeschreibung (Beweisfrage) des Richters gegenüber dem bestellten Sachverständigen voraus. Darin muss klargestellt sein, dass sich der Sachverständige ausschließlich im Rahmen dieser Aufgabenbeschreibung unter Anwendung seiner wissenschaftlichen Qualifikation bewegt. Sofern dieser für die Erstellung des Gutachtens bestimmte Fragen zum „persönlichen Lebensbereich" des Opfers (Privat- oder Intimsphäre) oder zum Tathergang stellt, sollte dies nicht ohne vorherige Absprache mit dem Richter als Inhaber der Fürsorgepflicht geschehen. Auf diese Weise fände die konventionsrechtliche Schutzpflicht ausreichend Beachtung, ohne dass es notwendig wäre, den Ermessenspielraum des Richters und die (ungestörte) Arbeitsweise des Sachverständigen im Umgang mit Opfern per Gesetz zu regulieren.

Auch hinsichtlich des Schutzes der Privatsphäre von Opfern ist nicht gewährleistet, dass der europäische Mindestschutzstandard durchweg erreicht wird: Das betrifft zum einen die in der StPO bestehende Pflicht zur Angabe von Personalien. Während die Notwendigkeit dieser Angabepflicht gegenüber den Strafverfolgungsbehörden sowie Gerichten außer Frage steht, um die Funktionstüchtigkeit der Strafrechtspflege zu garantieren, bestehen erhebliche Zweifel, ob der der Angabepflicht zugrunde liegende gesetzliche Regelfall, diese Personalien an Dritte weiterzugeben, mit den EU Vorgaben vereinbar ist. Da die deutsche Rechtslage bei einer Gefährdungslage für das Opfer nach zureichenden tatsächlichen Anhaltspunkten verlangt, bei deren Vorliegen es – dem Wortlaut nach – noch immer im Ermessen des Hoheitsträgers liegt, einzelne Personalien (namentlich den „Wohnort" des Opferzeugen) geheim zuhalten, kann der Identitätsschutz und damit zusammenhängend der Schutz des Opfers vor möglichen Repressalien aus der Tätersphäre nur als schwach bezeichnet werden. Zudem kann sich die Gefährdungslage im Laufe des Strafverfahrens negativ verändern, zugleich aber die Personalien des Opferzeugen – u.a. aufgrund des Akteneinsichtsrechts – bereits bekannt

908 Anderes gilt bei § 80 Abs. 2 StPO, denn hier wird die Vernehmung – wie üblich – vom Strafrichter geführt, der dem Sachverständigen – stets unter seiner direkten Aufsicht! – gewähren kann, eigene Fragen zu stellen.

sein. Weil nicht behauptet werden kann, dass außer der „Namhaftmachung“ eines Opferzeugen die in § 68 Abs. 1 StPO genannten Personalien und deren Offenlegung für eine effektive Verteidigung tatsächlich erforderlich wären, erfüllt der schwache Identitätsschutz in der StPO nicht die EU Vorgaben. Um dieses zu erreichen, sollte das in der StPO vorzufindende Regel-Ausnahme-Verhältnis umgekehrt werden. Danach wären außer der Namhaftmachung die Personalien eines Zeugen gem. § 68 Abs. 1 S. 1 StPO – insbesondere der Wohnort – nur dann an Dritte weiterzugeben, wenn an dem Erhalt der einzelnen Personalie ein zu begründendes „berechtigtes Interesse“ besteht. Dadurch können insbesondere die Interessen der Verteidigung im Einzelfall auch hinreichend wahrgenommen werden.

Neben der Pflicht zur Angabe von Personalien ist auch die deutsche Rechtslage zum Identitätsschutz bei medialer Berichterstattung anfällig dafür, im Einzelfall das europäische Mindestschutzniveau zu unterschreiten. Nicht gemeint ist dabei die Umsetzung der Vorgabe der EU, dass sog. Selbstkontrollmaßnahmen der Medien zu fördern sind. Mit dem „Pressekodex“ des deutschen Presserats wurde ein Instrument zur Selbstkontrolle geschaffen, der als berufsethischer Maßstab allgemein anerkannt ist und der Bezug zum Identitätsschutz des Opfers nimmt. Die Identität des Opfers soll danach nur veröffentlicht werden dürfen, wenn das Opfer einwilligt oder als „Person des öffentlichen Lebens“ anzusehen ist. Damit stimmt diese berufsethische Vorgabe auch mit der insoweit einschlägigen Rechtsprechung des EGMR zum Schutz der Privatsphäre des Opfers gegenüber medialer Berichterstattung im Einklang, was für die EU maßgebend ist. Abgesehen von diesen berufsethischen Regelungen jedoch ist die deutsche Rechtslage selbst, die eine Identifizierung des Opfers unter bestimmten Bedingungen ermöglicht, insgesamt unübersichtlich. Unter Anwendung der §§ 22, 23 Abs. 1 Nr. 1 KUG, die als allgemeingültiger Maßstab für die Rechtmäßigkeit der Berichterstattung, die eine Identifizierung des Opfers ermöglicht, anzusehen sind, ist nicht auszuschließen, dass der menschenrechtliche Standard – und damit auch die berufsethischen Verhaltensvorgaben[909] – im Einzelfall unterschritten wird. So erlauben die §§ 22, 23 Abs. 1 Nr. 1 KUG die Mitteilung der Identität einer Person auch dann, wenn die Berichterstattung dem „Bereich der Zeitgeschichte“ zuzuordnen ist. Der Betroffene muss hier keine

909 Dass die Rechtslage hinsichtlich einer identifizierenden Berichterstattung von Opfern unklar ist, kann die Medienunternehmen durchaus auch dazu verleiten, das Schutzniveau des Pressekodexes bewusst zu unterschreiten. Schließlich verstieße man damit nicht zwingend auch gegen geltendes Recht.

Person des öffentlichen Lebens sein, um unter diese Ausnahmevorschrift zu fallen. Damit existiert im deutschen Rechtsraum ein erweiterter Ausnahmetatbestand, der mangels entgegenstehender Vorschriften unbeschränkt auf die Berichterstattung über Strafverfahren Anwendung finden kann. Er könnte deshalb im Einzelfall – falls ein deutsches Gericht zu dieser Auffassung gelangt – die Rechtmäßigkeit der Identifizierung eines Opfers nach einfachem Recht begründen. Dies könnte insbesondere eintreten, wenn das Opfer als Nebenkläger auftreten sollte. Denn dann nimmt es als Verfahrensbeteiligter „freiwillig" an der öffentlichen Hauptverhandlung teil und erscheint im Rahmen der Abwägung zwischen der Interessen von Öffentlichkeit und Opfer insgesamt weniger schutzbedürftig, als es bei Vorliegen einer reinen Zeugenstellung wäre, die zur Anwesenheit des Opfers gesetzlich verpflichtet. Dasselbe gilt für die Angehörigen des Opfers, die sich als Nebenkläger dem Verfahren angeschlossen haben (§ 395 Abs. 2 Nr. 1 StPO). Auch diese müssten eine Identifizierung ihrer Person im Einzelfall dulden. Angesichts dieser Konstellationen kann nicht behauptet werden, dass die europäischen Anforderungen an den „Identitätsschutz" des Opfers einer Straftat erfüllt sind. Eine menschenrechtskonforme Auslegung der §§ 22, 23 Abs. 1 Nr. 1 KUG verlangt, dass der Begriff des „zeitgeschichtliches Ereignisses" stets restriktiv interpretiert werden muss, wenn es um die mediale Berichterstattung über Straftaten oder Strafverfahren geht und dabei die Offenlegung der Identität des Opfers im Raum steht. Die Identifizierung des Opfers kann ohne seine Einwilligung nur als rechtmäßig gelten, wenn es sich beim Opfer um eine „Person des öffentlichen Lebens" handelt. Dabei darf die Opfereigenschaft selbst nicht als notwendiger Teil des zeitgeschichtlichen Ereignisses „Straftat oder Strafverfahren" ausgelegt werden, weil dies der EGMR Rechtsprechung widerspricht. Das scheint unabhängig der Schwere der Straftat und der Opferrolle im Strafverfahren gelten zu müssen. Wenn man das in Deutschland vorzufindende rechtliche Schutzniveau dem berufsethischen angleicht, würde man die Unklarheiten an der deutschen Rechtslage – die dazu einladen, die berufsethischen Verhaltensvorgaben zur Berichterstattung nicht „allzu ernst" zu nehmen – beseitigen können.

(2) Unabhängig von der Umsetzung des europäischen Mindestschutzniveaus ist die deutsche Rechtslage auch noch aus folgenden Gründen kritikwürdig:

Es zeigt sich, dass die deutsche Rechtslage insbesondere bei den Vorkehrungen zur Vermeidung von Mehrfachvernehmungen des Opfers das Schutzniveau der europäischen Mindestanforderungen übertrifft. Obwohl die gesamteuropäische Tendenz auf eine Ausweitung der Verwendung von

Videoaufzeichnungen von Zeugenaussagen hinausläuft, belässt es die EU allgemein – mit Ausnahme der schutzbedürftigen kindlichen Opfer, bei denen die Videoaufzeichnung zumindest „möglich" sein muss – bei einer entsprechenden Empfehlung. Auch der EGMR hat sich bislang nur mit der Bedeutung einer Videoaufzeichnung als „Ausgleichsmaßnahme" für die Beeinträchtigung des Rechts des Angeklagten auf konfrontative Befragung des Opferzeugen befasst, wenn sie aus Gründen des Opferschutzes zur Ersetzung der persönlichen Vernehmung in der Hauptverhandlung verwendet wurde. Deshalb bleibt auch die Reformdiskussion zu § 58a StPO nahezu unberührt vom europäischen Einfluss und beschränkt sich auf den deutschen Rechtsraum. Die hiesigen Ausführungen zur deutschen Rechtslage haben gezeigt, dass die Videoaufzeichnung insbesondere ein Mittel zur Optimierung der Wahrheitsfindung darstellt. Nur im Einzelfall kann die Videoaufzeichnung tatsächlich auch dem Opferschutz dienlich sein, wenn es um die Frage der Ersetzung der persönlichen Vernehmung des Opferzeugen im Rahmen der Hauptverhandlung durch das Abspielen der Videoaufzeichnung geht (§ 255a StPO). Der Zweck der Optimierung der Wahrheitsfindung nimmt im Wege der entsprechenden Anwendung der Vorschriften zur Verlesung eines Protokolls einen doch deutlich größeren Anwendungsraum ein, als es die einschlägigen Gesetzesbegründungen suggerieren. Interessanterweise hat man nicht nur den Opferschutz als Hauptzweck des § 58a StPO auserkoren, sondern zugleich das Persönlichkeitsrecht eines Zeugen (mit einer inzwischen nicht mehr haltbaren Begründung) explizit hervorgehoben, um einer zunehmenden Aufzeichnungspraxis entgegenzuwirken. Diese Faktoren dürften sich auf das Entscheidungsverhalten der Amtsträger – das im Regelfall dazu führt, die Videoaufzeichnung nicht durchzuführen – sicherlich ausgewirkt haben und sollten mit dem Perspektivenwandel hin zur Wahrheitsfindung nun überwunden werden können. Auch scheint die Ermessensentscheidung der Strafverfolgungsbehörden gegen den Einsatz der Videoaufzeichnung von einer Fehlinterpretation der Vorschriften zur „schriftlichen Protokollierung bei Videoaufzeichnungen" beeinflusst zu sein, wonach – für die Ermessensentscheidung sicherlich nicht ohne Belang – ein erheblicher Mehraufwand zu betreiben wäre. Reformüberlegungen sollten daher zunächst im Blick behalten, dass nach aktueller Rechtsprechung des BVerfG eine umfassende technische Aufrüstung unumgänglich ist, da andernfalls der Verstoß gegen das Willkürverbot im Raum stünde. Die Ermessensvorschrift des § 58a StPO, die bisher aus Rücksicht auf eine möglicherweise „fehlende technische Ausstattung" der Gerichte und Strafverfolgungsbehörden beibehalten wurde, sollte deshalb umgewandelt werden in eine Muss-Vorschrift, die die

Videoaufzeichnung für bestimmte Opferzeugen verpflichtend vorsieht. Dies ist auch insoweit unproblematisch, da die Zustimmung des Opferzeugen zu einer Videoaufzeichnung nun auch bei polizeilichen Vernehmungen nicht mehr erforderlich ist, soweit der Ladung des Opferzeugen ein Auftrag des zuständigen Staatsanwalts vorausgeht (§ 163 Abs. 3 StPO). Es bietet sich bei einer Neuregelung die Fokussierung auf diejenigen Opfer an, denen das BVerfG einen „Anspruch auf effektive Strafverfolgung" einräumt. Das betrifft namentlich „erhebliche Straftaten gegen das Leben, die körperliche Unversehrtheit, die sexuelle Selbstbestimmung und die Freiheit der Person". Gerade bei diesen Delikten kann die Videoaufzeichnung sowohl der Wahrheitsfindung, als auch dem Opferschutz in besonderem Maße dienlich sein. Bei Bagatelldelikten und denjenigen Straftaten, die andere Rechtsgüter schützen, sollte eine Videoaufzeichnung der Vernehmung weiterhin im Ermessen des Hoheitsträgers liegen können.

Was die Ausschaltung der Berufungsinstanz gem. § 24 Abs. 1 S. 1 Nr. 3 GVG wegen besonderer Schutzbedürftigkeit des Opferzeugen angeht, kann das im Schrifttum teilweise vertretene und sich hartnäckig haltende Diktum der Verfassungswidrigkeit hier nicht bestätigt werden. Eine verfassungsrechtliche Restriktion dieser Vorschrift erscheint jedoch wegen der im Gesetzeswortlaut vorhandenen Regelbeispieltechnik (§ 24 Abs. 1 S. 2 GVG) angezeigt, weil nicht auszuschließen ist, dass eine Annahme der besonderen Schutzbedürftigkeit jenseits des konkreten Regelbeispiels zu einem Verstoß gegen das Prinzip des gesetzlichen Richters (Art. 101 Abs. 1 S. 2 GG) führen kann. Dies mag dem Sinn der Regelbeispieltechnik zwar widersprechen, erscheint aus verfassungsrechtlichen Gründen aber erforderlich. Beschränkt man sich auf diese Norminterpretation, dann bewegt sich der Gesetzgeber jedenfalls im Rahmen seines Gestaltungsspielraums.
Diese Feststellung bedeutet aber nicht, dass der Gesetzgeber mit der Einführung dieser beweglichen Zuständigkeitsregelung eine „sinnvolle" gesetzgeberische Entscheidung getroffen hat, denn der Opferschutz als Normzweck wird dadurch nur bedingt gefördert. Fakt ist, dass die Zuständigkeitsverschiebung den Opferzeugen nicht vor den psychischen Belastungen der Vernehmung in der Hauptverhandlung bewahrt. Zum Zeitpunkt der Anklageerhebung – bzw. des Eröffnungsbeschlusses – lässt sich kaum einschätzen, ob mit einer Berufungsverhandlung gerechnet werden muss. Insbesondere bestehen wegen des unterschiedlich verlaufenden Rehabilitationsprozesses stets Zweifel, ob ein Opferzeuge bei der Berufungsverhandlung überhaupt noch als besonders schutzbedürftig einzustufen wäre. Hinzu kommt ein weiterer Aspekt, der nur im

Zusammenhang mit den Umsetzungsvorgaben der EU sichtbar wird: Die EU schreibt an anderer Stelle vor, dass kindliche Opferzeugen ohne Ausnahme als besonders schutzbedürftig anzusehen sind. Eine europarechtskonforme Auslegung müsste deshalb dazu führen, dass der zuständige Staatsanwalt unabhängig von der Belastungsprognose gem. § 24 Abs. 1 S. 2 GVG die „besondere Schutzbedürftigkeit" eines kindlichen Opferzeugen stets anzunehmen hätte, da die EU insoweit keinen Beurteilungsspielraum zulässt[910]. Zugleich darf der zuständige Staatsanwalt aus verfassungsrechtlichen Gründen (Art. 101 Abs. 1 S. 2 GG) kein Ermessen ausüben. Aufgrund des Zusammenspiels zwischen europarechtskonformer Umsetzung und verfassungskonformer Auslegung wären die Amtsgerichte bei kindlichen Opferzeugen somit im Grundsatz nicht mehr zuständig. Der Staatsanwalt müsste ausnahmslos Anklage vor dem Landgericht erheben. Das Landgericht könnte in diesen Fällen die eigene Zuständigkeit nicht mehr wegen fehlerhafter Annahme der besonderen Schutzbedürftigkeit durch die Staatsanwaltschaft ablehnen. Gerade bei Sachverhalten mit kindlichen Opferzeugen, die regelmäßig die Wahrheitsfindung besonders auf die Probe stellen und daher die Bedeutung einer zweiten Tatsacheninstanz eher unterstreichen, verliert der Angeklagte hier die ihm normalerweise zukommende Möglichkeit der Berufung, selbst dann, wenn das kindliche Opfer im Einzelfall keiner Belastung im Sinne des § 24 Abs. 1 S. 2 GVG ausgesetzt wäre. Aus diesen Gründen sollte der deutsche Gesetzgeber die Zuständigkeitsregelung wegen „besonderer Schutzbedürftigkeit" des Opferzeugen besser gänzlich streichen. Der Normzweck der Vermeidung von Mehrfachvernehmungen lässt sich umfassend über die hier ebenfalls geforderte Ausweitung der Videoaufzeichnungspflicht von Opferzeugenaussagen erreichen, ohne dabei das Recht des Angeklagten auf Einlegung der Berufung „antasten" zu müssen. Rechtspolitisch könnte man noch zusätzlich in Erwägung ziehen, den Opferzeugenschutz im Rahmen von Berufungsverhandlungen auszuweiten, indem eine Videoaufzeichnung der Opferaussage aus dem erstinstanzlichen Gerichtsverfahren abzuspielen ist, bevor ein Opferzeuge – sofern erforderlich – aus Gründen der Wahrheitsfindung persönlich in der Berufungsverhandlung aussagen muss.

(3) Das führt zusammenfassend zu folgenden rechtspolitischen Folgerungen:

- Die RiStBV ist in Nr. 64 zu ergänzen. Die zuständigen Hoheitsträger sind zu verpflichten, dass ein Aufeinandertreffen zwischen Beschuldigten und Opfer im Vorverfahren die Ausnahme darstellt und auf das rechtlich erforderliche Maß beschränkt bleibt.

910 Vgl. hierzu oben S. 92 f.

- Die RiStBV ist durch einen zweiten Absatz in Nr. 4c RiStBV zu ergänzen, indem dekretiert wird, dass die Zeugenvernehmung des Opfers zur Verringerung der Opferbelastung nach der Anzeigenerstattung des Opfers nach Kenntnisnahme der Strafverfolgungsbehörden vom Tatverdacht „unverzüglich" durchzuführen ist, es sei denn, das Opfer scheint nicht derart schutzbedürftig oder wenn es sich mit der Zeugenvernehmung zu einem späteren Zeitpunkt einverstanden erklärt.
- Die Strafrichter und Staatsanwälte sind für eine stärkere Wahrnehmung und der Bedeutung der Fürsorgepflicht gem. § 78 StPO bei der Untersuchung eines Opfers durch einen medizinischen Sachverständigen zu sensibilisieren. Auch die Sachverständigen müssen sich ihrer Pflicht bewusst sein, stets mit dem beauftragenden Hoheitsträger Rücksprache zu halten, wenn bei der gutachterlichen Befragung sensible oder intime Fragen oder Fragen zum Tathergang gestellt werden sollen.
- Der Gesetzgeber hat für eine Umkehrung des dem Gesetz zugrundeliegenden „Regel-Ausnahme-Verhältnisses" bei der Zugänglichmachung von Personalien des Opferzeugen an Verfahrensbeteiligte oder sonstige Dritte zu sorgen. Daraus folgt, dass außer der „Namhaftmachung" eine einzelne Personalie nur weiterzugeben ist, wenn dafür ein „berechtigtes Interesse" vorgetragen wird. Dies hat Auswirkungen auf die §§ 68, 200, 222, 464b StPO.
- Die Gerichte haben die §§ 22, 23 Abs. 1 Nr. 1 KUG menschenrechtskonform auszulegen mit der Rechtsfolge, dass eine rechtmäßige Mitteilung der Identität des Opfers durch die mediale Berichterstattung voraussetzt, dass es sich bei dem Opfer entweder um eine „Person des öffentlichen Lebens" handelt oder das Opfer in die Berichterstattung eingewilligt hat.
- Der Gesetzgeber muss dafür sorgen, dass bei Opfern von schweren Straftaten gegen das Leben, die körperliche Unversehrtheit, die sexuelle Selbstbestimmung sowie die Freiheit der Person die Videoaufzeichnung der Aussage des Opferzeugen im Vorverfahren gem. § 58a StPO verpflichtend ist. Handelt es sich um ein Bagatelldelikt oder ist ein Straftatbestand betroffen, der den Schutz eines anderen Rechtsguts bezweckt, liegt die Anwendung des § 58a StPO im Ermessen des zuständigen Hoheitsträgers. Zu erwägen wäre, den betroffenen Opferzeugen ein Antragsrecht einzuräumen.
- Dem Gesetzgeber wird empfohlen, in § 24 Abs. 1 S. 1 Nr. 3 GVG die Variante der „besonderen Schutzbedürftigkeit" von Opferzeugen gänzlich zu streichen.

c. *Besondere Schutzvorkehrungen*

aa. *Darstellung der deutschen Rechtslage*

(1) Individuelle Begutachtung zur Feststellung der besonderen Schutzbedürftigkeit

Mit dem Ziel, eine zentrale Einstiegsnorm für die Feststellung der besonderen Schutzbedürftigkeit und der Notwendigkeit der Einleitung von besonderen Schutzmaßnahmen schaffen zu wollen, wurde § 48 StPO um einen dritten Absatz erweitert (3. OpferRRG 2015).[911] Die einen Opferzeugen betreffenden Verhandlungen, Vernehmungen und Untersuchungshandlungen sind stets unter Berücksichtigung der besonderen Schutzbedürftigkeit durchzuführen (§ 48 Abs. 3 S. 1 StPO). Die dogmatische Zuordnung der Begutachtungspflicht unter die Regelung der Zeugen*pflichten* galt schon während des Gesetzgebungsverfahrens als systematisch verfehlt, weil diese Neuregelung vielmehr darauf abzielt, den Zeugen*rechten* zur verbesserten Wirksamkeit zu verhelfen.[912] Dieser Kritikpunkt blieb jedoch vom Gesetzgeber unbeachtet. Über die Verknüpfung in §§ 163 Abs. 3 S. 1 und 161a Abs. 1 S. 2 StPO hat der Gesetzgeber festgelegt, dass die Prüfung des Vorliegens besonderer Schutzbedürftigkeit und das Einleiten entsprechender Schutzvorkehrungen erstmals zum Zeitpunkt der – ersten – staatsanwaltschaftlichen bzw. polizeilichen Vernehmung des Opferzeugen im Vorverfahren stattzufinden hat. Insofern hat der Gesetzgeber einen frühen, jedoch nicht in jedem Einzelfall frühestmöglichen Zeitpunkt für eine erste Einschätzung der besonderen Schutzbedürftigkeit gewählt. Es ist weder rechtlich explizit festgelegt noch in der Rechtspraxis gesichert, dass der Erstkontakt des Opfers mit den Strafverfolgungsbehörden (etwa der Strafanzeige/-antrag) stets mit einer ersten Zeugenvernehmung zusammenfällt. Für das Opfer kann das im Einzelfall misslich sein, sobald eine direkte Einleitung von – nicht notwendigerweise strafprozessualen – Schutzmaßnahmen angezeigt ist. Dass zum Zeitpunkt der ersten polizeilichen bzw. staatsanwaltschaftlichen Vernehmung allerdings noch keine für den weiteren Strafverfahrensverlauf endgültige Entscheidung über die besondere Schutzbedürftigkeit des Opfers getroffen werden kann und

911 BT-Drucks. 18/4621, S. 23.

912 *Löffelmann*, Recht + Politik 11/2014, 1 (2), http://www.recht-politik.de/wp-content/uploads/2015/04/Ausgabe-vom-16.-April-2015-G%C3%BCterabw%C3%A4gung-PDF-Download.pdf (Letzter Abruf: 12.12.2017); *Haverkamp*, Sachverständigenanhörung, S. 3; ähnlich auch *Meyer-Goßner/Schmitt*, § 48 Rn. 11.

soll, spiegelt sich nicht nur in Wortlaut[913] und Systematik der Norm[914] wider, sondern ergibt sich zwangsläufig auch aus den Regelbeispielen (§ 48 Abs. 3 S. 2 Nr. 1–3 StPO). Diese verweisen teilweise auf besondere Schutzmaßnahmen für die Hauptverhandlung und können nur vom Gericht geprüft und eingeleitet werden (wie § 247a StPO; § 171b Abs. 1 GVG). Es ist dabei schwer nachvollziehbar, warum der Gesetzgeber einige besondere Schutzmaßnahmen mit Hilfe der „Regelbeispieltechnik“ hervorhebt, während andere für den Opferzeugen deshalb nicht weniger relevante Schutzvorkehrungen in § 48 Abs. 3 unerwähnt bleiben. Der Gesetzgeber teilt insoweit nur mit, die Prüfung „insbesondere der genannten Vorschriften [...] sicherzustellen“.[915] Allgemein erhält der Opferzeugenschutz durch § 48 Abs. 3 StPO Aufwind, denn er erlangt als prozessualer Leitgedanke nun erstmals normativen Charakter.[916]

Für § 48 Abs. 3 StPO gelten die etablierten Zuständigkeitsbereiche der StPO unverändert. Im Ermittlungsverfahren muss die Staatsanwaltschaft und im Zwischen-/Hauptverfahren das Gericht der Begutachtungspflicht nachkommen. Bei der Begutachtung müssen die „persönlichen Verhältnisse des Zeugen und Art und Umstände der Straftet“ berücksichtigt werden (§ 48 Abs. 3 S. 3 StPO). Das bedeutet jedoch nicht, dass diese Faktoren für die Bestimmung der besonderen Schutzbedürftigkeit des Zeugen abschließend sind. Vielmehr sollen sämtliche Kriterien herangezogen werden, die Aufschluss über die Schutzbedürftigkeit geben, darunter nicht zuletzt die (wenn vorhanden) Einschätzungen von Opferhilfediensten[917] und ärztlichen Befundberichte.

Der Opferwille allein genügt für die Einleitung von besonderen Schutzmaßnahmen grundsätzlich nicht, wenn sie die Angeklagtenrechte beschneiden. Nach höchstrichterlicher Rechtsprechung ist eine substantiierte Begründung – häufig per Gerichtsbeschluss – notwendig, die selbst beim Einverständnis sämtlicher Verfahrensbeteiligter über die Einleitung der Schutzmaßnahme erforderlich sein kann.[918] Im umgekehrten Sinne ist es durchaus denkbar und mit den Angeklagtenrechten auch vereinbar, einen ausdrücklich geäußerten Wunsch des Opferzeugen, keine strafprozessualen Schutzmaßnahmen zu erhalten, als

913 „[...] die ihn betreffenden Verhandlungen, Vernehmungen und sonstigen Untersuchungshandlungen stets unter Berücksichtigung [...]“, so § 48 Abs. 3 S. 1 StPO.

914 Erstes Buch der StPO: Allgemeine Vorschriften.

915 BT-Drucks. 18/4621, S. 23.

916 Zur Notwendigkeit dieses Leitgedankens bereits *Rössner*, Referat, L 19 f., L 27 f.

917 Siehe BT-Drucks. 18/4621, S. 23; BT-Drucks. 18/6906, S. 22.

918 Vgl. BGH, Beschluss vom 24.06.2014 – 3 StR 194/14, juris, Rn. 5 ff.; BGH, Beschluss vom 15.08.2001 – 3 StR 225/01, juris, Rn. 8 ff.

Ausfluss seines Selbstbestimmungsrechts anzuerkennen und für den jeweiligen Hoheitsträger als verbindlich einzustufen. Die Forderung nach einem solchen Widerspruchsrecht des Opferzeugen wurde im Gesetzgebungsverfahren auch erhoben.[919] In den Gesetzesbegründungen zum 3. OpferRRG 2015 findet sie sich jedoch nicht wieder. Dementsprechend muss es dabei bleiben, dass im Konfliktfall die staatliche Fürsorgepflicht weiterhin über dem Opferwillen steht. Auf welche Weise die Begutachtung eines Opferzeugen zu erfolgen hat, lässt das Gesetz unbeantwortet. Es steht den Hoheitsträgern damit frei, ob ihre Entscheidung über die Schutzbedürftigkeit und die daran anschließende Einleitung von Schutzmaßnahmen allein auf Aktenbasis erfolgt oder eine intensivere Begutachtung als erforderlich angesehen wird (wie bspw. durch eine vor der Vernehmung noch durchzuführende Inaugenscheinnahme des Opferzeugen).

Hiervon abgesehen – und nicht in der zentralen Einstiegsnorm gem. § 48 StPO zu finden – hat der für die Vernehmung zuständige Hoheitsträger sicherzustellen, dass ein (Opfer-)Zeuge die erforderliche Verstandesreife zur Ausübung des Zeugnisverweigerungsrechts gem. § 52 StPO besitzt, sofern dieses in Betracht kommt. Sollte die Verstandesreife nicht vorliegen, kann die Vernehmung des Zeugen nicht ohne die Zustimmung des gesetzlichen Vertreters erfolgen.[920] Relevant sind insbesondere die Vernehmungen von minderjährigen Opferzeugen, denen bei einem Interessenkonflikt mit dem gesetzlichen Vertreter zuvor ein „Ergänzungspfleger" gem. § 1909 Abs. 1 S. 1 BGB zur unbefangenen Wahrnehmung der Zeugeninteressen bestellt werden muss (Nr. 19 Abs. 3 RiStBV). Ein solcher Interessenkonflikt liegt nach geltendem Recht vor, wenn der gesetzliche Vertreter zugleich Beschuldigter ist. Gleiches gilt für den nicht beschuldigten Elternteil, wenn die gesetzliche Vertretung beiden Elternteilen zusteht (§ 52 Abs. 2 S. 2 StPO). Die Entscheidung des gesetzlichen Vertreters über die Ausübung eines Zeugnisverweigerungsrechts ist unter diesen Umständen unwirksam. Zugleich geht die herrschende Rechtsprechung davon aus, dass über diese zwei gesetzlichen Ausschlussgründe hinaus eine Beschneidung des elterlichen Vertretungsrechts nicht gerechtfertigt ist, da der Gesetzgeber die „rechtlich relevanten" Interessenkonflikte abschließend aufzählte. Hierauf deute der klare und unzweideutige Gesetzeswortlaut hin. Für eine erweiternde und analoge Auslegung seien keine Anhaltspunkte des Gesetzgebers ersichtlich[921].

919 *Haverkamp*, Sachverständigenanhörung, S. 3 m.w.N.

920 Der minderjährige Zeuge muss zudem gem. § 52 Abs. 2 S. 1 StPO „zur Aussage bereit" sein.

921 Eingehend hierzu OLG Karlsruhe, Beschluss vom 26.03.2012 – 2 WF 42/12, juris, Rn. 22 f. m.w.N.

Andere Interessenkonflikte sollten deshalb rechtlich unbeachtlich bleiben und der Wirksamkeit der gesetzlichen Vertretung nicht entgegenstehen[922]. Die Frage der Bestellung des Ergänzungspflegers ist auf die Vernehmungssituation des minderjährigen Opferzeugen beschränkt. Darüber hinaus existiert in der StPO keine Vorschrift, der zu entnehmen ist, dass bei einem Interessenkonflikt zwischen minderjährigen Opferzeugen und elterlichen – gesetzlichen – Vertretern außerhalb der Vernehmungssituation ebenso zu verfahren wäre.

(2) Besondere Schutzmaßnahmen für die Vernehmungssituation

(a) Modalitäten für Vernehmungen im Vorverfahren

Spätestens seit den eindeutigen Ausführungen des BVerfG zum „Willkürverbot“ hinsichtlich der Nichteinleitung von Schutzmaßnahmen im Strafverfahren müssen die Innen- und Justizministerien des Bundes und insbesondere der Länder aufrüsten und für die entsprechenden technischen Gerätschaften sorgen, um Verfassungsverstöße zu vermeiden[923]. Diese flächendeckende Aufrüstung insbesondere der Land- und Amtsgerichte, Staatsanwaltschaften und Polizeidienststellen ist längst überfällig und wird nun durch das im Jahre 2017 beschlossene Gesetz zur effektiveren und praxistauglicheren Ausgestaltung des Strafverfahrens aufgegriffen. Hintergrund ist zwar weniger die Entscheidung des BVerfG zum Willkürverbot bei Nichteinleitung von besonderen Opferschutzmaßnahmen, als vielmehr der Entschluss des Gesetzgebers, dass Vernehmungen von Beschuldigten im Vorverfahren grundsätzlich auf Video aufgezeichnet werden müssen, wenn der Beschuldigte der Begehung eines vorsätzlichen Tötungsdelikts verdächtig ist oder besonders schutzbedürftig erscheint (§ 136 Abs. 4 StPO n.F.). Der Gesetzgeber fordert hier anhand einer groben Kostenkalkulation insbesondere die Bundesländer zur Schaffung von speziellen Vernehmungsräumen bzw. sonstigen baulichen Veränderungen mit den nötigen technischen Anlagen auf, falls solche nicht bereits vorhanden sind. Er sieht unter Berücksichtigung der „Gegebenheiten vor Ort“ eine „flächendeckende“ Ausstattung sämtlicher (polizeilicher) Dienststellen und der Justizgebäude vor. Weil der neue § 136 Abs. 4 StPO allerdings erst am 01. Januar 2020 in Kraft tritt[924], haben Bund- und Länder

922 OLG Karlsruhe, Beschluss vom 27.03.2003 – 16 UF 25/03 – 302 F 151/02, 16 UF 25/03, juris, Rn. 23, das den Entschluss der sorgeberechtigten Eltern, ihre minderjährige Tochter als Tatopfer nicht gegen den Großvater aussagen zu lassen, als für § 52 Abs. 2 S. 2 StPO unbeachtlichen Interessenkonflikt qualifizierte.

923 Vgl. hierzu oben S. 281.

924 Siehe BGBl. 2017 Teil I Nr. 58, Art. 18 Abs. 2.

einen gewissen Zeitrahmen zur Verfügung, für die technische Aufrüstung zu sorgen. Die Empfehlungen des Gesetzgebers zur Anzahl dieser technischen Anlagen richten sich an den aktuellen Zahlen des „Statistischen Bundesamtes" zu eingeleiteten Ermittlungen wegen des Verdachts der Begehung eines Kapitalverbrechens aus.[925] Es bleiben somit Zweifel bestehen, ob nach dieser „Aufrüstungswelle" ausreichend technische Ressourcen zur Verfügung stehen werden, um zugleich den Bedarf infolge der Ausweitung der Videoaufzeichnungen von (Opfer-)Zeugenaussagen abzudecken. Zumindest wurde dieser Aspekt in der Kalkulation des Gesetzgebers nicht einbezogen.

Unabhängig davon ist dem deutschen Strafverfahrensrecht keine Schutzvorkehrung bekannt, die vorsieht, dass ein besonders schutzbedürftiger Opferzeuge nur durch eine hierfür speziell ausgebildete Fachkraft vernommen werden soll. Offensichtlich vertritt man die Ansicht, dass die Polizeibeamten schon während der Ausbildung umfangreiches und differenziertes Fachwissen erlangen und obendrein die Fähigkeit im Umgang mit schutzbedürftigen Opferzeugen erlernen. Jeder Polizeibeamte gilt danach als eine im Umgang mit Opferzeugen „speziell ausgebildete Fachkraft". Dies soll gelten, obwohl die Polizeiausbildung in den Zuständigkeitsbereich der Bundesländer fällt und sich daher im Einzelnen unterscheidet.[926] Zudem existiert in der StPO keine Regelung, die vorschreibt, dass mehrere Vernehmungen des Opferzeugen im Vorverfahren möglichst durch „dieselbe" Vernehmungsperson durchgeführt werden sollten. Es existiert auch keine Vorgabe, dass Zeugen, die Opfer sexueller- und körperlicher Gewalt sind, auf ihren Wunsch hin von einer Person des „gleichen Geschlechts" vernommen werden sollten. Eine solche Bestimmung findet sich bei körperlichen Untersuchungen von Opferzeugen (§ 81d StPO; Nr. 220 Abs. 1 RiStBV), nicht aber für Vernehmungen im Vorverfahren.

(b) Strafrichterliche Vernehmungsführung

(α) Verhinderung des Blickkontakts mit dem Angeklagten im Sitzungssaal

Dem Gericht ist es auf zwei Wegen möglich, dafür zu sorgen, dass während der Aussage des Opferzeugen im Sitzungssaal jeglicher Blickkontakt mit dem Angeklagten unmöglich ist. Die für den Angeklagten und seine Verteidigungsrechte sicherlich eingriffsschwächere – im strafjustiziellen Alltag vermutlich nicht sehr verbreitete – Variante ist, dass der Vorsitzende des Gerichts im Rahmen

925 BT-Drucks. 18/11277, S. 17.

926 Vgl. Bericht der Bund-Länder-Arbeitsgruppe zur Umsetzung der RL 2012/29/EU, S. 14.

seiner Verfahrensleitung die Herstellung einer Sitzordnung anordnet, durch die der Opferzeuge den Angeklagten trotz dessen Anwesenheit weitestgehend nicht wahrnimmt. Hierfür ist zumindest ein berechtigtes Interesse des Opfers (vor allem eine zu begründende Furcht vor dem Angeklagten) erforderlich, das zugleich auch eine Anordnung zum Verhalten des Angeklagten während der Vernehmung des Zeugen rechtfertigen kann.[927] Solche Vorkehrungen sollen laut BGH ausdrücklich in Erwägung gezogen werden, bevor sich ein Gericht für die eingriffsintensivere Variante, der Beschränkung des Anwesenheitsrechts durch Ausschluss des Angeklagten während der Zeugenvernehmung gem. § 247 StPO, entscheidet.[928] Dem Angeklagten wird durch seine Anwesenheit, die während der gesamten Dauer der Hauptverhandlung den gesetzlichen Regelfall darstellt (§§ 230, 231 StPO), die uneingeschränkte und allseitige Verteidigung ermöglicht, insbesondere die Vornahme von Verfahrenshandlungen auf Grundlage des von ihm selbst wahrgenommenen Hauptverhandlungsverlaufs gewährleistet.[929] Deshalb knüpft der BGH hohe Begründungsanforderungen an einen Ausschluss des Angeklagten.

Gem. § 247 S. 1 StPO kann ein Gericht den Ausschluss des Angeklagten während der Vernehmung eines Zeugen anordnen, wenn zu befürchten ist, dass der Zeuge in Gegenwart des Angeklagten nicht die Wahrheit sagen werde. Nach höchstrichterlicher Rechtsprechung genügt hier der bloße Wunsch des Zeugen nicht, in Abwesenheit des Angeklagten aussagen zu wollen. Es braucht mehr als nur „allgemeine Erwägungen". Erforderlich ist das Vorliegen von konkreten und begründeten Tatsachen, dass der Zeuge in Gegenwart des Angeklagten keine vollständige und wahre Aussage machen werde.[930] Deshalb genügt der Rechtsprechung etwa eine ärztliche Bescheinigung einer „Fachärztin für Allgemeinmedizin", in der auf Grundlage einer infolge des Tatgeschehens eingetretenen Traumatisierung des Zeugen von einem persönlichen Kontakt mit dem Angeklagten vor, während und nach der Verhandlung abgeraten wird, generell nicht, wenn sich aus dieser Bescheinigung keine konkreten Anhaltspunkte ergeben, dass der Zeuge in Gegenwart des Angeklagten nicht die Wahrheit sagen werde.[931] Für den Ausschluss des Angeklagten über § 247 S. 2 StPO, der nicht die Wahrheitsfindung, sondern den Zeugenschutz in den Fokus rückt,

---

927 *Basdorf*, FS Salger, S. 214.

928 BGH, Beschluss vom 21.04.1999 – 5 StR 715/98, juris, Rn. 7; BGH, Beschluss vom 24.06.2014 – 3 StR 194/14, juris, Rn. 7.

929 So BGH, Beschluss vom 21.04.2010 – GSSt 1/09, juris, Rn. 21.

930 BGH, Beschluss vom 24.06.2014 – 3 StR 194/14, juris, Rn. 6.

931 OLG Oldenburg, Beschluss vom 18.12.2009 – 1 Ss 196/09, juris, Rn. 11.

gilt entsprechendes. Das Gericht muss insoweit konkrete Anhaltspunkte dafür haben, dass bei der Aussage des erwachsenen Opferzeugen[932] die „dringende Gefahr eines schwerwiegenden Nachteils für das Wohl des Zeugen“ besteht. Es werden aussagekräftige Angaben in einer ggfs. vorgelegten ärztlichen Bescheinigung vorausgesetzt. In der Rechtsprechung wurde bspw. die Tatsache, dass sich der Zeuge nicht in einer ärztlichen Behandlung befunden habe, als gewichtiges Indiz gegen die Anwendung des § 247 S. 2 StPO gewertet.[933] Unabhängig von der Notwendigkeit des Bestehens konkreter Anhaltspunkte ist zudem auch der Wille bzw. das Interesse des Angeklagten, bei dieser Vernehmung des besonders sensiblen (Opfer-)Zeugen anwesend zu sein, aufgrund der gesetzlichen Anwesenheitspflicht unbeachtlich.[934]

Die mit einem Ausschluss des Angeklagten gem. § 247 StPO verbundenen prozessualen Fehlerquellen sind aufgrund dieser scharfen Anwesenheitspflicht des Angeklagten in der Hauptverhandlung zahlreich. Das verdeutlicht die vergleichsweise hohe Anzahl an erfolgreichen Revisionen, die insbesondere auch zu Lasten des (Opfer-)Zeugen gehen. Paradoxerweise ist aber der Schutz und die Belastungsvermeidung gerade der Zweck des § 247 S. 2 StPO.[935] Von Bedeutung ist, dass in den Revisionsentscheidungen zur Abwesenheitsrüge (§ 338 Nr. 5 StPO) der in § 247 StPO enthaltende Begriff „Vernehmung“ restriktiv ausgelegt wurde, mit der hier relevanten Rechtsfolge, dass die Tatsacheninstanzen den Ausschluss des Angeklagten durchweg auf die Dauer der „konkreten Aussage“ des (Opfer-)Zeugen in der Hauptverhandlung zu begrenzen haben. Demnach muss der Angeklagte bei der Verkündung des Ausschließungsbeschlusses etwa anwesend sein.[936] Erfolgt während seiner Abwesenheit bspw. eine förmliche Augenscheinseinnahme, ist das in Augenschein genommene Objekt dem Angeklagten später vorzuführen.[937] Insbesondere gilt die Entlassung eines

---

932 Gem. § 247 S. 2 StPO ist nur bei Zeugen unter 18 Jahren schon die „Befürchtung“ ausreichend, dass „ein erheblicher Nachteil für das Wohl“ droht.

933 OLG Oldenburg, Beschluss vom 18.12.2009 – 1 Ss 196/09, juris, Rn. 13.

934 Ständige Rechtsprechung BGH, Beschluss vom 06.02.1991 – 4 StR 35/91, juris, Rn. 4 („ […] das Recht des Angeklagten auf Teilnahme an der Hauptverhandlung ist unverzichtbar und darf nur in den gesetzlich vorgesehen Fällen eingeschränkt werden“); kritisch hierzu *Dahs*, FS Paeffgen, S. 563 ff.

935 Zutreffend *Dahs*, FS Paeffgen, S. 564.

936 BGH, Beschluss vom 05.11.2014 – 4 StR 385/14, juris, Rn. 5 f.

937 Vgl. BGH, Urteil vom 11.11.2009 – 5 StR 530/08, juris, Rn. 4 ff.; BGH, Beschluss vom 05.10.2010 – 1 StR 264/10, juris, Rn. 7 ff.; BGH, Beschluss vom 17.09.2014 – 1 StR 212/14, juris, Rn. 11 ff.

(Opfer-)Zeugen gem. § 248 StPO als selbstständiger Teil der Hauptverhandlung, weshalb der Angeklagte vor der Zeugenentlassung stets gehört werden muss. Der Große Senat des BGH betont hier, dass das Anwesenheitsrecht bzw. seine Anwesenheitspflicht bezweckt, dem Angeklagten eine „allseitige und uneingeschränkte Verteidigung" zu gewähren, „insbesondere durch Vornahme von Verfahrenshandlungen aufgrund des von ihm selbst wahrgenommenen Verlaufs der Hauptverhandlung". Genau dies wird dem Angeklagten durch den „Ausschluss von der Verhandlung über die Entlassung erschwert, weil er in unmittelbaren Anschluss an die Zeugenvernehmung keine Fragen oder Anträge stellen kann, die den Ausgang des Verfahrens beeinflussen können".[938] Weiterhin muss auch die Verhandlung über eine Vereidigung des (Opfer-)Zeugen in Anwesenheit des Angeklagten stattfinden.[939] Eine ganz elementare Funktion erfüllt dann die Unterrichtungspflicht des Vorsitzenden gegenüber einem wieder anwesenden Angeklagten (§ 247 S. 4 StPO). Diese gewährleistet, dass der Angeklagte über das wesentliche Geschehen während des Ausschlusses ausreichend informiert wird. Auch darin liegt aber eine revisionsrechtlich relevante Fehlerquelle. Auch deshalb wird teilweise gefordert, einem Angeklagten während des Ausschlusses zumindest die Videoübertragung der Vernehmung des (Opfer-)Zeugen zu ermöglichen[940]. Eine gesetzliche Pflicht dazu besteht laut höchstrichterlicher Rechtsprechung bisher nicht, da die „Strafprozessordnung eine solche Vorgehensweise nicht vorsieht".[941] Es bleibt hier den Tatsacheninstanzen überlassen, dem Angeklagten die Möglichkeit einer solchen Videoübertragung der Zeugenaussage zu gestatten. Zugleich jedoch bleiben die revisionsrechtlichen Fehlerquellen aufgrund der (unveränderten) Rechtslage bestehen.[942]

Festzuhalten ist, dass es trotz eines angeordneten Ausschlusses des Angeklagten gem. § 247 StPO in der Regel zu Begegnungen mit dem (Opfer-)Zeugen im Sitzungssaal kommt. Damit lassen sich Einwirkungen oder Einschüchterungen verbaler oder nonverbaler, zielgerichteter oder auch nichtzielgerichteter Art auf die Psyche des Opferzeugen nicht ausschließen. Mit dem Beschluss gem. § 247 StPO ist eben nicht die Pflicht verbunden, für eine akustisch-visuelle Abschottung des Opferzeugen während der gesamten Dauer seiner Anwesenheitspflicht

938 BGH, Beschluss vom 21.04.2010 – GSSt 1/09, juris, Rn. 19 ff.

939 Ständige Rechtsprechung, vgl. BGH, Beschluss vom 08.11.1984 – 1 StR 657/84, juris, Rn. 6.

940 Siehe *Meyer-Goßner/Schmitt,* § 247 Rn. 14a m.w.N.; befürwortend u.a. *Dahs,* FS Paeffgen, S. 565 f.

941 BGH, Beschluss vom 16.06.2009 – 3 StR 193/09.

942 Vgl. auch *Dahs,* FS Paeffgen, S. 565.

zu sorgen.[943] Deshalb muss bezweifelt werden, ob § 247 StPO im Einzelfall überhaupt seinen Schutzzweck der Wahrheitsfindung (§ 247 S. 1 StPO) oder des Opfer- bzw. Zeugenschutzes (§ 247 S. 2 StPO) erreichen kann. Wenn der Angeklagte nach der Aussage des Opferzeugen zur Wahrnehmung seiner Verfahrensrechte wieder in den Sitzungssaal gebracht wird, kann das Gericht einem Opferzeugen dann zwar durchaus erlauben, zur Vermeidung eines persönlichen Kontakts mit dem Angeklagten zuvor den Sitzungssaal selbst zu verlassen. Anschließend könnte der Angeklagte den Sitzungssaal dann erneut verlassen und der (Opfer-)Zeuge wieder diesen erneut betreten, etc.[944] Diese Vorgehensweise ist gesetzlich nicht vorgesehen, aber möglich. Die StPO legt den zeugenschonenden Umgang also in die Hände des Vorsitzenden Richters. Bedenkt man, dass sich diese wechselseitige Anwesenheit von Angeklagten und Opferzeugen im Sitzungssaal mehrmals – eventuell auch zwischen einzelnen Fragen – wiederholen kann bzw. muss, damit der Angeklagte ein faires Verfahren erhält, wären doch erhebliche prozedurale „Umständlichkeiten" zu erwarten. Ob und inwieweit sich das Gericht darauf überhaupt im Einzelfall einlässt, wenn eine gesetzliche Pflicht zu diesen zeugenschonenden Maßnahmen gerade nicht besteht, ist seine Sache. Die Konzeption des § 247 StPO lädt somit dazu ein, von dem Ausschluss des Angeklagten besser Abstand zu nehmen, wenn weniger umständliche Alternativen, wie eine Aussage des Opferzeugen außerhalb des Sitzungssaals, gesetzlich möglich sind.

(β) Aussagemöglichkeit außerhalb des Sitzungssaals

Seit dem ZSchG 1998 existiert mit § 247a StPO die Möglichkeit der „Videofernvernehmung". Besteht die dringende Gefahr eines schwerwiegenden Nachteils für das Zeugenwohl, wenn er in Gegenwart der in der Hauptverhandlung Anwesenden vernommen wird, dann kann die Vernehmung dieses nicht im Sitzungssaal befindlichen (Opfer-)Zeugen simultan und audiovisuell übertragen werden. Der (Opfer-)Zeuge muss während der Vernehmung dann nicht im Sitzungssaal anwesend sein. Der Gesetzgeber hat sich im Gesetzgebungsverfahren gegen das vom Bundesrat befürwortete „Mainzer Modell", das sich nicht bruchlos mit den Grundsätzen der Strafprozessordnung vereinbaren ließe, ausgesprochen[945] und stattdessen das sog. „Englische Modell" implementiert. Letzteres zeichnet sich dadurch aus, dass der Vorsitzende des Gerichts sowie die übrigen Verfahrensbeteiligten den Sitzungssaal nicht verlassen. Der

943 Allgemein dazu schon *Dahs*, FS Paeffgen, S. 561 f.

944 BGH, Beschluss vom 21.04.2010 – GSSt 1/09, juris, Rn. 18.

945 Vgl. BT-Drucks. 13/7165, S. 9 f.; zuletzt BT-Drucks. 15/2536, S. 9 und S. 15.

(Opfer-)Zeuge wird aus dem Sitzungssaal heraus mittels der Videotechnik von dem Vorsitzenden vernommen, der auch als einzige Person durchgehend mit dem Zeugen kommuniziert. Eine andere Verfahrensweise ist nicht zulässig. Keinesfalls darf sich der Vorsitzende mit dem (Opfer-)Zeugen gemeinsam außerhalb des Sitzungssaals begeben und die Befragung dort durchführen (sog. „gespaltene Hauptverhandlung").[946]

Für § 247a StPO hat der Gesetzgeber anfangs eine Subsidiaritätsklausel vorgesehen, nach der die Videofernvernehmung nur dann in Betracht gezogen werden durfte, wenn die Gefahr für das Zeugenwohl nicht auch mit einem Ausschluss des Angeklagten (§ 247 StPO) abgewendet werden konnte. Die Rechtspraxis musste bei der dringenden Gefahr des Eintritts eines schweren Nachteils für das Zeugenwohl allein aufgrund der Gegenwart des Angeklagten demnach ausnahmslos gem. § 247 StPO verfahren. Eine Videofernvernehmung war folglich auf Fälle begrenzt, in denen der „schwere Nachteil" für das Zeugenwohl aufgrund der Vielzahl der Verfahrensbeteiligten und der damit verbundenen belastenden Atmosphäre im Sitzungssaal drohte.[947] Dies war zunächst der gesetzliche Auftrag. Das Subsidiaritätsverhältnis hat der Gesetzgeber aber mit dem OpferRRG 2004 abgeschafft, da es sich als ein „erhebliches Hindernis" für die Durchführung der Videofernvernehmung gem. § 247a StPO entpuppt habe.[948] Das Gericht soll bei einer „dringenden Gefahr eines schwerwiegenden Nachteils für das Zeugenwohl" nun die Wahl zwischen § 247 S. 2 StPO und § 247a Abs. 1 S. 1 StPO haben, wenn diese Gefahr primär nur auf die Gegenwart des Angeklagten zurückzuführen ist. Andernfalls wäre die Streichung dieser Subsidiaritätsklausel auch gegenstandslos, was der Gesetzgeber kaum bezweckt haben dürfte.[949] Beruht die Gefahr für das Zeugenwohl allerdings nicht primär auf der Gegenwart des Angeklagten, dann müsste weiterhin nur nach § 247a StPO verfahren werden.

Der Begriff der „Vernehmung" in § 247a StPO wird „extensiv" ausgelegt. Die Rechtsfolge ist, dass sich die Videofernvernehmung – im Gegensatz zum Ausschluss des Angeklagten gem. § 247 StPO – auf die gesamte Vernehmungssituation mit all ihren einzelnen und eng mit ihr in Verbindung stehenden Verfahrensvorgängen (auch während der Ausübung der Mitwirkungsrechte des Angeklagten)

---

946 So jüngst der BGH, Beschluss vom 20.09.2016 – 3 StR 84/16, juris, Rn. 10 ff.; zum „Mainzer Modell" als „gespaltene Hauptverhandlung" und den prozessualen Rechtsfragen siehe *Dahs,* NJW 1996, 178 (178 f.).

947 Vgl. dazu BT-Drucks. 15/2536, S. 15.

948 BT-Drucks. 15/2536, S. 15.

949 A.A. KK-StPO/*Diemer,* § 247a Rn. 8b.

bezieht.[950] Die Frage einer „wechselseitigen Anwesenheit" zwischen Angeklagten und Opferzeugen stellt sich – anders als bei § 247 StPO – nicht. Insbesondere muss das Gericht nicht darauf achten, dass zwischen einzelnen Verfahrensvorgängen und vor Entlassung des (Opfer-)Zeugen zwingend die Anwesenheit eines zuvor ausgeschlossenen Angeklagten wiederhergestellt werden muss. Die bei § 247 StPO lauernden zahlreichen Revisionsfallen werden bei der Videofernvernehmung gem. § 247a StPO vermieden. Der Gesetzgeber hat die Entscheidung über die (Nicht-)Anordnung einer Videofernvernehmung zudem als „unanfechtbar" erklärt (§ 247a S. 2, § 336 S. 2 StPO), so dass eine gerichtliche Entscheidung zur (Nicht-)Anordnung auch nicht durch die Revisionsinstanz kontrollierbar ist[951].

Mit dem Ausschluss des Angeklagten hängen somit weit mehr Sorgfaltspflichten zusammen, weshalb die Anwendung des § 247a StPO für das Gericht „attraktiver" ist. Dennoch sind die mit einer Videofernvernehmung verbundenen Nachteile nicht zu unterschätzen, weil mit dem Verlust des „direkten persönlichen Kontakts" zwischen Vernehmenden und (Opfer-)Zeugen ein „hoher Preis"[952] zu zahlen ist, selbst wenn dies mit dem Unmittelbarkeits- und Mündlichkeitsgrundsatz im Einklang stehen mag. Kritisiert werden insbesondere die Einschränkungen bei der Wahrheitsfindung: Es fehlen empirische Erkenntnisse zu den möglichen verzerrenden Wirkungen der Simultanübertragung auf die Prüfung sowie Würdigung der Aussagefähigkeit und Glaubwürdigkeit des Zeugen. Dies gehe mit der Beeinträchtigung der richterlichen Überzeugungsbildung einher, auch weil unter anderem Frage- und Erklärungsrechte nur verzögert über den Vorsitzenden ausgeübt werden könnten. Die Wahrnehmung von Reaktionen und spontanes Nachfragen werden erschwert. Ein Zeuge könne sich dem durch Frage und Antwort entstehenden Spannungsverhältnis deutlich leichter entziehen, als es bei seiner körperlichen Anwesenheit der Fall sei.[953] Auch müsse

---

950 Vgl. *Meyer-Goßner/Schmitt,* § 247a Rn. 5; LR-StPO/*Becker,* § 247a Rn. 20.

951 Siehe hierzu BGH, Beschluss vom 20.09.2016 – 3 StR 84/16, juris, Rn. 7, wonach das Fehlen eines Gerichtsbeschlusses oder die Verletzung sonstiger Vorschriften bei Gelegenheit einer audiovisuellen Zeugenvernehmung oder die Verletzung der Anwesenheitspflicht des Vorsitzenden mit der Revision verfolgt werden können; vgl. hierzu auch *Meyer-Goßner/Schmitt,* § 247a Rn. 13; MüKo-StPO/*Cierniak/Niehaus,* § 247a Rn. 28.

952 Kritisch *Beulke,* ZStW 113 (2001), S. 715 ff.; deutlich moderater noch *Weigend,* Gutachten, C 54 ff.

953 Vgl. *Eisenberg,* StV 2012, 65 (67); *Hamm,* StV 2015, 137 (141 f.); differenzierend SK-StPO/*Frister,* § 247a Rn. 7 ff., der im Ergebnis aber zutreffend festhält, „dass der

beachtet werden, dass die technische Durchführung (wie etwa die Kameraeinstellung) eine wesentliche Rolle spiele. Der Zeuge müsse während der gesamten Vernehmung im Blickfeld der Kamera sein. Andernfalls entstünde Raum für suggestives oder sonstiges Einwirken auf das Aussageverhalten.[954] Anzumerken ist, dass auch gesetzlich nicht geklärt ist, wie mit dem – immer häufiger anzutreffenden – Zeugenbeistand umzugehen ist, der mit dem Zeugen akustisch abgeschottet im direkten Kontakt stehen können muss. Nichts anderes gilt für einen psychosozialen Prozessbegleiter, der „bei Vernehmungen [...] gemeinsam mit einem Verletzten anwesend" sein darf (vgl. § 406g Abs. 1 S. 1 StPO). Abgesehen davon zeigen Berichte der Landesjustizministerien, dass Vorsitzende Richter die persönliche Vernehmung bei körperlicher Anwesenheit des (Opfer-)Zeugen tendenziell bevorzugen, da man sich ein besseres Bild von der Glaubwürdigkeit dieses Zeugen verschaffen könne[955].

Verschiedentlich soll es vorkommen, dass die Vorsitzenden Richter außerhalb der Hauptverhandlung – im Dienstzimmer – den Kontakt mit dem (Opfer-)Zeugen suchen, um herauszufinden, ob und welche besonderen Schutzmaßnahmen in Betracht zu ziehen sind. Offenbar wird eine Videofernvernehmung von den (Opfer-)Zeugen – wie auch der Verteidigung – regelmäßig nicht präferiert, sondern häufig die Vernehmung im Sitzungssaal bei Ausschluss des Angeklagten vorgezogen.[956] Dass solche Kontaktaufnahmen des Vorsitzenden vor der Durchführung der Hauptverhandlung regelmäßig stattfinden, kann zugleich nicht behauptet werden. Es fehlen entsprechende empirische Daten. Ganz grundsätzlich ist es dem Vorsitzenden des für die Hauptverhandlung zuständigen Gerichts gestattet, besondere Schutzmaßnahmen wie § 247a StPO auch im Vorfeld der Hauptverhandlung per Beschluss anzuordnen. Dies ist höchstrichterlich geklärt worden. Begründet hat man dies mit der ggfs. erforderlichen Vorbereitungszeit und aus Gründen der „Rechtsklarheit", damit über gestellte Anträge zeitnah entschieden werden kann und die anderen Verfahrensbeteiligten sich darauf dann frühzeitig einstellen können. Insbesondere ist das Gericht bei Beginn der Hauptverhandlung auch nicht an einen im Vorfeld ergangenen Beschluss gebunden, sondern kann diesen bspw. bei Veränderungen der Sachlage zurücknehmen. Hervorzuheben ist, dass laut BGH die Anordnung einer außerhalb der

---

Beweiswert einer audiovisuellen Vernehmung [...] hinter der Vernehmung eines im Gerichtssaal körperlich anwesenden Zeugen zurückbleibt".

954 Ausführlich LR-StPO/*Becker*, § 247a Rn. 19 m.w.N.; *Eisenberg*, StV 2012, 65 (67 Fn. 20); zur Vernehmung von kindlichen Zeugen *Knoblauch*, ZRP 2000, 276 (276 f.).

955 *Beulke*, ZStW 113 (2001), S. 716.

956 Vgl. *Beulke*, ZStW 113 (2001), S. 719 f. (dort insbesondere Fn. 51).

Hauptverhandlung beschlossenen Schutzmaßnahme – wie § 247a StPO – nicht durch die Gerichtsbesetzung, wie sie während der laufenden Hauptverhandlung vorgesehen ist, erfolgen muss. Sofern eine Schutzvorschrift keine besondere Regelung enthält, gelten die allgemeinen Vorschriften des GVG.[957]

(γ) Ausschluss der Öffentlichkeit

Der Ausschluss der Öffentlichkeit in der Hauptverhandlung zum Schutz der Privatsphäre ist in § 171b GVG geregelt und geht auf das Opferschutzgesetz 1986 zurück. Der Gesetzgeber hielt eine systematische Neuausrichtung der Ausschlussgründe aufgrund der wachsenden Bedeutung der Erforschung von personenbezogenen Umständen im Straf- und Strafverfahrensrecht für erforderlich, da das einfache Recht noch einer alten und nicht mehr zeitgemäßen Öffentlichkeitsmaxime der Hauptverhandlung folgte. Seit der systematischen Neuausrichtung gilt, dass dem Persönlichkeitsschutz in Zweifelsfällen Vorrang gegenüber dem Interesse an der öffentlichen Erörterung des Sachverhalts zukommen kann, was nach den alten Abwägungsmaßstäben nicht möglich war.[958] Das StORMG 2013 führte zu den einzigen nennenswerten und letzten Änderungen zugunsten des Persönlichkeitsschutzes.[959] Dass § 171b GVG im Rahmen von zwei Reformgesetzen seine heutige Gestalt erhielt, die der Gesetzgeber mit der Notwendigkeit des Ausbaus der Rechtsposition des Opfers legitimiert, sollte aber nicht darüber hinwegtäuschen, dass diese Regelung dem Persönlichkeitsschutz aller in der öffentlichen Gerichtsverhandlung befindlichen Prozessbeteiligten, Zeugen oder durch eine Straftat Verletzten zugutekommt. Dennoch genießt das Opfer eine Sonderrolle, denn selbst wenn es nicht als Prozessbeteiligter – wie etwa als Nebenkläger – an der Hauptverhandlung teilnehmen sollte oder als Zeuge aussagen müsste, kann es einen Antrag auf Ausschluss der Öffentlichkeit in der Hauptverhandlung stellen, wenn es der Ansicht ist, dass Umstände seines persönlichen Lebensbereichs zur Sprache kommen (bspw. bei einer Vernehmung des Angeklagten oder auf sonstige Weise Gegenstand der Beweisaufnahme werden).[960] Bei einem solchen Antrag auf Ausschluss der Öffentlichkeit kommt dem Gericht dann kein Ermessen zu (§ 171b Abs. 3 S. 1 GVG).

---

957 Vgl. BGH, Beschluss vom 28.09.2011 – 5 StR 315/11; kritisch hier *Eisenberg*, StV 2012, 65 (65 ff).

958 BT-Drucks. 10/5305, S. 22 f.; ferner *Rieß/Hilger*, NStZ 1987, 204 (207 f.).

959 Vgl. hierzu BT-Drucks. 17/12735, S. 17 f.

960 BT-Drucks. 10/5305, S. 23.

Folgt man dem Wortlaut des § 171b Abs. 1 S. 1 GVG, dann ist der Ausschluss der Öffentlichkeit auf den Abschnitt der Hauptverhandlung zu begrenzen, in dem über die „Umstände des persönlichen Lebensbereichs" des jeweiligen Betroffenen gesprochen wird. Der BGH hat nun wiederholt klargestellt, dass die Öffentlichkeit mit Ausnahme der Urteilsverkündung (siehe § 173 Abs. 1 GVG) in jedem Abschnitt der Hauptverhandlung ausgeschlossen werden kann, beginnend mit der Verlesung des Anklagesatzes[961] und endend mit der Verkündung der jeweiligen Entscheidungsgründe (siehe § 173 Abs. 2 GVG). Wird der Ausschluss für einen einzelnen Verhandlungsabschnitt durch das Gericht beschlossen, erstreckt sich der Ausschluss auf sämtliche Verfahrensvorgänge, die mit diesem Verfahrensabschnitt in enger Verbindung stehen und zu diesem Abschnitt gehören.[962] Der Ausschluss der Öffentlichkeit während der Vernehmung eines Opferzeugen – der bei Personen unter 18 Jahren in den in § 171b Abs. 2 GVG genannten Straftaten der gesetzliche Regelfall sein soll – erstreckt sich deshalb zwangsläufig auf die Phase, in der den Prozessbeteiligten das Frage- und Erklärungsrecht eingeräumt wird. Erst nach der Entlassung des Zeugen ist die Öffentlichkeit wiederherzustellen. Der zum Ausschluss der Öffentlichkeit bestimmte Verhandlungsabschnitt muss demnach nicht penibel in öffentliche und nicht öffentliche Teile getrennt werden. Dass dies auch aus Praktikabilitätsgründen nicht zu fordern ist, dürfte seit dem StORMG 2013 geklärt sein. Hier hat der Gesetzgeber nämlich festgelegt, dass die Saalöffentlichkeit – in solchen Strafverfahren, die in § 171b Abs. 2 GVG aufgeführt sind – während der Schlussplädoyers (§ 258 StPO)[963] ausgeschlossen werden muss, wenn für einen vorherigen Verhandlungsabschnitt bereits die Öffentlichkeit ausgeschlossen wurde (§ 171b Abs. 3 S. 2 GVG). Ein Beurteilungsspielraum ist für das Gericht nicht vorgesehen, um sicherzustellen, dass die Umstände aus dem privaten Lebensbereich nicht in den Schlussplädoyers verpackt an die Öffentlichkeit gelangen können. Einen während der Schlussplädoyers begrenzter Ausschluss der Öffentlichkeit auf diejenigen Teile, die auch tatsächlich Passagen aus dem persönlichen Lebensbereich enthalten, hat der Gesetzgeber explizit mit der Begründung abgelehnt, dass das „praktisch nicht durchführbar wäre"[964]. Damit hat er der

961 Zuletzt BGH, Urteil 21.06.2012 – 4 StR 623/11, juris, Rn. 9.

962 Ständige Rechtsprechung, BGH, Beschluss vom 12.11.2015 – 5 StR 467/15, juris, Rn. 6 m.w.N.

963 Nach BGH, Beschluss vom 07.12.2016 – 1 StR 487/16, juris, Rn. 12 ff. fällt unter den Begriff des Schlussplädoyers auch „das letzte Wort des Angeklagten".

964 BT-Drucks. 17/12735, S. 18.

Unterteilung in öffentliche und nicht öffentliche Teile eines Verhandlungsabschnitts aus Praktikabilitätsgründen eine Absage erteilt.

Ferner soll der Öffentlichkeitsausschluss grundsätzlich auch während der „gesamten" Hauptverhandlung gem. § 171b GVG möglich sein.[965] Von einem beabsichtigten Gesamtausschluss ist nach höchstrichterlicher Rechtsprechung auszugehen, wenn der richterliche Beschluss über den Ausschluss der Öffentlichkeit sich nicht auf einen konkreten Verhandlungsabschnitt bezieht. Zugleich sind die Voraussetzungen, nach denen die Tatsacheninstanzen über die Rechtmäßigkeit des Gesamtausschlusses zu entscheiden haben, noch immer vage und unbestimmt, auch da die Annahme oder Ablehnung der „tatbestandlichen Voraussetzungen" zum Ausschluss der Öffentlichkeit während der (gesamten) Hauptverhandlung nicht revisibel (§ 171b Abs. 5 GVG i.V.m. § 336 S. 2 StPO) und damit inhaltlich nicht überprüfbar sind[966]. Auch das Gesetz selbst nennt die Voraussetzungen für den Öffentlichkeitsausschluss während der gesamten Hauptverhandlung nicht explizit. Das erklärt, dass erst durch richterliche Rechtsfortbildung klargestellt werden musste, dass ein Gesamtausschluss rechtlich überhaupt möglich ist. Im Grunde müsste das Gericht, wenn es einen Öffentlichkeitsausschluss für die gesamte Hauptverhandlung in Erwägung ziehen sollte, zu der Überzeugung gelangen, dass in jedem einzelnen Verhandlungsabschnitt über schützenswerte Umstände aus dem „persönlichen Lebensbereich" des Betroffenen gesprochen wird und das Allgemeininteresse an der öffentlichen Erörterung in jedem einzelnen Verhandlungsabschnitt nicht das schutzwürdige Interesse dieses Betroffenen überwiegt (§ 171b Abs. 1 S. 1 und 2 GVG). In Hinblick darauf, dass gerade der Ausschluss während der gesamten Hauptverhandlung die Kontrollfunktion der Öffentlichkeit ausschaltet[967], wird die gegenwärtige Rechtslage unter dem Aspekt des in einem freiheitlichen Rechtsstaat unverzichtbaren Transparenzgebots teilweise kritisiert. Der Staat müsse sich zumindest darum bemühen, in den Verhandlungsabschnitten die Öffentlichkeit herzustellen, in denen die Offenlegung von Umständen aus dem Privatleben nicht zwingend Gegenstand des Verfahrens sein muss. Diese Bewertung steckt bspw. hinter § 173 Abs. 1 GVG, der vorschreibt, dass die Urteilsverkündung

965 Der BGH knüpft hier an den Begriff „Verhandlung" gem. § 169 GVG an, der die gesamte Hauptverhandlung meint, vgl. BGH, Beschluss vom 10.03.1992 – 1 StR 105/92, juris, Rn. 3; bestätigt durch BGH, Urteil 21.06.2012 – 4 StR 623/11, juris, Rn. 9.

966 Vgl. jetzt BGH, Beschluss vom 10.03.1992 – 1 StR 105/92, juris, Rn. 3.

967 *Gleß*, FS Paeffgen, S. 706 f.

stets „öffentlich" erfolgen muss. Nunmehr wird dies auch für die Verlesung des Anklagesatzes gefordert[968].

(δ) Beschneidung des Fragerechts

Mit der Möglichkeit, die Öffentlichkeit während der Hauptverhandlung auszuschließen, steht das Recht zur Beschneidung des Fragerechts gem. §§ 241 Abs. 2, 68a StPO in engem Zusammenhang. Die Vorschriften dienen dem Schutz des allgemeinen Persönlichkeitsrechts während der Hauptverhandlung in sich ergänzender Weise und knüpfen an den Begriff des „persönlichen Lebensbereichs"[969] an. Beide Vorschriften stehen allerdings auch in der Kritik, dem Persönlichkeitsrecht nur unzureichend Rechnung zu tragen. Das Hauptargument der Kritiker ist, dass der private Lebensbereich trotz Öffentlichkeitsausschluss gegenüber den Richtern, Staatsanwälten, Verteidigern, Nebenklagevertretern, Sachverständigen, Justizangestellten etc. im Einzelfall unbeschränkt offengelegt werden muss, wovon intimste Sachverhalte nicht ausgenommen sind. Der Ausschluss der Öffentlichkeit als Schutzvorschrift bewahrt den Opferzeugen nicht davor, seine intimen Sachverhalte preisgeben zu müssen, sondern er begrenzt lediglich den Zuhörerkreis. Diesen Schutzgedanken, intime Sachverhalte erst gar nicht offenbaren zu müssen, dienen konzeptionell tatsächlich allein die §§ 241 Abs. 2, 68a StPO, wonach Fragen nach Tatsachen, die den persönlichen Lebensbereich betreffen, nur gestellt werden sollen, „wenn es unerlässlich ist" (§ 68a Abs. 1 StPO). Mit diesem Gesetzeswortlaut aber wird zugleich deutlich, dass es für Zeugen im Verfahren keinen unantastbaren Kernbereich des allgemeinen Persönlichkeitsrechts gibt. Dies hat der Gesetzgeber auch intendiert, indem er die Pflicht zur Erforschung der Wahrheit als oberste Maxime eines jeden Strafverfahrens hervorhebt[970].

Die Reichweite des Persönlichkeitsschutzes hängt gegenwärtig von der Auslegung des Begriffs „unerlässlich" ab. In diesem Kontext hat der BGH frühzeitig[971] festgelegt, dass eine Befragung als unerlässlich gilt, wenn diese zur Wahrheitsfindung notwendig sei.[972] Es solle bereits ausreichen, dass die

---

968 In diesem Sinne *Groß*, jurisPR-StrafR 17/2012 Anm. 2.

969 Bspw. das Familienleben, persönliche Eigenheiten und Neigungen ohne Außenwirkung, der Gesundheitszustand, Intim- und Sexualsphäre, politische und religiöse Einstellungen, siehe dazu LR-StPO/*Ignor/Bertheau*, § 68a Rn. 5; *Meyer-Goßner/Schmitt*, § 68a Rn. 4.

970 BT-Drucks. 16/12098, S. 15; BT-Drucks. 10/5305, S. 10.

971 Zur Entwicklung ausführlich *Schöch*, FS Wolter, S. 1100 ff.

972 BGH, Urteil vom 29.09.1959 – 1 StR 375/59; *Meyer-Goßner/Schmitt*, § 68a Rn. 5; MüKo-StPO/*Maier*, § 68a Rn. 10.

Befragung irgendeinen Beitrag zur Sachaufklärung erwarten lasse.[973] Es mache auch keinen Unterschied, ob es sich um unmittelbar erhebliche Tatsachen (Haupttatsachen[974]) oder nur um Hilfstatsachen handele, die mit dem zu verhandelnden Verfahrensgegenstand in keinem unmittelbaren Zusammenhang stehen, sofern sie nach dem pflichtgemäßen Ermessen des Gerichts für die Überprüfung der Glaubwürdigkeit von Nutzen sein könne.[975] Auf dem 62. Deutschen Juristentag 1998, der sich intensivst mit dem Zeugenschutz befasste, einigte man sich auch mehrheitlich darauf, zu empfehlen, die bisherige Auslegung der „Unerlässlichkeit" zugunsten des Persönlichkeitsschutzes aufzugeben. Dem BGH wurde nahegelegt, das Verhältnis zwischen Wahrheitsfindung und Zeugenschutz erneut anzugehen und insbesondere zu prüfen, die Unerlässlichkeit nur dann in Betracht zu ziehen, wenn sich die Fragen auf „unmittelbar" erhebliche Tatsachen bezögen. Fragen zu Hilfstatsachen über den privaten Lebensbereich wären herauszunehmen.[976]

Auf diese Empfehlungen zur Stärkung des Persönlichkeitsschutzes vor bloßstellenden Fragen hat der Gesetzgeber bisher nicht reagiert. Einzig der BGH hat in einem *obiter dictum* Stellung genommen und die Rechtsprechung aufgefordert, „Erörterungen und Beweiserhebungen zu Privat- und insbesondere auch Intimleben des Zeugen, die zu dem Verfahrensgegenstand in keinem unmittelbaren Zusammenhang stehen, nur nach sorgfältiger Prüfung ihrer Unerläßlichkeit" zu gestatten.[977] Geändert hat sich dadurch allerdings wenig.[978] Die Unerlässlichkeit kann sich danach weiterhin auf Hilfstatsachen zur Prüfung der Glaubwürdigkeit des Zeugen beziehen. Dass der BGH nunmehr eine sorgfältige Überprüfung der Unerlässlichkeit hervorhebt, führt allein dazu, dass die Gerichte nach gründlicher(er) Prüfung davon ausgehen müssen, durch diese Befragung Anhaltspunkte zu erlangen, die für die Wahrheitsfindung von Bedeutung sein können. Die Erheblichkeit einer Hilfstatsache gelte es nun vorab zu klären. Die Notwendigkeit der jeweiligen Fragen müsse erkennbar bzw. nachvollziehbar sein.[979] Nach gegenwärtiger Rechtslage ist die „Unerlässlichkeit" abzulehnen, wenn die

973 *Rautenberg,* Referat, L 65; *Schöch,* FS Wolter, S. 1101.

974 Solche Tatsachen, die sich direkt unter den Straftatbestand subsumieren lassen, *Beulke,* StPO, Rn. 405.

975 Vgl. BGH, Urteil vom 29.09.1959 – 1 StR 375/59, BGHSt 13, 252, 254 f.; BGH, Beschluss vom 14.01.1982 – 1 StR 809/81 (NStZ 1982, 170 (170)).

976 *Rautenberg,* Referat, L 46 f.

977 BGH, Beschluss vom 11.01.2005 – 1 StR 498/04, juris, Rn. 20.

978 Zutreffend *Schöch,* FS Wolter, S. 1101 f.

979 Vgl. BGH, Beschluss vom 11.01.2005 – 1 StR 498/04, juris, Rn. 23 f.

Beantwortung der Frage für die Entscheidung ohne Bedeutung ist[980]. Falls die Frage allerdings (irgend-)einen Beitrag zu der Wahrheits- und Entscheidungsfindung für das konkrete Strafverfahren liefern kann, muss sie beantwortet werden.

Einigen Kritikern geht diese Ansicht noch immer zu weit. Sie verweisen dabei auf die Rechtsprechung des BVerfG, das ausdrücklich einen „unantastbaren Kernbereich privater Lebensgestaltung" anerkennt.[981] Die restriktive Auslegung des Begriffs der „Unerlässlichkeit" durch den BGH habe diesen Hauptkritikpunkt an der geltenden Rechtslage nicht entkräften können.[982] Tatsächlich hat das BVerfG in einer Reihe von Entscheidungen den Schutzbereich des Persönlichkeitsrechts auch konkretisiert und hierbei unmissverständlich klargestellt, dass es aufgrund der Nähe zur Menschenwürde einen absolut unantastbaren Kernbereich privater Lebensgestaltung geben müsse, bei dem auch schwerwiegende Allgemeininteressen keinen Eingriff rechtfertigen könnten.[983] Demnach dürfen den Kernbereich betreffende Informationen weder verwendet noch in einem Urteil verwertet werden. Ob der Kernbereich betroffen ist, soll laut BVerfG davon abhängen, ob diese Information höchstpersönlichen Charakter hat und in welcher Art und Intensität diese „aus sich heraus" die Sphäre anderer oder die Belange der Gemeinschaft im Einzelfall berührt. Zum Kernbereich des Persönlichkeitsrechts zählen laut BVerfG explizit Äußerungen innerster Gefühle oder Ausdrucksformen der Sexualität. Zwar hat das BVerfG dabei auch klargestellt, dass Äußerungen bzw. Informationen nicht zum Kernbereich privater Lebensgestaltung gehören, wenn sie im unmittelbaren Bezug zur konkreten strafbaren Handlung stehen (wie etwa die Planung von und die Berichte über Straftaten). Allerdings ging es dabei durchweg um Äußerungen eines Angeklagten. Kernbereichsrelevante Informationen des Opferzeugen waren nicht Gegenstand derlei Entscheidungen.

---

980 SK-StPO/*Rogall*, § 68a Rn. 31.

981 Kritisch *Gleß*, FS Paeffgen, S. 706 f. und S. 711 ff.; *Fink*, Intimsphäre und Zeugenpflicht, S. 227 ff.; *Schöch*, FS Wolter, S. 1098 ff.; *Weigend*, Gutachten, C 24 f. („alles andere als selbstverständlich; sie paßt jedenfalls nicht zu einem Gesamtkonzept, das den Zeugen als Rechtssubjekt und nicht als bloßen Gegenstand der Ausforschung betrachtet […]").

982 Die Feststellung von SK-StPO/*Rogall*, § 68a Rn. 14 („Rechtspolitisch scheint die Diskussion damit gegenwärtig abgeschlossen zu sein") kann mit Blick auf die Forderungen des gerade auch jüngeren Schrifttums deshalb nicht geteilt werden.

983 Zuletzt zusammenfassend BVerfG, Beschluss vom 07.12.2011 – 2 BvR 2500/09, juris, Rn. 99.

Es erscheint danach fragwürdig, die in § 68a StPO enthaltende Wertung des uneingeschränkten und undifferenzierten Vorrangs der Wahrheitsfindung beibehalten zu können. Der Verweis auf die – nicht zu bestreitende – Bedeutung der Wahrheitsfindung kann den vom BVerfG allgemein anerkannten „unantastbaren Kernbereich privater Lebensgestaltung" nicht einfach beim Opferzeugen ignorieren. Problematisch sind vor allem die Sachverhalte, in denen sich der Zeuge zu Auskünften gegenüber den Strafverfolgungsbehörden bzw. Gerichten, die er lieber nicht machen würde, gezwungen sieht. Schließlich hat das BVerfG auch klargestellt, dass der Kernbereich regelmäßig nur betroffen ist, wenn der Zeuge den betreffenden Lebenssachverhalt geheim halten möchte.[984] Ist der Zeuge zur Preisgabe der privaten Lebenssachverhalte daher bereit, ergäben sich keine verfassungsrechtlichen Bedenken. Deshalb ist das „Stellen" von den Kernbereich berührenden Fragen an das Opfer in der Vernehmungssituation verfassungsrechtlich unproblematisch. Bedenklich ist der gesetzliche Zwang zur Beantwortung derlei Fragen. Im Fokus stehen hierbei primär nur die den Sexualbereich betreffende Offenlegung privater Lebenssachverhalte[985] während der Vernehmung.

Unter Berücksichtigung der entwickelten Maßstäbe des BVerfG zum unantastbaren Kernbereich privater Lebensgestaltung lässt sich dann feststellen, dass die vom Opferzeugen erlebten Sachverhalte ohne Ausnahme dann preisgegeben werden müssten, wenn sie im unmittelbaren Bezug zur konkreten strafbaren Handlung stehen.[986] Das BVerfG koppelt dabei die Betroffenheit des unantastbaren Kernbereichs an das Kriterium der Unmittelbarkeit. Laut BVerfG nimmt die Wahrscheinlichkeit der Kernbereichsbetroffenheit allgemein zu, wenn eine Information mit höchstpersönlichem Charakter „aus sich heraus die Belange der Gemeinschaft" nicht berührt. Bei einer strafbaren Handlung dürften aber in der Regel die Gemeinschaftsbelange betroffen sein; je schwerer die Straftat, desto

984 Vgl. dazu BVerfG, Nichtannahmebeschluss vom 26.06.2008 – 2 BvR 219/18, juris, Rn. 18; BVerfG, Nichtannahmebeschluss vom 10.06.2009 – 1 BvR 1107/09, juris, Rn. 25; ferner BGH, Urteil vom 19.03.2013 – VI ZR 93/12, juris, Rn. 23 f.; BGH, Urteil vom 25.10.2011 – VI ZR 332/09, juris, Rn. 16 („Auch hier entfällt der Schutz aber, wenn der Grundrechtsträger seine Privatsphäre nach außen öffnet und bestimmte, gewöhnlich als privat geltende Angelegenheiten der Öffentlichkeit preisgibt").

985 Zu den „Kernbereichsfallgruppen" eingehend *Fink,* Intimsphäre und Zeugenpflicht, S. 138 ff.

986 Siehe aber *Rogall,* FS Fezer, S. 78 („Der Kernbereich […] ist also nur dann richtig definiert, wenn man ihn auf Sachverhalte beschränkt, die in keiner Beziehung zu einer Straftat stehen […]"); a.A. etwa *Fink,* Intimsphäre und Zeugenpflicht, S. 184.

intensiver. Daher muss eine mögliche Kernbereichsbetroffenheit während der Vernehmungssituation des Opfers an sich stets voraussetzen, dass die Information gerade nicht im unmittelbaren Bezug zu der konkreten strafbaren Handlung steht. Es wäre dann von der „Unmittelbarkeit" insbesondere bei Fragen zu den Haupttatsachen (Tatsachen, die das Vorliegen der Tatbestandsvoraussetzungen betreffen) stets auszugehen. Selbst wenn diese Fragen zu den Haupttatsachen „intimster" Natur wären, muss ein Opferzeuge diese aufgrund fehlender Kernbereichsbetroffenheit konsequenterweise beantworten. Anders verhält es sich dann aber bei einer Befragung zu den Hilfstatsachen, die primär der allgemeinen Überprüfung der Glaubwürdigkeit des Zeugen dienen. Dabei einen „unmittelbaren" Bezug zur konkret zu verhandelnden Straftat herzustellen, ist Einzelfallfrage und dürfte nicht stets gelingen. Da es von vornherein an dem Kriterium der Unmittelbarkeit hier fehlen könnte, ist die Kernbereichsbetroffenheit bei Fragen zur privaten Lebensgestaltung durchaus möglich und eine Antwort dürfte aus verfassungsrechtlicher Sicht dann nicht erzwungen werden. Welche Befragung zu Hilfstatsachen den Kernbereich der privaten Lebensgestaltung des Opferzeugen berührt, müsste durch Richterrecht wohl fortentwickelt werden. Bspw. wäre zweifelhaft, ob bei einer im Raum stehenden Verurteilung wegen sexueller Nötigung eine Antwort des Opferzeugen auf die Frage, welche Varianten des Geschlechtsverkehrs das Opfer früher praktiziert habe[987], noch von dem Kriterium der „Unmittelbarkeit" zur konkret verhandelten Straftat ausgegangen werden kann. Lehnt man die Unmittelbarkeit ab, stünde eine Kernbereichsbetroffenheit privater Lebensgestaltung durchaus im Raum[988].

(ε) Ersetzung der Zeugenvernehmung (durch Videoaufzeichnung)

In der StPO ist der Grundsatz der persönlichen Vernehmung eines Zeugen fest verankert. Wenn der Beweis einer Tatsache auf der Wahrnehmung einer Person beruht, so ist sie in der Hauptverhandlung zu vernehmen. Die persönliche Vernehmung darf durch die Verlesung (bzw. Abspielen) des Protokolls (bzw. der Videoaufzeichnung) über eine frühere Vernehmung grundsätzlich nicht ersetzt werden (§ 250 StPO). Man geht traditionell davon aus, dass der persönlichen Vernehmung des Zeugen in der Hauptverhandlung der größtmögliche Beweiswert zukommt und deshalb der Personal- gegenüber dem Sachbeweis stets vorzuziehen ist (Unmittelbarkeitsgrundsatz).[989] Die strenge Anwendung des

987 Vgl. hierzu *Schöch,* FS Wolter, S. 1100 f.

988 Im Ergebnis – und allgemein zur Kernbereichsbetroffenheit – wohl auch *Fink,* Intimsphäre und Zeugenpflicht, S. 186 ff.

989 Vgl. *Meyer-Goßner/Schmitt,* § 250 Rn. 1 f.

Unmittelbarkeitsgrundsatzes führt in Verbindung mit der Aufklärungspflicht (§ 244 Abs. 2 StPO) auch dazu, dass das Opfer als Zeuge persönlich aussagen muss[990]. Die Aufklärungspflicht verlangt eben nach optimaler und bestmöglicher Wahrheitserforschung, so dass das sach- und tatnähere Beweismittel heranzuziehen ist.[991] Die fehlende Ladung des Opfers als Zeuge für die Hauptverhandlung würde auch regelmäßig eine Aufklärungsrüge nach sich ziehen, was die Gerichte sicher vermeiden wollen. Nach momentaner Rechtslage ist die persönliche Zeugenaussage der Regelfall und der Beweistransfer aus dem Vorverfahren in die Hauptverhandlung nur in Ausnahmefällen (§§ 251 ff. StPO) gestattet.

An diesem Verständnis von Unmittelbarkeit wird inzwischen substanzielle Kritik geäußert, namentlich durch den Arbeitskreis Alternativ-Entwurf Beweisaufnahme.[992] Auch die Probleme beim Opfer- bzw. Zeugenschutz finden Erwähnung. Im Wesentlichen geht es aber um die zahlreichen weiteren Defizite, denen der Gesetzgeber wegen seines beharrlichen Festhaltens an der „strengen" Unmittelbarkeit als rechtsstaatliche Errungenschaft nur schwerlich Rechnung tragen konnte. Das hat zu einem revisionsanfälligen und unübersichtlichen Flickenteppich an Ausnahmen vom Grundsatz der Unmittelbarkeit geführt.[993] Gerade mit Blick auf die Vorschriften zum Beweistransfer wird mehr Flexibilität bei der Beweisaufnahme eingefordert. Das den Vorschriften zum Beweistransfer zugrunde liegende Verständnis des Unmittelbarkeitsprinzips stammt nämlich aus einer Zeit, in der die heutigen technischen Hilfsmittel nicht zur Verfügung standen und die persönliche Zeugenvernehmung damit ein besonders bedeutendes rechtsstaatliches Element im Strafverfahrensrecht darstellte. Der Ausgangspunkt der Überlegungen des Arbeitskreises ist, dass sich keine „prinzipielle" Überlegenheit der unmittelbaren persönlichen Vernehmung des Zeugen in der Hauptverhandlung gegenüber dem Abspielen der Videoaufzeichnung zur Zeugenaussage aus dem Vorverfahren feststellen lasse. Es handele sich nicht um zwei unterschiedliche Formen, sondern um zwei unterschiedliche Gegenstände der Beweisaufnahme, wie bspw. bei der Vernehmung zweier verschiedener Zeugen.[994]

990 Ausgenommen sind in der Regel solche Opfer/Verletzte im Sinne des § 395 Abs. 2 StPO.

991 MüKO-StPO/*Trüg/Habetha*, § 244 Rn. 58 f.; LR-StPO/*Becker*, § 244 Rn. 59 ff.; KK-StPO/*Krehl*, § 244 Rn. 36.

992 Vgl. Arbeitskreis Alternativ-Entwurf Beweisaufnahme, GA 2014, 1 ff.

993 Arbeitskreis Alternativ-Entwurf Beweisaufnahme, GA 2014, 1 (3 f.).

994 Vgl. *Jahn*, StV 2015, 778 (778 ff.), der das Modell des Arbeitskreises Alternativ-Entwurf Beweisaufnahme vorstellt und dabei den Schwächen der geltenden Rechtslage gegenüberstellt.

Auf die persönliche Vernehmung solle bereits verzichtet werden können, wenn sie zur Wahrheitserforschung nicht erforderlich ist, wobei das Beweisantragsrecht als entscheidendes Korrektiv hervorgehoben wird, durch das die Verfahrensbeteiligten eine persönliche Zeugenaussage weiterhin beantragen könnten.[995] Der Entwurf regelt auch das Rangverhältnis der Beweissurrogate im Falle der (vorläufigen) Ersetzung einer persönlichen Vernehmung in der Hauptverhandlung. Gemessen an ihrem potenziellen Beweiswert solle zunächst von einer Videoaufzeichnung Gebrauch gemacht werden, gefolgt von der Verlesung des schriftlichen Protokolls über die frühere Zeugenaussage und der Vernehmung eines „Zeugen vom Hörensagen".[996] Grundsätzlich wäre eine Lockerung des Grundsatzes der persönlichen Vernehmung eines Zeugen durch Erleichterung des Beweistransfers dem Opfer- bzw. Zeugenschutz förderlich.[997] Der Gesetzgeber hat in seinen jüngsten Reformvorhaben aber bisher keinen Reformwillen erkennen lassen, den Unmittelbarkeitsgrundsatz flexibler auszugestalten. Eine Änderung der bestehenden Rechtslage ist deshalb (vorerst) nicht zu erwarten.[998] Die Ausnahmen von dem Grundsatz der persönlichen Vernehmung nach §§ 251 ff. StPO stehen insoweit weiterhin im Fokus.

Bei den vorhandenen Ausnahmetatbeständen nimmt § 255a Abs. 2 StPO eine Sonderstellung ein. Es handelt sich dabei um die einzige Vorschrift, die die Durchbrechung des Unmittelbarkeitsgrundsatzes aus allein „opferschützenden" Erwägungen zulässt.[999] Die Vorschrift des § 255a Abs. 2 StPO weist folgende Eigenschaften auf:

Erstens beschränkt sich der Anwendungsbereich auf bestimmte Opferzeugen und auf Straftaten gegen die sexuelle Selbstbestimmung, gegen das Leben, die

---

995 *Jahn*, StV 2015, 778 (780 f.).

996 *Jahn*, StV 2015, 778 (781).

997 In diesem Sinne bereits *Rössner*, Referat, L 21 („Wo kein Zeuge notwendig ist, bedarf es keines Schutzes") mit dem Vorschlag der Einführung des „Verfahrensprinzips der Zeugenschonung", verbunden mit einem Vorrang des Sach- gegenüber dem Personalbeweises.

998 Dass eine grundlegende Reform der Regelungen zum Beweistransfer nicht auf der Agenda des Gesetzgebers steht, dürfte auch dadurch begünstigt worden sein, dass sich die BMJV Expertenkommission StPO gegenüber dem AE-Beweisaufnahme teilweise skeptisch zeigte und lediglich kleinere punktuelle Änderungen empfohlen hat, vgl. den Abschlussbericht der BMJV Expertenkommission StPO, S. 7 ff.

999 Zu Bedeutung und Zweck des § 255a StPO siehe *Diemer*, NJW 1999, 1667 (1673); auf die umstrittene Frage, ob die Vorschrift denn auch auf Zeugen, die nicht Opfer der zu verhandelnden Straftat sind, Anwendung findet, braucht hier nicht eingegangen zu werden.

persönliche Freiheit sowie wegen Misshandlung von Schutzbefohlenen. Damit werden erwachsene Opferzeugen (d.h.: zum Tatzeitpunkt über 18 Jahre) und zahlreiche Gewaltdelikte nicht erfasst.[1000] *Zweitens* setzt die Vorschrift voraus, dass die Videoaufzeichnung einer früheren Zeugenaussage existiert, was aufgrund der zurückhaltenden Anwendungspraxis des § 58a StPO[1001] alles andere als gesichert ist. *Drittens* wird eine besondere Gefahr für das Zeugenwohl, etwa aufgrund erheblicher psychischer Belastungen, nicht gefordert. Man geht davon aus, dass das Gericht im Rahmen seines Ermessens die schutzwürdigen Interessen des Opferzeugen (§ 255a Abs. 2 S. 3 StPO), das Aufklärungsgebot und die Verteidigungsinteressen des Angeklagten gegeneinander abwäge und dabei andere Zeugenschutzmaßnahmen wie bspw. § 247a StPO berücksichtige[1002]. *Viertens* darf nur die Videoaufzeichnung einer richterlichen, nicht aber polizeilichen oder staatsanwaltschaftlichen Vernehmung eine persönliche Aussage des Opferzeugen in der Hauptverhandlung ersetzen, wenn der Angeklagte sowie der Verteidiger die Gelegenheit zur Mitwirkung hatten. Eine richterliche Vernehmung erfolgt generell nur auf Antrag der Staatsanwaltschaft, die daher über ihre Zweckmäßigkeit, Erforderlichkeit und Angemessenheit entscheidet.[1003] *Fünftens* bleibt eine ergänzende persönliche Vernehmung stets zulässig, womit der Gesetzgeber klarstellt, dass der Wahrheitsfindung der Vorrang gebührt, wenn in der Verhandlung neue Gesichtspunkte bzw. Beweistatsachen auftauchen. Wird ein entsprechender Beweisantrag gestellt, dann muss das Gericht – wie bei einem Antrag auf wiederholte Vernehmung des bereits persönlich vernommenen Zeugen – durch Beschluss im Rahmen der Beweisantragsvorschriften entscheiden (§ 244 Abs. 3 und Abs. 6 StPO).[1004]

Besondere Aufmerksamkeit verdient der unter „Viertens" erwähnte Aspekt, wonach die Gelegenheit der Mitwirkung des Beschuldigten und seines Verteidigers an der richterlichen Vernehmung im Vorverfahren notwendig ist. Nach höchstrichterlicher Rechtsprechung muss aufgrund des Wortlauts des § 255a Abs. 2 StPO vorausgesetzt werden, dass beide kumulativ mitwirken konnten.

1000 Auf der 88. Justizministerkonferenz 2017 haben die Justizminister beschlossen, das BMJV prüfen zu lassen, eine entsprechende Gesetzesgrundlage für heranwachsende/erwachsene Opferzeugen zu schaffen, TOP II.11.

1001 Siehe hierzu oben S. 277 ff.

1002 *Meyer-Goßner/Schmitt*, § 255a Rn. 9; *Diemer*, NJW 1999, 1667 (1674).

1003 LG Stuttgart, Beschluss vom 25.11.2010 – 1 Qs 85/10, juris, Rn. 6 ff. mit Stellungnahme zum Meinungsstand.

1004 OLG Karlsruhe, Beschluss vom 22.12.2009 – 3 (9) Ss 182/09, 3 (9) Ss 182/09, AK 108/09, juris, Rn. 6.

Es genügt für eine Vernehmungsersetzung durch die Vorführung einer Videoaufzeichnung nach § 255a Abs. 2 StPO nicht, wenn nur der Verteidiger an der Vernehmung im Vorverfahren mitwirken konnte, während dem Beschuldigten die „Gelegenheit zur Mitwirkung" verwehrt wurde.[1005] Zugleich geht man davon aus, dass die Mitwirkungsmöglichkeit des Verteidigers selbst nur dann gewährt werden muss, wenn er bestellt bzw. mandatiert war.[1006] Die Ersetzung der persönlichen Vernehmung nach § 255a Abs. 2 StPO setzt damit nicht voraus, dass einem unverteidigten Beschuldigten vor der Durchführung der richterlichen Vernehmung auch ein Verteidiger bestellt worden sein muss.

Für die Möglichkeit einer Anwendung des § 255a Abs. 2 StPO in der Hauptverhandlung sind deshalb die Schutzmechanismen im Vorverfahren wesentlich. Dies ist auch der Gesetzesbegründung zu entnehmen, denn der Gesetzgeber betont hier das Zusammenspiel mit der Vorschrift des § 168c StPO explizit.[1007] Die Ersetzung könne insbesondere nur bei Beachtung der in § 168c StPO vorgesehenen Schutzrechte des Beschuldigten (die er jedoch nicht zwingend auch wahrnehmen muss)[1008] möglich sein. Der Beschuldigte und Verteidiger haben demnach während der richterlichen Vernehmung ein Anwesenheitsrecht, um die ihnen jeweils zustehenden Mitwirkungsrechte (Frage- und Erklärungsrecht[1009]) tatsächlich ausüben zu können. Wichtig ist zu betonen, dass auch § 168c StPO nicht vorschreibt, dass die Durchführung einer richterlichen Vernehmung im Vorverfahren nur bei Anwesenheit eines Verteidigers stattfinden kann (vgl. § 141 Abs. 3 StPO). Dieser Aspekt ist für die Frage der Anwendbarkeit des § 255a Abs. 2 StPO in der Hauptverhandlung also von besonderer Relevanz. Dem Ermittlungsrichter ist es nämlich bei der Gefährdung des Untersuchungserfolgs erlaubt, einen Beschuldigten von der Vernehmung auszuschließen, wenn zu befürchten ist, dass ein Zeuge in der Gegenwart des Beschuldigten nicht die Wahrheit sagen werde (§ 168c Abs. 3 StPO). Dies dürfte insbesondere auf die Fallgruppe besonders sensibler (psychisch stark belasteter) Opferzeugen häufig zutreffen. Kommt es dann zum Ausschluss des Beschuldigten bei einer richterlichen Vernehmung im Vorverfahren nach § 168c Abs. 3 StPO, dann kann dieser Beschuldigte seine Mitwirkungsbefugnisse nur noch durch einen Verteidiger und

---

1005 BGH, Urteil vom 12.02.2004 – 3 StR 185/03, juris, Rn. 21 ff.; BGH, Beschluss vom 26.08.2011 – 1 StR 327/11, juris, Rn. 8.

1006 Vgl. jetzt *Meyer-Goßner/Schmitt,* § 255a Rn. 8a m.w.N.

1007 Zur äußerst undurchsichtigen Entstehungsgeschichte des § 255a StPO siehe *Krüger/ Wengenroth,* StV 2012, 451 (453 f.); ferner *Diemer,* NJW 1999, 1667 (1673).

1008 Siehe jetzt BT-Drucks. 13/4983, S. 8.

1009 § 168c Abs. 2 StPO n.F.; vgl. auch BT-Drucks. 18/9534, S. 24.

nicht mehr direkt selbst wahrnehmen. Letzteres aber setzt § 255a Abs. 2 StPO für seine Anwendbarkeit in der Hauptverhandlung jedoch zwingend (sowohl beim verteidigten als auch beim unverteidigten Beschuldigten!) voraus.[1010] Die kumulative Mitwirkung sowohl des Verteidigers als auch des Beschuldigten könnte bspw. dann gewährleistet werden, wenn der Ermittlungsrichter nicht gem. § 168c StPO, sondern gem. § 168e StPO vorgehen würde. Nach § 168e StPO soll der Ermittlungsrichter bei der dringenden Gefahr eines schwerwiegenden Nachteils für das Zeugenwohl die Vernehmung getrennt von sämtlichen Anwesenheitsberechtigten (selbst Protokollführer oder Sachverständige[1011]) durchführen dürfen. Das Gesetz schreibt – im Gegensatz zu § 168c StPO – nun explizit vor, dass die Mitwirkungsbefugnisse aller Anwesenheitsberechtigten „unberührt" bleiben müssen, was durch entsprechende technische Vorrichtungen wie der Bild-Ton-Übertragung dann ermöglicht wird.[1012] Um die Anwendbarkeit des § 255a Abs. 2 StPO in der Hauptverhandlung zu gewährleisten, scheint § 168e StPO demnach eine ernsthafte und vorausschauende Alternative für das Vorverfahren zu sein. Festzustellen ist aber, dass rechtlich der Ermittlungsrichter gerade nicht nach freiem Ermessen zwischen § 168c oder § 168e StPO wählen kann. Stellt bspw. die Gegenwart nur des Beschuldigten die einzige Gefahrenquelle dar, kann konsequenterweise nur ein Ausschluss des Beschuldigten über § 168c StPO erfolgen. Geht die Gefahrenquelle hingegen nicht primär von der Gegenwart des Beschuldigten, sondern von der Vielzahl der Anwesenheitsberechtigten aus, dann darf nur nach § 168e StPO verfahren werden[1013]. Folglich ist das Risiko, dass in einer Hauptverhandlung die Anwendung des § 255a Abs. 2 StPO mangels Vorliegen seiner Voraussetzungen versperrt ist, deutlich erhöht, wenn im Vorverfahren ein Ausschluss des Beschuldigten gem. § 168c StPO, der seine Mitwirkung (ob mit Verteidiger oder ohne) bei der richterlichen Vernehmung nicht absichert,

---

1010 So fehlt bspw. eine entsprechende Regelung wie bei § 247 S. 4 StPO.

1011 Zutreffend *Meyer-Goßner/Schmitt,* § 168e Rn. 5; *Eisenberg*, Beweisrecht, Rn. 1307; a.A. hier LR-StPO/*Erb,* § 168e Rn. 16, der entgegen der überwiegenden Meinung im Wege einer teleologischen Reduktion die Anwesenheit all derjenigen Verfahrensbeteiligten erlauben lassen möchte, von denen keine Gefahr ausgeht. Das aber dürfte dem Wortlaut und auch Normzweck widersprechen, da § 168e StPO ausschließlich auf die dringende Gefahr abstellt, die von einer „nicht näher bestimmbaren" Vielzahl an Anwesenheitsberechtigten ausgeht.

1012 Vgl. LR-StPO/*Erb,* § 168e Rn. 19 m.w.N.

1013 Die in § 168e StPO enthaltene Passage „und kann sie nicht in anderer Weise abgewendet werden" stellt kein Vorrangverhältnis gegenüber § 168c StPO dar, weil sich diese Normen bereits tatbestandlich ausschließen.

stattfindet. Zugleich findet § 168e StPO, der die Mitwirkung des Beschuldigten hingegen sichern könnte, in der Praxis auch auf Grund seiner Voraussetzungen kaum Anwendung.

Infolge der kürzlich erst in Kraft getretenen Reform der Pflichtverteidigerbestellung im Vorverfahren[1014] des § 141 Abs. 3 StPO dürfte zu erwarten sein, dass ein unverteidigter Beschuldigter bei der Durchführung einer richterlichen Vernehmung des Opferzeugen im Vorverfahren nur noch selten anzutreffen sein wird. Mit § 141 Abs. 3 S. 3–4 StPO n.F. wurde eine Prüfungskompetenz des Ermittlungsrichters geschaffen, die es erlaubt, ohne vorherigen Antrag der Staatsanwaltschaft von Amts wegen einen Pflichtverteidiger zu bestellen, wenn die Mitwirkung eines Verteidigers wegen der Bedeutung der Vernehmung zur Wahrung der Rechte des Beschuldigten geboten erscheint. In der Entkoppelung vom Antragsrecht der Staatsanwaltschaft sieht der Gesetzgeber einen bedeutenden Schritt zur Gewährleistung eines fairen Verfahrens, gerade dann, wenn der Beschuldigte ausgeschlossen (§ 168c Abs. 3 StPO) und die Aussage des Zeugen „vernehmungsersetzend“ in die Hauptverhandlung eingeführt werden soll.[1015] Wie festgestellt wurde, kann der Gesetzgeber dabei die Vernehmungsersetzung nach § 255a Abs. 2 StPO wohl nicht gemeint haben. Abgesehen davon wird auch diese neue Regelung zur Pflichtverteidigerbestellung solche Einzelfälle nicht vermeiden können, in denen der Beschuldigte deshalb unverteidigt bleibt, weil der Ermittlungsrichter ggfs. die Bedeutung der Vernehmung des Opferzeugen für das weitere Verfahren verkennt. Selbst wenn die Bestellung eines Verteidigers der Regelfall wäre, ist seine faktische Mitwirkung während der richterlichen Vernehmung weiterhin nicht garantiert.[1016] Der Verteidiger könnte bspw. zu kurzfristig bestellt bzw. benachrichtigt worden sein oder es ist ihm aus anderen Gründen nicht möglich, einen vorgegebenen Termin des Ermittlungsrichters wahrzunehmen. Der Verteidiger hat gerade keinen Anspruch auf eine Terminverlegung (§ 168c Abs. 5 StPO). In der Rechtsprechung wurde bisher nur eine fehlende Kooperationsbereitschaft des Ermittlungsrichters bei einer zu kurzfristigen Benachrichtigung (zwischen Ladung und Vernehmungsdurchführung lagen zwei Tage) mit einem Beweisverwertungsverbot sanktioniert.[1017] Wegen der Verbindung von § 255a Abs. 2 und § 168c StPO genügt es gerade auch für

---

1014 Heftige Kritik an der vorherigen Rechtslage etwa *Teuter*, StV 2005, 233 (234 ff.).

1015 Vgl. BT-Drucks. 18/11277, S. 28.

1016 Der § 141 Abs. 3 S. 3 StPO n.F. knüpft allein an die Verteidigerbestellung an. Er sieht weiterhin nicht vor, dass die faktische Mitwirkung des bestellten Verteidigers während dieser richterlichen Vernehmung im Vorverfahren obligatorisch ist.

1017 OLG München, Beschluss vom 23.05.2000 – 1 Ws 310/00, juris, Rn. 15.

die Ersetzung der persönlichen Opferaussage in der Hauptverhandlung nach § 255a Abs. 2 StPO, wenn der Beschuldigte und sein Verteidiger zumindest die „Gelegenheit der Mitwirkung“ hatten[1018], wobei dann die Benachrichtigung über den konkreten Termin der richterlichen Vernehmung diese Voraussetzung bereits erfüllen dürfte. Unabhängig von dem durchaus wichtigen Umstand, dass auch bei Bestellung des Verteidigers nicht sichergestellt sein dürfte, dass er ausreichend Zeit zur Vorbereitung auf die richterliche Vernehmung hatte (nach höchstrichterlicher Rechtsprechung ist bspw. nicht erforderlich, dass der Verteidiger vorher Akteneinsicht erhalten muss, um Kenntnis über den aktuellen Stand der Ermittlungen zu haben[1019]), bleibt das aufgezeigte Anwendungsdefizit von § 255a StPO beim unverteidigten wie auch verteidigten Beschuldigten jedenfalls in gleicher Weise bestehen.

Bei § 255a Abs. 2 StPO handelt es sich zwar um eine besondere, aber nicht um die einzige Möglichkeit der Ersetzung der persönlichen Vernehmung eines besonders schutzbedürftigen (sensiblen) Opferzeugen in der Hauptverhandlung durch Vorführung der Videoaufzeichnung einer früheren Aussage aus dem Vorverfahren. Nach § 255a Abs. 1 StPO ist die Vorführung der Videoaufzeichnung nach den Vorschriften zur Verlesung der Niederschrift gem. § 251 ff. StPO zu beurteilen. Ob die Ersetzung der persönlichen Aussage des besonders sensiblen Opferzeugen erfolgen kann, wäre somit auch über die Voraussetzungen gem. § 251 StPO denkbar. Dass hier nicht – wie bei § 255a StPO – der Opferschutz, sondern die Beweissicherung und Verfahrensbeschleunigung bezweckt wird[1020], steht der Anwendung auf besonders sensible Opferzeugen nicht entgegen.[1021] Anders als bei § 255a Abs. 2 StPO spielt für die Ersetzung nach § 251 StPO weder das Alter des Opferzeugen, noch die zu verhandelnde Straftat eine Rolle.

Betrachtet man zunächst § 251 Abs. 2 StPO, so kann die Vernehmung eines Zeugen durch die Vorführung einer Videoaufzeichnung über eine frühere „richterliche Vernehmung“ ersetzt werden, wenn für eine längere oder ungewisse Zeit eine Krankheit oder ein anderes nicht zu beseitigendes Hindernis dem Erscheinen des Zeugen in der Hauptverhandlung entgegensteht (Nr. 1). Eine Krankheit kann psychischer oder physischer Art sein und muss eine persönliche

1018 BT-Drucks. 13/4983, S. 8; *Diemer*, NJW 1999, 1667 (1674); *Beulke*, ZStW 113 (2001), S. 712 f.

1019 BGH, Beschluss vom 15.04.2003 – 1 StR 64/03, juris, Rn. 22 f.; kritisch hier *Beulke*, ZStW 113 (2001), S. 713 m.w.N.; *von Galen*, StV 2013, 171 (174).

1020 Vgl. *Diemer*, NJW 1999, 1667 (1673); MüKo-StPO/*Kreicker*, § 251 Rn. 2.

1021 Siehe hierzu auch *Wollmann*, Opferschutz, S. 223 ff.

Vernehmung in der Hauptverhandlung unmöglich machen.[1022] Es kommt nicht allein auf die Möglichkeit der körperlichen Anwesenheit des Opferzeugen, sondern auch auf die Vernehmungsfähigkeit zum Zeitpunkt der Vernehmung an. Es genügt, wenn die Zeugenvernehmung in der Hauptverhandlung voraussichtlich zu einer erheblichen Verschlechterung des psychischen Gesundheitszustands führt, was das Gericht nach freiem Ermessen beurteilen muss.[1023] Solche Fälle sind in der Rechtsprechung bislang eher selten anzutreffen. In einem derartigen Fall wurde bei einem erwachsenen Opfer einer Sexualstraftat der § 251 Abs. 1 Nr. 2 StPO angewandt und die persönliche Vernehmung durch die Verlesung der Niederschriften über die polizeilichen Vernehmungen ersetzt, weil dieser Opferzeuge infolge einer „posttraumatischen Belastungsstörung mit der Gefahr der andauernden Persönlichkeitsänderung nach Extrembelastung" während der bereits begonnenen Vernehmung in der Hauptverhandlung vernehmungsunfähig wurde. Die Vernehmung wurde ab dem Zeitpunkt seiner Vernehmungsunfähigkeit durch Niederschriften ersetzt.[1024] Diese Entscheidung verdeutlicht, dass eine schwere Form der posttraumatischen Belastungsstörung generell als Hinderungsgrund durch die höchstrichterliche Rechtsprechung anerkannt ist. Dies trifft auf den – in dieser Entscheidung herangezogenen – § 251 Abs. 1 Nr. 2 StPO sowie – da sich inhaltlich nahezu entsprechend – auf § 251 Abs. 2 Nr. 1 StPO, dessen rechtsstaatliche Schutzmechanismen sogar erhöht sind[1025], zu[1026]. Diese höchstrichterliche Entscheidung zeigt zudem, dass bei besonders sensiblen Opferzeugen grundsätzlich von Beginn der Hauptverhandlung an auf ihre Vernehmung verzichtet werden und durch die Niederschrift oder der Videoaufzeichnung, die „an der Spitze einer gedachten Skala der Authentizitätsvermutung"[1027] steht, ersetzt werden kann. Entscheidend ist, dass eine erhebliche Gefahr für den Gesundheitszustand bei der persönlichen Vernehmung in der Hauptverhandlung mittels ärztlicher, psychologischer bzw. psychiatrischer Atteste bescheinigt wird und andere Zeugenschutzmaßnahmen diese Gefahr nicht deutlich minimieren können.[1028] Letzteres bedeutet, dass die Vernehmungsunfähigkeit oder

---

1022 KK-StPO/*Gmel,* § 223 Rn. 4.

1023 BGH, Urteil vom 21.06.1956 – 3 StR 158/56 (NJW 1956, 1527 ff.); SK-StPO/*Velten,* § 251 Rn. 33.

1024 Siehe jetzt BGH, Beschluss vom 04.04.2007 – 4 StR 345/06, juris, Rn. 15 und 20.

1025 *Knauer/Wolf,* NJW 2004, 2932 (2935); *Meyer-Goßner/Schmitt,* § 251 Rn. 20.

1026 OLG München, Beschluss vom 18.01.2006 – 4 StRR 252/05 (NStZ-RR 2006, 111 ff.); siehe ferner LR-StPO/*Sander/Cirener,* § 251 Rn. 65.

1027 *Jahn,* StV 2015, 778 (781).

1028 Vgl. *Wollmann,* Opferschutz, S. 227.

die dringende Gefahr ihres Eintritts während der Vernehmungssituation attestiert wurde. Es genügt nicht, wenn der Opferzeuge zur Aussage eventuell fähig erscheint. Die bei richterlichen Vernehmungen geringeren Anforderungen an die Erreichbarkeit des Zeugen gem. § 251 Abs. 2 Nr. 1 StPO machen es im Vergleich zu § 251 Abs. 1 Nr. 2 StPO sogar unter erleichterten Bedingungen möglich, einen besonders sensiblen Opferzeugen im Einzelfall nicht persönlich in der Hauptverhandlung zu vernehmen. Interessanterweise wird diese Möglichkeit der Ersetzung bei besonders sensiblen (schutzbedürftigen) Opferzeugen kaum thematisiert und sie scheint auch in der Rechtsprechung nicht sehr präsent zu sein. Zu betonen ist noch, dass – anders als bei § 255a Abs. 2 StPO – die Mitwirkung des Beschuldigten bei der Vernehmung im Vorverfahren nicht obligatorisch für die Ersetzung ist, da ausschließlich die bei richterlichen Vernehmungen geltenden allgemeinen Schutzmechanismen (§ 255a Abs. 1, § 251 Abs. 2 Nr. 1, §§ 168c ff StPO) greifen und deshalb nicht – wie bei § 255a Abs. 2 StPO – die zwingende Mitwirkung des Beschuldigten bei der Opfervernehmung gesetzlich vorgeschrieben ist. Bei der Ersetzung nach § 255a Abs. 1, § 251 Abs. 1 Nr. 2 StPO würden mangels richterlicher Vernehmung (erfasst sind polizeiliche/staatsanwaltschaftliche Vernehmungen) im Vorverfahren nicht einmal die allgemeinen Schutzmechanismen des §§ 168c ff. StPO greifen.

bb. Umsetzungsstand der europäischen Vorgaben, Kritik und rechtspolitische Folgerungen

(1) Es muss konstatiert werden, dass das deutsche Recht die europäischen Vorgaben im Bereich der „besonderen Schutzvorschriften" für Opferzeugen nicht in der erforderlichen Weise umsetzt:

Die Vorgabe der Einführung eines individuellen Begutachtungsverfahrens des Opfers meint der deutsche Gesetzgeber mit § 48 Abs. 3 StPO umfassend zu erfüllen. Zu beachten ist dabei, dass die EU tatsächlich einen weiten Ermessensspielraum für die Umsetzung einräumt und erklärt hat, dass sich die Mitgliedstaaten selbst um ein „funktionierendes System" bemühen müssen. Die Umsetzungsvorgaben sind insoweit nicht sonderlich streng. Dennoch gilt diese Vorschrift als eine der bedeutendsten Errungenschaften der Richtlinie 2012/29/EU. Die Mitgliedstaaten haben daher nicht in jeder Hinsicht freie Hand bei der Ausgestaltung des Begutachtungsverfahrens, denn die EU verbindet mit dem Begutachtungsverfahren gewisse verbindliche Vorstellungen, die sich in der nationalstaatlichen Regelung wiederfinden sollten. Vorliegend stechen zwei Problemkreise hervor. Das betrifft zum einen die Funktion des Begutachtungsverfahrens. Zum anderen die

auferlegte Pflicht zur Prüfung, dass bei einem Interessenkonflikt zwischen einem minderjährigem Opfer und dem Träger des elterlichen Sorgerechts ein Vertreter bestellt werden muss.
Blickt man zunächst auf den genannten ersten Problemkreis, dann verlangt die EU nach einem Begutachtungsverfahren, in dem frühzeitig im Vorverfahren festgestellt wird, ob es sich um einen besonders schutzbedürftigen Opferzeugen handelt, für den prozessuale Schutzmaßnahmen einzuleiten bzw. in Betracht zu ziehen sind. Der deutsche Gesetzgeber hat sich dafür entschieden, diesen Zeitpunkt auf die „erste Vernehmung" im Vorverfahren zu legen, die regelmäßig durch einen Sachbearbeiter der Polizei durchgeführt wird. Das entspricht den Vorstellungen der EU, die insbesondere diejenige Institution in das Begutachtungsverfahren einbinden wollte, die nach der Anzeige der Straftat als erste in Kontakt mit dem Opfer tritt. Die Normkonzeption des § 48 Abs. 3 StPO verrät jedoch, dass sich der deutsche Gesetzgeber mit der Problematik, die die EU mit diesem Begutachtungsverfahren konkret geregelt sehen wollte, nicht weiter auseinandergesetzt hat. § 48 Abs. 3 StPO sieht vor, dass diejenige staatliche Institution, die eine Verhandlung, Vernehmung oder sonstige Untersuchungshandlung durchführt, sich vor dieser konkreten Verfahrenshandlung darüber zu vergewissern hat, ob eine Schutzbedürftigkeit vorliegt sowie die Einleitung von Schutzmaßnahmen für diese Verfahrenshandlung erfordert. Damit aber erfüllt die „Begutachtung" des Opfers nur einen Teil des europäischen Schutzauftrags. Die EU verfolgt mit der Forderung nach einer „frühzeitigen" Begutachtung eben auch, dass man für das gesamte weitere Verfahren Vorkehrungen trifft, damit in den sämtlichen Verfahrensabschnitten der Opferschutz dem Einzelfall entsprechend berücksichtigt wird. Die das Opfer erstmals begutachtende staatliche Institution soll also die ersten – wenn auch nicht unverrückbaren – Maßstäbe setzen, damit von Beginn an besondere Sorgfalt auf die Vermeidung von unnötigen bzw. rechtlich zu verhindernden Belastungen des Opfers gelegt wird. Die EU verlangt daher nicht nur ein punktuell-selektives, sondern auch ein vorausschauendes, weitsichtiges Begutachtungsverfahren. Letzteres ist § 48 Abs. 3 StPO nicht zu entnehmen, obwohl bereits im Vorverfahren entscheidende Weichen für opferschützende Maßnahmen für die noch folgende Hauptverhandlung gestellt werden (bspw. § 255a StPO). Das Begutachtungsverfahren, wie es die EU fordert, setzt ein effektives Zusammenspiel der im Verfahren beteiligten Institutionen voraus. Um die europäischen Anforderungen umfassend zu erfüllen, bietet es sich an, dass der Polizeibeamte, der die erste Vernehmung im Vorverfahren durchführt, eine – ggfs. durch ein bestimmtes Raster vorgegebene – „Vorauswahl"

trifft, die aktenkundig zu machen ist. Schließlich ist die Polizeibehörde bis zur Hauptverhandlung häufig die einzige Institution des Strafjustizsystems, die den Opferzeugen persönlich in Augenschein genommen hat. Auf diese Weise könnte eine „Filterung" solcher Sachverhalte, in denen die besondere Schutzbedürftigkeit des Opferzeugen kategorisch auszuschließen ist bzw. keine Anzeichen für eine solche vorhanden sind, erfolgen oder frühzeitig die gesteigerte Aufmerksamkeit auf opferschützende Maßnahmen gelenkt werden. Eine solche gesetzlich vorgeschriebene Vorauswahl könnte mit der Verpflichtung einer „unmittelbaren" Kontaktaufnahme mit dem jeweils zuständigen Staatsanwalt einhergehen. Dadurch könnte frühzeitig über die Einleitung bzw. Beantragung weiterer Verfahrenshandlungen entschieden werden, wie bspw. eine richterliche Vernehmung des Opfers als Untersuchungshandlung, die nur auf Antrag der Staatsanwaltschaft durchgeführt wird. Hierdurch würde man der EU Vorgabe gerecht, jedes Opfer einer Straftat als potenziell schutzbedürftig anzusehen bzw. zu behandeln. Die hiesige Untersuchung zeigte, dass die Gerichte nicht selten erstmals unmittelbar vor Beginn oder während der Hauptverhandlung mit der Frage der Erforderlichkeit der Einleitung von besonderen Schutzmaßnahmen konfrontiert werden. Das dürfte auch an der fehlenden Thematisierung in den Verfahrensakten liegen. Auch dies gilt es nach den Vorstellungen der EU aber zu vermeiden. Deshalb ist dem deutschen Gesetzgeber neben einer stärkeren Einbindung der Polizei im Vorverfahren auch zu empfehlen, das Verfahrensstadium der „Vorbereitung der Hauptverhandlung" zugunsten des Zeugenschutzes auszubauen und eine Art „gestaffeltes Begutachtungsverfahren" zu etablieren. So könnte die Frage der Schutzbedürftigkeit und Erforderlichkeit bestimmter Schutzmaßnahmen bereits im Vorfeld der Hauptverhandlung thematisiert und geklärt werden. Der gerichtliche Beschluss über die Einleitung von besonderen Schutzmaßnahmen kann nach höchstrichterlicher Rechtsprechung gerade auch außerhalb der Hauptverhandlung unter Beachtung der allgemeinen Vorschriften zur Besetzung des Gerichts ergehen. Eine prozessuale Schieflage zuungunsten des Beschuldigten droht nicht. Ein solcher Beschluss kann nicht zuletzt in der Hauptverhandlung zurückgenommen werden, wenn sich die Sachlage zur Schutzbedürftigkeit ändern sollte. Die Verteidigung kann sich mit entsprechenden Anträgen (ggfs. auch durch das Beanstandungsrecht) stets wehren. Über die Modalitäten der Beweisaufnahme vorzeitig Klarheit zu schaffen, macht die Beweisaufnahme bezüglich opferschützender Maßnahmen planbar und wirkt gerade auch unerwarteten oder überraschenden Änderungen, die mit einer faktischen Schwächung der Verteidigerposition einhergehen können, entgegen.

Der – einleitend erwähnte – zweite Problemkreis betrifft die Vorgaben der EU hinsichtlich der Vertretung minderjähriger (unmündiger) Opferzeugen, denen bei einem „Interessenkonflikt“ mit den (elterlichen) Sorgeberechtigten ein Vertreter zur Interessenwahrnehmung bestellt werden muss. Mit § 52 Abs. 2 StPO existiert eine Norm, die die Vertretung im Fall eines „Interessenkonflikts“ zwischen dem unmündigen Opferzeugen und dem Träger des (elterlichen) Sorgerecht garantiert. Sie bezieht sich jedoch nur auf die Vorschriften zum Zeugnisverweigerungsrecht. Was die sonstige Ausübung der Rechtsposition des minderjährigen Opfers anbelangt, die über die Zeugenstellung hinausgeht und die generell auch minderjährigen Opferzeugen zusteht, ist eine solche Interessenvertretung nicht vorgesehen. Genau das allerdings möchte die EU ebenfalls erfasst sehen, so dass auch hier Nachholbedarf in der Umsetzung der europäischen Vorgabe besteht. Dass nach der geltenden StPO ein „Interessenkonflikt“ nur dann angenommen wird, wenn es sich beim Sorgeberechtigten (oder sorgeberechtigten Elternteil) um einen „Beschuldigten“ handelt, steht mit EU Recht wiederum im Einklang.
Festzuhalten ist, dass bei diesen zwei Problemkreisen folglich gesetzgeberischer Handlungsbedarf besteht. Der Gesetzgeber sollte zusätzlich auch die nach hiesiger Ansicht missglückte Verwendung der Regelbeispieltechnik in § 48 Abs. 3 S. 2 StPO streichen. Ohne ersichtlichen Grund begünstigt der Gesetzgeber dadurch, dass die in § 48 Abs. 3 S. 2 StPO nicht genannten Schutzmaßnahmen ins Hintertreffen geraten und in der Rechtspraxis an Bedeutung verlieren könnten. Er lässt hier unberücksichtigt, dass jede einzelne besondere Schutzmaßnahme einen bestimmten – und von den anderen Schutzmaßnahmen abzugrenzenden – Schutzzweck verfolgt, damit auf die Vielseitigkeit der Formen der Schutzbedürftigkeit eines Opfers einzelfallgerecht reagiert werden kann. Dies wird durch die missglückte Verwendung der Regelbeispieltechnik noch zusätzlich dadurch verschleiert, dass er explizit betont, dass er die Anwendung der als Regelbeispiele genannten (nach hiesiger Ansicht willkürlich gewählten) Schutzmaßnahmen „sichergestellt haben“ will. Diese fragwürdige Verwendung der Regelbeispieltechnik ist zu streichen oder wahlweise durch eine Auflistung sämtlicher zeugenschützender strafprozessualer Maßnahmen zu ergänzen.

Weitere Defizite ergeben sich auch bei der Umsetzung der EU-Vorgaben hinsichtlich der einzelnen besonderen Schutzmaßnahmen:
Beschränkt man sich zunächst auf die Vorgaben der EU zu den Vernehmungsmodalitäten im Vorverfahren, dann zeigt sich, dass der deutsche

Gesetzgeber einen Teil dieser EU Vorgaben nicht im deutschen Recht implementiert hat. Als einzige Ausnahme ist die vom Gesetzgeber angestoßene flächendeckende technische Aufrüstung der Polizeidienststellen und der Justizgebäude anzusehen, die mit Blick auf eine Entscheidung des BVerfG aus dem Jahre 2014 zur Verhinderung willkürlicher hoheitlicher Entscheidungen ohnehin überfällig war, um Verfassungsverstöße zu vermeiden. Dass diese Aufrüstungswelle nicht aus Gründen des Opfer- und Zeugenschutzes erfolgte, sondern auf die rechtspolitisch beschlossene Ausweitung von Videoaufzeichnungen von Vernehmungen des Beschuldigten (§ 136 Abs. 4 StPO n.F.[1029]) zurückgeht, ist unschädlich, solange ein europarechtskonformer Zustand besteht und die Vernehmung des Opferzeugen in entsprechenden, technisch ausgestatteten (und behindertengerechten) Räumlichkeiten durchgeführt werden kann. Es bleibt nachzuprüfen, inwieweit die Verwaltung in Bund und Ländern diesem gesetzlichen Auftrag tatsächlich nachkommt und inwieweit zukünftig ausreichend technische Ausstattung vorhanden sein wird, um der – hier vertretenen Forderung nach einer – Ausweitung von Videoaufzeichnungen bei Opferzeugenaussagen gerecht zu werden.

Nicht umgesetzt hat der deutsche Gesetzgeber jedoch die weiteren Vorgaben der EU zu den Vernehmungsmodalitäten bei schutzbedürftigen Opfern im Vorverfahren. Während die Umsetzungsvorgabe der EU, dass Vernehmungen von besonders schutzbedürftigen Opferzeugen nur von für „diese Zwecke ausgebildeten Fachkräften" durchgeführt werden darf, wohl wegen des hohen Ausbildungsniveaus – namentlich der Polizeibeamten[1030] – in Deutschland noch als erfüllt angesehen werden kann, fehlen in der gesamten Strafverfahrensrechtsordnung dennoch Regelungen, die vorgeben, dass im Vorverfahren möglichst „dieselben Personen" im Falle von mehreren Vernehmungen agieren, und dass diese bei sexueller und/oder körperlicher Gewalt in engen Beziehungen auf Wunsch des Opfers auch dem gleichen Geschlecht angehören. Diese Schutzvorkehrung wurde nicht in das Ermessen der Mitgliedstaaten gestellt und ist im nationalen Recht zu verankern. Diese Vorgabe hat der deutsche Gesetzgeber im Rahmen des 3. OpferRRG entweder übersehen oder schlicht ignoriert. Wenn man bedenkt, dass die EU wohl hierbei großzügige Ausnahmen anerkennt, wird es aus rechtspolitischer Sicht ausreichend sein, wenn zusätzliche Verwaltungsvorschriften in den RiStBV geschaffen werden, um dieses Schutzniveau der EU zu erreichen.

1029 Die Vorschrift tritt am 01.01.2020 in Kraft.

1030 Hierzu näher unten S. 441 ff.

Bezüglich der Vorgabe, dass die Mitgliedstaaten Maßnahmen zur Verhinderung des Blickkontakts im Sitzungssaal zwischen einem besonders schutzbedürftigen Opferzeugen und dem Angeklagten einführen müssen, kennt die StPO den Ausschluss des Angeklagten nach § 247 StPO während der Opfervernehmung. Der § 247 StPO erfüllt die europäischen Anforderungen aber nicht in vollem Umfang. Zudem läuft die Normkonzeption des § 247 StPO dem Opferschutzgedanken im Einzelfall zuwider, obwohl § 247 S. 2 StPO vorrangig diesem Zweck dienen soll.
Blickt man zunächst auf die Umsetzung der europäischen Vorgaben, dann muss die nationale Schutzvorkehrung dafür sorgen, dass der Blickkontakt während der gesamten Dauer der Anwesenheitspflicht des Opferzeugen im Sitzungssaal vermieden wird. Wie sich gezeigt hat, kann § 247 StPO diese Anforderung nur teilweise erfüllen. Der Ausschluss kann sich wegen der in der StPO traditionell strengen Anwesenheitspflicht eines Angeklagten während der Hauptverhandlung konzeptionell nicht auf die gesamte Vernehmungssituation beziehen. Der Ausschluss ist nämlich auf die eigentliche Aussage des Opferzeugen beschränkt. Wie sich zeigte, muss der Angeklagte während der Vernehmung und auch vor der Entlassung des Opfers – ggfs. also mehrfach – in den Sitzungssaal geholt werden, um seine Rechtsposition angemessen ausüben zu können. Dies kommt insbesondere in der Unterrichtungspflicht des Vorsitzenden Richters nach § 247 S. 4 StPO zum Ausdruck. Der Beschluss des Gerichts, einen Angeklagten während der Opfervernehmung auszuschließen, ist daher nicht mit einem Gesamtausschluss bis zur endgültigen Entlassung des Opferzeugen gleichzusetzen. Genau aus diesem Grund werden die EU Vorgaben aber nur unzureichend umgesetzt. § 247 StPO regelt nicht, was mit dem Opferzeugen in der Phase der (temporären und sich ggfs. wiederholenden) notwendigen Wiederherstellung der Anwesenheit des Angeklagten geschehen soll, um es vor Blickkontakten zu schützen. Diese Frage ist gesetzlich nicht geregelt und unterfällt der verantwortungsbewussten Verfahrensführung des Gerichts, was keinen umfassenden Schutz zur Verhinderung des Blickkontakts mit dem Angeklagten im Sitzungssaal gewährleistet, wie es die EU sich vorstellt. Neben diesem Umsetzungsdefizit ist § 247 StPO aber auch generell aus konzeptionellen Gründen problematisch, weil die mit dem Ausschluss eines Angeklagten verbundenen revisionsrechtlich relevanten Fehlerquellen zahlreich sind und daher potenziell zu weiteren (Mehr-)Belastungen des Opferzeugen beitragen können. Sowohl das aufgezeigte Umsetzungsdefizit der EU Vorgaben als auch die normkonzeptionell bedingte „Revisionsfalle" bei Anwendung des § 247 StPO ließen sich dadurch beheben, indem man die Videoübertragung

der Vernehmung des Opfers im Sitzungssaal beim Ausschluss des Angeklagten gesetzlich vorschreiben würde. Zum einen wäre dadurch sichergestellt, dass ein Opfer während der gesamten Vernehmungssituation der visuellen und akustischen Einwirkung des Angeklagten nicht ausgesetzt wäre, was den EU Vorgaben ausreichend Rechnung trüge (die EU verweist ausdrücklich auf den Einsatz von Kommunikationstechnologie). Zum anderen würden durch die Videoübertragung der Vernehmung auch diejenigen Aspekte besser als gegenwärtig umgesetzt, mit denen der Große Senat des BGH die Notwendigkeit der Wiederherstellung der Anwesenheit eines ausgeschlossenen Angeklagten vor der Zeugenentlassung unterstrich. Die direkte Videoübertragung ermöglicht nämlich die „Vornahme von Verfahrenshandlungen auf Grund des von ihm selbst [dem Angeklagten] wahrgenommenen Verlaufs der Hauptverhandlung", wie es der Große Senat des BGH betont. Eine lückenlose und unverfälschte Wiedergabe des Geschehens im Sitzungssaal während der Opfervernehmung kann nur durch eine direkte Videoübertragung gewährleisten werden, die der – in der Regel selektiven – Unterrichtung des Vorsitzenden nach § 247 S. 4 StPO deutlich überlegen sein dürfte. Zudem wäre die faktische Mitwirkung des Angeklagten in einem deutlich geringeren Maß erschwert, als es ohne eine direkte Videoübertragung der Fall ist. Die zeitgleiche Mitwirkung des Angeklagten während der Opfervernehmung ließe sich trotz der körperlichen Abwesenheit durch Kommunikationstechnologie sichern, indem etwa ein permanenter Austausch mit dem Verteidiger ermöglicht werde. Der § 247 StPO wäre dann nicht nur europarechtskonform, sondern es wäre auch gerechtfertigt, die derzeit geltenden strengen Maßstäbe zur Wiederherstellung der Anwesenheit des Angeklagten im Fall seines Ausschlusses bei einer Opfervernehmung zu lockern.

Was die Verpflichtung der Mitgliedstaaten anbelangt, durch Schutzmaßnahmen eine Aussagemöglichkeit außerhalb des Sitzungssaals unter Verwendung von Kommunikationstechnologie zu schaffen, erfüllt die deutsche Rechtslage mit § 247a StPO die europäischen Anforderungen, die insoweit keine weiteren und konkreten Vorgaben an die nationale Umsetzungsvorschrift stellen (zur Kritik an der deutschen Regelung aber unten).

Gleiches gilt hinsichtlich der Vorgabe der EU, eine Schutzvorschrift zur Möglichkeit des Ausschlusses der Öffentlichkeit während der Opfervernehmung zu implementieren. Mit § 171b StPO existiert im deutschen Verfahrensrecht eine Regelung, die den Umsetzungsvorgaben der EU entspricht (zur Kritik an der deutschen Regelung ebenfalls unten).

Was die europäischen Anforderungen zur Beschneidung des Fragerechts zum Privatsphärenschutz des Opferzeugen angeht, bestehen zumindest Zweifel, ob die deutsche Rechtslage (§§ 241 Abs. 2, 68a StPO) das europäische Mindestschutzniveau erreicht. Das betrifft ausdrücklich nicht die Umsetzungsvorgaben der EU, die „lediglich" vorschreibt, dass Fragen zum Privatleben gestellt werden dürfen, wenn sie zumindest einen mittelbaren Zusammenhang zur Straftat aufweisen. Dieses Mindestschutzniveau erreicht die deutsche Rechtslage, indem sie Fragen zum persönlichen Lebensbereich gestattet, wenn diese für die Aufklärung der Tat „unerlässlich" (§ 68a StPO) sind. Der Begriff der Unerlässlichkeit erlaubt Fragen, die sowohl einen unmittelbaren (Haupttatsachen) als auch einen mittelbaren (Hilfstatsachen) Bezug zur Straftat aufweisen. Obendrein wird ein besonderer Sorgfaltsmaßstab bei Fragen bzw. Erörterungen zu Hilfstatsachen durch den BGH eingefordert (was das Schutzniveau zumindest minimal noch steigern dürfte). Zieht man jedoch die aktuelle Rechtsprechung des EGMR heran, der sich kürzlich und erstmals zum konventionsrechtlichen Schutz der Privatsphäre des Opferzeugen während der Befragungssituation in der Hauptverhandlung äußerte, dann hat der EGMR den Rechtfertigungsmaßstab hinsichtlich solcher Fragen zu den Hilfstatsachen, die der Überprüfung der allgemeinen Glaubwürdigkeit dienen und nicht im unmittelbaren Zusammenhang mit der Tataufklärung stehen, verschärft und somit den europäischen Schutzstandard angehoben. Schließlich hat der EGMR im konkreten Fall trotz Einleitung verschiedener Zeugenschutzmaßnahmen des nationalen Gerichts (darunter insbesondere auch Zurückweisung einzelner konfrontativer bzw. in Teilen provokativer Befragungen) einen Verstoß gegen die EMRK wegen unzureichender Schutzmaßnahmen festgestellt. Zwar lässt sich die Reichweite dieser Entscheidung des EGMR nur mit Vorsicht abschätzen. Aber anscheinend missfällt ihm dabei gerade die Zulässigkeit zur Befragung des Opferzeugen, wenn diese „nur mittelbar mit der Straftat" (Hilfstatsachen) im Zusammenhang steht. Neben diesen Bedenken an der Erreichung des europäischen Mindestschutzstandards bestehen noch „größere" Zweifel bezüglich der Vereinbarkeit mit den grundgesetzlichen Maßstäben, die das BVerfG allgemein zum „unantastbaren Kernbereich privater Lebensgestaltung" gesetzt hat. Dass der BGH bei einer Befragung zu Hilfstatsachen einen erhöhten Sorgfaltsmaßstab einfordert, dürfte wohl nicht ausreichen, um diesen Maßstäben auch gerecht zu werden. Schließlich lässt das einfache Recht weiterhin undifferenziert Fragen zum höchstpersönlichen Lebensbereich des Opferzeugen zu, die nach den Maßstäben des BVerfG den unantastbaren Kernbereich privater Lebensgestaltung des Opfers betreffen könnten. Gemeint sind die Hilfstatsachen, die einen nur mittelbaren Bezug zur Straftat aufweisen. Der Gesetzgeber sollte demnach nachbessern. Der grundrechtlich bereits geprägte Terminus „unantastbarer Kernbereich privater Lebensgestaltung“ ließe sich gesetzlich durchaus verankern und keine Bedenken bezüglich des Bestimmtheitsgrundsatzes auslösen, da dieser in der StPO kein Novum darstellt[1031]. Die Auslegung im Zusammenhang mit § 68a StPO wäre dann zuvörderst Aufgabe der Rechtsprechung. Die Befragung zum „unantastbaren Kernbereich privater Lebensgestaltung“ ist zwar statthaft, eine Antwort des Opfers aber nicht erzwingbar. Danach wären die bestehenden Zweifel an der Vereinbarkeit mit europäischen und mit nationalen verfassungsrechtlichen Maßstäben behoben.

Des Weiteren verlangt die EU, dass die Mitgliedstaaten entsprechende Maßnahmen treffen, damit im Einzelfall die Aussage des Opferzeugen im Kindesalter während des Vorverfahrens per Video aufgezeichnet und als Beweismittel verwertet werden kann. Dem kindlichen Opferzeugen soll eine „persönliche“ Vernehmung in der Hauptverhandlung erspart bleiben. Bei erwachsenen Opferzeugen, die entsprechend schutzbedürftig sind, wird diese Möglichkeit der Ersetzung der persönlichen Vernehmung seitens der EU zumindest empfohlen, ohne dies von den Mitgliedstaaten aber verbindlich einzufordern. Diesen Vorgaben wird die deutsche Rechtslage mit § 255a Abs. 2 StPO, der konkret die Ersetzung der persönlichen Vernehmung des Opferzeugen unter 18 Jahren im Rahmen der Hauptverhandlung regelt, im Wesentlichen gerecht[1032]. Einzig problematisch aber ist der enumerative Straftatenkatalog in § 255a Abs. 2 StPO, der nur bestimmte Straftaten aufführt und bspw. andere im StGB ebenfalls kodifizierte Gewaltdelikte (bspw. §§ 223, 224 StGB) ausnahmslos nicht erfasst. Die Ersetzung der persönlichen Vernehmung nach § 255a Abs. 2 StPO ist in diesen Fällen nicht möglich. Dies aber verträgt sich mit dem europäischen Opferbegriff nicht, der bei der Umsetzung sämtlicher Richtlinienbestimmungen herangezogen werden muss und der nicht bezüglich einzelner Straftatbestände zum Schutz der körperlichen Integrität unterscheidet. Nach den Vorstellungen der EU müsste § 255a Abs. 2 StPO somit bei allen Delikten zum Schutz der körperlichen Integrität anwendbar sein können. Der Gesetzgeber sollte hier nachbessern, um einen europarechtskonformen Zustand herzustellen. Das ließe sich rechtspolitisch schnell erreichen, indem der Straftatenkatalog

---

1031 Vgl. etwa § 100d StPO.

1032 Zur Videoaufzeichnung im Vorverfahren bereits oben, S. 304 ff.

etwa in „Regelbeispiele" umformuliert wird und dadurch die Beschränkung auf bestimmte Delikte entfiele und mehr Flexibilität bei der Anwendung erreicht würde.
Soweit die EU empfiehlt, dass auch bei erwachsenen Opferzeugen die Möglichkeit der Ersetzung der Aussage durch eine Videoaufnahme bestehen sollte, ist zunächst festzuhalten, dass eine den § 255a Abs. 2 StPO entsprechende Vorschrift in der StPO bislang nicht existiert. Der Gesetzgeber hat sich zu dieser Rechtsfrage bisher auch nicht geäußert. Zwar konnte festgestellt werden, dass das geltende deutsche Recht der Auslegung zugänglich ist, auch den besonders sensiblen erwachsenen Opferzeugen die persönliche Aussage in der Hauptverhandlung durch die Ersetzung der Videoaufzeichnung seiner Aussage aus dem Vorverfahren über § 255a Abs. 1, § 251 Abs. 1 und Abs. 2 StPO zu ersparen. Allerdings gilt dies nur, wenn der Opferzeuge wegen seines „psychischen Zustands" vernehmungsunfähig ist oder die dringende Gefahr des Eintritts seiner Vernehmungsunfähigkeit während der persönlichen Vernehmung besteht. Die gesetzlichen Anforderungen sind hoch, weshalb eine Ersetzung der persönlichen Vernehmung des erwachsenen Opferzeugen durch die Videoaufzeichnung als eher unwahrscheinlich gelten kann, selbst wenn es sich im Einzelfall um einen solchen besonders sensiblen und schutzbedürftigen Opferzeugen handelt und eine persönliche Aussage dieses Opfers in der Hauptverhandlung einen erheblichen Grundrechtseingriff darstellen würde. Die geltende StPO ist bei erwachsenen Opferzeugen insgesamt unflexibel. Die ihm zugrunde liegende Wertung, dass „erwachsene gegenüber minderjährigen Opferzeugen" stets weniger schutzbedürftig sind sowie Sexual- gegenüber anderen Gewaltdelikten den Gesundheitszustand des Opfers stets nachteiliger beeinträchtigten, kann und konnte aus opferschützenden Gesichtspunkten zu keinem Zeitpunkt überzeugen. Entscheidend muss der Einzelfall sein. Die Opfererfahrung und ihre Verarbeitung sind derart individuell, dass sich ein derart enger und starrer Blickwinkel an sich verbietet. Die unterschiedliche Behandlung von erwachsenen und minderjährigen Opfern konnte der Gesetzgeber bisher nur mit dem – die StPO noch immer prägenden – Verständnis der Unmittelbarkeit der Hauptverhandlung begründen, wonach der Beweiswert der persönlichen Aussage des Zeugen stets dem Beweiswert des Beweismittelsurrogats – wie der Videoaufzeichnung – überlegen sei. Gerade diese Annahme der qualitativen Überlegenheit der persönlichen Zeugenaussage in der Hauptverhandlung rechtfertige es dann, die Ersetzungsmöglichkeiten auf Opferzeugen im Kindesalter und auf einzelne Straftaten zu begrenzen. Wie sich zeigte, regt sich (auch wegen des digitalen Fortschritts) allerdings Widerstand an

der traditionellen Auslegung des Unmittelbarkeitsgrundsatzes, der die pauschale Annahme der qualitativen Überlegenheit des Personal- gegenüber dem Sachbeweis in der Hauptverhandlung nicht nur in Frage stellt, sondern gerade in dieser Pauschalität nicht länger vertretbar macht. Man befürwortet eine den Besonderheiten des Einzelfalls zugängliche Beweisaufnahme, die die Wahl des Beweismittels allein am „Grundsatz der Wahrheitsfindung" ausrichte. Nach hiesiger Ansicht wird der deutsche Gesetzgeber dieser Annahme keine inhaltlich überzeugenden Argumente mehr entgegensetzen können, womit letztlich auch die Argumentationsgrundlage zur Rechtfertigung der in § 255a Abs. 2 StPO enthaltenden Differenzierung nach Opfergruppen entfällt. Wenn gegen die rechtliche Ausweitung der Ersetzung der persönlichen Vernehmung des erwachsenen und besonders schutzbedürftigen Opfers durch eine Videoaufzeichnung seiner Aussage aus dem Vorverfahren also keine rationalen Argumente vorgebracht werden können, dann spricht die geschilderte Entwicklung zur Umdeutung des Unmittelbarkeitsgrundsatzes sowie die eindeutige europäische Tendenz und Empfehlung zur Ausweitung und Verwertung der Videoaufzeichnung aus Opferschutzerwägungen dafür, den § 255a Abs. 2 StPO für erwachsene Opferzeugen zu öffnen[1033]. Dass der Grundsatz der Wahrheitsfindung gegenüber dem Opferschutz aber im Zweifel stets Vorrang genießt, muss nach hiesiger Ansicht außer Frage stehen. Eine persönliche Aussage des erwachsenen Opferzeugen in der Hauptverhandlung muss rechtlich möglich bleiben und von den Verfahrensbeteiligten beantragt werden können, wenn diese erforderlich erscheint. Wie vom Arbeitskreis Alternativ-Entwurf Beweisaufnahme vorgeschlagen, bieten sich hierfür die bestehenden Regeln zum Beweisantragsrecht (§ 244 StPO) an.

Wichtig ist hierbei, dass laut EU die Umsetzung der Schutzmaßnahmen unbeschadet der Verteidigungsrechte erfolgen muss. Der Rechtsprechung des EGMR zum Recht des Angeklagten auf konfrontative Befragung kommt in den Fällen, in denen ein schutzbedürftiger Opferzeuge in der Hauptverhandlung nicht persönlich aussagen muss, besondere Bedeutung zu. Wie dargestellt, haben zwei Leitentscheidungen der Großen Kammer des EGMR zu einem Rechtsprechungswandel geführt und die Konventionsrechtslage zum Nachteil der Angeklagtenrechte ausgelegt. Seitdem ist nicht mehr nur

1033 Wie die vorliegende Untersuchung zeigt, handelt es sich hierbei auch aus konventionsrechtlicher Sicht primär um eine nationale Rechtsfrage, die der EGMR (bislang) unkommentiert lässt.

das Element der Konfrontation, sondern auch das Element der Befragung selbst auf die Stufe einer „Soll-Vorschrift“ abgesenkt worden. Die deutschen Ersetzungsvorschriften (§ 255a Abs. 2 StPO und §§ 255a Abs. 1, 251 Abs. 2 StPO) müssen an diesen Konventionsmaßstäben jedenfalls gemessen werden.

Nimmt man zunächst § 255a Abs. 2 StPO in den Blick, wurde festgestellt, dass die Ersetzung der persönlichen Aussage in der Hauptverhandlung durch eine Videoaufzeichnung einer früheren Aussage rechtlich nur möglich ist, wenn der Angeklagte und der – soweit vorhanden – Verteidiger kumulativ Gelegenheit zur Mitwirkung hatten. Daher ist bei der Anwendung dieser Vorschrift ausgeschlossen, dass es sich bei der aufzeichneten Aussage um eine unkonfrontierte Zeugenaussage handeln könnte, bei der der EGMR letztlich besonders hohe Anforderungen an die zur Kompensation notwendigen angemessenen Ausgleichsmaßnahmen zur Wahrung der Verfahrensfairness stellt. Da die Gelegenheit der Mitwirkung bei § 255a Abs. 2 StPO eine Anwendungsvoraussetzung darstellt, liegt damit bereits eine sehr gewichtige, nach früherer EGMR Rechtsprechung sogar die Untergrenze der Verfahrensfairness markierende, Ausgleichsmaßnahme vor. Als weitere gewichtige Ausgleichsmaßnahme zum Erhalt der Verfahrensfairness sieht der EGMR das Abspielen einer Videoaufzeichnung über die frühere Zeugenaussage an, weil sie dem Gericht in der Hauptverhandlung ermögliche, sich einen Eindruck von der Glaubwürdigkeit des Zeugen zu verschaffen. Bei der Anwendung des § 255a Abs. 2 StPO ist auch eine Videoaufzeichnung vorhanden, die vor der Hauptverhandlung als Kopie an die Verteidigung zu übergeben ist, um eine „effektive“ Verteidigung in der Hauptverhandlung zu gewährleisten. Darüber hinaus stellen die jüngst erfolgten Änderungen zur Pflichtverteidigerbestellung im Vorverfahren (§ 141 Abs. 3 StPO), die regelmäßig für die Bestellung des Verteidigers noch vor Durchführung der „richterlichen Vernehmung“ im Vorverfahren sorgen werden, weitere Schutzvorkehrungen dar, die der EGMR im Rahmen seiner Beurteilung einbezieht. Daher kann konstatiert werden, dass § 255a Abs. 2 StPO derart konzipiert ist, dass doch zahlreiche – aus konventionsrechtlicher Sicht – bedeutende Ausgleichsmaßnahmen greifen, die in der Summe die Verfahrensfairness nach Art. 6 Abs. 1, Abs. 3 lit. d EMRK sicherstellen werden.

Betrachtet man die vorgestellte zweite Alternative der Ersetzung einer persönlichen Aussage des Opfers (§§ 255a Abs. 1, 251 StPO), dann ist die Existenz von „angemessenen Ausgleichsmaßnahmen“ nicht in gleicher Weise gewährleistet. Dies liegt daran, dass § 251 Abs. 2 StPO keine gesonderten Schutzvorkehrungen zugunsten der Verteidigung vorsieht, sondern lediglich die

„allgemeinen" Schutzmechanismen von richterlichen Vernehmungen im Vorverfahren (§§ 168c ff. StPO) greifen. Um die persönliche Aussage des Opfers nach §§ 255a Abs. 1, 251 Abs. 2 StPO zu ersetzen, ist es – anders als bei § 255a Abs. 2 StPO – insbesondere nicht erforderlich, dass der Beschuldigte selbst die Gelegenheit der Mitwirkung während der richterlichen Vernehmung im Vorverfahren erhalten haben muss. Dieser Umstand könnte dazu führen, dass die persönliche Aussage des Opfers in der Hauptverhandlung durch eine Videoaufzeichnung einer „unkonfrontierten" Aussage aus dem Vorverfahren ersetzt wird, mit der Folge, dass der EGMR hohe Anforderungen an die bestehenden Ausgleichsmaßnahmen zum Erhalt der Verfahrensfairness stellt. In diesem Fall stiege die Wahrscheinlichkeit einer Verletzung des Konfrontationsrechts des Angeklagten deutlich, da die Hoheitsträger im Vorverfahren eine besondere Sorgfaltspflicht zur Einräumung des Konfrontationsrechts trifft, wenn Anzeichen vorhanden sind, dass es sich um ein besonders schutzbedürftiges Opfer handelt. Die erwähnte Reform der Pflichtverteidigerbestellung in § 141 Abs. 3 StPO wird aber voraussichtlich auch hier Früchte tragen und dafür sorgen, dass regelmäßig ein Verteidiger bestellt wird, der bei der richterlichen Vernehmung im Vorverfahren anwesend sein wird. In diesem Fall würde der EGMR im Ergebnis doch von einer „konfrontierten" Zeugenaussage ausgehen und daher wiederum geringere Anforderungen an die angemessenen Ausgleichsmaßnahmen stellen. Weil die Bestellung und damit die Mitwirkung des Verteidigers zwar bei einer richterlichen Vernehmung im Vorverfahren wahrscheinlich, aber gesetzlich nicht zwingend ist (vgl. § 141 Abs. 3 S. 4 StPO), ist dem deutschen Gesetzgeber nahezulegen, diese Schwachstellen im deutschen Recht zu beheben, um im Einzelfall Konventionsverstöße zu vermeiden. Diese Gefahr ließe sich weiter eindämmen, indem gesetzlich bestimmt würde, dass die richterliche Vernehmung des Opferzeugen (der nicht selten das einzige bzw. entscheidende Beweismittel darstellt) nicht ohne die Mitwirkung eines Verteidigers stattfinden darf. Auf diese Weise wäre ein bedeutender Schritt für die Verfahrensfairness gem. Art. 6 Abs. 1, Abs. 3 lit. d EMRK getan. Bei der Anwendung des § 255a Abs. 1, § 251 Abs. 1 Nr. 2 StPO bleibt hingegen die Gefahr des Konventionsverstoßes weiterhin akut, weil es sich dann um eine aufgezeichnete polizeiliche bzw. staatsanwaltschaftliche – und eben nicht richterliche – Vernehmung handelt, bei der die allgemeinen Schutzmechanismen für Beschuldigte nicht greifen.

Anzumerken ist, dass der EGMR eine Ersetzung der persönlichen Aussage eines Opferzeugen bzw. seine Abwesenheit in der Hauptverhandlung als „ultima ratio" ansieht, wenn es sich um eine bislang unkonfrontierte Zeugenaussage handelt. Bei konfrontierten Zeugenaussagen gilt diese „ultima ratio"

Vorgabe hingegen nicht. Gerade dies sollte die Rechtspolitik ermutigen, auch aus Opferschutzgründen die Rechtsposition der Verteidigung im Vorverfahren zu stärken. Wenn nämlich die Gelegenheit der Mitwirkung eines Verteidigers im Vorverfahren gesichert ist, sind keine ernsthaften Zweifel an der Vereinbarkeit des Art. 6 Abs. 1, Abs. 3 lit. d EMRK und der im deutschen Schrifttum „im Vordringen" befindlichen Meinung, den Unmittelbarkeitsgrundsatz umzudeuten und den prozessrechtlich verankerten (pauschalen) Vorrang des Personal- gegenüber dem Sachbeweis abzumildern, erkennbar.

(2) Unabhängig von der Umsetzung des europäischen Mindestschutzniveaus ist die deutsche Rechtslage aus folgenden Gründen kritikwürdig:

Es wurde festgestellt, dass die vorhandenen Vorschriften, die die Ersetzung der persönlichen Aussage des Opferzeugen in der Hauptverhandlung regeln (§ 255a Abs. 2 StPO und §§ 255a Abs. 1, 251 Abs. 2 und Abs. 1 StPO), nicht durchweg den europäischen Anforderungen entsprechen und deshalb Nachholbedarf besteht. Wie sich zeigte, ist etwa bei der richterlichen Vernehmung eines schutzbedürftigen Opferzeugen häufig mit dem Ausschluss des Beschuldigten nach § 168c Abs. 3 StPO zu rechnen. Damit ist die „persönliche Mitwirkung" des Beschuldigten, wie es § 255a Abs. 2 StPO tatbestandlich vorschreibt, nicht gesichert, was wiederum die Möglichkeit des Gerichts beschneidet, in der Hauptverhandlung auf § 255a Abs. 2 StPO zurückzugreifen. Diese in § 255a Abs. 2 StPO vorgeschriebene Mitwirkung ist – wie sich zeigte – einzig nur bei § 168e StPO gewährleistet, der einen eigenen Anwendungsbereich enthält und demnach keine – wie behauptet wird – echte Alternative zu § 168c Abs. 3 StPO, der als die Standardschutzmaßnahme in der Rechtspraxis bei Vernehmungen von schutzbedürftigen Opfern gilt, darstellt. Daher sollte der deutsche Gesetzgeber, auch vor dem Hintergrund der bereits oben geforderten Ausweitung des § 255a Abs. 2 StPO auf erwachsene Opferzeugen, rechtlich sicherstellen, dass bei einem Ausschluss des Beschuldigten die Gelegenheit seiner Mitwirkung gewahrt bleibt, damit in der Hauptverhandlung – sofern erforderlich – auf den § 255a Abs. 2 StPO zurückgegriffen werden kann. Deshalb sollte auch bei § 168c Abs. 3 StPO vorgeschrieben werden, dass eine Vernehmung „zeitgleich in Bild und Ton" zu übertragen ist, damit die Mitwirkungsbefugnisse des Beschuldigten gewahrt bleiben. Die Ausübung seiner persönlichen Mitwirkungsrechte könnte auch hier durch „Kommunikationsmittel" über den Verteidiger sichergestellt werden. Der deutsche Gesetzgeber wird aber explizit aufgefordert, dabei nicht das kumulative Mitwirkungserfordernis in § 255a Abs. 2 StPO, das sowohl dem Verteidiger als auch dem Beschuldigten jeweils die Gelegenheit der Mitwirkung garantiert, anzutasten. Nur das Zusammenwirken während der Vernehmung ist geeignet, die erörterten Defizite, mit denen die Verteidigung in der Phase der Vorbereitung auf diese Vernehmung ohnehin zu kämpfen hat, ein Stück weit auszugleichen. Dafür spricht auch, dass die Gelegenheit der Mitwirkung sowohl des Beschuldigten als auch des Verteidigers einen höheren Schutzstandard darstellt, den der EGMR im Rahmen der Prüfung einer behaupteten Verletzung des Art. 6 Abs. 1, Abs. 3 lit. d EMRK entsprechend würdigt.

Was § 247a StPO angeht, der die persönliche Vernehmung eines Opferzeugen außerhalb des Sitzungssaals per Videoübertragung ermöglicht, ist hier primär sein Verhältnis zu § 247 StPO, der den Ausschluss des Angeklagten aus dem Sitzungssaal regelt, zu hinterfragen. Spätestens seit dem Wegfall der früher in § 247a StPO enthaltenen Subsidiaritätsklausel, die eine vorrangige Anwendung des § 247 StPO vorsah, sollten diese beiden Vorschriften dem Gericht alternative Vorgehensweisen im Umgang mit besonders schutzbedürftigen Opferzeugen ermöglichen, wenn die dringende Gefahr für das Zeugenwohl aufgrund der Anwesenheit des Angeklagten im Sitzungssaal droht. Wie sich zeigte, hat der Gesetzgeber mit der Streichung der Subsidiaritätsklausel in § 247a StPO jedoch keinen Gleichklang dieser zwei Vorschriften erzeugt. Der Grund ist, dass § 247 StPO im Gegensatz zu § 247a StPO anfällig für zahlreiche revisionsrechtlich relevante Fehlerquellen ist und erhebliche prozessuale „Unannehmlichkeiten" zur Wahrung der Angeklagtenrechte mit dem Ausschluss eines Angeklagten verbunden sein können. Diese Gefahren drohen dem Gericht bei der Anwendung des § 247a StPO nicht, was naturgemäß Einfluss auf die Ermessensentscheidung des Gerichts hat, welche Vorschrift es anwendet. Das Gesetz gibt dem Gericht zu verstehen, dass es beim Ausschluss des Angeklagten gem. § 247 StPO größte Vorsicht walten lassen muss, während es bei der Videofernvernehmung des Opferzeugen gem. § 247a StPO keine größeren Verfahrensfehler zu befürchten hat. Obwohl die Gerichte tendenziell den „direkten persönlichen Kontakt" anstatt den digitalen Kontakt mit dem Opferzeugen suchen, erschwert ihnen die geltende Rechtslage die Anwendung des § 247 StPO. Der Gesetzgeber sollte daher sein ursprüngliches Bestreben, die beiden Vorschriften als „echte Alternativen" dem Gericht anzubieten, erneut angehen und nachbessern. Würde der Gesetzgeber die hiesigen rechtspolitischen Forderungen zu § 247 StPO, die aufgrund der bestehenden Defizite bezüglich der Umsetzung der EU Vorgaben oben geäußert wurden[1034], umsetzen, insbesondere

1034 Siehe oben S. 342 f.

die simultane Bild-Ton-Übertragung vorsehen, dann würde er den von ihm ursprünglich anvisierten Gleichklang zwischen § 247 S. 2 und § 247a StPO herstellen, ohne weitere Neuerungen vornehmen zu müssen. Das Gericht erhielte eine „unbefangene" Wahlmöglichkeit zwischen den beiden Schutzvorschriften, deren Existenz die EU jeweils ausdrücklich einfordert.

Auch beim Ausschluss der Öffentlichkeit gem. § 171b GVG handelt es sich um eine Schutzvorkehrung, die europäischen Bestandsschutz genießt. Zugleich geht die deutsche Vorschrift über das europäische Schutzniveau hinaus, da der Ausschluss der Öffentlichkeit nicht nur auf den Verhandlungsabschnitt der Opfervernehmung beschränkt ist, sondern – mit Ausnahme der Urteilsverkündung – sich auf die gesamte Hauptverhandlung erstrecken kann. Die deutsche Regelung ist insgesamt opferfreundlich ausgestaltet. Das Opfer kann sogar einen Antrag auf Ausschluss der Öffentlichkeit stellen, wenn es selbst nicht am Strafverfahren – weder als Zeuge, noch auf sonstige Weise – teilnimmt. Dafür müsste nur der persönliche Lebensbereich des Opfers betroffen sein. Die Normgenese zu § 171b GVG zeigt, dass die Stärkung des Privatsphärenschutzes aber nicht dazu beigetragen hat, die nur vagen und unbestimmten Verhältnisse, unter denen der Öffentlichkeitsausschluss während der „gesamten Hauptverhandlung" rechtmäßig sein soll, aufzuhellen. Das Gesetz gewährt den Gerichten einen weiten Beurteilungsspielraum bei der Frage, unter welchen Umständen der Gesamtausschluss vertretbar ist. Mangels Anfechtbarkeit der gerichtlichen Ausschlussentscheidung geschieht das quasi unkontrolliert. Dass sich der Ausschluss der Öffentlichkeit nicht gesetzlich durchregulieren lässt und daher eine flexible Regelung notwendig ist, soll nicht bemängelt werden. Aufgrund der Bedeutung der Öffentlichkeitsmaxime im Strafverfahren ist aber bedenklich, dass bisher keine ernst zu nehmende Kontroverse über die Notwendigkeit und Umsetzbarkeit der Etablierung eines „rechtsstaatlichen Minimums" an Transparenz für jedes Strafverfahren stattgefunden hat. Es ist durchaus erwägenswert, die Öffentlichkeit einzelner Verfahrensabschnitte zwingend vorzuschreiben, um einen Kernbestand an Öffentlichkeit zu etablieren. Der Gesetzgeber hat mit § 173 Abs. 1 GVG, wonach die Urteilsverkündung stets öffentlich erfolgen muss, auch einen „Schritt" in diese Richtung getan. Es gilt jedoch zu überlegen, ob auch für andere Verfahrensabschnitte die durchgehende Öffentlichkeit eingeführt werden sollte. Zu denken wäre etwa an eine Vorschrift, wonach ein Ausschluss der Öffentlichkeit ein „Überwiegen des privaten Interesses gegenüber dem Allgemeininteresse" voraussetzte.

(3) Zusammenfassend ergeben sich aufgrund der vorhergehenden Ausführungen die folgenden rechtspolitischen Forderungen:

- Der Gesetzgeber sollte dafür sorgen, dass das individuelle Begutachtungsverfahren in ein gestaffeltes Begutachtungsverfahren umgewandelt wird. Der das Opfer erstmals vernehmende Polizeibeamte muss zunächst eine Vorauswahl treffen, ob eine besondere Schutzbedürftigkeit des Opfers nicht auszuschließen ist. Dies ist aktenkundig zu machen. Eine unverzügliche Kontaktaufnahme mit der Staatsanwaltschaft sichert die frühzeitige Prüfung, ob weitere Verfahrenshandlungen noch im Vorverfahren erforderlich sind. Eine zweite Begutachtung erfolgt durch das Gericht in der Phase der „Vorbereitung der Hauptverhandlung". Eine aktenkundig gemachte Schutzbedürftigkeit verpflichtet das Gericht, in diesem Verfahrensabschnitt die Modalitäten der Beweisaufnahme bezüglich der Notwendigkeit der Einleitung von Opferschutzmaßnahmen zu prüfen und (vorläufig) festzulegen.
- Dem Gesetzgeber wird empfohlen, die Regelbeispieltechnik in § 48 Abs. 3 S. 2 StPO aufzuheben oder wahlweise durch eine Auflistung sämtlicher zeugenschützender Maßnahmen zu ergänzen.
- Der Gesetzgeber muss sicherstellen, dass ein minderjähriges Opfer nicht nur zur Ausübung der Zeugenfunktion, sondern auch zur Ausübung der Rechtsposition als Verfahrensbeteiligter einen Ergänzungspfleger erhält, wenn ein Interessenkonflikt mit den Inhabern des (elterlichen) Sorgerechts besteht.
- Die Innen- und Justizminister des Bundes und der Länder haben sicherzustellen, dass es zu der flächendeckenden technischen Aufrüstung der Polizeidienststellen und Justizgebäuden kommt, wie es der Gesetzgeber vorgegeben hat, weil andernfalls weder ein europarechts-, noch verfassungsrechtskonformer Zustand erreicht ist.
- Die RiStBV ist dahingehend zu ergänzen, dass im Vorverfahren rechtlich vorgegeben ist, dass die Vernehmungen von besonders schutzbedürftigen Opferzeugen möglichst durch dieselben Personen und (bei sexueller- oder körperlicher Gewalt) auf Wunsch des Opfers durch eine Person des gleichen Geschlechts durchgeführt werden, wenn dies im Einzelfall mit einer geordneten Rechtspflege vereinbar ist.
- Der Gesetzgeber hat § 247 StPO dahingehend zu reformieren, dass beim Ausschluss des Angeklagten während der Vernehmung des Opferzeugen gesichert ist, dass dieser über eine „direkte Videoübertragung in Ton und Bild" die Vernehmung verfolgen kann. Er muss zeitgleich mit einem Verteidiger über Kommunikationsmedien verbunden sein, damit er über den

Verteidiger seine Mitwirkungsrechte wahrnehmen kann. Der Ausschluss des Angeklagten gem. § 247 StPO n.F. sollte sich dann auf die gesamte Vernehmungssituation des Opferzeugen erstrecken. Die Anwesenheit ist erst nach der Zeugenentlassung wiederherzustellen. Die Unterrichtungspflicht des Vorsitzenden gem. § 247 S. 4 StPO verliert (revisionsrechtlich) an Relevanz. Diese Reformen beseitigen auch die gegenwärtig vorhandenen – vom Gesetzgeber genuin nicht beabsichtigten – ungleichen Verhältnisse bei der Ermessensentscheidung des Gerichts, ob gem. § 247 StPO oder gem. § 247a StPO zu verfahren ist.

- Der Gesetzgeber hat zur Umsetzung der europäischen sowie grundrechtlichen Anforderungen den § 68a StPO zu reformieren, indem höchstpersönliche Fragen zum „unantastbaren Kernbereich privater Lebensgestaltung" während der Vernehmungssituation nicht beantwortet werden müssen. Das betrifft ausschließlich die Antwort auf Fragen, die einen „mittelbaren" Bezug zur konkret verhandelten Straftat aufweisen. Das Recht darf den Opferzeugen nicht mit Zwangsmitteln zu einer Antwort bewegen. Der Gesetzgeber kann eine Art Zeugnisverweigerungsrecht des Opferzeugen einführen. Die Rechtsprechung muss im Wege richterlicher Rechtsfortbildung klären, wann der „Kernbereich privater Lebensgestaltung" betroffen wäre und das Zeugnisverweigerungsrecht für diese Frage greife. Fragen mit unmittelbarem Bezug zur konkreten Straftat müssten stets beantwortet werden.
- Der Gesetzgeber muss den in § 255a Abs. 2 StPO enthaltenden Straftatenkatalog streichen bzw. in Regelbeispiele umdeuten. Der Anwendungsbereich des § 255a Abs. 2 StPO als primär opferschützende Ersetzungsvorschrift ist auf besonders schutzbedürftige „erwachsene" Opferzeugen auszuweiten, damit das Gericht im Einzelfall die Beweisaufnahme flexibler gestalten kann. Die persönliche Aussage des erwachsenen Opfers muss im Fall der Ersetzung durch eine Videoaufzeichnung möglich bleiben, wenn diese aus „Gründen der Wahrheitsfindung" erforderlich ist. Dies muss von den Verfahrensbeteiligten beantragt werden können. Es muss gewährleistet werden, dass die richterliche Vernehmung des Opferzeugen im Vorverfahren stets nur durchgeführt wird, wenn der Beschuldigte einen Verteidiger hat. Andernfalls ist ein Pflichtverteidiger zu bestellen.
- Bei § 168c Abs. 3 StPO muss gesetzlich sichergestellt sein, dass im Fall des Ausschlusses des Beschuldigten dieser die Vernehmung „zeitgleich per Bild- und Tonübertragung" verfolgen kann. Die Mitwirkungsrechte müssen trotz seines Ausschlusses ausübbar bleiben, indem der Beschuldigte per Kommunikationsmittel mit dem Verteidiger jederzeit in Kontakt treten kann.

- Der Gesetzgeber hat zu prüfen, ob für bestimmte Verfahrensabschnitte, in denen die Öffentlichkeitsmaxime aus rechtsstaatlichen Gesichtspunkten einen besonderen Stellenwert einnimmt (darunter bspw. die Anklageverlesung), ein „Überwiegen des privaten Interesses gegenüber dem Allgemeininteresse" zu fordern ist, damit der „Ausschluss der Öffentlichkeit" für einen Strafverfahrensabschnitt nur unter erschwerten Bedingungen gerechtfertigt werden kann.

5. Opfer sollen „am Strafverfahren teilnehmen können"

a. Rechtliches Gehör

aa. Darstellung der deutschen Rechtslage

Das rechtliche Gehör erlangt durch die unterschiedlichsten Normen des Strafprozessrechts seine Ausprägung. Die Reichweite des rechtlichen Gehörs des Opfers hängt insbesondere von der Art seiner Beteiligung am Verfahren ab. Daher ist es erforderlich, zwischen dem Privatklageverfahren, dem regulären Offizialverfahren und den sonstigen Verfahrensarten des Offizialverfahrens zu differenzieren.

(1) Privatklageverfahren

Im Privatklageverfahren übernimmt das Opfer die Funktion des Staatsanwalts und tritt als Ankläger auf. Ihm kommen bis auf die Anordnung von hoheitlichen Zwangsmaßnahmen und sonstiger im Gesetz geregelter Abweichungen grundsätzlich dieselben Pflichten und Rechte während des Verfahrens zu.[1035] Der Privatkläger ist insbesondere wie die Staatsanwaltschaft „zuzuziehen und zu hören" und sämtliche Entscheidungen sind ihm bekanntzugeben (vgl. § 385 Abs. 1 StPO). Das Anhörungsrecht des Opfers ist daher umfassend. Das gilt auch für die Beibringung von Beweismitteln, weil dem Privatkläger uneingeschränkt das Beweisantragsrecht zusteht. Die rechtliche Bewertung der Beweismittelbeibringung und der gerichtlichen Würdigung ist allerdings in den Fällen klärungsbedürftig, in denen das als Privatkläger auftretende Opfer selbst das einzige belastende Beweismittel darstellt.

(a) Ankläger und/oder Beweismittel

Das Gesetz enthält keine konkrete Vorgabe zur Lösung dieses Rollenkonflikts. Hierzu werden zwei Rechtsansichten vertreten. Sie unterscheiden sich hinsichtlich des Rollenverständnisses des Privatklägers und hinsichtlich der Wirkung des Grundsatzes der Waffengleichheit.

1035 Vgl. statt vieler HK-StPO/*Kürth/Weißer*, § 385 Rn. 1.

Nach der vorherrschenden Rechtsansicht kann der Privatkläger nicht Zeuge sein[1036]. Obwohl der Privatkläger unstreitig die Funktion der Staatsanwaltschaft ausübt, wird er im Grundsatz als Partei behandelt (siehe Gesetzeswortlaut § 380 Abs. 4 StPO). Die zahlreichen zivilprozessualen Elemente in den Vorschriften zum Privatklageverfahren[1037] wandeln dieses dennoch nicht in einen Parteiprozess i.S.d. der ZPO um, weil gem. § 384 Abs. 3 i.V.m. § 244 Abs. 2 StPO das Gericht unverändert über den Umfang der Beweisaufnahme bestimmt. Der Privatkläger ist, anders als der Staatsanwalt, nicht an das Legalitätsprinzip gebunden und zudem nicht zur Objektivität verpflichtet. Er darf sich auf belastende Tatsachenbehauptungen beschränken – insoweit jedoch gem. §§ 164, 187 StGB zur Wahrheit verpflichtet – und entlastende Tatsachen verschweigen. Nach der vorherrschenden Rechtsauffassung führte deshalb die Annahme einer Zeugeneigenschaft des Privatklägers zu einem „unauflösbaren Rollenkonflikt", weil das Opfer wegen der ihn dann treffenden unbeschränkten Wahrheitspflicht über „entlastende Tatsachen wahre Angaben machen" müsste. Das Opfer könne die Privatklage nicht mehr in seinem Sinne fortführen.[1038] Der Ausschluss der Zeugeneigenschaft entspreche auch dem Willen des Gesetzgebers, der sich trotz der auftretenden Beweisnot eines in die Anklägerrolle tretenden Opfers gegen eine Rollenmischung ausgesprochen habe.[1039] Andernfalls hätte er die Zeugeneigenschaft explizit im Gesetz vorschreiben müssen, wie er es bei der Nebenklägerschaft gem. § 397 Abs. 1 S. 1 StPO getan habe.[1040] Andere Vertreter dieser Rechtsansicht argumentieren hier auch mit dem Grundsatz der Waffengleichheit, der gegen eine Zeugeneigenschaft spreche. Es sei unbillig, wenn der Privatkläger seine Tatsachenbehauptungen als Zeuge eidlich bekräftigen könne, während die Aussagen eines Angeklagten nicht einmal als Beweismittel eingestuft werden.[1041] Vor allem müsste im Fall einer erhobenen und für zulässig erklärten Widerklage des Angeklagten gem. § 388 StPO, die eine eigene Stellung als Privatkläger in

---

1036 BayObLG, Urteil vom 10.08.1961 – RReg. 4 St 190/61 (NJW 1961, 2318); HK-StPO/*Kürth/Weißer*, § 374 Rn. 21; SK-StPO/*Velten*, Vor. § 374 Rn. 51; KK-StPO/*Senge*, § 384 Rn. 2.

1037 Vgl. *Kruse*, Parteierklärungen, S. 103.

1038 KMR-StPO/*Stöckel* (14. EL), Vorbem. § 374 Rn. 10; ferner AK-StPO/*Rössner*, § 385 Rn. 4.

1039 Zur Gesetzgebungsgeschichte *Kruse*, Parteierklärungen, S. 104 f.; SK-StPO/*Velten*, Vor. § 374 Rn. 46.

1040 SK-StPO/*Velten*, Vor. § 374 Rn. 46.

1041 *Meyer-Goßner/Schmitt*, Vor § 374 Rn. 6. Nach SK-StPO/*Rogall*, Vor. § 48 Rn. 57 müsste einem Angeklagten dann gestattet werden, seine Angaben ebenfalls „unter Eid" bekräftigen zu können.

demselben Verfahren begründet, der Angeklagte selbst als Zeuge auftreten dürfen, was rechtsdogmatisch nicht überzeugend sei.[1042] Die Aussagen des Privatklägers stellten daher keine tauglichen Beweismittel dar. Sie können im Rahmen der richterlichen Beweiswürdigung gem. § 261 StPO aber als Erkenntnismittel einfließen und theoretisch die Verurteilung des Angeklagten stützen, wenn der Richter diesen Aussagen Glauben schenkt.

Nach der Gegenansicht muss ein Privatkläger als Zeuge vernommen werden können. Hintergedanke ist, dass auch die Rechtsfigur der Privatklage dem übergeordneten Verfahrensziel der materiellen Wahrheitsfindung unterstehe, auch wenn dem Privatkläger eine Parteifunktion nicht abzusprechen sei. Der Richter müsse aufgrund der Pflicht zur Sachaufklärung auf alle Erkenntnisquellen zurückgreifen können. Dies spreche für eine Zeugeneigenschaft des Privatklägers mit den entsprechenden Zeugenpflichten.[1043] Partei- und Zeugenstellung schlössen sich dabei nicht aus. Dies entspreche auch nicht der Grundhaltung des Gesetzgebers, wie sich aus den Vorschriften zur Nebenklage gem. § 397 Abs. 1 S. 1 StPO ergebe.[1044] Hätte der Gesetzgeber einen solchen Ausschluss der Zeugeneigenschaft nur beim Privatkläger intendiert, dann hätte er diese rechtliche Sonderstellung ausdrücklich kodifizieren müssen. Die immer wieder geäußerte Befürchtung, dass gerade die Zeugenvernehmung des auf Bestrafung des Angeklagten sinnenden Privatklägers kein objektives Zeugnis zum Tatgeschehen erwarten lasse, könne ebenfalls nicht überzeugen. Dies träfe ebenso auf das lediglich als Zeuge auftretende Opfer zu, dessen Strafanzeige zur Einleitung des Verfahrens führt.[1045] Die Vertreter dieser Ansicht stufen darüber hinaus das Argument der Verletzung der Waffengleichheit zwar als gewichtig[1046], nicht aber als durchschlagend ein.[1047] Die gem. § 60 StPO abschließend genannten Vereidigungsverbote zeigen, dass die generelle Möglichkeit der Vereidigung des Verletzten prozessrechtlich beabsichtigt sei, selbst wenn es sich um den einzigen Tatzeugen handeln sollte und die Aussage des Angeklagten nicht als Beweismittel gelte, geschweige denn beeidigt werden könne. Auch geäußerte rechtsdogmatische Bedenken im Fall der Widerklage des Angeklagten gem. § 388 StPO überzeugen nicht. Insoweit könne auf die für derlei Verfahrensverbindungen entwickelten Grundsätze für Mitbeschuldigte zurückgegriffen werden. Bei der

1042 Alsberg/*Dallmeyer*, Rn. 316 (vgl. dort Fn. 83.).
1043 *Lorenz*, JR 1950, 106, 107.
1044 LR-StPO/*Hilger*, § 384 Rn. 12.
1045 *Lorenz*, JR 1950, 106, 107.
1046 LR-StPO/*Hilger*, § 384 Rn. 13.
1047 LR-StPO/*Ignor/Bertheau*, Vor. § 48 Rn. 36.

Anerkennung der Zeugeneigenschaft des Privatklägers ergebe sich nur ein Konflikt mit § 58 Abs. 1 StPO. Danach muss ein Zeuge sogar bis zu seiner richterlichen Vernehmung der Hauptverhandlung fernbleiben. Dies stünde allerdings in Widerspruch zu der Tatsache, dass auch dem Nebenkläger wie auch dem Staatsanwalts oder dem Verteidiger[1048] im Einzelfall eine Zeugeneigenschaft zukommen könne, obwohl sie von Beginn an der Hauptverhandlung beiwohnen dürfen. Es sei daher nicht nachzuvollziehen, weshalb bei einem Privatkläger andere Maßstäbe gelten sollen.[1049] Aus diesen Gründen müsse die Aussage eines Privatklägers als Zeugenbeweis unter Beachtung der Aussage- und Wahrheitspflicht in die Beweisaufnahme gem. § 244 StPO einfließen können.

(b) Bewertung

Höchstrichterliche Rechtsprechung ist zu dieser Rechtsfrage kaum ergangen[1050] und – wie die meisten Beiträge aus dem Schrifttum – älteren Datums. Die Kommentarliteratur diskutiert diese Rechtsfrage nur vereinzelt ausführlicher. Betrachtet man die angeführten Argumente, sprechen die besseren für die Anerkennung der Zeugeneigenschaft des Privatklägers. Unter normativem Aspekt ist es unbestritten und folgerichtig, dass die belastenden Tatsachenbehauptungen eines Privatklägers im Wege der strafrichterlichen Beweiswürdigung gem. § 261 StPO bei der Urteilsfindung berücksichtigt werden können. Das Gericht entscheidet nicht ausschließlich auf Grundlage der Beweismittel, sondern nach seiner freien und aus dem Inbegriff der (Haupt-)Verhandlung geschöpften Überzeugung.[1051] Dass die Aussagen eines Privatklägers somit auch ohne Anerkennung einer Zeugeneigenschaft berücksichtigt werden können, wäre ein rein rechtspragmatisches Argument, das rechtsdogmatisch jedoch nicht überzeugt. Eine differenzierte beweisrechtliche Behandlung von Angeklagtem und Privatkläger im Strafverfahren ist vielmehr in der Verfassung angelegt. Einzig der Angeklagte ist aufgrund des verfassungsrechtlich verankerten *nemo tenetur* Prinzips nicht den Zeugenpflichten unterworfen. Demnach wäre im Fall der Widerklage, bei der der Privatkläger ebenso als

---

1048 Vgl. *Meyer-Goßner/Schmitt*, Vor § 48 Rn. 17 f.

1049 LR-StPO/*Ignor/Bertheau*, Vor. § 48 Rn. 36.

1050 Letztlich ist nur die Entscheidung des ehemaligen BayObLG, Urteil vom 10.08.1961 – RReg. 4 St 190/61 (NJW 1961, 2318) als Revisionsinstanz zu nennen.

1051 Das ist die absolut vorherrschende Meinung. Konsequenterweise müsste man wegen des „numerus clausus" der Beweismittel der StPO von einer richterlichen Beweiswürdigung ohne Beweismittel sprechen. Wohl auch aus diesem Grund behaupten manche Vertreter der h.M., dass es sich bei den Aussagen des Privatklägers um ein „Beweismittel im weiteren Sinne" (so KMR/*Stöckel* (14. EL), Vor. § 374 Rn. 11) oder um ein „Beweismittel sui generis" (SK-StPO/*Velten*, Vor. § 374 Rn. 45) handele.

Angeklagter anzusehen wäre, die vorherrschende Rechtsansicht sogar zwingend, wenn die seitens der Verfahrensbeteiligten gegenseitig vorgeworfenen Straftaten in einem „engen" Zusammenhang stehen. Daneben gibt es aber keinen anderen Verfassungsgrundsatz, welcher den Ausschluss eines Verfahrensbeteiligten als Zeuge zwingend zur Folge haben müsste. Die im Privatklageverfahren erhobene Widerklage muss daher als Sonderfall gelten. Ferner verlangt der Grundsatz der Waffengleichheit nicht nach einer Gleichstellung der Verfahrensbeteiligten, weil das inquisitorische Strafverfahrensmodell allgemein keine formale – in seinen Auswüchsen nicht hinreichend geklärte – Waffengleichheit kennt. Das geltende Recht enthält keine Vorgaben zur Lösung dieser Rechtsfrage, sieht aber für das Privatklageverfahren prozessuale Besonderheiten vor. Das Gericht hat im Vergleich zu der staatsanwaltschaftlich erhobenen Anklage einen noch größeren Beurteilungsspielraum in Bezug auf den Umfang der Beweisaufnahme (§ 384 Abs. 3 StPO) und der Ladung von geeigneten „Personen als Zeugen" (§ 386 Abs. 1 StPO)[1052]. Es ist die einzige Institution, welche nach objektiven Maßstäben zur Sachverhaltsaufklärung verpflichtet ist und die auf die mit der Zeugenaussage verbundenen Vorteile zurückgreifen können sollte. Diese liegen also nicht in einer normativen Verbesserung der Rechtsposition des Verletzten, sondern sie sollten als Mittel zur Wahrheitsfindung und als Schutzinstrument des Angeklagten begriffen werden. In einem rechtsstaatlichen Verfahren darf das Recht keinen Verfahrensbeteiligten begünstigen, der die den Angeklagten entlastenden Tatsachen bewusst verschweigt. Auch wenn es sich dabei nur um Bagatelldelikte handelt, bleibt es bei der eingriffsintensivsten Form staatlicher Reaktionen, die nicht mit Verweis auf die individuellen Interessen des Verletzten als Privatkläger zu erklären wäre. Die Zeugenvernehmung und eine mögliche Vereidigung würden nach hiesiger Ansicht das Risiko einer unvollständigen Wahrheitsfindung minimieren, indem sie dem Privatkläger deutlich im Rahmen der Zeugenbelehrung die Rechtsfolgen eines Verstoßes gegen die Zeugenpflichten vor Augen führen. Der Privatkläger erscheint deshalb auch nicht als glaubwürdiger, nur weil er als Zeuge vernommen wird. Die faktischen Beweisschwierigkeiten bleiben im Wesentlichen bestehen.[1053] Es ist die ureigenste Aufgabe des Richters, die Glaubwürdigkeit des Zeugen bzw.

1052 Nach h.M. werden die Beweisanträge der Verfahrensbeteiligten nur als „Beweisanregungen" verstanden, denen das Gericht ohne Rücksicht auf die gesetzlichen Ablehnungsgründe der § 244 Abs. 3 – 5 sowie § 245 Abs. 2 S. 2 und S. 3 StPO nicht zu folgen braucht, vgl. *Meyer-Goßner/Schmitt*, § 384 Rn. 14.

1053 LR-StPO/*Hilger*, § 384 Rn. 13, der daraus jedoch den Schluss zieht, dass man dem Privatkläger nicht durch die Vernehmung als Zeuge helfen sollte, glaubwürdiger zu erscheinen.

die Glaubhaftigkeit seiner Aussage zu überprüfen. Der Privatkläger sollte demnach als Zeuge vernommen werden können.

(2) Das reguläre Offizialverfahren

Das Offizialverfahren stellt den Normalfall der StPO dar. Im Gegensatz zum Privatklageverfahren betreibt die Staatsanwaltschaft im öffentlichen Interesse die Strafverfolgung und erfüllt die Funktion als Ermittlungs-, Einstellungs- und Anklagebehörde (§ 152 StPO). Das Opfer kann sich dem Offizialverfahren unter gewissen Voraussetzungen als Nebenkläger anschließen, es kann sich als Adhäsionskläger am Verfahren beteiligen und/oder belässt es beim Verletztenstatus. Bei diesen Opferrollen ist das rechtliche Gehör unterschiedlich ausgeprägt.

(a) Anschluss als Nebenkläger

Die Anschlusserklärung des Opfers als Nebenkläger wird frühestens mit Erhebung der öffentlichen Klage wirksam (§ 396 Abs. 1 S. 2 StPO). Das gesamte Ermittlungsverfahren bleibt von diesem Rechtsinstitut unberührt. Wenn das Opfer eine solche Anschlusserklärung abgibt, hat das Gericht per Beschluss über die Anschlussberechtigung zu entscheiden. Für diesen Anschluss, der die Ausübung des rechtlichen Gehörs über das Rechtsinstitut der Nebenklage ermöglicht, ist insbesondere erforderlich[1054], dass das Opfer unter den Verletztenbegriff des § 395 StPO mit seinen besonderen normativen Begrenzungskriterien fällt. Bei einem Anschluss über den Auffangtatbestand nach § 395 Abs. 3 StPO muss das Opfer zusätzlich die relevanten Tatsachen über das Vorliegen der „besonderen Gründe" glaubhaft vortragen[1055]. Es reicht für den Anschluss aus, dass nach Aktenlage eine Verurteilung des Angeschuldigten bzw. Angeklagten aufgrund der Begehung der nebenklagefähigen Straftat als „rechtlich möglich erscheint".[1056] Dies ist der Fall, wenn nach bestehender Sachlage die Verurteilung wegen einer nebenklagefähigen Straftat möglich erscheint, wenn auch in Tateinheit oder in Gesetzeskonkurrenz oder bei einer prozessualen Tat.[1057] Die im Einzelfall durchaus problematische Feststellung einer Nebenklägerberechtigung[1058]

1054 Zum Prüfungsumfang allgemein BeckOK StPO/*Weiner*, § 396 Rn. 8 f.

1055 Siehe auch oben S. 198 ff.

1056 BGH, Beschluss vom 20.05.2008 – 5 StR 15/08, juris, Rn. 1; BGH, Beschluss vom 18.06.2002 – 4 StR 178/02, juris, Rn. 1.

1057 *Meyer-Goßner/Schmitt*, § 396 Rn. 10 m.w.N.

1058 Exemplarisch der sog. „NSU-Prozess". Das mutmaßliche Opfer Sermin S. erlitt ausschließlich psychische Beeinträchtigungen als Folge eines Bombenanschlags. Die Vertreter der Nebenklage sowie die Bundesanwaltschaft behaupten, Sermin S. sei als Opfer einer versuchten gefährlichen Körperverletzung nebenklageberechtigt,

setzt die Prozessfähigkeit des Opfers voraus. Hervorzuheben ist insbesondere auch, dass nach der Rechtsprechung die Anschlussmotivation des Opfers mit der Funktionsbestimmung der Nebenklage im Einklang stehen muss. Andernfalls ist der Nebenklägeranschluss ausgeschlossen. Insoweit heißt es: „Der Nebenkläger, der mit seinem Anschluss erklärtermaßen dafür eintreten will, dass der seiner Auffassung nach unschuldige Angeklagte freigesprochen wird, verneint selbst seine Verletzteneigenschaft und entzieht damit der Anschlusserklärung die verfahrensrechtliche Grundlage".[1059] Diese Rechtsansicht ist im Schrifttum nicht unumstritten, weil die Gesetzesbegründungen zu dieser Rechtsfrage der Legitimation der sog. „verteidigenden Nebenklage" schweigen. Allerdings ist dieser in der Rechtsprechung vertretenen Rechtsansicht unter Berücksichtigung der bereits erörterten Funktion der Nebenklage[1060] zuzustimmen. Die Nebenklage dient gerade der Befriedigung eines anerkannten „Genugtuungsinteresses", das nach hiesiger Auffassung als Interesse an der Feststellung des erlittenen Unrechts zu verstehen ist. Der Nebenklägeranschluss wird frühestens mit Erhebung der öffentlichen Klage wirksam. Erst ab diesem Zeitpunkt ist die Wahrscheinlichkeit der Tatbegehung durch einen individualisierten Angeschuldigten bzw. Angeklagten höher, als es im Ermittlungsverfahren mit einem einfachen Tatverdacht der Fall ist. An diesem Prozess der bereits wahrscheinlichen bis – im rechtlichen Sinne – erwiesenen Unrechtsfeststellung soll das Opfer partizipieren dürfen. Die „verteidigende Nebenklage" aber zielt darauf ab, diesem bereits individualisierten und konkretisierten Vorwurf der Unrechtszurechnung entgegenzuwirken. Das Opfer geht ja gerade nicht davon aus, dass der Angeklagte Unrecht begangen hat, so dass es auch nicht sein anerkanntes Genugtuungsinteresse gegen den Angeschuldigten bzw. Angeklagten verfolgt.[1061] Die bestehende Rechtsprechung zur Ablehnung der sog. „verteidigenden Nebenklage" ist demnach überzeugend und die Ausübung des rechtlichen Gehörs des Nebenklägers folglich an objektive sowie subjektive Kriterien gekoppelt.

---

weil sich der Verletzungsvorsatz der Täter auf alle Personen im Streubereich der Bombe erstrecke. Dass sich Sermin S. zum Zeitpunkt der Explosion faktisch in einer schützenden Wohnung befand, lässt an diesem Ergebnis allerdings zweifeln, siehe *Bock*, http://www.lto.de/recht/hintergruende/h/strafverfahren-nebenklage-reform-nsu-prozess/ (Letzter Abruf: 12.12.2017).

1059 OLG Rostock, Beschluss vom 26.03.2012 – I Ws 77/12, juris, Rn. 17; Zuvor OLG Schleswig, Beschluss vom 02.08.1999 – 2 Ws 239, 248–254, 256–257/99 (NStZ-RR 2000, 270 ff.),

1060 Dazu oben S. 193 ff.

1061 A.A. *Noak*, ZIS 2014, 189 (190 ff.), der die verteidigende Nebenklage für begründbar hält.

(α) Anhörungsrechte

Für die Gewährung rechtlichen Gehörs im Offizialverfahren ist § 33 StPO allgemein als zentrale Vorschrift anzusehen. Nach § 33 Abs. 1 StPO sind die „Beteiligten" bei gerichtlichen Entscheidungen, die im Laufe der Hauptverhandlung ergehen, vorher anzuhören. Dasselbe gilt bei gerichtlichen Entscheidungen außerhalb der Hauptverhandlung; während hier allerdings die Staatsanwaltschaft als Mitwirkungsverpflichtete gem. § 33 Abs. 2 StPO stets zu hören ist, gilt dies für „andere Beteiligte" gem. § 33 Abs. 3 StPO nur dann, wenn zu ihrem „Nachteil" Tatsachen oder Beweisergebnisse verwertet werden und eine Anhörung bislang nicht stattgefunden hat.

Dass der Nebenkläger unter den Beteiligtenbegriff gem. § 33 StPO fällt, ist unumstritten anerkannt[1062]. Weil der Nebenklägerstatus bei einer rechtzeitigen Anschlusserklärung ab Erhebung der öffentlichen Klage erworben werden kann, sind die Anhörungsrechte eines Nebenklägers somit ab dem Zwischenverfahren auch grundsätzlich zu beachten.

Im Rahmen des Zwischenverfahrens allerdings steht die Entscheidung über die Anschlussberechtigung des Opfers häufig noch aus. Sollte das in der Hauptsache zuständige Gericht bereits Einstellungserwägungen anstellen (§§ 153 Abs. 2, § 153a Abs. 2, § 153b Abs. 2 oder § 154 Abs. 2 StPO), könnte das rechtliche Gehör leerlaufen. Um dies zu verhindern, schreibt § 396 Abs. 3 StPO zunächst ausdrücklich vor, dass über die Anschlussberechtigung des Opfers vorher entschieden werden muss, wenn es seine Anschlussbereitschaft erklärte. Dadurch ist im Falle einer positiven Anschlussentscheidung des Gerichts gesichert, dass das Opfer als ein „Beteiligter" im Sinne des § 33 StPO gilt und deshalb ein Anhörungsrecht nach dieser Vorschrift greifen könnte. Bei den gerichtlichen Entscheidungen (darunter fallen allgemein Urteile, Beschlüsse und Verfügungen, die in die materiell- oder verfahrensrechtliche Stellung des Beteiligten eingreifen[1063]) außerhalb der Hauptverhandlung greift dieses Anhörungsrecht des Nebenklägers somit entweder über § 33 Abs. 2 oder Abs. 3 StPO. Die konkrete dogmatische Zuordnung ist hier zugleich ungeklärt und in Teilen umstritten: Wenn man sich nur auf § 33 Abs. 2 StPO stützen würde, mit dem Argument, dass der Nebenkläger nach § 397 Abs. 1 StPO ja „wie die Staatsanwaltschaft zuzuziehen und zu hören ist"[1064], beriefe man sich nach hiesiger

1062 Statt vieler MüKo-StPO/*Valerius*, § 33 Rn. 11.

1063 MüKo-StPO/*Valerius*, § 33 Rn. 3 m.w.N.

1064 So *Caspari*, DRiZ 2011, 350 (353); *Meyer-Goßner/Schmitt*, § 397 Rn. 8 (mit Widerspruch in § 33 Rn. 10).

Auffassung auf eine falsche Rechtsgrundlage hinsichtlich der Gewährung des Anhörungsrechts des Nebenklägers im Zwischenverfahren. Es wird dann nämlich übersehen, dass eine solche Form der rechtlichen Gleichstellung zwischen Anhörungsrecht des Staatsanwalts und des Nebenkläger dem Wortlaut des § 397 Abs. 1 StPO entsprechend nur vorgesehen ist, wenn „gesetzlich nichts anderes bestimmt ist". Bei gerichtlichen Entscheidungen außerhalb der Hauptverhandlung ist dies aber gerade der Fall, weil § 33 Abs. 2 StPO mit seinen erleichterten Voraussetzungen nur auf die Staatsanwaltschaft abstellt, während § 33 Abs. 3 StPO ausdrücklich die „anderen Beteiligten" behandelt. Folge ist daher, dass das Anhörungsrecht des Nebenklägers im Zwischenverfahren nur dann greifen soll, wenn die Anforderungen des § 33 Abs. 3 StPO erfüllt sind[1065], der zusätzlich nach dem Eintritt eines „Nachteils" durch diese gerichtliche Entscheidung verlangt. Diese dogmatische Unterscheidung ist im Fall des Nebenklägers zur Frage der Beachtung eines Anhörungsrechts dann letztlich ohne Auswirkung, da man davon ausgehen muss, dass bei verfahrensbeendenden Entscheidungen des Gerichts außerhalb der Hauptverhandlung auch die (im Vergleich zu § 33 Abs. 2 StPO) erhöhten Anforderungen des § 33 Abs. 3 StPO wegen Bestehens eines „Nachteils", der in der Gewährung der Verfolgung eines Genugtuungsinteresse liegt, vorliegen werden (bei den anderen Opferrollen hingegen – dazu unten – ist der Eintritt dieses Nachteils mit Auswirkung auf die Gewährung eines Anhörungsrechts aber gerade fraglich).

Eine andere Frage ist, ob – unter diesen dogmatischen Vorzeichen – das Anhörungsrecht des Nebenklägers gem. § 33 Abs. 3 StPO bei einem Nichteröffnungsbeschluss gem. § 204 Abs. 1 StPO zu beachten wäre. Schließlich führt § 396 Abs. 3 StPO als spezielle Norm den Nichteröffnungsbeschluss nicht auf, so dass der Gesetzgeber bzw. die Gesetzessystematik den Eindruck vermittelt, dass eine für die Anwendung des § 33 Abs. 3 StPO notwendige vorherige Klärung der Anschlussberechtigung des Opfer als Nebenkläger nur bei den dort genannten Opportunitätsvorschriften (§ 153 Abs. 2, § 153a Abs. 2, § 153b Abs. 2 oder § 154 Abs. 2 StPO), nicht aber beim Nichteröffnungsbeschluss gesetzlich verpflichtend ist. Ein Anhörungsrecht wird deshalb auch teilweise abgelehnt. Nach hiesiger Ansicht aber müsste § 33 Abs. 3 StPO greifen und somit die Anhörung ermöglicht werden. Grund ist, dass nach herrschender Auffassung die Nebenklägerstellung bereits durch die Anschlusserklärung des

1065 Im Ergebnis zutreffend LR-StPO/*Beulke*, § 153 Rn. 75, § 153a Rn. 123, § 153b Rn. 17, § 154 Rn. 40, der stets auf § 33 Abs. 3 abstellt; ferner KMR-StPO/*Ziegler* (78. EL), § 33 Rn. 16 m.w.N.

Opfers erworben werde und die gerichtliche Entscheidung über die Berechtigung zum Nebenklägeranschluss (zumindest bei § 395 Abs. 1 und Abs. 2 StPO; anders jedoch bei § 395 Abs. 3 StPO) nur deklaratorischen Charakter habe. Das hat zur Konsequenz, dass der für § 33 Abs. 3 StPO notwendige Beteiligtenstatus dann auch durch eine Anschlusserklärung selbst bereits erworben sein muss und bis zur gerichtlichen Feststellung der Nichtberechtigung des Anschlusses besteht. Das Opfer muss dann vor einem Nichteröffnungsbeschluss gehört werden, weil ihm dadurch ein Nachteil im Sinne des § 33 Abs. 3 StPO droht.[1066] Dies ist die konsequente Rechtsfolge einer nur deklaratorischen Wirkung der Entscheidung des Gerichts über die Anschlussberechtigung des Opfers. Weil das im Einzelfall jedoch dazu führen könnte, dass ein Opfer auf – für den Angeschuldigten bedeutende – Entscheidungen des Richters zum weiteren Verfahrensverlauf (wie bspw. bei § 204 Abs. 1 StPO) Einfluss nimmt, obwohl sich im Nachhinein herausstellt, dass ihm diese rechtliche Legitimation zur Ausübung des Anhörungsrechts gerade fehlt, geht man folgerichtig davon aus, den § 396 Abs. 3 StPO – der die Prüfung der Anschlussberechtigung des Opfers nur bei Opportunitätsentscheidungen vorschreibt – vielmehr als einen allgemein gültigen Rechtsgedanken zu begreifen[1067] und deshalb stets vor den richterlichen Entscheidungen zur Prozesslage über die Anschlusserklärung eines Opfers zu befinden.[1068] Ob der gerichtlichen Entscheidung über den Nebenklägeranschluss dann deklaratorische (§ 395 Abs. 1 und Abs. 2 StPO) oder doch konstitutive (§ 395 Abs. 3 StPO) Wirkung zukommt[1069], wäre in diesen Fällen nur noch von sekundärer Bedeutung. Dieser allgemeine Rechtsgedanke des § 396 Abs. 2 StPO ist folglich im Ergebnis nicht nur auf § 204 Abs. 1 StPO, sondern etwa auch auf richterliche Einstellungsentscheidungen wegen eines Verfahrenshindernisses gem. §§ 205, 206a oder Gesetzesänderung gem. § 206b StPO, die das Anhörungsrecht auslösen können[1070], übertragbar.[1071]

1066 A.A. *Caspari,* DRiZ 2011, 350 (352).

1067 Zutreffend SK-StPO/*Velten*, § 396 Rn. 10.

1068 In diesem Sinne auch KMR-StPO/*Stöckel* (66. EL), § 396 Rn. 6.

1069 Überblick zum Meinungsstand bei *Jahn/Bung*, StV 2012, 754 (757 Fn. 30).

1070 *Caspari,* DRiZ 2011, 350 (353).

1071 Der Nebenkläger erhält zudem eine Anhörungsmöglichkeit bei der gerichtlichen Erörterung zum Stand des Verfahrens während des Zwischenverfahrens nach § 202a StPO (sowie in der Vorbereitungsphase zur Hauptverhandlung nach § 212 StPO). Das Gericht muss nämlich sämtliche Verfahrensbeteiligte einbeziehen, worunter das Opfer, wenn es den Nebenklägeranschluss erklärte, fällt, siehe *Jahn/Müller,* NJW 2009, 2625 (2627).

Ist das Hauptverfahren gem. § 203 StPO eröffnet, leitet sich das Anhörungsrecht während der Vorbereitungsphase allgemein aus § 33 Abs. 3 StPO ab. Sollten in dieser Phase des Verfahrens etwa Einwände gegen die Besetzung des für die Hauptverhandlung zuständigen Gerichts gem. § 222b StPO erhoben werden – was ein Nebenkläger selbst beanstanden könnte (§ 222b Abs. 1 S. 4 StPO) -, muss auch hier vor einer Entscheidung die Anhörung der Verfahrensbeteiligter erfolgt sein.[1072] Der Nebenkläger ist nämlich durch diese Entscheidung „nachteilig" (§ 33 Abs. 3 StPO) betroffen, da er als Verfahrensbeteiligter vorschriftswidrige Besetzungen des Spruchkörpers auch als einen Revisionsgrund (§ 338 Nr. 1 StPO) rügen kann. Sofern das Gericht schon in dieser Vorbereitungsphase auf die Einstellung des Verfahrens gem. §§ 153 Abs. 2, § 153a Abs. 2, § 153b Abs. 2 oder § 154 Abs. 2 StPO hinwirkt, ergeben sich keine Unterschiede zum Zwischenverfahren, weshalb auch hier das Anhörungsrecht greift.

Kommt es zur Hauptverhandlung, leitet sich das Anhörungsrecht nunmehr aus §§ 397 Abs. 1 S. 4 i.V.m. § 33 Abs. 1 StPO ab. Der Nebenkläger ist regelmäßig „im selben Umfang zuzuziehen und zu hören wie die Staatsanwaltschaft". Das Kriterium des durch die Entscheidung des Gerichts zu erwartenden „Nachteils" des Opfers in § 33 Abs. 3 spielt keine Rolle mehr.

Über den Anwendungsbereich des allgemeinen Anhörungsrecht nach § 33 Abs. 1 StPO hinaus sind für den Rahmen der Hauptverhandlung weitere spezielle Ausprägungen des Anhörungsrechts gesetzlich verankert worden. So soll dem Nebenkläger unter anderem nach der einzelnen Beweiserhebung gem. § 397 Abs. 1 S. 3 i.V.m. § 257 StPO die Gelegenheit eröffnet werden, sich durch eine eigene Stellungnahme konkret zu dieser Beweiserhebung „zu erklären".

Besonders zu würdigen sind noch die folgenden Ausprägungen des Anhörungsrechts:

Das gilt zum einen für die Vorschrift zur Verständigung im Hauptverfahren gem. § 257c StPO, die als eine der „tiefgreifendsten Änderungen der StPO seit ihrem Inkrafttreten" nicht allein aus rechtsstaatlichen Gesichtspunkten kontrovers in der Strafrechtswissenschaft und -praxis beurteilt wird.[1073] Gerade auch hinsichtlich der Frage der Einflussnahme eines Nebenklägers im Rahmen des § 257c StPO wurden im Gesetzgebungsverfahren konträre Positionen vertreten. Durchgesetzt hat sich eine restriktive Position, die dem Nebenkläger bei Verständigungsgesprächen zwar die Gelegenheit zur Stellungnahme einräumt (vgl. § 257c Abs. 3 S. 3 StPO), ein weitergehendes Einwirkungsrecht über die Anhörung

1072 *Meyer-Goßner/Schmitt*, § 222b Rn. 10.

1073 Ausführlich hierzu MüKo-StPO/*Jahn/Kudlich*, § 257c Rn. 1 ff.

hinaus aber verwehrt. Diejenigen Forderungen, die sich für eine stärkere Akzentuierung der Opferinteressen ausgesprochen haben – darunter etwa die Implementierung eines Zustimmungsrechts bei Verbrechen gegen höchstpersönliche Rechtsgüter[1074] oder auch die Verpflichtung der Staatsanwaltschaft, zu bestehenden Einwänden des Opfers Stellung zu nehmen[1075] -, haben keinen Rückhalt im Gesetzgebungsverfahren gefunden. Das BVerfG hat diesem umstrittenen Aspekt in seinem wegweisenden Urteil zur Verfassungsmäßigkeit des § 257c StPO[1076] keinerlei Beachtung geschenkt, was im Schrifttum teilweise kritisch rezipiert[1077], teilweise als „beredtes Schweigen" interpretiert[1078] wurde. Fraglich ist allerdings, ob man das Schweigen des BVerfG als Klarstellung verstehen sollte, dass die Mitwirkung des Opfers am Zustandekommen der Verständigung weder von Verfassungs wegen noch sonst geboten ist[1079], oder ob das BVerfG möglicherweise den gesetzgeberischen Gestaltungsspielraum nicht dahingehend einschränken wollte, eine stärkere Opferstellung nicht möglicherweise doch als ein regulierendes Element gegen eine ggfs. ausufernde Verständigungspraxis[1080] in Erwägung zu ziehen. Die Entscheidung des BVerfG zur Verfassungsmäßigkeit der Verständigung markiert jedenfalls keinen Schlusspunkt zu dieser Rechtsfrage, weshalb sie wohl auch zukünftig die Reformdiskussionen begleiten wird.

Befasst man sich inhaltlich näher mit diesen beiden Positionen, ist festzustellen, dass sich die vorherrschende Meinung, die eine stärkere Einflussnahme des Nebenklägers im Rahmen einer Verständigung ablehnt, insbesondere auf gesetzessystematische Erwägungen beruft. Da die Vorschriften zur Nebenklage nur eine beschränkte Rechtsmittelbefugnis vorsähen, die eine Rechtsfolgenanfechtung ausschließe (§ 400 Abs. 1 StPO), müsse dieser Gedanke auch auf die Verständigungsregelung des § 257c StPO übertragen werden, deren wesentlicher Gegenstand gerade die Strafzumessung sei. Aus rechtlichen Gründen bedürfe es daher keiner über das Äußerungsrecht hinausgehenden Gestaltungsmacht. Eine solche werde dem Nebenkläger auch bei den Opportunitätsvorschriften nach

---

1074 BR-Drucks. 65/3/09, S. 1.

1075 BT-Drucks. 16/12310, S. 19.

1076 BVerfG, Urteil vom 19.03.2013 – 2 BvR 2628/10, 2 BvR 2883/10, 2 BvR 2155/11.

1077 *Löffelmann*, JR 2013, 333 (336).

1078 MüKo-StPO/*Jahn/Kudlich*, § 257c Rn. 78 (Fn. 290).

1079 So KK-StPO/*Moldenhauer/Wenske*, § 257c Rn. 5c.

1080 Nebenkläger sind der „geborene Sand im Getriebe des Deals", so *Fischer*, StraFo 2009, 177 (182); siehe auch *Böttcher*, FS Schöch, S. 943 f., der ein Zustimmungserfordernis des nebenklageberechtigten Opfers generell als ein Lösungsmodell gegen die „massenhaft praktizierten Erledigungsformen" anerkennt.

§§ 153 ff. StPO nicht eingeräumt (§ 400 Abs. 2 S. 2 StPO).[1081] Gegen eine zu starke Einflussmöglichkeit spreche zudem, dass der Nebenkläger seine Zustimmung von unangemessenen (Ersatz-)Leistungen des Angeklagten abhängig machen könnte.[1082] Der Opferschutz selbst verlange, dem Opfer durch die Verständigung „eine (erneute) Vernehmung im gerichtlichen Verfahren und damit eine Wiederholung der Traumatisierung zu ersparen".[1083]

Diese Argumentation stützt die gegenwärtige Rechtslage. Im Schrifttum stößt sie nur vereinzelt auf Kritik und Ablehnung. Bei näherer Betrachtung ist diese Kritik aber gerechtfertigt: So wird der Verweis auf die Gesetzessystematik als „bemerkenswerte prozessuale Konstruktion" abgetan, denn man verdrehe „Ursache und Wirkung", wenn die Ablehnung von Mitwirkungsrechten im Tatsachenverfahren aus der Unzulässigkeit einer Rechtsfolgenanfechtung abgeleitet werde.[1084] Ursprünglich fuße die Restriktion der Rechtsmittelbefugnis des Nebenklägers nämlich auf einem „normalen Verlauf" der Hauptverhandlung mit einer entsprechenden Schuld- und Strafmaßrelation, die bei der Verständigung jedoch nicht mehr bestehe.[1085] Festzustellen ist auch, dass die fehlende Gestaltungsmacht des Nebenklägers bei Opportunitätseinstellungen kein überzeugendes rechtliches Indiz darstellt, da in den Fällen des § 257c StPO der Tatvorwurf regelmäßig schwerer wiegt und deshalb auch eine andere Interessenlage besteht. Neben diesen rechtlichen Einwänden sind aber auch die vorgebrachten sachlichen Einwände nicht durchschlagend: Die geäußerte Befürchtung, dass ein Nebenkläger seine Gestaltungsmacht ausnutzen könne, indem er nur bei unangemessenen (Ersatz-)Leistungen zustimme, ist empirisch nicht belegt. Das Gericht kann einen unterbreiteten Vorschlag stets auch als erfolglos einstufen, weil es sich dann eben nicht um einen für die Verständigung „geeigneten Fall" handelt. Der Angeklagte kann einen aus seiner Sicht unangemessenen Vergleichsvorschlag auch verweigern. Das Verfahren nähme in diesen Fällen seinen „normalen Verlauf", möglicherweise mit negativen Folgen nicht für den Angeklagten, sondern für das Opfer. Gerade bei einer unübersichtlichen bzw. unklaren Beweislage (etwa bei einer Aussage-gegen-Aussage-Konstellation) erhöht sich für den Nebenkläger dann das Risiko, dass dem Angeklagten die Straftat nicht nachzuweisen ist. Hingegen bewirken erfolgreiche Verständigungsgespräche

1081 Siehe BT-Drucks. 16/12310, S. 21 und die bekräftigende Stellungnahme des Bundesrates, S. 19.

1082 Vgl. MüKo-StPO/*Jahn/Kudlich*, § 257c Rn. 78 m.w.N.

1083 BT-Drucks. 16/12310, S. 14, S. 21.

1084 So *Fischer*, StraFo 2009, 177 (182).

1085 Siehe BR-Drucks. 65/3/09, S. 2 (Antrag des Saarlandes).

eine – trotz Strafnachlasses – zuverlässige Sanktionierungsrate[1086] und führen regelmäßig zu einem Geständnis des Angeklagten[1087]. Zu bedenken ist ferner, dass manche Nebenkläger tunlichst eine (erneute) Zeugenaussage in der Hauptverhandlung vermeiden möchten, die bei einem Scheitern oder einer Ablehnung von Verständigungsgesprächen umso wahrscheinlicher ist. Das Opfer befindet sich somit im Falle der Einräumung eines Zustimmungsrechts nicht in einer solch „komfortablen" Situation, um einem Verständigungsvorschlag ausschließlich bei für ihn vorteilhaften Rechtsfolgen zuzustimmen. Vor diesem Hintergrund sollte die für den Regelungsbereich des § 257c StPO offensichtlich sehr paternalistische Haltung des Gesetzgebers durchaus hinterfragt werden. Dafür spricht auch eine jüngere empirische Studie zu den Nebenklägerinteressen bei Urteilsabsprachen, die ein „hohes Maß an Missachtung der Anliegen von Tatgeschädigten"[1088] in tatsächlicher Hinsicht aufdeckte.[1089] Die Studie zeigt, dass die Annahme, dass Opfer regelmäßig vor einer erneuten Zeugenaussage vor dem Gericht zurückschrecken, deutlich zu undifferenziert ausfällt. Obwohl die Zeugenaussage eine psychische Belastungssituation darstellt, zeigt sich, dass die Bereitschaft des Nebenklägers zur Zeugenaussage bei einer umfassenden Aufklärung über die Implikationen der Verständigung eher wächst und er sich tendenziell für eine Aussage in der Hauptverhandlung ausspricht. Dies ist insbesondere dann der Fall, wenn ein gewisser Entscheidungszeitraum gewährt wurde.[1090] Stattdessen kann der mit der Verständigung einhergehende Verzicht auf eine Zeugenaussage „weitaus negativere Auswirkungen" für das Opfer haben, als die gerichtliche Zeugenvernehmung selbst, weil es dadurch um die Chance gebracht wird, eine im Einzelfall therapeutische Wirkung der „normal" verlaufenden Hauptverhandlung zu erfahren. Insbesondere bei einem aus Opfersicht überraschend negativen Prozessausgang könnte die Frage quälen, ob eine Zeugenaussage den Verlauf und den Verfahrensausgang positiv hätte beeinflussen können.[1091] In der Studie wurde obendrein festgestellt, dass der Prozessausgang aus Sicht des Opfers häufig überraschend ist. Dies wird auf eine insgesamt defizitäre Informationslage des Nebenklägers über das Wesen der Verständigung

---

1086 Dies behauptend *Hildebrandt,* Verständigung, S. 48.

1087 Siehe hierzu MüKo-StPO/*Jahn/Kudlich*, § 257c Rn. 124 f.

1088 Während des Gesetzgebungsverfahrens dies bereits feststellend *Fischer,* StraFo 2009, 177 (182).

1089 Zu den Ergebnissen dieser quantitativen und qualitativen Untersuchung, *Niemz,* Urteilsabsprachen, S. 14 ff.

1090 *Niemz,* Urteilsabsprachen, S. 18.

1091 *Niemz,* Urteilsabsprachen, S. 234 f.

zurückgeführt.[1092] Die Studie konnte auch aufzeigen, dass der überwiegende Teil der Nebenkläger in den Verständigungsprozess auf irgendeine Art und Weise einbezogen wurde, jedoch die zwischen den notwendigen Verfahrensbeteiligten „getroffene Absprache wenig bis gar nicht beeinflussen“[1093] konnte. Die Nebenkläger sind regelmäßig erst nachträglich über ihren Nebenklagevertreter über ein Verständigungsgespräch (und den Inhalt) informiert worden[1094], so dass Zweifel an der praktischen Wirksamkeit des Rechts des Nebenklägers zur Stellungnahme (§ 257c Abs. 3 S. 3 StPO) angezeigt sind. Festzuhalten ist, dass die Verständigung zum Wohl des Opfers nicht als Regelfall angesehen werden kann, sondern vielmehr eine Frage des Einzelfalls ist. Die Verständigung aus Opferschutzgründen geht insgesamt dann fehl, wenn sie ohne jede Rücksicht auf die tatsächlichen Opferbelange erfolgt.

Zusammenfassend ist festzuhalten, dass die Argumente, auf die sich die herrschende Rechtslage stützt, weder in rechtlicher noch in sachlicher Hinsicht überzeugend gegen eine stärkere Opferakzentuierung im Rahmen der Verständigung ins Feld geführt werden können. Dabei ist ein wohl nicht unbedeutender Beweggrund des Gesetzgebers gegen ein Zustimmungsrecht des Nebenklägers vermutlich der gewesen, dass die Verständigung dann seine Tauglichkeit als Entlastungsinstrument für die Justiz einbüßte.[1095] Dieser Zweck mag in komplexen Wirtschaftsstrafsachen gerechtfertigt sein, aber sicherlich nicht bei schweren Straftaten gegen höchstpersönliche Rechtsgüter.

Als Ausfluss des rechtlichen Gehörs des Nebenklägers gilt ferner das Recht zum Schlussvortrag (§ 397 Abs. 1 S. 3 i.V.m. § 258 StPO), wodurch er zum gesamten Prozessstoff der Hauptverhandlung in tatsächlicher und rechtlicher Hinsicht Stellung nehmen und die gerichtliche Urteilsfindung beeinflussen kann.[1096] Der Schlussvortrag bezieht sich sowohl auf die Schuld- und Zurechnungsfragen als auch auf das Strafmaß. Eine Trennung der Hauptverhandlung in Schuldspruch und einer davon getrennten Erörterung der Rechtsfolgen ist dem deutschen Rechtsraum traditionell fremd (sog. Schuldinterlokut).[1097]

1092 *Niemz,* Urteilsabsprachen, S. 17 f., S. 210 f. Siehe auch ihren daraus resultierenden Appell an die Nebenklagevertreter zu „mehr Aufklärungsarbeit vor und während der Hauptverhandlung“, S. 248 ff.

1093 *Niemz,* Urteilsabsprachen, S. 220.

1094 *Niemz,* Urteilsabsprachen, S. 18.

1095 Als „skandalös“ bezeichnet von *Fischer*, siehe Diskussionsbeitrag bei *Jahn,* Symposion Lüderssen, S. 173.

1096 LR-StPO/*Stuckenberg,* § 258 Rn. 1.

1097 *Meyer-Goßner/Schmitt,* § 258 Rn. 17 m.w.N.; KMR-StPO/*Stuckenberg* (22. EL), § 258 Rn. 29.

Über den Schlussvortrag soll dem Gericht die eigene Perspektive zu Tatsachen und Rechtsansichten vermittelt werden können. Die Interventionsrechte des Gerichts wegen Missbrauchs des Schlussvortragsrechts sind äußerst restriktiv zu interpretieren.[1098] Mangels besonderer Bestimmungen gilt dies in gleicher Weise auch für den Nebenkläger. Weil man sich insoweit an den herkömmlichen Gepflogenheiten orientiert hat, fand eine inhaltliche Auseinandersetzung mit dem Schlussvortragsrecht des Nebenklägers bislang kaum statt. In einschlägiger Kommentarliteratur wird jedoch dazu mitgeteilt, dass der Nebenkläger den „Schlussvortrag auch dazu nutzen kann, die Folgen der Tat für das eigene Leben darzustellen (im Sinne des Victim Impact Statement, das das amerikanische Recht kennt)“[1099]. Das Victim Impact Statement (VIS) aber wird im jüngeren deutschen Schrifttum äußerst kontrovers beurteilt.[1100] Es ist in den diesen Institut praktizierenden Nationalstaaten[1101] und in einzelnen Bundesstaaten der USA auch unterschiedlich ausgeprägt[1102], weshalb das VIS nicht einfach bedenkenlos in § 258 StPO hineingelesen werden kann und sollte.

Dem VIS werden drei Funktionen zugesprochen: Während das Interesse eines Opfers an der Bestrafung des Angeklagten sowie die Vermeidung von Sekundärviktimisierung eher als Nebenzwecke bezeichnet werden können, definiert sich das VIS maßgeblich über den positiven psychologischen Effekt hinsichtlich der Aufarbeitung des Tatgeschehens. Das Opfer soll sich in mündlicher (wahlweise schriftlicher) Form über die „Auswirkungen der Tat“ (sei es finanziell, sozial, psychisch und physisch) umfassend aussprechen können.[1103] Das Opfer soll frei und möglichst einschränkungslos über die Folgen seiner Viktimisierung berichten und hierbei auch den Rahmen des § 46 Abs. 2 StGB verlassen können. Die kathartische Funktion steht im Mittelpunkt, von der man sich eine

---

1098 Ausführlich SK-StPO/*Velten,* § 258 Rn. 9 ff.; MüKo-StPO/*Cierniak/Niehaus,* § 258 Rn. 6 ff.

1099 So KK-StPO/*Ott*, § 258 Rn. 9.

1100 Befürwortend *Walther,* GA 2007, 615 (623 f.); *Schneider,* JR 2010, 375 (384); mit Einschränkungen auch *Weigend,* Deliktsopfer, S. 513 ff.; dezidiert kritisch *Anders,* ZStW 124 (2012), S. 389 ff.; ablehnend *Kölbel,* StV 2014, 698 (702 f.); *Caspari,* DRiZ 2011, 350 (351).

1101 Neben den USA, Kanada, Neuseeland und Süd-Australien wird in Europa das VIS derzeit in England, Wales, Schottland, Irland und den Niederlanden praktiziert, vgl. *Schneider,* JR 2010, 375 (384)) sowie *Anders,* ZStW 124 (2012), S. 385.

1102 Zu den differierenden Ausprägungen in den USA ausführlicher *Hanloser,* Recht auf Gehör, S. 30 ff.

1103 *Hanloser,* Recht auf Gehör, S. 23; ferner *ME Lens et al.,* European Journal of Criminology 2015, 17 (17 f.).

Beschleunigung des Heilungs- bzw. Tatbewältigungsprozesses beim Opfer verspricht. Im deutschen Rechtsraum gilt demgegenüber als problematisch, dass das Gericht höchst emotionale Äußerungen, die, durch tatbestands- und strafmaßunerhebliche Aspekte aufgeladen, nicht in das normative Programm zur Urteilsfindung passen, aus Opferschutzgründen zuzulassen hätte, die dann ggfs. doch noch untergründig die Strafmaßentscheidung in einer für den Angeklagten negativen Weise beeinflussen können.[1104] Die Kritiker des VIS weisen darauf hin, dass die Einführung des VIS zu Folgeproblemen führe und sein erklärtes Ziel nur unter Außerkraftsetzung von „tragenden verfassungsrechtlich abgesicherten Verfahrensgrundsätzen" erreichbar wäre.

Wendet man sich den einzelnen Kritikpunkten[1105] zu, sind die so bezeichneten Folgeprobleme vernachlässigbar. Dass die Gewährung eines VIS im deutschen Rechtsraum kein Freibrief für Beleidigungen usw. des Opfers gegenüber dem Angeklagten darstellen darf, sondern das VIS die geltenden Strafvorschriften einhalten muss, braucht nicht weiter betont zu werden. Die Sorge, dass Verstöße gegen einschlägige Strafvorschriften (etwa § 153 ff., § 257, § 258, § 164, § 185 ff., § 263 StGB) keine Ermittlungsverfahren nach sich ziehen könnten, ist deshalb unbegründet. Nicht ersichtlich ist auch, weshalb das VIS zu einer Intensivierung der Spannung führen soll, die in der (nicht unproblematischen) Doppelrolle des Opfers als Zeuge und als Nebenkläger angelegt ist. Wenn gegen das VIS eingewendet wird, dass wegen der bestehenden Rechtslage das erklärte Ziel des VIS konterkariert würde, weil dem Angeklagten daraufhin rechtliches Gehör gewährt werden müsse und dies dem Schutz vor einer Sekundärviktimisierung entgegenliefe, ist auch dieser Einwand nicht überzeugend. Der Schutz vor Sekundärviktimisierung stellt (wenn überhaupt) nur einen Nebeneffekt des VIS dar. Die Pflicht zur Vermeidung von Sekundärviktimisierung greift genuin gerade nur dann, wenn das Opfer zur Teilnahme am Strafverfahren verpflichtet ist und sich „Gefahren", zu den die zusätzliche Viktimisierung gehört, aussetzen muss.[1106] Das VIS beruht aber nicht auf Zwang, sondern auf Freiwilligkeit. Es kann insoweit auch keinen Schutz vor Erwiderungen des Angeklagten geben, weil der Angeklagte letztlich das „Recht des letzten Wortes" hat. Festzuhalten ist, dass die Folgeprobleme kein wirkliches Hindernis darstellen, das VIS im deutschen Rechtsraum zu etablieren.

1104 *Anders*, ZStW 124 (2012), S. 389 f.; *Kölbel*, StV 2014, 698 (703).

1105 Diese Kritikpunkte zusammenfassend – und bewertend – bei *Anders*, ZStW 124 (2012), S. 390 f.

1106 Ausführlich zur sekundären Viktimisierung siehe oben S. 270 ff.

Was von den genannten Kritikpunkten jedoch ernst zu nehmen ist, ist die Gefahr der unterschwelligen Beeinflussung des Gerichts bei der Sanktionsentscheidung. Dieser zentrale Einwand ist nach dem derzeitigen Erkenntnisstand der empirischen Forschung zumindest zweifelhaft. Weil insoweit Daten für als auch gegen diese These sprechen[1107], ist ein Konflikt mit dem Schuldprinzip zumindest nicht zwingend.[1108] Bereits diese Bedenken aber sind aufgrund des hohen verfassungsrechtlichen Stellenwerts des Schuldprinzips von großem Gewicht.

Hinzu kommt ein bisher kaum beachteter Aspekt, der gegen die Implementierung des VIS im deutschen Rechtsraum spricht. Nach jüngsten Erkenntnissen kann das VIS seinem therapeutischen Ansatz nämlich nicht gerecht werden. In einer erst kürzlich publizierten Längsschnittstudie zur Effektivität des VIS in den Niederlanden[1109] wurde erstmals der psychologische Nutzen für den Aufarbeitungsprozess mit Schwerpunkt auf den zwei Basisemotionen „Zorn" und „Angst" (anger and anxiety) untersucht.[1110] Dabei konnte kein direkter therapeutischer Effekt im Sinne einer signifikanten Senkung des Zorn- sowie Angstgefühls bei den befragten Opfern festgestellt werden. Ihr psychologisches Befinden vor und nach dem Strafverfahren blieb im Wesentlichen unverändert. Insbesondere bei den Probanden, die sich besonders zornig bzw. ängstlich gefühlt hatten, konnte kein Unterschied festgestellt werden, egal ob sie das VIS wahrnahmen oder ablehnten. Die Studie deckte auf, dass eine Senkung des Zorn- und Angstgefühls auf das steigende Empfinden des Opfers, den Aufarbeitungsprozess zu kontrollieren, zurückzuführen ist. Zugleich sind keine Anhaltspunkte vorhanden, dass das VIS dieses Empfinden fördert. Ein positiver Effekt auf das Zorn- und Angstgefühl eines Opfers stellt sich laut Studie durch das Empfinden ein, Verfahrensgerechtigkeit erlebt zu haben. Das VIS kann als eine Partizipationsform

---

1107 Empirisch „als gegenstandslos erwiesen", *Schneider,* JR 2010, 375 (384) m.w.N.; anders etwa *Kölbel,* StV 2014, 698 (703 Fn. 66 m.w.N.).

1108 *Walther,* GA 2007, 615 (624) weist darauf hin, dass die Instrumentarien des Strafprozesses (Berufsrichter und Amtsermittlungsgrundsatz) ausreichend seien, um der Gefahr von punitiveren Strafen vorzubeugen.

1109 In den Niederlanden implementiert im Jahr 2005 für Opfer schwerer Gewaltverbrechen. Das VIS kann hier in mündlicher oder schriftlicher Form abgelegt werden und ist inhaltlich auf die Auswirkungen der Tat beschränkt. Äußerungen zu Tatsachen zum Geschehen oder zu erwünschten Rechtsfolgen sind verboten.

1110 Zu den Hypothesen und zur Methodik vgl. *ME Lens et al.,* European Journal of Criminology 2015, 17 (22 ff.).

im Verfahren dieses Empfinden nur indirekt fördern.[1111] Es erreicht damit seinen Hauptzweck nicht.

(β) Beweisbeibringung

Die Beweisbeibringung wird vorrangig über das Beweisantragsrecht (§ 397 Abs. 1 S. 3 i.V.m. § 244 Abs. 3–6 StPO) ermöglicht. In einem inquisitorischen Strafverfahrensrechtsmodell ist es allgemein von entscheidender Bedeutung, um auf den vom Gericht dominierten Prozess der Wahrheitsfindung Einfluss zu nehmen. Trotz der teils rechtsmissbräuchlichen, exzessiven Anwendung in der Rechtspraxis ist das Beweisantragsrecht als eine tragende Säule der effektiven Strafverteidigung des Angeklagten unangefochten anerkannt[1112] und in einem gewissen Umfang verfassungsrechtlich zu gewährleisten.[1113] Neben diesem rechtsstaatlich garantierten Grundrecht, als Angeklagter auf die der Amtsaufklärungspflicht unterliegenden gerichtlichen Beweisaufnahme einwirken zu können, trägt das Beweisantragsrecht ferner zur qualitativen Verbesserung der Wahrheitsfindung bei, weil es an den Schwachstellen der Beweisaufnahme ansetzt und sich auf ein im Prozessverlauf fehlgeleitetes Gericht korrigierend auswirken kann. Das geschieht zum einen dadurch, dass das Gericht durch einen entsprechenden Antrag gezwungen ist, sich mit dem Beweisbegehren des Antragstellers auseinandersetzen, auch wenn es diesen Ermittlungsschritt von Amts wegen (§ 244 Abs. 2 StPO) aufgrund der Akten- und Sachlage bisher nicht für zielführend gehalten bzw. in Betracht gezogen hat. Zum anderen erfolgt die Ablehnung des Beweisantrags bei Vorliegen eines Ablehnungsgrundes (§ 244 Abs. 3–5 StPO) grundsätzlich per Beschluss (§ 244 Abs. 6 StPO) und bedarf demnach einer zeitnahen Begründung. Durch diese Interaktion zwischen begründeter Ablehnung und gezieltem neuerlichen Beweisantrag, bei dem die ablehnende Begründung des Gerichts berücksichtigt werden kann, erhöht sich die Wahrscheinlichkeit, dass einzelne Fehlerquellen, die sich durch den sog. Schulterschluss- und Perseveranzeffekt[1114] einschleichen können, vom Tatgericht noch erkannt und entsprechend behandelt werden.[1115]

1111 *ME Lens et al.*, European Journal of Criminology 2015, 17 (30).

1112 Das bestätigt jüngst erst der Abschlussbericht der BMJV Expertenkommission StPO, S. 144.

1113 Dazu eingehend *Jahn*, FS Hassemer, S. 1033 ff.

1114 *Schünemann*, StV 2000, 159 (163 f.).

1115 So *Börner*, StraFo 2015, 46 (47 f.), der von der „Nötigungs- und Diskursfunktion des Beweisantrags“ spricht.

Das Opferschutzgesetz 1986 legte fest, dass auch der reformierten Nebenklägerstellung das Beweisantragsrecht zukommen müsse. Zugleich handelte es sich bei dieser Entscheidung um den im Gesetzgebungsverfahren umstrittensten Aspekt der zu gewährenden Opferbefugnisse.[1116] Die Intention der damaligen Bundesregierung zur Implementierung des Beweisantragsrechts wurde in der Stellungnahme des Bundesrates nicht geteilt. Man vertrat vielmehr die Auffassung, dass ein Nebenkläger über seine Anhörungsrechte „gegenüber dem Gericht auf eine sachgerechte Ausübung der Amtsaufklärungspflicht hinwirken“ könne und deswegen ein förmliches Beweisantragsrecht nicht erforderlich sei.[1117] Trotz geteilter Bedenken im Schrifttum hielt die Bundesregierung an ihrem Vorhaben fest und begründete ihre Position damit, dass diese Befugnis „bereits nach geltendem Recht“ einem Nebenkläger zustehe – zu diesem Zeitpunkt bestand noch die Verbindung zur Privatklage – und das Beweisantragsrecht auch „zur wirksamen Wahrnehmung der Interessen des Verletzten“, wie sie nach dem Opferschutzgesetz zur Verfügung stünde, „jedenfalls in besonderen Fällen unerlässlich“ sei.[1118]

Im Gegensatz zu den Rechten des Angeklagten findet das Beweisantragsrecht des Nebenklägers keine Stütze in der Verfassung. Es handelt sich noch heute um eine rein rechtspolitische Entscheidung des Gesetzgebers, wie es die obigen Ausführungen zur Verfassungsrechtslage verdeutlichen[1119]. Der in diesem Kontext ebenfalls herangezogene Grundsatz des fairen Verfahrens – insbesondere der Grundsatz der Waffengleichheit – zur Begründung des Beweisantragsrechts des Angeklagten[1120] lässt sich zugunsten des Opfers nicht nutzbar machen, da nach derzeitiger Verfassungs- sowie Menschenrechtslage nicht einmal ersichtlich ist, dass ein Recht des Nebenklägers auf ein faires Strafverfahren existiert[1121].

Dennoch verbietet es sich unter Verweis auf diesen unterschiedlichen verfassungsrechtlichen Stellenwert, eine „weniger restriktive Anwendung der gesetzlich vorgesehenen“ Beschränkungen der Ablehnungsgründe auf Beweisanträge des Nebenklägers einzufordern.[1122] In den Gesetzesbegründungen findet

1116 *Weigend,* NJW 1987, 1170 (1175).

1117 BT-Drucks. 10/5305, S. 29.

1118 BT-Drucks. 10/5305, S. 33.

1119 Dazu oben S. 153 ff.

1120 Vgl. BGH, Beschluss vom 28.04.2010 – 5 StR 487/09, juris, Rn. 5; *Jahn,* FS Hassemer, S. 1038 ff., nach dessen Auffassung das Recht auf ein faires Verfahren eine hier zumindest ergänzende Funktion erfüllt.

1121 Siehe hierzu *Helmken,* StV 2016, 456 ff.

1122 So aber BGH, Beschluss vom 28.04.2010 – 5 StR 487/09, juris, Rn. 5.

sich kein Hinweis darauf, dass der Gesetzgeber die Beweisantragsrechte des Angeklagten und des Nebenklägers uneinheitlich behandelt sehen wollte. Insbesondere sprechen der Wortlaut des § 397 StPO und die Gesetzessystematik eine deutliche Sprache. Dort wird auf die restriktiven gesetzlichen Ablehnungsgründe des § 244 Abs. 3–6 StPO konkret verwiesen. Daraus ist zu folgern, dass von einer Gleichbehandlung der Verfahrensbeteiligten insoweit ausgegangen werden muss.[1123] Mangels einer gesonderten Regelung des Gesetzgebers für das Beweisantragsrecht des Nebenklägers und aus Gründen der Rechtsklarheit und -sicherheit ist eine andere Gesetzesauslegung verfehlt.[1124] Diese Rechtsauffassung ist nicht nur vorzugswürdig, sondern für die Rechtsprechung bindend. Eine abweichende Meinung, die sich für eine vereinfachte Ablehnung von Beweisanträgen eines Nebenklägers ausspricht, ist aufgrund des eindeutigen, im Gesetzeswortlaut zum Ausdruck kommenden Willen des Gesetzgebers nicht überzeugend, weil sie sich nur auf einfache Rechtserwägungen stützt[1125] oder es beim schlichten Verweis auf die schwache verfassungsrechtliche Rechtsposition des Nebenklägers belässt. Man wird deshalb schon eine nicht hinnehmbare Beeinträchtigung von Rechten oder Gütern von Verfassungsrang, wie bspw. der Rechte des Angeklagten oder der Funktionstüchtigkeit der Strafrechtspflege, verlangen müssen, um den eindeutigen Wortlaut und Willen des demokratisch legitimierten Gesetzgebers gerechtfertigt negieren zu können. Solange das im Einzelfall jedoch nicht nachzuweisen ist, müssen sämtliche Bestrebungen in der Rechtsprechung, die auch für den Nebenkläger geltenden engen Voraussetzungen der § 244 Abs. 3–6 StPO zu umgehen, als *contra legem* behandelt werden.

Die rechtliche Gleichbehandlung gilt selbstverständlich nur für die Verfahrensabschnitte, in denen das Gesetz ein Beweisantragsrecht des Nebenklägers vorsieht. Der Nebenkläger oder das zur Nebenklage berechtigte Opfer kann im Ermittlungsverfahren im Gegensatz zum Angeklagten (§ 163a Abs. 2 StPO oder § 166 Abs. 1 StPO) grundsätzlich keine Beweisanträge stellen. Obwohl die (frühzeitig erhobene) Anschlusserklärung des Opfers ab dem Zwischenverfahren wirksam wird, ist hier kein Beweisantragsrecht des Nebenklägers gesetzlich implementiert worden, während der Angeklagte gem. § 201 Abs. 1 S. 1 StPO die Möglichkeit hat, die Entscheidung des Gerichts über die Eröffnung des

1123 BGH, Beschluss vom 07.04.2011 – 3 StR 497/10, juris, Rn. 12.
1124 Zutreffend *Bock*, HRRS 2011, 119 (120).
1125 Das Argument von *Weigend*, NJW 1987, 1170 (1175), der das Beweisantragsrecht als nicht mit der früher „allein abwehrorientierten" Nebenklage vereinbar erklärte, dürfte als überholt gelten.

Hauptverfahrens durch seine Anträge zur Vornahme einzelner Beweiserhebungen zu beeinflussen. Erst nach Eröffnung des Hauptverfahrens beginnt das Beweisantragsrecht des Nebenklägers zu greifen, wobei hier die gerichtliche Vorbereitungsphase weiterhin ausgenommen ist. Der Nebenkläger kann vor Beginn der terminierten Hauptverhandlung weder Beweisanträge gem. § 219 StPO stellen, noch ein Recht auf unmittelbare Ladung nach § 220 StPO wegen fehlender Antragsberechtigung ausüben. Ihm soll als Verfahrensbeteiligter einzig die Möglichkeit der Beweisanregung zukommen.[1126] Die Beweisanregungen sind nicht an besondere gesetzliche Ablehnungsgründe gekoppelt und stellen die Beweiserhebung in das Ermessen des Gerichts, das im Rahmen seiner Aufklärungspflicht über die Beweisanregung entscheidet.[1127] Ein Gerichtsbeschluss ist für die Ablehnung allgemein nicht erforderlich, wohl aber eine Ablehnungsentscheidung des vorsitzenden Richters. Entsprechende Anträge (von Anregungen zur Beweiserhebung) sind in das Hauptverhandlungsprotokoll aufzunehmen und könnten dann bei einer ablehnenden Entscheidung durch eine Aufklärungsrüge im Revisionsverfahren beanstandet werden.[1128]

Eine weitere Form der Beweisbeibringung eröffnet noch § 397 Abs. 1 S. 3 StPO. Demnach ist das Gericht verpflichtet, dem Nebenkläger auf sein Verlangen hin eine Befragung des Angeklagten, Zeugen und Sachverständigen im Rahmen der gesetzlichen Vorschriften zu gestatten (§ 240 Abs. 2 StPO). Der Nebenkläger soll aktiv den Verlauf der Beweisaufnahme und das Ergebnis der richterlichen Beweiswürdigung beeinflussen dürfen. Dieses Befragungsrecht ist nicht nur in der Hauptverhandlung, sondern im Fall der kommissarischen Vernehmung bereits in der Vorbereitungsphase (§§ 223, 224 StPO) zu beachten, weil dieses Recht bei vorgezogenen Befragungen einzelner „Beweispersonen“ andernfalls missachtet würde.

(b) Anschluss als Adhäsionskläger

Der Antrag zur Adhäsionsklage des Verletzten kann frühestens mit der Strafanzeige bzw. des Strafantrags und spätestens mit Beginn der Schlussvorträge in der Hauptverhandlung gestellt werden. Dieser muss den Gegenstand und Grund des Anspruchs bestimmt bezeichnen sowie die Beweismittel enthalten (vgl. § 404 Abs. 1 StPO), was inhaltlich den Anforderungen an die Klageerhebung vor den Zivilgerichten gem. § 253 Abs. 2 S. 2 ZPO entspricht. Insoweit ist auch hier die Prozessfähigkeit des Verletzten eine Grundvoraussetzung für

1126 SK-StPO/*Deiters*, § 219 Rn. 4; LR-StPO/*Jäger*, § 219 Rn. 3.
1127 *Meyer-Goßner/Schmitt*, § 244 Rn. 23.
1128 Ausführlich *Schlothauer/Wieder*, Revision, Rn. 1378 ff.

die Antragstellung. Wie bei der Nebenklage entfaltet der Adhäsionsantrag gem. § 404 Abs. 2 StPO erst mit „Eingang“ beim Gericht – frühestens im Zwischenverfahren – Rechtswirkung[1129], die zumindest so lange anhält, bis das Gericht wegen Unzulässigkeit, Unbegründetheit oder Ungeeignetheit des Antrags von einer Entscheidung absieht (§ 406 Abs. 1 S. 3–6 StPO). Es ist gesetzlich vorgesehen, dass dem antragstellenden Opfer bis zur gerichtlichen Absehensentscheidung das ihm mit der Adhäsionsklage verbundene rechtliche Gehör zukommt (vgl. § 404 Abs. 2 S. 2 StPO).

(α) Anhörungsrechte

Die §§ 403 ff. StPO halten sich hinsichtlich der Verfahrensrechte eines Adhäsionsklägers sehr zurück. Das Gesetz gibt lediglich an zwei Stellen dazu Auskunft, ohne jedoch die Reichweite des rechtlichen Gehörs hinreichend deutlich abzustecken. Zum einen muss der Antragsteller „an der Hauptverhandlung teilnehmen“ können (§ 404 Abs. 3 S. 2 StPO). Diese Vorgabe geht auf die Einführung des Adhäsionsverfahrens im Jahre 1943 zurück und begründet unzweifelhaft zumindest das Recht des Verletzten auf unbeschränkte Anwesenheit.[1130] Zum anderen muss der Verletzte, der als Antragsteller einen Status als Verfahrensbeteiligter erlangt, zuvor angehört werden, wenn das Gericht erwägen sollte, von der Entscheidung über den Adhäsionsantrag abzusehen (§ 406 Abs. 5 StPO). Diese Vorschrift wurde durch das 1. OpferRRG implementiert und erfüllt hinsichtlich des Anspruchs auf rechtliches Gehör eine bedeutende Funktion. Der Gesetzgeber hat damit die Position des Adhäsionsklägers als Verfahrensbeteiligter eindeutig festgelegt. Dies hat zur Folge, dass der Anwendungsbereich der zentralen Gehörsvorschrift des § 33 Abs. 1 und Abs. 3 StPO bei einem erfolgten Antrag des Verletzten vom Gericht Beachtung finden muss. Zugleich hat der Gesetzgeber mit der Implementierung des § 406 Abs. 5 StPO das Anhörungsrecht ausgeweitet, weil er dadurch sichergestellt hat, dass auch bei richterlichen Entscheidungen „außerhalb der Hauptverhandlung“ das Anhörungsrecht des Adhäsionsklägers greift. Diese gesetzliche Vorschrift war deshalb nötig, weil das Anhörungsrecht sonst alleine an den Maßstäben des § 33 StPO hätte beurteilt werden müssen. Dieser verlangt aber bei richterlichen Entscheidungen außerhalb der Hauptverhandlung, dass der Adhäsionskläger infolge dieser Entscheidungen einen „rechtlichen Nachteil“ erleidet (§ 33 Abs. 3 StPO). Dies ist bei einer Absehensentscheidung des Gerichts aufgrund der besonderen Funktion

1129 Zu den Zulässigkeitsvoraussetzungen ausführlich *Meier/Dürre*, JZ 2006, 18 (20 f.).
1130 LR-StPO/*Hilger*, § 404 Rn. 13 f.; *Meyer-Goßner/Schmitt*, § 404 Rn. 7; a.A. hier *Meier/Dürre*, JZ 2006, 18 (21) „kein Anspruch auf ununterbrochene Anwesenheit“.

des Adhäsionsverfahrens jedoch nicht der Fall, da die gerichtliche Absehensentscheidung gerade nicht in Rechtskraft erwächst. Es sind „keine den Anspruch [des Verletzten] aberkennenden Entscheidungen" durch das Gericht möglich[1131], weil der Antragsteller stets seinen vermögensrechtlichen Schadensersatzanspruch anderweit geltend machen kann (vgl. § 406 Abs. 3 S. 3 StPO). Das Gesetz sah also ursprünglich nicht vor, dass das Gericht vor seiner Absehensentscheidung außerhalb der Hauptverhandlung dem Verletzten das rechtliche Gehör einräumen müsse. Durch § 406 Abs. 5 StPO als der spezielleren Vorschrift ist dann nunmehr sichergestellt worden, dass das Anhörungsrecht des Verletzten – über den Anwendungsbereich des § 33 Abs. 3 StPO hinaus – im Zwischenverfahren sowie in der Vorbereitungsphase zur Hauptverhandlung greift. Im Übrigen ist das Anhörungsrecht des Verletzten während der Hauptverhandlung dann über § 33 Abs. 1 StPO gewährleistet.

(β) Beweisbeibringung

Wie festgestellt wurde, äußert sich das Gesetz nur rudimentär zu den Verfahrensrechten des Adhäsionsklägers. Interessanterweise geht die herrschende Meinung davon aus, dass einem Verletzten als Antragsteller eine Reihe von Verfahrensrechten zustehen, die in den §§ 403 ff. StPO nicht ausdrücklich kodifiziert sind. Diese Rechtsauffassung geht zurück auf ein Urteil des BGH aus dem Jahr 1956. Zu dieser Zeit stieß die Vorstellung eines Verletzten als Verfahrensbeteiligter im Strafverfahren im Grundsatz auf Ablehnung. Ein Anhörungsrecht nach § 406 Abs. 5 StPO lag damals noch in weiter Ferne. Der BGH stellte mit Verweis auf § 404 Abs. 3 S. 2 StPO als damals einzige Vorschrift, die eine eigenständige Rechtsposition des Verletzten als Adhäsionskläger andeutete, fest, dass das in dieser Vorschrift verankerte „Recht auf Teilnahme nur den Sinn haben kann, daß der Berechtigte hier die Gelegenheit hat, sich zu dem von ihm erhobenen Anspruch zu äußern. [...] Es ergibt sich dann aus der Natur der Sache, daß der ASt., dem das Gesetz die Teilnahme an der Hauptverhandlung gestattet, seinen Antrag näher begründen, unter Umständen auch Beweisanträge stellen darf, und zwar auch zur Schuldfrage, soweit diese für seinen Anspruch von Bedeutung sind"[1132]. Inzwischen wird im Schrifttum – mit geringfügigen Unstimmigkeiten im Einzelnen – durchweg vertreten, dass einem Antragsteller in diesem Rahmen nicht nur das Beweisantragsrecht, sondern auch das Frage- und Beanstandungsrecht,

---

1131 BT-Drucks. 15/1976, S. 16.

1132 BGH, Urteil vom 21.09.1956 – 2 StR 68/55 (NJW 1956, 1767).

das Erklärungsrecht nach jeder Beweiserhebung sowie das Recht zum Schlussvortrag[1133] und der Richterablehnung zusteht.[1134]

Es ist verwunderlich, wenn aufgrund dieses in die Jahre gekommenen BGH-Urteils bzw. allein aufgrund der Anerkennung eines einfachen Anhörungsrechts (§ 406 Abs. 5 StPO) solch weitreichende Verfahrensrechte dem Antragsteller, dessen Anschlussberechtigung letztlich nicht einmal abschließend geklärt ist, zugestanden werden. Das bestätigt unter anderem das Institut der Nebenklage, bei der es der Gesetzgeber offensichtlich für notwendig gefunden hat, die Verfahrensrechte eines Verletzten aufzulisten. Es bedarf daher einer nachvollziehbaren Begründung, weshalb das Schweigen des Gesetzgebers hier ausgerechnet zu einer Ausweitung anstatt zu einer Begrenzung der Rechtsposition des Adhäsionsklägers führt. Begründungshilfe liefert – zumindest ein Stück weit – das BVerfG, das von einer „planwidrigen Regelungslücke" gesprochen hat. Es hat darauf hingewiesen, dass dem Adhäsionskläger das Ablehnungsrecht des Strafrichters wegen Besorgnis der Befangenheit zustehen muss, obwohl es gesetzlich nicht ausdrücklich normiert ist. Das BVerfG betonte, dass der Gesetzgeber das Adhäsionsverfahren als Regelfall für die Durchsetzung zivilrechtlicher Ansprüche des Opfers betrachtet hat und das Opfer demnach als Rechtssuchender die Gewähr der Unparteilichkeit gem. Art. 101 Abs. 1 GG beanspruchen können muss.[1135] Von einer planwidrigen Regelungslücke sei insoweit auszugehen, weil der Gesetzgeber in seinen Gesetzesbegründungen hinsichtlich eines die Sach- und Rechtslage einseitig grob verkennenden Vergleichsvorschlags (§ 405 Abs. 1 StPO) angedeutet hat, dass er ein Ablehnungsrecht nicht generell ausschließen wollte. Diese Äußerung bezog sich zugleich nur auf den Angeklagten, während ein solches Recht zugunsten des Adhäsionsklägers nicht erwogen wurde. Das BVerfG bezog sich daraufhin auf die Rechtsfolgenverweisung des § 404 Abs. 2 StPO, wonach die Antragstellung dieselbe Wirkung wie die Erhebung der Klage im bürgerlichen Rechtsstreit entfache. Diese müsse in verfassungskonformer Weise dahingehend ausgelegt werden, dass dem Adhäsionskläger, dem im Zivilprozess über § 42 ZPO ein Ablehnungsrecht zustünde, dieses dann auch im Strafprozess über die entsprechenden Vorschriften (§§ 22 ff. StPO) zukommen müsse.[1136]

1133 Das Schlussvortragsrecht ablehnend *Stoffers/Möckel*, NJW 2013, 830 (831).

1134 Vgl. statt vieler LR-StPO/*Hilger*, § 404 Rn. 15; ferner KMR-StPO/*Stöckel* (66. EL), § 404 Rn. 9.

1135 BVerfG, Beschluss vom 27.12.2006 – 2 BvR 958/06, juris, Rn. 15 f.

1136 BVerfG, Beschluss vom 27.12.2006 – 2 BvR 958/06, juris, Rn. 18 f.

Fraglich ist, ob unter diesen Vorzeichen auch das Beweisantragsrecht, das Frage- und Beanstandungsrecht, das Erklärungsrecht und Schlussvortragsrecht aufgrund einer „planwidrigen Regelungslücke" einzuräumen wäre, die eine besondere Ausprägung des rechtlichen Gehörs im Sinne des Art. 103 Abs. 1 GG darstellen.[1137] Betrachtet man die Gesetzesbegründungen in den beiden einschlägigen Reformgesetzen – Opferschutzgesetz 1986 und 1. OpferRRG – näher, besteht zunächst kein Zweifel an dem Bestehen einer Regelungslücke, weil sich der Gesetzgeber weder ablehnend noch befürwortend zu den einzelnen Verfahrensrechten des Opfers als Antragstellers äußert. Insbesondere ist der Begriff „Teilnahme" (§ 404 Abs. 3 S. 2 StPO), der auf die Einführung der Adhäsionsklage im Jahr 1943 zurückgeht und auf den sich der BGH in dem oben genannten Urteil[1138] maßgeblich stützt, nicht aussagekräftig, weil zwischen einem „bloßen" Anwesenheitsrecht und weitergehenden Mitwirkungsbefugnissen so ziemlich jedes Verfahrensrecht unter diesen Terminus subsumiert werden kann. Zweifelhaft aber ist das Bestehen der Planwidrigkeit. In den Motiven heißt es, dass einem „Antragsteller vor Erlass des Beschlusses, mit dem von einer Entscheidung abgesehen wird, ausdrücklich rechtliches Gehör zu gewähren ist, was auch in schriftlicher Form geschehen kann"[1139]. Es handelt sich dabei um die einzige Stelle in den Gesetzesbegründungen mit konkretem Bezug zum rechtlichen Gehör des Antragstellers. Weitergehende Verfahrensrechte, die über ein bloßes Anhörungsrecht hinausgehen, werden seitens des Gesetzgebers nicht thematisiert, obwohl er die Verfahrensbefugnisse des Verletzten als Verfahrensbeteiligter sonst stets penibel aufzählt. Auch mit Blick auf die Rechtsfolgenverweisung des § 404 Abs. 2 StPO, die das BVerfG zur Grundlage seiner Zuerkennung des Ablehnungsrechts macht, ist die Gewährung solcher Verfahrensrechte nicht naheliegend. Dies liegt daran, dass für das Adhäsionsverfahren, das zweifellos zivilprozessuale Elemente aufweist, für die Beweisaufnahme ausschließlich die Grundsätze der StPO gelten. Aufgrund des Amtsaufklärungsgrundsatzes bleibt einem Adhäsionskläger die Pflicht zur Beweisführung gerade erspart, während dies im Zivilprozess von den Verfahrensbeteiligten geleistet werden muss.[1140] Was für das Beweisantragsrecht gilt, gilt für das Frage- und Erklärungsrecht in gleicher Weise. Das Recht zum Schlussvortrag ist einem Zivilprozess sogar

1137 Mit Ausnahme des Ablehnungsrechts bejahend SK-StPO/*Velten*, § 404 Rn. 8 ff.

1138 Siehe oben Fn. 1132.

1139 Vgl. BT-Drucks. 15/1976, S. 17 Zu Buchstabe c (Absatz 5).

1140 Der Adhäsionsantrag muss nicht mal die Beweismittel enthalten (Soll-Vorschrift), um die Amtsaufklärungspflicht auszulösen (vgl. § 404 Abs. 1 S. 2 StPO).

gänzlich fremd[1141], weshalb sich die Frage stellt, weshalb diese Rechte dem Opfer als Antragsteller zuerkannt werden sollten. Eine vergleichbare Interessenlage ist gerade nicht erkennbar.

Festzuhalten ist, dass keine Anzeichen für eine planwidrige Regelungslücke des Gesetzgebers vorhanden sind, um derart umfangreiche Verfahrensbefugnisse dem Opfer als Antragsteller einzuräumen. Es verwundert, wie kritiklos – und ohne überzeugende Begründung – dem Antragsteller nicht-kodifizierte Verfahrensbefugnisse zugesprochen werden. Hätte der Gesetzgeber das rechtliche Gehör bei §§ 403 ff. StPO derart aufladen wollen, hätte er diese Verfahrensbefugnisse – wie bei der Nebenklage – gesetzlich aufgeführt.

(c) Der Verletzte im Sinne der §§ 406d ff. StPO

Die §§ 406d ff. StPO garantieren dem Verletzten einer Straftat gewisse Verfahrensrechte, die generell unabhängig von einem formellen Beteiligtenstatus gewährleistet werden. Eine Form der Anschlusserklärung ist nicht erforderlich. Von einzelnen materiell-rechtlichen Besonderheiten abgesehen sind der Verletztenbegriff und die Prozessfähigkeit für die Wahrnehmung dieser Verfahrensrechte maßgebend. Von Bedeutung ist, dass die Verfahrensrechte teilweise schon im Ermittlungsverfahren greifen und sich auf einen Verfahrensabschnitt beziehen, der weder von der allgemeinen Vorschrift zum Anhörungsrecht (§ 33 StPO) erfasst, noch von den speziellen Verfahrensrechten der Neben- bzw. Adhäsionsklage beeinflusst wird.

(α) Anhörungsrechte

Obwohl es dem Gesetzgeber mit Einführung der § 406d ff. StPO gerade auch darauf ankam, die relativ schwache Rechtsposition des Verletzten, insbesondere des zur Nebenklage befugten Verletzten, im Vorverfahren zu stärken[1142], wurde ein allgemeines Anhörungsrecht nicht implementiert. Lediglich in den Regelungen der RiStBV wird der Staatsanwaltschaft nahegelegt, dem nebenklageberechtigten Verletzten einer Straftat gegen die sexuelle Selbstbestimmung gem. §§ 174–182 StGB vor Einleitung einer verfahrensbeendenden Maßnahme gem. §§ 153 Abs. 1, § 153a Abs. 1, § 153b Abs. 1 oder § 154 Abs. 1 StPO die Gelegenheit zur Stellungnahme einzuräumen und seine Einwendungen in der rechtlichen Würdigung zu berücksichtigen (Nr. 222a RiStBV). Von dieser Empfehlung abgesehen besteht ein Anhörungsrecht im Vorverfahren nicht. Es macht dabei keinen Unterschied, ob die Staatsanwaltschaft das Verfahren eigenständig

1141 So bereits *Stoffers/Möckel*, NJW 2013, 830 (831).

1142 Siehe BT-Drucks. 10/5305, S. 19 (§ 406g a.F.).

einstellt (§ 170 Abs. 2 bzw. § 153 Abs. 1 S. 2, § 153a Abs. 1 S. 7 StPO) oder dabei die Zustimmung des Gerichts erforderlich sein sollte.[1143]

Ob dem Verletzten ab Erhebung der öffentlichen Klage ein Anhörungsrecht zuzusprechen ist, hängt mangels spezieller gesetzlicher Vorgaben insbesondere davon ab, ob dieser Verletzte bereits wegen der in §§ 406d ff. StPO enthaltenen Rechte eine solche Rechtsposition erlangt, dass er allein deshalb als Beteiligter im Sinne des § 33 StPO anzusehen ist. Nicht nur die Gesetzesbegründungen erwecken *prima facie* den Eindruck, dass der Verletzte erst über die §§ 406d ff. StPO als selbstständiger Prozessbeteiligter anerkannt wurde.[1144] Teilweise wird auch im Schrifttum explizit betont, dass es sich beim Verletzten im Sinne der §§ 406d ff. StPO um einen „Beteiligten" im Sinne des § 33 StPO handele.[1145] Diese Bewertung – sofern man dieser folgt – bedeutet hinsichtlich der Reichweite des Anhörungsrechts jedoch nicht, dass der Verletzte nach §§ 406d ff. StPO stets wie ein Nebenkläger über die §§ 33 Abs. 1 und Abs. 3 StPO zu behandeln ist. Das allgemeine Anhörungsrecht greift hier nämlich nur, wenn es um eine gerichtliche Entscheidung geht, die die Wahrnehmung der über §§ 406d ff. StPO garantierten Verfahrensrechte betreffen. Ausschließlich in diesem Rahmen kann der Verletzte als ein Beteiligter im Sinne des § 33 StPO angesehen werden. Das betrifft somit die Entscheidungen des Gerichts hinsichtlich der Gewährung der Akteneinsicht gem. § 406e StPO, des Rechts auf einen Rechtsbeistand und damit verbundener Abwehrrechte zum Schutz des Verletzten als Zeugen gem. §§ 406h, 406f StPO. Darüber hinaus ist der Verletzte im Sinne der §§ 406d ff. StPO regelmäßig kein „Beteiligter", da er durch anderweitige verfahrensgestaltende Entscheidungen des Gerichts – wie dem Strafurteil oder der Beendigung bzw. Einstellung des Verfahrens – gerade nicht in seiner Rechtsposition[1146] als Beteiligter betroffen ist. Das gilt für den nicht nebenklageberechtigten und den nebenklageberechtigten Verletzten auch unterschiedslos, weil die §§ 406d ff. StPO insoweit keinen

1143 Im Vergleich dazu sieht Nr. 90 RiStBV vor, dass eine Anhörung von Behörden und Körperschaften des öffentlichen Rechts bei staatsanwaltschaftlichen und gerichtlichen Einstellungsentscheidungen gem. §§ 153, 153a oder 170 Abs. 2 StPO ermöglicht werden sollte, wenn über sie die Strafanzeige erstattet wurde oder diese sonst am Ausgang des Verfahrens interessiert ist. Eine vergleichbare Regelung für Verletzte existiert nicht.

1144 BT-Drucks. 10/5305, S. 16.

1145 Siehe etwa KMR-StPO/*Ziegler* (78. EL), § 33 Rn. 6.

1146 Zur Definition etwa LR-StPO/*Graalmann-Scheerer*, § 33 Rn. 18; MüKo-StPO/*Valerius*, § 33 Rn. 11.

unterschiedlichen Maßstab anlegen.[1147] Das Interesse am Ausgang des Verfahrens hat der Gesetzgeber für den Bereich des Offizialverfahrens formal nur einem Nebenkläger über sein Genugtuungsinteresse zugesprochen. Die Verfahrensrechte der §§ 406d ff. StPO erfüllen für den Nebenkläger insoweit auch allenfalls eine unterstützende Funktion, indem sie ihm eine entsprechende Informationsgrundlage (§ 406i, § 406e StPO) für die Beurteilung sichern, das Genugtuungsinteresse im Strafprozess zu verfolgen und in diesem Fall effektiv wahrnehmen zu können. Im Übrigen aber sind die §§ 406d ff. Ausdruck des Gebots besonderer Rücksichtnahme gegenüber dem Verletzten (§ 406d), seiner erhöhten Schutzinteressen (§§ 406f–h StPO) und seines Bedürfnisses nach Unterstützung zur Tatfolgenbewältigung außerhalb des Verfahrens (§§ 406j–k StPO).[1148] Alleine über die §§ 406d ff. StPO wird der Verletzte deshalb aber nicht zu einem selbstständigen Verfahrensbeteiligten, der bei gerichtlichen Entscheidungen zum Verlauf bzw. Ausgang eines Verfahrens nach § 33 StPO in seinen rechtlich anerkannten Interessen betroffen und deshalb vorher zu hören ist.

(β) Beweisbeibringung

Wenn dem Verletzten kein Anhörungsrecht zusteht, um auf den Verlauf des Strafverfahrens einzuwirken, müsste es konsequenterweise auch an Optionen fehlen, die Beweisaufnahme zu beeinflussen. Eine gewisse Sonderstellung nehmen der nebenklageberechtigte Verletzte und dessen Rechtsbeistand ein, bei denen es der Gesetzgeber für erforderlich hielt, einzelne Verfahrensrechte einzuräumen, darunter insbesondere ihr Recht auf Anwesenheit während der gesamten Hauptverhandlung oder auch bei richterlichen Vernehmungen im Vorverfahren (§ 406h StPO). Auf diese Weise ist es möglich, sich in das Prozessgeschehen einzubringen und die richterliche Entscheidungsfindung zu beeinflussen. Der BGH stellte insoweit klar, dass der Vorsitzende des Gerichts auf Grundlage der Sachleitungsbefugnis einem Rechtsbeistand des nebenklageberechtigten Verletzten etwa das Fragerecht erteilen dürfe, auch wenn diese Verfahrensbefugnis gesetzlich nicht explizit eingeräumt worden ist.[1149] Damit stand jedoch zugleich fest, dass der nebenklageberechtigte Verletzte und sein Rechtsbeistand die Ausübung dieses Fragerechts nicht als ein Opferrecht beanspruchen können. Gleiches gilt für Beweisanträge oder dem Antrag auf Beweisermittlung o.ä., die das Gericht nicht entgegennehmen und begründet zurückweisen muss, wie es bei

1147 Ähnlich *Hanloser*, Recht auf Gehör, S. 160 f., die den Beteiligtenstatus gem. § 33 StPO jedoch abspricht.

1148 Ausführlich SK-StPO/*Velten*, §§ 406d bis 406h StPO Rn. 3.

1149 BGH, Beschluss vom 11.11.2004 – 1 StR 424/04 (NJW 2005, 377).

einem befugten – zur Aufklärungsrüge berechtigten – Antragsteller erforderlich wäre[1150]. Bislang war nämlich die Rechtsauffassung herrschend, dass sich die Antragsbefugnisse des Rechtsbeistands eines nebenklageberechtigten Verletzten auf den Regelungsbereich des § 406f StPO beschränkten, der allein die Schutzinteressen des Verletzten im Sinne eines Zeugenbeistands erfasste, nicht aber den Wahrheitsfindungsprozess[1151] als solchen.[1152] Erst kürzlich hat der Gesetzgeber diese Zweckbestimmung aber erweitert. Der Rechtsbeistand des nebenklageberechtigten Verletzten hat nun[1153] gem. § 406h Abs. 2 S. 4 StPO n.F. den Anspruch auf Ausübung eines Frage- und Erklärungsrechts bei richterlichen Vernehmungen. Damit nimmt der Rechtsbeistand eines nebenklageberechtigten Verletzten nicht mehr allein Schutzinteressen des Opfers wahr, sondern er kann ohne vorherige Zustimmung des vorsitzenden Richters auf den Prozess der Wahrheitsfindung Einfluss nehmen. Ob sich der Gesetzgeber dieser Ausweitung der Rechtsposition des nebenklageberechtigten Verletzten bzw. seines Rechtsbeistands tatsächlich bewusst war, ist allerdings zu bezweifeln[1154].

(γ) Artikulation gem. § 69 StPO

Der Zeugenbericht gem. § 69 Abs. 1 S. 1 StPO stellt nicht nur eine Pflicht dar, sondern beinhaltet nach herrschender Meinung auch das Recht, eine zusammenhängende Aussage zum jeweiligen Beweisthema zu machen. Der Zeuge soll vor der Verhörsituation (Abs. 2 S. 1) aus einem Guss und möglichst ohne Unterbrechungen berichten dürfen, um seiner Verpflichtung zu einer vollständigen Zeugenaussage nachzukommen.[1155] Dieses Äußerungsrecht ist jedoch nicht mit dem Recht auf rechtliches Gehör zu verwechseln, das ein Anhörungs- bzw. Beweisbeibringungsrecht gewährleistet. Der Vorsitzende kann den Zeugen mit Blick auf die Vernehmungssache bei ausschweifenden bzw. nicht zielführenden

---

1150 Vgl. *Schlothauer/Wieder,* Revision, Rn. 1379, Rn. 1387; MüKo-StPO/*Trüg/Habetha,* § 244 Rn. 173, Rn 175.

1151 Zu den Rechten des Zeugenbeistands vgl. BVerfG, Beschluss vom 08.10.1974 – 2 BvR 747/73, juris, Rn. 24 ff.

1152 In den Gesetzesmaterialien tritt die Schutzfunktion mit Blick auf die Mitwirkungsrechte des Rechtsbeistands des nebenklageberechtigten Verletzten hervor, vgl. BT-Drucks. 10/5305, S. 18 ff.; BT-Drucks. 16/12098, S. 36 ff.; so auch *Meyer-Goßner/ Schmitt,* § 406h Rn. 4, § 406f Rn. 2 f.; KK-StPO/*Zabeck,* § 406g Rn. 3 f., § 406f Rn. 3.

1153 Seit dem In-Kraft-Treten des „Zweiten Gesetzes zur Stärkung der Verfahrensrechte von Beschuldigten im Strafverfahren" am 05.09.2017.

1154 Der Gesetzgeber spricht hier von einer „Folgeänderung", siehe BT-Drucks. 18/9534, S. 24.

1155 Eingehend hierzu *Hanloser,* Recht auf Gehör, S. 145 f.

Berichten unterbrechen und lenkend eingreifen.[1156] Auch den Kritikern dieser Interventionsmöglichkeit geht es nicht um das Äußerungsrecht per se, sondern vielmehr um die Wahrheitsfindung, weil Ausschweifungen eines Zeugen nützliche Anhaltspunkte für seine Glaubwürdigkeit aufzeigen können.[1157] Eine Form des rechtlichen Gehörs wird dem Verletzten deshalb nicht gewährt.

Speziell mit Blick auf den Verletzten wurde durch das StORMG im Jahre 2013 der § 69 Abs. 2 StPO um einen zweiten Satz ergänzt, wonach Zeugen, die durch die Straftat verletzt sind, insbesondere die Gelegenheit zu geben ist, sich zu den Auswirkungen, die die Tat auf sie hatte, zu äußern. Laut Gesetzgeber hat diese Vorschrift vor allem eine klarstellende Funktion, denn die Auswirkungen der Tat seien ohnehin bereits nach geltendem Recht als ein für die Strafzumessung bedeutender Aspekt gem. § 46 Abs. 2 StGB zum Gegenstand einer Zeugenvernehmung zu machen. Man wollte durch diese Hervorhebung „dazu beitragen, dass in der Praxis dem Interesse von Verletzten, im Strafverfahren Gehör zu finden, entsprochen wird, soweit dies von dem jeweiligen Untersuchungszweck abgedeckt ist".[1158] Zwar verweist der Gesetzgeber hier insbesondere auf die Opfer von sexuellem Missbrauch. Der Wortlaut aber knüpft allgemein am Verletztenbegriff an, der dem der §§ 406d ff. StPO entsprechen dürfte. Trotz der vom Gesetzgeber so bezeichneten „Klarstellungsfunktion" des § 69 Abs. 2 S. 2 StPO wird diese Vorschrift teilweise stark kritisiert, und das nicht nur aufgrund ihres – laut Gesetzgeber – „überflüssigen" Charakters[1159]. Schwerer wiegt insbesondere der Einwand, dass man darin einen Verstoß gegen die Unschuldsvermutung sehe und eine steigende Suggestionsgefahr erkenne.[1160] Der Gesetzeswortlaut weiche auch insoweit von § 46 Abs. 2 StGB ab, weil er von „Auswirkungen, die die Tat […] hatte" spricht und daher auch tatbestands- und strafmaßunerhebliche Gesichtspunkte erfasst werden könnten, wie es für die Rechtsfigur des VIS typisch sei.[1161] Die Kritiker sind allerdings in der Minderheit geblieben. Das dürfte insbesondere darauf zurückzuführen sein, dass sich dieses Äußerungsrecht des Verletzten zu den Tatfolgen laut Gesetzgeber im Rahmen der §§ 160 Abs. 1, 244 Abs. 2 StPO bewegen muss. Eine Lockerung über § 69 Abs. 2 S. 2

1156 *Meyer-Goßner/Schmitt,* § 69 Rn. 5; MüKo-StPO/*Maier,* § 69 Rn. 11.

1157 LR-StPO/*Ignor/Bertheau,* § 69 Rn. 7.

1158 BT-Drucks. 17/6261, S. 11.

1159 MüKo-StPO/*Maier,* § 69 Rn. 27; für *Pollähne,* StV 2016, 671 (675) ein weiteres Beispiel, an der sich die Sorglosigkeit des Gesetzgebers im Umgang mit den Beschuldigtenrechten widerspiegelt.

1160 *Eisenberg,* HRRS 2011, 64 (66).

1161 Dezidiert kritisch hier *Kölbel,* StV 2014, 698 (702 f.).

StPO ist insoweit nicht zu erkennen. Ob der Verletzte als Zeuge auch tatsächlich heranzuziehen ist, dürfte zwar der Regelfall sein; dies entscheiden aber noch immer die Staatsanwaltschaft bzw. das Gericht. Es besteht auch keine Pflicht, den Verletzten als Zeugen laden zu müssen, nur damit das Äußerungsrecht zu den Tatfolgen Beachtung findet. Der § 69 Abs. 2 S. 2 StPO dürfte wohl auch nur bei bestimmten Verletzten relevant werden, auch wenn der ihm zugrunde liegende Verletztenbegriff des §§ 406d ff. StPO einen weiten Betroffenenkreis erfassen kann[1162]. Soweit die zuständigen Justizorgane den Verletzten als Zeugen aussagen lassen, dann muss ihm jedenfalls nunmehr die Möglichkeit der Äußerung zu den Tatfolgen zugestanden werden, selbst wenn man sich keinen Erkenntnisgewinn verspricht. Dies ist die konsequente Rechtsfolge der Anerkennung dieses Äußerungs*rechts.* Und wenn § 69 Abs. 2 S. 2 StPO seinem Wortlaut nach den Eindruck erweckt, dass der Verletzte frei heraus im Sinne eines VIS berichten dürfe, hat der Gesetzgeber dieses Recht doch an den Untersuchungszweck gebunden, so dass die zuständigen Justizorgane solche Äußerungen, die von § 46 Abs. 2 StGB nicht gedeckt sind, durchaus unterbinden und/oder unberücksichtigt lassen können.

(3) Sonstige Verfahrensarten des Offizialverfahrens

Für die sonstigen Verfahrensarten des Offizialverfahrens gilt bezüglich des Anhörungsrechts des Opfers grundsätzlich dasselbe, was auch im Regelstrafverfahren gilt. Dem Verletzten der Straftat steht kein – von der Zeugenstellung losgelöstes – Gehörsrecht über die §§ 406d ff. StPO zu. Daher stellt sich die Frage, ob und inwieweit einem Neben- bzw. Adhäsionskläger, der im Regelstrafverfahren das rechtliche Gehör reklamieren kann, auch im Rechtsmittel-, Strafbefehls- und Sicherungsverfahren sowie im beschleunigten Verfahren ein Anhörungs- bzw. Beweisbeibringungsrecht zusteht.

Das Rechtsmittelverfahren umfasst im Wesentlichen die Berufung (§§ 312 ff. StPO) sowie die Revision (§§ 333 ff. StPO). Im Falle der Berufung kann ohne Ausnahme auf die Ausführungen zum Regelstrafverfahren verwiesen werden, weil das Berufungsgericht als zweite Tatsacheninstanz in rechtlicher und tatsächlicher Hinsicht den Sachverhalt neu aufrollt und nach seiner Beweisaufnahme ein eigenes Strafurteil fällt. Es ergeben sich in Bezug auf das rechtliche

---

1162 Relevant ist dies bspw. bei dem im Rahmen des §§ 406d ff. StPO vertretenen weiten Verletztenbegriff des § 403 StPO. Wenn das Gericht von der Entscheidung über den Adhäsionsantrag des Verletzten absieht, würde ihm über § 69 Abs. 2 S. 2 StPO kein Recht zur Tatfolgenäußerung zustehen, wenn er nicht als Zeuge geladen ist.

Gehör des Neben- und Adhäsionsklägers keine Abweichungen. Bei der Revision hingegen muss näher differenziert werden: Das Revisionsgericht untersucht das Strafurteil ausschließlich auf Rechtsfehler der Tatsacheninstanz. Die Entscheidung des Revisionsgerichts ergeht nicht selten per Beschluss gem. § 349 StPO und ohne Hauptverhandlung, weshalb eine Anhörung der Verfahrensbeteiligten hier generell nicht stattfindet. Der Nebenkläger kann jedoch als Revisionsgegner noch eine Gegenerklärung gem. § 347 StPO einreichen[1163]. Gleiches gilt für den Adhäsionskläger, falls das Tatsachengericht dem Adhäsionsantrag stattgegeben hat und sich die Revision des Angeklagten dann (auch) gegen den bürgerlichrechtlichen Teil des Strafurteils richtet (§ 406a Abs. 2 i.V.m. § 347 StPO). Wird die Revision für unzulässig oder unbegründet erklärt, erwächst das Strafurteil des Tatsachengerichts in Rechtskraft. Ist die Revision aber begründet, wird das angefochtene Urteil insoweit aufgehoben und die Sache regelmäßig an die Vorinstanz zurückverwiesen (§ 354 Abs. 2 StPO). Die Gehörsrechte der Verfahrensbeteiligten müssen dann wie im Regelstrafverfahren erneut Beachtung finden. Sollte das Revisionsgericht nicht per Beschluss, sondern durch Urteil entscheiden, kommt es dann zur Revisionshauptverhandlung, bei der einem Neben- bzw. Adhäsionskläger als Revisionsgegner das Anhörungsrecht über § 351 Abs. 2 StPO zugestanden wird[1164].

Das Strafbefehlsverfahren (§§ 407 ff. StPO) gilt als eine besondere Verfahrensart des Offizialverfahrens, durch das Vergehen rasch und unkompliziert bearbeitet werden können. Soweit die Staatsanwaltschaft von einem „hinreichenden Tatverdacht" ausgeht und eine Hauptverhandlung auch nicht für erforderlich erachtet, kann sie beim zuständigen Richter einen Antrag auf Erlass eines Strafbefehls stellen, der auf bestimmte und im Gesetz fest umrissene Rechtsfolgen gerichtet ist. Für den Fall des Strafbefehlsverfahrens wurden die Anschlussvoraussetzungen zur Nebenklage modifiziert, was sich auf die Gewährung des rechtlichen Gehörs des Opfers auswirkt. Denn obwohl durch einen Strafbefehlsantrag die öffentliche Klage als erhoben gilt (§ 407 Abs. 1 S. 4 StPO), soll entgegen den üblichen Anschlussvoraussetzungen eine frühzeitig eingereichte Anschlusserklärung des Verletzten erst gem. § 396 Abs. 1 S. 3 StPO wirksam werden, wenn der Strafrichter eine Hauptverhandlung aus den in § 408 Abs. 3 S. 2 und § 411 Abs. 1 StPO genannten Gründen anberaumt oder den Strafbefehlsantrag ablehnt. Wird das Strafbefehlsverfahren dem Antrag der

1163 *Meyer-Goßner/Schmitt*, § 347 Rn. 1.

1164 Vgl. KK-StPO/*Gericke*, § 351 Rn. 3, was konsequenterweise für den dort nicht genannten Adhäsionskläger gelten muss, sofern er als Revisionsgegner zu betrachten ist.

Staatsanwaltschaft entsprechend durchgeführt, entfaltet die Anschlusserklärung des Verletzten keinerlei Rechtswirkung und die mit der Nebenklägerstellung verbundenen Gehörsrechte greifen nicht[1165]. Ähnliches gilt für die Gehörsrechte des Adhäsionsklägers im Strafbefehlsverfahren. Nach h.M. sind Adhäsionsantrag und Strafbefehlsverfahren nicht miteinander kompatibel, da der Gesetzgeber die möglichen Rechtsfolgen des Strafbefehlsverfahrens enumerativ in § 407 Abs. 2 StPO aufgeführt habe und hierbei bürgerlich-rechtliche Ansprüche nicht enthalten seien. Jedoch soll der Adhäsionsantrag nicht *per se* gegenstandslos sein. Falls es nämlich doch zur Hauptverhandlung kommt, könne der Richter durchaus über den Adhäsionsantrag entscheiden.[1166] Dies wäre im Strafbefehlsverfahren, wie bereits dargestellt, bei den § 408 Abs. 3 S. 2 und § 411 Abs. 1 StPO der Fall. Insofern gelten die besonderen Anschlussvoraussetzungen der Nebenklage bei einem Adhäsionsantrag – mit Ausnahme des § 408 Abs. 2 S. 1 StPO – entsprechend. Erst mit Anberaumung einer Hauptverhandlung ist der Adhäsionstrag als wirksam anzusehen und das Gehörsrecht des Opfers damit beachtlich.

Eine besondere Strafverfahrensart ist weiterhin das Sicherungsverfahren (§§ 413 ff. StPO). Der Gesetzgeber hat gem. § 395 Abs. 1 StPO ausdrücklich klargestellt, dass sich der Verletzte als Nebenkläger diesem anschließen kann. Gem. § 414 Abs. 1 StPO gelten hierbei die Vorschriften über das Strafverfahren sinngemäß, so dass keine Abweichungen gegenüber dem Regelstrafverfahren bestehen. Eine Adhäsionsklägerschaft wird hingegen nach h.M. als unzulässig eingestuft, da sie sich nicht mit dem Präventionszweck des Sicherungsverfahrens zum Schutz der Allgemeinheit verträgt[1167].

Zuletzt ist das beschleunigte Verfahren zu nennen (§§ 417 ff. StPO). Charakteristisch sind der Wegfall des Zwischenverfahrens und die zeitnahe Durchführung der Hauptverhandlung. Eine „entschlackte" Beweisaufnahme erlaubt dem Richter, dass Beweisanträge der Verfahrensbeteiligten nicht an den speziellen Ablehnungsgründen des § 244 Abs. 3–6 StPO zu bemessen sind.[1168] Die

---

1165 Das gilt auch für den Sonderfall des § 408a StPO. Hier würde eine Wirksamkeitsvoraussetzung zum Nebenklägeranschluss rückwirkend entfallen, sofern der Strafrichter dem nach Eröffnung des Hauptverfahrens gestellten Strafbefehlsantrag der Staatsanwaltschaft folgt.

1166 LR-StPO/*Hilger*, § 403 Rn. 20; *Meyer-Goßner/Schmitt*, § 403 Rn. 12; SK-StPO/*Velten*, § 403 Rn. 10; KK-StPO/*Zabeck*, § 403 Rn. 12; *Loos*, GA 2006, 195 (197 f.); für eine uneingeschränkte Anwendung *Kuhn*, JR 2004, 397 (400); *Sommerfeld/Guhra*, NStZ 2004, 420 (421 ff.).

1167 Hierzu LR-StPO/*Gössel*, Vor. § 413 Rn. 9; a.A. BeckOK-StPO/*Ferber*, § 403 Rn. 14.

1168 Vgl. *Beulke*, StPO, Rn. 531.

Gehörsrechte des Nebenklägers sind mit dem Antrag der Staatsanwaltschaft auf Entscheidung im beschleunigten Verfahren gem. § 417 StPO auch beachtlich, weil ab diesem Zeitpunkt die Anschlusserklärung des nebenklageberechtigten Verletzten wirksam wird[1169] und er als Nebenkläger gilt. Was den Adhäsionskläger anbelangt, fehlt es wiederum an einer gesetzlichen Vorgabe. Gründe für einen allgemeinen Ausschluss der Adhäsionsklägerschaft sind dennoch nicht ersichtlich, weil bei einer „klaren Beweislage" als Zulässigkeitsvoraussetzung des beschleunigten Verfahrens nicht davon ausgegangen werden kann, dass ein Adhäsionsantrag dem Beschleunigungsgebot entgegenstünde. Sofern die Entscheidung des Strafrichters über den Adhäsionsantrag einen erheblichen zusätzlichen Ermittlungsaufwand nach sich zöge und dem Zweck des beschleunigten Verfahrens entgegenliefe, dann kann der Strafrichter wohl von einer Entscheidung über den Antrag des Opfers aufgrund fehlender Eignung gem. § 406 Abs. 1 S. 4 StPO auch absehen.

bb. *Umsetzungsstand der europäischen Vorgaben, Kritik und rechtspolitische Folgerungen*

(1) Zusammenfassend kann zum Themenkomplex des rechtlichen Gehörs festgestellt werden, dass die Umsetzung der europäischen Vorgaben unzureichend ist und dass somit für das deutsche Rechtssystem Nachholbedarf besteht.

Vorweg ist festzuhalten, dass trotz einer allgemein zunehmenden Opferorientierung auf internationaler und nationaler Ebene der deutsche Gesetzgeber weder durch die EMRK und den Empfehlungen des Europarats, noch durch die jüngere straftheoretische oder verfassungsrechtliche Entwicklung im deutschen Rechtsraum aufgefordert oder sogar verpflichtet wäre, dem Opfer während des Verfahrens die direkte Einflussnahme wegen seines nachvollziehbaren Interesses am Strafverfahrensausgang zu ermöglichen. Aufgrund der Richtlinie 2012/29/EU hat sich diese Rechtslage nun ein Stück weit verändert. Zwar sind die Mitgliedstaaten auch zukünftig nicht verpflichtet, eine Rechtsstellung wie die Nebenklage in ihrem Strafverfahrensrecht dem Opfer anzubieten. Die Implementierung eines Gehörsrechts des Opfers jedoch steht nicht mehr länger im alleinigen Ermessen des deutschen Gesetzgebers. Das erschließt sich aus der Systematik der Richtlinie, da Art. 10 RL, der das rechtliche Gehör auf EU Ebene garantiert, gerade nicht

1169 Vgl. *Meyer-Goßner/Schmitt*, § 417 Rn. 7.

unter dem Vorbehalt des 20. Erwägungsgrundes der Richtlinie steht[1170]. Das Gehörsrecht des Opfers genießt demnach europäischen Bestandsschutz. Nur im Bereich der Ausgestaltung des rechtlichen Gehörs hat der nationale Gesetzgeber einen Ermessensspielraum. Ihm steht es frei, das europarechtlich zu garantierende Gehörsrecht über ein im innerstaatlichen Strafprozessrecht existierendes Rechtsinstitut, wie der Nebenklage, zu verwirklichen. Dann allerdings müssen die europäischen Vorgaben darin auch vollumfänglich aufgehen.

Blickt man zunächst auf das Privatklageverfahren, dann sind die Vorgaben der EU erfüllt:

Dem Privatkläger stehen wegen seiner Anklägerrolle weiteichende Anhörungsrechte zu. Die Beweisbeibringung erfolgt insbesondere über das Beweisantragsrecht, weshalb keine Zweifel an der Vereinbarkeit mit Art. 10 RL bestehen. Aus einem europäischen Blickwinkel unbedenklich ist auch die rechtliche Bewertung, dass nach h.M. ein Privatkläger nicht zugleich als Zeuge auftreten kann. Zwar betont der EuGH in dem Urteil zur Rechtssache *Katz gegen Sós*, dass die Aussage des Opfers – ob nun als Zeuge oder auf anderem Wege – als „Beweismittel" einfließen können muss, was nach deutscher Rechtsdogmatik an sich nur über eine Zeugenaussage aufgrund des *numerus clausus* der Beweismittel denkbar ist. Dass der EuGH bei seiner Entscheidung den Beweismittelbegriff der StPO vor Augen hatte, ist aber fernliegend. Es kommt aus europäischer Sicht vielmehr darauf an, dass die Aussagen des Privatklägers als Erkenntnismittel in die strafrichterliche Beweiswürdigung irgendwie einfließen können. Dies ist über § 261 StPO auch gewährleistet. Zweifel an der Vereinbarkeit der deutschen Rechtslage mit den EU Vorgaben bzw. der EuGH-Rechtsprechung bestehen daher nicht.

Defizite bei der Umsetzung des Art. 10 RL bestehen hingegen im Offizialverfahren:

Klarzustellen ist, dass die Zeugeneigenschaft eines Opfers allein den europäischen Vorgaben zum Gehörsrecht nicht genügt. Es besteht schon keine Pflicht zur Ladung des Opfers als Zeugen. Insbesondere begründet die Zeugenladung kein Anhörungsrecht des Geladenen, vor der verfahrensabschließenden Entscheidung eine Stellungnahme abgeben zu dürfen. Das jüngst erst kodifizierte Artikulationsrecht (gem. § 69 Abs. 2 S. 2 StPO) bezieht sich lediglich auf die Tatfolgen und greift daher insgesamt zu kurz.

1170 Zum Bedeutungsgehalt siehe oben S. 68 f. sowie S. 99.

Die Angehörigen eines durch die Straftat Getöteten etwa, denen laut europäischen Normgeber dieses Gehörsrecht zustehen muss, hätten regelmäßig schon keine Zeugenstellung.
Blickt man hinsichtlich des Umsetzungsstands dann auf die einzelnen Opferrechtspositionen, welche die StPO vorsieht, ist festzustellen, dass die einem Verletzten gem. §§ 406d ff. StPO zustehenden Rechte keine Stellung als Verfahrensbeteiligter begründen und daher auch keine Anhörungspflicht des Gerichts über § 33 StPO bei verfahrensabschließenden Entscheidungen auslösen. Die europäischen Vorgaben werden auch nicht über den – im Rahmen der §§ 406d ff. StPO privilegierten – nebenklageberechtigten Verletzten ausreichend umgesetzt. Dass der deutsche Gesetzgeber dem Rechtsbeistand des nebenklageberechtigten Verletzten nun jüngst ein Frage- und Erklärungsrecht gegenüber einem vernommenen Zeugen eingeräumt hat (§ 406h Abs. 2 S. 4 StPO) – was zuvor nur mit Zustimmung des Vorsitzenden Richters nach § 238 Abs. 1 StPO überhaupt erst denkbar war – stellt zwar eine Form des Gehörsrechts dar; dieses aber ist an eine konkrete Zeugenvernehmung gekoppelt. Ein darüber hinausgehendes Anhörungs- bzw. Beweisbeibringungsrecht, wie es die EU mit Art. 10 RL verbindet, kommt somit auch einem nebenklageberechtigten Verletzten nicht zu.
Die Interventionsmöglichkeiten des Opfers steigen zwar erheblich, wenn es seinen formalen Anschluss als Nebenkläger erklärt. Obwohl dem Nebenkläger weitreichende Anhörungsrechte sowie Möglichkeiten der Beweisbeibringung zustehen, gelingt es bei näherer Betrachtung allerdings auch diesem Rechtsinstitut nicht, die Vorgaben des Art. 10 RL vollumfänglich umzusetzen. Es wurde festgestellt, dass sich das an die Nebenklage gekoppelte rechtliche Gehör ab dem Zwischenverfahren entfaltet. Während das Anhörungsrecht gem. § 33 StPO ab diesem Zeitpunkt umgehend greift, stehen die erweiterten Gehörsrechte sowie das Beweisantragsrecht des Nebenklägers erst ab der Hauptverhandlung zur Verfügung. Diese „sukzessive" Entfaltung der Prozessrechte eines Nebenklägers steht unproblematisch mit EU-Recht im Einklang, weil bereits die Aktivierung des § 33 StPO die materiell-rechtlichen Anforderungen des Art. 10 RL hinreichend verwirklicht. Dem Nebenkläger wird dadurch nämlich nicht nur die Gelegenheit der eigenen Stellungnahme garantiert, sondern er kann durch seine tatsächlichen und rechtlichen Einwendungen auch die Amtsaufklärungspflicht des § 244 Abs. 2 StPO auslösen und damit im Sinne der Richtlinie „Beweise beibringen". Deshalb gehen die vorgestellten erweiterten Anhörungsrechte und das Beweisantragsrecht eines Nebenklägers auch über die Vorgaben des Art. 10 RL hinaus und wären demnach aus europäischer Sicht durchaus disponibel. Mit Blick auf die europäischen Vorgaben

greift die deutsche Rechtslage aber aus folgenden Gründen zu kurz: Erstens setzt der für die Aktivierung des Gehörsrechts gem. § 33 StPO erforderliche Anschluss als Nebenkläger nicht nur die Verletzteneigenschaft, sondern – wie sich zeigte – eine bestimmte Anschlussmotivation des Verletzten voraus. Aus rechtsdogmatischen Erwägungen wird der Anschluss des Verletzten als Nebenkläger untersagt, wenn der Verletzte diese Rechtsposition zum Zwecke der Verteidigung des Angeklagten betreiben will. Nach momentanem Stand widerspricht es allerdings dem EU-Recht, wenn das rechtliche Gehör an eine bestimmte Anschlussmotivation des Verletzten gekoppelt ist. Zwar schweigt Art. 10 RL diesbezüglich; jedoch das Urteil des EuGH zur Sache *Gueye und Sánchez* deutet eindeutig darauf hin, dass es auf eine Anschlussmotivation des Opfers nicht ankommen kann. Es kann damit nicht festgestellt werden, dass das Gehörsrecht gem. Art. 10 RL durch die Vorschriften der Nebenklage „lückenlos" abgedeckt wäre. Zweitens zeigt sich, dass Art. 10 RL keine Rücksicht auf den konkreten Strafverfahrensverlauf nimmt und deshalb bei allen Verfahrensabschnitten, in denen eine verfahrensabschließende Entscheidung erwogen wird, auch beachtlich ist. Die Nebenklage – sowie die Adhäsionsklage, bei der mit Blick auf das rechtliche Gehör noch erschwerend hinzukommt, dass das Gericht eine Reihe von Ablehnungsgründen mit Ermessenspielraum gem. § 406 Abs. 1 StPO besitzt – entfaltet aber erst ab dem Zwischenverfahren überhaupt Rechtswirkung. Die Nebenklage ist damit als Rechtsfigur schon konzeptionell nicht geeignet, diese europäischen Anforderungen vollumfänglich zu verwirklichen, da sie das Vorverfahren vollständig ausblendet. In der Folge fehlt es an einem einfachen Anhörungsrecht, das dem Opfer bei Einstellungsentscheidungen im Vorverfahren ermöglicht, eine eigene Stellungnahme zu den Gründen, die für eine Einstellung sprächen, abzugeben. Dieses Umsetzungsdefizit wird auch nicht über die RiStBV oder über §§ 406d ff. StPO ausgeglichen, mit denen der Gesetzgeber einst die rudimentären Verfahrensrechte des Opfers im Vorverfahren stärken wollte.

Weil Art. 10 RL auch abseits des Regelstrafverfahrens Beachtung finden muss und das rechtliche Gehör bei allen in der EU geführten Strafverfahren beachtlich ist, dürfen die besonderen Strafverfahrensarten des Offizialverfahrens nicht aus dem Blick geraten. Es wurde festgestellt, dass das Opfer bei erfolgreicher Durchführung eines Strafbefehlsverfahrens kein Gehör findet, da sowohl die Anschlusserklärung zur Nebenklage als auch der Antrag zur Adhäsionsklage nach geltender Rechtslage im Strafbefehlsverfahren nur dann wirksam werden, wenn der Richter eine Hauptverhandlung anberaumt. Insoweit besteht auch hier hinsichtlich der Umsetzung des rechtlichen Gehörs ein Nachholbedarf.

(2) Neben den Defiziten bei der Umsetzung der europäischen Mindestanforderungen ist auf die folgenden Kritikpunkte zur deutschen Rechtslage hinzuweisen:

Obwohl zahlreiche Stimmen im Schrifttum fordern, die Privatklage abzuschaffen, sind derlei rechtspolitische Bestrebungen in Zukunft nicht zu erwarten. Die BMJV-Expertenkommission StPO empfahl vielmehr in ihrem Abschlussbericht, den Katalog der privatklagefähigen Delikte auszubauen, und in den Empfehlungen des Ministerkomitees des Europarats wurde die Privatklage sogar als einzige Beteiligungsform namentlich hervorgehoben. Trotz berechtigter Bedenken an diesem Rechtsinstitut bleibt das Privatklageverfahren somit zukünftig der StPO erhalten, weshalb auch der gesetzlich nicht geregelte Rollenkonflikt zwischen der Privatkläger- und Zeugenstellung des Opfers fortbesteht. Die Argumente der h.M., die sich im Ergebnis für die Inkompatibilität dieser zwei Prozessrollen ausspricht, konnten allerdings nach hiesiger Meinung nicht überzeugen. Es zeigte sich, dass die überzeugenderen Argumente eher für die Möglichkeit der Ladung des Privatklägers als Zeuge sprechen, weshalb der Gesetzgeber diesbezüglich nachbessern sollte. Zweifel an der Vereinbarkeit mit Art. 10 RL bestehen in diesen beiden Fällen jedenfalls nicht, weil sie unproblematisch mit der Rechtsprechung des EuGH im Einklang stehen.

Im Rahmen des Offizialverfahrens findet das Opfer insbesondere über die Nebenklage rechtliches Gehör. Dieses reicht ab der Hauptverhandlung gerade wegen der besonders kodifizierten Verfahrensrechte gem. § 397 StPO über den Regelungsbereich des § 33 StPO hinaus, der wiederum den für Verfahrensbeteiligte zugleich verfassungsrechtlich zu garantierenden Gewährleistungsgehalt des Art. 103 Abs. 1 GG sicherstellen soll. Der Gesetzgeber hat im Rahmen seines Beurteilungsspielraums mit der Nebenklage eine Rechtsposition implementiert, die verfassungsrechtlich nicht nur nicht eingeräumt werden muss, sondern die noch darüber hinaus den gem. Art. 103 Abs. 1 GG vorgesehenen Standard überschreitet. Die vorliegende Untersuchung hat auch gezeigt, dass der Gesetzgeber bei der Ausgestaltung des rechtlichen Gehörs des Nebenklägers Augenmaß vermissen ließ, was darauf zurückzuführen ist, dass das Genugtuungsinteresse des Opfers als Legitimationsgrundlage dieser Rechtsfigur bisher keine normativen Handlungsanweisungen zu liefern vermochte. Erst die verfassungsrechtliche und insbesondere auch jüngere straftheoretische Entwicklung zu diesem *terminus technicus* bieten Orientierung, dass hinter diesem schillernden Begriff ein anzuerkennendes Bedürfnis des Opfers an der Unrechtsfeststellung steht. Daraus ergeben sich nach hiesiger Ansicht nützliche Anhaltspunkte für die zukünftige Ausgestaltung der Opferstellung insgesamt, auch wenn ein Anhörungsrecht – und damit seine strafprozessuale Ausprägung – im verfassungsrechtlichen und straftheoretischen Kontext nicht zwingend notwendig ist, um dem Opfer die Verfolgung seines Genugtuungsinteresses im Verfahren zu ermöglichen.

Angesichts hiesiger Erwägungen ist sämtlichen Bestrebungen, ein Victim-Impact-Statement in die StPO zu integrieren bzw. in das einfache Recht über § 258 StPO – oder auch gem. § 69 Abs. 2 S. 2 StPO – hineinlesen zu wollen, entschieden entgegenzutreten. Grundsätzlich muss der Richter im Einzelfall entscheiden, inwieweit er emotionsgeladene Äußerungen eines Opfers zulässt, die für den Untersuchungszweck (nicht) förderlich sind. Das VIS jedoch begründet ein Anhörungsrecht des Opfers, „seine Geschichte zu erzählen", die – ob gesetzlich vorgesehen oder nicht – stets auch tatbestands- und strafmaßunerhebliche Aspekte beinhalten kann. Mit dem hiesigen Verständnis der Anerkennung eines Genugtuungsinteresses ist dies nicht zu rechtfertigen. Wenn das Opfer eine Plattform erhält, sich frei zu äußern, dürfte es dem Richter im Einzelfall ohnehin auch schwer fallen, die Grenzen des Missbrauchs dieses Äußerungsrechts zu bestimmen. Das VIS steht obendrein mit dem Schuldprinzip zumindest in einem bedenklichen Spannungsverhältnis. Weil das anzuerkennende Interesse des Opfers an der Unrechtsfeststellung allenfalls bei solchen Verfahrensrechten herangezogen werden kann, die den Nachweis des Tatvorwurfs bezwecken, bleibt nur noch die mit dem VIS angeblich verbundene kathartische Wirkung, um die Einführung dieses Rechtsinstitut befürworten zu können. Jüngste empirische Erhebungen aber konnten insoweit keinen unmittelbaren und positiven psychologischen Effekt auf die Verarbeitung des Tatgeschehens nachweisen. Für das Verarbeiten des Tatgeschehens ist das allgemeine Empfinden des Opfers, Verfahrensgerechtigkeit erlebt zu haben, eher von Bedeutung. Zur Förderung dieses Empfindens ist dann das VIS als Rechtsfigur somit nur eine von mehreren denkbaren Alternativen. Die Bedeutung des VIS für das Opfer würde steigen, wenn keine sonstigen Prozessrechte zur Verfügung stehen, durch die das Opfer am Verfahren partizipieren und dadurch das Gefühl erlangen kann, dass seine Belange vom Gericht beachtet werden. Der deutsche Strafprozess allerdings stellt verschiedene Einflussmöglichkeiten zur Verfügung, die das VIS auch insoweit überflüssig machen. Auch die EU verbindet mit ihrem Gehörsrecht keine kathartische Wirkungsweise, wie es das VIS für sich – nach hiesiger Untersuchung zu Unrecht – beansprucht.

Während die Ausweitung des rechtlichen Gehörs durch das VIS abzulehnen ist, sollte jedoch eine Stärkung des Gehörsrechts des Opfers im Rahmen von Verständigungsgesprächen nach § 257c StPO in Betracht gezogen werden. Es wurde festgestellt, dass die gegen eine stärkere Opferstellung erhobenen – und die derzeitige Rechtslage stützenden – rechtlichen und sachlichen Argumente nicht durchschlagen. Die anzutreffend paternalistische Haltung des Gesetzgebers ignoriert tendenziell die Opferschutzbelange. Das Anhörungsrecht des Nebenklägers gem. § 257c Abs. 3 S. 3 StPO ist nicht geeignet, dem vorhandenen Informationsdefizit zum Wesen und Ablauf der Verständigung entgegenzusteuern, eine wirksame Einflussnahme auf den Absprachеinhalt zu schaffen und damit insgesamt das Empfinden beim Opfer auszulösen, dass seine Interessen bei der gerichtlichen Bewertung wahrgenommen und berücksichtigt werden. Da das zuständige Gericht bei dem Vorhaben, Verständigungsgespräche zu führen, auch dem Verdacht ausgesetzt ist, das mit „hinreichender Wahrscheinlichkeit" begangene Unrecht des Angeklagten nicht aus Opferschutz-, sondern aus verfahrensökonomischen Gründen nicht umfassend aufklären zu wollen, ist eine kontroll- und opferfreundlichere Regelung der Verständigungspraxis durchaus angezeigt. Dies lässt sich auch normativ begründen: Wenn sich der Gesetzgeber nämlich dafür ausspricht, dass das Opfer als Verfahrensbeteiligter sein Genugtuungsinteresse über die Nebenklage verfolgen können soll, so ist – nach dem hiesigen Verständnis von Genugtuung – die Verständigung als eine besondere Verfahrensweise geradezu prädestiniert für ein ausgeprägtes Anhörungsrecht des Opfers. Grund ist, dass keine andere Verfahrensweise im Hauptverfahren die Pflicht zur Amtsaufklärung des in Rede stehenden Unrechts derart unterläuft, wie es bei § 257c StPO der Fall ist. Zudem ist keine andere Verfahrensweise derart geeignet, das Empfinden des Opfers von Verfahrensgerechtigkeit – und damit auch den Verarbeitungsprozess – dermaßen negativ zu beeinflussen, wenn der Staat bei der Verfolgung von Straftaten zum Schutz höchstpersönlicher Rechtsgüter von der üblichen Schuld- und Strafmaßrelation abweicht. Wenn dieser von dem normalerweise anzuwendenden strafprozessrechtlichen Rahmen abweicht, dann muss dies gegenüber dem Opfer, das über die Genugtuungsfunktion ein berechtigtes Interesse an der Feststellung des Unrechts besitzt, gerechtfertigt werden. Dies spiegelt sich in einem ausgeprägten Anhörungsrecht wider. Das Opfer sollte deshalb die faktische Möglichkeit haben, auf die Entscheidungsfindung des Gerichts unmittelbar während des Verständigungsgesprächs einwirken zu können. Es reicht nicht aus (wie es regelmäßig der Fall ist), dem Opfer erst nach getroffener Absprache den jeweiligen Inhalt zu übermitteln und die Gelegenheit zur Stellungnahme einzuräumen, wenn ab diesem Zeitpunkt über den weiteren Verlauf letztlich entschieden ist. Das Gericht – alternativ die Staatsanwaltschaft – muss auf die Einwendungen des Nebenklägers eingehen, dem Opfer die eigene Position und die Vorteile der Absprache näherbringen. Der Gesetzgeber sollte daher rechtspolitisch tätig werden. Es ist mit Rücksicht auf die Anerkennung des Opferinteresses auf Unrechtsfeststellung und mit Blick auf den derzeitigen Stand empirischer Forschung (Empfinden von Verfahrensgerechtigkeit) zu befürworten, dem Opfer von schweren Straftaten gegen höchstpersönliche Rechtsgüter des Lebens, der körperlichen Unversehrtheit, der sexuellen Selbstbestimmung und der Freiheit der Person ein „Zustimmungsrecht" einzuräumen, wenn der Nebenklägeranschluss erklärt wurde.

Im Gegensatz zur Verständigung geht der Gesetzgeber allgemein äußerst großzügig mit der Gewährung von Mitwirkungsrechten um. Wenn das Hauptverfahren seinen normalen Gang nimmt, ist ein ausgeprägtes rechtliches Gehör des Opfers zur Interessenwahrnehmung jedoch nicht erforderlich. Wie oben dargelegt, kann das Genugtuungsinteresse als Grundlage zur Einräumung von Verfahrensrechten nutzbar gemacht werden, um dem Opfer zu ermöglichen, auf gewisse Defizite im gerichtlichen Erkenntnisprozess einzuwirken. Unter Berufung auf das Genugtuungsinteresse des Opfers ist das ein nachvollziehbares rechtspolitisches Postulat. Nimmt das Hauptverfahren aber seinen normalen Verlauf, besteht kein Grund zur Annahme eines solchen Defizits, da die StPO eine Beweisaufnahme vorschreibt, die unter uneingeschränkter Beachtung des Amtsaufklärungsgrundsatzes gem. § 244 Abs. 2 StPO stattfindet. Das Interesse des Opfers an der Feststellung des Unrechts wird über diese Maxime doch weitreichend durch das zur Objektivität verpflichtete Gericht realisiert. Bei Zweifeln an der Unparteilichkeit stehen entsprechende Rechtsmittel (§ 22 StPO) zur Verfügung. Gerade diese rechtsstaatlichen Mechanismen sorgen dafür, dass sich ein Großteil der in § 397 Abs. 1 StPO enthaltenden weitergehenden Verfahrensbefugnisse des Nebenklägers nicht über sein Genugtuungsinteresse legitimieren lässt. Auch das Ziel, das Empfinden eines Opfers von Verfahrensgerechtigkeit wegen seiner therapeutischen Wirkung beim Opfer fördern zu wollen, ließe sich mit einer milderen Form der Nebenklägerschaft verfolgen. Für die Rechtspolitik sollte entscheidend sein, dass das Opfer die Möglichkeit hat, sich aus eigenem Antrieb heraus in das Erkenntnisverfahren einzubringen und dadurch wahrgenommen zu werden. Sich dabei jedoch an den Mitwirkungsrechten des Angeklagten auszurichten, die zur Gewährleistung eines rechtsstaatlichen Verfahrens teilweise von Verfassungs wegen vorgegeben sind und sich zu seinem Schutz vor dem mit Strafe drohenden Staat etablierten, ist weder rechtlich erforderlich[1171] noch empirisch nachvollziehbar. Wie unreflektiert einem Verletzten Mitwirkungsrechte im Verfahren zugesprochen werden, zeigt sich insbesondere auch am Adhäsionsverfahren. Ohne Anlass wird auf Grundlage des in die Jahre gekommenen Urteils des BGH vertreten, dass ein Adhäsionskläger zu § 397 Abs. 1 StPO identische Verfahrensrechte ausüben können darf, obwohl sich aus dem Gesetz nur ein Anwesenheits- und Anhörungsrecht gem. §§ 403 ff. StPO ableiten lässt. Diese im Schrifttum herrschende Auffassung verkennt, dass von einer angeblichen „planwidrigen Regelungslücke" des Gesetzgebers, die ein derart umfangreiches rechtliches Gehör begründen könnte, aber nicht die Rede sein kann. Dennoch spricht man sich für eine weitere und von der Nebenklage unabhängige Beteiligtenstellung mit ähnlich weitreichenden Einflussmöglichkeiten während der Hauptverhandlung aus. Dass sich diese Verfahrensrechte nur auf die Schuldfrage beziehen dürfen, soweit sie für den Entschädigungsanspruch von Bedeutung sind, ist dabei kein brauchbares Kriterium für den Richter, um den Einfluss des Adhäsionsklägers auf das laufende Strafverfahren angemessen einzugrenzen. Schließlich ist die Klärung der Schuldfrage an den Entschädigungsanspruch gem. § 406 Abs. 1 S. 1 StPO gekoppelt; und soweit das Gericht nicht vorzeitig von der Entscheidung über den Adhäsionsantrag gem. § 406 Abs. 5 StPO absehen sollte, muss es dessen Mitwirkungsrechte umfassend beachten. Diese herrschende und unreflektierte Ansicht zur Reichweite des rechtlichen Gehörs des Adhäsionsklägers lässt sich nur vor dem Hintergrund der doch seltenen Anwendung dieses Instituts in der Rechtspraxis und der aus diesem Grund auch fehlenden höchstrichterlichen Rechtsprechung erklären. Diese Ansicht dürfte sich ggfs. dann ändern, wenn das Adhäsionsverfahren nicht nur rechtlich, sondern auch faktisch zum normalen Bestandteil des Strafverfahrens wird, wie es der Gesetzgeber sich nach eigenen Bekundungen wünscht.

(3) Aus den obigen Erörterungen ergeben sich folgende rechtspolitische Forderungen:

- dem Gesetzgeber wird empfohlen, das Privatklageverfahren dahingehend zu ändern, dass der Privatkläger selbst als Zeuge vernommen werden kann.
- Der Gesetzgeber muss ein Anhörungsrecht des Opfers bei staatsanwaltschaftlichen Entscheidungen gem. §§ 153 Abs. 1, 153a Abs. 1, 153b Abs. 1

1171 Ergänzend dazu auch die Erwägungen zur „Anerkennung" des Opfers auf S. 441.

und 154 Abs. 1 StPO implementieren. Der Art. 10 RL begründet ein materielles Recht auf Anhörung und verlangt daher, wozu die RiStBV mangels Außenwirkung nicht imstande ist, nach Rezeption in die StPO. Das Anhörungsrecht muss natürliche Personen erfassen, die Opfer einer Straftat zum Schutz von höchstpersönlichen Rechtsgütern oder des Vermögens geworden sind.

- Der Gesetzgeber muss ein Äußerungsrechts des Opfers – vorausgesetzt, dass das europarechtlich zu garantierende rechtliche Gehör des Opfers auch weiterhin über das Rechtsinstitut der Nebenklage umgesetzt werden soll – einführen, um die bestehende Umsetzungslücke im Rahmen der Nebenklagevorschriften zu schließen, die sich im Falle einer beschuldigtenfreundlichen Motivation des Opfers ergeben.
- Der Gesetzgeber muss im Strafbefehlsverfahren ein schriftliches Anhörungsrecht implementieren, um dem Opfer rechtliches Gehör zu ermöglichen. Das Anhörungsrecht könnte nach dem Antrag der Staatsanwaltschaft gem. § 407 StPO greifen. Dadurch ist die Anhörung des Opfers ermöglicht, unabhängig davon, ob der Richter den Strafbefehl (§ 408 Abs. 3 S. 1 StPO) erlässt oder den Strafbefehlsantrag ablehnt.
- Dem Gesetzgeber wird allgemein empfohlen, die Reichweite des rechtlichen Gehörs des Nebenklägers dem „Genugtuungsinteresse" anzugleichen. Die Vorschriften zur Nebenklage müssten demnach überarbeitet und nach hiesiger Ansicht mit dem anzuerkennenden Interesse des Opfers auf Unrechtsfeststellung abgestimmt werden. Die Folge ist, dass die Rechtspolitik nicht nur von der Ausweitung von Mitwirkungsbefugnissen absehen, sondern die bestehenden Verfahrensbefugnisse (teilweise) abschwächen bzw. reduzieren muss, was primär den Bereich der Hauptverhandlung betrifft.

Das VIS als Rechtsfigur ist für den deutschen Rechtsraum abzulehnen. Abgesehen davon, dass sich der therapeutische Zweck des VIS nicht bestätigt hat, ist die kathartische Funktion des VIS mit dem anzuerkennenden Genugtuungsinteresse des Opfers auch nicht zu legitimieren.

Das Recht zur Ablehnung des Strafrichters bzw. Sachverständigen (§§ 24, 31) ist mit Blick auf das Interesse an der Unrechtsfeststellung elementar und ist beizubehalten.

Der Einfluss des Nebenklägers auf den Entscheidungsfindungsprozess in der Hauptverhandlung ist auf das gem. § 33 StPO garantierte einfache Anhörungsrecht, was ein Anwesenheitsrecht voraussetzt, zu begrenzen. Die erweiterten Gehörsrechte des Nebenklägers in der Hauptverhandlung, darunter das Beweisantragsrecht gem. § 397 Abs. 1 S. 1 i.V.m. § 244 Abs. 3–6 StPO, wären zu streichen.

Die Einführung eines Zustimmungsrechts des Nebenklägers im Rahmen der Verständigung gem. § 257c StPO erscheint angezeigt. Der Staat weicht hier von seiner ursprünglichen Zusage ggfs. ab, das Unrecht der Tat vollständig und mit gebotener Sorgfalt aufzuklären. Denjenigen Opfern, die durch eine schwere Straftat in einem höchstpersönlichen Rechtsgut des Lebens, der körperlichen Unversehrtheit, der sexuellen Selbstbestimmung oder der Freiheit der Person verletzt worden sind, ist dieses Zustimmungsrecht einzuräumen, wenn sie ein besonderes Interesse am Ausgang des Verfahrens (etwa durch vorherigen Nebenklägeranschluss) aufweisen.
Der geltende § 400 StPO kann unversehrt bleiben. Das Genugtuungsinteresse ist nicht dafür vorgesehen, die Rechtsfolgenentscheidung des Gerichts anzugreifen.

- Der Gesetzgeber sollte die Verfahrensrechte eines Adhäsionsklägers gesetzlich festlegen. Entgegen der herrschenden Meinung ist aus § 404 Abs. 3 S. 2 StPO nur ein einfaches Anhörungsrecht ableitbar.

b. Rechte bei Verzicht auf Strafverfolgung

aa. Darstellung der deutschen Rechtslage

Der primäre Rechtsbehelf gegen behördliche Entscheidungen, auf Strafverfolgung zu verzichten, ist das Klageerzwingungsverfahren gem. § 172 StPO. Dieses Verfahren ermöglicht einem Verletzten – der einen Strafverfolgungsantrag i.S.d. § 158 StPO bzw. einen Antrag auf Erhebung der öffentlichen Klage stellte[1172] – gegen einen Einstellungsbescheid nach § 171 StPO binnen zwei Wochen nach Bekanntmachung die sog. (Vorschalt-)Beschwerde einzulegen und dadurch eine Überprüfung der Einstellungsentscheidung durch den vorgesetzten Beamten der Staatsanwaltschaft – dem Generalstaatsanwalt – zu erzwingen, sofern die Ausgangsbehörde der Beschwerde nicht zuvor abhilft (Beschwerdeverfahren). Wenn der Generalstaatsanwalt im Beschwerdeverfahren einen ablehnenden Bescheid erlässt, dann kann der Verletzte binnen eines Monats nach Bekanntmachung eine gerichtliche Entscheidung über die Anklageerhebung beantragen (gerichtliches Verfahren). Das Klageerzwingungsverfahren spielt sich somit ausschließlich im Rahmen des Vorverfahrens ab. Es ist von den bereits erörterten Rechtspositionen des Opfers, die erst ab dem Zwischenverfahren einnehmbar sind (namentlich die Nebenklägerschaft), abgekoppelt. Der Rechtsbehelf der Klageerzwingung begründet somit eine eigenständige Rechtsposition des Verletzten im Vorverfahren, das ansonsten von Einwirkungsrechten des Opfers nahezu unberührt ist.

1172 Vgl. statt vieler BeckOK-StPO/*Gorf*, § 172 Rn. 2.

Das Beschwerdeverfahren (§ 172 Abs. 1 StPO), das die erste und obligatorisch zu beschreitende Stufe des Klageerzwingungsverfahrens darstellt, setzt voraus, dass der Verletzte zuvor einen Rechtsanspruch erworben hat, von der Staatsanwaltschaft gem. § 171 StPO unter Angabe der Einstellungsgründe beschieden zu werden. Diesen Rechtsanspruch erwirbt der Verletzte durch das ausdrückliche oder konkludent geäußerte Verlangen auf Strafverfolgung in Form des Strafverfolgungsantrags (dieser kann generell auch noch während eines laufenden Ermittlungsverfahrens gestellt werden).[1173] Der Strafverfolgungsantrag ist eine für die Durchführung des Klageerzwingungsverfahrens notwendige Bedingung. Zugleich ist festzustellen, dass der Verletzte durch den Erhalt des Einstellungsbescheides nach § 171 StPO, der nach allgemeiner Meinung bei jeder endgültigen Verfahrenseinstellung der Staatsanwaltschaft im Vorverfahren ergehen muss, nicht automatisch zur Einleitung der Vorschaltbeschwerde des § 172 Abs. 1 StPO berechtigt ist. Obwohl der Wortlaut des § 172 Abs. 1 StPO konkret diesen Eindruck *prima facie* vermittelt, muss bezüglich der Zulässigkeit der Durchführung dieses Beschwerdeverfahrens beachtet werden, dass es eine bestimmte Funktion erfüllt: Es dient nämlich ausschließlich als Vorverfahren bzw. als Vorschaltbeschwerde für das darauf folgende gerichtliche Verfahren, mit der Rechtsfolge, dass ein unzulässiger Antrag gem. § 172 Abs. 2 StPO stets auch die Unzulässigkeit eines Antrags auf Durchführung des Beschwerdeverfahrens gem. § 172 Abs. 1 StPO begründet.[1174]

Das Gesetz schreibt die Unzulässigkeit des gerichtlichen Verfahrens unter anderem dann vor, wenn der Verletzte durch den Einstellungsbescheid gem. § 171 StPO auf den Privatklageweg verwiesen oder wenn das Ermittlungsverfahrens auf Grundlage bestimmter Opportunitätsvorschriften eingestellt wurde (vgl. § 172 Abs. 2 S. 3 StPO). Hervorzuheben ist hier zum einen der § 153 Abs. 1 StPO. Nach dieser Vorschrift kann die Staatsanwaltschaft mit Zustimmung des für die Eröffnung des Hauptverfahrens zuständigen Gerichts von der Strafverfolgung absehen, wenn die Schuld des Täters als gering anzusehen wäre und kein öffentliches Interesse an der Strafverfolgung besteht (§ 153 Abs. 1 S. 1 StPO). Die Staatsanwaltschaft kann auch bei einem Vergehen ohne die Zustimmung des Gerichts einstellen, wenn das Vergehen nicht mit einer im Mindestmaß erhöhten Strafe bedroht ist und die verursachten Tatfolgen gering sind (§ 153 Abs. 1 S. 2 StPO). Zum anderen ist die Opportunitätsvorschrift § 153a Abs. 1 StPO hervorzuheben. Auch insoweit

---

1173 MüKo-StPO/*Kölbel,* § 171 Rn. 2 ff. und § 158 Rn. 9; *Meyer-Goßner/Schmitt,* § 171 Rn. 1.

1174 Vgl. SK-StPO/*Wohlers,* § 172 Rn. 7; MüKo-StPO/*Kölbel,* § 172 Rn. 35.

kann die Staatsanwaltschaft mit Zustimmung des für die Eröffnung des Hauptverfahrens zuständigen Gerichts und des Beschuldigten von der Anklageerhebung bei einem Vergehen absehen, wenn die Schwere der Schuld dies erlaubt und der Beschuldigte mit der Erteilung bestimmter Auflagen und Weisungen, welche das öffentliche Interesse an der Strafverfolgung beseitigen, einverstanden ist (§ 153a Abs. 1 S. 1 und S. 2 StPO). Die Staatsanwaltschaft kann dabei auch Auflagen und Weisungen ohne die Zustimmung des Gerichts – aber mit Zustimmung des Beschuldigten – erteilen, wenn es sich um ein Vergehen handelt, bei dem die Folgen der Tat gering sind und keine im Mindestmaß erhöhte Strafe droht (§ 153a Abs. 1 S. 7 StPO). Diesbezüglich wird im deutschen Schrifttum die Frage intensiv diskutiert, ob den Auflagen und Weisungen denn Strafcharakter zukommt.[1175] Insoweit geht die wohl herrschende Rechtsauffassung davon aus, dass derlei Auflagen und Weisungen mangels staatlichen Zwanges keinen – selbst bei einem erweiterten Strafbegriff[1176] – strafähnlichen Sanktionscharakter aufweisen.[1177] Entscheidend sei nämlich, dass der Beschuldigte seine Zustimmung auch versagen könne oder die Auflage/Weisung schlichtweg nicht erfüllt, ohne deshalb einen rechtlichen Nachteil zu erleiden. Zuletzt ist auch die Opportunitätsvorschrift § 154 Abs. 1 StPO zu nennen, die es dem Staatsanwalt ermöglicht, von der Strafverfolgung einer Tat abzusehen, wenn die durch diese Tat zu erwartende Strafe neben einer Strafe, die gegen diesen Beschuldigten wegen einer anderen Tat rechtskräftig verhängt oder zu erwarten ist, nicht beträchtlich ins Gewicht fällt. Gleiches gilt, wenn ein Urteil in angemessener Frist nicht zu erwarten ist und die (zu erwartende) Strafe der anderen Tat zur Verteidigung der Rechtsordnung ausreichend erscheint.

Festzuhalten ist folglich, dass diese in der Rechtspraxis wichtigen Opportunitätsvorschriften sowohl von dem Beschwerdeverfahren nach § 172 Abs. 1 StPO als auch von der gerichtlichen Kontrolle nach § 172 Abs. 2 StPO ausgeschlossen sind.[1178] Anzumerken ist, dass der Verletzte bei einem solchen Einstellungsbescheid jedoch nicht „gänzlich" schutzlos gestellt ist. Da eine unzulässige

---

1175 Jüngst *Stuckenberg*, GS Weßlau, S. 375 ff.; *Weigend*, GS Weßlau, S. 420 ff.

1176 Vgl. dazu *Weigend*, GS Weßlau, S. 421 f.

1177 SK-StPO/*Weßlau*, § 153a Rn. 5 ff.; *Meyer-Goßner/Schmitt*, § 153a Rn. 12; KK-StPO/*Diemer*, § 153a Rn. 1; *Saliger*, GA 2005, 155 (167 f.); a.A. etwa *Stuckenberg*, GS Weßlau, S. 376 ff.

1178 Für eine Ausweitung des Klageerzwingungsverfahrens auf Opportunitätsvorschriften *Schünemann*, FS Hamm, S. 698 f.; *Weigend*, FS Streng, S. 793 f.; SK-StPO/*Wohlers*, § 172 Rn. 5; mit weiteren Vorschlägen über ein Zustimmungsrecht des Verletzten bis zur Verankerung der Berücksichtigung von Opferinteressen bei der Einstellungsentscheidungen bereits *Böttcher*, FS Volk, S. 70 ff; *ders.*, FS Stöckel, S. 173 ff.

Einstellungsbeschwerde nach § 172 Abs. 1 StPO subsidiär eine zulässige Dienstaufsichtsbeschwerde darstellt[1179], wäre zumindest insoweit eine Kontrolle durch den Generalstaatsanwalt als die zuständige Dienstaufsichtsbehörde (§ 147 Nr. 3 GVG) ermöglicht. Der Einstellungsbescheid werde dann zumindest der gleichen „innerbehördlichen" Kontrolle unterzogen, wie es im Falle der Statthaftigkeit der Einstellungsbeschwerde nach § 172 Abs. 1 StPO der Fall wäre[1180].

Nach Erhalt eines ablehnenden Bescheids der Generalstaatsanwaltschaft (§ 172 Abs. 1 StPO) kann der Verletzte das gerichtliche Kontrollverfahren nach § 172 Abs. 2 StPO beim dafür zuständigen Oberlandesgericht anstrengen. Laut Gesetz muss der Antrag auf gerichtliche Prüfung von einem Rechtsanwalt unterzeichnet werden und diejenigen Tatsachen, die die Erhebung der öffentlichen Klage begründen sollen, sowie die Beweismittel enthalten (§ 172 Abs. 3 StPO). An diese gesetzliche Vorgabe anknüpfend haben sich in der oberlandesgerichtlichen Rechtsprechung sehr „hohe Anforderungen" an die Zulässigkeit eines solchen Antrags entwickelt, die sogar als mit dem Justizgewährungsanspruch „kaum mehr vereinbar" angesehen werden.[1181] Nicht zuletzt gelten diese hohen Zulässigkeitsanforderungen als eine entscheidende Ursache für die hohe Misserfolgsquote der Anträge auf gerichtliche Überprüfung.[1182] Das BVerfG hat bereits mehrfach in diesem Zusammenhang betont, dass gem. Art. 19 Abs. 4 GG ein seitens der Rechtsordnung zugesprochenes Rechtsmittel nicht durch eine überstrenge Handhabung verfahrensrechtlicher Vorschriften ineffektiv gemacht werden dürfe, indem die „Formerfordernisse" überspannt werden.[1183] Zugleich stuft es die bestehenden Zulässigkeitsanforderungen, die die Oberlandesgerichte vor einer Überlastung durch unsachgemäße und unsubstantiierte Anträge bewahren sollen, jedoch als verfassungsgemäß ein. Ein Oberlandesgericht soll nämlich dadurch in einer verfassungsrechtlich nicht zu beanstandende Weise in die Lage versetzt werden, die Zulässigkeitsvoraussetzungen ohne eigenes Studium der Akten im Wege einer Schlüssigkeitsprüfung zu kontrollieren.[1184] Diese

1179 H.M. *Meyer-Goßner/Schmitt,* § 172 Rn. 14; LR-StPO/*Graalmann/Scheerer,* § 172 Rn. 10; KK-StPO/*Moldenhauer,* § 172 Rn. 13.

1180 MüKo-StPO/*Kölbel,* § 172 Rn. 6.

1181 Zuletzt *Esser/Lubrich,* StV 2017, 418 (422 f.).

1182 *Zöller,* FS Paeffgen, S. 733; ferner MüKo-StPO/*Kölbel,* § 172 Rn. 9.

1183 Jüngst wieder BVerfG, Beschluss vom 22.05.2017 – 2 BvR 1107/16, juris, Rn. 22; BVerfG, Beschluss vom 30.01.2017 – 2 BvR 225/16, juris, Rn. 6.

1184 Vgl. jetzt BVerfG, Beschluss vom 08.10.2003 – 2 BvR 1465/01, juris, Rn. 12; BVerfG, Beschluss vom 19.09.2006 – 2 BvR 1103/04, juris, Rn. 19; BVerfG, Beschluss vom 21.10.2015 – 2 BvR 912/15, juris, Rn. 23.

Schlüssigkeitsprüfung setzt laut der oberlandesgerichtlichen Rechtsprechung[1185] eine aus sich heraus verständliche Schilderung des Sachverhalts voraus, der bei Unterstellung eines hinreichenden Tatverdachts die Erhebung der öffentlichen Klage in materieller – es sind die objektiven und subjektiven Tatbestandsmale vorzutragen – und formeller Hinsicht rechtfertigt. Der Antrag gilt etwa als unschlüssig und demnach unzulässig, wenn bestehende und den Beschuldigten entlastende Umstände verschwiegen werden. Bloße Verweise und Bezugnahmen auf Ermittlungsakten und Anlagen genügen diesen Schlüssigkeitsanforderungen nicht. Der Beschuldigte muss namentlich bezeichnet werden, zumindest jedoch die Umstände mitgeteilt werden, aus denen sich seine Identität erschließt. Dass der Beschuldigte unbekannten Aufenthalts ist, führte bspw. bereits zur Unzulässigkeit eines Antrags. Neben Ausführungen zum Strafantrag, der Verjährung, der Verletzteneigenschaft und der Einhaltung der Rechtsmittelfristen muss der Antragsteller zudem die „tragenden Gründe" der Einstellungsentscheidungen (inklusive – soweit vorhanden – die staatsanwaltschaftliche Würdigung der Angaben des Beschuldigten) darstellen. Er muss die Gründe für die Unrichtigkeit der Einstellungsentscheidung mitteilen und sich dabei inhaltlich mit diesen auseinandersetzen. Besondere Anforderungen bestehen dann noch im Rahmen der Darstellung der Beweismittel. Es muss insbesondere vorgetragen werden, ob und wie sich der Beschuldigte gegen die Vorwürfe eingelassen hat und ob – und ggfs. welchen Inhalts – es entlastende Zeugenaussagen, Urkunden oder sonstige Beweismittel gibt. Auch wenn eine Einlassung des Beschuldigten fehlt, dann muss dies aus dem Antrag hervorgehen. Sofern Ausführungen fehlen, ob und welche Zeugenaussagen im Vorverfahren eingeholt wurden und welchen Inhalt sie haben, führt dies zur Unzulässigkeit des Antrags. Aus der Antragsschrift muss eindeutig hervorgehen, ob es sich um eine im Vorverfahren eingeholte Zeugenaussage oder um einen „neuen" Zeugen handelt.

Diese – und weitere – Anforderungen werden an einen Antrag auf gerichtliche Überprüfung der Einstellungsentscheidung gestellt. Die Antragsstellung ist ohne einen Rechtsanwalt nicht denkbar und gesetzlich auch nicht vorgesehen, da dieser (zumindest) unterzeichnen muss (§ 172 Abs. 3 S. 2 StPO). Somit werden bei der Antragstellung umfangreiches Wissen sowie Detailkenntnisse insbesondere über den bisherigen Ermittlungsverlauf vorausgesetzt. Zugleich fällt auf, dass der § 172 StPO selbst aber nicht näher regelt, dass dem Antragsteller die entsprechenden

1185 Zu den nun folgenden inhaltlichen Anforderungen an den Klageerzwingungsantrag siehe *Krumm,* NJ 2016, 241 (242 ff.), der die einschlägige oberlandesgerichtliche Rechtsprechung einbezogen hat.

Informationen gewährt werden müssen, um die Rechtswahrnehmung des Verletzten sicherzustellen. Die Informationen erlangt der Verletzte nur über den Rechtsanwalt, der Akteneinsicht (§ 406e Abs. 1 StPO) beantragen kann. Insoweit ist auch anerkannt, dass die Intention der Einreichung eines Klageerzwingungsantrags ein für die Akteneinsichtnahme zwingend vorzuweisendes „berechtigtes Interesse" nach § 406e StPO darstellt.[1186] Dabei gelten dennoch die gesetzlichen Versagungsgründe der § 406e Abs. 2 StPO uneingeschränkt fort. Es ist nicht auszuschließen, dass dies zu einer mangelhaften Informationsgrundlage des Antragstellers führt und die Zulässigkeitsanforderungen kaum bewältigt werden können. Die unzureichende Informationsgrundlage könnte ggfs. noch aufgrund der strikt einzuhaltenden einmonatigen Antragsfrist ab Bekanntmachung der Entscheidung des Generalstaatsanwalts entstehen, wenn die staatsanwaltschaftliche Überprüfung des Einsichtsbegehrens im Einzelfall längere Zeit in Anspruch nehmen sollte. So ist bspw. unklar, ob bei Ablauf der einmonatigen Frist des § 172 Abs. 2 StPO ein fehlendes Verschulden nach § 44 StPO stets anerkannt würde, wenn sich der Verletzte bzw. sein Rechtsanwalt auf den Umstand berufen, dass eine rechtzeitige und den inhaltlichen Anforderungen des § 172 Abs. 2 StPO entsprechende Antragstellung deshalb nicht möglich war, weil die Staatsanwaltschaft den Antrag auf Akteneinsicht zu lange unbearbeitet ließ.

bb. Umsetzungsstand der europäischen Vorgaben, Kritik und rechtspolitische Folgerungen

(1) Zusammenfassend lässt sich feststellen, dass in Deutschland die Rechte des Opfers bei einem Verzicht der Justizorgane auf Strafverfolgung nicht das Niveau erreichen, das den europäischen Vorgaben entspricht.

Vorweg ist festzustellen, dass die Umsetzungsvorgaben der EU zu Art. 11 RL vom deutschen Gesetzgeber uneingeschränkt umgesetzt werden müssen. Die Tatbestände dieser Richtlinie, die den Mitgliedstaat von der Umsetzungspflicht dieser Vorschrift entweder gänzlich befreien (was der Fall ist, wenn eine Stellung des Opfers als Verfahrensbeteiligter nach nationalem Recht nicht vorgesehen ist) oder diesem eine nur beschränkte Umsetzungspflicht auferlegen (was der Fall ist, wenn eine Stellung als Verfahrensbeteiligter zwar existiert, diese aber erst nach der Entscheidung auf Strafverfolgungsverzicht erworben wird), treffen auf die deutsche StPO nicht zu. Der § 172 StPO als maßgebende Umsetzungsvorschrift im deutschen Rechtsraum begründet im Bereich des Vorverfahrens gerade eine eigenständige und von

---

1186 *Meyer-Goßner/Schmitt,* § 406e Rn. 3.

den anderen Opferrechtsinstituten vollständig getrennte Rechtsposition des Opfers. Die anderen Opferrechtsinstitute (wie die Nebenklage) können erst ab dem Zwischenverfahren (sprich: nach der Einstellungsentscheidung im Vorverfahren) wahrgenommen werden, weshalb sie für die Frage des Umsetzungsstands dieser EU Vorgaben ohnehin ohne Bedeutung sind.

Nimmt man die inhaltlichen Vorgaben in den Blick, ist festzustellen, dass die Einleitung des Überprüfungsverfahrens nach § 172 StPO von einem Strafantrag des Verletzten (bzw. einem Antrag, der das Verlangen des Verletzten auf Strafverfolgung zum Ausdruck bringt) abhängt. Dieses Antragserfordernis steht mit europäischem Recht wohl auch im Einklang. Die EU hat schließlich klargestellt, dass sich die Verfahrensvorschriften für das Überprüfungsverfahren nach einzelstaatlichem Recht ausrichten, weshalb es dem deutschen Gesetzgeber freistehen muss, eine solche Bedingung für das Überprüfungsverfahren zu fordern. Zudem wurden die Informationsrechte der EU im Allgemeinen unter den Vorbehalt einer Strafanzeige bzw. eines Antrags des Opfers gestellt, so dass eine solche Vorbedingung für die Wahrnehmung von Opferrechten jedenfalls kein Novum darstellen würde (vgl. Art. 6 Abs. 1 RL).

Was allerdings den möglichen Überprüfungsrahmen des § 172 StPO angeht, wird der europäische Mindestschutzstandard unterschritten, weil einzelne staatsanwaltschaftliche Opportunitätsentscheidungen im Vorverfahren nicht überprüfbar sind. Die EU verlangt die Einführung eines Überprüfungsrechts, sobald die staatsanwaltschaftliche Entscheidung „ohne richterliche Mitwirkung“ ergeht und (kumulativ) keinen „Strafcharakter“ aufweist. Die deutsche Rechtslage erfüllt diese Vorgaben der EU insoweit nicht, als § 172 StPO die Einstellungsentscheidungen nach § 153 Abs. 1 S. 2 StPO und § 154 Abs. 1 StPO, die weder eine richterliche Mitwirkung voraussetzen noch Sanktionscharakter haben, nicht erfasst. Der Verletzte kann bei diesen Opportunitätseinstellungen, wie festgestellt, nicht einmal das einer gerichtlichen Überprüfung vorgeschaltete Beschwerdeverfahren beim Generalstaatsanwalt (§ 172 Abs. 1 StPO) betreiben. Dass dem Verletzten lediglich eine (subsidiäre) Dienstaufsichtsbeschwerde offensteht, gleicht dieses Defizit in der Umsetzung der europäischen Vorgaben nicht aus. Die Dienstaufsichtsbeschwerde wird auf europäischer Ebene allgemein nicht als ein wirksamer Rechtsbehelf angesehen[1187], denn sie vermittelt dem Opfer keinen eigenen Anspruch auf

1187 Vgl. dazu EGMR (GK), Urteil vom 08.06.2006, Beschwerdenr. 75529/01, § 109.

eine bestimmte Prüfung des Sachverhalts oder gar auf eine bestimmte Sachentscheidung. Sie dient ausschließlich dem Zweck, der Dienstaufsichtsbehörde im „eigenen Aufsichtsinteresse" die Pflichterfüllung im Innenverhältnis zu ermöglichen, ohne dabei im Außenverhältnis Rechtskraft zu erzeugen.[1188] Selbst wenn man also davon ausginge, dass die EU nur geringe Anforderungen an die Devolutivfunktion dieses Überprüfungsverfahrens stellte und die innerbehördliche Prüfung bereits genügen ließe (was nach hiesiger Auffassung zu bezweifeln ist), bleibt die Dienstaufsichtsbeschwerde, die eine solche innerbehördliche Prüfung in Gang setzt, dennoch hinter diesen Vorgaben, ein Recht des Opfers auf Überprüfung der Einstellungsentscheidung zu implementieren, zurück. Folglich besteht gesetzgeberischer Nachholbedarf hinsichtlich der Opportunitätsvorschriften §§ 153 Abs. 1 S. 2, § 154 Abs. 1 StPO. Nachbesserungen sind ebenso hinsichtlich des § 153a Abs. 1 S. 7 StPO notwendig. Auch hier kann die Staatsanwaltschaft ohne richterliche Mitwirkung von der Strafverfolgung absehen. Im Unterschied zu den anderen Einstellungsvorschriften erteilt die Staatsanwaltschaft dem Beschuldigten hier aber Auflagen bzw. Weisungen, so dass *prima facie* zumindest fraglich ist, ob der Anwendungsbereich des Art. 11 RL wegen des vorhandenen Sanktionscharakters des § 153a StPO überhaupt eröffnet ist. Die hiesige Untersuchung kommt jedoch zu dem Ergebnis, dass auch bei § 153a Abs. 1 S. 7 StPO die europäische Umsetzungspflicht auf Einführung des Überprüfungsrechts greifen muss, weil sich die deutsche Rechtslage dadurch auszeichnet, dass derlei Auflagen bzw. Weisungen von der Zustimmung des Beschuldigten abhängen und dieser selbst bei erteilter Zustimmung die Auflagen missachten kann, ohne deshalb eine Sanktion befürchten zu müssen. Die herrschende Meinung im deutschen Schrifttum spricht deshalb mit Recht dem § 153a Abs. 1 StPO keinen strafähnlichen Sanktionscharakter zu. Die EU aber setzt diesen Sanktionscharakter (sie spricht hier von „Verwarnung oder Verpflichtung") für die Ablehnung des Anwendungsbereichs des Art. 11 RL voraus, die bei § 153a Abs. 1 StPO demnach fehlt.

Ein weiterer mit Rücksicht auf die Umsetzung der europäischen Vorgaben nicht unproblematischer Aspekt ist, dass für eine ausreichende Informationsgrundlage gesorgt werden muss, damit das Überprüfungsrecht des Opfers – je nach nationaler Ausprägung der jeweiligen Regelung – entsprechend wahrgenommen werden kann. Die deutsche Regelung des § 172 StPO

1188 Siehe VG Schwerin, Urteil vom 15.11.2004 – 1 A 568/04, juris, Rn. 24; MüKo-StPO/*Allgayer*, § 296 Rn. 21.

äußert sich zu der erforderlichen Informationsgrundlage jedenfalls nicht. Die effektive Ausübung hängt von dem – an anderer Stelle in der StPO geregelten – Akteneinsichtsrecht des Verletzten ab (§ 406e StPO). Grundsätzlich ist das Akteneinsichtsrecht geeignet, die zur Ausübung des Klageerzwingungsverfahrens nach § 172 Abs. 2 StPO erforderliche Informationsgrundlage zu beschaffen, um den hohen Zulässigkeitsanforderungen dieses Antrags gerecht zu werden. Zugleich aber zeigte sich, dass die in § 406e Abs. 2 StPO enthaltenen Versagungsgründe der Akteneinsicht auch beim Klageerzwingungsantrag greifen können bzw. die effektive Ausübung des Überprüfungsverfahrens von einer zeitnahen Prüfung der Staatsanwaltschaft bezüglich der Gewährung der Akteneinsicht abhängen kann. Sobald die Staatsanwaltschaft die Akteneinsicht also versagt bzw. diese nur teilweise oder zu spät gewährt, kann das die Ausübung des Überprüfungsrechts im Einzelfall unmöglich machen, was den EU Vorgaben wiederum nicht ausreichend gerecht wird.

Der deutsche Gesetzgeber muss das bestehende Überprüfungsverfahren also überarbeiten. Er sollte sich bewusst sein, dass die Anwendung des Beschwerdeverfahrens nach § 172 Abs. 1 StPO auf die Opportunitätsvorschiften der §§ 153 Abs. 1 S. 2, 154 Abs. 1 und des § 153a Abs. 1 S. 7 StPO für sich allein ggfs. nicht genügt, um einen europarechtskonformen Zustand herzustellen. Darauf deutet der Normtext des Art. 11 RL als „primäre" Auslegungsquelle hin, der eine innerbehördliche Überprüfung (was bei § 172 Abs. 1 StPO mit dem Generalstaatsanwalt als Beschwerdeinstanz gerade der Fall wäre) eben nur dann genügen lässt, wenn die oberste Strafverfolgungsbehörde selbst diese Ausgangsentscheidung getroffen hat. Weil dies ist im deutschen Verfahren jedoch nicht der Fall, da derartige Entscheidungen in den unteren Hierarchieebenen der Staatsanwaltschaft getroffen werden, bieten sich für den Gesetzgeber insbesondere folgende zwei Optionen zur Überarbeitung des Überprüfungsverfahrens an: Zum einen wäre es denkbar, das Überprüfungsverfahren des § 172 StPO, bestehend aus dem vorgelagerten Beschwerdeverfahren in Abs. 1 <u>und</u> der gerichtlichen Prüfung in Abs. 2, auf die Opportunitätsvorschriften auszudehnen. Damit wäre sichergestellt, dass das für die Hauptverhandlung zuständige Gericht eine Opportunitätsentscheidung des Staatsanwalts bezüglich der Auslegung der unbestimmten Rechtsbegriffe und möglicher „Ermessensfehler" überprüfen kann. Zum anderen könnte der Gesetzgeber aber statt der Ausweitung des Klageerzwingungsverfahrens auch die Opportunitätsvorschriften selbst überarbeiten, indem er ein Zustimmungsrecht des Opfers in § 153 Abs. 1 S. 2 StPO implementiert. Wenn das Opfer seine Zustimmung nicht erteilen sollte, hätte das für den weiteren Strafverfahrensverlauf zur Folge, dass zwangsläufig ein Strafrichter eingebunden wird (mit Rücksicht auf die EU Vorgaben würde dies sogar dazu führen, dass der Anwendungsbereich des Art. 11 RL aufgrund der richterlichen Mitwirkung nicht mehr eröffnet wäre). Wenn die Staatsanwaltschaft dennoch an ihrer ursprünglichen Absicht festhalten möchte, das Verfahren trotz Verweigerung der Zustimmung des Opfers einzustellen, müsste sie sich die Zustimmung des Gerichts einholen (§ 153 Abs. 1 S. 1 StPO). Gleiches würde für § 153a Abs. 1 S. 7 StPO gelten, der auf § 153 Abs. 1 S. 2StPO verweist. Bei § 154 Abs. 1 StPO müssten entsprechende Änderungen vorgenommen werden. Man könnte hier überlegen, diesen als reines Antragsrecht im Sinne des § 154 Abs. 2 StPO umzudeuten, um dem Gericht die Entscheidung über die Teileinstellung zu überlassen. Nach hiesiger Auffassung wäre die zweite Option vorzugswürdig. Hierdurch würde eine stärkere und unkomplizierte Kontrolle der staatsanwaltschaftlichen Einstellungspraxis durch die Gerichte geschaffen. Nicht ersichtlich ist, dass das Opfer eine aus rechtsstaatlicher Sicht bedenkliche Einflussnahme auf den Verfahrensausgang erlangte, auch weil bei diesen Opportunitätsentscheidungen zumindest von einem Anfangsverdacht des Beschuldigten auszugehen ist. Sowohl die Kontrolle der staatsanwaltschaftlichen Einstellungspraxis als auch das Empfinden von Verfahrensgerechtigkeit des Opfers würden vermutlich besser umgesetzt, als es bei einer Ausweitung des – wegen der hohen formalen Hürden häufig unzulässigen – Klageerzwingungsantrags, der obendrein die vorherige Akteneinsicht voraussetzt, der Fall wäre. Es erscheint sachgerecht, das Zustimmungsrecht des Opfers aber an einen vorherigen Antrag auf Strafverfolgung (§ 158 Abs. 1 StPO) zu knüpfen.

(2) Unabhängig von der Umsetzung des europäischen Mindestschutzniveaus ist die deutsche Rechtslage aus folgenden Gründen kritikwürdig:

Das Klageerzwingungsverfahren gem. § 172 StPO sollte nach den hiesigen rechtspolitischen Forderungen unberührt bleiben. Was die hohen Zulässigkeitsanforderungen betrifft, die in der Rechtspraxis regelmäßig zum Scheitern eines Klageerzwingungsantrags führen, stellt sich mit Rücksicht auf die jüngeren verfassungsrechtlichen und straftheoretischen Entwicklungen aber verstärkt die Frage, ob sie nicht nach einer „Vereinfachung" verlangen. Schließlich findet, wie dargestellt, das Klagerzwingungsverfahren nunmehr einen verfassungsrechtlichen Rückhalt, so dass die Effektivität dieses Rechtsinstituts nicht regelmäßig an „zu hohen" Zulässigkeitskriterien scheitern sollte. Das BVerfG hat seit dem erörterten Rechtsprechungswandel hinsichtlich der

Anerkennung des Anspruchs des Opfers auf effektive Strafverfolgung zwar keine Bestrebungen erkennen lassen, die in diese Richtung zeigen. Nach hiesiger Ansicht wäre das aber auch nicht die zwingende Folge dieser verfassungsrechtlichen Entwicklung. Das Genugtuungsinteresse gestattet dem Opfer, sein Bedürfnis nach Unrechtsfeststellung zu verfolgen. Wenn die Strafverfolgungsbehörden wegen eines fehlenden Tatverdachts keine Anhaltspunkte für eine Anklageerhebung sehen, ist es durchaus zu rechtfertigen, dass das Opfer im Falle einer gegenteiligen Ansicht dann in der „Bringschuld" ist, die (unabhängigen) Justizorgane vom Gegenteil zu überzeugen. Die deshalb hohen Zulässigkeitsvoraussetzungen des Klageerzwingungsantrags stellen nicht nur einen Schutzmechanismus zum Erhalt der Funktionsfähigkeit der Strafrechtspflege, sondern auch zugunsten des Beschuldigten dar. Stellt man dies in Rechnung, sind die bestehenden hohen Zulässigkeitsanforderungen beizubehalten. Dennoch muss beachtet werden, dass das Opfer sein Genugtuungsinteresse über § 172 Abs. 2 StPO tatsächlich verfolgen kann. Es wäre gerade nicht mehr zu rechtfertigen, die hohen Zulässigkeitsanforderungen des § 172 Abs. 2 StPO beizubehalten, aber dann zugleich das Recht auf Akteneinsicht (ohne das die Zulässigkeitshürden kaum zu nehmen wären) bei Antragstellung zu verwehren bzw. zu erschweren.

(3) Zusammenfassend führen die obigen Erörterungen zu folgenden rechtspolitischen Forderungen:

- Der Gesetzgeber muss § 153 Abs. 1 S. 2 StPO dahingehend reformieren, dass diese staatsanwaltschaftliche Einstellungsentscheidung im Vorverfahren der „Zustimmung" des Opfers bedarf. Der Zustimmung bedarf es nur, wenn das Opfer auch einen Antrag auf Strafverfolgung im Sinne des § 158 Abs. 1 StPO gestellt hat; ein Schweigen des Opfers sollte dann als Zustimmung zur Einstellung angesehen werden.
- Der Gesetzgeber muss bei § 154 Abs. 1 StPO ebenfalls reformieren. Es bietet sich hier an, die Teileinstellung – in Anlehnung an § 154 Abs. 2 StPO – nur unter Zustimmung des Gerichts zu gestatten.
- Staatsanwaltschaft und Gerichte müssen bei einem Klageerzwingungsantrag (Art. 172 Abs. 2 StPO) die Akteneinsicht zuvor vollumfänglich gewähren. Wenn sie im Einzelfall verweigert oder beschränkt wird und die Rechtsausübung dadurch „unangemessen" erschwert, dann müssen zumindest die Anforderungen an die Zulässigkeit des Klageerzwingungsantrags gesenkt werden, weil andernfalls die Gefahr droht, dass die Rechtswahrnehmung des Opfers in europa- und verfassungsrechtswidriger Weise beschnitten wird.

c. Wiedergutmachung

aa. Darstellung der deutschen Rechtslage

(1) (Schutz-)Rechte im Wiedergutmachungsverfahren

Im deutschen Rechtsraum ist der TOA das Rechtsinstitut, mit dem im Strafverfahren eine außergerichtliche Schadenswiedergutmachung materieller und immaterieller Art ermöglicht werden soll. Der Gesetzgeber erkennt darin (neben den klassischen strafrechtlichen Sanktionen) eine andere Reaktionsform auf Kriminalität, die einerseits das Opfer und seine Belange stärker in den Mittelpunkt des Interesses rücken, und andererseits den Täter zur Übernahme von Verantwortung der Tatfolgen veranlassen sollen.[1189] Normativ und faktisch aber ist der TOA im Strafprozessrecht täterorientiert[1190]. Der Gesetzgeber hat zur Etablierung des TOA in der Strafrechtspraxis den § 155a StPO im Sinne einer zentralen „Grundnorm für die Anwendung des Täter-Opfer-Ausgleichs im Strafverfahren" geschaffen. Auf die Vorgabe verfahrenstechnischer Modalitäten hat der Gesetzgeber mit Verweis auf die konzeptionelle Vielfalt und landesspezifische Besonderheiten verzichtet.[1191] Gem. § 155a StPO ist die Staatsanwaltschaft und das Gericht aufgefordert, in jedem Stadium des Strafverfahrens die Möglichkeit des TOA „zu prüfen" und in „geeigneten Fällen" auf dessen Durchführung aus eigener Initiative heraus hinzuwirken. Hervorzuheben ist hierbei, dass der TOA gegen einen ausdrücklichen Willen des Opfers nicht durchzuführen ist. Unter diesen Umständen ist deshalb ausgeschlossen, den TOA als Auflage mit der Aussicht auf Verzicht weiterer Strafverfolgung dem Beschuldigten anzubieten (§ 153a Abs. 1 Nr. 5 StPO), geschweige denn, seine ernsthaften Bemühungen auf Wiedergutmachung dann strafmildernd bei der Festlegung des Strafmaßes im Fall der Verurteilung (§ 46a Nr. 1 StGB) zu berücksichtigen, da es ohne Zustimmung des Opfers generell an der Basis für eine erfolgreiche Wiedergutmachung fehle[1192].

1189 BT-Drucks. 14/1928, S. 6.

1190 Dazu oben, S. 212 ff.; demnach wird zu Recht kritisiert, dass sich die Ausgleichspraxis des TOA von ihrem genuinen Zweck, den „sozialen Konflikt" ohne strafrechtliche Mittel zu lösen, entfernt hat. Dies wird auf die unklaren Formulierungen der Norm zurückgeführt, vgl. *Kespe,* Täter-Opfer-Ausgleich, S. 368 ff.; *Oberlies,* Streit 2000, 99 (99 ff.); nach *Albrecht,* Sicherheitsgesellschaft, S. 501 regieren bei dem Versuch, einen Ausgleich zwischen Täter und Opfer zu erzielen, nicht humane und sozialpädagogische Muster, sondern „Erledigungsdruck".

1191 BT-Drucks. 14/1928, S. 6.

1192 In diesem Sinne BGH, Urteil vom 19.12.2002 – 1 StR 405/02, juris, Rn. 17; ähnlich auch BT-Drucks. 14/1928, S. 8. Die „Eignung" des Verfahrens für den TOA ohne Zustimmung nicht angenommen werden soll.

In diesen Voraussetzungen erschöpft sich der Wortlaut des § 155a StPO als die zentrale Einstiegsnorm.

Demnach ist der TOA weder auf einzelne Straftatbestände (selbsterklärend sind vollendete Tötungsdelikte ausgenommen), noch auf eine bestimmte Deliktsbegehung oder Tatschwere beschränkt. Entscheidend ist der Einzelfall. Insgesamt jedoch schafft der § 155a StPO wegen seiner unbestimmten Merkmale nur wenig Rechtsklarheit, auch da sich der Gesetzgeber nur äußerst knapp und inhaltlich unzureichend in den Gesetzesbegründungen zur der von ihm statuierten „Prüfungs- und Hinwirkungspflicht" der Staatsanwaltschaft und des Gerichts äußert. Dies ist mit ein Grund dafür, dass zahlreiche Entscheidungen des BGH zum TOA ergangen sind, um insoweit Rechtsklarheit zu schaffen.

Aufgrund des offenen Wortlauts ist jedenfalls anerkannt, dass der TOA nicht die Einschaltung eines speziellen Wiedergutmachungsdienstes erfordert. Die StPO folgt einem deutlich flexibleren Verständnis hinsichtlich der Durchführung des TOA. So kann bspw. auch das Gericht als „Ausgleichsstelle" fungieren und das Ausgleichsverfahren nach § 155a StPO selbst abwickeln, indem es direkt zwischen einem Angeklagten und Opfer zur Erreichung eines gemeinsamen Ausgleichs „vermittelt".[1193] Gleiches gilt für die Staatsanwaltschaft im Stadium des Vorverfahrens, wobei sich in dieser frühen Phase die Einschaltung eines Widergutmachungsdienstes[1194] als der klassische Fall eines TOA anbietet. Nach ständiger Rechtsprechung ist für die Annahme eines Ausgleichsverfahrens entscheidend, dass ein „kommunikativer Prozess" zwischen den Betroffenen stattfindet. Das „Bemühen des Täters" soll Ausdruck der Übernahme von Verantwortung sein, während „das Opfer die Leistung des Täters als friedensstiftenden Ausgleich akzeptiert"[1195]. Dies soll nämlich unabhängig davon sein, welche Institution hier nun das Ausgleichsverfahrens konkret leitet. Der kommunikative Prozess muss jedoch nicht zwingend durch ein persönliches Gespräch unter Aufsicht einer Ausgleichsstelle stattfinden, sondern kann maßgeblich auf privatem Wege (etwa postalisch[1196]) oder über die Rechtsbeistände geführt werden (letzteres vor allem dann, wenn es sich um ein schwereres Gewaltdelikt handelt). Das für einen erfolgreichen TOA rechtlich erforderliche „Maß an Kommunikation" soll anhand des zugrundeliegenden Delikts, des Umfangs der beim Opfer eingetretenen Schädigung und damit des Grads seiner persönlichen Betroffenheit ermittelt werden.[1197]

1193 BT-Drucks. 14/1928, S. 8; BGH, Urteil vom 19.12.2002 – 1 StR 405/02, juris, Rn. 17.
1194 Vgl. dazu MüKo-StPO/*Teßmer*, § 155b Rn. 2 ff.
1195 BGH, Urteil vom 09.05.2017 – 1 StR 576/16, juris, Rn. 9 m.w.N.
1196 BGH, Urteil vom 09.05.2017 – 1 StR 576/16, juris, Rn. 11.
1197 BGH, Urteil vom 19.12.2002 – 1 StR 405/02, juris, Rn. 11.

Diese objektiven Kriterien sollen das erforderliche „Maß an Kommunikation“ abstecken und im Rahmen der Prüfung der Staatsanwaltschaft bzw. des Gerichts, ob sich der strafrechtlich relevante Sachverhalt für die Durchführung des TOA eignet (§ 155a S. 1 StPO), entscheidend sein.[1198] Von dem Ergebnis dieser Prüfung soll auch abhängen, ob die Hinwirkungspflicht der Hoheitsträger greift (§ 155a S. 2 StPO), die laut Gesetzgeber vor allem zwei Funktionen erfüllt: Erstens muss im Fall der Geeignetheit dafür gesorgt werden, dass die Betroffenen über den TOA und die strafrechtlichen Folgen belehrt werden (Belehrungsfunktion). Zum anderen verlangt die Hinwirkungspflicht im Anschluss an diese Belehrung, dass die Staatsanwaltschaft bzw. das Gericht selbst aktiv zur Erreichung eines Ausgleichs tätig wird oder den Sachverhalt an einen Wiedergutmachungsdienst überweist (Vermittlungsfunktion).[1199] Weil das Gesetz nicht zwischen den verschiedenen Formen des Ausgleichsverfahrens unterscheidet, sondern sich der TOA ausschließlich an § 155a StPO als Grundnorm für die Anwendung des TOA ausrichtet, gelten ausnahmslos dieselben rechtlichen Anforderungen, unabhängig davon, ob das Ausgleichsverfahren nun durch den speziellen Wiedergutmachungsdienst durchgeführt werden soll, das Gericht vermittelt oder bereits ein Ausgleich im Privaten stattgefunden hat.

Auf den Umfang der Belehrungsfunktion geht der Gesetzgeber nicht näher ein. Aufgrund der Begriffswahl aber ist davon auszugehen, dass die Staatsanwaltschaft bzw. das Gericht, sofern sie den Sachverhalt als „geeignet“ im Sinne des § 155a StPO ansehen, das Opfer über das Verfahren, die Voraussetzungen und die rechtlichen Folgen umfassend aufklären sollen[1200]. Vor dem Eintritt in die Vermittlungsphase kann das Opfer seinen entgegenstehenden Willen auf Durchführung „ausdrücklich“ äußern (§ 155a S. 3 StPO). Falls es einen solchen ablehnenden Willen nicht explizit äußert, muss die Staatsanwaltschaft oder das Gericht grundsätzlich in die Vermittlungsphase übergehen, da § 155a StPO als „Soll-Vorschrift“ ausgestaltet wurde und die Erreichung eines Vergleichs daher grundsätzlich anzustreben ist.

Nach ständiger Rechtsprechung muss der Beschuldigte (bzw. Angeklagte) akzeptieren, dass er für das begangene Unrecht einzustehen hat. Auch muss er die Opferrolle respektieren. Ein Sachverhalt, den er bestreitet, gilt als für den TOA ungeeignet. Er darf seine Verantwortung für Tat und Tatfolgen nicht in Abrede stellen[1201], sondern muss sich zu seiner Schuld bekennen.[1202] Gefordert

1198 BGH, Urteil vom 19.12.2002 – 1 StR 405/02, juris, Rn. 11.
1199 Vgl. jetzt BT-Drucks. 14/1928, S. 8.
1200 Zutreffend MüKo-StPO/*Teßmer*, § 155a Rn. 11.
1201 Vgl. hierzu BGH, Urteil vom 23.12.2015 – 2 StR 307/15, juris, Rn. 20.
1202 BGH, Beschluss vom 20.09.2002 – 2 StR 336/02, juris, Rn. 6.

wird deshalb grundsätzlich ein Geständnis.[1203] Zugleich vertritt der BGH aber die Auffassung, dass bei einem Schweigen zum Tatvorwurf der TOA nicht stets ausgeschlossen sei, weil eine friedensstiftende Kommunikation noch immer möglich bleibe.[1204] Es genügt daher, wenn eine Verantwortungsübernahme bezüglich des Tatvorwurfs erst während des kommunikativen Prozesses erfolgt.

Lehnt das Opfer den TOA nicht ausdrücklich ab und übernimmt der Beschuldigte (Angeklagte) die Verantwortung für die Tat und die Tatfolgen, dann kann im prozessrechtlichen Sinne bereits bei angemessenen Ausgleichsbemühungen von einem erfolgreichen TOA ausgegangen werden (§ 46a Nr. 1 StGB, § 153a Abs. 1 Nr. 5 StPO), selbst wenn das Opfer mit dem angebotenen Vergleich im Ergebnis nicht einverstanden sein sollte.[1205] In der Regel aber setzt die friedensstiftende Wirkung des TOA – ohne die die für einen Täter günstigen strafprozessrechtlichen Folgen nicht eintreten – voraus, dass das Opfer die erbrachten Leistungen bzw. Bemühungen des Täters nach Form und Inhalt als Wiedergutmachung akzeptiert. Es ist dem Staatsanwalt bzw. Gericht somit auferlegt, unter Berücksichtigung der Interessen der Betroffenen in wertender Betrachtung zu entscheiden, wie sich das Opfer etwa in dem Einzelfall zu den Ausgleichsbemühungen stellt, welche Folgen eine Schmerzensgeldverpflichtung für den Angeklagten hat und wie sicher deren Erfüllung ist.[1206] Wird ein TOA mit Aussicht auf eine Verfahrenseinstellung angeboten, dann übernimmt im Vorverfahren die Staatsanwaltschaft und ab Zwischenverfahren das Gericht die Überwachung der Erfüllung der Pflichten[1207]. Unabhängig von den prozessrechtlichen Auswirkungen ist das Opfer frei darin zu entscheiden, den kommunikativen Prozess mit dem Beschuldigten bzw. Angeklagten einzugehen, zu suchen, abzubrechen oder einen ggfs. angebotenen Ausgleich anzunehmen bzw. abzulehnen.

1203 BGH, Urteil vom 19.12.2002 – 1 StR 405/02, juris, Rn. 12; Müko-StPO/*Teßmer*, § 155a Rn. 14; Geständnis explizit ablehnend aber SK-StPO/*Weßlau*, § 155a Rn. 5.

1204 BGH, Urteil vom 19.12.2002 – 1 StR 405/02, juris, Rn. 12; *Meyer-Goßner/Schmitt*, § 155a Rn. 3.

1205 Vgl. BGH, Urteil vom 23.05.2013 – 4 StR 109/13, juris, Rn. 11; BGH, Urteil vom 19.12.2002 – 1 StR 405/02, juris, Rn. 17; das kann laut *Fischer*, StGB, § 46a Rn. 10d etwa zutreffen, wenn die Verweigerung des Opfers sich im jeweiligen Einzelfall nicht als „Verfolgung rechtlich geschützter Interessen“ darstellt.

1206 Vgl. BGH, Urteil vom 19.12.2002 – 1 StR 405/02, juris, Rn. 17 ff.

1207 *Meyer-Goßner/Schmitt*, § 153a Rn. 26.

(2) Recht auf Entscheidung über eine Entschädigung

(a) Adhäsionsverfahren

Mit dem Adhäsionsverfahren und den Bemühungen, dieses in der Rechtspraxis salonfähig zu machen, hat der Gesetzgeber in doppelter Hinsicht mit der deutschen Rechtstradition gebrochen.

Zum einen wurde der Verweis an das Opfer, sich bei der Schadloshaltung grundsätzlich auf den Zivilrechtsweg zu begeben, relativiert. Das Opfer kann direkt im Verfahren einen aus der Straftat erwachsenen vermögensrechtlichen Anspruch geltend machen, wenn dieser Anspruch nicht bei den Zivilgerichten anhängig ist (§ 403 StPO). Als vermögensrechtlich werden sämtliche Ansprüche bezeichnet, die entweder aus Vermögensrechten abgeleitet werden oder auf vermögenswerte Leistungen gerichtet sind. Es handelt sich insbesondere um Schadensersatz- und Schmerzensgeldansprüche, wobei allgemein auch verschiedene herausgabe- und bereicherungsrechtliche Ansprüche oder Unterlassungsansprüche erfasst sind. Entscheidend ist, dass wirtschaftliche Interessen mit dem Anspruch verfolgt werden. Deshalb können bspw. urheberrechtliche Ansprüche wie die Vernichtung, der Rückruf oder die Überlassung von Vervielfältigungsstücken (§ 98 UrhG) geltend gemacht werden. Nicht nur Leistungs-, sondern auch Feststellungsansprüche sollen erfasst sein.[1208]

Zum anderen stellt das Adhäsionsverfahren einen Bruch mit der deutschen Rechtstradition dar, da der Zivilrichter an die rechtskräftigen Erkenntnisse des Gerichts gebunden ist, sofern dem Adhäsionsantrag im Strafverfahren stattgegeben und nicht von der Entscheidung abgesehen wurde (§ 406 StPO). Wie erwähnt, verbindet der Gesetzgeber mit dem Adhäsionsverfahren zwar auch prozessökonomische, in erster Linie jedoch opferfreundliche Motive[1209], da das Opfer den Amtsermittlungsgrundsatz des Strafverfahrens für sich nutzbar machen kann und nicht zur Verfolgung der Entschädigung den Zivilrechtsweg unter ungewissen – und hinsichtlich der Beweisführung erschwerten – Bedingungen beschreiten muss.[1210] Diese Vorteile haben den Gesetzgeber bei den Beratungen zum 1. OpferRRG im Jahr 2004 maßgeblich angetrieben, die bestehenden Anwendungshemmnisse zu beseitigen.[1211] Zugleich hat der Gesetzgeber aber

---

1208 Vgl. BT-Drucks. 15/1976, S. 14; *Meyer-Goßner/Schmitt,* § 403 Rn. 10; LR-StPO/*Hilger,* § 403 Rn. 10; SK-StPO/*Velten,* § 403 Rn. 8; KK-StPO/*Zabeck,* § 403 Rn. 1.

1209 Siehe oben S. 201 f.

1210 Zu den Vorteilen eines Adhäsionsantrags für das Opfer etwa *Greiner,* ZRP 2011, 132 (132 f.).

1211 Siehe BT-Drucks. 15/1976, S. 8 f., S. 14 ff.

nicht umgesetzt, auch die Vollstreckung des erfolgreichen Adhäsionsantrags in die Verantwortung des Gerichts zu legen. Das Opfer muss ein Urteil, bei dem das Gericht abschließend über den vermögensrechtlichen Anspruch zu seinen Gunsten entschieden hat, über die zivilprozessrechtlichen Vorschriften vollstrecken (§ 406 Abs. 3, 406b StPO), wenn der Angeklagte dem Anspruch nicht nachkommt. Fällt das Gericht lediglich ein Grundurteil, bei dem alleine über den Anspruchsgrund entschieden wird, ist der Weg vor die Zivilgerichte unumgänglich (§ 406 Abs. 3 S. 4 StPO).

Der Anwendungsbereich ist aufgrund der möglichen Verfolgbarkeit eines vermögensrechtlichen Anspruchs und infolge der Anwendung eines extensiven Verletztenbegriffs[1212] generell weit zu ziehen. Obwohl der Gesetzgeber seit Langem das Ziel verfolgt, das Adhäsionsverfahren zum strafjustiziellen Alltag werden zu lassen, kann es noch immer keinen relevanten Bedeutungszuwachs verzeichnen. Dies verdeutlichen die jüngsten statistischen Daten zur Strafrechtspflege auf Bundesebene. Im Jahr 2015 sind vor den Amtsgerichten insgesamt 268.124 strafrechtliche Verurteilungen ergangen. Dabei wurde in 3.631 Urteilen einem Adhäsionsantrag stattgegeben. Davon waren 3.272 Endurteile und 359 Grundurteile (§ 406 Abs. 1 S. 2 StPO).[1213] Die Anzahl der Adhäsionsurteile beläuft sich demnach bei den Amtsgerichten auf 1,2 %. Vor den Landgerichten in erster Instanz sind im Jahre 2015 insgesamt 10.901 Verurteilungen von Angeklagten ergangen. Dabei wurde in 502 Urteilen einem Adhäsionsantrag des Verletzten stattgegeben. Davon waren 442 Endurteile und 60 Grundurteile.[1214] Der Anteil der Adhäsionsurteile betrug demnach vor den Landgerichten 4,6 %. Bei diesen Zahlen muss bedacht werden, dass nicht jeder dieser strafrechtlichen Verurteilungen vor dem Amts- und Landgericht auch ein Tatgeschehen zugrunde lag, das einen vermögensrechtlichen Anspruch des Verletzten im Sinne des § 403 StPO hätte begründen können (so betrifft etwa ein gewisser Prozentsatz dieser Verurteilungen solche Delikte ohne individuelles Opfer). Zudem muss bei diesen Zahlen berücksichtigt werden, dass die Gesamtzahl der im Jahre 2015 tatsächlich gestellten Adhäsionsanträge der Verletzten statistisch nicht erfasst ist. Es bleibt deshalb unklar, in wie vielen Fällen das Gericht einen Adhäsionsantrag prüfen musste und dabei von einer Entscheidung aufgrund von Unzulässigkeit,

1212 Hierzu oben S. 202 f.

1213 Statistisches Bundesamt Wiesbaden, Rechtspflege, Strafgerichte, 2015, Fachserie 10, Tab. 2.1 und 2.3, https://www.destatis.de/DE/Publikationen/Thematisch/Rechtspflege/GerichtePersonal/Strafgerichte2100230157004.pdf?__blob=publicationFilen (letzter Abruf: 12.12.2017).

1214 Statistisches Bundesamt Wiesbaden (Fn. 1213), Tab. 4.1 und 4.3.

Unbegründetheit oder Ungeeignetheit dieses Antrags abgesehen hat (§ 406 Abs. 1 S. 3–6 StPO). Trotz dieser Datenlücken bestätigt sich, dass das Adhäsionsverfahren auch nach den Reformen des 1. OpferRRG weiterhin nicht zum Strafjustizalltag gehört.[1215] Insoweit lediglich auf die verzögerte Lernfähigkeit der Strafjustiz zu verweisen, die bekanntlich immer etwas Zeit benötige, um sich an fremde Rechtsinstitute zu gewöhnen[1216], überzeugt beim Adhäsionsverfahren nicht, weil es immerhin schon seit dem Inkrafttreten der StPO existiert.

Blickt man nun auf die diskutierten Anwendungshemmnisse des Adhäsionsverfahrens, ist die angesprochene Trägheit der Strafjustiz dennoch ein nicht zu unterschätzender Aspekt. Es ist bekannt, dass das Adhäsionsverfahren für den Strafrichter, der im Zweifel seit längerer Zeit nicht mehr das zivilrechtliche Schadensersatzrecht sowie die einschlägigen zivilprozessrechtlichen Vorschriften anwenden musste, eine zeitliche – je nach Einzelfall erhebliche – Mehrbelastung bedeutet, umso mehr in Zeiten der Sparhaushalte in den Bundesländern, die vor der Strafjustiz bekanntlich auch nicht „Halt gemacht" hat. Das Gefühl des Strafrichters, sich einen Mehraufwand aufzuladen, dürfte in einem noch stärkerem Maß vorhanden sein, wenn der Verletzte seinen abseits des Schadensersatzrechts stehenden vermögensrechtlichen Anspruch verfolgt. Daher gilt das Adhäsionsverfahren aus der Perspektive des Strafrichters als lästig.[1217] Vor allem diese Lästigkeit des Adhäsionsverfahrens erklärt die empirische Erkenntnis, dass die Richter bevorzugt und regelmäßig bei einem Adhäsionsantrag die gesetzlichen Ausweichmöglichkeiten heranziehen, um den Antrag des Verletzten als ungeeignet zur Erledigung im Strafverfahren einzustufen.[1218] Dass es sich hier um ein „gesetzliches Schlupfloch" handelt, war dem Gesetzgeber auch durchaus bekannt, wie sich aus den Beratungen zum 1. OpferRRG ergibt. Dennoch hat er

---

1215 Vergleicht man die vorgestellten Zahlen aus dem Jahr 2015 mit den Zahlen des statistischen Bundesamtes aus dem Jahr 2005 (dem ersten Jahr nach den letzten Reformen zum Adhäsionsverfahren durch das 1. OpferRRG), ist die Zahl der in einem Strafurteil stattgegebenen Adhäsionsanträge zwar – mit Blick auf die Zahl der strafrechtlichen Verurteilungen insgesamt – gestiegen (Verurteilungen vor dem Amtsgericht 424.775, davon 4848 stattgegebene Adhäsionsanträge; Verurteilungen vor dem Landgericht 13.153, davon 354 stattgegebene Adhäsionsanträge). In absoluten Zahlen jedoch hat sich die Zahl an erfolgreichen Adhäsionsanträgen nicht signifikant erhöht.

1216 Beschwichtigend insoweit *Fischer* hinsichtlich der Feststellung von *Jahn*, dass das Adhäsionsverfahren „kläglich gescheitert" sei, siehe *Jahn*, Symposion Lüderssen, S. 173 ff.

1217 Kritisch bereits *Schünemann*, FS Hamm, S. 695; *Haller*, NJW 2011, 970 (971).

1218 *Kühne*, StPO, Rn. 1136; *Zöller*, FS Paeffgen, S. 735.

dieses Schlupfloch nur äußerst „zaghaft" gestopft, was die obigen Statistiken zur Rechtspraxis belegen. So ist auch nach dem 1. OpferRRG noch die fehlende Eignung neben der Unzulässigkeit und (scheinbaren) Unbegründetheit des Antrags als gesetzlicher Absehensgrund anerkannt (§ 406 Abs. 1 S. 3–6 StPO). Insoweit wurde lediglich geändert, dass die Verfahrensverzögerung als ein weiterer Grund für die Annahme der „fehlenden Eignung" nun von Gesetzes wegen „erheblich" sein muss. Dies soll es einem Strafrichter erschweren, allzu vorschnell auf diesen Absehensgrund zu verweisen. Allerdings wird die Annahme der Erheblichkeit der Verfahrensverzögerung wohl primär eine Frage des richterlichen Begründungsaufwands bleiben. Auch ist die Verfahrensverzögerung nur als „Regelbeispiel" aufgeführt, weshalb weitere Gründe für die Annahme der Ungeeignetheit in Betracht gezogen werden können, die durchweg dem richterlichen Ermessen unterliegen[1219] „Vorgeprescht" ist der Gesetzgeber nur für den Fall, wenn der Verletzte mit dem Adhäsionsantrag einen Schmerzensgeldanspruch (§ 253 BGB) verfolgt, denn dann ist der Absehensgrund wegen „Ungeeignetheit" ausgeschlossen.

Obwohl die Änderungen durch das 1. OpferRRG somit überschaubar waren, hätten sie aufgrund der deutlichen Erschwerung des Absehens von Schmerzensgeldansprüchen zu einem statistisch sichtbaren Zuwachs an erfolgreichen Adhäsionsanträgen führen müssen. Weil dies aber nicht zu erkennen ist, liegt es nahe, dass die „Trägheit" der Strafjustiz nicht der einzige bedeutende Aspekt ist, der die Anwendungspraxis beim Adhäsionsverfahren bremst. Offensichtlich ist der „fehlende Enthusiasmus der Rechtsanwälte" auf der Opferseite ein weiterer relevanter Faktor, der nicht vernachlässigt werden darf. Schließlich ist das Adhäsionsverfahren ohne einen Adhäsionsantrag des Verletzten nicht durchführbar. Die Gründe für den fehlenden Einsatz der Rechtsanwälte sind vielfältig.[1220] So möchte man aus prozesstaktischen Gründen vermeiden, dem Strafrichter das ihm „unliebsame" Adhäsionsverfahren anzutragen, um ihn nicht zu verärgern und die eigene Ausgangslage nicht zu verschlechtern. Andere (Opfer-)Anwälte verweisen darauf, dass es einigen Verletzten nur auf die Schuldfeststellung ankäme. Man möchte nicht auf Kosten der Glaubwürdigkeit des Verletzten oder mit Blick auf das Strafmaß das „finanzielle Motiv" in den Vordergrund stellen, da dies der Verteidigung „in die Hände spielen" würde. Tendenziell würden die Zivilrichter auch höhere Geldzahlungen auferlegen, als es bei den als abgehärtet

1219 Vgl. *Meyer-Goßner/Schmitt*, § 406 Rn. 12.

1220 Die empirischen Erkenntnisse beruhen auf einer Untersuchung von *Barton*, StraFo 2011, 161 (164).

geltenden Strafrichtern der Fall sei. Neben diesen prozesstaktischen Erwägungen dürfen allerdings auch die wirtschaftlichen Interessen der Rechtsanwälte nicht unbeachtet bleiben; immerhin sind die Rechtsanwaltsgebühren im Adhäsionsverfahren niedriger als bei der Einleitung eines Zivilverfahrens[1221].

Die geringe Beliebtheit des Adhäsionsverfahrens liegt auch daran, dass es nach herrschender Rechtsansicht eine Hauptverhandlung voraussetzt. Dies hat zur Folge, dass insbesondere die in der Rechtspraxis der Gerichte verbreitete Erledigungsart des Strafbefehlsverfahrens nicht mit dem Adhäsionsverfahren kompatibel ist, weil die Durchführung einer Hauptverhandlung im Strafbefehlsverfahren nicht die Regel, sondern die Ausnahme darstellt (vgl. § 408 Abs. 3, § 411 Abs. 1 StPO).[1222] Insoweit wird vereinzelt von einem legalen Ausweichen in das Strafbefehlsverfahren gesprochen, um die wenig beliebten zivilrechtlichen Fragen zu vermeiden bzw. umgehen zu können.[1223] Letzteres nun aber als ein Anwendungshemmnis zu verstehen, geht wohl doch zu weit, weil die Staatsanwaltschaft – ohne deren Antrag das Strafbefehlsverfahren nicht durchgeführt werden kann – kein erhöhtes Interesse an einer „Umgehung" des Adhäsionsverfahrens haben wird. Richtig ist zwar, dass grundsätzlich auch die Staatsanwaltschaft an einer zügigen Verfahrenserledigung interessiert ist; allerdings ist im Vorverfahren, wo der Strafbefehlsantrag gewöhnlich gestellt wird, die Intention des Verletzten auf Durchführung des Adhäsionsverfahrens wohl häufig unbekannt. Auch erscheint es als fernliegend, dass sich die Staatsanwaltschaft, die in das Adhäsionsverfahren nicht eingebunden ist und deshalb selbst keine Mehrbelastung zu befürchten hat, von der gewöhnlichen Anklageerhebung abhalten lässt, nur um dem in der Hauptsache zuständigen Gericht diese (mögliche) Mehrbelastung zu ersparen. Bei weitem interessanter ist folglich die Frage, weshalb das Adhäsionsverfahren nach h.M. eine Hauptverhandlung voraussetzen soll. Von Gesetzes wegen ist dies nämlich nicht vorgesehen. Zur Stützung dieser h.M. wird neben rein formalen und das Ergebnis kaum stützenden Erwägungen[1224] nur vereinzelt dann sachlich argumentiert. So werden strukturelle Hindernisse hervorgehoben, weil ohne Hauptverhandlung keine richterliche Zeugenvernehmung des Verletzten stattfinden kann und in einem „schriftlichen Verfahren" allgemein keine hinreichende Klarheit über die Anspruchs- bzw.

1221 *Schünemann*, FS Hamm, S. 695 (hier insbesondere Fn. 31).

1222 LR-StPO/*Hilger*, § 403 Rn. 20; LR-StPO/*Gössel*, Vor § 407 Rn. 44; KK-StPO/*Zabeck*, § 403 Rn. 12; SK-StPO/*Velten*, § 403 Rn. 9.

1223 *Loos*, GA 2006, 195 (197 f.).

1224 Vgl. auch die kritischen Überlegungen von *Sommerfeld/Guhra*, NStZ 2004, 420 (421 ff.).

Schadenshöhe bestehe.[1225] Prüft man dieses Argument, ist es zwar ernst zu nehmen, durchschlagend ist es jedoch nicht, um das Adhäsionsverfahren im Strafbefehlsverfahren nicht zuzulassen. Das geltende Zivilprozessrecht steht nämlich dem rein schriftlichen Verfahren offen, da der Gesetzgeber offensichtlich der Ansicht ist, dass eine gerichtliche Entscheidung auch „ohne mündliche Verhandlung" getroffen werden kann (vgl. § 128 Abs. 2, § 331, § 331a ZPO).[1226] Man fragt sich daher, weshalb die Entscheidungsfindung im schriftlichen (Straf-)Verfahren „in den meisten Fällen" nicht möglich sein soll, während es im Zivilverfahren möglich ist. Davon abgesehen steht der Anwendung des Adhäsionsverfahrens im Strafbefehlsverfahren auch aus „dogmatischer" Sicht kein Grund entgegen. Schließlich verlangt das Gesetz gerade für eine Entscheidung über den Adhäsionsantrag nach einem Strafurteil mit Schuldspruch (bzw. mit der Anordnung einer Maßnahme der Sicherung und Besserung). Ein abgeschlossenes Strafbefehlsverfahren, gegen das kein Einspruch eingelegt wurde, steht gem. § 410 Abs. 3 StPO dem rechtskräftigen Urteil gleich. Das Strafbefehlsverfahren ist deshalb auch aus normativen Gesichtspunkten für die Durchführung des Adhäsionsverfahrens nach § 406 Abs. 1 S. 1 StPO durchaus geeignet.

(b) Opferentschädigung und Strafvollstreckung

Das deutsche Strafrecht kennt als Hauptstrafen ausschließlich die Freiheitssowie Geldstrafe (§ 38 ff. StGB). Die Auswahl und die Festlegung der Strafe erfolgt grundsätzlich im öffentlichen Interesse und sind daher aus normativer Sicht frei von jeglichen Einflüssen des Tatopfers. Dass sich eine materielle und immaterielle Schadenswiedergutmachung positiv auf das Strafverfahren bzw. das Strafmaß zugunsten des Angeklagten auswirken kann (§ 46a StGB, § 153a StPO), ist primär eine Folge des spezialpräventiven Charakters der Strafe und nicht die Folge der Berücksichtigung der Opferinteressen bei der Sanktionswahl. Das betrifft konsequenterweise auch den Bereich der Strafvollstreckung. Nimmt man die einzelnen – in die Zuständigkeit der Bundesländer fallenden – Strafvollzugsgesetze in den Blick, zeigt sich, dass die Belange des Opfers während des Strafvollzugs am Täter zwar nicht gänzlich unbedeutend sind[1227], aber eine tatsächliche Einflussmöglichkeit des Opfers generell nicht besteht. Dem Staat geht es primär darum, dass das im „öffentlichen Interesse" ergangene Strafurteil

1225 *Loos*, GA 2006, 195 (198).

1226 So auch *Haller*, NJW 2011, 970 (971).

1227 Bspw. sind gem. § 13 Abs. 2 HessStrafvollzG bei der Prüfung von vollzugsöffnenden Maßnahmen auch die Belange des Opferschutzes in angemessener Weise zu berücksichtigen.

vollstreckt wird, bei dem die Schadenswiedergutmachung nicht mehr als eine – allerdings im Einzelfall relevante – Nebenrolle spielen kann.

Vor diesem Hintergrund ist es durchaus möglich, dass die Strafvollstreckung mit dem Bedürfnis des Opfers nach (Schadens-)Wiedergutmachung konkurriert. Das ist insbesondere dann der Fall, wenn der Täter zu einer Geldstrafe verurteilt wurde und zugleich zivilrechtliche Schadensersatzansprüche des Opfers verfolgt werden. Dieses Konkurrenzverhältnis ist tatsächlich „wenig opferfreundlich“[1228], weil der Täter aufgrund der ihm drohenden Ersatzfreiheitsstrafe grundsätzlich zuerst auf die Geldstrafe leisten wird, anstatt die zivilrechtlichen Schadensersatzansprüche des Opfers zu befriedigen. Dieses „ungleiche“ Verhältnis hat der Gesetzgeber durch eine Stärkung der Opferinteressen in § 42 StGB ein Stück weit relativiert. Zwar gilt im Grundsatz auch weiterhin, dass die sofortige Zahlung der Gelstrafe der strafprozessrechtlich vorgesehene Regelfall ist (§ 42 S. 1 StGB). Allerdings „soll“ das Gericht im Strafurteil (und nach Rechtskraft des Urteils die Vollstreckungsbehörde, § 459a Abs. 1 StPO) eine Zahlungserleichterung (bspw. durch Einräumung einer Zahlungsfrist oder durch Aufstellen eines Zahlungsplans) gewähren, sofern aufgrund des obigen Grundsatzes eine Wiedergutmachung des durch die Straftat verursachten Schadens ohne die Bewilligung der Zahlungserleichterung erheblich gefährdet wäre (§ 42 S. 3 StGB).[1229] Für die vorzunehmende „Gefahrenprognose“ sollen vor allem die wirtschaftlichen Verhältnisse des Täters maßgeblich sein, wobei bereits die Gefahr einer „nicht ganz unerheblichen Verzögerung“ der Schadenswiedergutmachung ausreichen können soll.[1230] Die Bewilligung einer solchen Zahlungserleichterung wirkt sich nicht auf die Höhe der Strafe aus. Sie bewirkt lediglich, dass sich der Zeitpunkt der Zahlungspflicht aufschiebt. Das Gesetz macht hierbei keine näheren Vorgaben und räumt dem Gericht (bzw. der Vollstreckungsbehörde) einen Ermessensspielraum ein.

Unabhängig davon existiert noch eine zweite Möglichkeit, über die Instrumente der Strafvollstreckung den zivilrechtlichen Schadensausgleich für das Opfer zu fördern. Das Gericht kann bei einer Verurteilung mit Strafaussetzung zur Bewährung (§ 56 StGB) oder bei Aussetzung des Strafrestes einer Freiheitsstrafe zur Bewährung (§ 57 f. StGB) dem verurteilten Täter auferlegen, den durch die Tat verursachten Schaden „nach Kräften“ wieder gutzumachen (vgl.

1228 *Stöckel,* FS Heintschel-Heinegg, S. 421.
1229 Siehe BT-Drucks. 16/3038, S. 57 f.
1230 Vgl. MüKo-StGB/*Radtke,* § 42 Rn. 15.

§ 56b Abs. 2 Nr. 1 StGB). Es handelt sich bei dieser Auflage um eine von vier enumerativ vorgegebenen Auflagen, die entweder alternativ oder kumulativ an eine Strafaussetzung zur Bewährung gekoppelt werden können. Ein Rangverhältnis unter den Auflagen besteht nicht, weshalb das Gericht entscheidet, ob diese Auflage den Schadensausgleich mit dem Opfer bezwecken und/oder gemeinnützige Interessen verfolgen soll.[1231] Aus Sicht des Opfers birgt die Auflage zur Schadenswiedergutmachung gewisse Vorteile, weil dann das Gericht selbst die Einhaltung der Auflage überwacht (§ 453b StPO) und sich die Schadenswiedergutmachung nach § 56b Abs. 2 Nr. 1 StGB an der zivilrechtlichen Rechtslage auszurichten hat[1232], obwohl sich Letzteres nicht zwingend aus dem Wortlaut dieser Regelung („nach Kräften" den durch die Tat verursachten Schaden wiedergutzumachen) ableiten lässt.

bb. Umsetzungsstand der europäischen Vorgaben, Kritik und rechtspolitische Folgerungen

(1) Die europäischen Vorgaben zur Wiedergutmachung des Schadens, den das Opfer durch die Straftat erlitten hat, werden von der deutschen Rechtslage nicht in vollem Umfang erreicht. Es besteht nachbesserungsbedarf.

Betrachtet man zunächst die Anforderungen der EU hinsichtlich der Schutzrechte im Wiedergutmachungsverfahren, dann ist für die Beurteilung das deutsche Rechtsinstitut des TOA mit seiner Grundnorm in § 155a StPO maßgebend. Dabei fällt zunächst auf, dass das hinter dem TOA stehende Verständnis der Durchführung eines Wiedergutmachungsverfahrens nicht vollends mit den Vorstellungen der EU deckungsgleich ist, sondern darüber hinaus reicht. Die EU knüpft nämlich an einem klassischen und formalen Verständnis von Wiedergutmachung an. Es setzt voraus, dass das Wiedergutmachungsverfahren in Form eines kommunikativen Prozesses zur Findung einer Ausgleichsvereinbarung zwischen Täter und Opfer vor einem unparteiischen Dritten stattfinden muss. Private Ausgleichshandlungen, die ohne jede Mitwirkung dieses Dritten stattgefunden haben, werden nicht erfasst. Nach deutschem Rechtsverständnis können allerdings auch diese als eine Form des Wiedergutmachungsverfahrens verstanden und im Strafprozess berücksichtigt werden,

1231 Hier forderte *Fischer*, StGB, § 56b Rn. 2 und Rn. 6 bereits, dass die Wiedergutmachung gegenüber den Geldauflagen Vorrang genießen sollte.

1232 Vgl. LG Frankenthal, Beschluss vom 17.02.2009 – II Qs 29/09, juris, Rn. 15; *Fischer*, StGB, § 56b Rn. 6 m.w.N.

weil dem TOA ein täterfreundliches Verständnis zugrunde liegt. Ein genau bestimmter Verlauf für den TOA ist gesetzlich nicht vorgegeben. Die Anforderungen der EU sind demnach nur in den Fällen beachtlich, in denen der Zugang zum Wiedergutmachungsverfahren von staatlicher Seite offeriert bzw. initiiert wird. Ob dabei die Staatsanwaltschaft oder das Gericht nur an einen speziellen Wiedergutmachungsdienst vermitteln oder selbst als „Ausgleichsstelle" fungieren, wie es nach deutschem Verständnis möglich ist, hat keine Auswirkungen auf die Umsetzungspflicht, da sich beide Fälle unter die europäische Legaldefinition zum „Wiedergutmachungsverfahren" (Art. 2 Abs. 1 lit. d RL) subsumieren lassen. In diesem Rahmen aber ist dann festzustellen, dass die in § 155a StPO enthaltene Prüfungs- und Hinwirkungspflicht die Zugangsvoraussetzungen, die die EU für Wiedergutmachungsverfahren umgesetzt haben möchte, nicht durchweg erfüllen.
Nach der Rechtsprechung des EuGH ist zunächst von Bedeutung, dass die mitgliedstaatlichen Regelungen einen substanziellen Anwendungsbereich schaffen müssen, damit das Wiedergutmachungsverfahren in der Rechtspraxis genutzt wird. Die deutsche Regelung zeichnet sich durch einen äußerst großzügigen Anwendungsbereich aus, indem man an einem weiten Verletztenbegriff anknüpft und sich gerade nicht auf einzelne Straftaten bzw. Deliktsgruppen beschränkt. Zugleich erfolgt die Eignungsprüfung nach § 155a StPO nicht willkürlich, sondern nach objektiven Kriterien, die im Wege richterlicher Rechtsfortbildung seitens des BGH entwickelt wurden und als Maßstab für die Eignungsprüfung heranzuziehen sind. Mit Rücksicht auf die EuGH Rechtsprechung bestehen insoweit keine Bedenken, dass die deutsche Rechtslage diesen Anforderungen nicht gerecht wird. Was jedoch die Vorgabe der EU angeht, dass das Wiedergutmachungsverfahren auch im „Interesse des Opfers" liegen muss, ist festzustellen, dass die EU nach einer Einwilligung (vorherigen Zustimmung) verlangt, während der § 155a StPO eine Anberaumung des TOA grundsätzlich gestattet, sofern sich das Opfer nicht ausdrücklich gegen die Durchführung ausspricht. Hintergrund der deutschen Regelung ist, dass bei einem schweigenden Opfer ein erfolgreicher Ausgang des TOA möglich ist und deshalb die (ernsthaften) Ausgleichsbemühungen des Täters strafprozessual berücksichtigungsfähig sind. Obwohl die deutsche Regelung somit an sich hinter den Schutzvorgaben der EU zurückbleibt, weil die ausdrückliche Zustimmung nicht zur Einleitung des Wiedergutmachungsverfahrens gefordert wird, ist dennoch von einem europarechtskonformen Zustand auszugehen. Die deutsche Regelung zwingt das – schweigende bzw. sich nicht explizit äußernde – Tatopfer nicht, sich auf das eingeleitete Wiedergutmachungsverfahren einzulassen oder vor

der Ausgleichsstelle zu erscheinen. Weil das Opfer auch keine nachteiligen Folgen zu befürchten hat, bleibt der deutsche Schutzstandard nicht hinter dem Europäischen zurück, den die EU mit dem Erfordernis der Einwilligung bezweckt. Die strafprozessual mögliche Honorierung von Ausgleichsbemühungen steht insoweit mit den EU Vorgaben im Einklang.
Den europäischen Schutzstandard erreicht die deutsche Rechtslage aber hinsichtlich der Verantwortungsübernahme des Täters nicht umfassend. Zwar setzt § 155a StPO ein Geständnis bzw. die Akzeptanz der Täter- und Opferrolle voraus. Jedoch wird die Einleitung des Wiedergutmachungsverfahrens nicht zwingend an die Verantwortungsübernahme des Täters gekoppelt. Nach höchstrichterlicher Rechtsprechung ist der TOA auch bei einem anfangs schweigenden Täter durchführbar, was der eindeutigen Schutzvorgabe der EU, wonach der Zugang zum Wiedergutmachungsverfahren von der vorherigen Verantwortungsübernahme abhängen muss, nicht entspricht. Die Möglichkeit einer späteren Verantwortungsübernahme erst während des Wiedergutmachungsverfahrens reicht der EU aus Opferschutzgründen nicht aus. In diesem Punkt besteht daher rechtspolitischer Nachholbedarf. Davon abgesehen sind die weiteren Schutzvorgaben der EU aber durch § 155a StPO erfüllt. Die aus der Hinwirkungspflicht des § 155a StPO abzuleitende Belehrungsfunktion stellt die umfassende Aufklärung des Opfers über die rechtlichen Folgen des TOA sicher und ermöglicht die rechtzeitige Ablehnung der Durchführung eines Wiedergutmachungsverfahrens. Zudem wird den Betroffenen niemals ein Ausgleich aufgezwungen. Das gesamte Verfahren beruht auf Freiwilligkeit, was den Vorstellungen des europäischen Normgebers entspricht.

Bezüglich der zweiten Vorgabe der EU, dass die Opfer im Strafverfahren eine Entscheidung über die Entschädigung des Täters erwirken können sollen, ist zumindest zweifelhaft, ob die deutsche Rechtslage mit §§ 403 ff. StPO die europäischen Anforderungen durchweg erfüllt. Nicht gemeint ist insoweit der Umfang des Entschädigungsanspruchs. Hier geht die deutsche Rechtslage über die europäischen Vorstellungen hinaus. Sie erfasst nicht nur materielle und immaterielle Schadensposten, sondern jegliche Formen von vermögensrechtlichen Ansprüchen. Die EU würde sich bei entsprechender Begründung bereits zufrieden geben, wenn das Opfer nur seinen materiellen oder immateriellen Schaden verfolgen könnte.
Zu kritisieren ist jedoch, dass das Adhäsionsverfahren im Rahmen eines Strafbefehlsverfahrens im Grundsatz nicht durchgeführt werden kann. Die EU bezieht sich hinsichtlich der Möglichkeit, den Entschädigungsanspruch des

Opfers zu beschränken bzw. sogar vollständig im Strafverfahren zu versagen, grundsätzlich auf die Zuordnung zu einem anderen Gerichtszweig. Dass nach deutscher Rechtslage innerhalb desselben Gerichtszweigs abhängig von der jeweiligen „Strafverfahrensart" unterschieden wird, ob dem Opfer ein Recht auf Entscheidung über die Entschädigung des Täters zusteht, ist mit Blick auf die europäischen Vorgaben daher höchst bedenklich. Nach hiesiger Ansicht ist das nur europarechtskonform, wenn am Ende kein Schuldspruch steht. Beim Strafbefehlsverfahren ist aber genau das der Fall (§ 410 Abs. 3 StPO). Der deutsche Gesetzgeber sollte daher das Adhäsionsverfahren auf das Strafbefehlsverfahren ausweiten, um den Mindestschutz der EU zu erreichen. Auch unabhängig von den Vorgaben der EU hat sich gezeigt, dass die Argumente der herrschenden Meinung, die von einer fehlenden Kompatibilität zwischen Strafbefehls- und Adhäsionsverfahren ausgeht, nicht durchschlagen. Auch aus diesem Grund ist ein Umdenken angezeigt.

Was die Aufforderung der EU anbelangt, dass die Entschädigung durch den Täter staatlicherseits unterstützt bzw. gefördert werden sollte, ist festzustellen, dass die deutsche Rechtslage dieser unverbindlichen Umsetzungsvorgabe Beachtung schenkt. Dabei ist festzustellen, dass sicherlich noch ein gewisser Spielraum „nach oben" besteht, die Opferentschädigung im Bereich der Strafvollstreckung zu optimieren, ohne sich dabei der Kritik aussetzen zu müssen, man münze die öffentliche Strafe in eine Form der Privatstrafe um. Dies betrifft bspw. die bisher fehlende gesetzliche Vorgabe, dass die Entschädigung des Opfers gegenüber den allgemeinnützigen Auflagen Vorrang genießen sollte. Solche Spielräume gilt es zu bedenken, auch wenn das deutsche Recht den europäischen Gedanken der Förderung von Entschädigungsleistungen im Strafverfahren verschiedentlich aufgreift bzw. ausreichend umsetzt.

(2) Unabhängig von der Umsetzung des europäischen Mindestschutzniveaus ist die deutsche Rechtslage aus folgenden Gründen kritikwürdig:

Die hiesige Untersuchung hat verdeutlicht, dass das Adhäsionsverfahren als das maßgebliche Rechtsinstitut zur Verfolgung von Entschädigungsinteressen des Opfers trotz entsprechender und zielgerichteter Reformen kaum Anwendung findet. Wenn der deutsche Gesetzgeber die hier festgestellten europäischen Defizite ausgleicht, sollte er nach hiesiger Meinung das gesamte Adhäsionsverfahren überdenken, um den allgemein zu befürwortenden Ansatz, dass die Entschädigungsinteressen des Opfers – zumindest teilweise – im Strafverfahren befriedigt werden, endgültig in die Rechtspraxis zu integrieren. Es deutete sich bereits bei der hiesigen Kritik zum Verletztenbegriff des § 403 StPO[1233] sowie zur Reichweite des rechtlichen Gehörs an[1234], dass dem Adhäsionsverfahren kein „stimmiges" Konzept zu Grunde liegt. Nimmt man die bestehenden normativen und tatsächlichen Anwendungshemmnisse hinzu, dann ist eine Überarbeitung des Adhäsionsverfahrens unumgänglich, wenn es dem Gesetzgeber tatsächlich darauf ankommt, dem Entschädigungsinteresse des Opfers bereits im Strafverfahren Beachtung zu schenken. Neben der allgemein empfohlenen Restriktion des Verletztenbegriffs gem. § 403 StPO und der geforderten Reduktion des § 404 Abs. 3 S. 2 StPO auf ein „einfaches" Anhörungsrecht des Adhäsionsklägers wird der Gesetzgeber nun auch aufgefordert, den Anwendungsbereich des Adhäsionsverfahren zu „entschlacken" und dafür im Gegenzug auf die Notwendigkeit einer Antragstellung des Opfers zu verzichten. Diese Entschlackung würde bedeuten, dass sich der Umfang des von einem Opfer im Strafverfahren verfolgbaren zivilrechtlichen Schadensersatzanspruchs im Wesentlichen auf die Verfolgung eines Schmerzensgeldes konzentrieren sollte. Diesen Weg hat der Gesetzgeber auch tendenziell durch die Reform des 1. OpferRRG eingeschlagen, den es nun zu intensivieren gilt. Der Strafrichter sollte unabhängig von einem Adhäsionsantrag nunmehr die Begründetheit des Schmerzensgeldanspruchs von Amts wegen prüfen und eine Endentscheidung treffen, wenn die Schuld des Täters per Strafurteil (oder Strafbefehl) festgestellt wurde. Durch diese Umstrukturierung des Adhäsionsverfahrens würden sämtliche Faktoren, die die Anwendung des Adhäsionsverfahrens in der Rechtspraxis bremsen, ausgehebelt. So wird der Strafrichter zur Entscheidung über einen Teil des zivilrechtlichen Schadensersatzanspruchs eines Opfers verpflichtet, ohne zu tief und zu breit gefächert in die für ihn ungewohnte Rechtsmaterie eintauchen zu müssen. Die Mehrbelastung sollte für die Gerichte überschaubar bleiben. Die Rechtsanwälte des Opfers würden weder aus prozesstaktischen, noch aus ökonomischen Motiven davon abgehalten, einen Adhäsionsantrag für das Opfer zu stellen. Zugleich werden die Entschädigungsbedürfnisse des Opfers nicht durchweg von der Strafjustiz ignoriert. Es wird dem Gefühl des Opfers, auf sich allein gestellt und von der Strafjustiz „im Stich gelassen" worden zu sein, entgegengewirkt. Wie festgestellt wurde, stünde die Begrenzung auf den immateriellen Schaden mit den EU Vorgaben im Einklang. Was den materiellen Schaden anbelangt, könnte die geltende Regelung mit der Notwendigkeit des Stellens eines Adhäsionsantrags und der geltenden Absehensgründe

1233 Siehe oben, S. 202 ff.
1234 Siehe oben, S. 377 ff.

beibehalten werden. Insoweit ist denkbar, dass die zur teilweisen Anwendung der zivilrechtlichen Schadensersatzregelungen nunmehr gezwungenen Strafrichter auch vermehrt einem auf Ersatz der materiellen Schäden ausgerichteten Adhäsionsantrag stattgeben. Das Adhäsionsverfahren sollte aber auf den Ausgleich des immateriellen und materiellen Schadens begrenzt bleiben, so dass darüber hinausreichende vermögensrechtliche Ansprüche, die ggfs. aus der Straftat erwachsen sind und gegenwärtig unter den § 403 StPO fallen, nicht vor den Gerichten verfolgt werden können. Der gegenwärtig weite Anwendungsbereich dürfte nämlich die nötige Sensibilisierung der Strafrichter für das zivilrechtliche Schadensersatzrecht eher hemmen, anstatt es zu fördern.

(3) Im Bereich der Schadenswiedergutmachung sind daher folgende rechtspolitische Forderungen zu stellen:

- Der Gesetzgeber ist aufgefordert, § 155a StPO dahingehend zu ändern, dass der TOA bei einer seitens der Staatsanwaltschaft oder des Gerichts ausgehenden Hinwirkung bzw. Vermittlung nur eingeleitet wird, wenn der Täter vor der Einleitung die Verantwortung für das begangene Unrecht übernommen hat. Der BGH muss daher seine höchstrichterliche Rechtsprechung zum „schweigenden“ Täter aufgeben.
- Der Gesetzgeber hat die §§ 407 ff. StPO dahingehend zu ergänzen, dass das Adhäsionsverfahren auch im Strafbefehlsverfahren durchgeführt werden kann.
- Der Gesetzgeber sollte das Adhäsionsverfahren neu ausrichten, um den Entschädigungsanspruch im Strafverfahren endgültig zur Wirksamkeit zu verhelfen. Dafür ist notwendig, dass der Strafrichter im Fall einer Verurteilung über den Schmerzensgeldanspruch des Opfers „von Amts wegen“ entscheiden muss. Für mögliche „materielle Schadensposten“ kann das Strafantragserfordernis inklusive den gesetzlichen Absehensgründen beibehalten werden.
- Weitere aus der Straftat erwachsene vermögensrechtliche Ansprüche hingegen sollten nicht vor dem Strafgericht über das Adhäsionsverfahren verfolgbar sein.

d. Weitere Partizipationsrechte

aa. Darstellung der deutschen Rechtslage

(1) Prozesskostenhilfe und Kostenerstattung

Regelungen zur Prozesskostenhilfe (PKH) zugunsten des Opfers sind in der StPO vielfach vorhanden. Sie erlangen insbesondere Bedeutung, wenn die gesetzlich normierten Konstellationen der staatlichen Pflicht zur „Beiordnung“

eines Rechtsbeistandes nicht greifen. Es handelt sich somit um einen Bereich, in dem der Gesetzgeber nicht ausschließen kann, dass im Einzelfall eine Interessenvertretung durch einen Rechtsbeistand dennoch angezeigt sein kann, ohne deshalb eine Beiordnung gewährleisten zu müssen. Nach geltendem Recht hängt dann die Gewährung von PKH maßgeblich von der konkreten Rolle des Opfers im jeweiligen Strafverfahren ab.

Blickt man zunächst auf das Offizialverfahren, steht einem Verletzten der PKH Antrag grundsätzlich nicht zu, wenn er keinen formellen Beteiligtenstatus erlangt bzw. erlangen kann. Das verdeutlichen die Befugnisse des „nicht nebenklageberechtigten" Verletzten. Ihm wird zwar explizit das Recht auf Heranziehung eines Rechtsbeistands eingeräumt (vgl. § 406f StPO), jedoch wird es nicht mit einem PKH Anspruch ausgestattet. Ein für diesen Verletzten kostenloser Rechtsbeistand ist nur über die gesetzliche Beiordnungspflicht des § 68b Abs. 2 StPO denkbar. Danach ist einem Zeugen dann ein Zeugenbeistand beizuordnen, wenn dieser aufgrund besonderer Umstände seine Befugnisse nicht selbst wahrnehmen kann. Diese Beiordnungspflicht findet in der Rechtspraxis allerdings kaum Anwendung, auch weil sie nach § 68b Abs. 2 S. 1 StPO gegenüber anderen Maßnahmen subsidiär ist („[…] dessen schutzwürdige Interessen nicht auf andere Weise Rechnung getragen werden"). Ein Opferzeuge muss die Kosten für den Zeugenbeistand mangels PKH Anspruchs daher in der Regel selbst tragen.[1235]

Die Sachlage ändert sich, wenn das Opfer einen formellen Beteiligtenstatus erworben hat. Erklärt das Opfer seinen Anschluss als Nebenkläger[1236], sieht das Gesetz für eine Reihe von Straftatbeständen (ein Antrag des Opfers vorausgesetzt) nicht nur eine Beiordnungspflicht des Staates (§ 397a Abs. 1 StPO), sondern zudem noch einen Anspruch auf Erhalt von PKH vor, sofern die Beiordnungspflicht im Einzelfall nicht greift und das Opfer ohne Rechtsbeistand seine Interessen nicht ausüben kann oder dies unzumutbar erscheint (§ 397a Abs. 2 StPO). Für den Adhäsionskläger sieht das Gesetz zumindest einen Anspruch auf Erhalt von PKH vor, wenn die Vertretung durch einen Anwalt erforderlich wäre (§ 404 Abs. 5 StPO).

Für den Bereich des Offizialverfahrens ist noch das Klageerzwingungsverfahren hervorzuheben. Weil die Antragstellung zur gerichtlichen Entscheidung

---

1235 Vgl. *Meyer-Goßner/Schmitt*, § 68b Rn. 6; auch einem mittelosen Zeugen muss von Verfassungs wegen kein Rechtsanwalt beigeordnet werden, so das BVerfG, Beschluss vom 12.04.1983 – 2 BvR 307/83; kritisch *Zöller*, FS Paeffgen, S. 730 f., der aus Opferschutzgründen verbesserungsbedarf sieht.

1236 Gleiches gilt für den nebenklageberechtigten Verletzten schon im Vorverfahren (§ 406h Abs. 3 und 4 StPO).

über die Anklageerhebung durch einen Rechtsanwalt zu erfolgen hat, wurde ein Anspruch auf PKH implementiert (§ 172 Abs. 3 S. 2 StPO).

Verlässt man das Offizial- und blickt auf das Privatklageverfahren, kommt dem Verletzten als Privatkläger ebenfalls ein Anspruch auf PKH zu (§ 379 Abs. 3 StPO).

Sämtliche dieser Ansprüche auf Erhalt von PKH im Offizial- oder Privatklageverfahren haben gemeinsam, dass die Bewilligung anhand der einschlägigen zivilprozessualen Regelungen (§§ 114 ff. ZPO) vorzunehmen ist. Demnach ist die Bewilligung von PKH stets auch an tatsächliche, nämlich die persönlichen und wirtschaftlichen Verhältnisse des antragstellenden Verletzten gekoppelt. Einem vermögenden Verletzten bleibt die Bewilligung von PKH verwehrt.

Verlässt man Bereich der Prozesskostenhilfe und betrachtet – wiederum mit Rücksicht auf die verschiedenen Rollen des Opfers im Strafverfahren – das Kostenrecht und damit auch die Kostenverteilung bzw. das Kostenrisiko für das Opfer, ist für das Offizialverfahren festzustellen, dass das Opfer in der Funktion als Zeuge einen Entschädigungsanspruch gegen diejenige Stelle erlangt, die das Opfer als Zeuge herangezogen hat (vgl. § 71 StPO i.V.m. § 1 Abs. 1 Nr. 3 und § 2 JVEG). Von dem Entschädigungsanspruch abgedeckt sind Fahrtkosten, eine Aufwandsentschädigung, eine Entschädigung für Zeitversäumnis, für mögliche Nachteile bei der Haushaltsführung und Verdienstausfall (vgl. 19 JEVG). Ein Kostenrisiko ist mit der Zeugeneigenschaft nicht verbunden, weil entweder der Täter oder die Staatskasse für die Kosten aufkommt.

Wenn sich das Opfer allerdings dafür entscheidet, sich aus eigenem Antrieb heraus „aktiv" in das Strafverfahren einzubringen und „formell" als Verfahrensbeteiligter zu partizipieren, geht dies mit einem Kostenrisiko zu Lasten des Opfers einher. Anders als bei der Zeugeneigenschaft gilt bei einer Privatbeteiligung des Opfers, dass anfallende „notwendige Auslagen" eines Nebenklägers oder Adhäsionsklägers im Grundsatz nicht der Staatskasse auferlegt werden dürfen.[1237] Deshalb kommt für die Kostentragung nur der Angeklagte oder das Opfer in Betracht. Bedeutende Faktoren sind sowohl die Form der Privatbeteiligung des Opfers als auch die Art der Verfahrenserledigung im Einzelfall. Sofern sich das Opfer als Nebenkläger dem Strafverfahren anschließt[1238], muss der

1237 Bei der Nebenklage wohl h.M., vgl. KK-StPO/*Gieg*, § 472 Rn. 2; *Meyer-Goßner/ Schmitt*, § 472 Rn. 3 m.w.N.; bei der Adhäsionsklage erschließt sich dies bereits aus dem Gesetz gem. § 472a Abs. 2 S. 1 und S. 2 StPO.

1238 Für den nebenklageberechtigten Verletzten gelten in Ausübung seiner Befugnisse (§ 406h StPO) dieselben Kostenregelungen wie für den Nebenkläger (vgl. § 472 Abs. 3 StPO).

Angeklagte im Fall der Verurteilung wegen einer den Nebenkläger betreffenden Tat die dem Nebenkläger erwachsenen notwendigen Auslagen tragen. Das Opfer erlangt gegen den Verurteilten einen Kostenerstattungsanspruch, den er gemäß den geltenden zivilrechtlichen Vorschriften weiterverfolgen und zwangsvollstrecken kann. Das geltende Strafvollstreckungsrecht interessiert sich dann nicht weiter für die vom Gericht zugunsten des Opfers getroffene, zivilrechtlich relevante Kostenerstattung. Von dieser Kostentragungspflicht des Verurteilten kann das Gericht jedoch aus Billigkeitsgründen absehen. Dies hat zur Folge, dass der Nebenkläger trotz der Verurteilung des Täters die eigenen Kosten tragen muss. Bei einem Freispruch, bei Nichteröffnung des Hauptverfahrens oder bei einem Verfahrenshindernis[1239] hat der Nebenkläger stets die eigenen Kosten zu tragen (§ 472 Abs. 1 StPO). Dies ist auch der gesetzliche Regelfall, wenn das Gericht das Verfahren aus Opportunitätserwägungen einstellt. Bei dieser Ermessensentscheidung kann das Gericht die Kostenlast aber aus Billigkeitsgründen auch dem Angeklagten auferlegen. Einen Sonderfall stellt das Absehen von Strafverfolgung unter Auflagen und Weisungen dar (§ 153a StPO). Hier weicht der Gesetzgeber von dem Grundsatz der Kostentragungspflicht des Opfers ab, indem der Angeklagte die „notwendigen Auslagen" des Nebenklägers übernehmen muss (§ 472 Abs. 2 StPO). Was den Anschluss des Opfers als Adhäsionskläger anbelangt, entfällt das Kostenrisiko des Opfers nur, wenn das Gericht dem Adhäsionsantrag nach § 406 Abs. 1 S. 1 StPO stattgibt. In diesem Fall hat der Angeklagte die Kosten und Auslagen des Verletzten zu tragen. In allen anderen Fällen hat das Gericht nach pflichtgemäßem Ermessen zu entscheiden, wer die entstandenen Kosten bezüglich der gerichtlichen Auslagen und der notwendigen Auslagen der Beteiligten tragen muss. Allerdings gilt auch hier der Grundsatz, dass der Staatskasse die notwendigen Auslagen des Adhäsionsklägers nicht auferlegt werden dürfen (§ 472a StPO). Für das Opfer besteht folglich ein Kostenrisiko.

Blickt man nun auf das bereits im Vorverfahren relevante Klageerzwingungsverfahren, trägt das Opfer die mit seinem Antrag auf gerichtliche Entscheidung (§ 172 Abs. 2 StPO) verbundenen Kosten, wenn das OLG diesen Antrag verwirft oder wenn das Opfer die im Einzelfall auferlegte Sicherheitsleistung vor Durchführung des gerichtlichen Prüfungsverfahrens nicht fristgemäß erbringt (§ 177 StPO).

Betrachtet man das Privatklageverfahren, muss auch hier der Verurteilte die dem Privatkläger erwachsenen notwendigen Auslagen erstatten. Falls die Privatklage aber zurückgewiesen wird, ein Freispruch ergeht oder das

---

1239 *Meyer-Goßner/Schmitt*, § 472 Rn. 2.

Privatklageverfahren eingestellt wird, gilt der Grundsatz, dass das Opfer als Privatkläger für die Verfahrenskosten und die notwendigen Auslagen des Beschuldigten aufkommen muss. Eine Verteilung der Kostentragung ist unter bestimmten Umständen möglich (§ 471 StPO).

(2) Rückgabe von Vermögenswerten

Das Recht des Opfers auf Rückgabe seiner Vermögenswerte ist in das System der strafrechtlichen Vermögensabschöpfung integriert. Dieses System wurde durch das „Gesetz zur Reform der strafrechtlichen Vermögensabschöpfung" vom 13. April 2017 grundlegend verändert, um neben der Verbesserung der Zuführung von rechtswidrig erlangten Vermögens an die Allgemeinheit[1240] insbesondere auch den „Opferschutz zu stärken".[1241] Diese staatliche Protektion von Vermögenswerten durch das strafrechtliche Instrument der sog. „Einziehung" erfasst all das, was der Täter (oder Teilnehmer) durch eine rechtswidrige Tat „erlangt hat" (§ 73 StGB). Falls dieser erlangte Gegenstand nicht mehr vorhanden ist, wird stattdessen ein Geldbetrag in Höhe des Wertes des erlangten Tatertrages eingezogen (§ 73c StGB), der dem Tatopfer zukommen kann. Weil die vermögensabschöpfungsrechtlichen Vorschriften sich als Spiegelbild eines rechtswidrig erlangten Vermögensvorteils des Täters verstehen, sind dem Umfang der Einziehung Grenzen gesetzt. Etwaige Schmerzensgeldansprüche, Ansprüche auf Zinsen oder die entstandenen Kosten aufgrund der Rechtsverfolgung sind keine entschädigungsfähigen bzw. einziehbaren Vermögenswerte, da der Täter diese nicht rechtswidrig erlangt hat.[1242] Das ist der Grund, weshalb nach gegenwärtiger Rechtslage die Vermögensabschöpfung nicht in der Lage ist, das Adhäsionsverfahren vollständig zu ersetzen. Bestehende Überschneidungen dieser beiden Rechtsinstitute betreffen die Herausgabe, Rückübertragung und Auskehrung.[1243]

Die Einziehung der Vermögenswerte ist dem dritten Abschnitt im Allgemeinen Teil des StGB (Rechtsfolgen der Tat) zugeordnet. Die Einziehungsanordnung des Gerichts erfolgt daher mit Abschluss des Hauptverfahrens. Um die Einziehung von Vermögenswerten in dieser späten Phase des Strafverfahrens

---

1240 Verfassungsrechtliche Bedenken werden vor allem hinsichtlich der Neuregelung zur sog. erweiterten (§ 73 a StGB) und selbstständigen Einziehung (§ 76a StGB) geäußert, hierzu *Trüg*, NJW 2017, 1913 (1915 f.) m.w.N.

1241 Vgl. jetzt BT-Drucks. 18/9525, S. 1 ff.; S. 49 ff.

1242 BT-Drucks. 18/9525, S. 49 ff.

1243 *Trüg*, NJW 2017, 1913 (1918).

überhaupt gewährleisten zu können, existieren zwei prozessuale Sicherungsmechanismen. Während die „Beschlagnahme“ zur Sicherung der Einziehung von Gegenständen gedacht ist (§ 111b StPO), dient der „Vermögensarrest“ vorrangig der Sicherung der Wertersatzeinziehung (§ 111e StPO). Die Regelung der Vermögensabschöpfung hat aus Sicht des Opfers den Vorteil, dass sie (im Unterschied zum Adhäsionsverfahren) nicht von einem vorherigen Antrag abhängt, sondern nach hoheitlichem Ermessen greift. Die Beschlagnahme sowie der Vermögensarrest als vorläufige Sicherungsmaßnahmen müssen dabei als gesetzlicher Regelfall zur Sicherung der Einziehung angeordnet werden, sofern „dringende Gründe für die (spätere) Annahme der Einziehung“ sprechen.[1244] Das Opfer muss nach dem Vollzug der Beschlagnahme oder des Vermögensarrests informiert und auch über seine Rechte aufgeklärt werden. Sofern die Opferzahl für eine individuelle Mitteilung zu hoch ist oder das Opfer bislang unbekannt oder unbekannten Aufenthalts ist, genügt die einmalige Bekanntmachung über den Vollzug der Sicherungsmaßnahme im Bundesanzeiger, die nach Beendigung der Sicherungsmaßnahme (also mit Rechtskraft der Einziehungsanordnung des Gerichts) zu löschen ist (§ 111l StPO). Ob das Opfer über den Vollzug der Sicherungsmaßnahme durch die Staatsanwaltschaft informiert wird, hängt allerdings vom Einzelfall ab. Hintergrund ist, dass das Opfer seinen Verletztenstatus im Sinne der §§ 111b ff. StPO laut Gesetzgeber verlieren kann, wenn etwa die Staatsanwaltschaft eine Teileinstellung oder eine Beschränkung der Strafverfolgung (§§ 154, 154a StPO) vornimmt.[1245] Die betroffenen Opfer werden dann auf den Zivilrechtweg verwiesen und erlangen damit nicht die Vorteile der gerichtlichen Einziehungsanordnung (dazu unten). Dies ist möglich, weil der Zeitpunkt der Vollzugsmitteilung an das Opfer eben nicht gesetzlich fixiert ist, sondern im staatsanwaltschaftlichen Ermessen steht[1246].

Wenn das Opfer den Verletztenstatus nicht verliert, dann kann es im Einzelfall noch während des Vollzugs der Sicherungsmaßnahme (also: vor der Einziehungsentscheidung des Gerichts) die Herausgabe des sichergestellten Gegenstands verlangen. Zugleich muss es sich um eine sichergestellte bewegliche Sache handeln, die als Beweismittel bzw. Einziehungsgegenstand nicht mehr für die Zwecke des Strafverfahrens benötigt wird. In allen anderen Fällen hat der Gesetzgeber einen solchen frühzeitig greifenden Herausgabeanspruch des Opfers, der bereits im

1244 Siehe BT-Drucks. 18/9525, S. 75 und 77. Zu diesem Zweck sind beide Vorschriften als Soll-Vorschrift ausgestaltet worden (§ 111b Abs. 1 S. 2 und § 111e Abs. 1 S. 2 StPO).
1245 Vgl. jetzt BT-Drucks. 18/9525, S. 51.
1246 BT-Drucks. 18/9525, S. 82.

Vorverfahren greifen kann, nicht normiert (vgl. § 111n und § 111o StPO). Auch ist zu beachten, dass ein entsprechender Antrag des Opfers auf Herausgabe der beweglichen Sache gesetzlich nicht gefordert ist, so dass die Staatsanwaltschaft oder das Gericht von Amts wegen die Herausgabe zu überprüfen haben. Die Staatsanwaltschaft bzw. das Gericht darf die bewegliche Sache nur herausgeben, wenn die gesetzlichen Voraussetzungen „offenkundig" vorliegen (§ 111n Abs. 4 StPO). Laut Gesetzgeber muss die Berechtigung des Opfers aufgrund der Aktenlage feststehen oder ein entsprechender Nachweis (bspw. ein zivilrechtlicher Titel) vorliegen.[1247] Sofern weitere Ermittlungen bzw. Prüfungen seitens des jeweiligen Hoheitsträgers zu diesem Zeitpunkt erforderlich sind, um die Herausgabevoraussetzungen zu klären, so wird das Opfer ggfs. den Zivilrechtsweg beschreiten müssen[1248], wenn es an einer zeitnahen Rückgabe der beweglichen Sache interessiert ist.

Besteht ein solcher Herausgabeanspruch des Opfers vor der Einziehungsentscheidung nicht, bleibt die Sicherungsmaßnahme grundsätzlich in Kraft, damit das rechtswidrig Erlangte Gegenstand der späteren Einziehungsentscheidung des Gerichts sein kann. Grundsätzlich muss das Gericht dann die Personen, gegen die sich die Einziehung richtet (Einziehungsbeteiligte), in das Hauptverfahren gesondert einbeziehen, wenn es sich dabei nicht um den Angeklagten selbst handelt (§§ 421 ff. StPO). Schließlich müssen die Einziehungsbeteiligten zumindest die Gelegenheit erhalten, sich gegen eine anstehende Einziehungsanordnung zu wehren.[1249]

Hat das Gericht die Einziehung angeordnet, wird diese im Rahmen der Strafvollstreckung als Nebenfolge vollstreckt, indem die Sache – falls sie sich aufgrund der Beschlagnahme oder des Vermögensarrests nicht im Gewahrsam des Staates befindet – dem Einziehungsadressaten wegzunehmen ist. Das erfolgt nach dem Justizbeitreibungsgesetz (§ 459g StPO i.V.m. § 1 Abs. 1 Nr. 2a JBeitrG). Noch im Rahmen der Strafvollstreckung soll nun der Anspruch eines Opfers auf Rückgewähr des eingezogenen Gegenstands bzw. auf Auskehrung des Betrags aus der Wertersatzeinziehung bedient werden können (§ 459h StPO). Hierfür hat der Gesetzgeber der Vollstreckungsbehörde – die Aufgaben sind gesetzlich einem Rechtspfleger übertragen (§ 3 Nr. 4c i.V.m. § 31 Abs. 2 RPflG) – eine

---

1247 BT-Drucks. 18/9525, S. 83.

1248 BT-Drucks. 18/9525, S. 84.

1249 Bei umfangreichen Sachverhalten sieht das Gesetz die Möglichkeit vor, die Vermögensabschöpfung von der Hauptsacheentscheidung über die Schuld- und Straffrage abzutrennen und in einem nachträglichen Verfahren gesondert zu behandeln, wenn sich die Hauptsacheentscheidung unangemessen erschweren oder verzögern würde (§ 422 StPO), siehe hierzu BT-Drucks. 18/9525, S. 55.

Mitteilungspflicht auferlegt, damit sichergestellt ist, dass das Opfer über den Eintritt der Rechtskraft der Einziehungsanordnung und der daraus folgenden Verfahrensrechte frühzeitig aufgeklärt ist (§ 459i StPO). Erst ab Mitteilung der Rechtskraft der Einziehungsanordnung läuft nämlich eine sechsmonatige Anmeldefrist, innerhalb derer das Opfer seinen Anspruch auf Rückübertragung bzw. Herausgabe der eingezogenen Sache oder auf Auskehrung des eingezogenen Verwertungserlöses registrieren muss (§ 459j Abs. 1, § 459k Abs. 1 StPO)[1250]. Ob an das Herausgabe- oder Auskehrungsverlangen des Opfers weitergehende Anforderungen gestellt werden, hängt entscheidend von der gerichtlichen Einziehungsanordnung ab (die Teil des Urteils, Strafbefehls oder Beschlusses ist). Falls sich aus dieser und den ihr zugrunde liegenden Feststellungen „ohne weiteres“ die Anspruchsberechtigung des Opfers erschließt, muss der Rechtspfleger dem Herausgabe- oder Auskehrungsverlangen nachkommen. Sollte das aber nicht der Fall sein, muss das Opfer seine Anspruchsberechtigung i.S.d. § 294 ZPO „glaubhaft“ machen. Es bedarf hier stets einer hoheitlichen Zulassungsentscheidung (§ 459j Abs. 2 S. 2, § 459k Abs. 2 S. 2 StPO), die aufgrund der eventuell komplexen materiellen Rechtsfragen zur Anspruchsberechtigung des Opfers nicht von dem eigentlich zuständigen Rechtspfleger, sondern von dem Gericht erster Instanz getroffen werden muss.[1251] Bei einer negativen Zulassungsentscheidung für das Opfer oder bei Versäumnis der sechsmonatigen Anmeldefrist hat das Opfer aber grundsätzlich noch die Option, über den Zivilrechtsweg einen vollstreckbaren Titel zu erstreiten und die Herausgabe bzw. Auskehrung gegenüber dem Staat – in dessen Eigentum die eingezogenen Sachen sonst übergingen (75 StGB) – zu verlangen (§ 459j Abs. 5, § 459k Abs. 5 StPO).[1252]

Im Abschnitt der Strafvollstreckung über das Herausgabe- bzw. Auskehrungsbegehren zu entscheiden, ist der gesetzliche vorgesehene Regelfall. Sofern aber eine Vielzahl von Verletzten dies begehren sollte, der Wert der sichergestellten Gegenstände zur Befriedigung sämtlicher Verletzter jedoch nicht ausreicht, wird die Frage des Schadensausgleichs im Rahmen des dann einzuleitenden Insolvenzverfahrens zu klären sein. Gleiches gilt, falls das Insolvenzverfahren aufgrund eines Antrag des Einziehungsadressaten oder eines Gläubigers (sei es der Verletzte oder ein anderer Gläubiger) eröffnet worden ist (§ 111i StPO).[1253]

1250 Bei Fristversäumnis besteht eine Wiedereinsetzungsmöglichkeit, § 459j Abs. 4 und § 459k Abs. 4 StPO.

1251 Vom Rechtsausschuss empfohlen und vom Gesetzgeber dann umgesetzt, vgl. BT-Drucks. 18/11640, S. 90 f.

1252 BT-Drucks. 18/9525, S. 96.

1253 Vgl. jetzt BT-Drucks. 18/9525, S. 52 und S. 79 ff.

Dieses System, wonach die Opferentschädigung in der Regel im Rahmen der Strafvollstreckung erfolgt, ist auf Kritik gestoßen, weil das Opfer regelmäßig erst mehrere Jahre nach dem Schadensereignis eine Entschädigung erhielte. Aus Sicht der Kritiker ist das mit dem Gedanken des Opferschutzes nicht in Einklang zu bringen, wenn das Opfer erst nach Rechtskraft der Einziehungsanordnung entschädigt werde. Von einer zeitnahen und pragmatischen Schadenswiedergutmachung könne daher nicht die Rede sein.[1254]

(3) Rechte von Opfern mit Wohnsitz in einem anderen EU-Mitgliedstaat

Die StPO schenkt den möglicherweise auftretenden Schwierigkeiten im Umgang mit Opferrechten bei grenzüberschreitenden Sachverhalten keine besondere Aufmerksamkeit. Das gilt sowohl für Fälle, in denen der Geltungsbereich des StGB betroffen, aber das Opfer selbst im EU Ausland wohnhaft ist, als auch für Fälle, in denen eine in Deutschland wohnhafte Person Opfer einer im EU Ausland begangenen Straftat geworden ist. Der Gesetzgeber geht folglich davon aus, dass die bestehenden Vorschriften der StPO ausreichen, um diesen grenzüberschreitenden Sachverhalten in einer auch den Opferbedürfnissen gerechten Art und Weise zu begegnen.

Beschränkt man sich zunächst auf das Szenario, dass die Straftat im deutschen Inland begangen wurde (bzw. der Geltungsbereich des deutschen StGB betroffen ist) und das Opfer im EU Ausland wohnhaft ist, greifen die üblichen Strafverfolgungsmechanismen. Hervorzuheben ist mit Blick auf das im EU Ausland wohnhafte Opfer insbesondere das Legalitätsprinzip und die daraus resultierende Pflicht der Strafverfolgungsbehörden, den Sachverhalt bzw. den Tatverdacht umfassend aufzuklären, wenn „zureichende tatsächliche Anhaltspunkte" für die Begehung einer Straftat sprechen (§§ 152 Abs. 2, 160 StPO). Darunter fällt zugleich die Pflicht zur rechtzeitigen Beweiserhebung und -sicherung, um einem Beweismittelverlust vorzubeugen[1255]. Das bedeutet, dass bei einem im EU Ausland wohnhaften Opfer von Gesetzes wegen stets zu überprüfen ist, ob eine zeitnahe – wenn nicht sogar unmittelbar folgende – Vernehmung des Opfers ab Kenntnisnahme erforderlich ist. Bereits zu diesem Zeitpunkt müssen sich dann die Strafverfolgungsbehörden über die Erreichbarkeit des Opferzeugen

---

1254 So *Greier,* jurisPR-StrafR 21/2016 Anm. 1; ferner *Dielmann*, „Strafrecht: Reform der Vermögensabschöpfung hilft Opfern nicht", http://www.juve.de/nachrichten/namenundnachrichten/2017/02/strafrecht-reform-der-vermoegensabschoepfung-hilft-den-opfern-nicht (Letzter Abruf: 12.12.2017).

1255 *Meyer-Goßner/Schmitt,* § 160 Rn. 15.

für den weiteren Strafverfahrensverlauf (insbesondere die Hauptverhandlung) informieren und über die jeweilige Vernehmungs- und auch Protokollierungsform entscheiden.[1256] Die hierdurch bezweckte Sicherung der Strafverfahrensdurchführung im Fall einer später fehlenden Erreichbarkeit des Opferzeugen ist deshalb primär die Rechtsfolge eines ursprünglich objektiv verstandenen Verfahrensprinzips[1257] und nicht etwa Ausfluss der Strafverfolgungsinteressen des Opfers. Wenn es zur Hauptverhandlung kommt, besteht bei Opferzeugen mit Wohnsitz im Ausland generell die Möglichkeit der Videofernvernehmung über § 247a StPO[1258].[1259] Die Tatsacheninstanzen sind wegen des durch die höchstrichterliche Rechtsprechung befürworteten „erweiterten Erreichbarkeitsbegriffs"[1260] angehalten, vor der Vernehmungsersetzung durch die Einführung eines Protokolls bzw. einer Videoaufzeichnung der früheren Vernehmung des Opferzeugen zunächst die Möglichkeit einer Durchführung der Videofernvernehmung mit dem im Ausland befindlichen Opferzeugen zu erwägen. Dieser Opferzeuge gilt daher nach prozessrechtlichen Maßstäben als „erreichbar", wenn die Videofernvernehmung nach § 247a StPO per Rechtshilfeersuchen unter denen in der StPO geltenden Maximen durchführbar wäre.[1261] Wegen der fortschreitenden Rechtsharmonisierung ist zumindest im europäischen Raum ein Rechtshilfeersuchen auf Videofernvernehmung regelmäßig erfolgsversprechend. Dies gilt nicht zuletzt deshalb, weil der einem ersuchten Mitgliedstaat europarechtlich zugestandene Ablehnungsgrund (Art. 10 Abs. 2 des Rechtshilfeabkommens[1262]),

---

1256 MüKo-StPO/*Kölbel*, § 160 Rn. 80 f.; inzwischen besteht auch im Vorverfahren die Möglichkeit, eine Zeugenvernehmung per Videokonferenz gem. § 58b StPO durchzuführen, was grundsätzlich auch bei der Abwehr der Gefahr des Beweismittelverlusts möglich sein soll, siehe BT-Drucks. 17/1224, S. 13.

1257 Dazu schon oben S. 177 f.

1258 Zur Videofernvernehmung nach § 247a StPO bereits oben S. 317 ff.

1259 Vgl. BT-Drucks. 13/9063, S. 5 („[...] in diesem Zusammenhang wird auf die Videotechnologie verwiesen, mit deren Hilfe Schwierigkeiten bei der Vernehmung von Auslandszeugen überwunden werden können.").

1260 Zuletzt bekräftigt durch BGH, Urteil vom 13.03.2014 – 4 StR 445/13, juris, Rn. 17.

1261 BGH, Urteil vom 15.09.1999 – 1 StR 286/99, juris, Rn. 15 ff. Anzumerken ist, dass der BGH in dieser (etwa älteren) Entscheidung dennoch gewisse Bedenken u.a. hinsichtlich der Kompatibilität mit dem Unmittelbarkeitsgrundsatz und vor allem mit dem Beweiswert der Videofernvernehmung hegte, so dass das Tatgericht im Rahmen seines Ermessens die Videofernvernehmung im Einzelfall als für die Wahrheitsfindung wertlos einstufen könnte. Überzeugend gegen die einzelnen Bedenken des BGH siehe *Vassilaki*, JZ 2000, 474 (476).

1262 Siehe oben Fn. 260.

wonach ein Rechtshilfeersuchen nicht bewilligt werden muss, wenn die Videokonferenz den Grundprinzipien des ersuchten Mitgliedstaats zuwiderläuft, inzwischen als überholt gelten muss.[1263] Mangels entgegenstehender Bestimmungen gelten die in der StPO vorhandenen Schutz- und Beteiligungsrechte der StPO uneingeschränkt bei der Videokonferenz mit einem im Ausland befindlichen Opferzeugen.

Blickt man auf das umgekehrte Szenario, bei dem die Straftat im EU Ausland an einem Opfer, das in Deutschland wohnhaft ist, begangen wurde, hat der Gesetzgeber in § 158 Abs. 3 StPO eine Übermittlungspflicht für den Fall statuiert, dass das Opfer die im EU Ausland begangene Straftat bei der deutschen Staatsanwaltschaft anzeigt.[1264] Diese Übermittlungspflicht greift zugleich nur, sofern der Geltungsbereich des deutschen Strafrechts gem. §§ 3 ff. StGB nicht betroffen ist oder die Staatsanwaltschaft von der Strafverfolgung nach § 153c Abs. 1 S. 1 Nr. 1 StPO absieht. Die Übermittlungspflicht setzt einen Antrag des Opfers voraus. Die Staatsanwaltschaft kann sich der Übermittlungspflicht nach eigenem Ermessen widersetzen, wenn damit ein unnötiger (der zuständigen ausländischen Strafverfolgungsbehörde sind Tatablauf und Beweismittel im Wesentlichen bekannt) oder unverhältnismäßiger Aufwand (dem Opfer war die Anzeigeerstattung des Bagatelldelikts im EU Ausland zumutbar) verbunden ist.[1265] Darüber hinaus ist es den Strafverfolgungsbehörden nicht erlaubt, einem solchen Antrag des Opfers aus Ermessenserwägungen nicht Folge zu leisten.

bb. *Umsetzungsstand der europäischen Vorgaben, Kritik und rechtspolitische Folgerungen*

(1) Bei den „weiteren Partizipationsrechten" erfüllt die deutsche Rechtslage die geforderten europäischen Mindeststandards weit überwiegend:

Hinsichtlich des Rechts des Opfers auf Prozesskostenhilfe geht die deutsche Rechtslage insgesamt über die europäischen Vorgaben hinaus. Wie es die EU fordert, ist in der StPO jede Beteiligtenstellung des Opfers mit einem PKH Anspruch flankiert, der eine für das Opfer kostenlose anwaltliche Beratung

1263 Das verdeutlicht die hier im Vordergrund stehende RL 2012/29/EU, die verschiedentlich den Rückgriff auf „Kommunikationstechnologien" einfordert. Mit einem Verstoß gegen die Grundprinzipien eines Mitgliedstaats durch die Durchführung einer Videokonferenz ist deshalb nicht mehr zu rechnen.

1264 Ausführlich zum Umgang bei besonderen Fallgestaltungen, vgl. jetzt BT-Drucks. 16/12098, S. 23 f.

1265 BT-Drucks. 16/12098, S. 23.

und rechtliche Vertretung im Offizial- und Privatklageverfahren sicherstellt. Dass im deutschen Recht die Heranziehung eines Zeugenbeistands generell nicht mit einem PKH Anspruch flankiert ist, so dass das Opfer – wenn es der Ansicht ist, einen Zeugenbeistand zu brauchen – regelmäßig selbst die anfallenden Anwaltskosten für diesen Beistand zu tragen hat, ist mit europäischen – und nebenbei bemerkt auch verfassungsrechtlichen – Maßstäben vereinbar. Die EU verlangt nur dann nach der Implementierung eines PKH Anspruchs, wenn das Opfer nach nationalem Recht die „Rechtsstellung als Partei" im Strafverfahren erwirbt. Das allerdings trifft nach deutschem Strafprozessrecht auf die Zeugenstellung des Opfers nicht zu.
Mit EU Maßstäben im Einklang stehend ist ferner der Umstand, dass ein PKH Anspruch von den wirtschaftlichen Verhältnissen des Opfers abhängig gemacht wird, da die EU hinsichtlich der Bedingungen der Bewilligung von PKH einen mitgliedstaatlichen Ermessensspielraum vorgesehen hat. Dass die deutsche Rechtslage letztlich „weit" über den EU Mindeststandard hinausreicht, ist darauf zurückzuführen, dass die StPO neben der PKH noch teils eine Beiordnungspflicht statuiert, die bei bestimmten – in der Regel schwereren bzw. für das Opfer häufig traumatischen – Straftaten greift und von den wirtschaftlichen Verhältnissen des Opfers gänzlich entkoppelt ist.

Die deutsche Rechtslage erfüllt auch den europäischen Mindeststandard zur Kostenerstattung. Die EU möchte das Opfer zumindest von einem Kostenrisiko hinsichtlich der notwendigen Kosten befreien, wenn es zur aktiven Teilnahme am Strafverfahren verpflichtet wird. Das ist nach der geltenden StPO nur der Fall, wenn das Opfer als Zeuge herangezogen wird, weil mit einer Privatbeteiligung des Opfers gerade keine Anwesenheitspflicht verbunden ist. Daher fallen der Neben- und der Adhäsionskläger nicht unter den Anwendungsbereich dieser Richtlinienbestimmung. Der infolge der Ausübung der Zeugenpflicht entstehende Entschädigungsanspruch gegen den deutschen Staat befreit das Opfer vollständig von einem Kostenrisiko. Die europäischen Vorstellungen hinsichtlich des Kostenerstattungsumfangs (namentlich Reise- und Aufenthaltskosten sowie Verdienstausfall) werden vollständig von dem Entschädigungsanspruch abgedeckt. Das in der StPO durchaus vorhandende Kostenrisiko entsteht für das Opfer nur im Zusammenhang mit seiner Privatbeteiligung. Hier aber bewegt man sich jedoch außerhalb des europäischen Regelungsbereichs.

Die neuen Regelungen zur Vermögensabschöpfung erfüllen fast durchweg den Mindeststandard der EU, der sowohl bei der Beschlagnahme als auch dem Vermögensarrest als den zwei prozessualen Sicherungsmaßnahmen

Beachtung finden muss. Von Bedeutung ist, dass das Opfer eine dem europäischen Maßstab entsprechende „unverzügliche Rückgabe" des sichergestellten Vermögenswerts erwarten kann. Bei beweglichen Sachen besteht nach deutschen Vorgaben von Amts wegen eine im Vorverfahren greifende Prüfungspflicht, den Gegenstand an das Opfer herauszugeben, wenn er für das Strafverfahren nicht weiter benötigt wird und die Voraussetzungen des Herausgabeverlangens offenkundig vorliegen. Aber auch wenn dies nicht der Fall ist oder statt der beweglichen Sache ein Geldbetrag als Wertersatz herausverlangt wird, sind die Anforderungen an die Unverzüglichkeit durch den in der StPO geltenden Grundsatz, die Rückgabe von Vermögenswerten im Abschnitt der Strafvollstreckung anzugehen, immer noch gewahrt. Es steht dem deutschen Gesetzgeber frei, wenn er den Herausgabe- bzw. Auskehrungsanspruch des Opfers an die Rechtskraft der Einziehungsanordnung des Gerichts koppelt. Dass das Opfer die Rechtskraft dieser Entscheidung abwarten muss, mag aus Opfersicht zwar im Einzelfall misslich sein, ist allerdings aus rechtsstaatlichen Gesichtspunkten eine gerechtfertigte Vorkehrung, von der der Gesetzgeber auch nicht abrücken sollte.
Der europäische Mindeststandard wird jedoch unterschritten, wenn nach deutschem Recht vorgesehen ist, dass das Opfer seinen Verletztenstatus im Rahmen der Vorschriften zur Vermögensabschöpfung bei einer Teileinstellung (§ 154 StPO) oder einer Beschränkung (§ 154a StPO) der Strafverfolgung verliert und dann die Herausgabe bzw. Auskehrung nicht verlangen kann. Mit der Forderung der EU, dass alle unter den europäischen Opferbegriff fallenden Personen ein strafprozessrechtlich verankertes Recht auf Rückgabe ihrer Vermögenswerte erhalten, ist die deutsche Regelung somit nicht in Einklang zu bringen, selbst wenn der Gang vor das Zivilgericht möglich ist. Insoweit besteht rechtspolitisch Nachholbedarf.
Mit den europäischen Umsetzungsvorgaben wiederum vereinbar sind die deutschen Vorschriften, nach denen der Herausgabe- bzw. Auskehrungsanspruch des Opfers im Strafprozess abgelehnt werden kann. Nach deutschem Recht ist dies nur erlaubt, wenn die Vermögensposition (Anspruchsberechtigung) des Opfers streitig bzw. nach den Feststellungen des Gerichts nicht hinreichend geklärt ist. Diesen Umstand hat die EU nicht näher behandelt. Wenn das Opfer in diesem Fall also aufgefordert ist, seine Anspruchsberechtigung nach zivilprozessrechtlichen Vorschriften glaubhaft zu machen (§ 294 ZPO), ist das aus europäischer Sicht unbedenklich, weil eine entsprechende Ermittlungsausweitung zur Klärung von derlei Streitfragen nicht gefordert ist. Auch aus der Opferperspektive ist das Erfordernis der Glaubhaftmachung der Anspruchsberechtigung aufgrund des geltenden

herabgesetzten Beweismaßes zumutbar. Entgegen der im deutschen Schrifttum vereinzelt geäußerten Kritik einer nur unzureichenden Wahrnehmung von Opferbedürfnissen hat der Gesetzgeber insgesamt ein opferfreundliches Vermögensabschöpfungsrecht geschaffen, bei dem die staatlichen Sicherungsmaßnahmen einem Opfer weit mehr zu Gute kommen, als es vor dem Reformgesetz zur Vermögensabschöpfung der Fall gewesen ist.

Was die Rechte des Opfers mit Wohnsitz in einem anderen EU-Mitgliedstaat angeht, besteht rechtspolitisch kein Nachholbedarf. Wie es die EU vorsieht, stellt die StPO eine zeitnahe bzw. unmittelbare Vernehmung des Opfers aus dem EU Ausland sicher, wenn es zur Sicherung der Verfahrensdurchführung notwendig ist. Dazu verpflichtet das Legalitätsprinzip. Ferner steht mit § 247a StPO eine Rechtsgrundlage zur Verfügung, die Vernehmung des in seinen Wohnsitzmitgliedstaat zurückgekehrten Opfers per Videokonferenz durchzuführen. Der in der Rechtspraxis angewendete „erweiterte Erreichbarkeitsbegriff" gewährleistet, bei der körperlichen Abwesenheit des Opfers zunächst zu prüfen, ob eine Videokonferenz im Rahmen der Hauptverhandlung durchführbar ist. Der europäische Mindeststandard ist durch die StPO zudem umgesetzt, wenn das in Deutschland wohnhafte Opfer eine im EU Ausland begangene Straftat anzeigt. Die in § 158 Abs. 3 StPO kodifizierte „Übermittlungspflicht" der Strafverfolgungsbehörden inklusive der Beschränkungen, nach denen diese Pflicht entfallen kann, hat der deutsche Gesetzgeber spiegelbildlich an den europäischen Vorgaben ausgerichtet.

(2) Unabhängig von der Umsetzung des europäischen Mindestschutzniveaus ist die deutsche Rechtslage aus folgenden Gründen kritikwürdig:

Wie sich gezeigt hat, bleibt das Kostenrecht bei der Privatbeteiligung des Opfers von europäischen Einflüssen unberührt. Es handelt sich um eine rein nationale Angelegenheit, die gerade auch mit Blick auf die Ausweitung der Mitwirkungsbefugnisse des Opfers kritisch begleitet werden muss. Im Mittelpunkt steht hier der Grundsatz, dass die Staatskasse für die notwendigen Auslagen eines privatbeteiligten Opfers keinesfalls zu belasten ist. Die Unantastbarkeit dieser Prämisse ist nämlich weder opfer- noch täterfreundlich. Zunächst ist zu befürworten, dass die StPO das privatbeteiligte Opfer nicht vom Kostenrisiko gänzlich befreit. Sobald sich aber das Kostenrisiko nur schwerlich mit den hiesigen verfassungsrechtlichen und straftheoretischen Ergebnissen verträgt, sollte das dem Opfer oder dem Täter auferlegte Kostenrisiko hinterfragt werden. Verdeutlichen lässt sich dies unter Heranziehung des Genugtuungsbedürfnisses des Opfers etwa am Beispiel der Kostenregelung zur Nebenklägerbeteiligung. Wenn die Anerkennung des Genugtuungsbedürfnisses dafür steht, dass das Opfer ein Recht auf Unrechtsfeststellung hat, ist es durchaus konsequent, dass das Opfer im Falle eines Freispruchs des Angeklagten die eigenen Auslagen zu tragen hat. Es ist rechtlich kein Unrecht geschehen, so dass der Staat das Genugtuungsbedürfnis nicht befriedigen muss. Etwas anderes aber gilt, wenn das Strafverfahren aus Opportunitätsgründen eingestellt wird. Hier ist es schwerlich nachvollziehbar, dass sich der Staat kategorisch aus der Kostenverteilung herausnimmt und die Auslagen grundsätzlich auf den Beschuldigten bzw. Angeklagten (§ 153a StPO) oder eben auf das Opfer abwälzt (§§ 153, 154 ff. StPO). Bei Opportunitätseinstellungen bestehen ein Anfangs- oder ein hinreichender Tatverdacht und damit die Wahrscheinlichkeit, dass das Opfer strafrechtlich relevantes Unrecht erlitten hat. Sofern der Staat der Ansicht ist, von der Strafverfolgung dennoch absehen zu können, beendet er auch die einem Opfer an sich zustehende Möglichkeit der Verfolgung seines Genugtuungsbedürfnisses. Diese Opportunitätsentscheidung muss der Nebenkläger hinnehmen. Ihm noch zusätzlich dann die Kosten für seine legitime Rechtsverfolgung aufzuerlegen, ist mit Rücksicht auf die Anerkennung eines Genugtuungsinteresses nicht gerechtfertigt, insbesondere dann nicht, wenn das Zwischenverfahren bereits erreicht ist. Anzumerken ist, dass der Staat diese Kosten auch nicht einfach stets auf den Beschuldigten bzw. Angeklagten abwälzen darf, um den Fiskus zu schonen. Es gilt noch immer die Unschuldsvermutung.

Unabhängig davon sollte der Gesetzgeber überlegen, einem Opfer die Last zu nehmen, einen Kostenerstattungsanspruch gegenüber dem Täter im Zweifel zivilrechtlich weiterverfolgen zu müssen. Es bedeutet für den Staat keinen erheblichen Mehraufwand, etwa über das JBeitrG die einem Opfer zugesprochene Kostenerstattung beim Täter – neben der Geldstrafe – ebenfalls einzutreiben und an das Opfer auszuzahlen. Für das Opfer entfällt hingegen ein weiterer Belastungsfaktor.

(3) Das führt zu folgenden rechtspolitischen Forderungen:

- Der Gesetzgeber muss im Rahmen der §§ 111b ff. StPO dafür sorgen, dass diejenigen Verletzten einer Straftat bei einer Teileinstellung oder einer Beschränkung der Strafverfolgung (§§ 154, 154a StPO) nicht ihren Verletztenstatus verlieren. Ihnen muss ebenfalls ermöglicht werden, ihre sichergestellten Vermögenswerte herausverlangen bzw. auskehren lassen zu können, wie es bei solchen Verletzten möglich ist, bei denen keine solche Einstellungsentscheidung getroffen wurde.

- Der Gesetzgeber ist zu empfehlen, den im Kostenrecht gem. §§ 464 ff. StPO anzutreffenden Grundsatz, wonach die Auslagen des privatbeteiligten Tatopfers ausnahmslos nicht der Staatskasse auferlegt werden dürfen, abzumildern und dem Genugtuungsbedürfnis des Opfers anzupassen. Die Kostenübernahme durch die Staatskasse wäre dann insbesondere bezüglich der angefallenen Auslagen des Nebenklägers (und nebenklageberechtigten Verletzten) bei Opportunitätseinstellungen angezeigt.
- Dem Gesetzgeber ist zu empfehlen, dass das Opfer den Kostenerstattungsanspruch bezüglich der notwendigen Auslagen, der aufgrund einer Kostenentscheidung zu Lasten des Täters entstanden ist, nicht zivilrechtlich weiterverfolgen muss, sondern die Kosten durch die Strafjustiz eingetrieben und an das Opfer ausgezahlt werden.

6. Opfer sollen „anerkannt werden […] und eine respektvolle, einfühlsame, professionelle und diskriminierungsfreie Behandlung erfahren"

a. Darstellung der deutschen Rechtslage

aa. Anerkennung des Opfers

Wird eine Person der Begehung einer Straftat bezichtigt, differenziert die StPO nach dem jeweiligen Verfahrensstadium sorgfältig, ob diese Person als Beschuldigter, Angeschuldigter, Angeklagter oder Täter zu bezeichnen ist. Es handelt sich hierbei um ein etabliertes und ausgeklügeltes System, mit dem anhand von probabilistischen Verdachtsgraden bezweckt wird, der bis zum rechtskräftigen Strafurteil geltenden „Unschuldsvermutung" gerecht zu werden. Ein entsprechendes System für das Opfer kennt die StPO hingegen nicht. Sie spricht durchgehend von dem Verletzten, obwohl bis zu einer rechtskräftigen Verurteilung des Angeklagten auch die Opfereigenschaft aus strafprozessrechtlicher Sicht nicht feststeht.[1266] Demnach basieren die dem Verletzten vor einem Strafurteil zustehenden Verfahrensbefugnisse auf einer so bezeichneten Opfervermutung, auf die sich die Rechtspolitik bei Ausgestaltung der Opferrechtsposition stützt.[1267] Teilweise hat sich der Gesetzgeber hier an den geltenden Verdachtsstufen der Verfahrensabschnitte der StPO orientiert. Bspw. kann der Erwerb eines Nebenklägerstatus mit seinen weitreichenden Verfahrensbefugnissen erst erfolgen, wenn eine Verurteilung des

---

1266 So bereits *Pollähne,* StV 2016, 671 (674) „Vor der rechtskräftigten Verurteilung gibt es aber weder im Verfahren noch vor Gericht eine Verteilung von Täter- und Opferrollen".

1267 Zur Opfervermutung kritisch *von Galen,* StV 2013, 171 (173 ff.).

Be- bzw. dann Angeschuldigten als wahrscheinlich gilt. Andere Opferrechtsinstitute wie etwa das Klageerzwingungsverfahren müssen von einem solch erhöhten Verdachtsgrad jedoch entkoppelt sein, um ihren Zweck entfalten zu können. Eine vollständige Anlehnung an die Verdachtsstufen besteht deshalb nicht. Aus strafprozessrechtlicher Perspektive setzt somit die Anerkennung des Opferstatus mit der Einleitung des Strafverfahrens ein, obwohl das tatsächliche Opfersein erst mit Rechtskraft des Urteils feststeht. Ähnliches gilt für Maßnahmen der Opferhilfe, weil auch hier die Unterstützungsangebote auf der Vermutung basieren müssen, dass es sich um ein Opfer einer Straftat handele.

Vor dem Hintergrund der Anerkennung des Opfers im Strafverfahrensrecht wird zunehmend die bislang vorherrschende Rechtsmeinung in Frage gestellt, dass der Gesetzgeber im Zweifel den Beschuldigteninteressen den Vorrang gegenüber den Opferinteressen einräumen müsse. Noch vor dem Opferschutzgesetz 1986 galt nämlich rechtspolitisch die Devise, dass der Fairnessgrundsatz im deutschen Strafprozessrecht ausschließlich dem Beschuldigten zu Gute komme und dieser nicht auf das Opfer der Straftat übertragbar sei.[1268] Inzwischen wird diese Rechtsmeinung allerdings kritisiert. Die Anerkennung des Opfers als eigenständiges Rechtssubjekt müsse – so wird argumentiert – bewirken, dass der Fairnessgrundsatz auch dem Opferschutz bzw. den Opferinteressen diene. Danach wäre das Prinzip des generellen Vorrangs von Beschuldigteninteressen nicht haltbar, sondern die Opferinteressen müssten als „gleichrangig“ behandelt werden.[1269] Man scheint inzwischen davon auszugehen, dass das Fairnessgebot im Verhältnis zwischen Beschuldigten und Opfer wirke. Diesen Umstand machen sich sowohl die Befürworter als auch die Kritiker einer Ausweitung von Opferbefugnissen zunutze, denn der aus dem Fairnessgebot abzuleitende Grundsatz der „Waffengleichheit“ zwinge den Gesetzgeber, entstandene Asymmetrien zu beseitigen. Während die Befürworter der Ausweitung von Opferrechten hiernach die Anpassung der Opfer- an die Beschuldigtenrechte einfordern[1270], monieren die Kritiker, dass die Beschuldigtenrechte an verschiedenen Stellen der StPO hinter den Opferrechten zurückblieben und aufgrund des Fairnessgebots diesen mindestens entsprechen müssen.[1271] Wie sich jüngst zeigte, ist diese Kontroverse nicht nur rein akademischer Natur, sondern hat

1268 Siehe *Rieß*, Gutachten, C 48 und C 71.

1269 Dies vertretend *Walther*, GA 2007, 615 (620 ff.); *dies.*, JR 2008, 405 (408); *Böttcher*, FS Schöch, S. 937 f.; den Fairnessgrundsatz bei Nebenklagerechten herangezogen auch HK-StPO/*Kurth*/*Weißer*, § 397 Rn. 12.

1270 *Walther*, GA 2007, 615 (624 ff.); *dies.*, JR 2008, 405 (408).

1271 *Schiemann*, KritV 2012, 161 (170 ff.); *Jahn*, Symposion Lüderssen, S. 160 ff.

inzwischen auch die Rechtspolitik erreicht. Die Beratungen zum StORMG 2013 zeigen, dass der Gesetzgeber das Verhältnis zwischen Beschuldigten- und Opferrechten erstmals ausdrücklich unter Heranziehung des Grundsatzes der Waffengleichheit austariert hat[1272].

bb. *Professionalisierung des Umgangs der Strafverfolgungsbehörden und der Strafjustiz mit dem Opfer*

Der Umgang der Strafverfolgungsbehörden (Polizei und Staatsanwaltschaft) und der Strafjustiz (Strafrichter und Gerichtspersonal)[1273] mit dem Opfer der Straftat ist bis heute in Deutschland empirisch kaum erforscht. Die wenigen existierenden Evaluationsstudien sind durchweg älteren Datums und haben ihren Fokus primär auf den Interaktionsprozess zwischen Opfer und Polizei gelegt.[1274] Aufgrund des Mangels an empirischen Material lässt sich die Frage des professionellen Umgangs der Strafverfolgungsbehörden und der Strafjustiz mit dem Opfer in faktischer Hinsicht demnach kaum näher beurteilen. Was die existierenden Studien teilweise verdeutlicht haben, ist, dass die Polizei als die staatliche Institution, die regelmäßig als erstes mit dem Opfer in Kontakt kommt, nicht vor einer vorurteils- bzw. diskriminierungsfreien Opferbehandlung gefeit ist. Das Verhalten der Polizei bei der Anzeigeerstattung durch das Opfer zeigte bspw. eine Tendenz, eine Strafanzeige wegen Verletzung materieller Güter eher aufzunehmen als etwa die Anzeige bei Verletzungen immaterielle Güter. Man stellte fest, dass der Anzeigenaufnahme ein gewisser Selektionsprozess des Sachbearbeiters zur Einschätzung der Strafwürdigkeit vorgeschaltet war, obwohl die StPO diesen nicht vorsieht. Verbesserungsbedarf zeigte sich auch insoweit, dass die Sachbearbeiter der Polizei eine Neigung zur Bagatellisierung erkennen ließen, wenn ihnen das aufgrund des geschilderten Sachverhalts möglich erschien. Zudem konnte festgestellt werden, dass der soziale Status des Anzeigeerstatters gewissen Einfluss auf die Bereitschaft des Sachbearbeiters ausübte, die Strafanzeige aufzunehmen bzw. zu protokollieren.[1275] Neben diesen Erkenntnissen hat dann ein weiteres Modellprojekt Defizite hinsichtlich des Strebens nach einer „einfühlsamen bzw. respektvollen" Interaktion im Sinne einer verbesserten Wahrnehmung und Berücksichtigung spezifischer Opferbelange aufgezeigt und dabei auch konkrete Vorschläge zur Optimierung gemacht.[1276]

1272 Vgl. BT-Drucks. 17/6261, S. 11; kritisch hierzu bereits *Anders*, ZStW 124 (2012), S. 391 f.

1273 Zur Professionalisierung der Institutionen der Opferhilfe siehe oben S. 251 ff.

1274 Namentlich *Kürzinger*, Strafanzeige, S. 60 ff.; *W.Steffen*, Ermittlungstätigkeit, 33 ff.

1275 So die kritische Zusammenfassung von *Walther*, FS Jung, S. 1046 f.

1276 Vgl. *Baurmann*, Professionelles Verhalten, S. 69 ff.

Andere Daten spiegeln aber insgesamt eine positive Entwicklung im professionellen Umgang zwischen Polizei und Opfer wider. Realisierte Maßnahmen zur Verbesserung der strukturellen und personalen Voraussetzungen für Professionalität und Bürgernähe hätten zur Verbesserung des Verhältnisses zwischen Polizei und Opfer geführt. Jedoch hätten Veränderungen bei den Opferzeugen eher nur eine Reduktion von Unzufriedenheit bewirkt, anstatt den Zustand von Zufriedenheit erreicht zu haben.[1277]

Generell lässt sich eine Verbesserung des Umgangs mit Opfern am ehesten durch eine entsprechende Aus- und Fortbildung der Berufsgruppen erreichen. Nicht unproblematisch ist, dass die Bundesländer für die Aus- und Fortbildung der Strafverfolgungsbehörden und der Strafjustiz verantwortlich sind. Laut Angaben des BMJV ist das Thema Opferschutz ein inzwischen „fester und elementarer" Bestandteil der polizeilichen Aus- und Fortbildung innerhalb der einzelnen Bundesländer. Das gilt sowohl während des dreijährigen Bachelorstudiums an den Polizeiakademien bzw. -hochschulen der Bundesländer, bei denen von Anfang bis Ende des Studiums interdisziplinär der Opferschutz intensiv und vertieft behandelt wird, als auch – sofern noch vorhanden – für die Ausbildung zum mittleren Polizeivollzugsdienst. Verschiedene Polizeipräsidien beschäftigen einen speziell für opferschutzrelevante Fragen zuständigen Beamten, der unter anderem entsprechende Fortbildungsveranstaltungen durchführt. Auch werden laut BMJV in den meisten Bundesländern Veranstaltungen zum Umgang mit ganz bestimmten Opfergruppen angeboten, dass bestimmte Handlungsanweisungen der Polizei im Umgang mit diesen Opfern befolgt werden. Laut BMJV sehen auch die Ausbildungsordnungen der Länder für Rechtspfleger und den mittleren Justiz- und Justizmeisterdienst die Vermittlung von Kompetenzen im Umgang mit Opfern vor.[1278] Blickt man auf die Aus- und Fortbildungssituation der Staatsanwälte und Strafrichter, weist das BMJV auf die Vorgaben des DRiG und die einschlägigen Vorschriften der JAGs der Bundesländer hin, wonach im Rahmen des Studiums der Rechtswissenschaft Schlüsselqualifikationen wie Verhandlungsmanagement, Gesprächsführung, Rhetorik, Streitschlichtung, Mediation, Vernehmungslehre und Kommunikationsfähigkeit berücksichtigt werden. Es wird auch darauf hingewiesen, dass an juristischen Fakultäten teilweise der

1277 Siehe die Ergebnisse der umfangreichen Studie von *Voß*, Umgang der Polizei, S. 150 f.

1278 Bericht des BMJV zur Umsetzung der RL 2012/29/EU, S. 15 ff., https://www.bmjv.de/DE/Themen/OpferschutzUndGewaltpraevention/OpferhilfeundOpferschutz/Bericht_BundLaender_AG.pdf?__blob=publicationFile&v=2 (Letzter Abruf: 12.12.2017).

Schwerpunktbereich „Kriminalwissenschaften“ angeboten werde, zu dem unter anderem auch Veranstaltungen zum Themenkomplex „Opfer der Straftat“ gehörten. Auch im Rahmen der Zweiten juristischen Staatsprüfung könnten – laut BMJV – in den strafrechtlichen Aufsichtsarbeiten, im Aktenvortrag oder in der mündlichen Staatsprüfung unmittelbar und mittelbar die opferschutzrelevanten Regelungen der StPO im Fokus stehen. Auch werde Rechtsreferendaren ein Einblick in die Arbeitsweise der Kriminal- und Schutzpolizei oder des Sozialdienstes der Justiz ermöglicht. Von der Ausbildungssituation abgesehen hebt das BMJV das großzügige Angebot an einschlägigen Fortbildungen für Strafrichter und Staatsanwälte zum Themenkomplex „Opferschutz“ hervor, das Bund und Länder offerieren. Traditionell ist die Teilnahme an solchen Fortbildungsveranstaltungen aber freiwillig. Ob und worin sich Strafrichter und Staatsanwälte fortbilden, entscheiden sie somit selbst. Zur Begründung des Fehlens einer Fortbildungspflicht wird seit jeher auf die richterliche Unabhängigkeit verwiesen. Auch das BMJV vertritt offenkundig den Standpunkt, dass „eine weitere Qualitätssicherung richterlicher Tätigkeit im Sinne der Überprüfung des Richters, die über die verfahrensrechtliche Möglichkeit der Überprüfung einer Entscheidung durch Einlegung eines Rechtsmittels einerseits und über den Weg der Dienstaufsicht andererseits hinausginge, wegen Verstoßes gegen die richterliche Unabhängigkeit gem. Art. 97 GG unzulässig wäre.“[1279] Aktuell wird das Fehlen einer Fortbildungspflicht für Strafrichter und Staatsanwälte erneut stark kritisiert. Es wird betont, dass eine Gefahr für die richterliche Unabhängigkeit nicht von der Fortbildungsverpflichtung, sondern von dem Umstand ausgehe, dass das „für die richterliche und staatsanwaltliche Tätigkeit erforderliche Wissen nicht ständig aufgefrischt werden“[1280] müsse. Forderungen zur Einführung der Fortbildungspflicht kommen inzwischen verstärkt auch aus der Rechtspraxis.[1281]

1279 Vgl. *Salgo,* NJW-aktuell 23/2016 (Editorial).

1280 *Salgo,* NJW-aktuell 23/2016 (Editorial).

1281 Mit Nachdruck *Haller,* NJW 2011, 970 (973); nun auch die 9. Forderung des Strafkammertages vom 26.09.2017 (bestehend aus 80 Vorsitzenden Strafrichter aus allen OLG Bezirken Deutschlands). Gefordert wird, dass „[…] eine Pflicht zur aufgabenorientierten Fortbildung (zeitnah, ortsnah, kompakt, nacharbeitsfrei) unter Berücksichtigung bei der Personalausstattung […]“ besteht.

b. Umsetzungsstand der europäischen Vorgaben, Kritik und rechtspolitische Folgerungen

(1) Was die Umsetzung der europäischen Vorgaben zur „Anerkennung des Opfers" und des professionellen Umgangs der Berufsgruppen betrifft, besteht für den deutschen Gesetzgeber kein Nachholbedarf:

Die europäischen Vorgaben zur Anerkennung des Opfers beinhalten keine konkreten Umsetzungsvorgaben für das formelle Recht. Diese Zielbestimmung muss vor allem als Appell an die Mitgliedstaaten verstanden werden, dafür zu sorgen, die Hilfs- und Schutzbedürftigkeit von Personen, die möglicherweise Opfer einer Straftat geworden sind, sowohl vor als auch nach Einleitung des Strafverfahrens anzuerkennen und nicht von unangemessenen formalen Bedingungen abhängig zu machen. Die EU möchte offensichtlich sicherstellen, dass diese betroffenen Personen in ihrer Notlage nicht allein gelassen werden, sondern sich der staatlichen Unterstützung sicher sein können. Der deutsche Gesetzgeber arbeitet ganz allgemein mit einer Art „Opfervermutung". Auf diese Weise werden im deutschen Rechtsraum inner- und außerhalb des Strafprozessrechts die Partizipations-, Schutz- bzw. Unterstützungsbedürfnisse des Opfers wahrgenommen. Die Opfervermutung ist für die Rechtspolitik unverzichtbar, weil es ihr andernfalls nicht möglich wäre, auf die verschiedenen Opferbedürfnisse in der Rechtspraxis einzugehen. Das dabei entstehende Risiko, im Einzelfall einer Person diese privilegierte Rechtsstellung eingeräumt zu haben, obwohl sich später herausstellt, dass sie zur Ausübung von Rechten und den Empfang von Leistungen nicht berechtigt war, stuft man (im Einklang mit den Vorstellungen der EU) als weniger gewichtig ein als die Gefahr, die mit der Missachtung von Opferbedürfnissen bis zur Feststellung des Opferstatus einhergeht.

Konkretere Vorgaben macht die EU hinsichtlich der Notwendigkeit der Professionalisierung von denjenigen Berufsgruppen, die mit dem Opfer in direktem Kontakt treten. Es zeigt sich, dass die in Deutschland vorzufindende Aus- und Fortbildungssituation diesen Vorgaben auch durchweg gerecht wird. Obwohl diese im Wesentlichen dem Zuständigkeitsbereich der Bundesländer unterfällt, ist der Themenkomplex „Opferschutz" in allen Bundesländern ein fester Bestandteil der Aus- und Fortbildung, wobei hier zwischen den einzelnen Berufsgruppen ein recht großes Gefälle bestehen dürfte. Man kann allerdings davon ausgehen, dass die europäischen Vorstellungen bezüglich der Qualifikation der Strafverfolgungsbehörden (Polizei sowie Staatsanwaltschaft), der Strafjustiz (Strafrichter sowie Gerichtspersonal) und der Institutionen der staatlichen/privaten Opferhilfe ausreichend erfüllt werden. Dass für Strafrichter und Staatsanwälte in Deutschland keine Fortbildungspflicht besteht, steht mit den europäischen Vorgaben im Einklang. Obwohl sich die Umsetzungsvorgaben der EU primär auf das „Ob" und nicht auf das „Wie" einer entsprechenden Aus- und Fortbildung beziehen, bezweckt die Richtlinienbestimmung, dass sich der diskriminierungsfreie Umgang mit dem Opfer professionalisiert. In Deutschland mangelt es allerdings insoweit an einschlägigen und aktuellen empirischen Daten, so dass gegenwärtig keine abschließenden Feststellungen getroffen werden können. Ältere Studien zum Umgang der Polizei mit dem Opfer – insbesondere während des Anzeigevorgangs – geben Anlass, dies mit kritischem Blick zu beobachten. Die Rechtspolitik ist aufgefordert, das Verhalten und den Umgang der beteiligten Berufsgruppen mit dem Opfer regelmäßig zu evaluieren.

(2) Unabhängig von der Umsetzung des europäischen Mindestschutzniveaus ist die deutsche Rechtslage aus folgenden Gründen kritikwürdig:

Es ist schwer nachvollziehbar, dass es in Deutschland keine Fortbildungspflicht für Strafrichter und Staatsanwälte gibt. Die Komplexität des gesellschaftlichen Lebens und die damit zusammenhängende rasante Entwicklung des Rechts machen die Spezialisierung durch Fortbildung unumgänglich. Die juristische Ausbildung in Studium und Referendariat vermittelt das erforderliche Spezialwissen nicht, weil hier in erster Linie das Ziel verfolgt wird, einen in allen Rechtsgebieten einsetzbaren Volljuristen auszubilden. Die Wahl des Schwerpunktbereichs im Studium zielt zwar in die Richtung einer Spezialisierung. Auf eine entsprechende Fortbildung kann deshalb jedoch nicht verzichtet werden. Unabhängig von der Frage, wie „geeignet" der Schwerpunktbereich überhaupt zur Vermittlung von praxisrelevantem Spezialwissen ist, zeigt schon die Realität, dass ein beträchtlicher Teil der als Richter beschäftigten Juristen in einem für sie schwerpunktbereichsfernen Rechtsgebiet rechtsprechend tätig ist. Die Rechtspolitik und entsprechenden Interessengruppen verstecken sich hinter dem Prinzip der Unabhängigkeit des Richters. Dieses Prinzip wird durch eine Fortbildungspflicht jedoch nicht tangiert, da der Strafrichter nicht im Geringsten in der Erfüllung seiner ihm anvertrauten rechtsprechenden Tätigkeit beeinträchtigt ist. Bei Staatsanwälten geht der Verweis auf Art. 97 GG ohnehin fehl. Den Gegnern der Fortbildungspflicht für Strafrichter und Staatsanwälte geht es um andere Aspekte wie bspw. der Bewahrung der Flexibilität des Personaleinsatzes bzw. um fiskalische Belange im Allgemeinen. Solange eine entsprechende

Fortbildungspflicht nicht besteht, kann in Deutschland auch nicht behauptet werden, dass ein professioneller Umgang der Strafrichter und Staatsanwälte mit Opfern von Straftaten faktisch gewährleistet ist. Dies kann im Einzelfall nicht nur für den Betroffenen nachteilig sein, sondern für die Funktionsfähigkeit des Rechtsstaates und die Wahrheitsfindung im Strafprozess insgesamt. Rechtspolitisch ist demnach eine Fortbildungspflicht für Strafrichter und Staatsanwälte im Bundesgebiet überfällig.

Aus rechtspolitischer Sicht sehr bedenklich sind die Diskussion und die Entwicklung bezüglich der Anwendung des verfassungsrechtlich verbürgten Rechts auf ein faires Verfahren zugunsten des Opfers. Sie beinhalten das Potenzial, den Strafprozess zunehmend zu einem Parteiverfahren nach anglo-amerikanischem Muster umzuformen. Dies könnte dadurch geschehen, dass man den aus dem Fairnessgebot abzuleitenden Grundsatz der Waffengleichheit als Leitlinie bei der strafprozessualen Ausbalancierung der Verfahrensbefugnisse heranzieht. Erste Gesetzesreformen hat der Gesetzgeber auch bereits nach diesem Prinzip vorgenommen. Dieser Entwicklung aber ist entschieden entgegenzutreten: Zum einen wird hierbei das rechtstaatliche Fairnessgebot, ein Recht von Verfassungsrang, dazu missbraucht, für das Opfer unverdiente Rechte einzufordern. Entgegen manchen Behauptungen aus dem Schrifttum hat sich das BVerfG zur Anwendbarkeit des Fairnessprinzips auf das Opfer im Rahmen des Strafverfahrens auch nicht geäußert, so dass die verfassungsrechtliche Grundlage dieser Argumentationsweise ohnehin mit Vorsicht zu behandeln ist. Zum anderen wird der Grundsatz der Waffengleichheit in einem zu formalen Verständnis gebraucht, wie es in einem primär adversatorischen, nicht jedoch primär inquisitorischen Strafverfahrensmodell berechtigt wäre. In diesem Kontext bewegen sich dann teilweise auch die Kritiker der Ausweitung von Opferrechten auf „dünnem Eis", wenn sie mit Verweis auf den Grundsatz der Waffengleichheit eine Anpassung der Rechte des Beschuldigten, Angeschuldigten und Angeklagten an die Opferrechte einfordern. Dabei erkennen Sie nämlich das Verhältnis einer formellen Waffengleichheit in dem Verhältnis zwischen „Täter und Opfer" (stillschweigend) an, mit der Folge, dass sie den Forderungen der Befürworter der Ausweitung von Opferrechten in Form der Anpassung an die Täterrechte kein plausibles Argument mehr entgegensetzen können (schließlich können beide Seiten dann die formelle Gleichheit für sich reklamieren). Diese Gleichstellung der Mitwirkungsbefugnisse jedoch werden die Kritiker der Ausweitung von Opferrechten kaum beabsichtigt haben. Zuletzt ist zu anzumerken, dass diese Kontroverse an einem zentralen Mangel leidet. Der Grundsatz der Waffengleichheit wirkt in einem inquisitorischen Strafverfahrensmodell – das der deutschen StPO zugrunde liegt – allein nur im Verhältnis Staat zu Verfahrensbeteiligtem. Wenn das Fairnessgebot und damit der Grundsatz der Waffengleichheit zugunsten des Opfers anwendbar sein soll, muss dies vom Gesetzgeber als Gestaltungsauftrag verstanden werden, dem Opfer die Verfolgung seines rechtlich anerkannten Interesses – hier: Genugtuungsbedürfnis – durch die Schaffung von Mitwirkungsbefugnissen gegenüber dem Staat, der das Verfahren leitet, zu ermöglichen. Wie der Beschuldigte, Angeschuldigte oder Angeklagte seine Interessen gegenüber dem Staat behaupten kann, ist für die Ausgestaltung der Beteiligtenstellung des Opfers völlig unerheblich. Der Gesetzgeber sollte – wenn es verfassungsrechtlich überhaupt gefordert ist – die „Waffengleichheit" nur im Verhältnis Staat-Opfer spezifizieren. Keinesfalls folgt daraus eine Pflicht des Gesetzgebers zur formalen Angleichung der Verfahrensrechte des Opfers an die des „Täters". Auch die Verfahrensrechte des Beschuldigten, Angeschuldigten und Angeklagten haben sich alleine aus dem Verhältnis „Täter zu Staat" entwickelt.

(3) Das führt zu folgenden rechtspolitischen Forderungen:

- Den Innen- und Justizministerien von Bund und Ländern wird empfohlen, den Umgang zumindest der staatlichen Institutionen, die mit Tatopfern in Kontakt treten (darunter insbesondere die Polizei, Staatsanwaltschaft und Strafrichter) regelmäßiger zu evaluieren, als es bisher der Fall gewesen ist. Andernfalls lässt sich kaum beurteilen, ob sich die jeweiligen Berufsgruppen auch in tatsächlicher Hinsicht professionell gegenüber den Opfern von Straftaten verhalten.
- Dem Gesetzgeber wird empfohlen, im DRiG die Fortbildungspflicht für Strafrichter zu verankern. Die Justizministerien des Bundes und der Länder müssen entsprechendes für die Staatsanwaltschaft sicherstellen. Der Umgang mit Opfern von Straftaten muss Teil der Fortbildungsmaßnahmen sein. Es genügt nicht, auf die allgemeine Juristenausbildung zu verweisen.
- Dem Gesetzgeber wird empfohlen, die Rechtsposition des Opfers im Strafverfahren derart auszugestalten, dass das Opfer das zur Verfolgung anerkannte Genugtuungsinteresse *gegenüber dem Staat* in verhältnismäßiger Art und Weise durchsetzen kann. Die Ausgestaltung der Opferrechtsposition ist im Falle der Anwendbarkeit des Fairnessgebots auf das Opfer nur im Verhältnis Staat-Opfer, nicht aber im Verhältnis Opfer-Täter relevant. Deshalb sollte der Gesetzgeber den Grundsatz der Waffengleichheit nicht im Verhältnis zwischen Täter- und Opferrechten heranziehen.

E. Fazit

Der Rechtsstaat dient nicht nur dem Beschuldigten, Angeschuldigten, Angeklagten und Täter als Schutz vor dem strafenden Staat. Er dient auch dem Opfer der Straftat. Während dies bei der Pflicht des Opfers zur Mitwirkung am Strafverfahren stets als Selbstverständlichkeit gelten muss und in der Vergangenheit hätte gelten müssen, steht nunmehr auch fest, dass sich das Opfer gegen den deutschen Staat, der seiner Pflicht zur angemessenen Verfolgung begangenen Unrechts nicht nachkommt, in einem gewissen Rahmen mit strafprozessrechtlichen Mitteln wehren können muss. Der verfassungsrechtliche und straftheoretische Diskurs zeigt, dass dieser Gedanke primär im informellen Bereich, in dem es an Kontrolle der Gerichte und an Öffentlichkeit mangelt, zur Geltung kommt. Insbesondere die Strafrechtswissenschaft, die sich in Teilen kritisch zeigt gegenüber einer zu starken Betonung der Opferrechte, tut gut daran, sich auf die rechtliche Anerkennung von Opferinteressen im Strafverfahren einzulassen und zu akzeptieren, dass es sich hier nicht nur – wie einst prophezeit – um einen rechtspolitischen Trend handelt. Nur dann kann es gelingen, den Befürwortern einer starken Opferzuwendung im Strafverfahrensrecht nicht das Feld zu überlassen und einen zum Aktionismus neigenden Gesetzgeber durch Setzung eines konzeptualisierten Rahmens an Opferrechten zu zügeln. Entgegen geäußerter Befürchtungen, dass die Anerkennung von Opferinteressen zu einer Ausweitung von Strafprozessrechten führe, zeigt sich, dass diese durchaus auch einen Abbau von Aktivrechten bedeutet und deshalb bereits bestehende bzw. geforderte Einflussmöglichkeiten zurückzusetzen bzw. zu verweigern sind.

Zu beachten ist, dass die Konzeptualisierung der Opferstellung im Strafverfahrensrecht nicht mehr ohne Rücksicht auf die europäischen Institutionen, allen voran die EU als Normsetzungsinstanz, erfolgen kann. Das europäische Recht wirkt bereits in Teilen tief in das nationale Strafprozessrechtsgefüge hinein und setzt einen Mindestkanon an Opferrechten voraus, der dem deutschen Gesetzgeber die Anerkennung von Opferinteressen aufträgt. Man muss sich insoweit bewusst werden, dass eine vollständige Zurücksetzung der Opferrolle auf eine reine Zeugenfunktion im Strafverfahrensrecht weder mit nationalem, noch mit EU Recht vereinbar wäre. Es gilt, ein angemessenes Maß an Einflussmöglichkeiten des Opfers, das der deutsche Gesetzgeber anscheinend verloren hat, wieder zu finden. Möchte Deutschland bei einem weiteren Zusammenrücken der EU Mitgliedstaaten auf dem Gebiet der „Opferrechte im Strafverfahren" federführend sein, müssen zunächst die eigenen Defizite, insbesondere bei der Umsetzung des europäischen Mindestschutzes, angegangen werden.

www.ingramcontent.com/pod-product-compliance
Ingram Content Group UK Ltd.
Pitfield, Milton Keynes, MK11 3LW, UK
UKHW022106051026
15623UKWH00003B/708

9 783631 802182